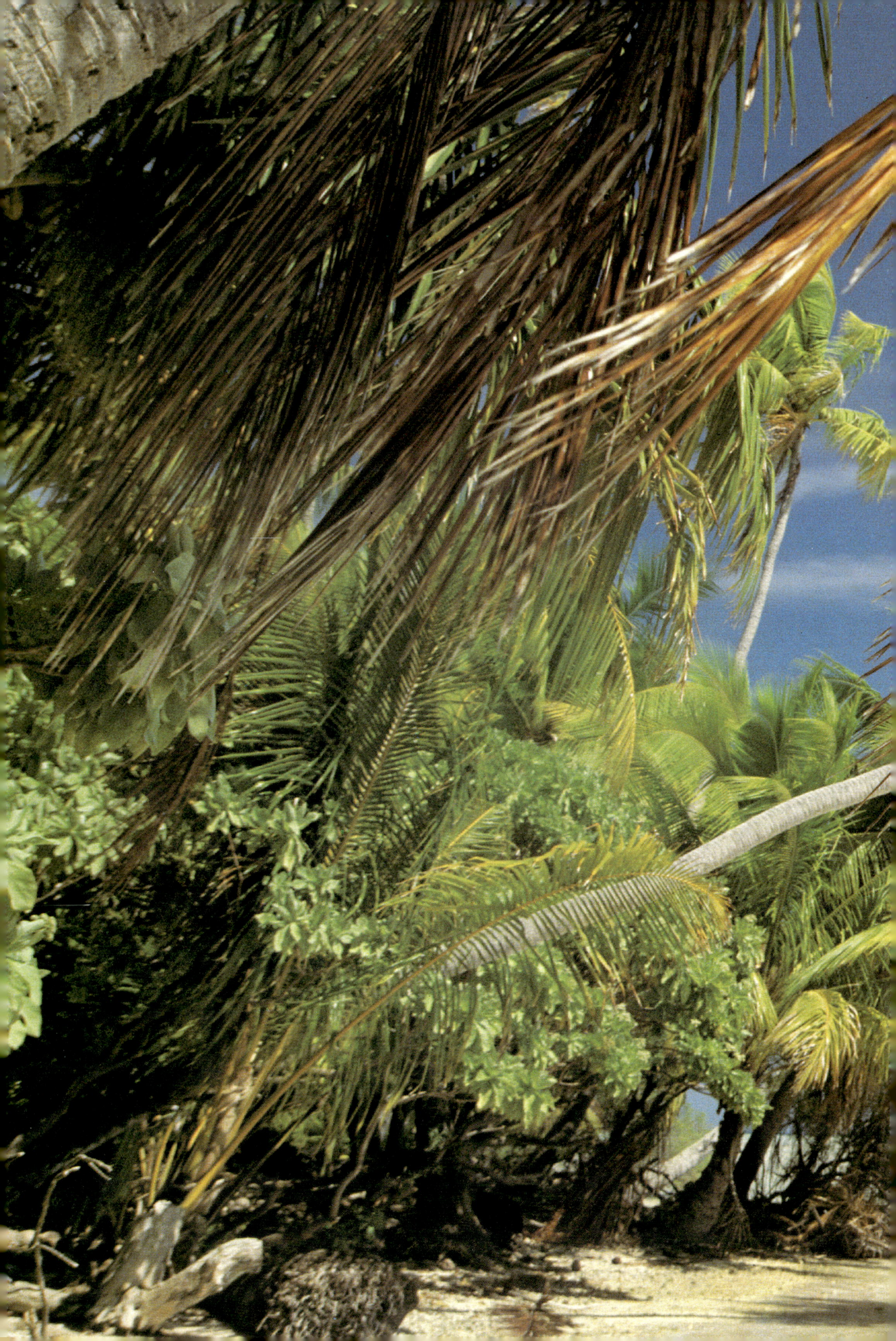

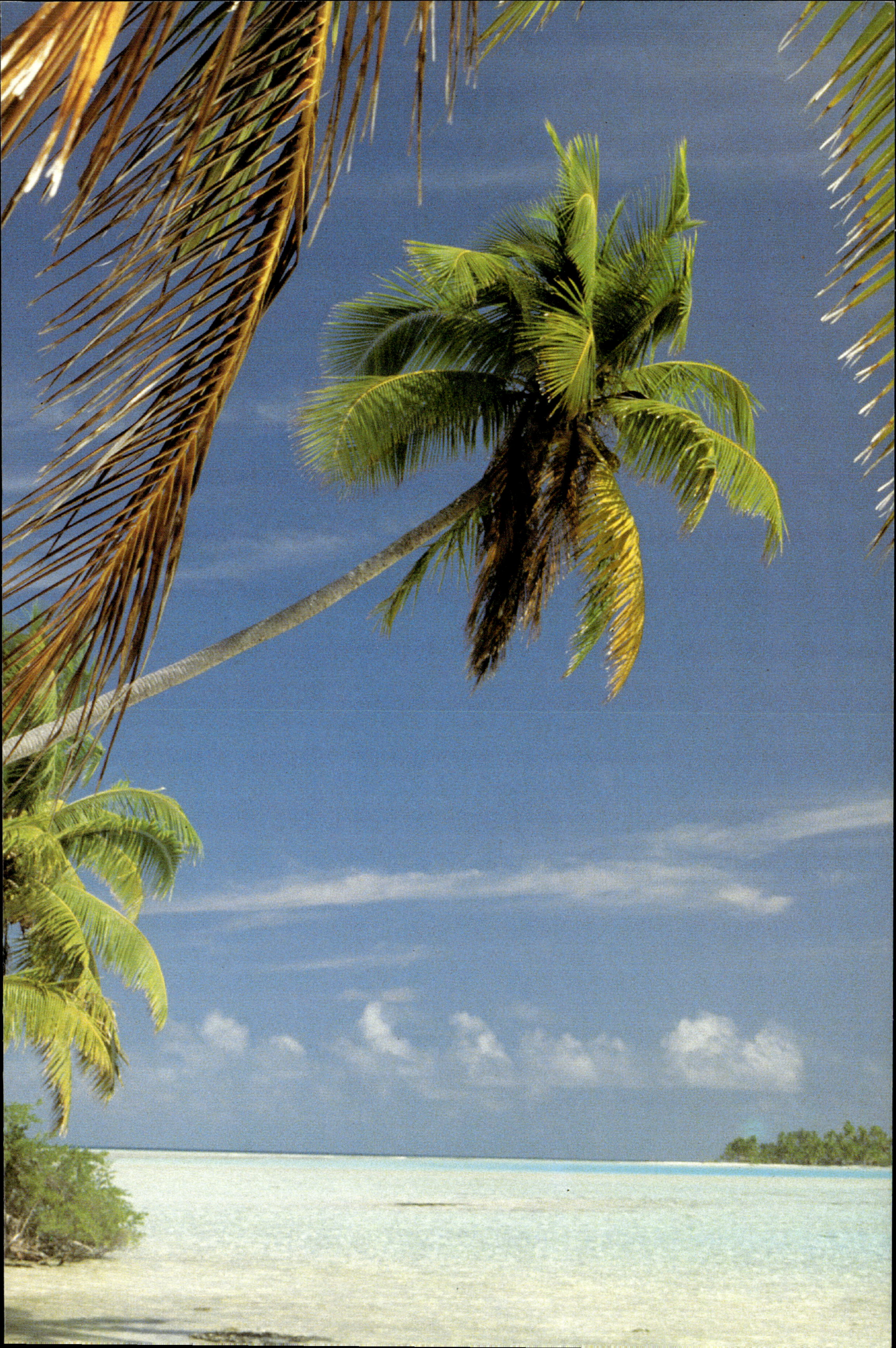

Mise en page :
Denis Delebecque,
Création Graphique à Montpellier

Cartographie de Pierre de Hugo
et de Regis Haghebaert

ISBN : 2-07-060276
Numéro d'édition : 67723
1er dépôt légal : novembre 1993
Dépôt légal : décembre 1993
Imprimé en Italie

SUR TROIS OCÉANS

VOTRE AVENTURE AUTOUR DU MONDE

Antoine

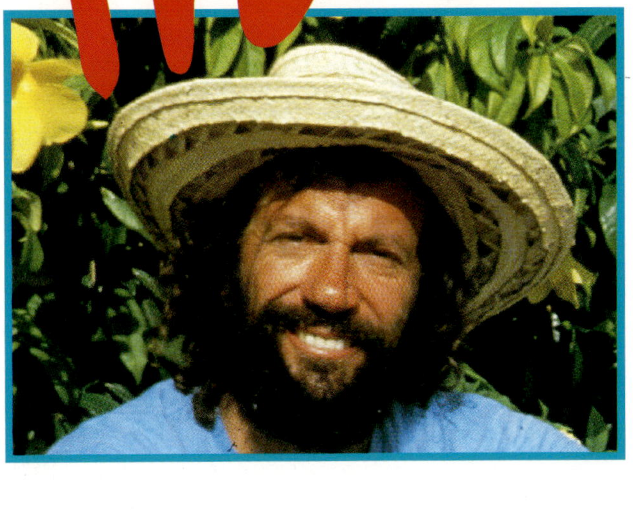

GALLIMARD

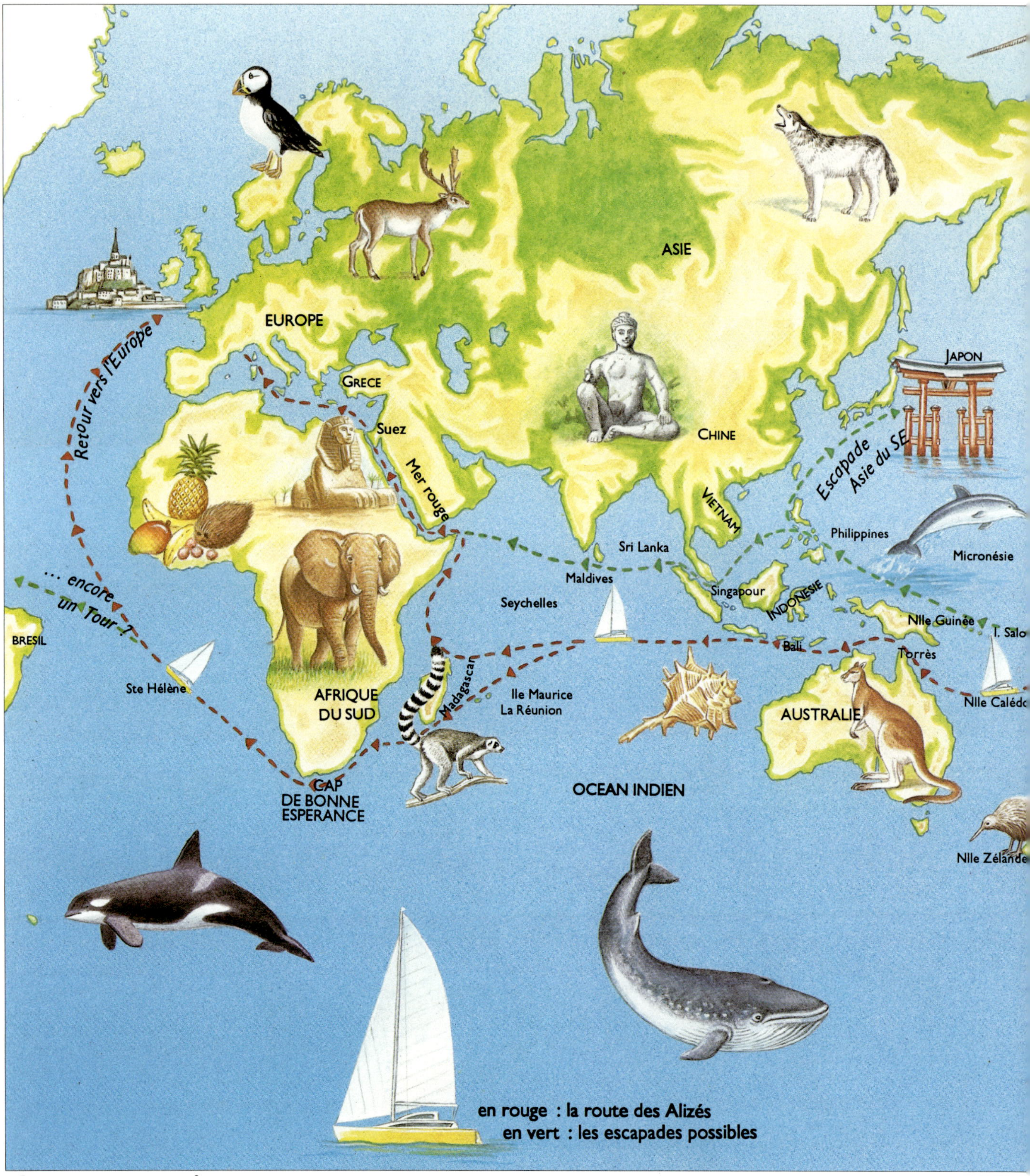
EUROPE
ASIE
GRECE
Suez
Mer rouge
Retour vers l'Europe
CHINE
JAPON
Escapade Asie du SE
VIETNAM
Sri Lanka
Philippines
Micronésie
Maldives
Seychelles
Singapour
INDONESIE
Nlle Guinée
Bali
Torrès
... encore un Tour ?
BRESIL
Ste Hélène
AFRIQUE DU SUD
Madagascar
Ile Maurice
La Réunion
AUSTRALIE
CAP DE BONNE ESPERANCE
OCEAN INDIEN
Nlle Zélande
en rouge : la route des Alizés
en vert : les escapades possibles

Sommaire

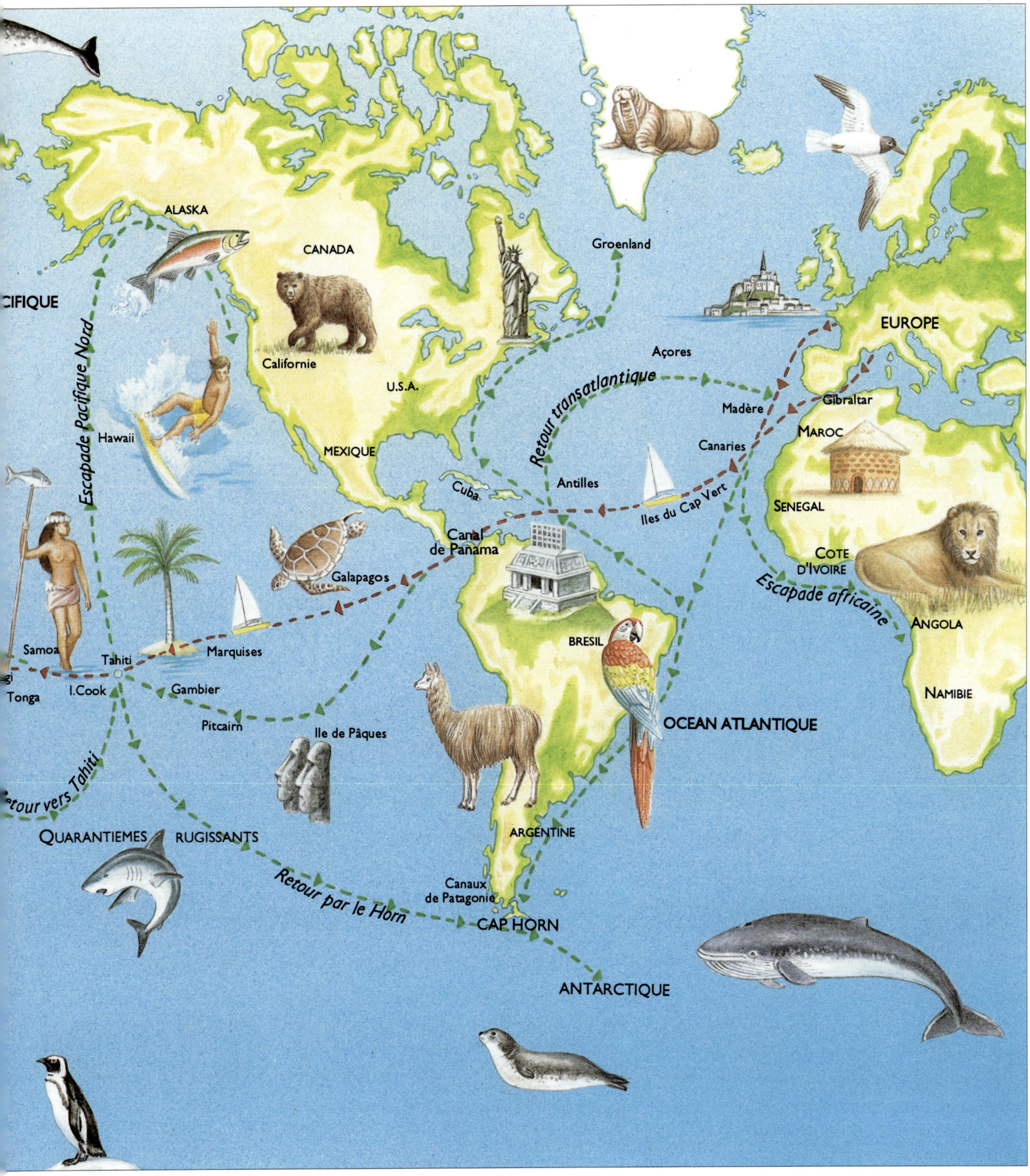
ALASKA
CANADA
Groenland
CIFIQUE
EUROPE
Escapade Pacifique Nord
Californie
Açores
U.S.A.
Retour transatlantique
Madère
Gibraltar
Hawaii
MAROC
MEXIQUE
Canaries
Cuba
Antilles
SENEGAL
Iles du Cap Vert
Canal de Panama
COTE D'IVOIRE
Galapagos
Escapade africaine
ANGOLA
BRESIL
Samoa
Tahiti
Marquises
Tonga
I.Cook
Gambier
NAMIBIE
OCEAN ATLANTIQUE
Pitcairn
Ile de Pâques
Retour vers Tahiti
QUARANTIEMES
RUGISSANTS
ARGENTINE
Retour par le Horn
Canaux de Patagonie
CAP HORN
ANTARCTIQUE

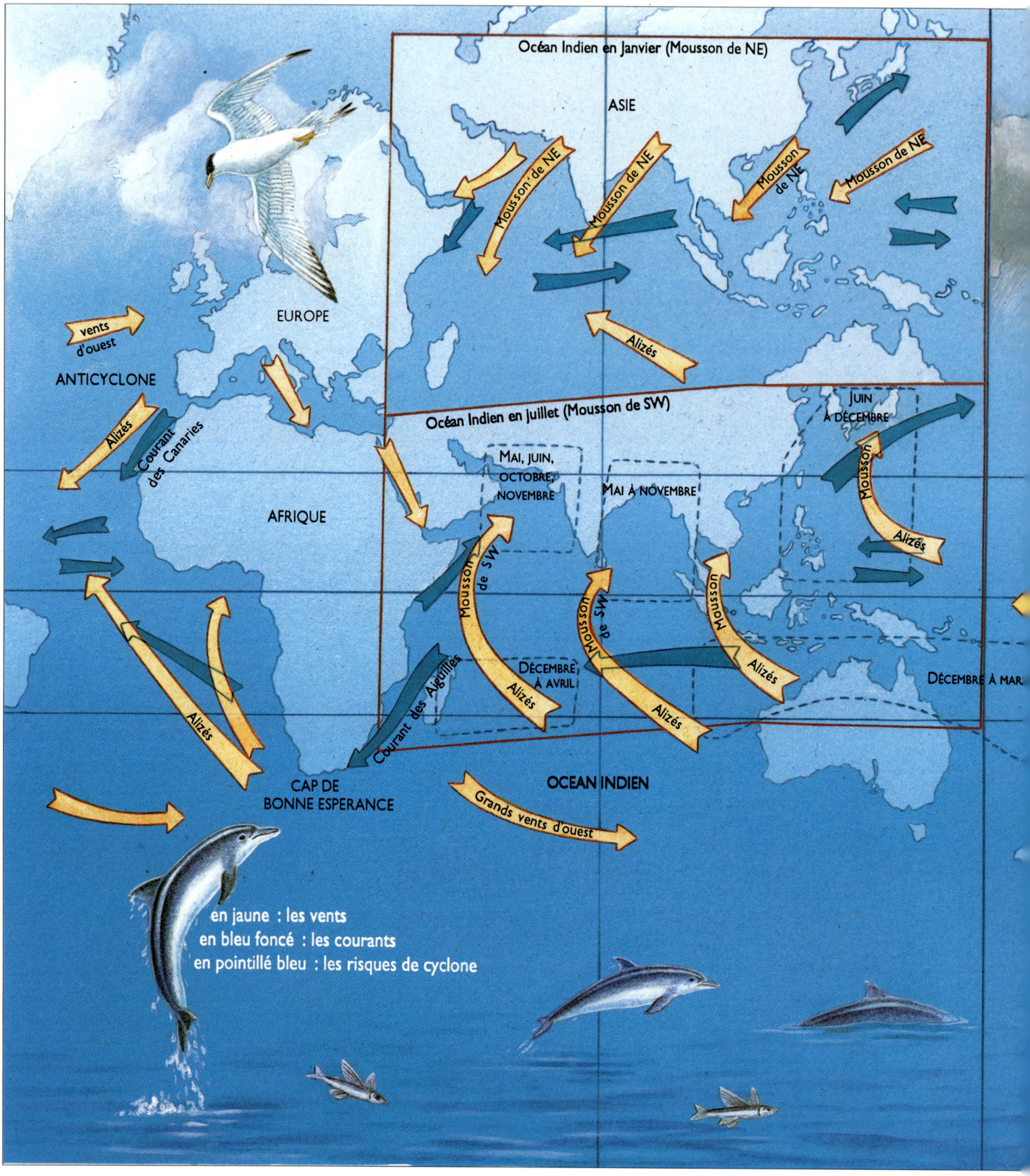

Introduction

Il y a ceux qui vont contre le vent, et ceux qui vont avec lui... aussi braves que puissent paraître les premiers, toute ma sympathie va aux seconds... il suffit de naviguer un jour au près , trempé, secoué, glacé, inquiet d'une mer trop agitée, d'un vent trop fort... et de croiser un bateau qui, dans les mêmes conditions de mer et de vent, vogue au vent arrière: l'équipage est en pleine forme, bronzé, nu au soleil, heureux et relaxé... Il n'y a pas de doute, un tour du monde se fait au vent arrière!

Aussi glorieux que soient les tours du monde des Peyron, Kersauzon, Jeantot, seuls nous intéressent dans ce livre les circumnavigation paisibles des centaines de navigateurs heureux qui choisissent la route des Alizés, ces vents réguliers, rarement trop forts ou trop faibles, qui font le tour de la terre aux latitudes les plus agréables.

La route principale, ses variantes possibles; les plus belles escales, sur îles ou continents. Les grands systèmes de vents et de courants dont tirent parti les navigateurs. Les sai-

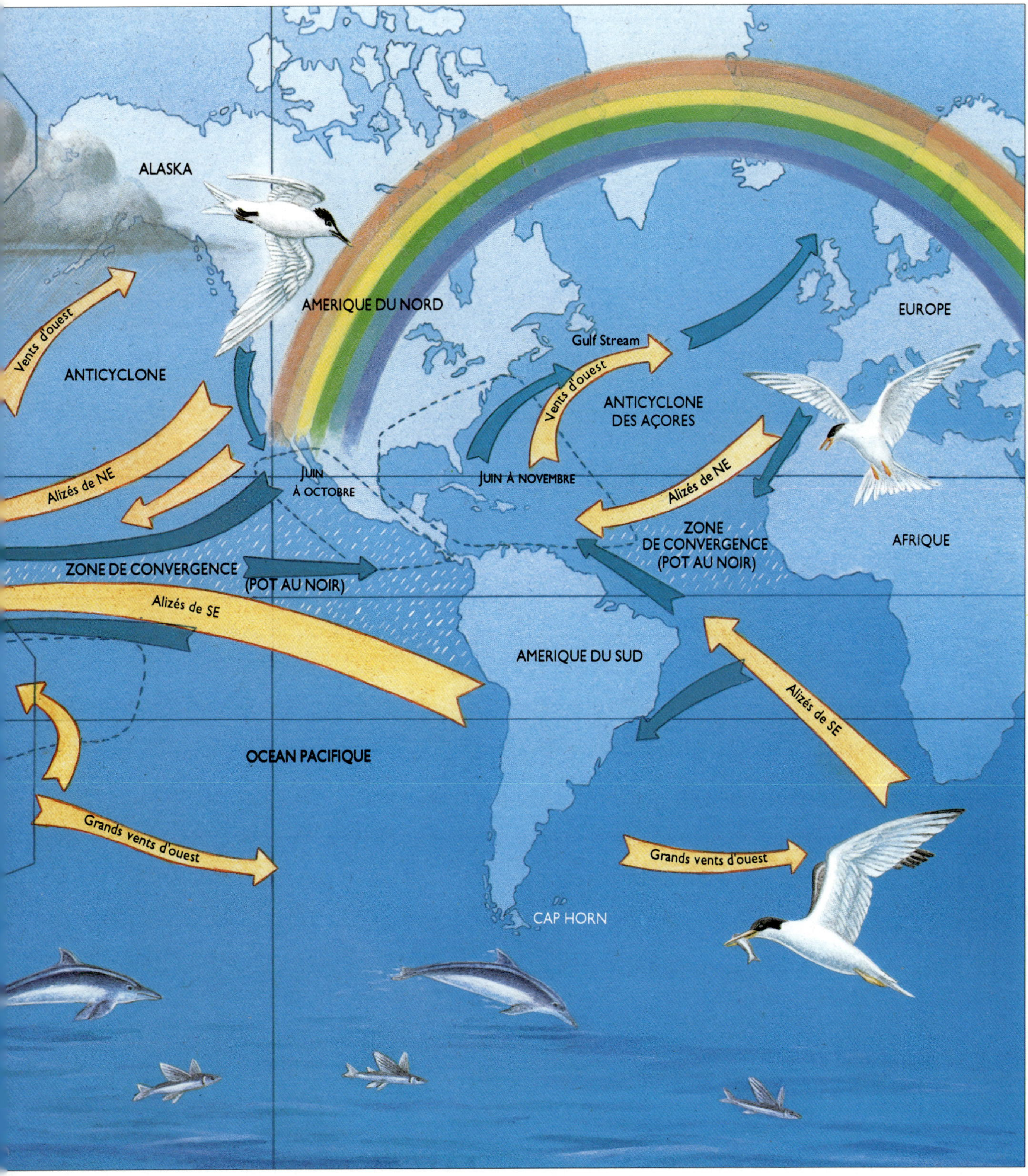

sons des cyclones et les régions à éviter. Voici quelques uns des sujets abordés sur les cartes de la page précédente et de celle-ci, et dans l'ensemble de ce livre. J'y effleure aussi quelques thèmes comme le choix d'un bateau, l'entretien, la navigation en haute mer, dans le corail, au radar. Mais mon désir est avant tout de vous emmener, en photos, découvrir avec moi une centaine des plus belles escales au monde, les miennes, peut-être, un jour, les vôtres.

Ce livre n'a pas la prétention de vous apporter toutes les connaissances nécessaires pour réaliser un grand projet d'escales lointaines. Mais il ne sera pas inutile s'il répond à l'une ou l'autre de vos questions, s'il vous fait découvrir l'existence de quelque archipel ignoré, ou simplement s'il attise un instant votre rêve.

Que vous rêviez d'un grand départ, d'une escapade sabbatique d'un, deux ou trois ans, de courtes croisières dans les plus beaux endroits du monde, ou que vous souhaitiez vous évader simplement à la lecture de ces pages...

Embarquez, et bon vent!

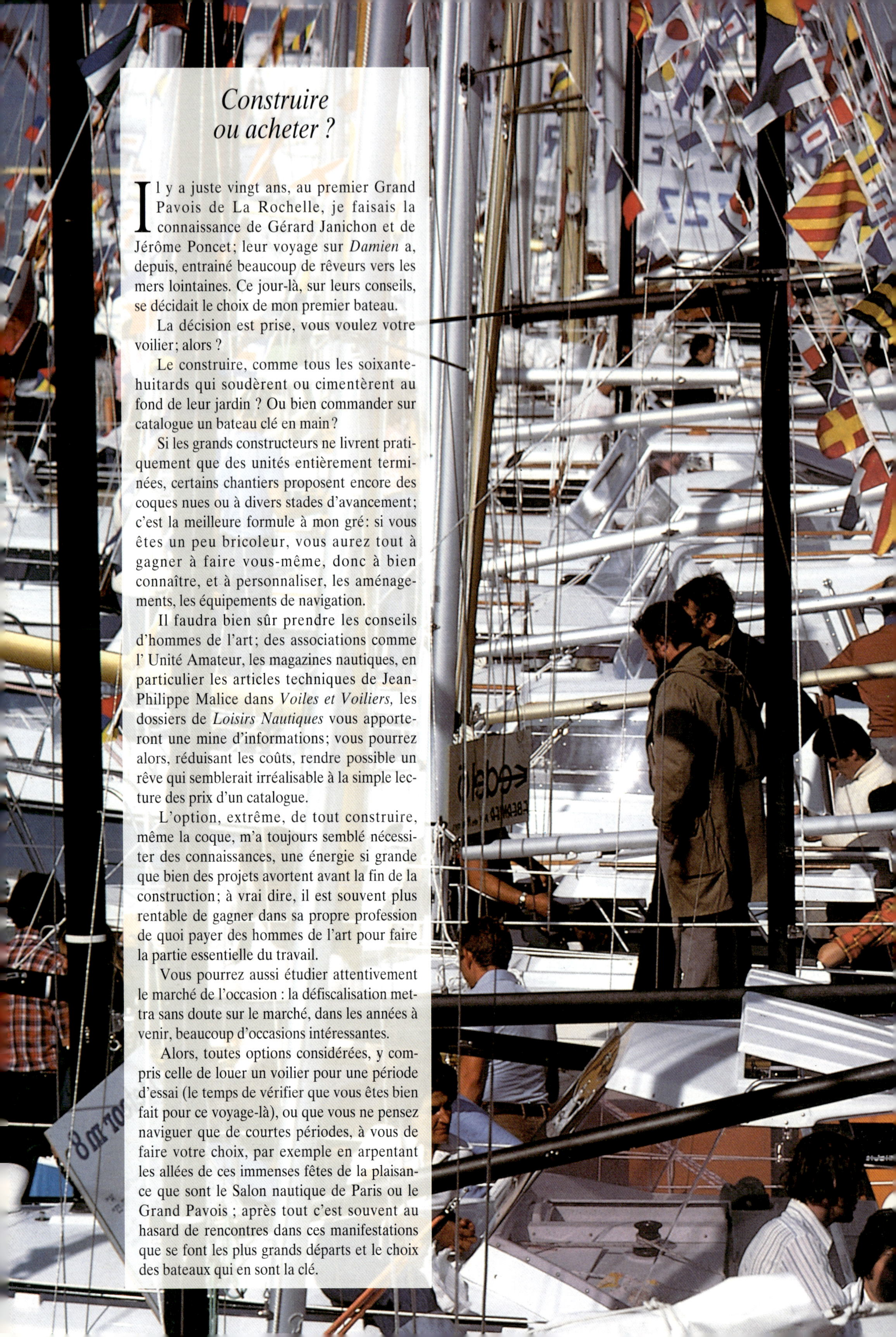

Construire ou acheter ?

Il y a juste vingt ans, au premier Grand Pavois de La Rochelle, je faisais la connaissance de Gérard Janichon et de Jérôme Poncet; leur voyage sur *Damien* a, depuis, entraîné beaucoup de rêveurs vers les mers lointaines. Ce jour-là, sur leurs conseils, se décidait le choix de mon premier bateau.

La décision est prise, vous voulez votre voilier; alors ?

Le construire, comme tous les soixante-huitards qui soudèrent ou cimentèrent au fond de leur jardin ? Ou bien commander sur catalogue un bateau clé en main ?

Si les grands constructeurs ne livrent pratiquement que des unités entièrement terminées, certains chantiers proposent encore des coques nues ou à divers stades d'avancement; c'est la meilleure formule à mon gré: si vous êtes un peu bricoleur, vous aurez tout à gagner à faire vous-même, donc à bien connaître, et à personnaliser, les aménagements, les équipements de navigation.

Il faudra bien sûr prendre les conseils d'hommes de l'art; des associations comme l' Unité Amateur, les magazines nautiques, en particulier les articles techniques de Jean-Philippe Malice dans *Voiles et Voiliers,* les dossiers de *Loisirs Nautiques* vous apporteront une mine d'informations; vous pourrez alors, réduisant les coûts, rendre possible un rêve qui semblerait irréalisable à la simple lecture des prix d'un catalogue.

L'option, extrême, de tout construire, même la coque, m'a toujours semblé nécessiter des connaissances, une énergie si grande que bien des projets avortent avant la fin de la construction; à vrai dire, il est souvent plus rentable de gagner dans sa propre profession de quoi payer des hommes de l'art pour faire la partie essentielle du travail.

Vous pourrez aussi étudier attentivement le marché de l'occasion : la défiscalisation mettra sans doute sur le marché, dans les années à venir, beaucoup d'occasions intéressantes.

Alors, toutes options considérées, y compris celle de louer un voilier pour une période d'essai (le temps de vérifier que vous êtes bien fait pour ce voyage-là), ou que vous ne pensez naviguer que de courtes périodes, à vous de faire votre choix, par exemple en arpentant les allées de ces immenses fêtes de la plaisance que sont le Salon nautique de Paris ou le Grand Pavois ; après tout c'est souvent au hasard de rencontres dans ces manifestations que se font les plus grands départs et le choix des bateaux qui en sont la clé.

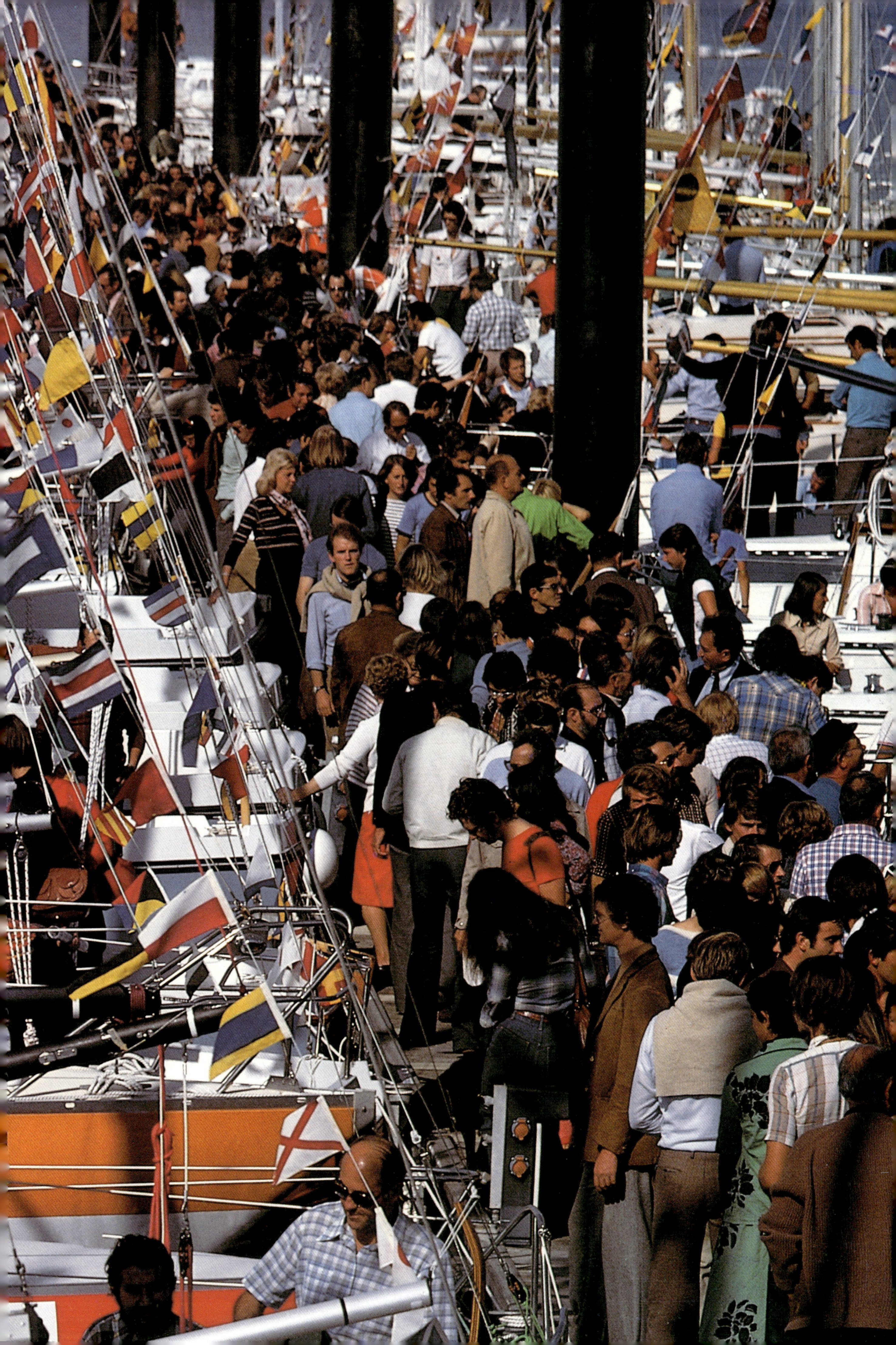

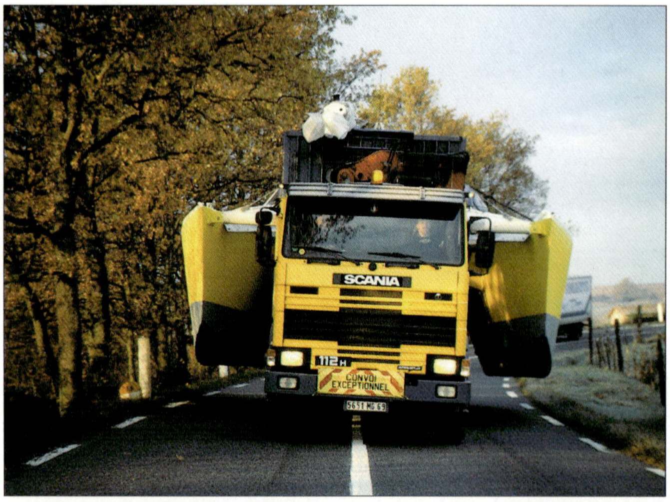
SCANIA
CONVOI EXCEPTIONNEL

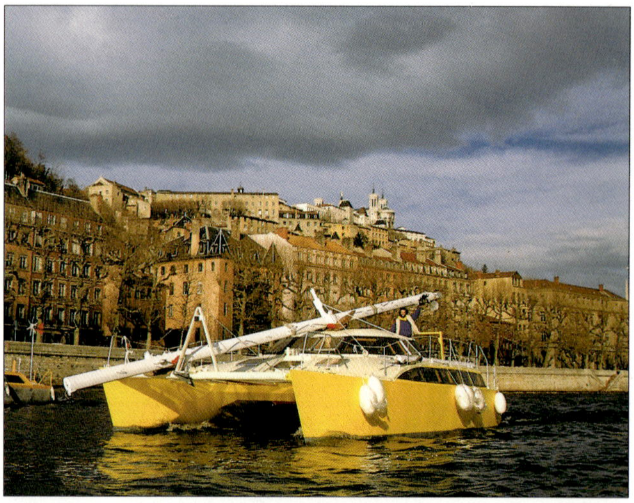

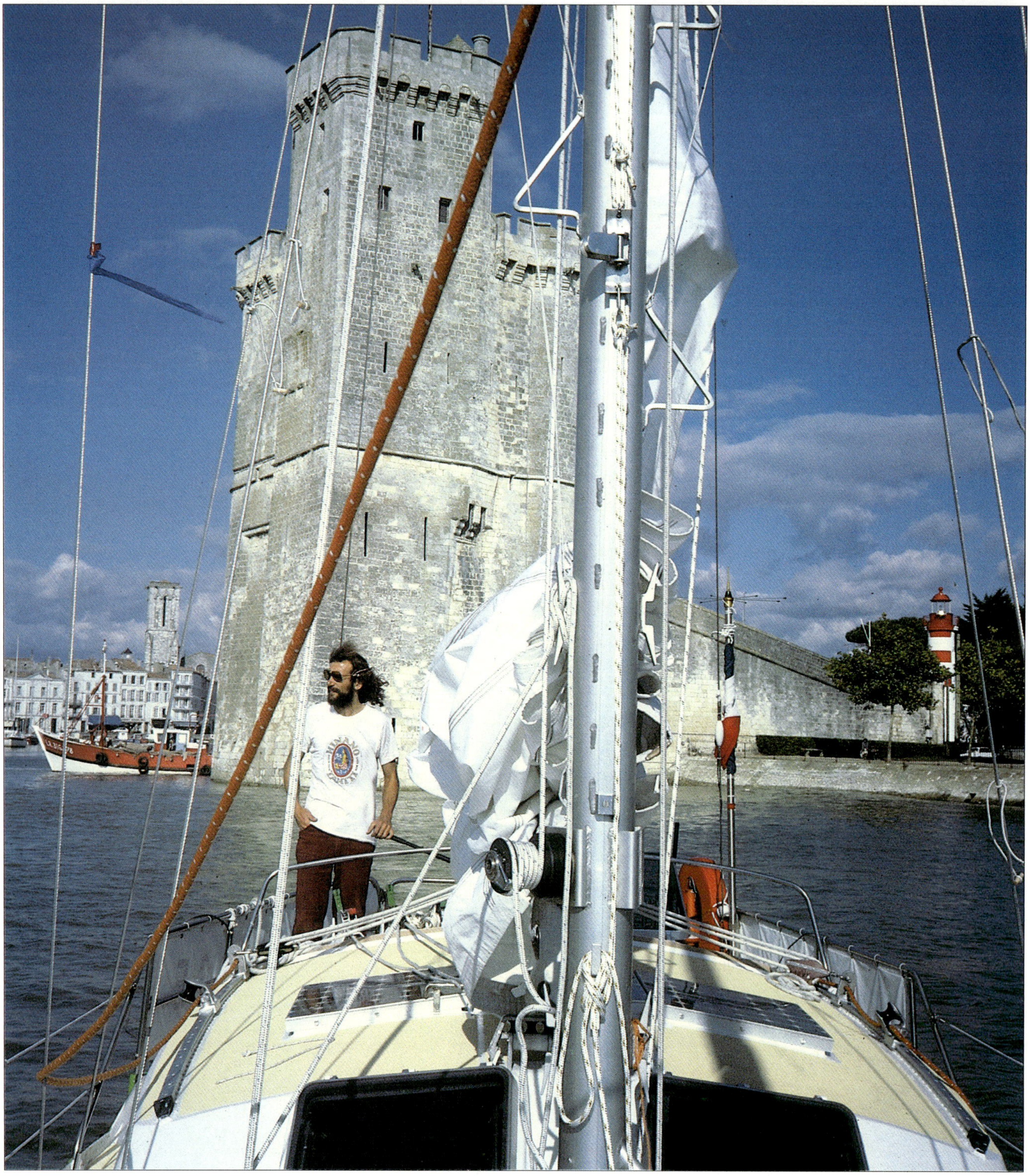

Alors, **le grand départ,** c'est pour bientôt ?

Lorsque vous vous serez lassé d'entendre les gens sur le quai vous poser cette question, il sera temps enfin de prendre le large. Bien sûr, vous serez loin d'avoir mené à terme la colossale liste des choses essentielles à accomplir (je l'appelle la liste des chauds z'affaires, eu égard à leur urgence brûlante); elle se sera, d'ailleurs, les derniers jours, cristallisée en liste de ce qui est vraiment essentiel, puis de ce qui est vraiment vraiment essentiel... et puis, judicieusement, vous la perdrez. Après tout, une paire de bottes ou quatre boulons de 6, ça se trouve aussi bien à Gibraltar... ou aux Antilles.

Ceux qui quittent un port du rivage méditerranéen ont la partie plus facile que ceux des côtes atlantiques, qui auront à franchir en début de parcours le golfe de Gascogne : il mérite bien sa mauvaise réputation avec ses tempêtes et le manque d'abris au sud de la Gironde. Il vaudra donc mieux s'élancer à une bonne saison (septembre, c'est déjà un peu tard), se couvrir d'une bonne météo et être prêt au pire. Les faibles tirants d'eau pourront songer un instant à embouquer le canal du Midi et, le mât sur le pont, au prix de quelques centaines d'écluses, se retrouver en Méditerranée.

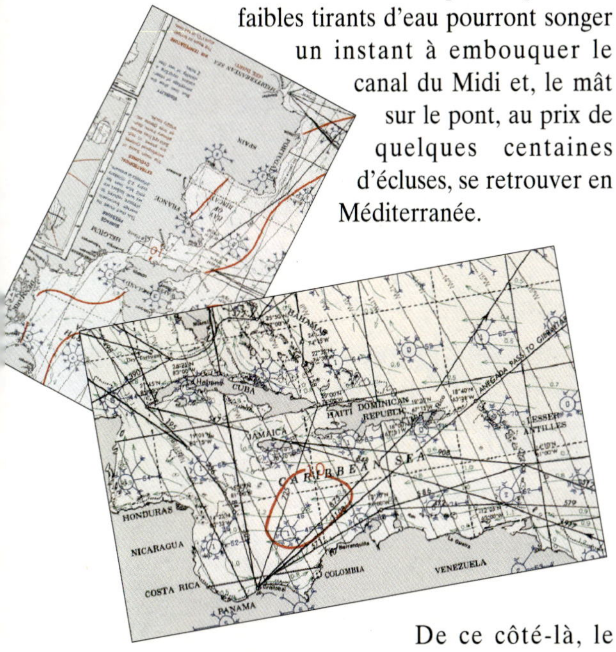

De ce côté-là, le golfe du Lion a, lui aussi, des humeurs qui ont fait avorter bien des voyages, mais il offre au moins une quantité d'abris: je ne saurais trop vous conseiller de faire le grand tour, longeant les côtes, prêt à vous abriter en cas de coup dur dans un des nombreux ports de France ou d'Espagne, dont certains ont gardé beaucoup de charme. Vous pourrez aussi découvrir vos premiers mouillages presque tropicaux aux Baléares, comme dans la superbe baie d'Espalmador, si belle lorsque le tumulte de l'été branché s'est apaisé.

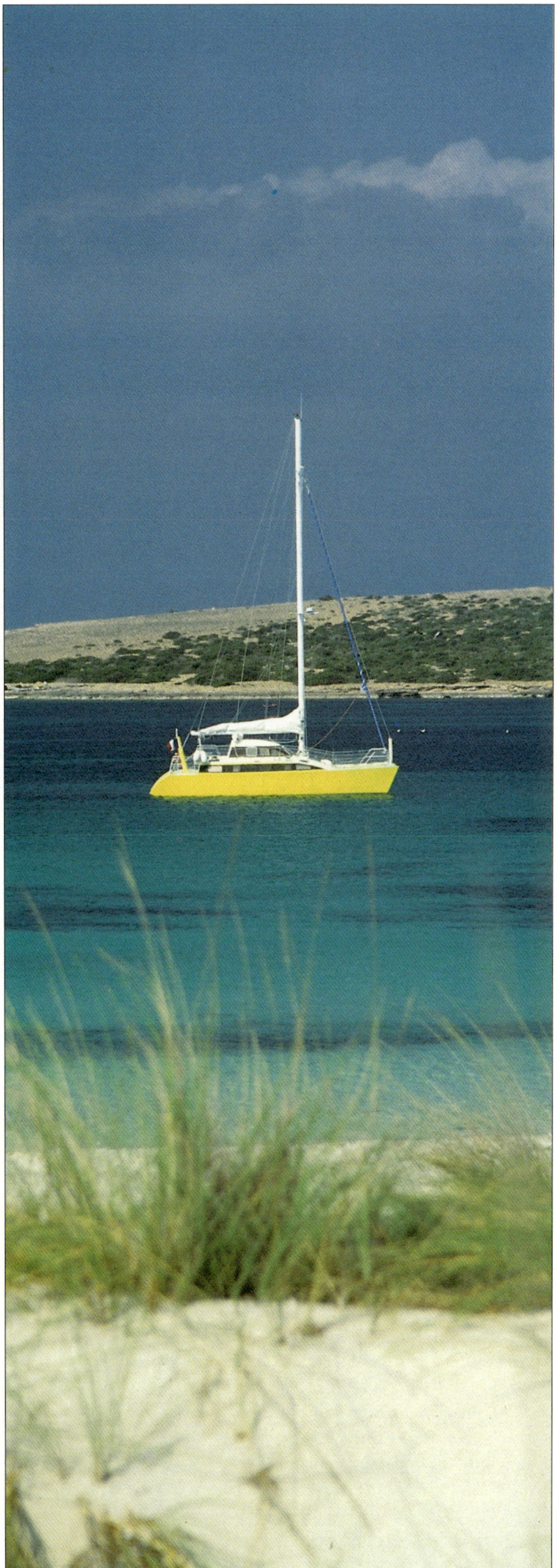

Changer de continent

Gibraltar, Maroc

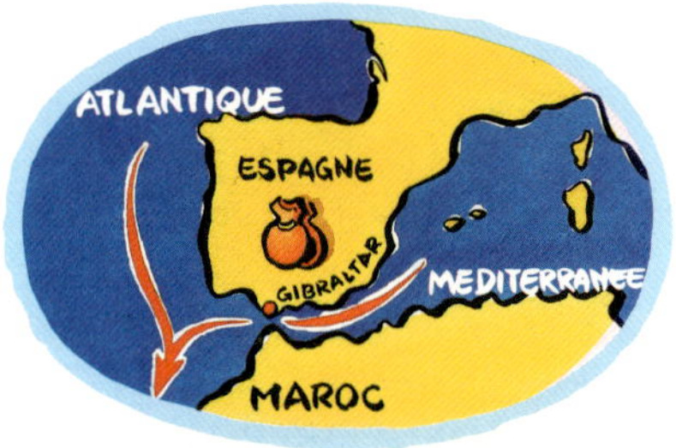

On n'a pas encore tout à fait atteint les latitudes bénies qui portent un zéro dans les carrés «fréquence des coups de vent» sur les Pilot-Charts, mais, en franchissant cet étroit bras de mer, on change de continent.

Le rocher de Gibraltar mérite l'escale, même si vos tympans doivent être soumis à dure épreuve dans les marinas peu abritées construites tout au bord de l'aéroport. Une Guinness dans un pub, toutes les cartes et publications de l'Amirauté britannique, des shipchandlers et des techniciens bien fournis et, sur ce minuscule morceau d'Angleterre au bout de l'Espagne (ici, même le climat est britannique, sous le «levanter cloud», nuage pluvieux que le vent d'est accroche au sommet), ne manquez pas d'aller voir les singes, bien nourris par l'armée british: on dit que le jour où les singes auront quitté le rocher, les Anglais devront aussi partir.

Sauf si vous êtes masochiste, choisissez un jour de vent d'est pour quitter la Méditerranée (et réciproquement) : dans le détroit, le vent monte vite à 40 nœuds. Si vous ne faites qu'une escale au Maroc, choisissez Tanger, au yacht-club pittoresque et à la médina fabuleuse, pour vous y approvisionner. Longeant les côtes marocaines, laissez une bonne distance entre le rivage et vous, la houle parfois dangereuse a causé la perte de nombreux bateaux, et soyez sûr de votre position avant de vous rapprocher du rivage. La côte atlantique du Maroc n'a que des ports encombrés et bruyants, pas de mouillages forains, mais, laissant le bateau sous bonne garde à Casablanca ou à Agadir, on peut partir à la découverte de l'intérieur, Marrakech, Ouarzazate, Tazenakht, et se retrouver avec un bateau capitonné de moelleux tapis.

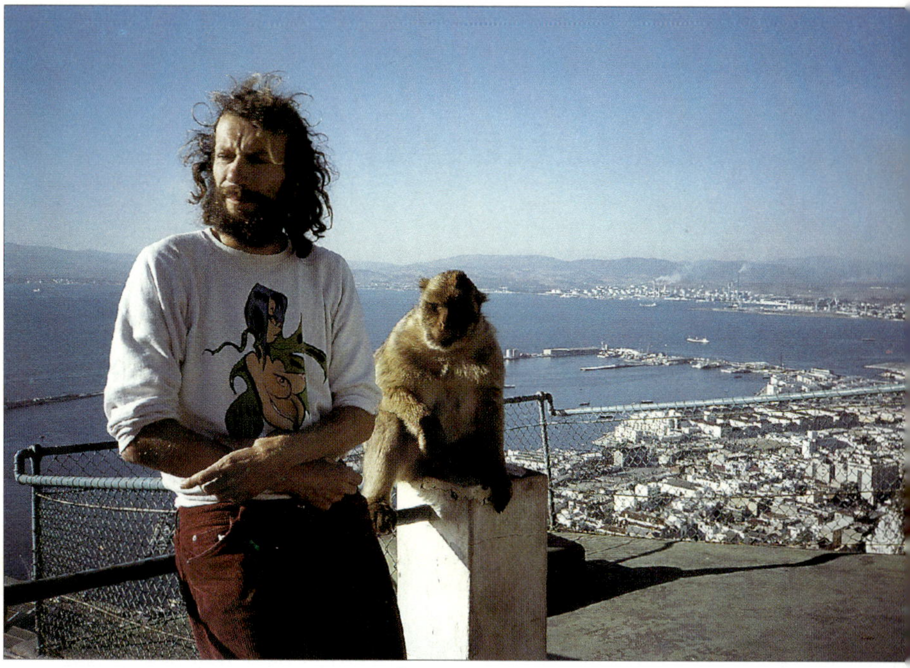

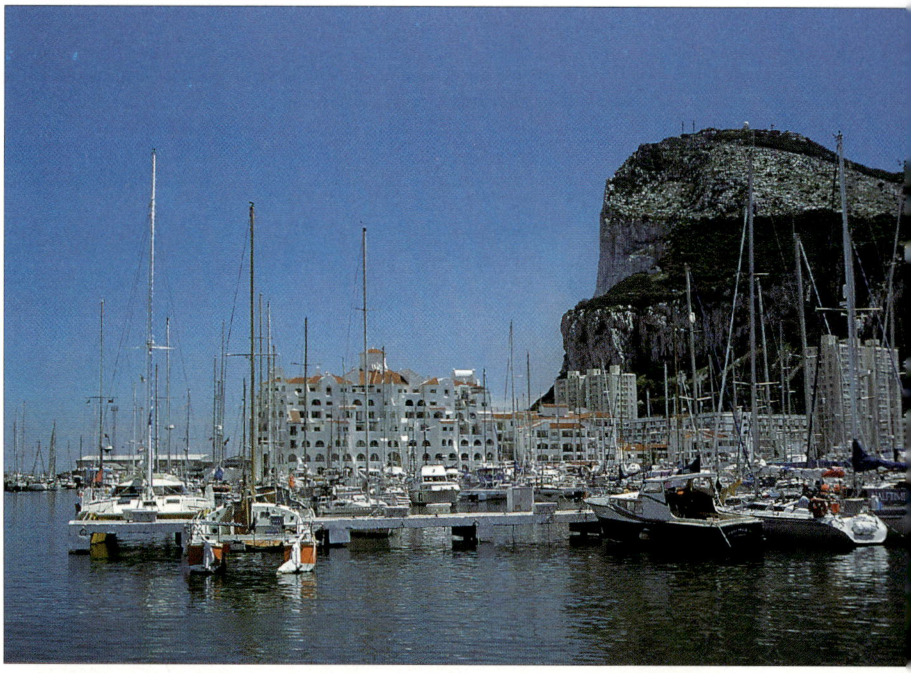

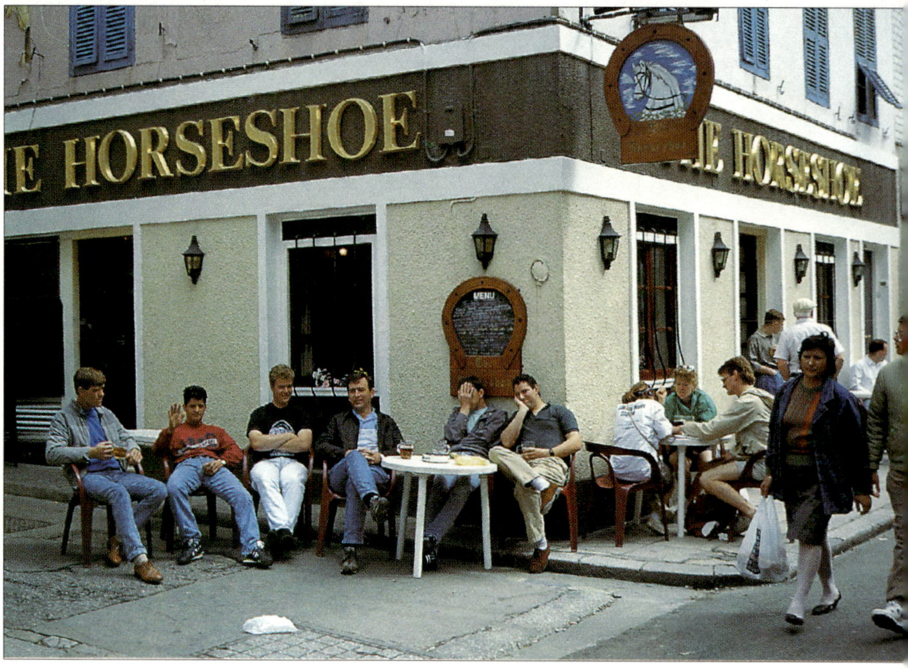

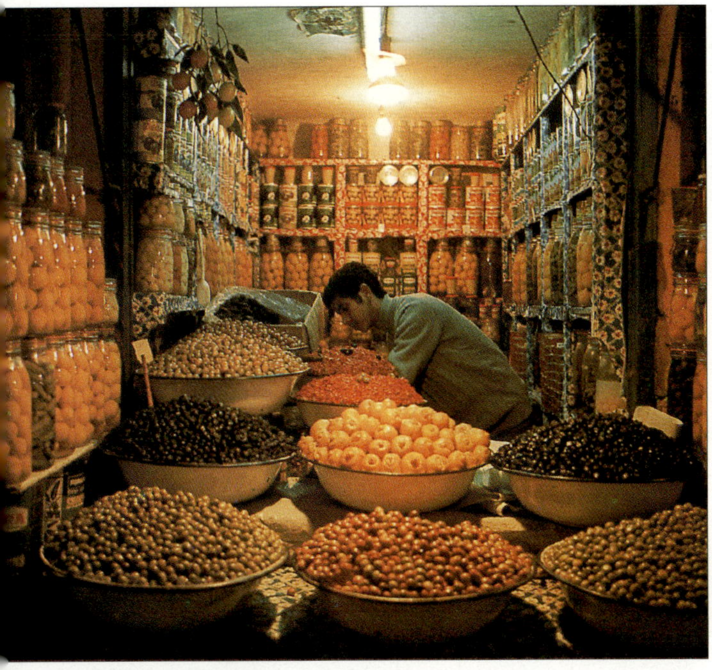

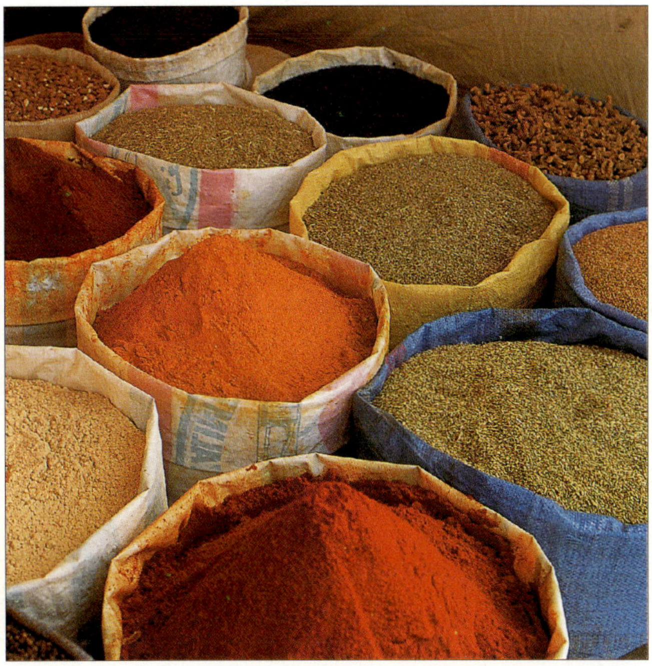

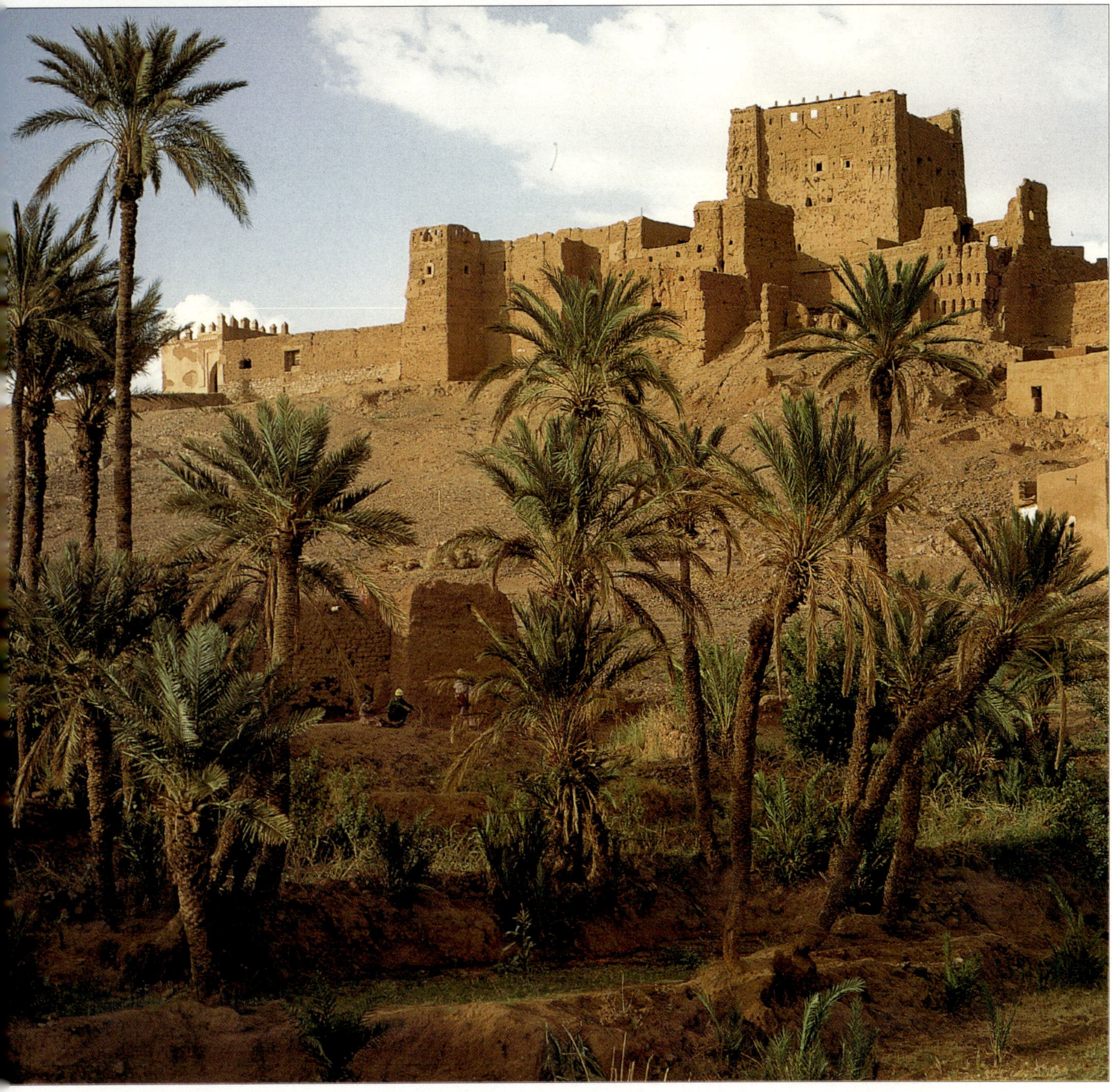

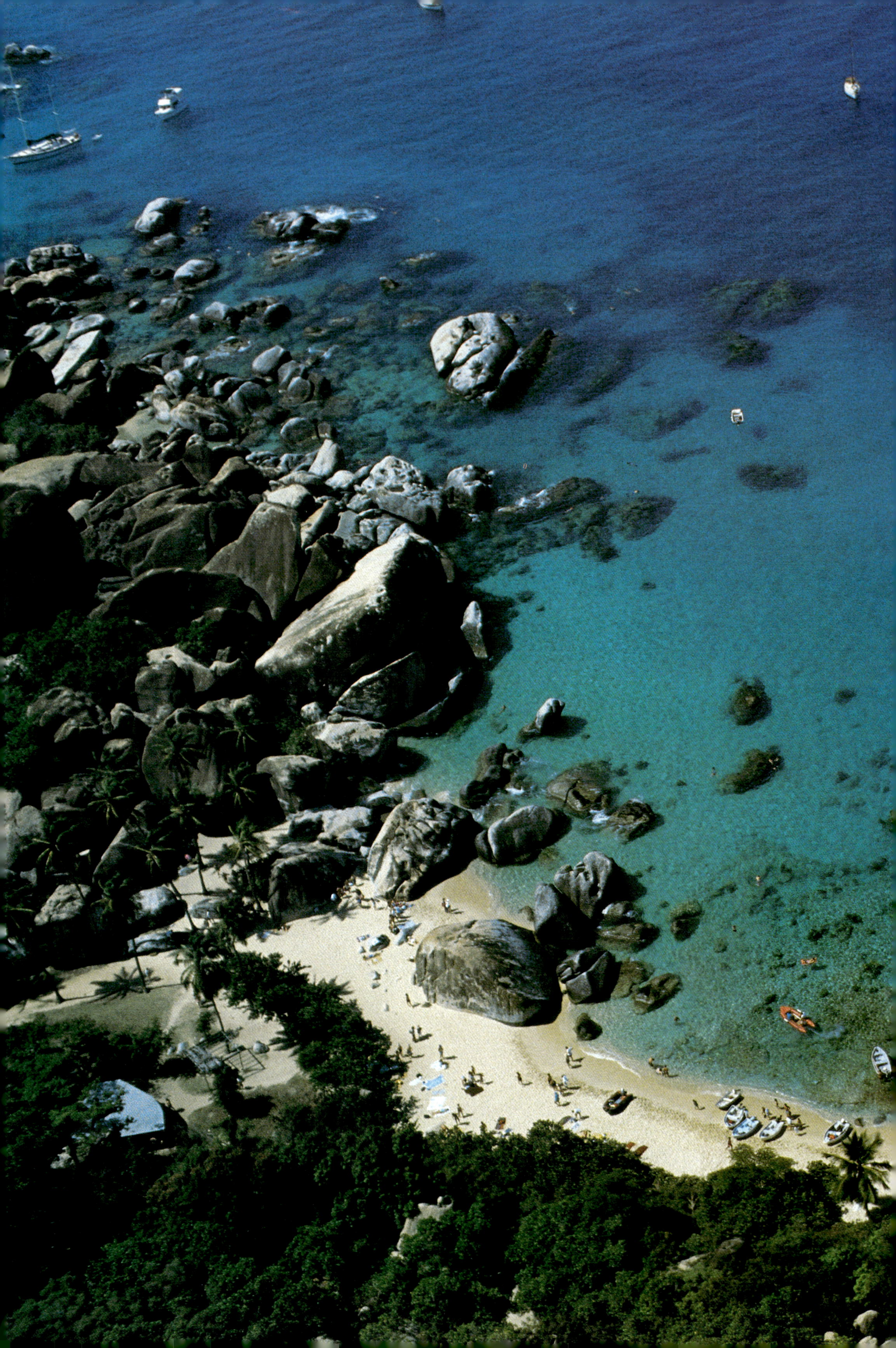

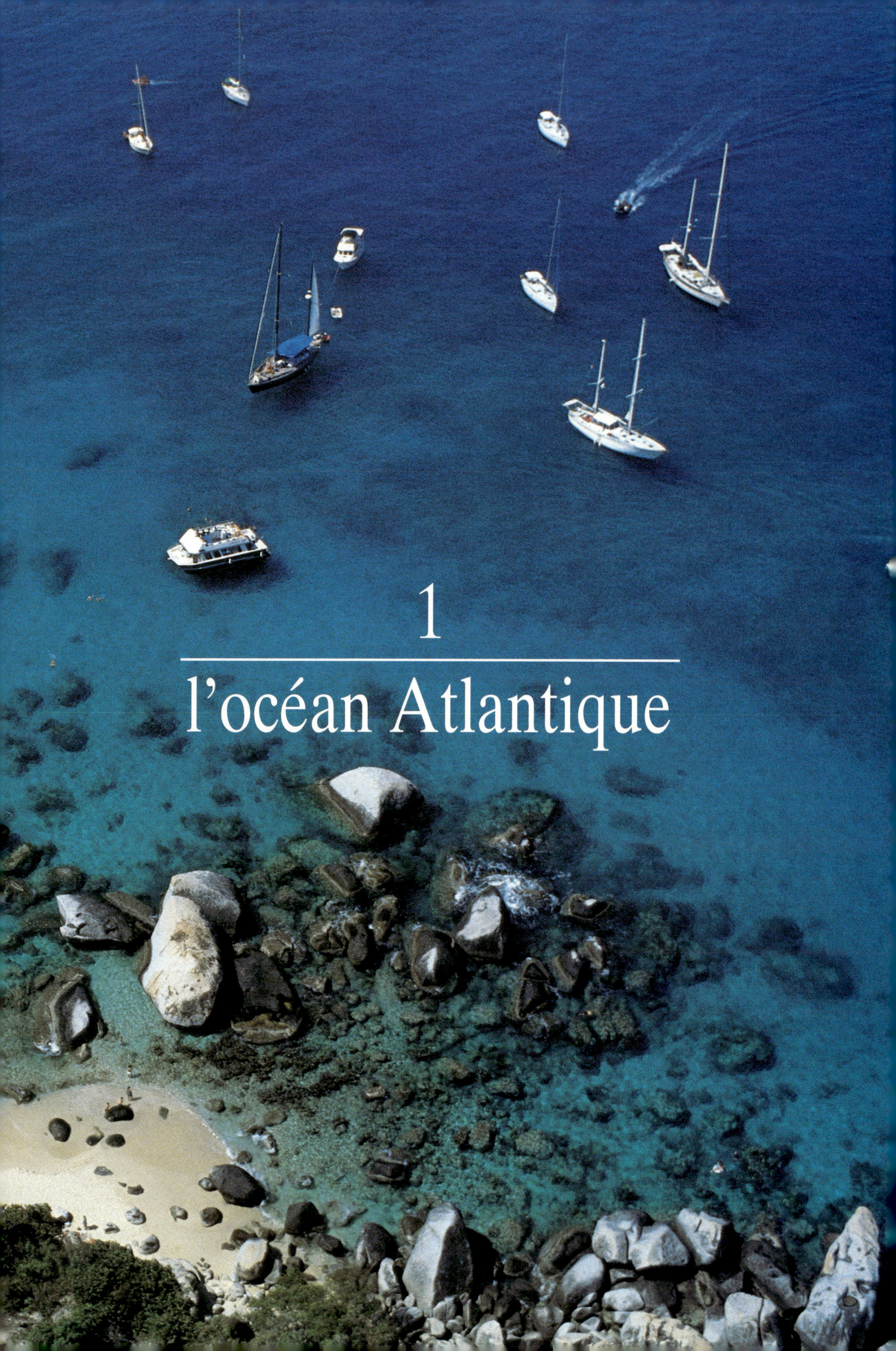

1

l’océan Atlantique

Les îles atlantiques

Madère : deux doigts de soleil

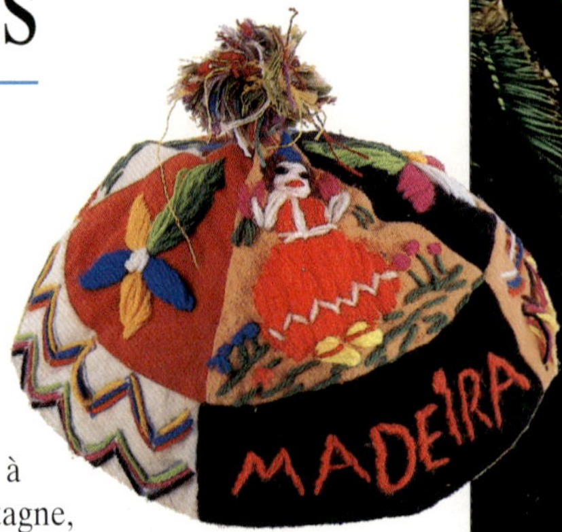

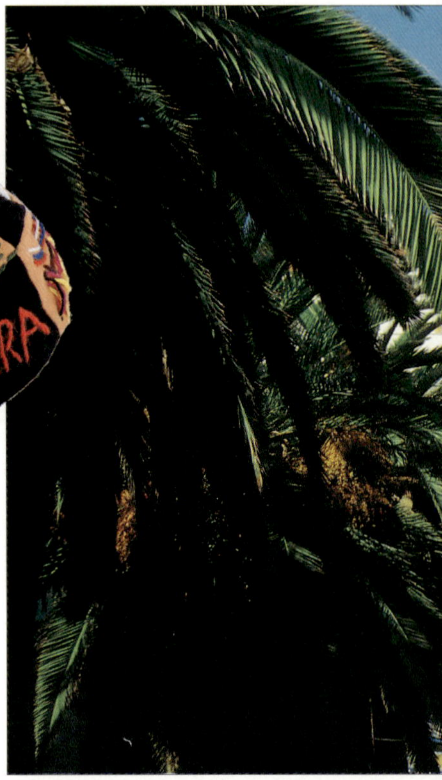

A la limite nord de l'alizé proprement dit, les îles de l'archipel de Madère seront votre première vraie escale insulaire. Ne manquez surtout pas la plus intéressante, la première au vent, l'île de Porto Santo, où Christophe Colomb vécut quelques années, épousa la fille du gouverneur; il recueillit certainement de quelques navigateurs de passage, revenant de l'ouest où ils avaient abordé des terres inconnues, des confidences qui l'amenèrent à s'élancer au travers des immensités océaniques. On peut encore voir ici la maison qu'il habita, non loin de la plage immense où les habitants de Madère viennent en vacances.

Le mouillage dans le grand port moderne manque un peu de romantisme, mais on y est bien, à l'abri de la mer et du vent; l'eau est claire, et il y a même au fond du port deux petites plages où on peut échouer un bateau pour le caréner.

A vingt milles sous le vent, Madère est fascinante, préservée, accueillante malgré le déferlement des touristes. Une brise de mer chahute souvent, l'après-midi, les bateaux à l'ancre: mieux vaut s'amarrer à l'intérieur de la marina de Funchal, surpeuplée mais conviviale, pour partir à la découverte de l'île et de ses ceintures concentriques de cultures en terrasses, immenses bananeraies à basse altitude; plus haut, les vignes qui produisent le vin pour lequel Madère est renommée; et puis les montagnes tourmentées, propices à de longues randonnées – pittoresques, les balades à flanc de montagne, le long des canaux qui amènent l'eau aux cultures. Madère, escarpée et inaccessible, a développé jadis des moyens de transport uniques au monde : chars à bœufs sur patins, hamac tendu sur une perche portée à dos d'homme, et l'étonnante descente en «carro do cesto» sur les deux ou trois kilomètres d'un raidillon pavé qui descend de l'église du Monte.

On prend place dans une sorte de sofa d'osier monté sur patins de bois, et on dégringole à tombeau ouvert jusqu'au niveau de la mer, guidé par deux hommes vêtus de blanc et coiffés d'un canotier, qui courent de part et d'autre du véhicule en le dirigeant au moyen de deux cordes.

Plus au sud, les îles arides Desertas et Selvagens sont des parcs nationaux, il faut désormais une autorisation (obtenue à Funchal) pour y faire escale.

Madère est si remarquable, ses habitants si accueillants, que je connais plus d'un marin naviguant l'été en Méditerranée, l'hiver aux Antilles, qui ne manque jamais d'y faire escale, à l'aller vers les tropiques comme au retour vers la Méditerranée.

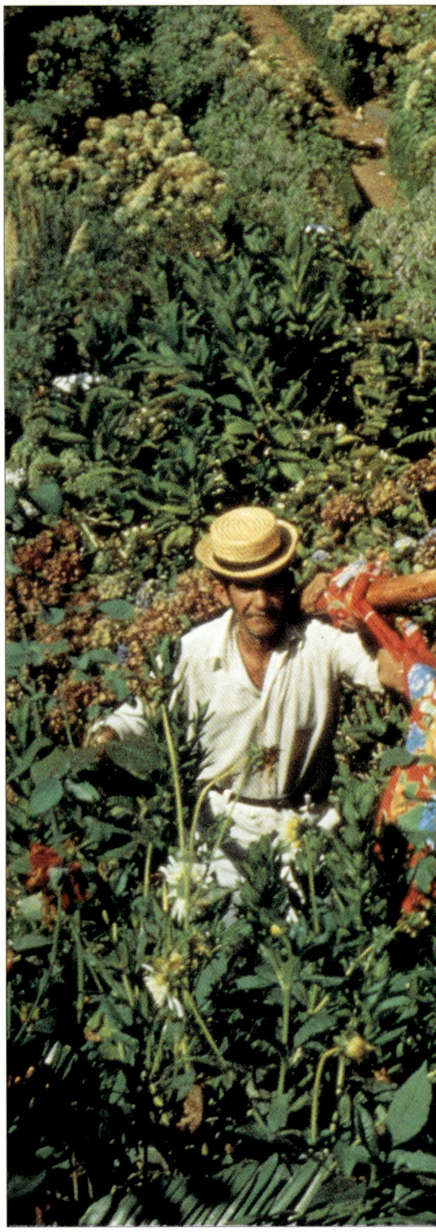

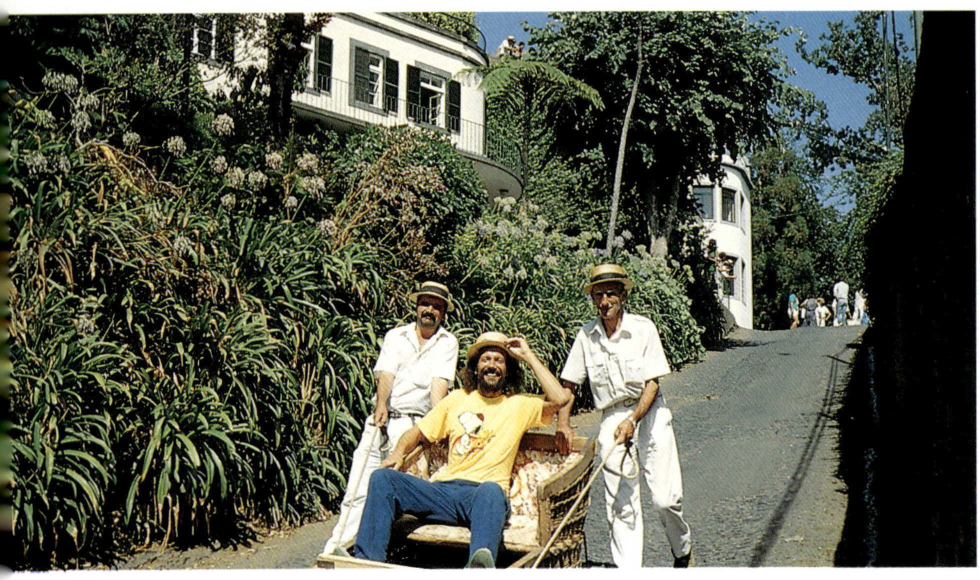

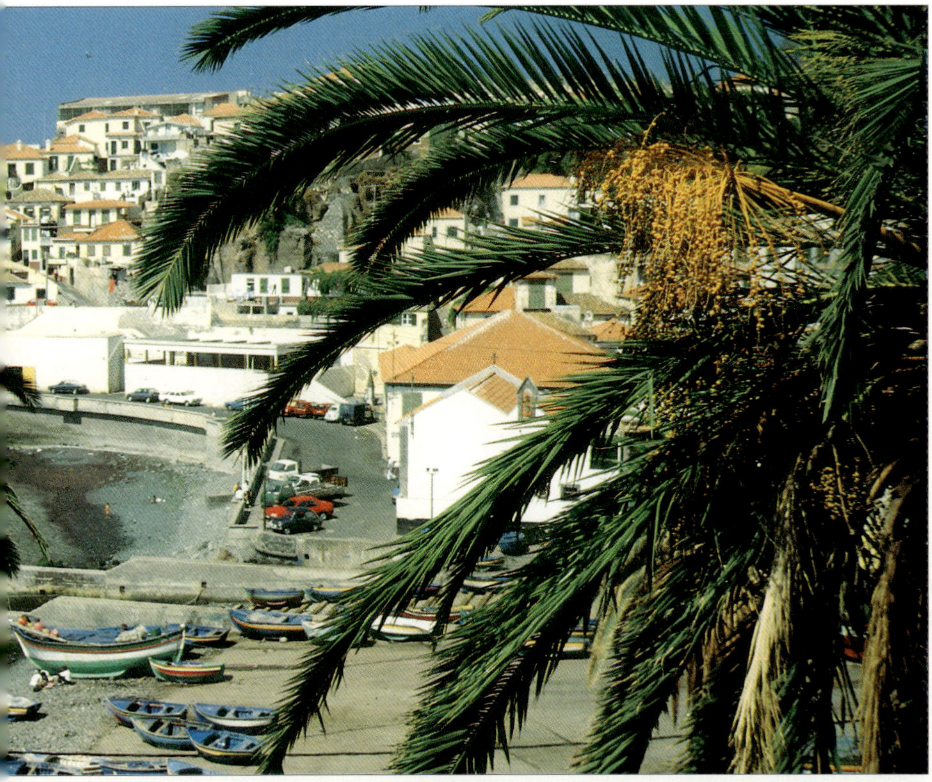

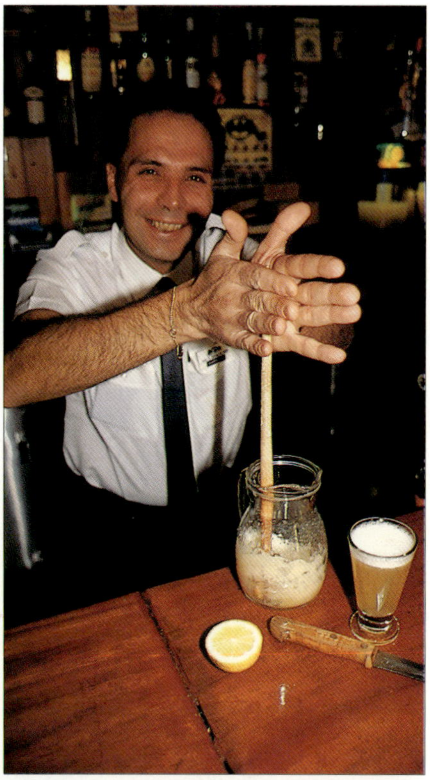

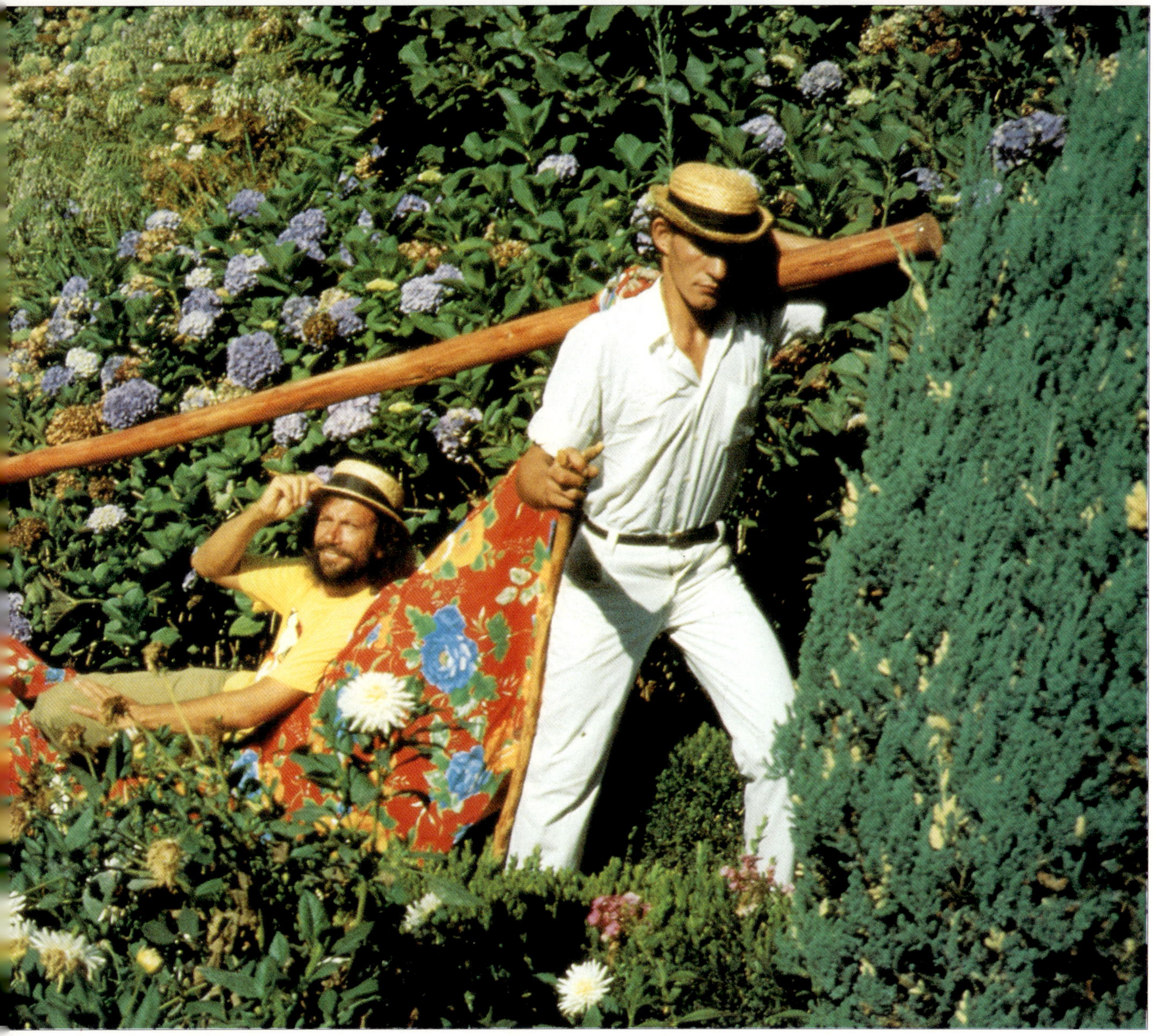

Les Canaries

Sept îles et quelques îlots et rochers sont traditionnellement le point de départ des «atlanticos», ces voiliers qui entament souvent ici leur première grande traversée océanique.

C'est de Santiago, dans l'île de Gomera, que Colomb est parti en 1492 ; c'est de Las Palmas que partent généralement des manifestations comme la Transat des Alizés ou son équivalent britannique, l'ARC, du journaliste Jimmy Cornell (ce genre de départ groupé donne souvent le courage de s'élancer à des équipages hésitants, mais je pense que seul un départ individuel permet de choisir la meilleure météo, et le moment où on est véritablement prêt).

Le départ d'un voilier à travers l'Atlantique déclenchait jadis des concerts de cornes et de trompes; de nos jours, des centaines de bateaux s'élancent chaque année.

Ils préfèrent souvent aux ports souvent malpropres de Las Palmas (Grande Canarie) ou de Santa Cruz de Tenerife les marinas récemment construites au sud des îles, Puerto Rico, Pasito Blanco, Los Cristianos ; ma préférence va au très agréable Puerto de Mogan (Grande Canarie), tranquille et chaleureux avec ses jolies constructions modernes et son village ancien accolés au pied de falaises abruptes.

Si certaines parties de l'archipel sont envahies de millions de touristes (éviter absolument la monstrueuse Maspalomas, Grande Canarie, qui regorge de monde en pleine saison), il y a quand même de belles choses à voir avant de quitter les Canaries: les vignobles lunaires de Lanzarote, les dunes de Fuerteventura, les routes tortueuses de la Grande Canarie (où l'on découvre soudain, inattendus dans cette île aride, des lacs et des forêts!), et bien sûr les paysages fantasmagoriques découverts dans les parages du Teide, le plus haut sommet d'Europe (puisque les Canaries sont des provinces espagnoles).

En naviguant au long des côtes des Canaries, on se méfiera des «accélérations» de l'alizé entre les îles : le vent peut y passer de 5 à 30 nœuds sur une distance de 100 ou 200 mètres... de quoi assurer parfois un départ en fanfare aux atlanticos mal préparés qui attendent cet alizé promis, mais pas toujours si ponctuel ni régulier.

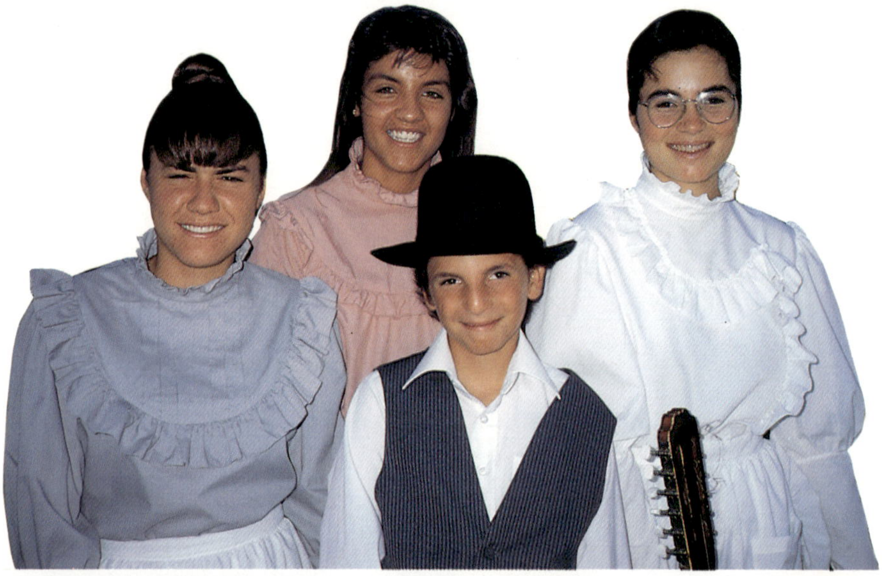

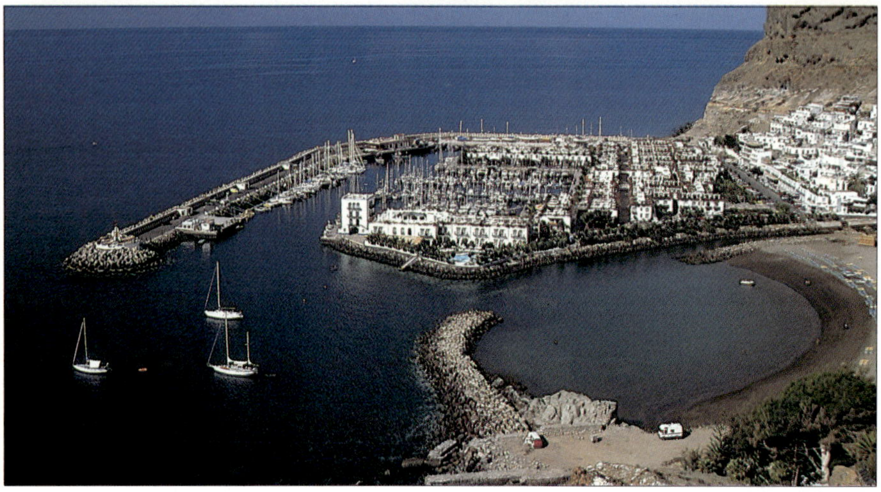

Iles du Cap-Vert

Des Canaries aux Antilles, la route conseillée ne passe qu'à une centaine de milles au nord-ouest des îles du Cap-Vert; et pourtant la plupart des bateaux dédaignent cette escale... ils ont bien tort: si l'archipel est pauvre et balayé par des vents forts chargés de poussière venue du Sahara, j'y ai toujours trouvé chaleur, sympathie et, dans cette nature ingrate, assez de beauté pour garder des souvenirs émus des îles, de leurs habitants, Portuguais, Créoles, Africains, et de leur musique. Aux dernières nouvelles, la musique cap-verdienne parvient enfin à accéder aux hit-parades internationaux, avec Cesaria Evoria et Boy Ge Mendes, entre autres.

A l'Ilha do Sal, le mouillage de Santa Maria est bien rouleur, mais l'accueil du petit hôtel Morabeza vous fera oublier la houle (on peut faire ici son entrée dans l'archipel aux bureaux de douane et d'immigration de l'aéroport international). Les îles de Boa Vista, Maio, Fogo, Brava, São Nicolau, Santa Lucia, n'ont que des mouillages approximatifs, surtout de janvier à mars, où les vents sont les plus forts; on n'obtient d'ailleurs pas forcément l'autorisation d'y faire halte; mais l'escale à Praia, île de Santiago, et surtout à Mindelo, île de São Vicente, moins africaine, plus abritée, sera assez confortable pour que vous vous surpreniez à prolonger votre séjour, le temps de mieux connaître la musique d'ici (Mornas et Coladeiras) et la cuisine cap-verdienne.

Les formalités d'entrée et de sortie se sont fortement améliorées depuis que l'archipel a choisi une ligne politique plus libérale et abandonné le parti unique. Des jeunes gens dynamiques vous assisteront et vous aideront à acquérir, si besoin est, carburants et eau de désalinisation.

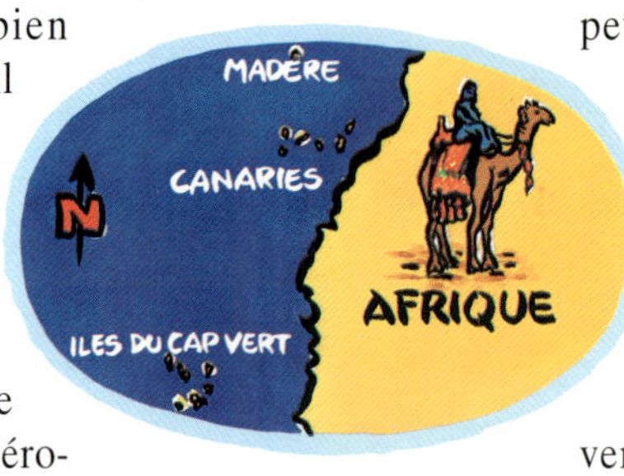

Mais ne comptez pas trop sur les petits marchés ni les boutiques sommaires de ces îles pour vous fournir une grande variété de fruits et légumes lorsque vous préparerez votre prochaine longue traversée océanique.

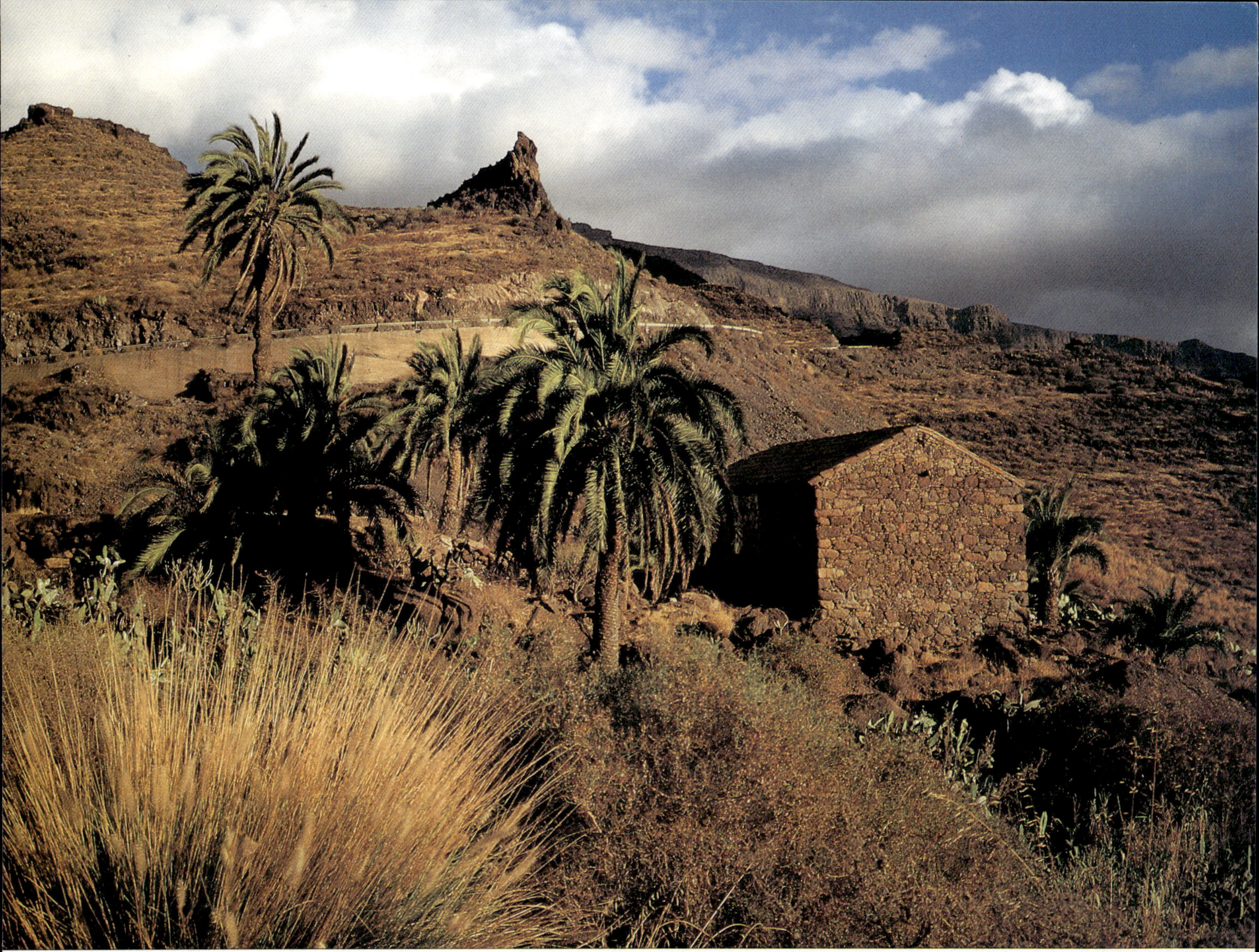
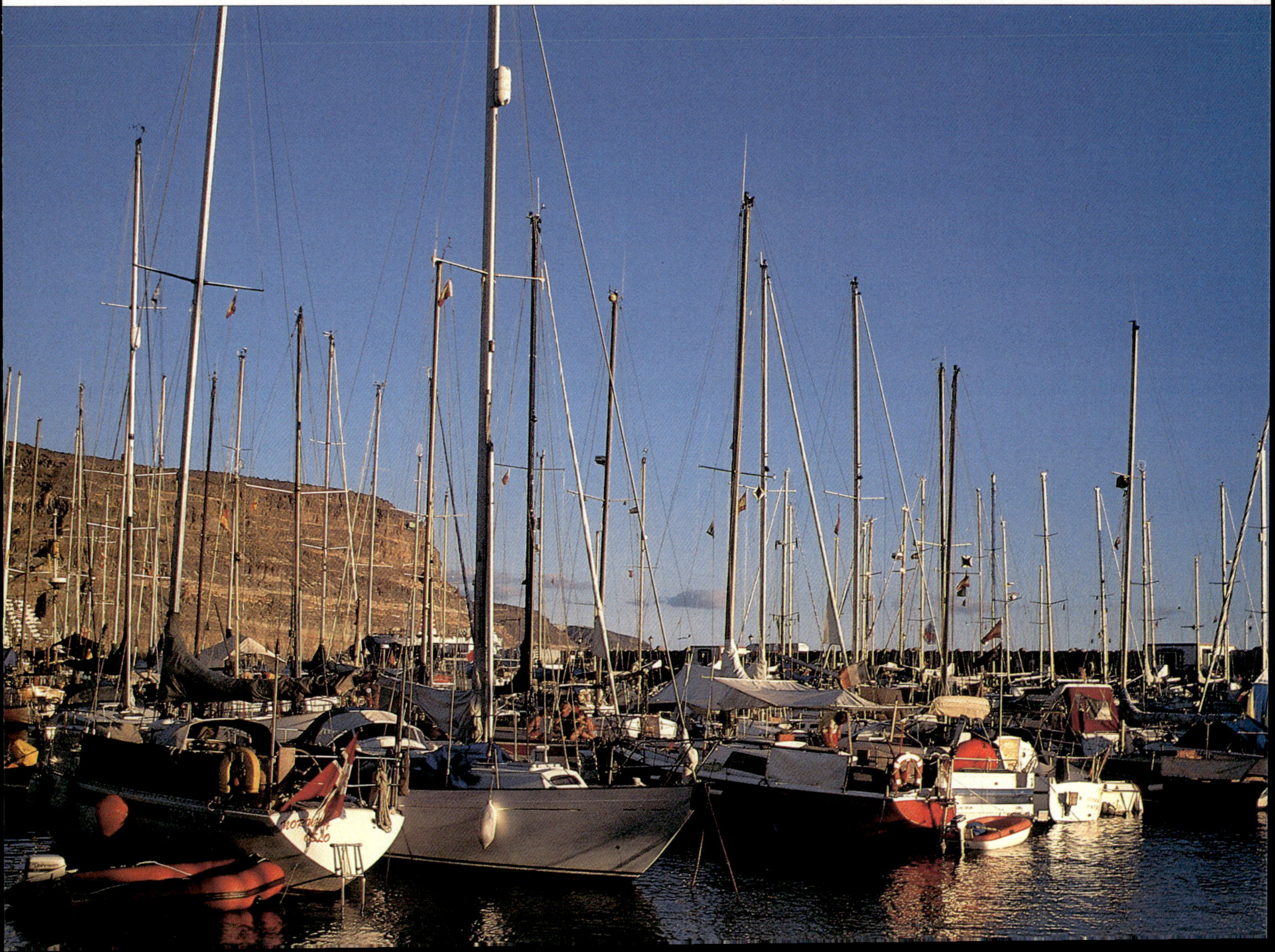

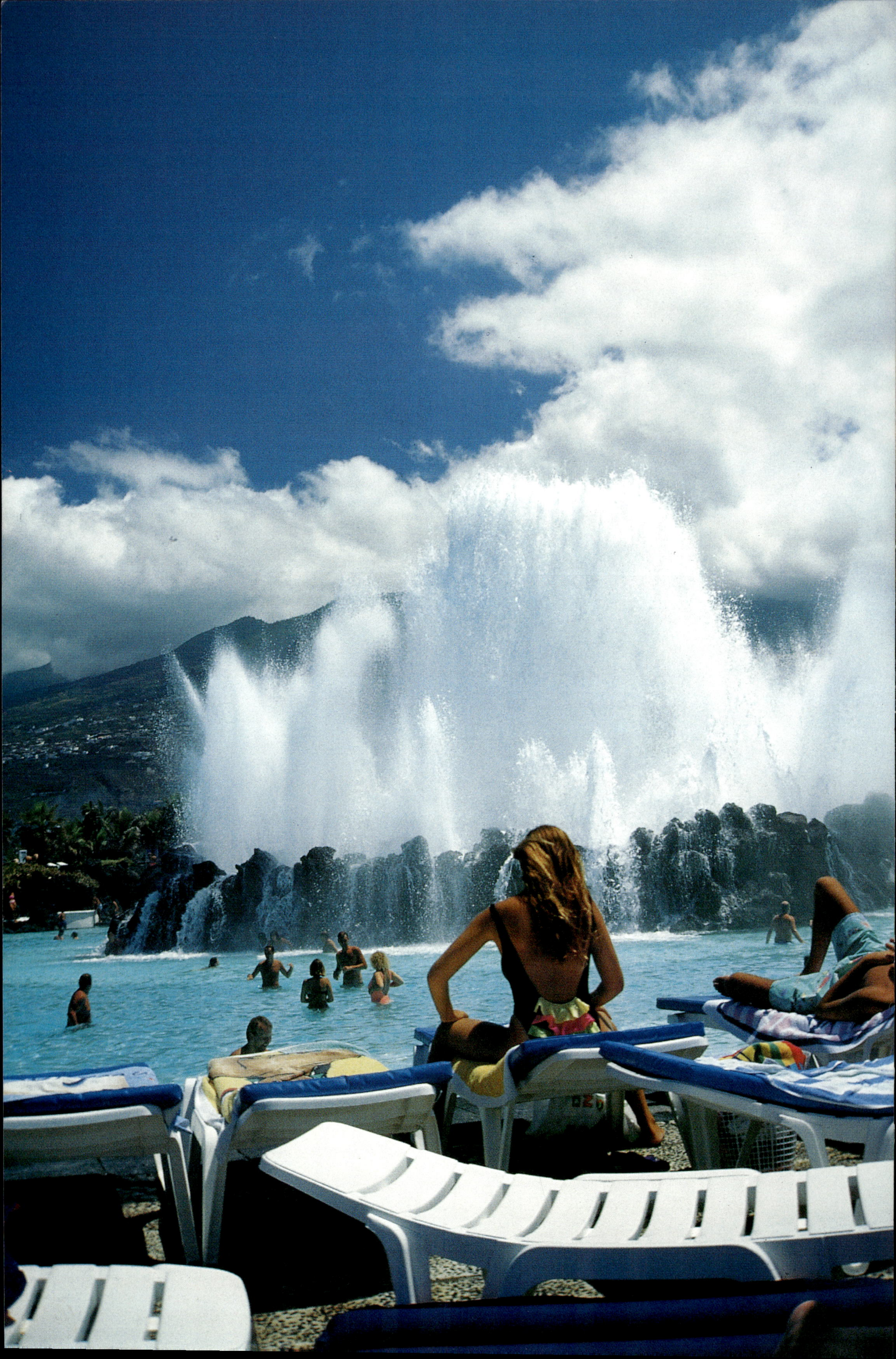

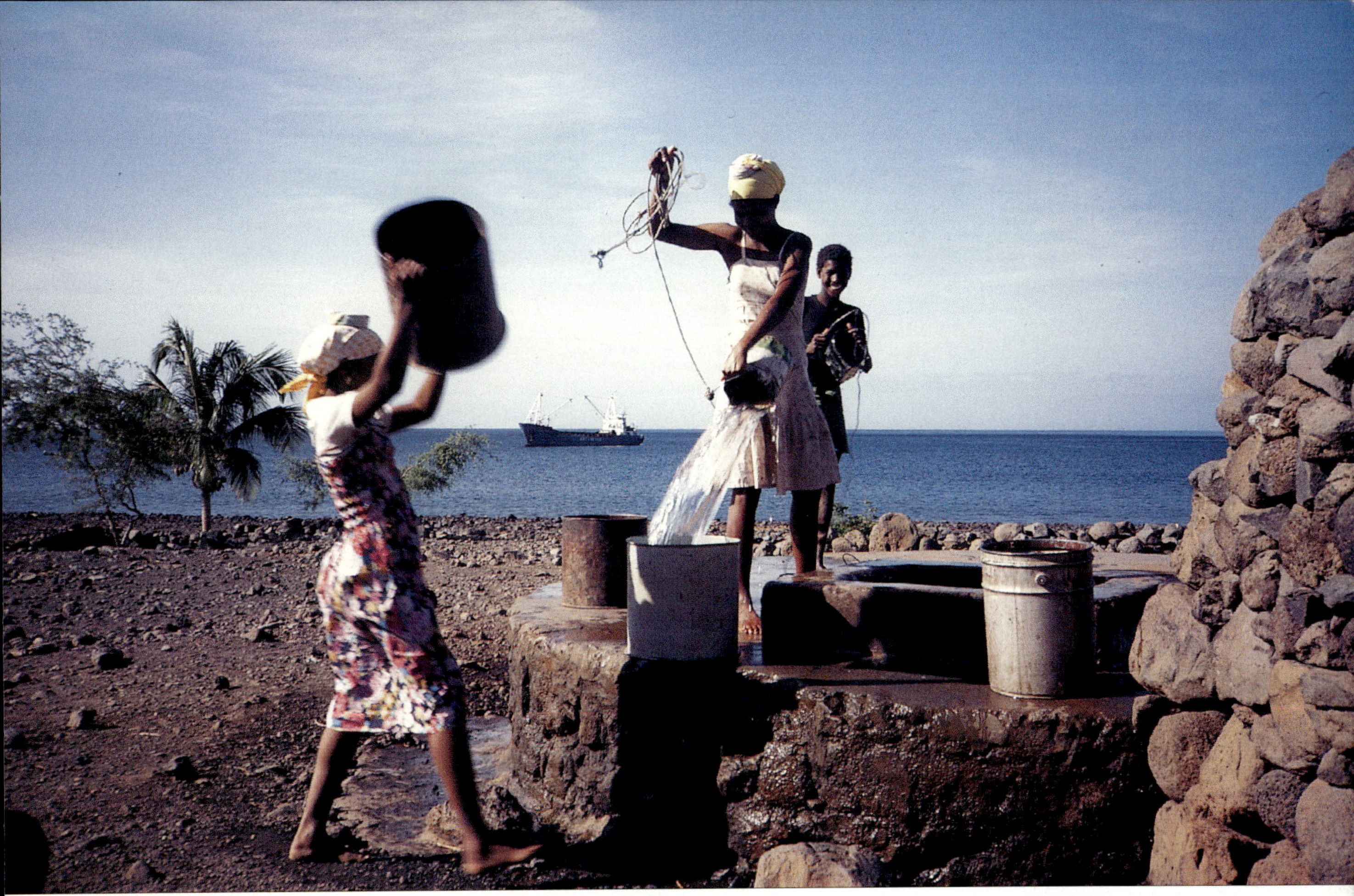

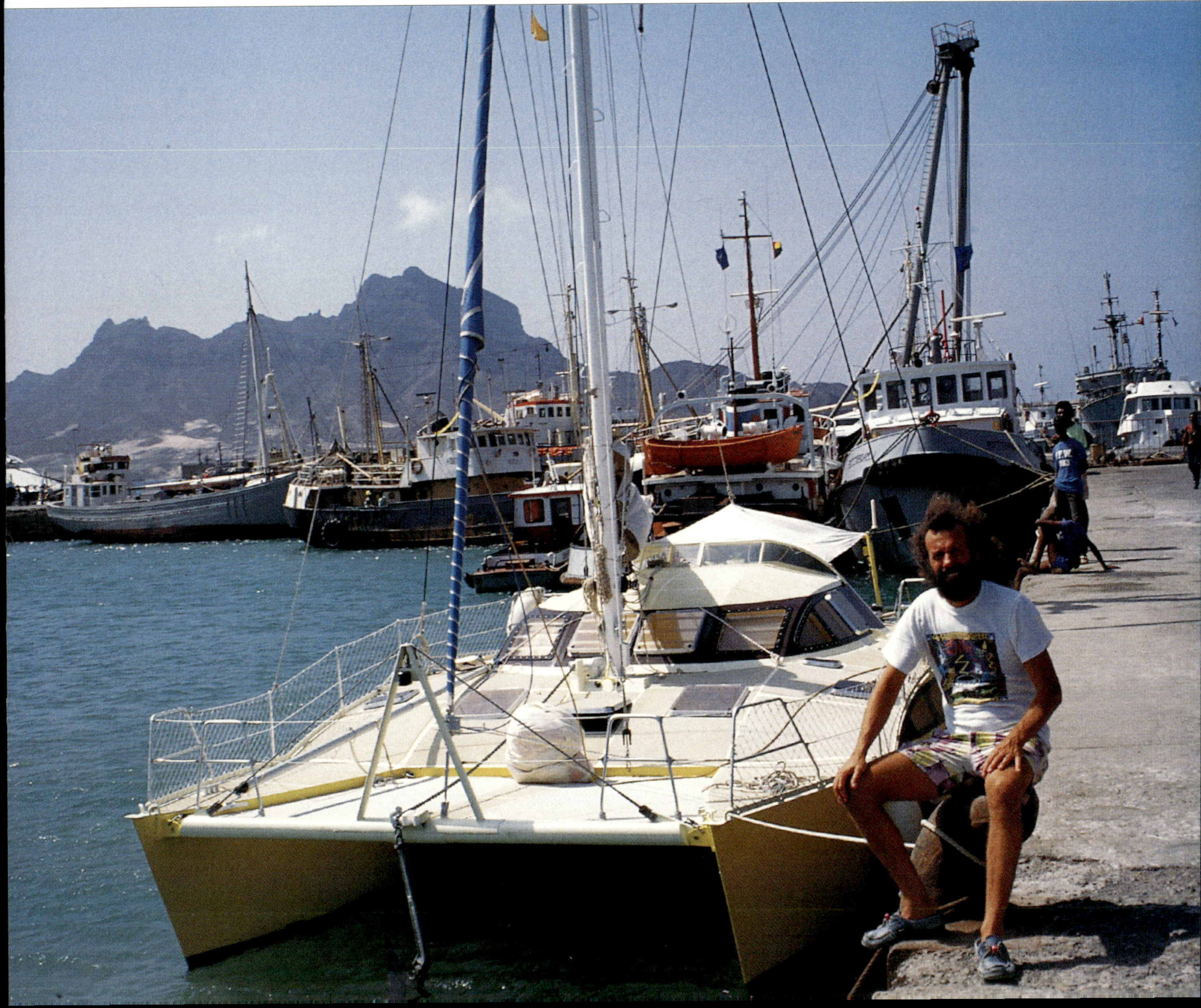

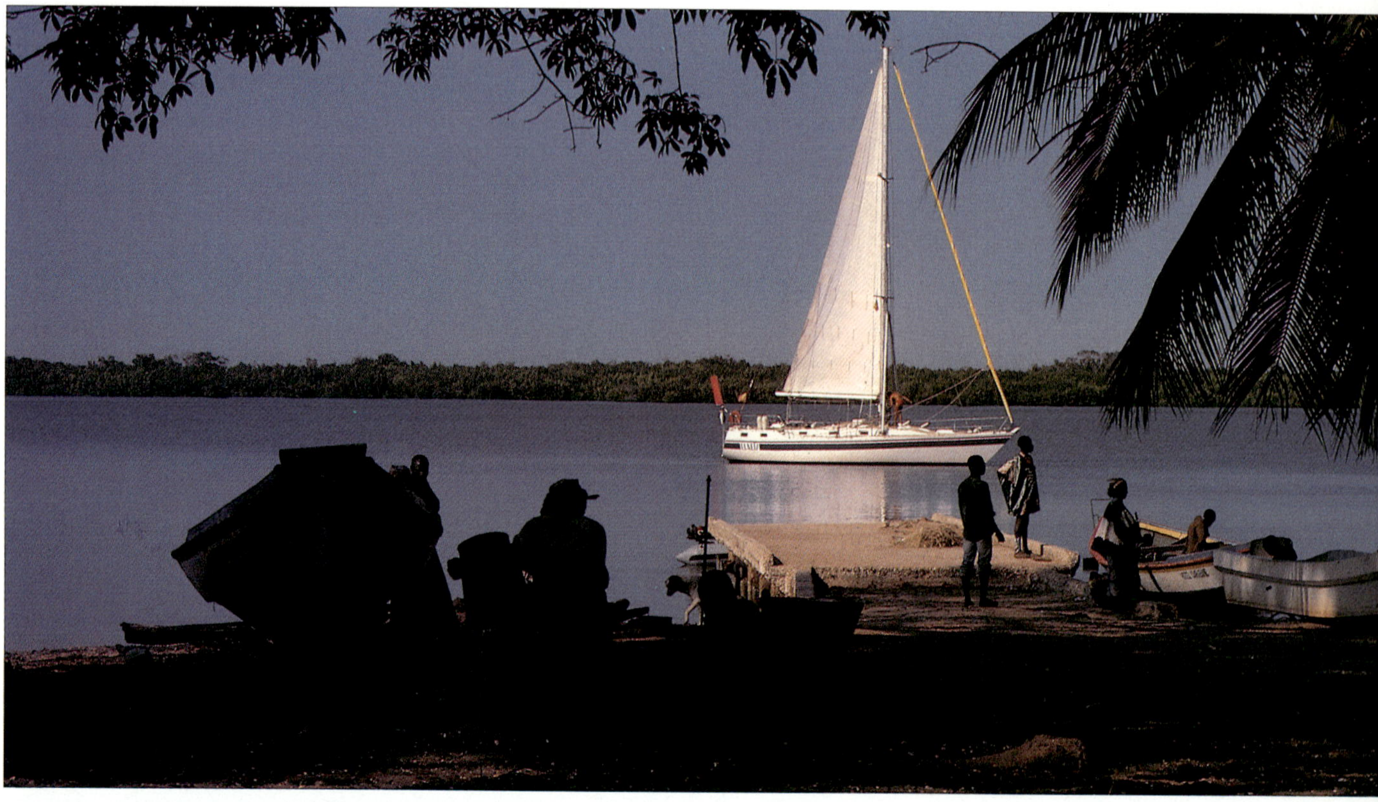

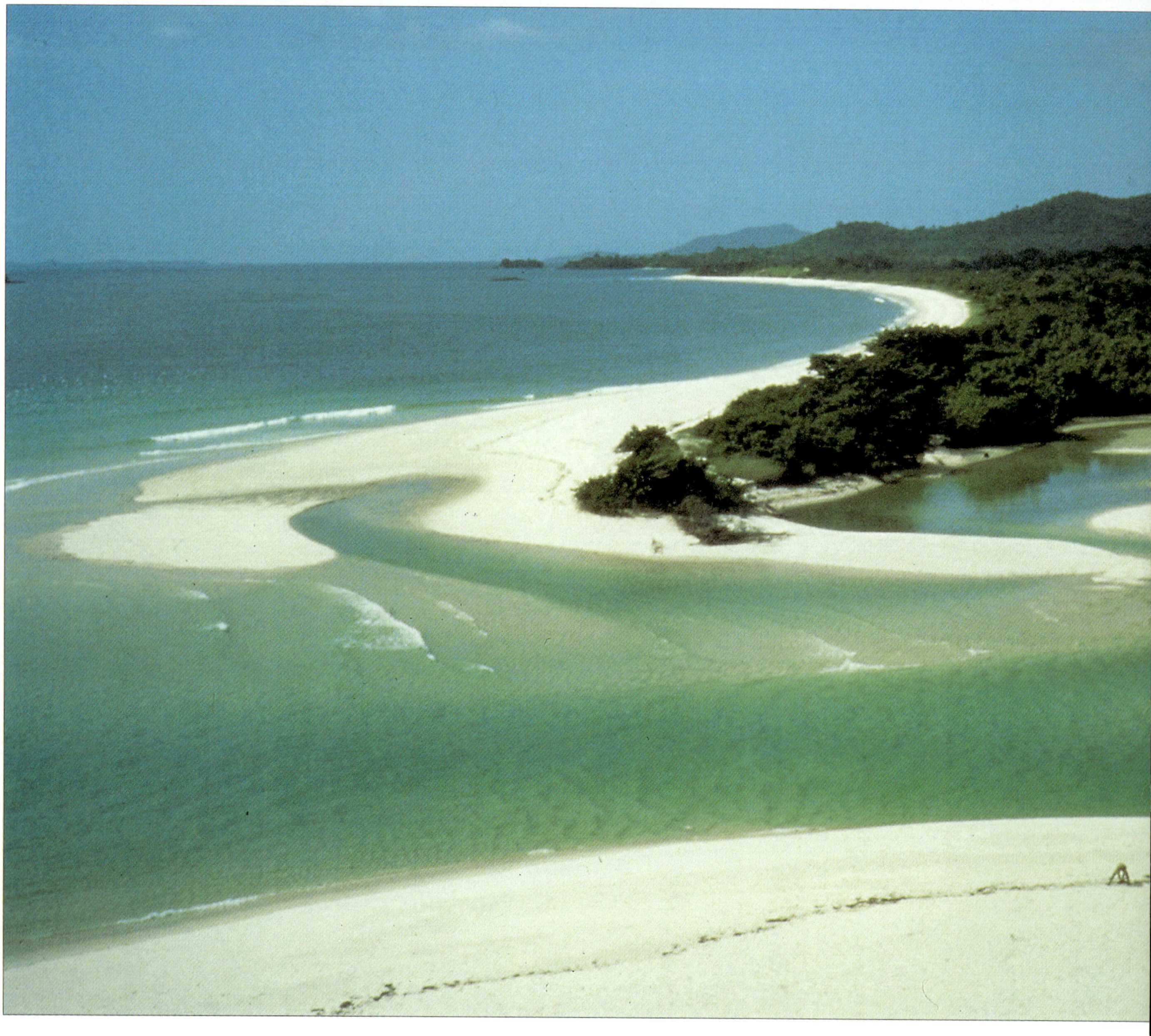

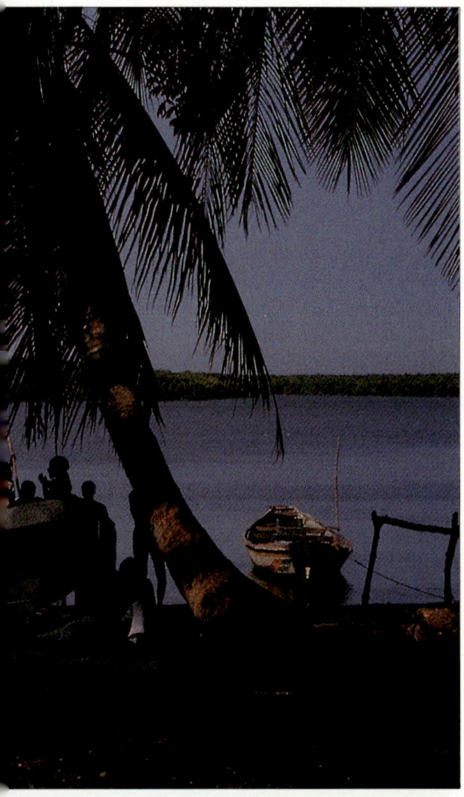

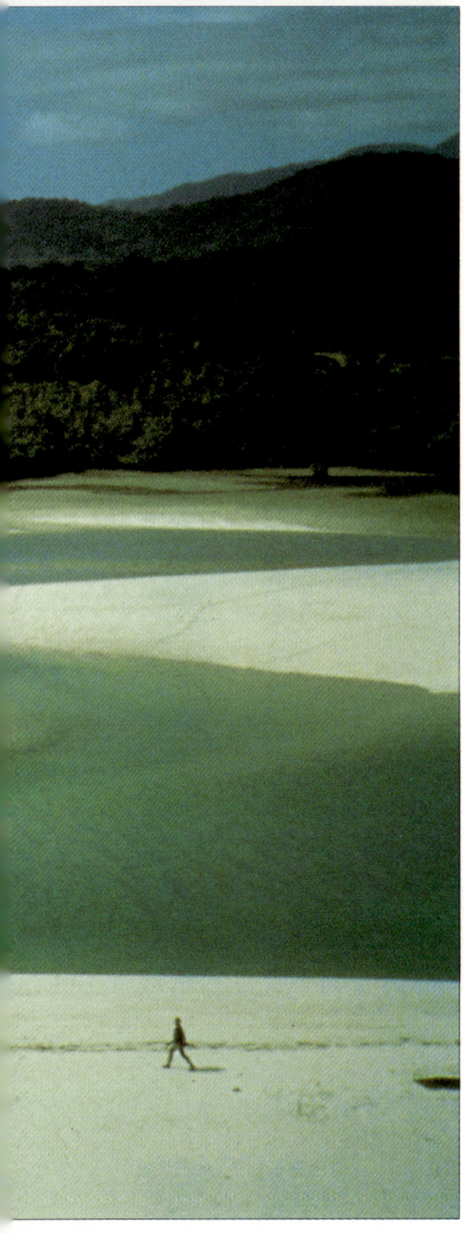

Escapade africaine

Certains, avant de franchir l'Océan, préféreront contourner les côtes d'Afrique et faire escale dans quelques-uns des pays qui s'y succèdent. L'alizé, généralement, les trahira, remplacé en été par une mousson de sud-ouest, moins régulière.

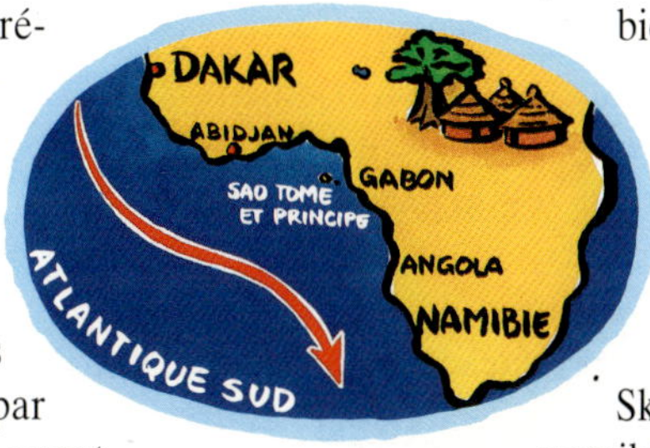

Des troubles politiques intermittents ou permanents n'améliorent pas la situation dans certaines de ces nations : les luttes tribales en Casamance risquent sans doute de gâcher le séjour sur ce fleuve, pourtant fascinant, des îlots de Carabane au petit port fluvial de Ziguinchor.

Personne ne fait sans doute plus escale de gaieté de cœur au Liberia; de même que les activités voisines de la piraterie signalées à l'approche des côtes du Nigeria n'inspirent guère confiance. Mais quelques escales restent possibles et seront l'occasion de découvrir un continent grandiose, âpre et souvent menacé: Saint-Louis, Dakar, le Saloum vous révéleront des images très diverses du Sénégal; les îles Bijagos sont restées à l'écart des troubles qui ont agité la Guinée-Bissau lors des guerres de l'Indépendance.

La Sierra Leone tente de s'ouvrir au tourisme, et mon copain Georges Console, armateur et capitaine du petit paquebot *Bou-el-Mogdad,* y propose maintenant des croisières comparables à celles qu'il fit longtemps sur le Sénégal. Abidjan ou Libreville sont deux immenses métropoles où la richesse côtoie la pauvreté. Quelques îles comme São Tomé et Príncipe, Annobom semblent bien ancrées, insensibles au flot du temps, mais l'Angola paraît ne pas pouvoir sortir du triste cauchemar qui le déchire depuis si longtemps déjà; Luanda, pourtant, était, dit-on, une bien belle ville.

Plus loin, vents et courants s'opposeront à ce que vous suiviez la côte à destination des rivages ingrats de la Skeleton Coast (la côte namibienne jonchée d'épaves pareilles à des squelettes) : vous quitterez sans doute là le continent noir pour chevaucher l'alizé de sud-est vers les rivages de l'Amérique du Sud ou vers l'arc Antillais.

Croisières sur le *Bou-el-Mogdad* en Sierra Leone : Jet Tours. Les compagnies du groupe Air France relient Paris à Dakar, Conakry, Freetown, Abidjan et Libreville.

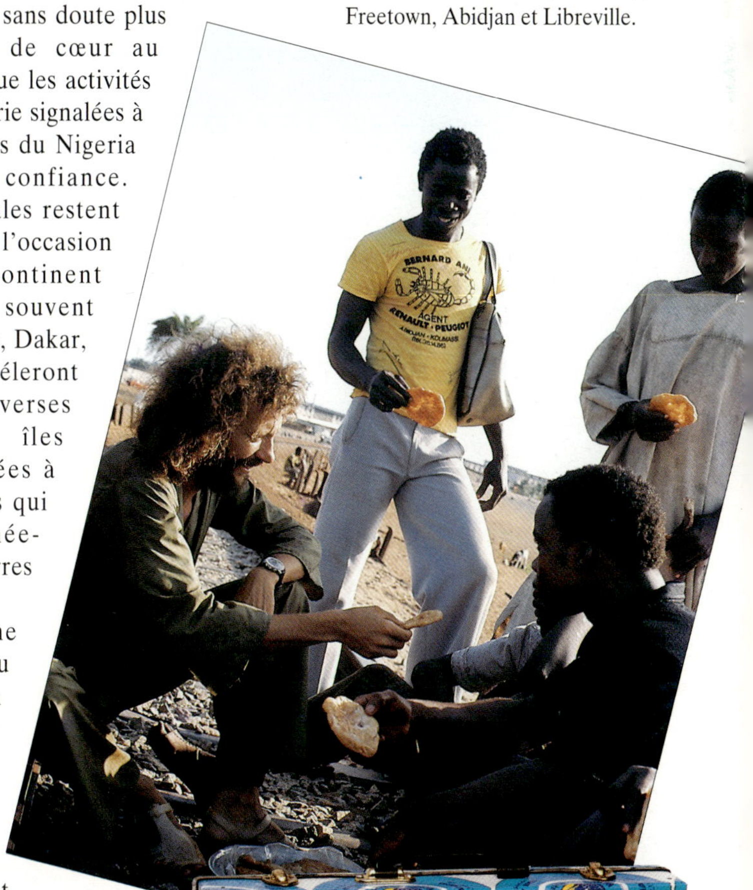

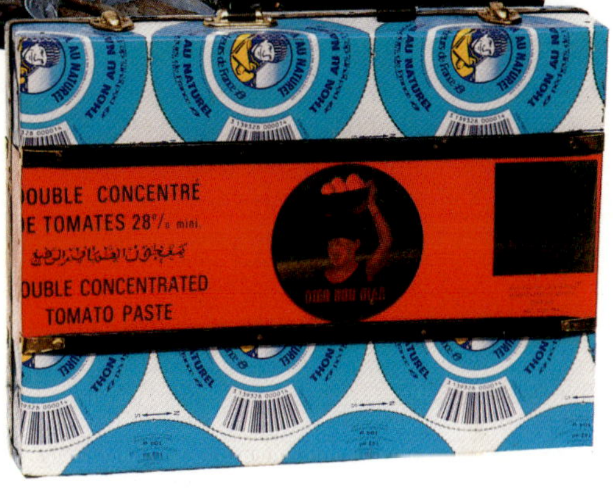

Traversées océaniques

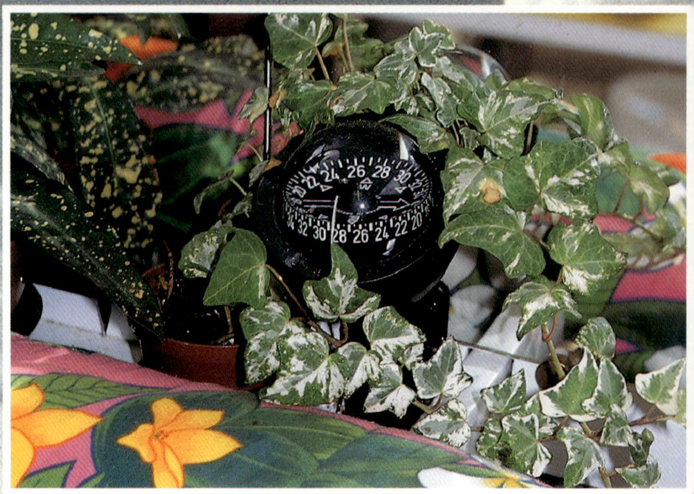

Premières nuits en mer, premières frayeurs, première traversée de quinze, vingt, trente jours ! Le pilote automatique (puissant mais gourmand en ampères comme l'Autohelm 7000, ou simple et bon marché comme les plus petits modèles) ou le régulateur d'allure (il ne consomme pas d'électricité, mais il est plus difficile à faire fonctionner, et il ne sert à rien quand on marche au moteur) remplacera le meilleur des équipiers. Et puis, bien sûr, la terre perdue de vue, il faudra savoir où l'on est !

Je suis content d'avoir en vingt ans de croisières, vécu le passage de la navigation astronomique au système électronique de navigation par satellites, le GPS.

Le sextant, j'ai beaucoup aimé; j'ai été fasciné par la merveilleuse possibilité de demander ma route au soleil, aux étoiles, à la lune, même aux planètes; les calculs, les tracés (simples, mais demandant un minimum de rigueur) m'ont passionné, et il m'est arrivé, pour me glisser de nuit entre deux récifs de l'océan Indien, de faire plus de cent relevés d'étoiles par une nuit de pleine lune.

Mais lorsque le Sat Nav est apparu, j'ai vite réalisé l'extraordinaire sécurité qu'il apportait. Maintenant qu'on trouve, à partir de trois mille à cinq mille francs, de petits récepteurs (comportant en fait un ordinateur très sophistiqué) qui après deux minutes d'initialisation calculent à chaque seconde votre position, votre vitesse et votre route sur le fond (vous signalant en particulier tout courant qui chercherait à vous dépaler), la route à faire pour atteindre votre prochaine escale, et la distance qui vous en sépare... eh bien, un peu de poésie s'est envolée, mais mes dieux célestes tutélaires sont maintenant électroniques.

Un conseil cependant, l'électronique, on le sait, tombe en panne ; même si on a un deuxième GPS de secours (ça devient abordable) il est essentiel d'avoir à bord un sextant, une montre exacte, les documents nécessaires pour faire un point astro (éphémerides nautiques et tables HO249); essentiel aussi d'avoir appris à faire ces calculs simples que sont une méridienne et une droite de hauteur; essentiel enfin, pour ne pas perdre la pratique, de faire de temps en temps un relevé et de le calculer.

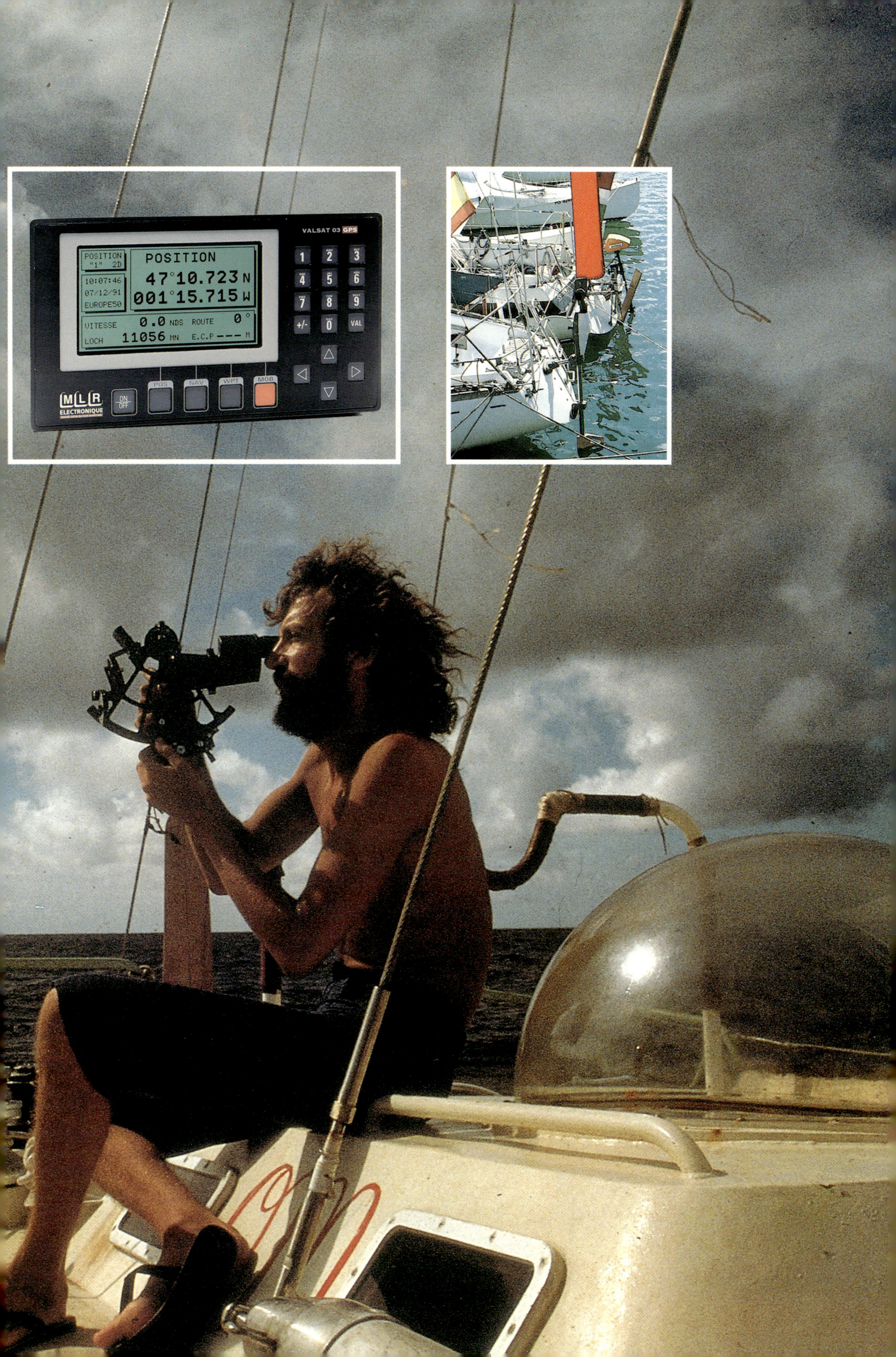

VALSAT 03 GPS
POSITION "1" 2D
10:07:46
07/12/91
EUROPE50
POSITION
47°10.723 N
001°15.715 W
VITESSE 0.0 NDS ROUTE 0°
LOCH 11056 MN E.C.P --- M
VAL
ON OFF
POS
NAV
WPT
MOB
MLR ELECTRONIQUE

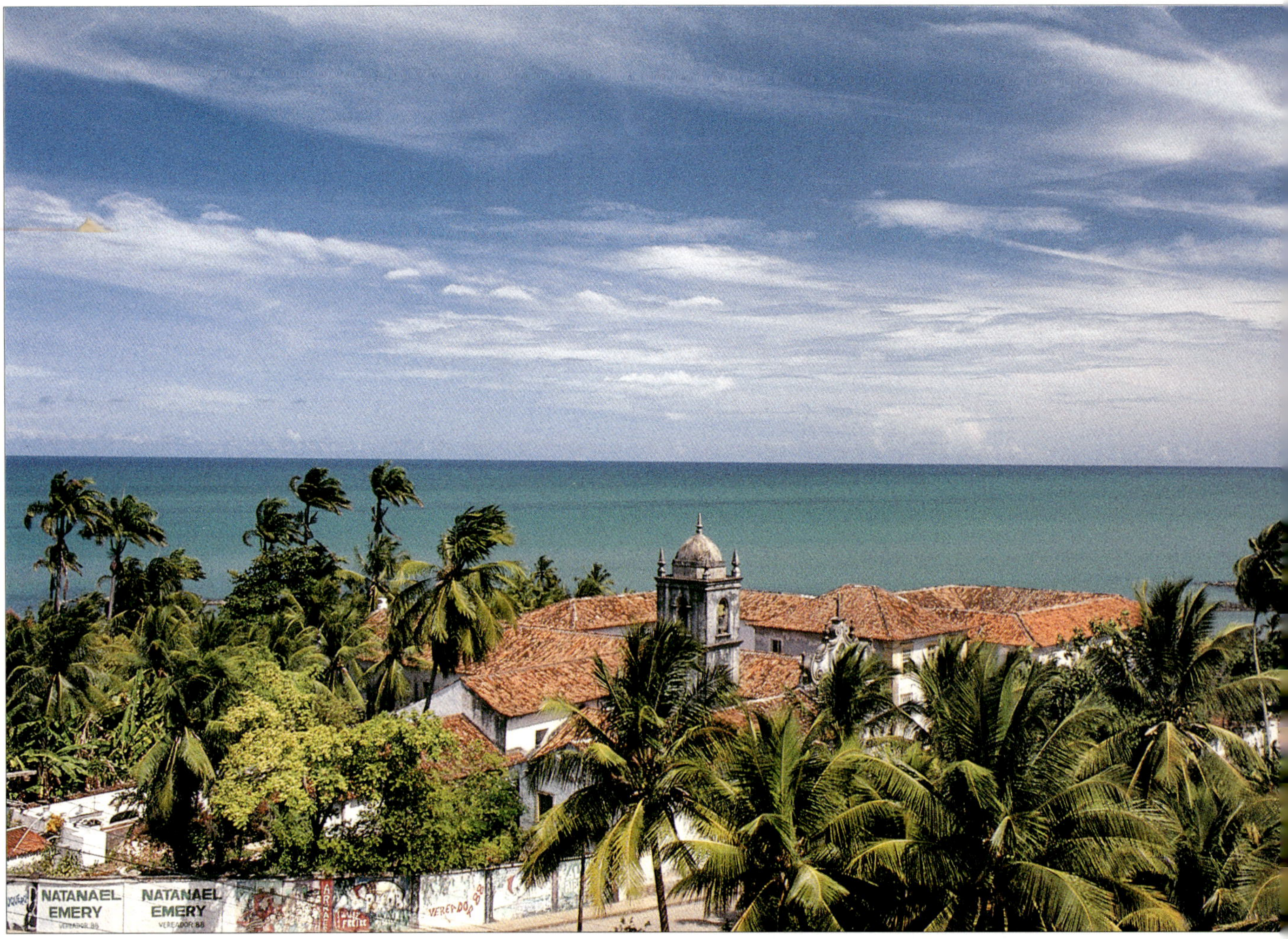
NATANAEL
EMERY
NATANAEL
EMERY

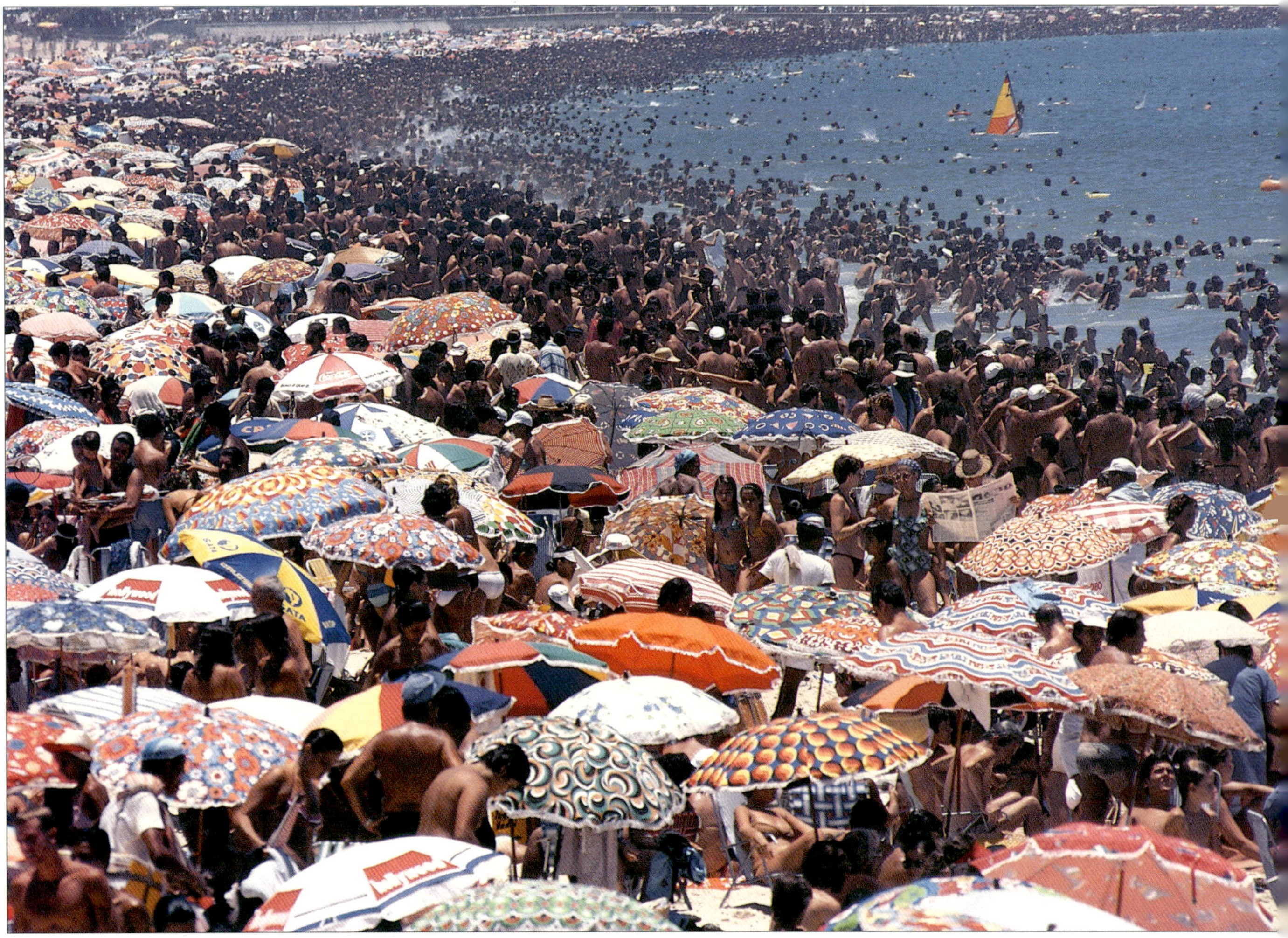

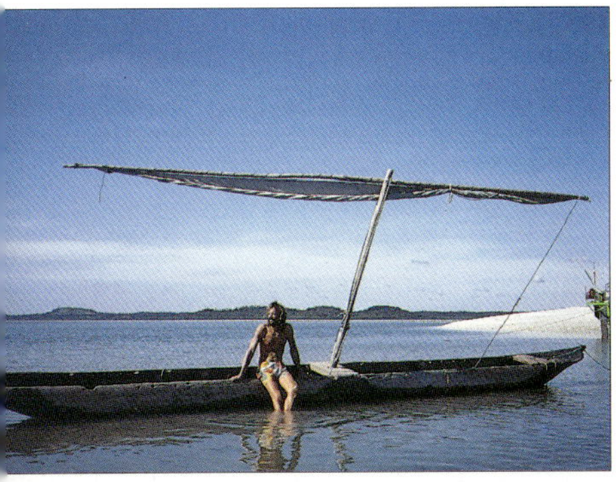

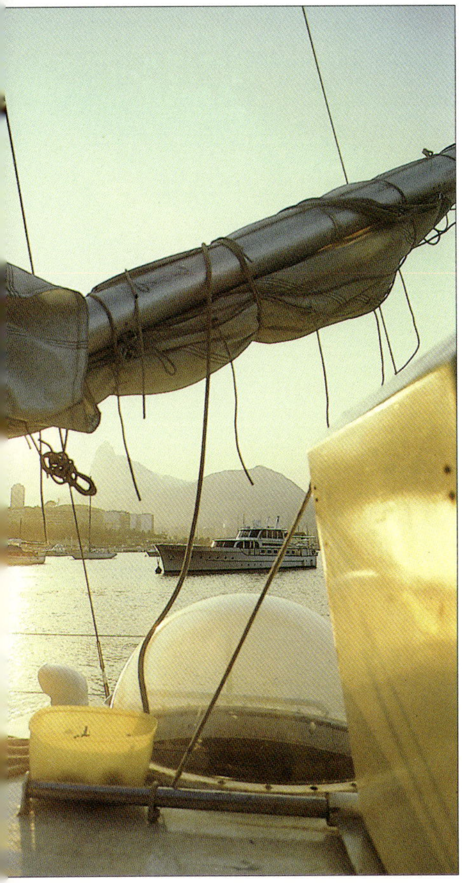

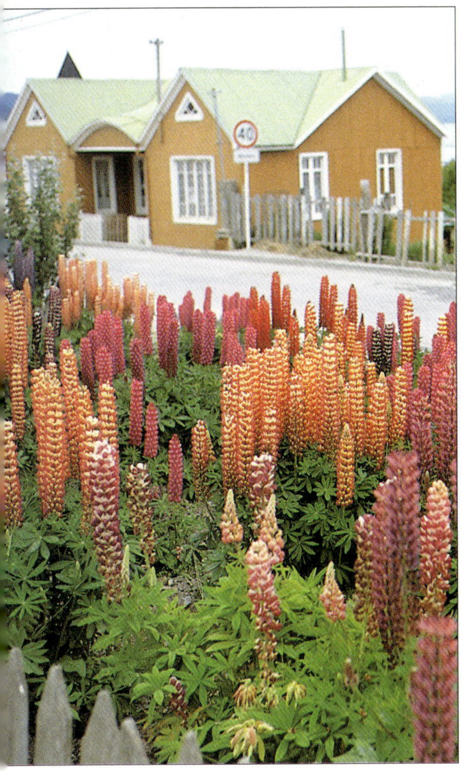

Escapade sud-américaine

Brésil, Argentine, Terre de Feu

Venant des parages des îles du Cap-Vert, il aura fallu franchir le Pot au Noir, qui posait tant de problèmes à Mermoz et aux autres pilotes de l'Aéropostale. Sauf si vous rêvez de bouchonner des jours et des jours sur une mer d'huile et par une chaleur étouffante, de guetter l'arrivée des orages qui, vous apportant des brises de courtes durées, violentes et de directions imprévisibles, vous feront à chaque fois gagner quelques milles, il vaudra mieux utiliser votre moteur (et d'éventuelles réserves supplémentaires de carburant prévues à cet effet) pour rallier en une journée ou deux le domaine de l'alizé de sud-est.

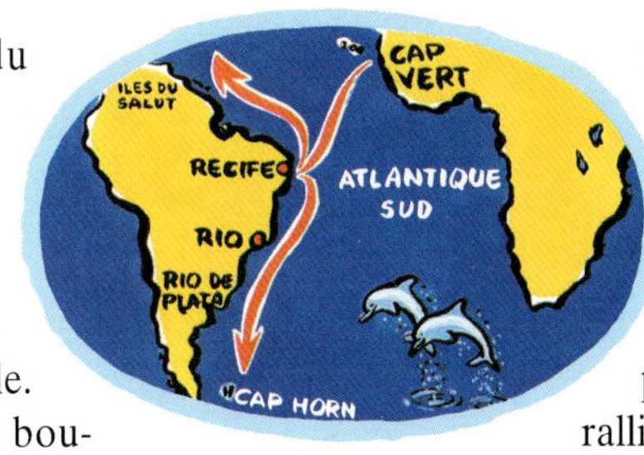

Alors, voguant bâbord amures, vous sentirez approcher l'immense continent sud-américain, découvrirez sur les ondes des stations de radio diffusant des musiques extraordinaires; et bientôt les rivages du Brésil, les plages immenses et les récifs côtiers apparaîtront devant votre étrave.

Recife (autrefois, Pernambuco), Salvador, au bord de la baie de tous les Saints, la Bahia, Rio de Janeiro, voilà les escales les plus fréquentées; ma préférence va à Bahia, avec son Mercado Modelo et son ascenseur qui conduit à la ville haute, où les églises sont aussi nombreuses que les jours de l'année.

De nombreux mouillages s'offrent aux bateaux flâneurs, au voisinage d'Itaparica, par exemple, au pied de la petite cascade du Tororo, ou bien au fil des méandres des fleuves Cachoeira ou de Nazaré.

Rio de Janeiro, immense mégapole où les festivités du Carnaval durent une bonne partie de l'année, propose quelques mouillages spectaculaires au pied des pains de sucre du Leme ou du Corcovado. Plus à l'ouest, dans le dédale d'îlots et d'anses de la baie d'Ilha Grande, on pourra faire de longues escales... en se méfiant néanmoins des minuscules moucherons brésiliens, les borrachudos, dont les piqûres provoquent encore des démangeaisons exaspérantes un mois plus tard.

Au-delà, on abandonne les latitudes alizéennes. Magellan, Slocum et tant d'autres, avant le percement du canal de Panama, n'avaient pas d'autre choix pour rallier les eaux du Pacifique que d'emprunter cette route; dégringolant vers le sud les degrés de latitude, on rencontrera certainement un ou plusieurs *pamperos*, bourrasques locales qui couchent sur l'eau plus d'un navire...

Le rio de la Plata et, plus loin, la baie de Valdez seront quelques étapes sur la route de la Terre de Feu et de la très médiatiquement célèbre Ushuaia, ville la plus retirée de la planète. Jadis cauchemar des grands voiliers, le passage du Cap Horn peut faire l'objet d'une excursion de la journée à la belle saison ! Atteindre le Pacifique par le détroit de Magellan est une autre histoire : vents violents, mouillages scabreux, et tempêtes fréquentes côté Pacifique ont souvent renvoyé à l'est du Horn des voiliers qui croyaient déjà s'en être débarrassés. En ce qui me concerne, vous le savez, c'est pas mon truc... Retourner vers le canal de Panama vous donnera l'occasion de savourer à nouveau les délices du Brésil (Samba, caïpirinha, feijoada, candomblé...).

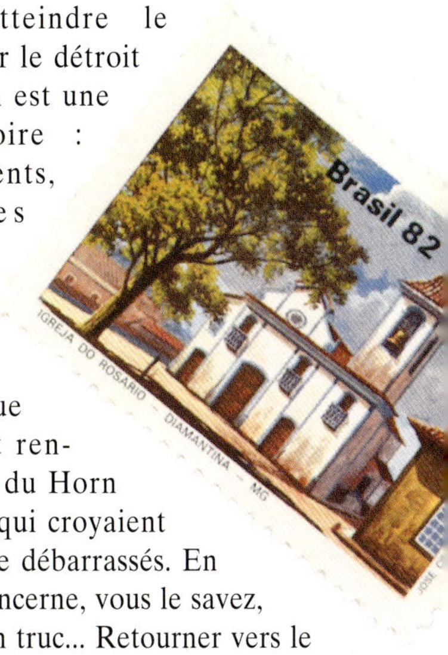

Et lorsque vous rêverez à nouveau d'eaux tropicales, passé le cap Sao Roque, un puissant courant vous emportera jusqu'aux Caraïbes, sans négliger une incursion sur l'un des fleuves du Nord-Est brésilien (Amazone), ou de Guyane (Oyapock, Cayenne, Kourou, Maroni) ou une escale dans un minuscule archipel chargé de souvenirs, les îles du Salut... Et l'on retrouve aux Antilles la route de l'alizé.

Grenade

Passez muscade

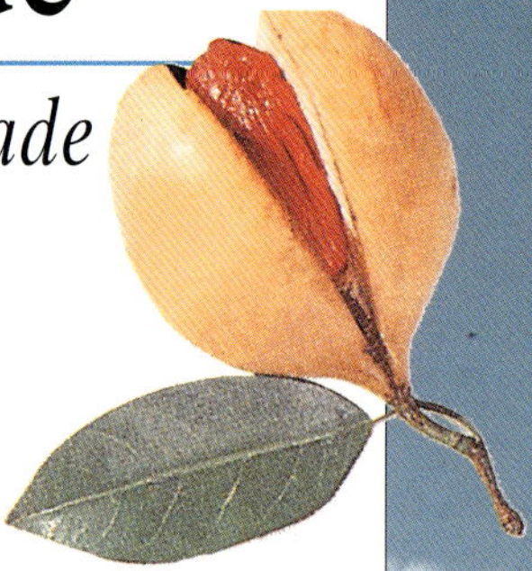

Il y a quelques années, Grenade était coupée du reste de la Caraïbe par le même «rideau de canne à sucre» qui entoure Cuba. Les conseillers de Castro avaient la mainmise sur l'île, y construisaient une piste d'atterrissage aux motivations inquiétantes. Les voiliers passaient tristement au large... Reagan a tapé du poing sur la table et, après quelques affrontements, Grenade a rejoint le chœur des nations libres, et l'on peut de nouveau faire escale dans cette île préservée, attachante.

Passez muscade... c'est cette noix qui a assuré jadis la prospérité de l'île et de sa capitale, Saint George's, sans aucun doute la plus jolie ville des Caraïbes, avec ses toits de tuiles encerclant les anses du Carénage. De nombreux voiliers y font escale, mais leur destination préférée, c'est le sud de Grenade, une côte découpée d'innombrables baies profondes, véritables fjords constituant autant d'excellents mouillages. Cascades, cultures, perroquets bariolés et singes placides justifient quelques randonnées dans cette île montagneuse, où la muscade est omniprésente: on en fait des confitures, des condiments, des colorants; on revêt même des chemins de coquilles de noix muscade pilées !

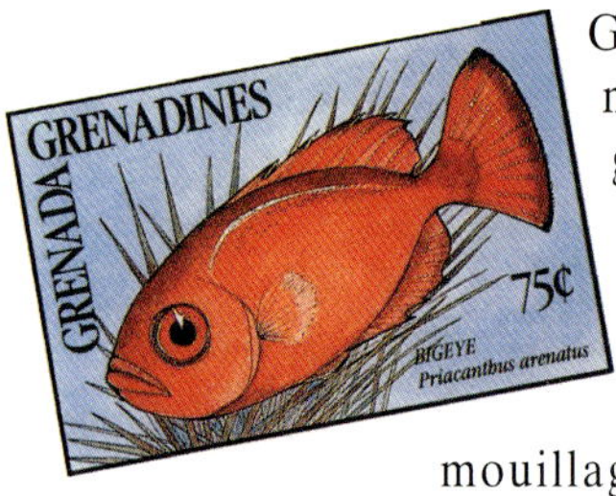

Quittant Grenade vers le nord, il faut généralement affronter un alizé contraire. Une halte au plaisant mouillage de l'île Ronde sera la bienvenue et l'on atteindra vite Carriacou, superbe. Les formalités d'entrée faites à Hillsborough, on ira mouiller dans la très belle Tyrell Bay où s'ouvre un des rares abris à cyclones des Antilles, une mangrove, bassin d'eau calme cerné de palétuviers. Quelques autres mouillages sont possibles à Sandy Island (fellinienne quand un paquebot y dépose des hordes de touristes) et surtout dans les jolies îles peu fréquentées qui émaillent la côte sud de Carriacou, White Island, Saline.

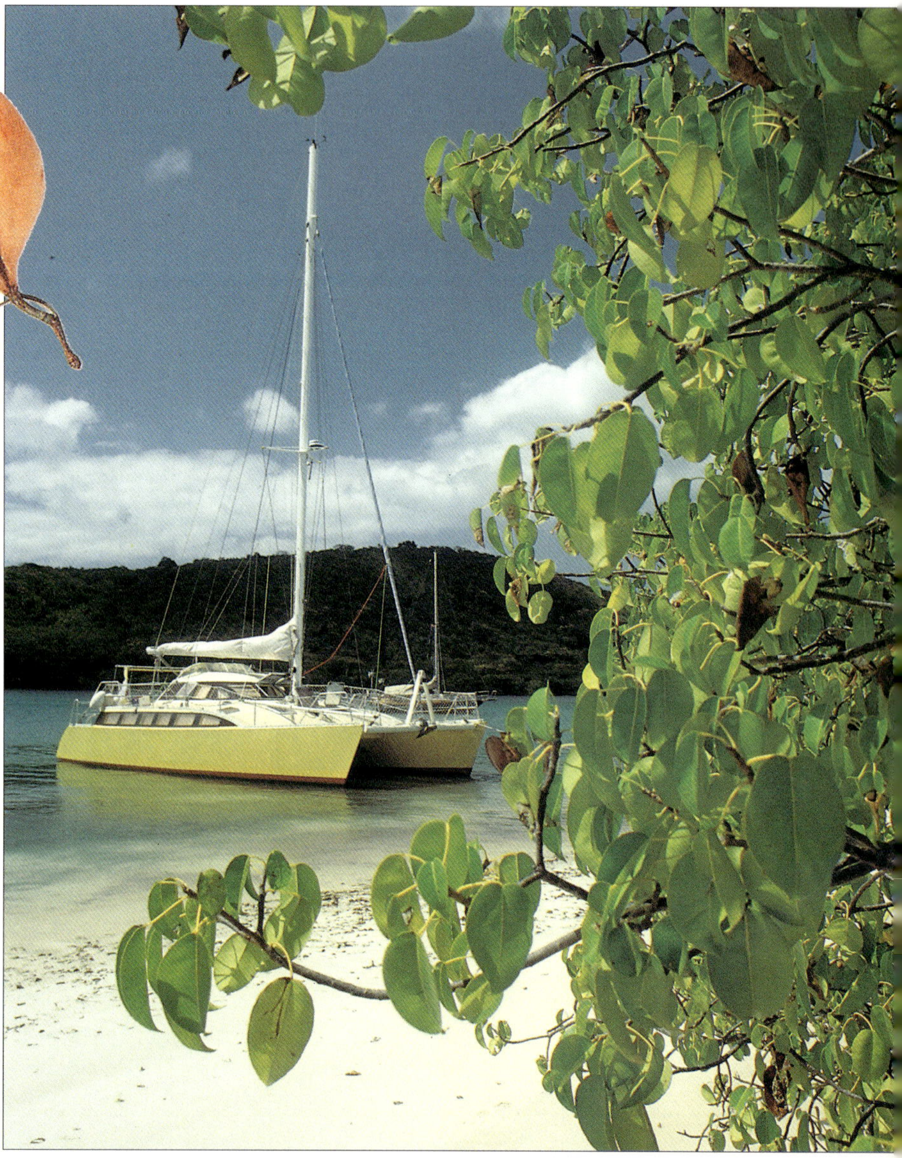

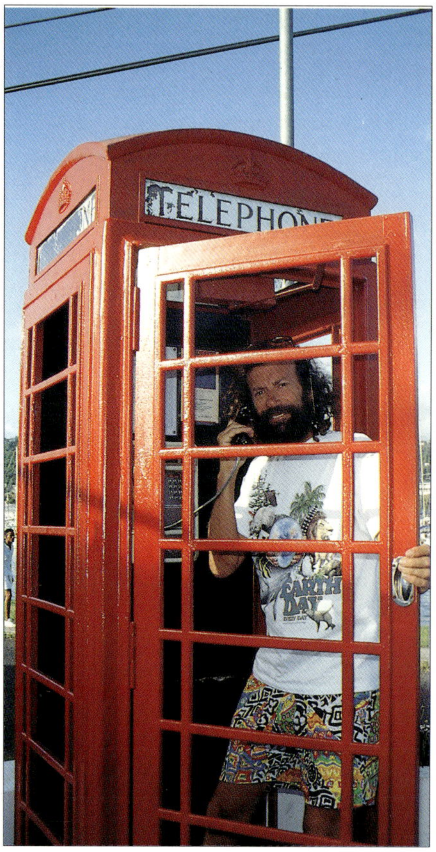

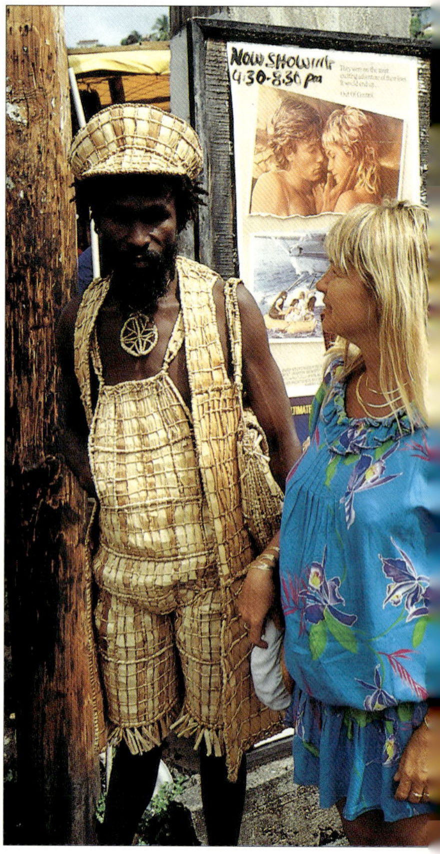

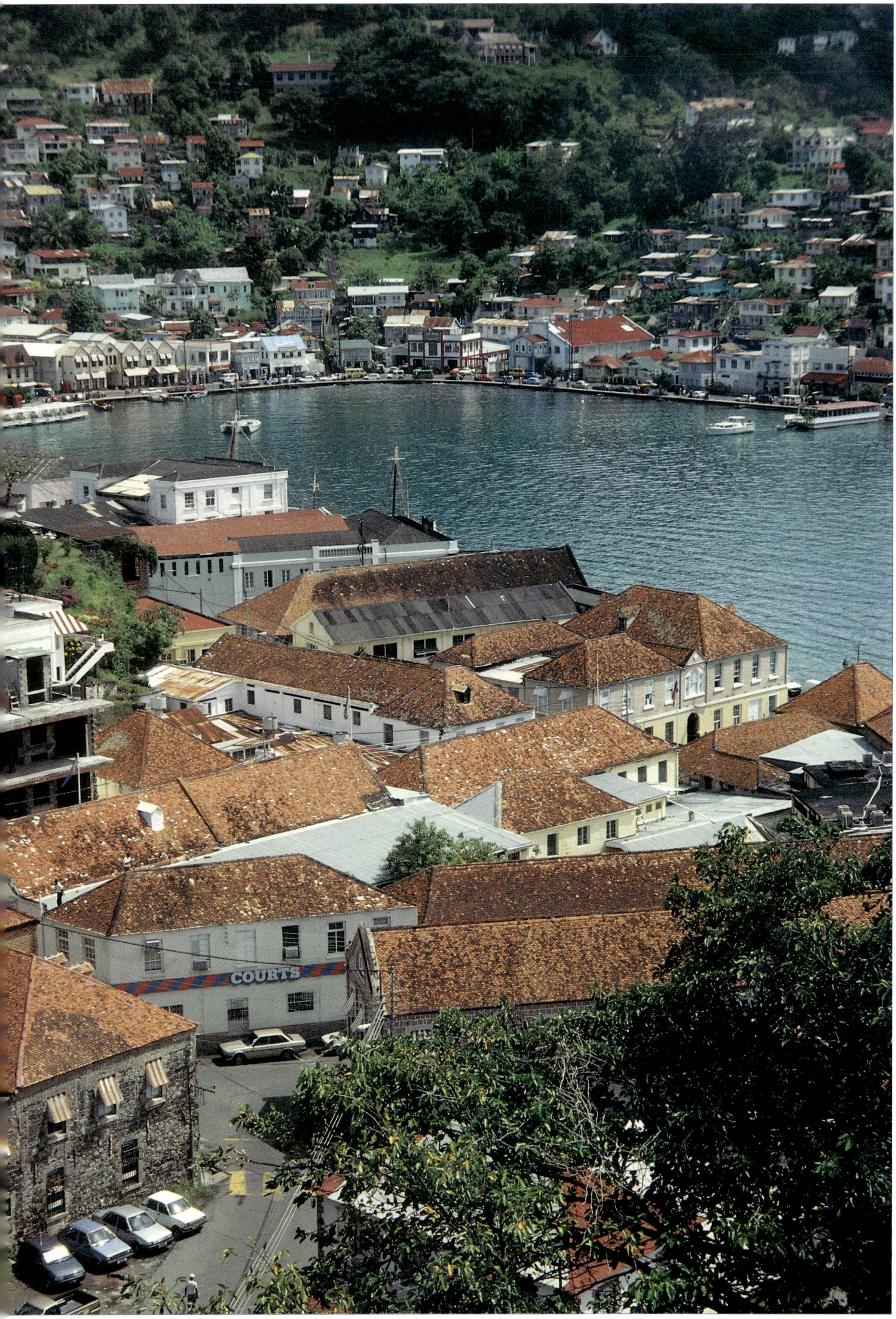
COURTS

Les Grenadines

Turquoise et Robinson

UNION, PETIT SAINT VINCENT, MAYEREAU, LES TOBAGO CAYS, CANNOUAN

Porte d'accès au groupe sud des Grenadines de Saint-Vincent, Union a des airs de Bora Bora, avec sa montagne caractéristique et les couleurs fascinantes du récif qui l'entoure. Devant le yacht club de l'hôtel Anchorage, on vit au rythme du reggae, du ragamuffin et du rap, et les rastas se saluent d'un «bongo jomo» sonore, en se choquant les poings fermés.

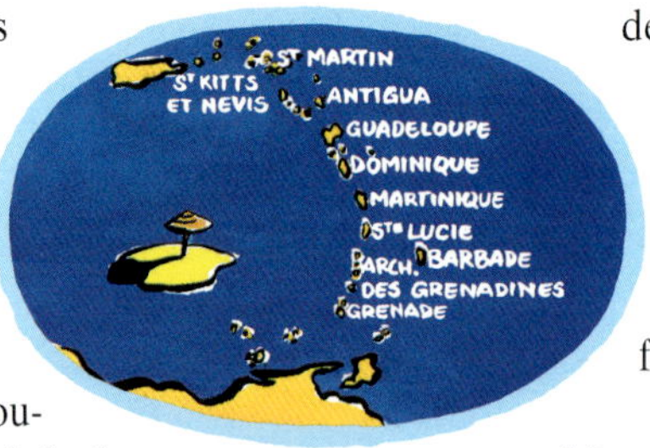

Un abondant trafic de petits avions amène de Martinique des touristes qui, embarqués sur des catamarans ou d'anciennes goélettes de *day charter*, feront une visite express à des îles si belles qu'elles méritent qu'on leur consacre plus de temps : Palm Island, achetée jadis par un célèbre navigateur britannique qui en était tombé amoureux; Petit Saint Vincent, entièrement consacré à un très bel hôtel; Mayereau (j'y ai une préférence pour le mouillage le plus au nord, Salt Whistle Bay); sans oublier, bien sûr, les extraordinaires Tobago Cays, sortes de joyaux enchâssés dans l'écrin étincelant d'un récif aux couleurs inoubliables; bien sûr, tant de beauté attire maintenant un nombre bien trop élevé de bateaux, mais comment pourrait on dédaigner les Tobago Cays, un des plus beaux endroits du monde?

Aux Grenadines, on rencontre toujours des copains, navigateurs revenant du bout du monde ; ma rencontre la plus surprenante, c'est celle de Douglas Russell, un grand Noir qui vit seul depuis des années sur un minuscule îlot de sable et de roches en bordure du mouillage d'Union; il y a fait pousser quelques légumes, décoré son domaine de milliers de coquilles de lambis et accueille placidement les visiteurs qui lui apportent quelques magazines ou lui achètent quelques-uns des coquillages qui constituent son fonds de commerce.

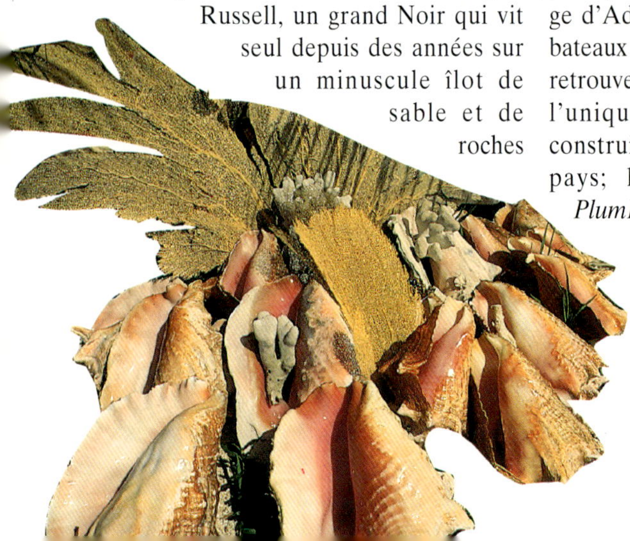

MOUSTIQUE, PETIT NEVIS, BEQUIA

Moustique est certainement l'une des plus étonnantes des Grenadines; peu visitée en raison de sa situation particulière, assez loin au vent du reste de l'arc des Antilles pour qu'on hésite à s'y rendre, jusqu'au jour où un gentleman britannique, Colin Tennant, décida de la développer et d'y attirer altesses royales et stars du rock'n roll. Depuis, des maisons somptueuses s'accrochent aux collines verdoyantes, l'hôtel Cotton House est une pure merveille, et l'on rencontre parfois, dit-on, au Basil's Bar, au bord du mouillage, Mick Jagger, Robert Redford ou la princesse Margaret.

Quelle étrange impression que de découvrir, fantomatique, à quelques centaines de mètres des plages de rêve de l'île Moustique, l'épave de ce qui fut le plus grand paquebot français après le *France*, l'*Antilles*, qui s'échoua là par un bel après-midi, nul ne sut jamais pourquoi. Longtemps, l'épave dépassa de l'eau, immense pyramide rouillée; maintenant, elle n'est plus visible, que par transparence dans l'eau bleu turquoise.

Bequia (prononcer Bekoué) est l'île principale de ce groupe nord ; au mouillage d'Admiralty Bay, jusqu'à deux cents bateaux jettent l'ancre, et les équipages se retrouvent au bar du Frangipani ou dans l'unique rue du petit village où l'on construisait jadis de superbes bateaux-pays; l'un d'eux joliment nommé *PlumBelly* a fait le tour du monde. Les tableaux de Samuel McDowell ont su capturer le charme de Bequia et de l'îlot voisin de Petit Nevis d'où partait encore récemment une chaloupe de chasseurs de baleines.

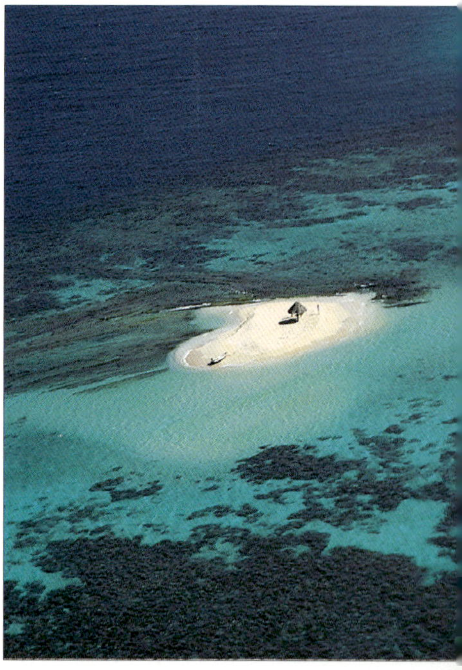

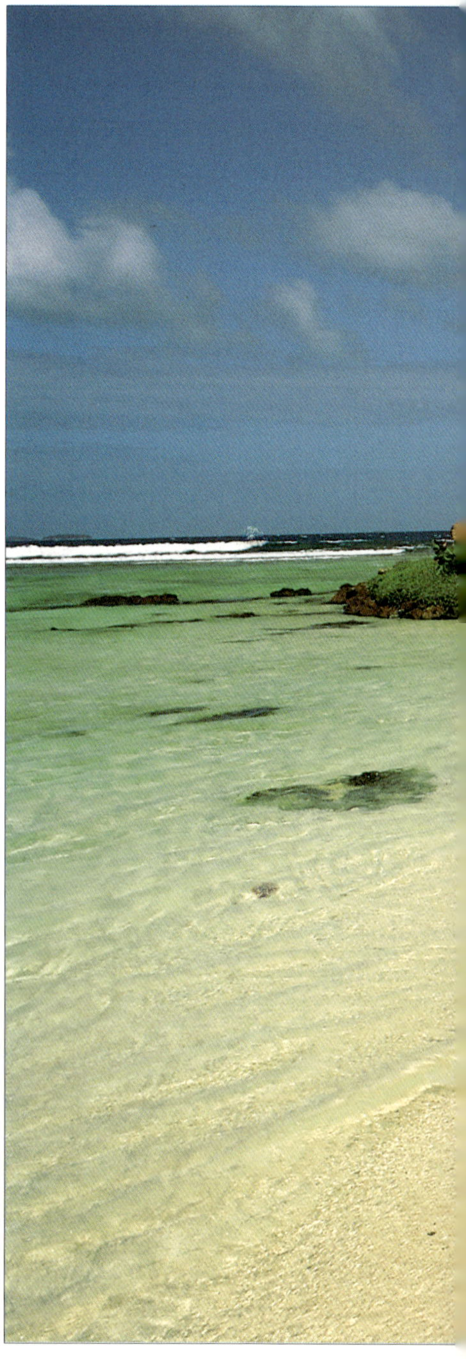

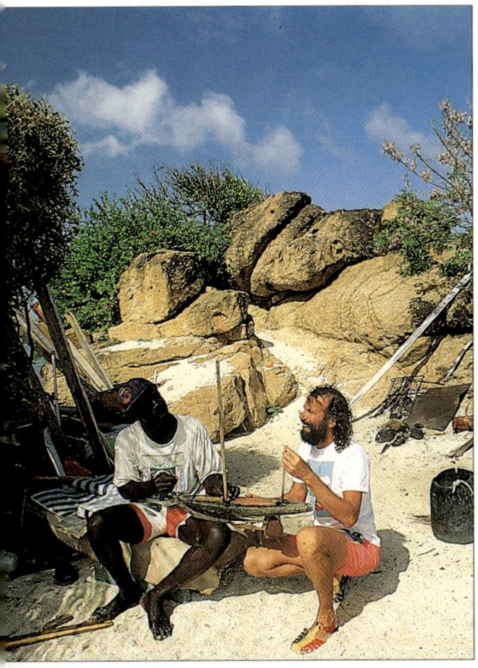
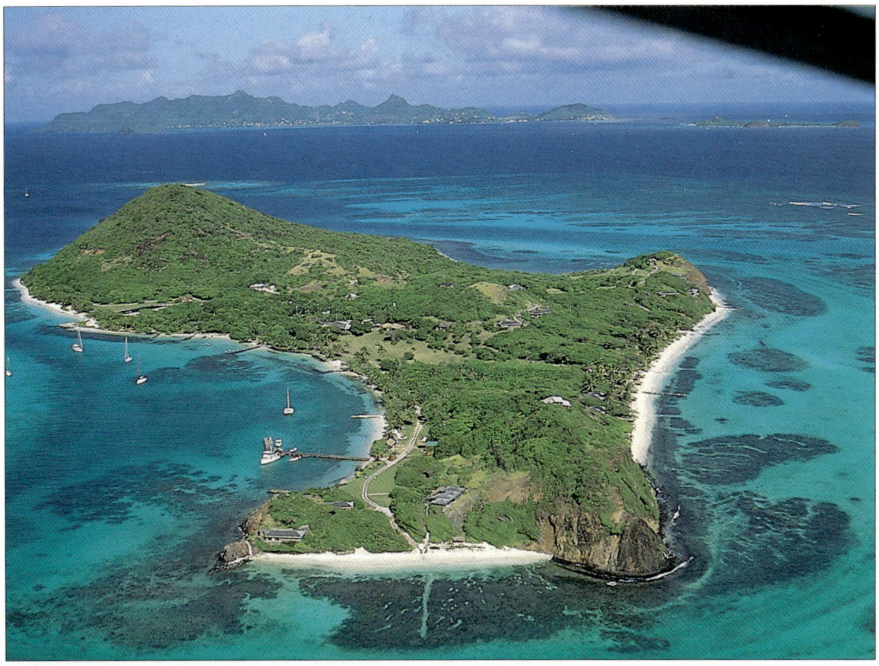
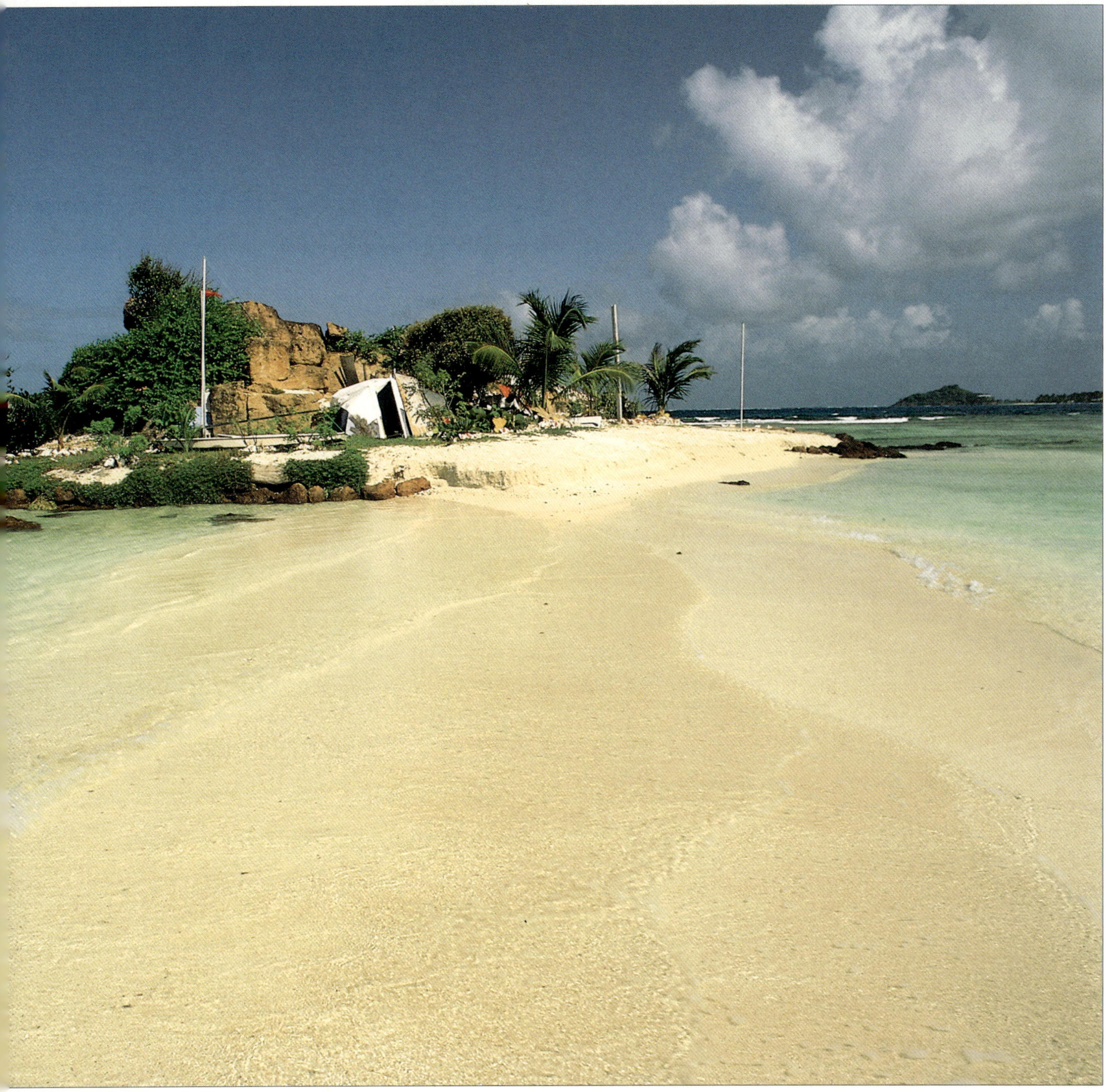

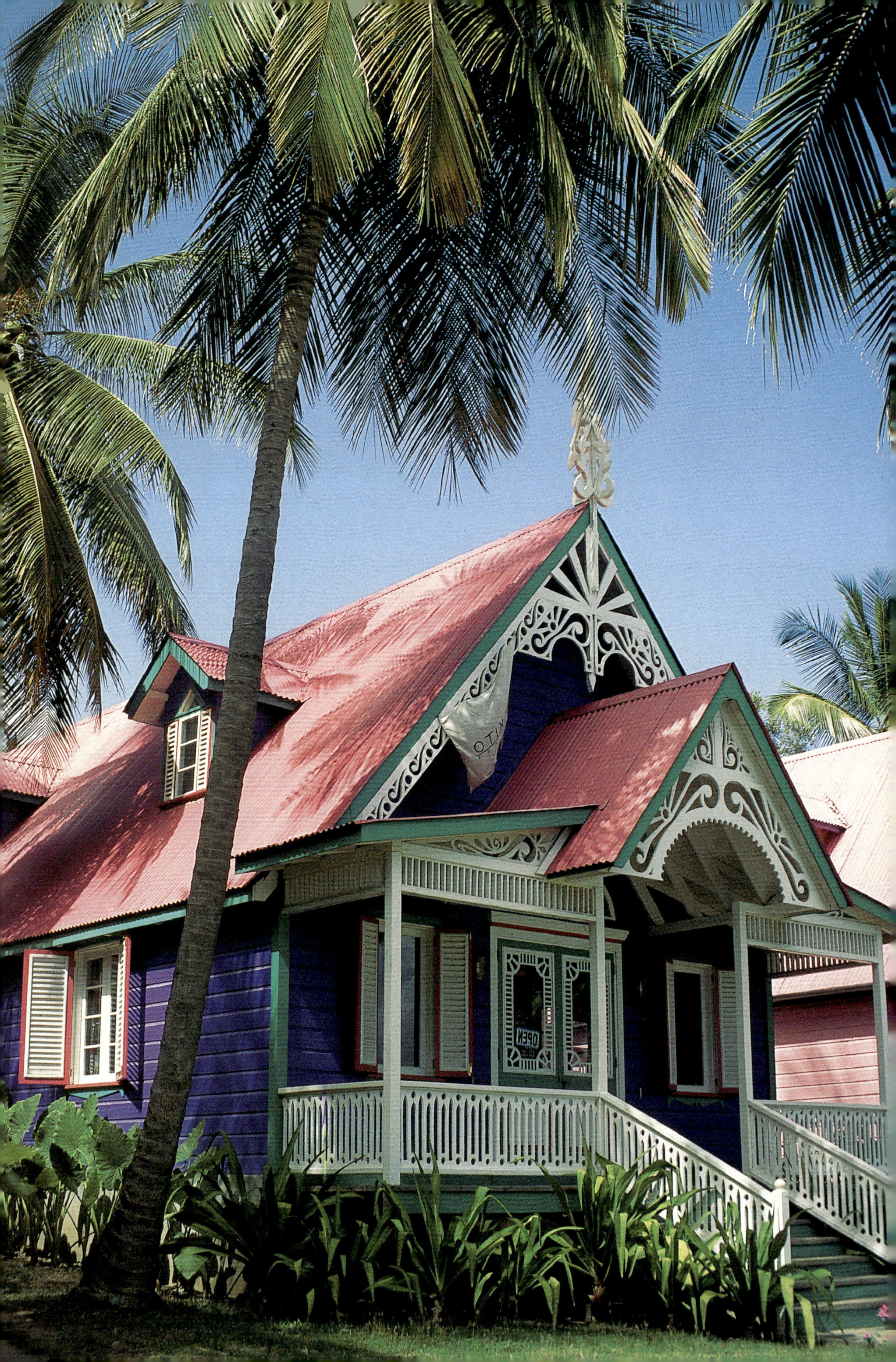

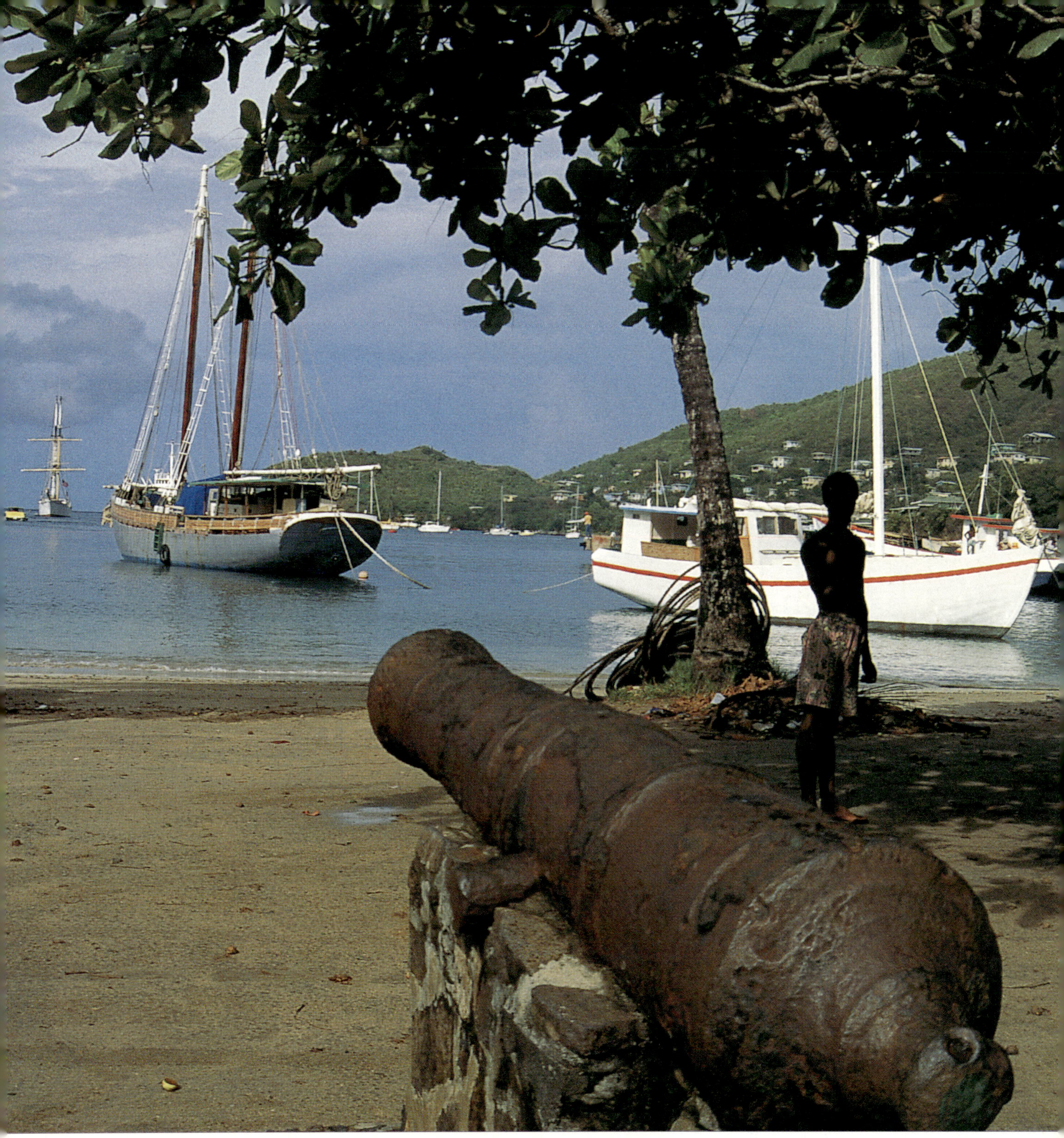

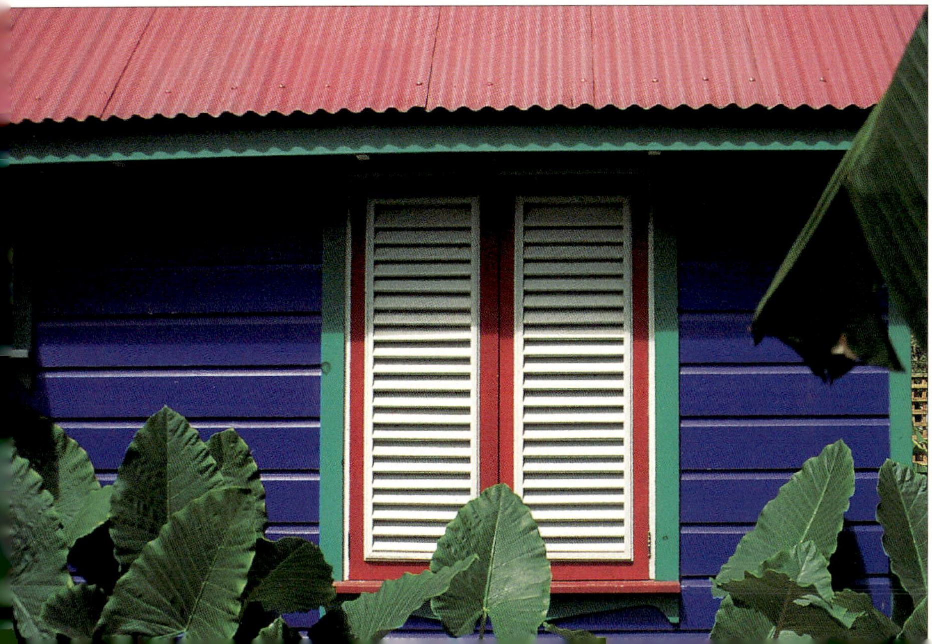

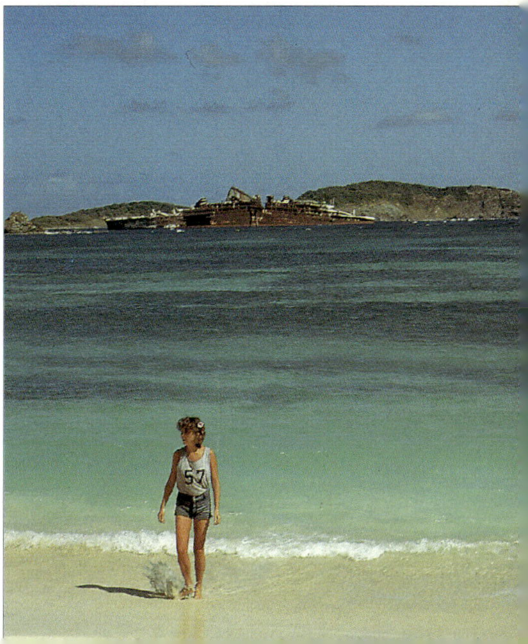
57

Saint-Vincent et Sainte-Lucie

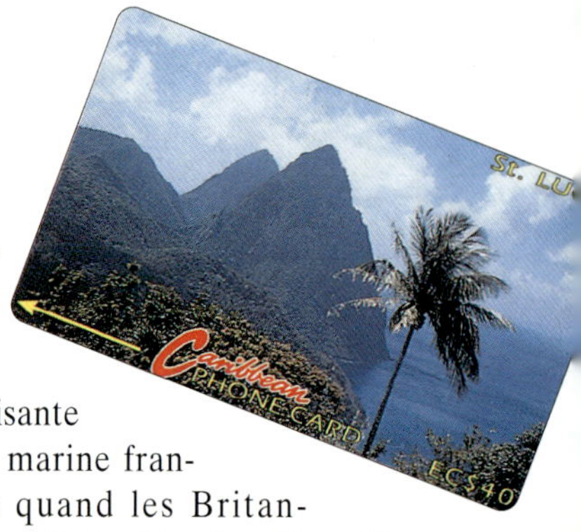

Boat-boys et éléphant

Saint-Vincent a mauvaise réputation; les baies de Cumberland et de Wallilabou étaient, pourtant, des grands classiques de la croisière antillaise; mais les formalités à Kingstown seraient peu agréables et quelques incidents (l'un d'eux aurait entraîné la mort d'un plaisancier, mais allez savoir la vérité!) survenus dans ces mouillages superbes ont passablement découragé les navigateurs, d'autant que les boat boys de ces îles britanniques, jeunes gens locaux venus à votre rencontre en barques (parfois loin au large) pour vous proposer des excursions, des fruits et autres produits de l'île, ou bien seulement de frapper votre amarre à un cocotier, ces boat boys sont parfois bien insistants; la méthode la plus simple est d'en engager un pour quelque menu service (qui ne coûte jamais très cher), de bien retenir son nom et d'expliquer à tous les autres, lorsqu'ils se pendent à vos pavois pour offrir leurs services, que vous êtes déjà en affaires avec Tom, Sam ou Jeremy. Saint-Vincent tente actuellement d'améliorer sa réputation, acceptons-en l'augure.

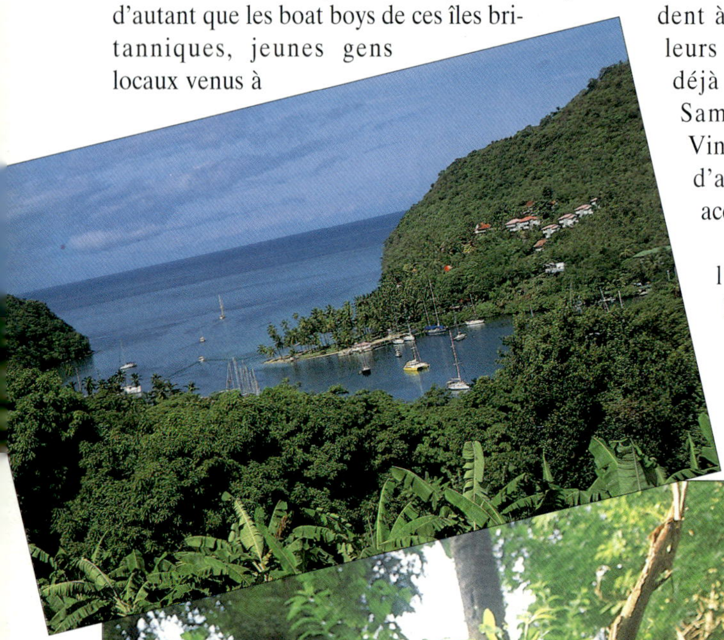

Sainte-Lucie, elle, est l'escale préférée des Britanniques qui carènent volontiers à la marina de Rodney Bay. Il faut dire que l'île fut le théâtre d'une défaite cuisante de la marine française quand les Britanniques, dissimulés, dans l'excellent abri de Marigot Bay, derrière des cocotiers, des palmes liées au sommet de leurs mâts en guise de camouflage, bondirent par surprise et détruisirent la flotte de l'amiral de Grasse.

L'autre curiosité de Sainte-Lucie, ce sont les deux pitons coniques du sud de l'île, si remarquables qu'ils figurent désormais sur le drapeau de l'île. La baie jadis déserte qui s'étend à leur pied abrite maintenant un hôtel de grand luxe auquel on accède généralement en hélicoptère; il a été créé par Colin Tennant, qui a quitté son île Moustique. Dans la forêt, curieusement, erre un éléphant amené là comme premier élément de quelque future réserve d'animaux exotiques; il est la propriété de Colin Tennant, qui ne souhaite pas qu'on le photographie (l'éléphant) sans son autorisation.

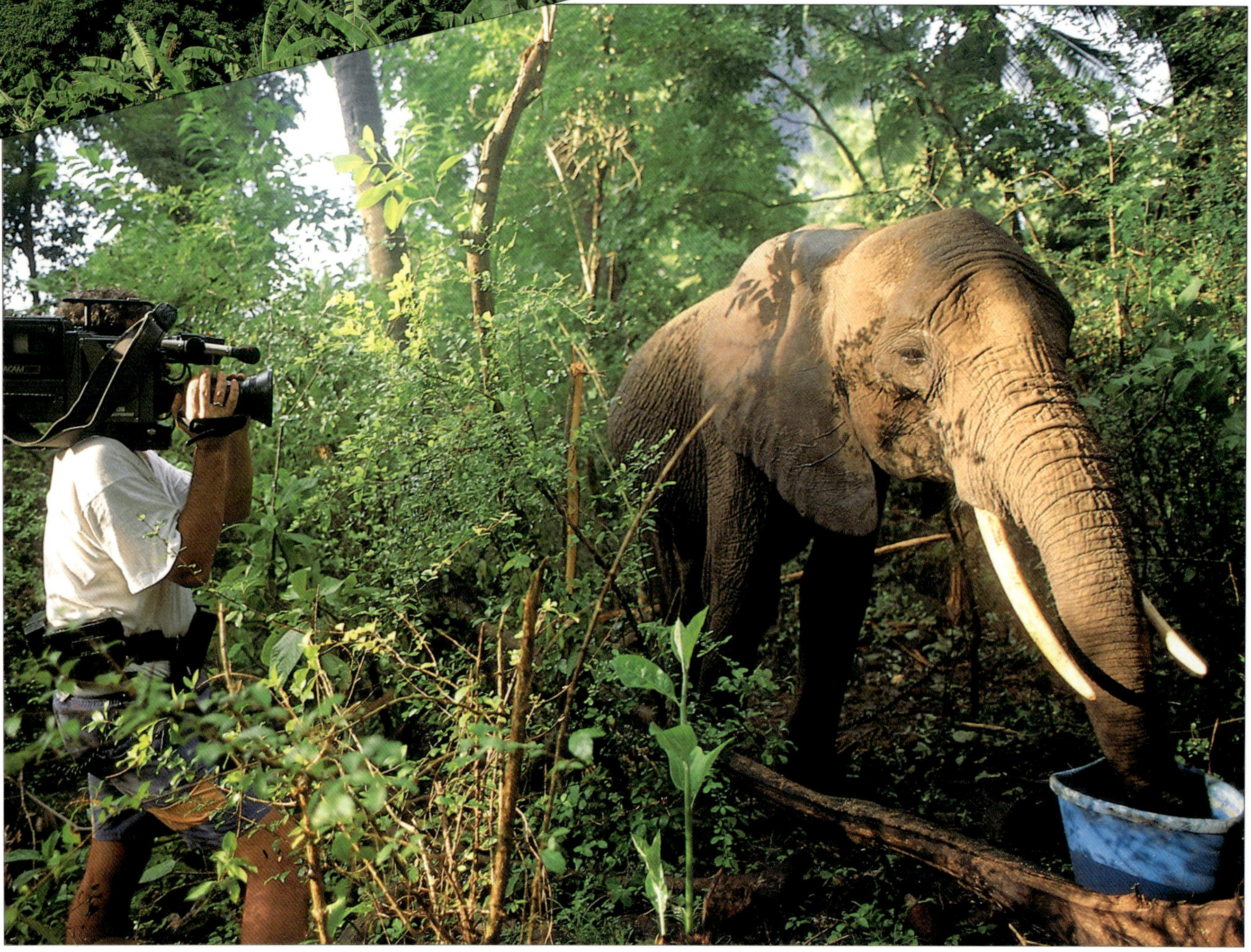

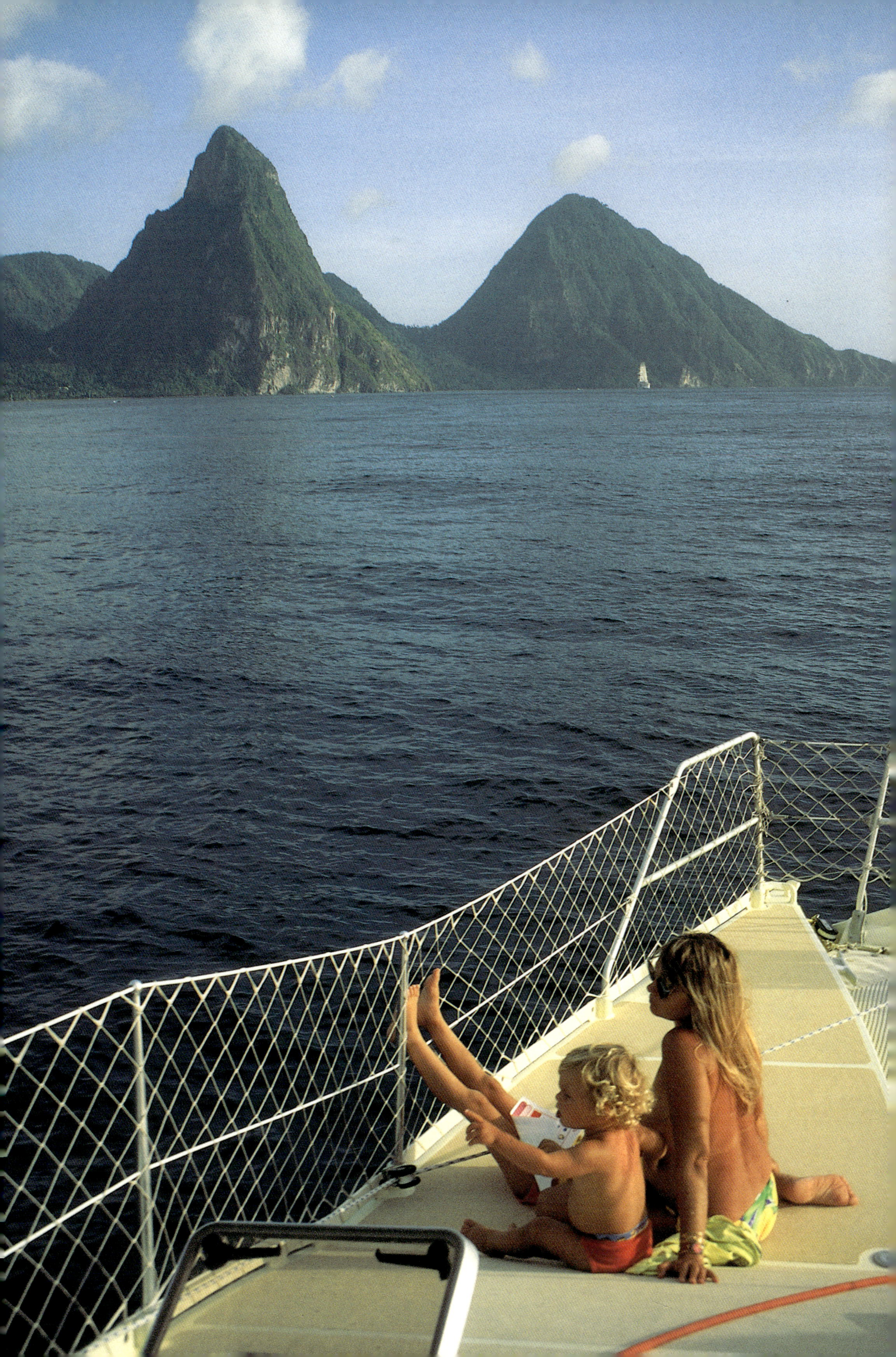

La Martinique

La canne à sucre et le Diamant

Les navigateurs français ont la chance de pouvoir trouver, répartis à intervalles réguliers autour du monde, des territoires francophones où ils peuvent, pour changer de leurs escapades en cultures exotiques, se replonger un instant dans leur milieu originel, parler français, manger français, lire français, trouver pêle-mêle un numéro de *VSD* ou de *Fluide Glacial*, un Boursin ail et fines herbes ou un beurre non salé en barquette ovale, et le beau-frère de leur concierge venu en vacances par Nouvelles Frontières. Nombreux aussi sont ceux qui trouvent à s'employer pour regarnir la caisse du bord, ce qui est généralement difficile dans d'autres pays où les jobs sont introuvables et réservés aux autochtones.

Les escales alors s'allongent. La Martinique est un de ces lieux privilégiés; la baie de Fort-de-France et l'anse Mitan, en particulier, furent longtemps le haut lieu du charter, rendu plus difficile aujourd'hui par l'avalanche de bateaux inutilisés nés d'une défiscalisation mal gérée.

Mais la Martinique est avant tout une île merveilleuse, un pays tout entier avec ses baies et ses montagnes; la Montagne Pelée, le volcan qui engloutit en un instant Saint-Pierre, le petit Paris des Antilles; la luxuriante végétation tropicale et les cultures de canne à sucre, et mon coin préféré, la côte au vent, peu fréquentée par les voiliers en escale: il faut pour découvrir ses nombreux mouillages une navigation précise entre les nombreux récifs à fleur d'eau qui la protègent.

C'est là que les Martiniquais vont boire le rhum sur les fonds blancs, zones peu profondes où ils prennent le frais, de l'eau jusqu'à la taille.

Au sud de la Martinique, comme une sentinelle, le Rocher du Diamant, longtemps disputé entre Anglais et Français, fut un temps considéré par les Anglais comme le «navire de Sa Majesté», *HMS Diamond Rock*.

Office du tourisme des Antilles françaises, 2 rue Moulins, 75009 Paris. Très nombreuses possibilités de location de voiliers au départ des Antilles françaises. Air France relie quotidiennement la métropole aux Antilles.

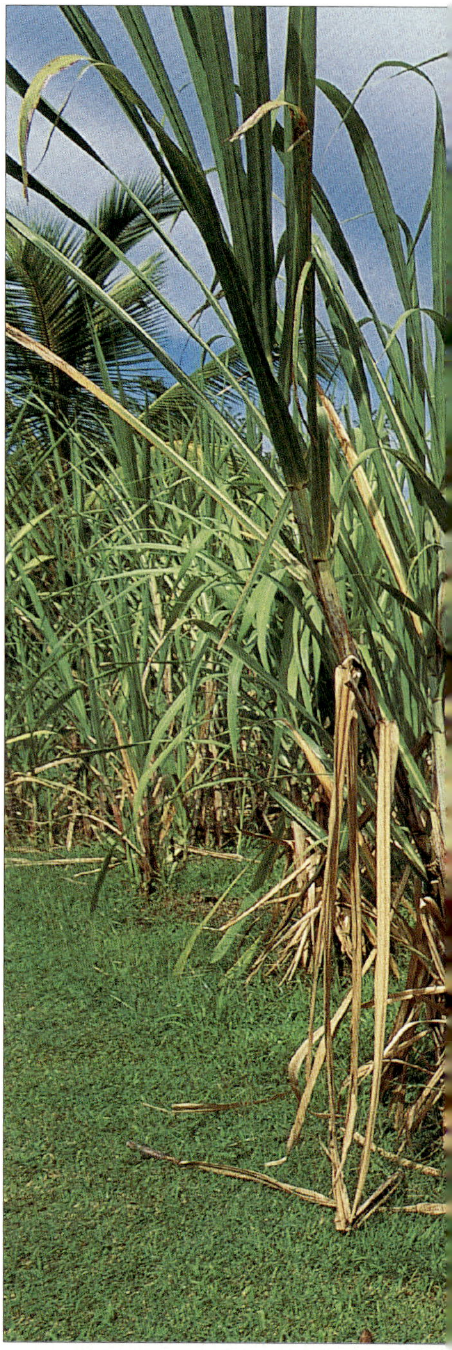

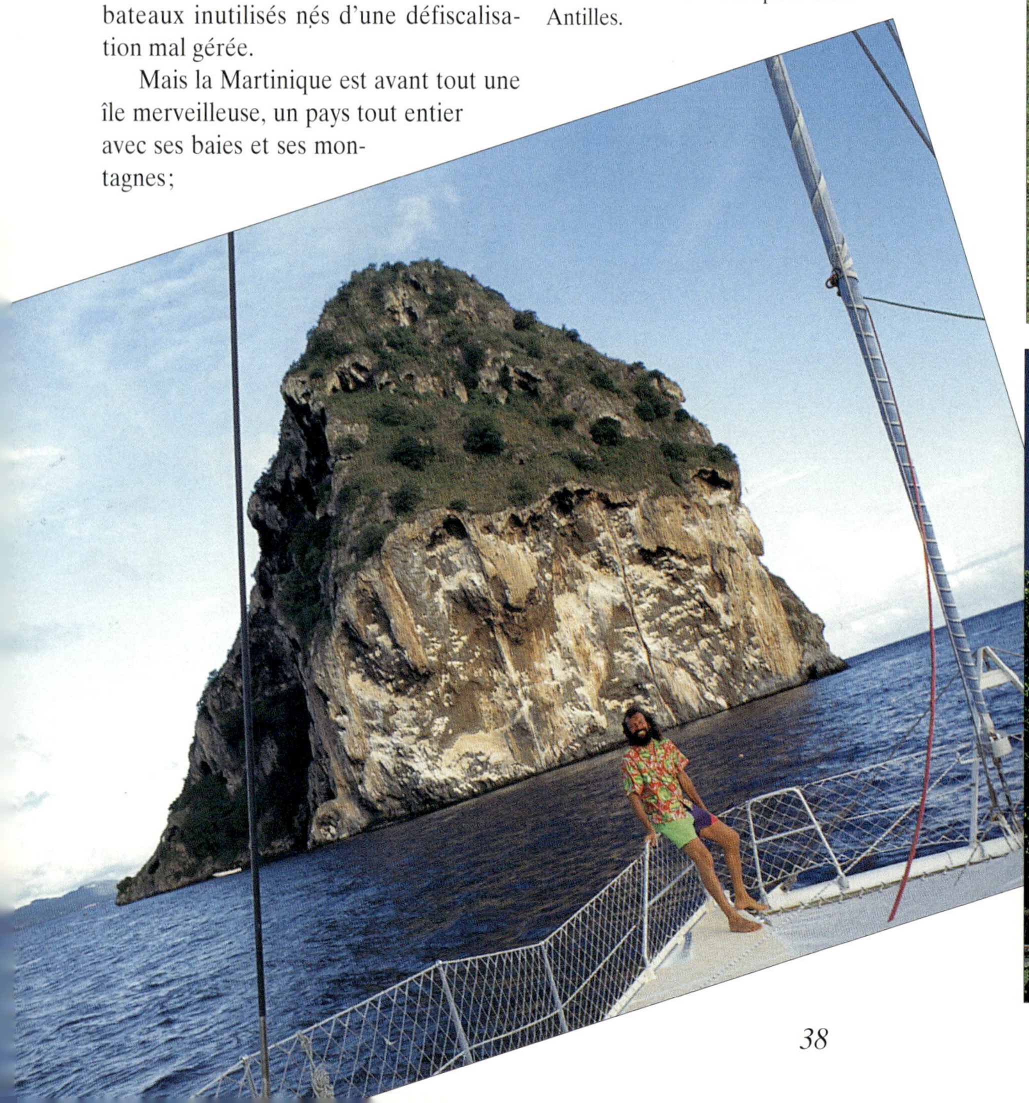

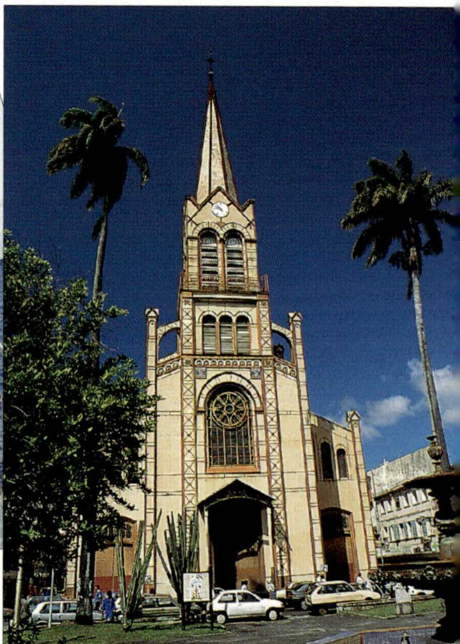

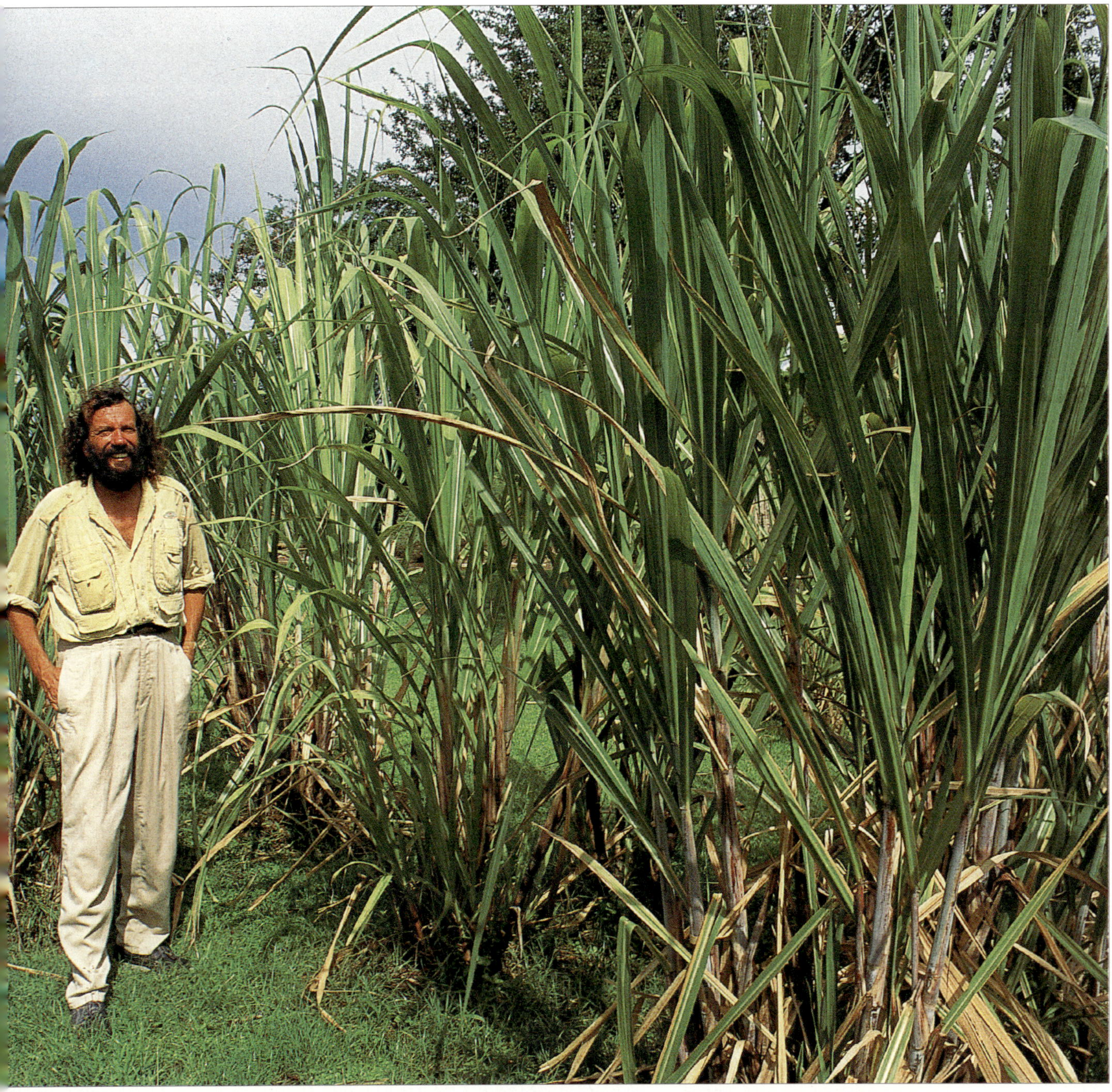

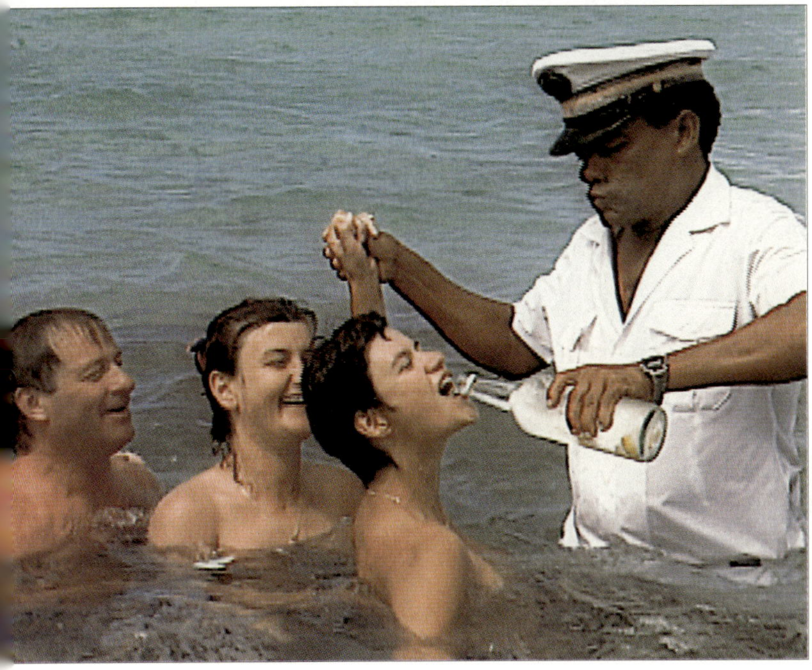

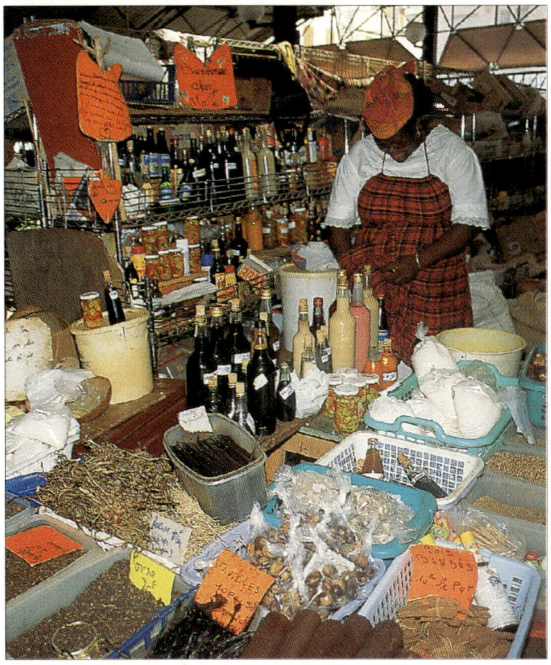

Dominique

La rivière caraïbe

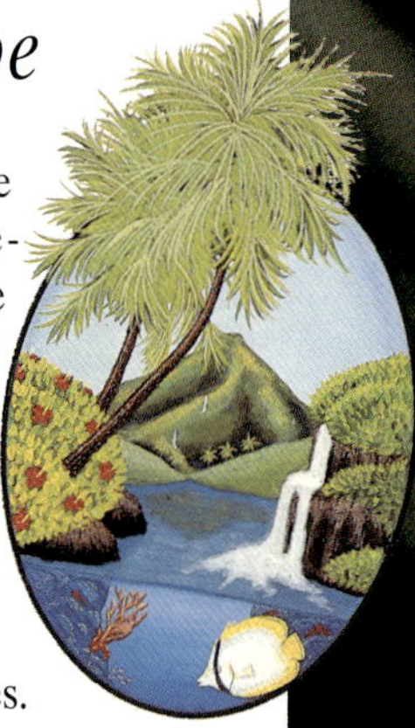

Prise en sandwich entre Martinique et Guadeloupe, la Dominique avait toutes les raisons d'être française. Les détours de l'histoire ont voulu qu'elle soit britannique. Elle est restée sur le carreau, en retard de trente ans sur le développement de ses voisines. Après tout, est-ce vraiment un mal? Débarquer en Dominique, c'est voyager dans le temps. On y négocie l'achat de quelques fruits avec des *boat-boys* plus sympathiques qu'ailleurs. On remonte en barque une jolie rivière qui s'enfonce dans la végétation tropicale et en amont de laquelle on déguste une gamme de punchs préparés avec tous les fruits de l'île, corossols, maracujas et quenettes.

Sur la côte ouest, exposée à la houle, on trouvera des baies spectaculaires, des cocoteraies immenses et, dans une grande réserve, les derniers Indiens caraïbes de toutes les Antilles.

Lorsque les premiers conquérants européens débarquèrent aux Antilles, ils y trouvèrent une tribu d'Indiens belliqueux, les Caraïbes, et les traces d'une peuplade apparemment paisible, les Arawaks, que les Caraïbes plus tard venus auraient vaincus, et généralement dévorés. Restés longtemps maîtres de leurs îles, les Caraïbes ont progressivement été décimés; seule la Dominique garde mille (presque) purs Caraïbes, qui vivent en une communauté depuis longtemps pacifiée, sous leurs propres lois .

Seule une vieille Indienne centenaire se rappelle quelques mots de la langue d'autrefois : «*Mabrouka Kalfouna*» («salut, Caraïbe»); et la Dominique, qui s'ouvre doucement à un tourisme tranquille et respectueux des beautés de l'île, sommeille sous son chatoyant manteau de forêts verdoyantes et de crotons multicolores.

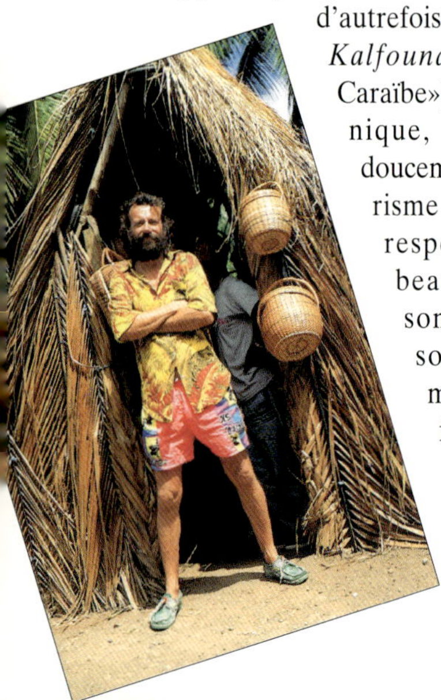

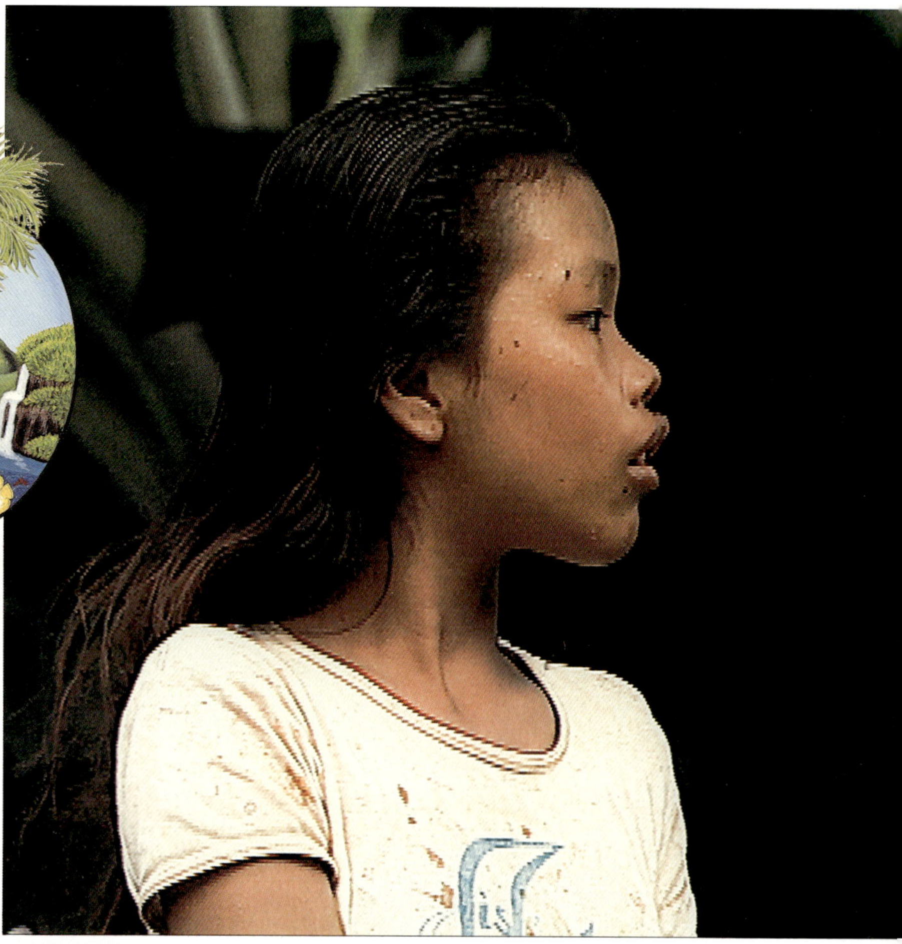

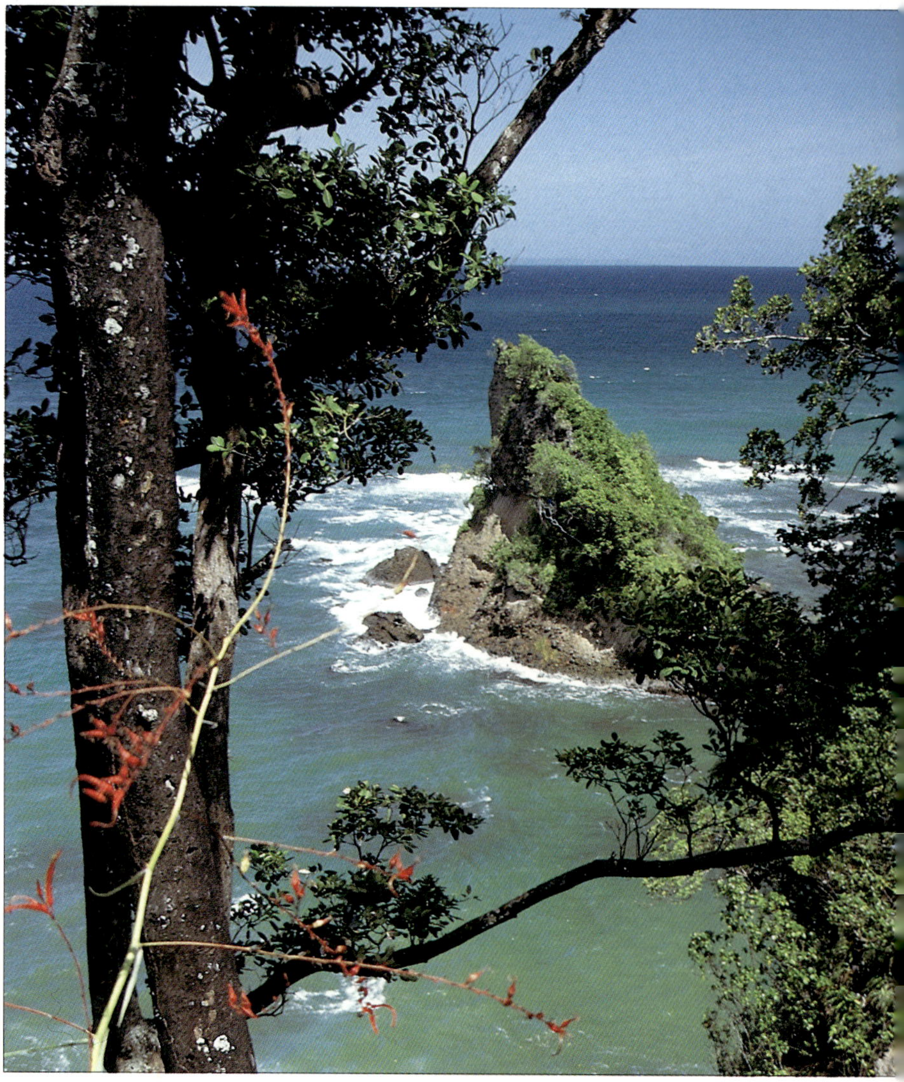

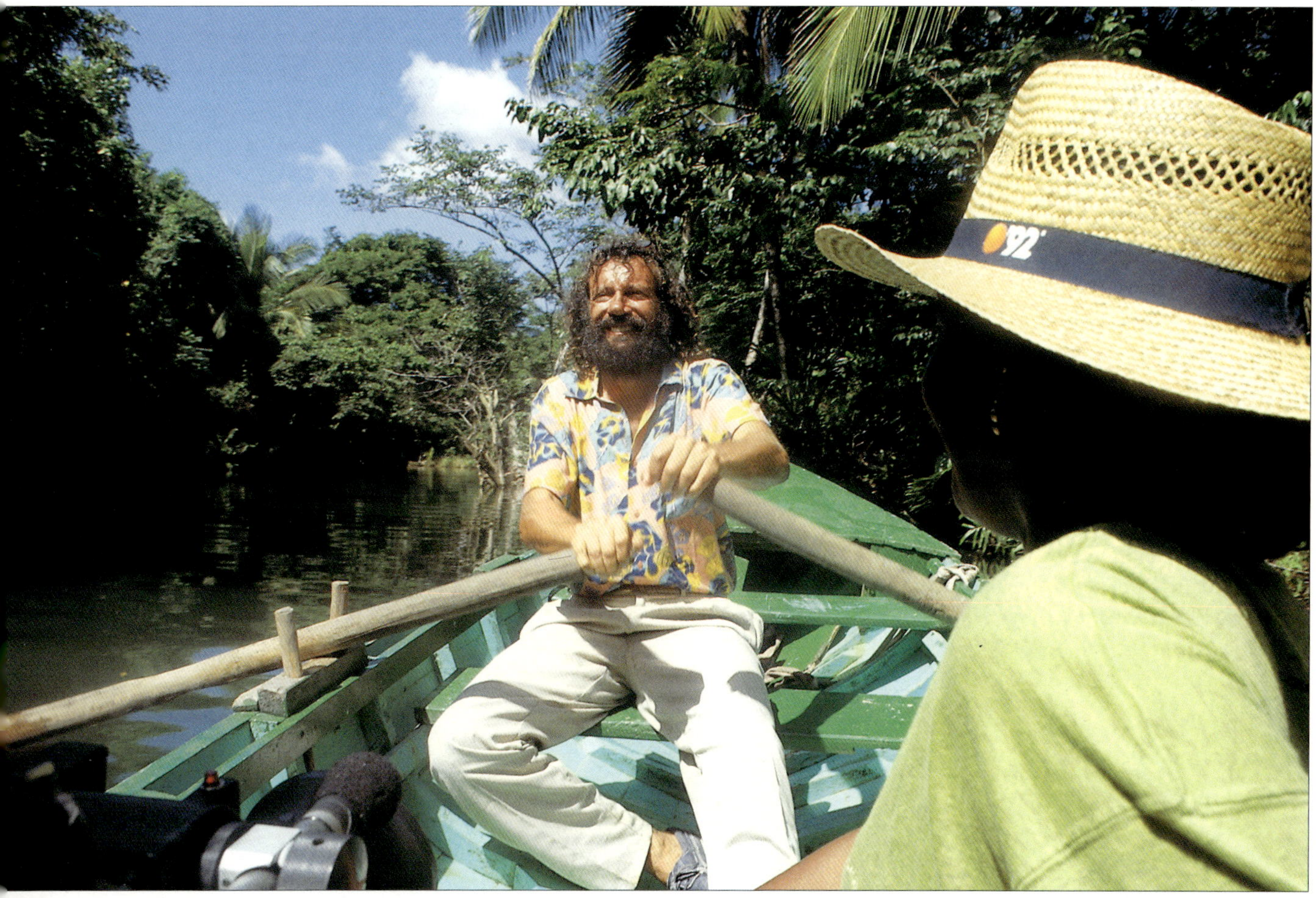
'92
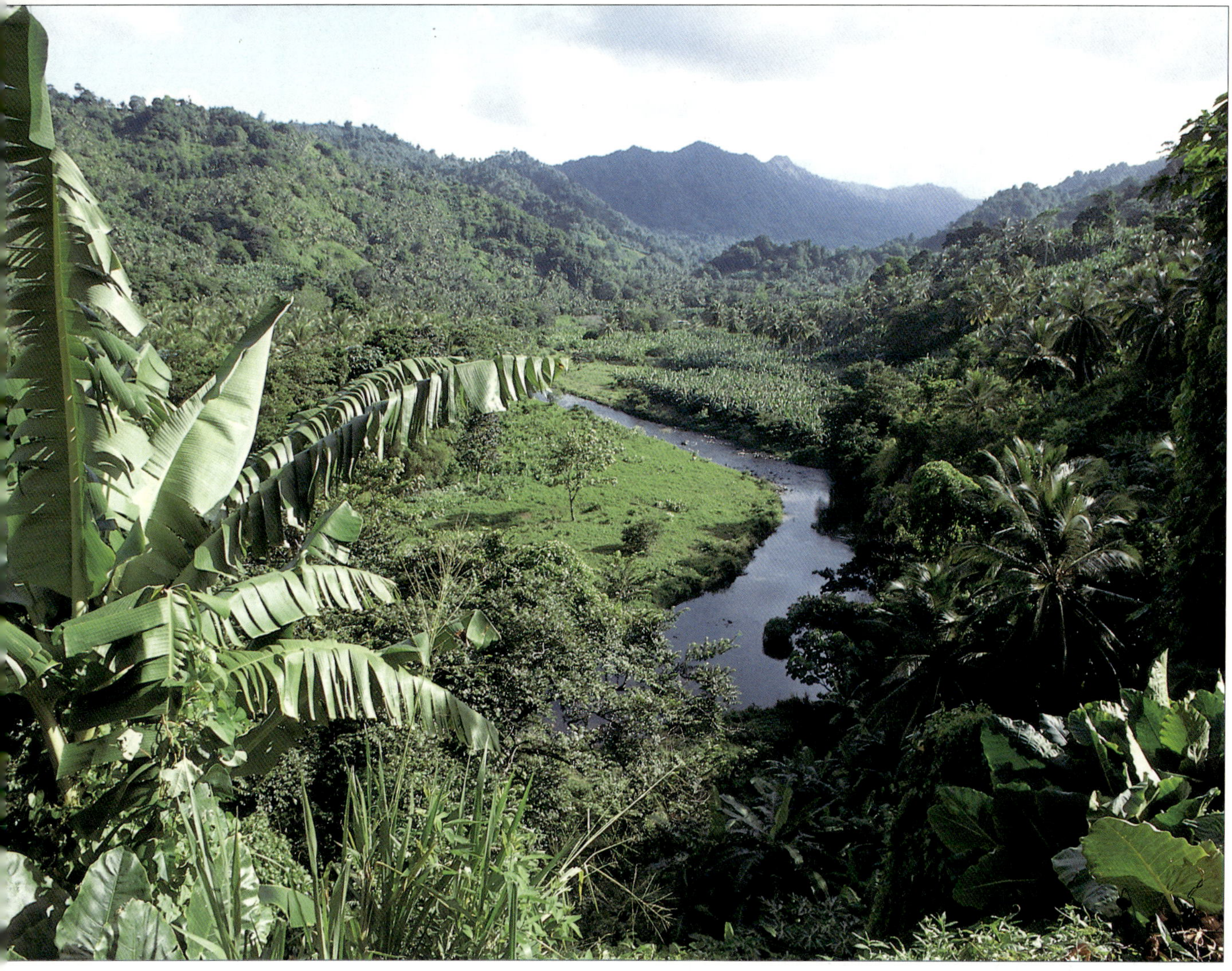

La Guadeloupe

La rivière de l'amour

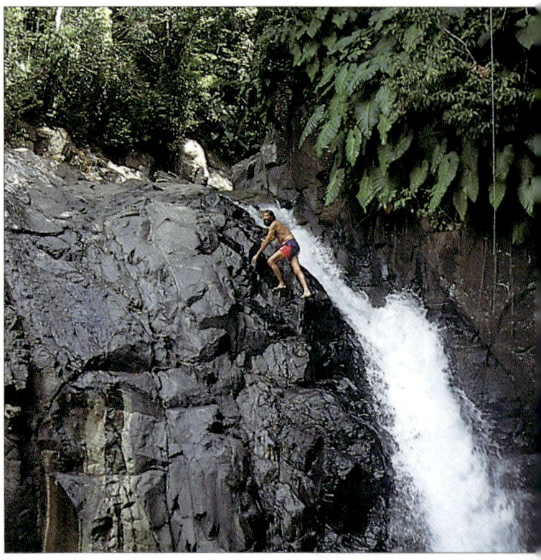

LA GUADELOUPE ET SES DÉPENDANCES

Savez-vous que la Guadeloupe porte un nom arabe? Eh oui, Colomb (encore lui!) lui a donné le nom d'une église andalouse, Notre-Dame de Guadalupe, et comme tous les noms en guad, ça vient de oued : Le Guadalquivir cher au Cid, c'est l'oued el kebir, la grande rivière; et la Guadeloupe c'est l'oued el aoub, la rivière de l'Amour – curieux détour étymologique, mais un joli nom pour une belle île.

Ici, on trouve aussi bien une marina immense et parfaitement équipée de tous les chantiers et commerces nécessaires à l'entretien d'un bateau que des coins tranquilles, des escales paisibles où retrouver la solitude. Mes mouillages préférés en Guadeloupe sont aux deux extremités de l'île, dans la baie de Deshaies (excellente première étape pour ceux qui arrivent des îles du Nord), et à la pointe de la Grande-Terre, le lagon et la petite marina de Saint-François. D'autres escales sont possibles, en particulier le long de la côte sous le vent, montagneuse et imposante: au sud de Basse-Terre, la marina de Rivière-Sens, qui était toujours pleine, vient de doubler de capacité; on peut désormais y faire escale pour découvrir les beautés de la Basse-Terre, la Soufrière, le volcan qui ne dort qu'à moitié, les forêts, les rivières et les cascades. De jolis mouillages, parfois rouleurs, le long des plages de sable noir de cette côte, vers l'îlet Pigeon, réserve naturelle supervisée par la Fondation Cousteau. Il y a certainement tout un univers à découvrir dans le Grand Cul-de-Sac marin, qui s'étend au nord de la Guadeloupe, un dédale d'îlots, de bancs, de mangroves et de rivières; malheureusement, le passage de la rivière Salée, qui coupe en deux la Guadeloupe, est en général interdit par un pont qui ne s'ouvre qu'une fois de temps en temps, très tôt le matin.

Ne manquez pas les ouassous, ces gros crustacés des rivières de Guadeloupe (ouassous vient de roi des sources), si bons dans les restaurants du Moule, de Basse-Terre ou de Deshaies.

Mais bien sûr, encore plus beau que la Guadeloupe, il y a les îles qui lui sont rattachées. Leurs noms, déjà, est un rêve: les Saintes, la Désirade, Marie-Galante, Petite-Terre.

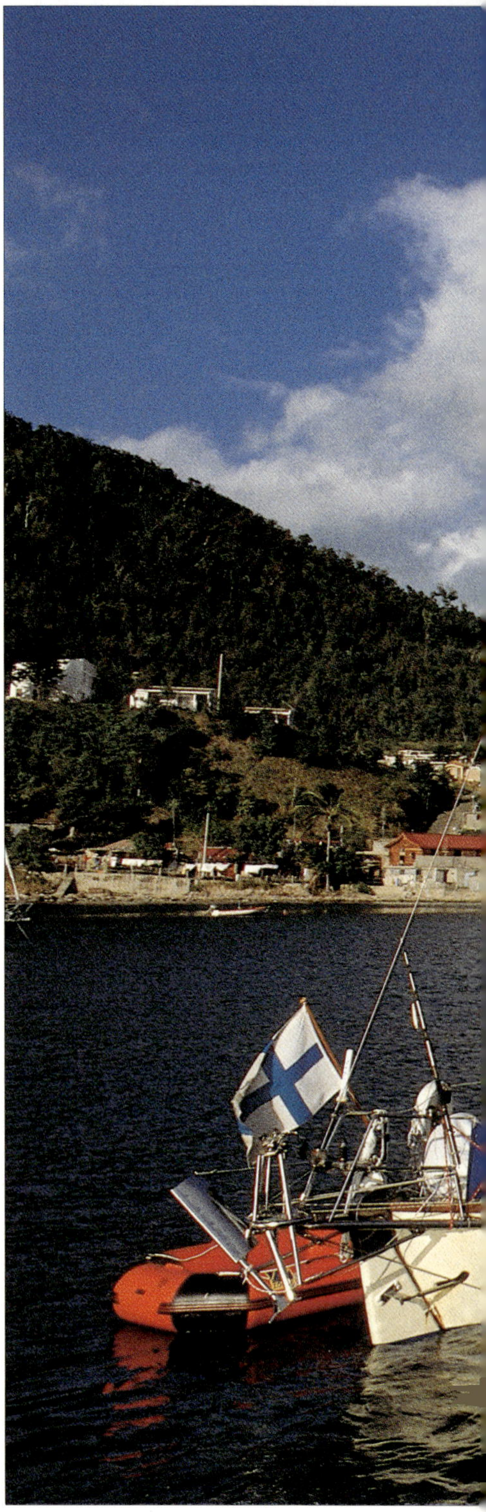

LES SAINTES

Heureux les navigateurs en escale aux Saintes, ils ont le privilège de connaître de l'archipel ce qui lui reste de plus joli : le calme qui descend sur le petit bourg, sur le décor d'opérette de sa petite place et de sa rue unique de petit Saint-Tropez d'autrefois, lorsque la cohue des touristes à la journée a regagné la grande île à bord de l'un des innombrables ferries et vedettes dont les sillages transforment tout le jour le mouillage en maelström. Les soirées sont douces au bar de la Marine, devant un planteur (à déguster avec modération), ou dans un des petits *lolos* à la cuisine traditionnelle.

Les iguanes du jardin de plantes grasses, contemplatifs au pied du fort Napoléon, ont été baptisés Baudelaire, Apollinaire (parce qu'il habite sous un pont), Aimé Cesaire; il y a même un Antoine, mais c'est pour celui de Cléopâtre.

Jolie la plage de Pont-Pierre où l'on achète de délicieux petits gâteaux

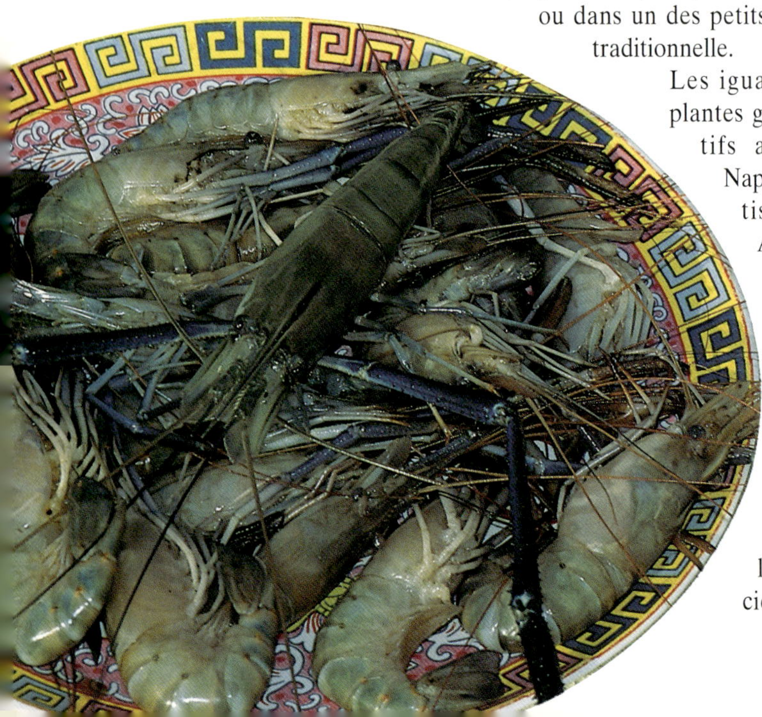

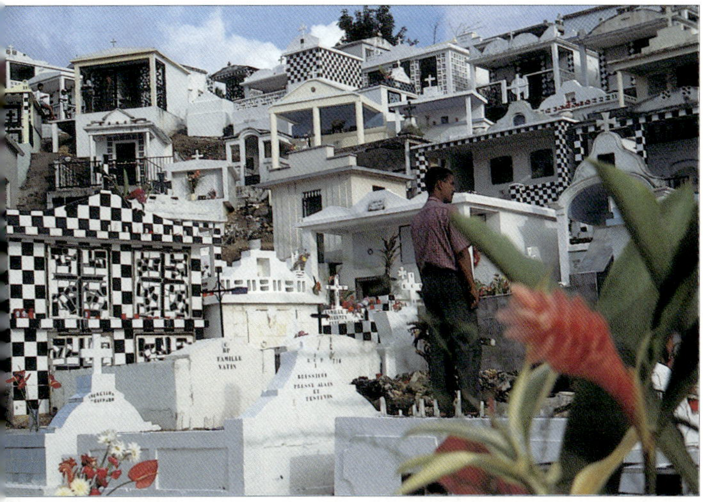

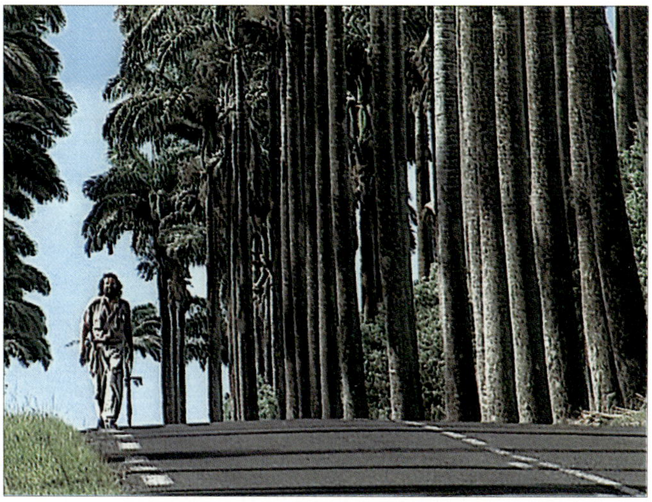

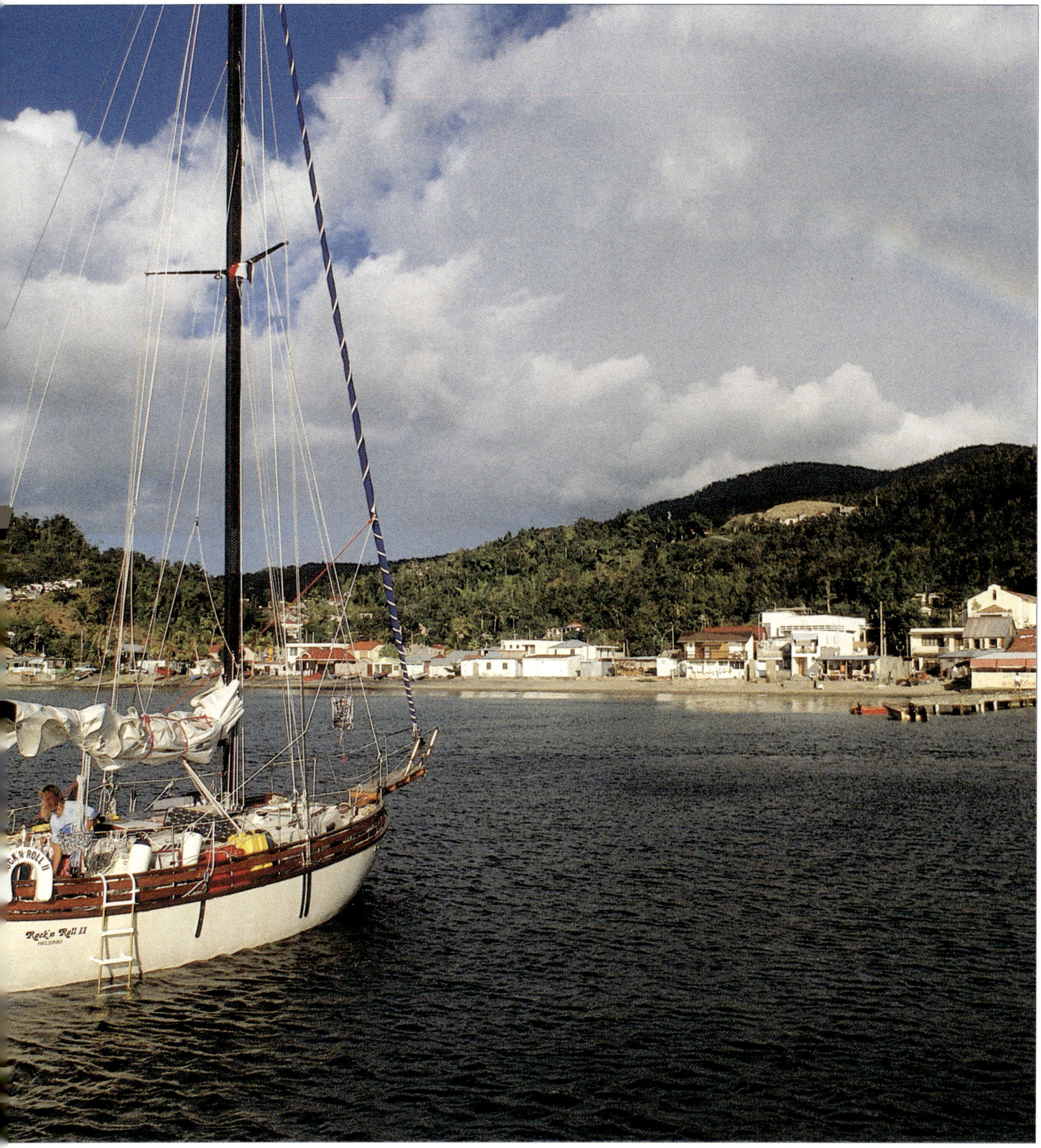
Rock'n Roll II

aux amandes, les Tourments d'Amour, une spécialité des Saintes, comme le curieux chapeau d'osier recouvert de tissu coloré, d'origine sans doute asiatique, le saintois.

Au vent de l'île principale, le mouillage de Pont-Pierre est spectaculaire mais parfois agité; si l'on veut retrouver le calme de l'ile d'avant sa découverte par le tourisme, il faut se diriger vers la Terre-d'en-Bas, ou s'abriter, si un vent trop nord agite le mouillage, sous le vent de l'îlet Cabrit. Au-dessus de la très jolie baie du Pain-de-Sucre, un ancien navigateur, Jacques Boone, auteur de livres très amusants comme *Viva Binga* a construit de sa main sa maison face au panorama et y accueille quelques hôtes, que lui envoie le *Guide du routard*, qui s'y connaît en petits coins de paradis.

Dans la baie de Marigot, un chantier de carénage vous donne la possibilité de repeindre votre coque dans un joli coin paisible, vous évitant d'avoir à séjourner dans les zones portuaires et urbaines démoralisantes où l'on trouve généralement ce genre d'équipements.

On dit qu'autrefois, pour limiter les effets de la consanguinité dans cette île à la population restreinte, on invitait les navires écoles de la Marine nationale comme la *Jeanne-d'Arc* à y faire escale... nombre de Saintois aux yeux clairs et aux cheveux blonds en seraient nés. Ce n'est sans doute qu'une jolie légende, mais il y a, c'est sûr, aux Saintes, un certain nombre de rastas blonds qui sont généralement de joyeux drilles.

La Désirade, Marie-Galante, Petite-Terre

Au départ de Saint-François, il suffit de peu de temps pour les atteindre et, soudain, on fait un bond en arrière dans le temps. La Désirade, la plus à l'est, oppose à la houle et à l'alizé une barrière montagneuse abrupte et un cap déchiqueté; on n'y trouve pas d'autre mouillage que le port. Marie-Galante plus au sud, est un plateau surélevé, bordé de falaises spectaculaires et de quelques belles plages blanches. Les meilleurs mouillages sont l'anse Canot, ou baie des Irois (ça roule!), la baie de Saint-Louis, joli village tranquille où l'on mange un très bon blaff de poisson sur la plage au restaurant d'Henri, près du débarcadère, et le port de Grand-Bourg, où l'on peut aller s'abriter entre la jetée des ferries et la digue du sud-est.

Dans les bistrots du bord de mer, on déguste le *shrob*, liqueur assassine, et les rhums agricoles de Marie-Galante (59°, à déguster avec modération) comme celui du père Labat. On peut visiter les superbes et antiques distilleries où les agriculteurs apportent encore la canne à sucre en chars à bœufs.

Et puis un coin que j'adore, le lagon de Petite-Terre, un excellent mouillage entre deux îles basses cernées de plages superbes et de coraux extraordinaires. On y est en sécurité, mais attention, si une houle du nord se lève, elle vient à barrer entièrement la passe peu profonde, interdisant l'entrée... et la sortie; ce n'est pas un mouillage à recommander si vous voulez être sûr d'en sortir à date fixe, par exemple pour rendre un bateau au terme d'une location ou prendre un avion.

Les îlots sont inhabités, des iguanes grimpent sur les aloès, et le phare est désormais automatique. La paix n'est troublée que par la venue de *day charters* de la grande île, ou par un terrifiant déferlement de yachts à moteur venus de Pointe-à-Pitre certains week-ends.

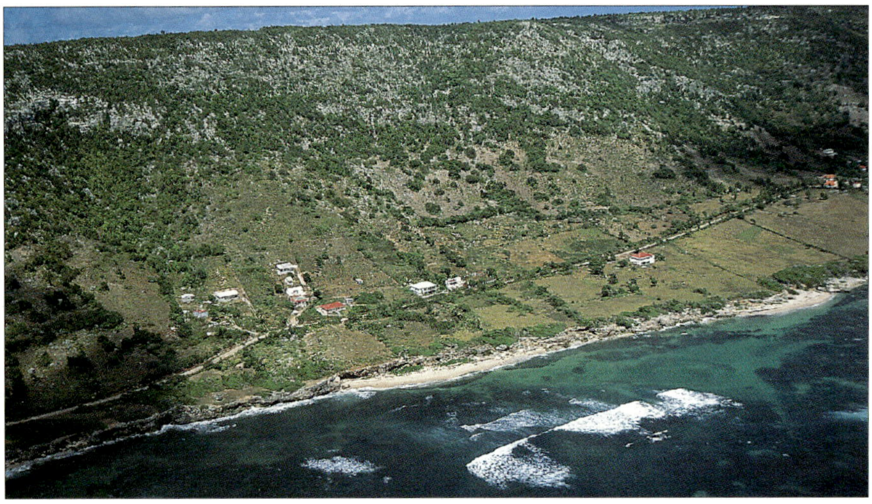

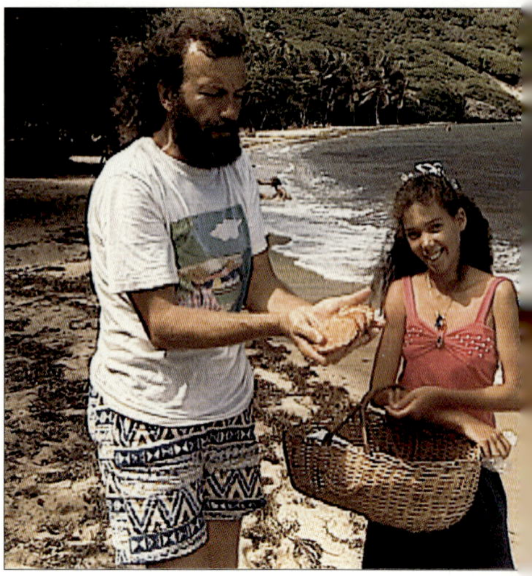

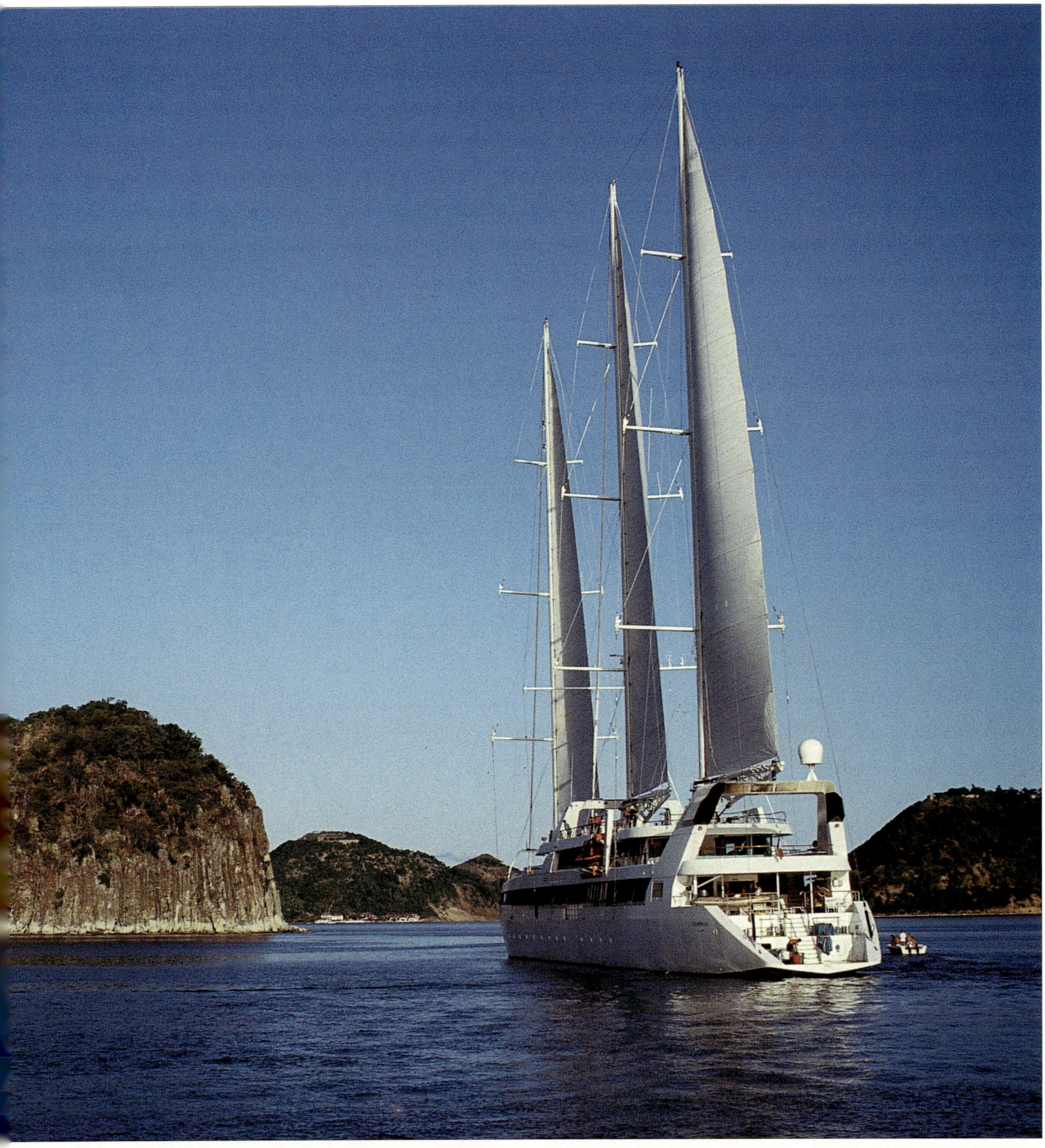

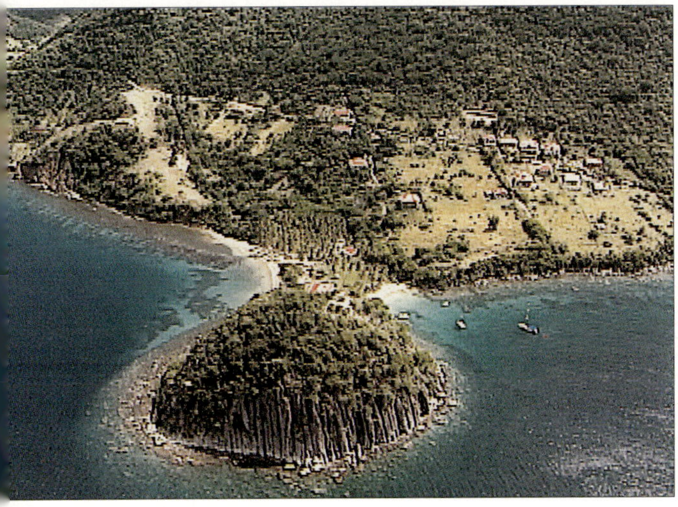

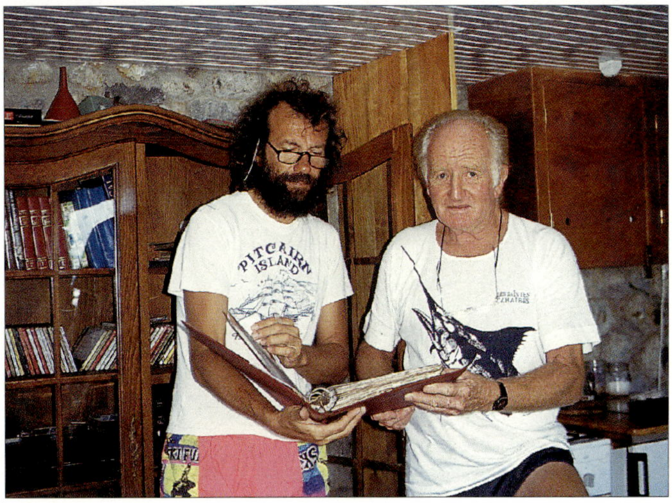
PITCAIRN ISLAND

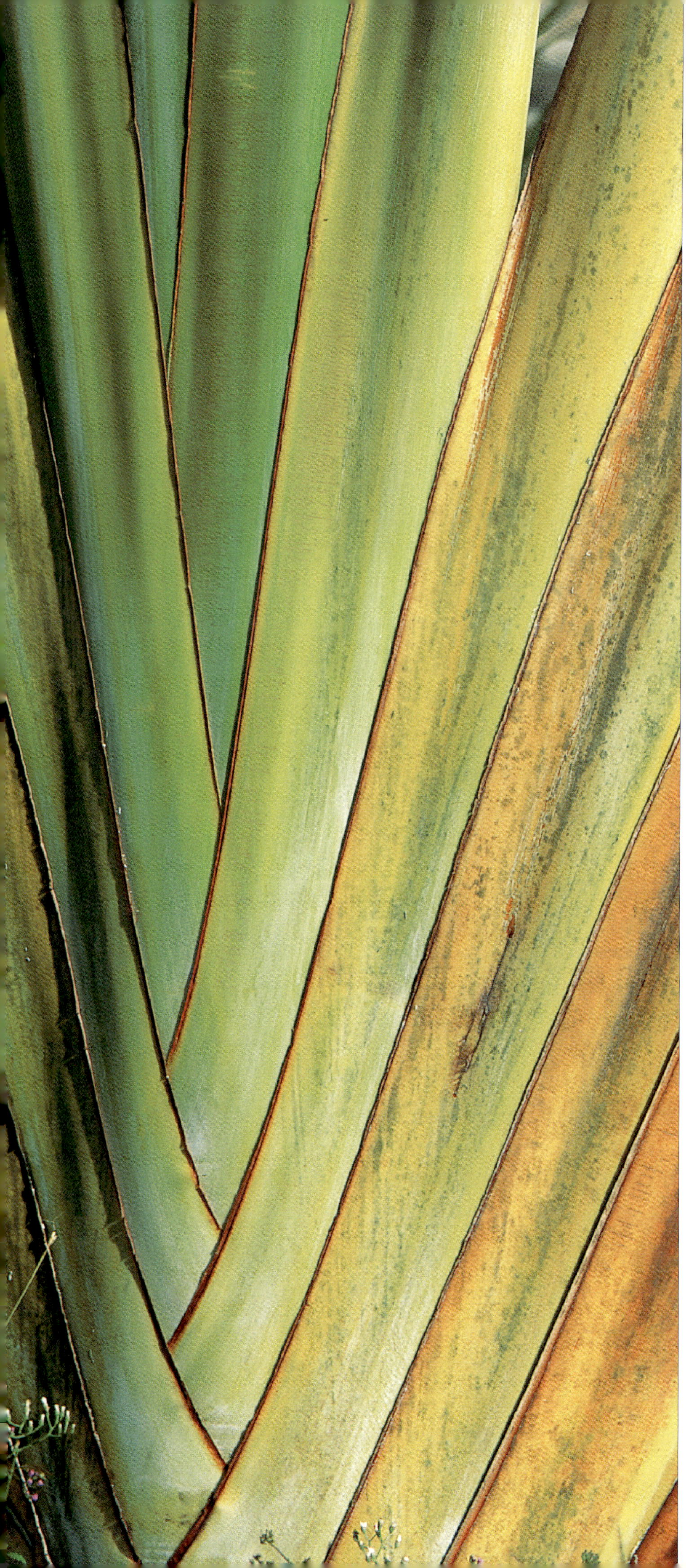

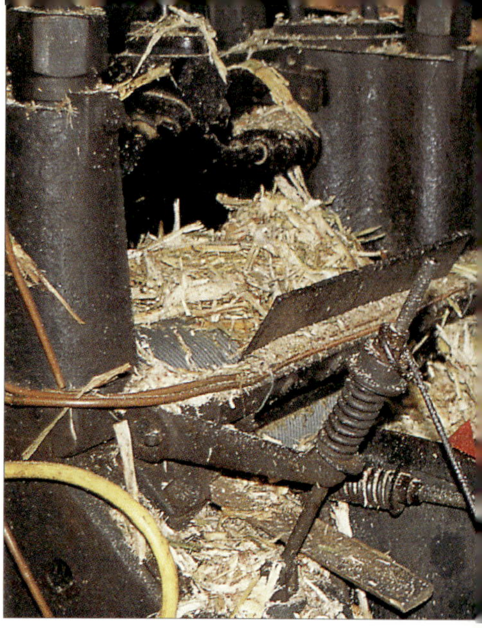

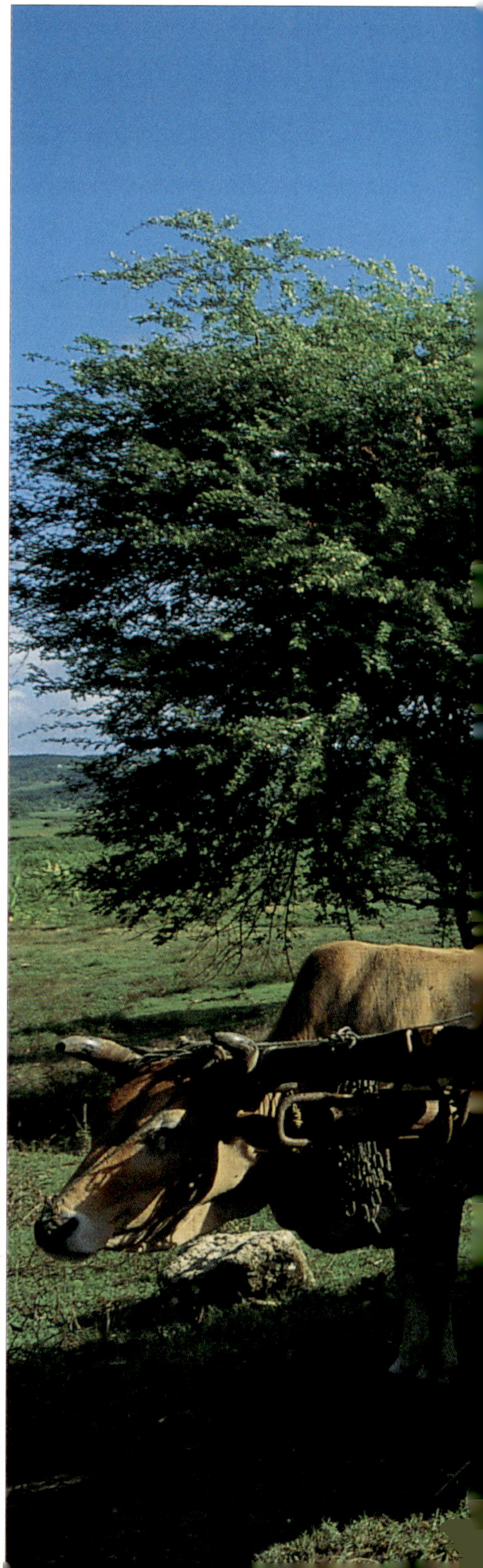

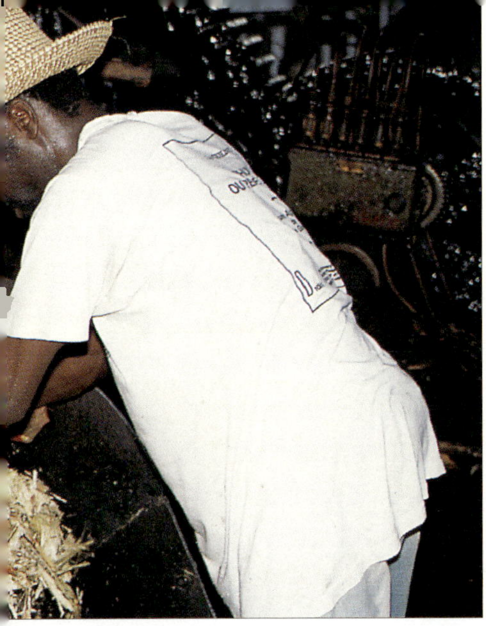
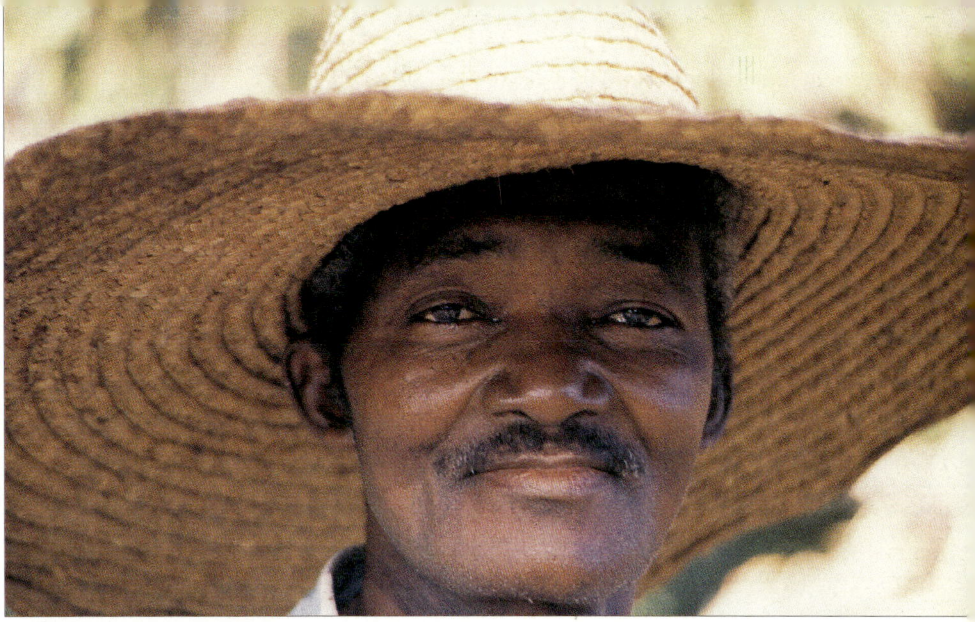
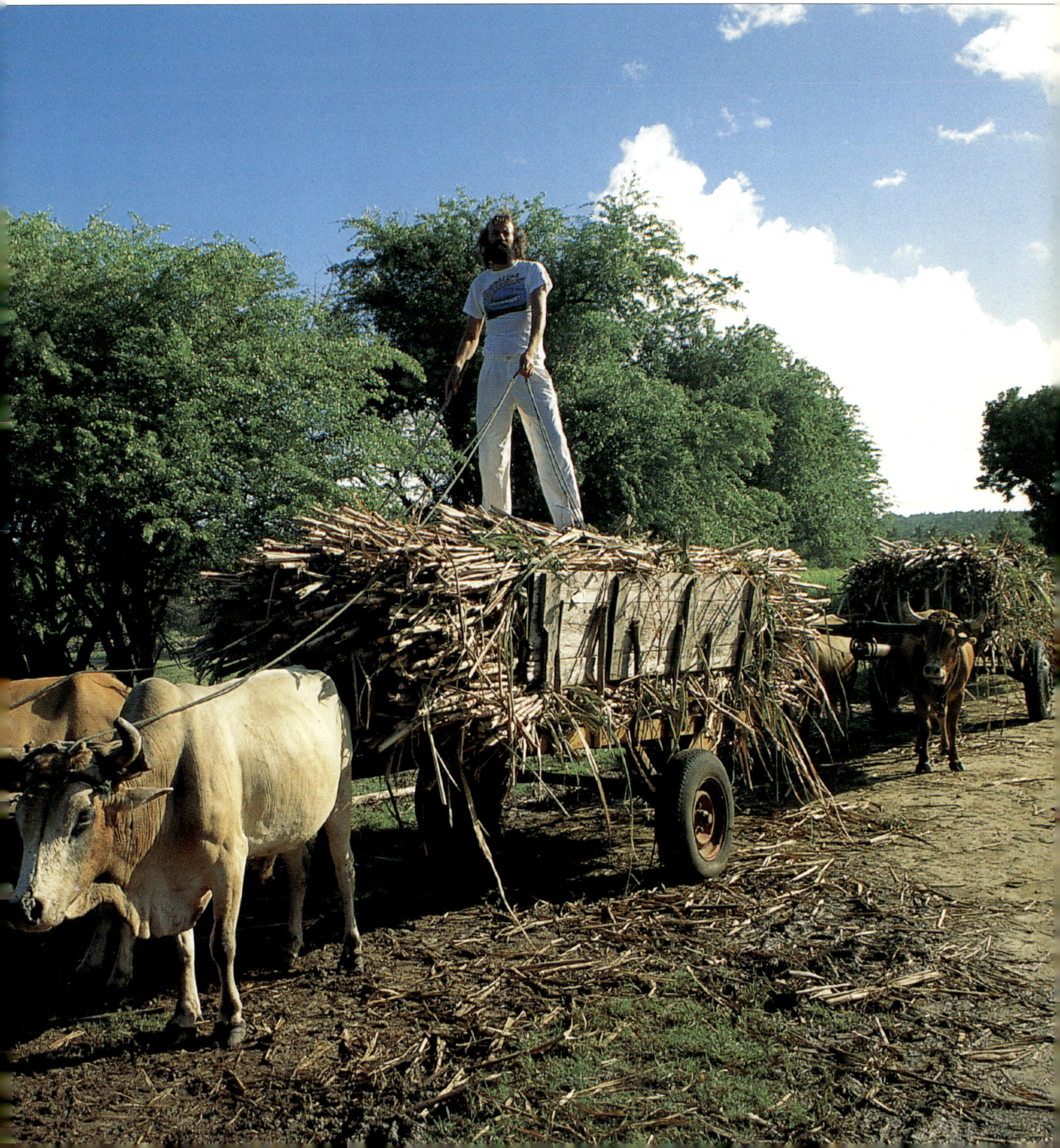

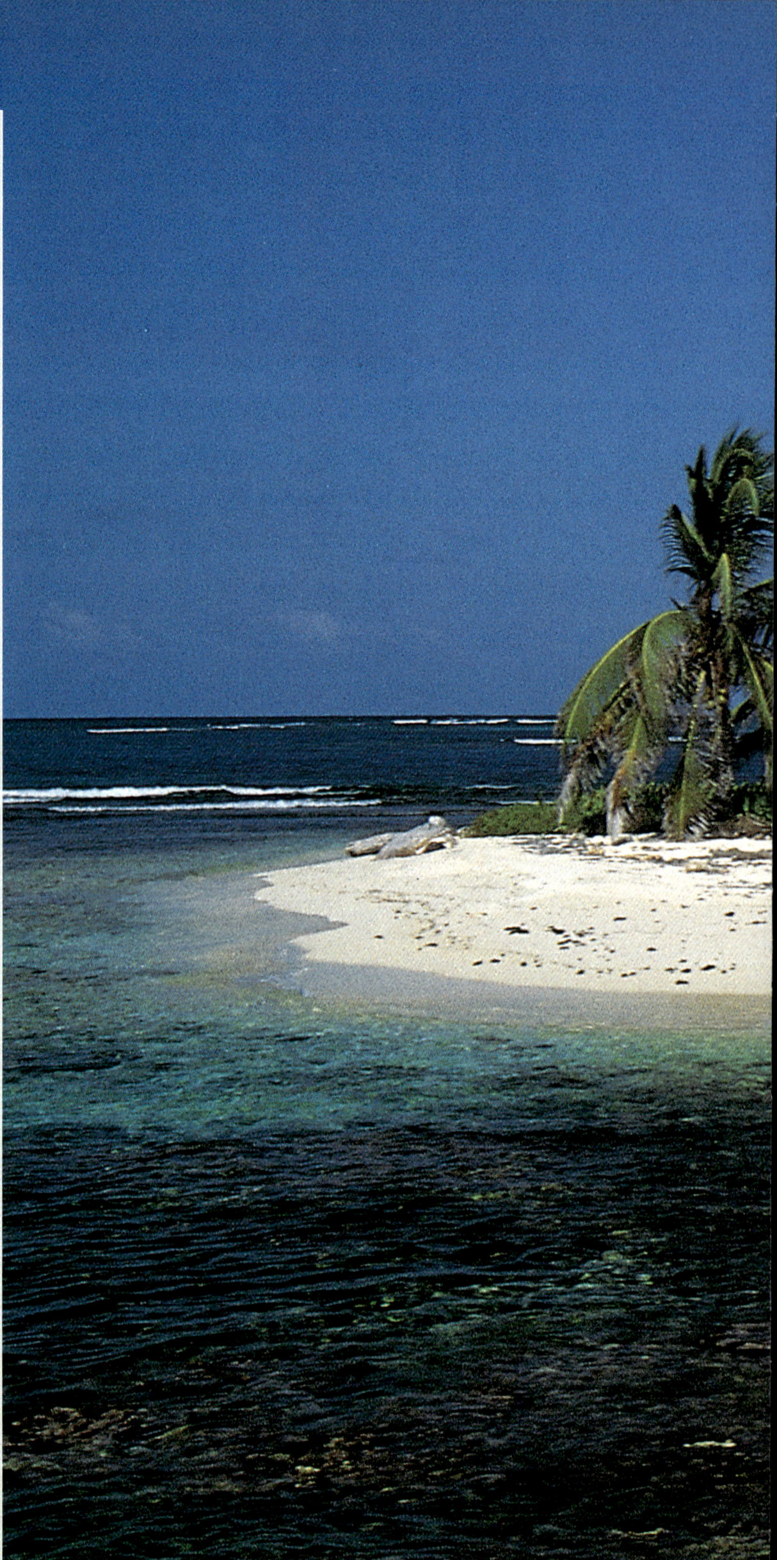

Navigation dans le corail

C'est sans doute aux Antilles que vous aurez pour la première fois à naviguer à vue dans des eaux encombrées de coraux à fleur d'eau ; lorsque l'eau est claire, on peut y naviguer en sécurité (et cerné d'une beauté étincelante, inoubliable) si l'on prend garde à toujours avoir le soleil derrière soi (on naviguera vers l'ouest le matin, vers l'est le soir), et aussi haut (le soleil) que possible (ne pas naviguer dans le corail avant neuf ou dix heures du matin, ni après seize heures).

On se méfiera des journées de calme plat, l'eau lisse comme un miroir cache parfaitement les récifs les plus meurtriers.

Par conditions limites, on aura intérêt à grimper dans les barres de flèche, d'où les fonds sont bien plus visibles ; une paire de lunettes Polaroïd effacera une bonne partie des reflets. Pour vérifier que des verres sont vraiment polarisants, regardez à travers eux une surface (eau, vitre) qui a des reflets ; en tournant les lunettes de 90° dans un plan vertical, vous verrez les reflets s'estomper.

Si vous devez vraiment vous diriger, pour atteindre le mouillage par exemple, dans la direction du soleil, tirez des bords, lentement, au moteur de préférence, zigzaguant de droite à gauche pour ne jamais avoir à faire route directement dans la bande de reflets éblouissants.

La nuit, abstenez-vous de naviguer dans les lagons, sauf, à l'extrême rigueur, si vous avez une carte parfaitement exacte et un radar qui vous indique précisément votre position. Le sondeur, généralement, ne sert à rien, car les fonds remontent brusquement, sans signes avant-coureurs ; en attendant qu'on équipe nos bateaux de sondeurs dirigés en oblique vers l'avant !

Au large, les récifs à fleur d'eau, rendus visibles par une houle qui brise, peuvent être invisibles par mer d'huile. Leur tombant est, en général, bien trop à pic pour pouvoir mouiller à l'extérieur des barrières ou des atolls.

Enfin, si vous avez à vous déplacer sur le récif, munissez-vous de chaussures protectrices, car le corail, bien qu'il soit fragile et cassant, est extrêmement coupant. Il vous infligera des blessures tout aussi douloureuses que longues à cicatriser.

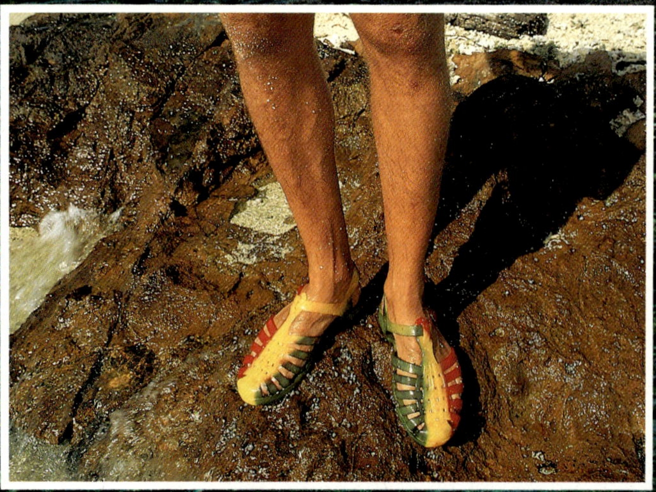

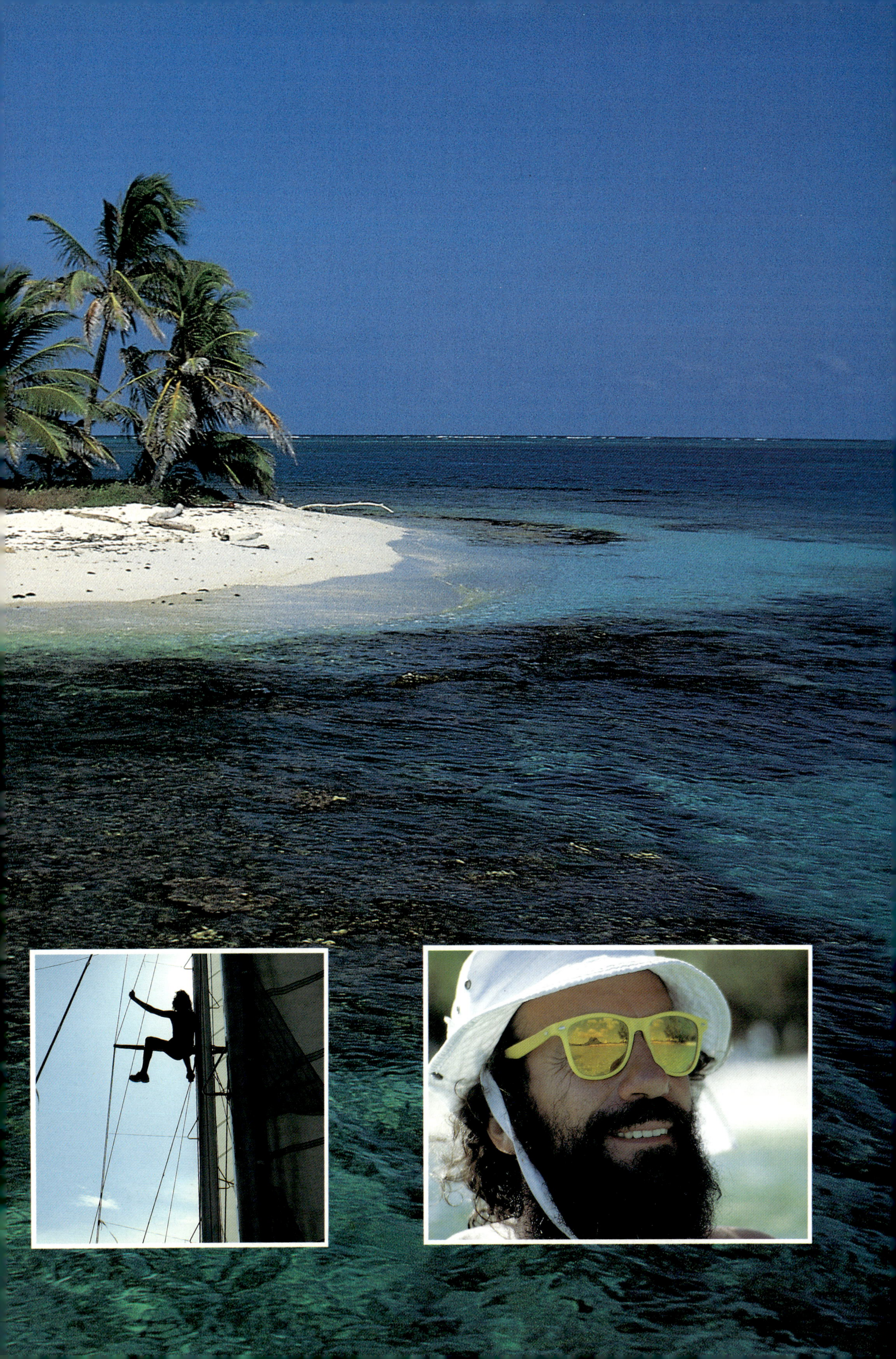

Antigua et Barbuda, Saint Kitts et Nevis

Dans le sillage de Nelson

Les bateaux français ont tendance à se cantonner dans les eaux des îles françaises, à ne faire que de brèves escales dans ces anciennes possessions britanniques, où l'on parle et vit anglais. Une courte halte à Antigua peut sembler coûteuse car on doit y prendre un permis de croisière valable un mois. Autant l'amortir donc en y restant quelques semaines, et les îles en valent largement la peine. Antigua et Barbuda sont en fait pratiquement mes préférées aux Petites Antilles, et j'y passe volontiers des mois. Le port d'English Harbour abritait la base de l'amiral Nelson, et son souvenir est présent partout, à l' Admiral's Inn, au pied des colonnes qui bordent l'ancien bassin de carénage ou dans le Copper and lumber store, un merveilleux petit hôtel; le mouillage est excellent, c'est en principe un excellent «trou à cyclone», mais il est souvent surpeuplé. Sitôt que j'ai fait le plein de vivres (et de pain et brioches délicieusement odorants), je préfère ressortir d'English Harbour, contourner les colonnes d'Hercule et le sud-est d'Antigua et me perdre parmi les nombreux mouillages de Nonsuch Bay, de Green Island, ou, plus au nord, au voisinage de Great Bird Islet ou de Long Island.

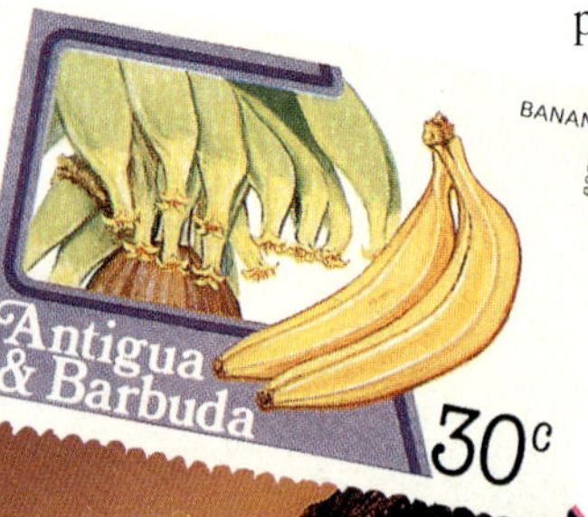

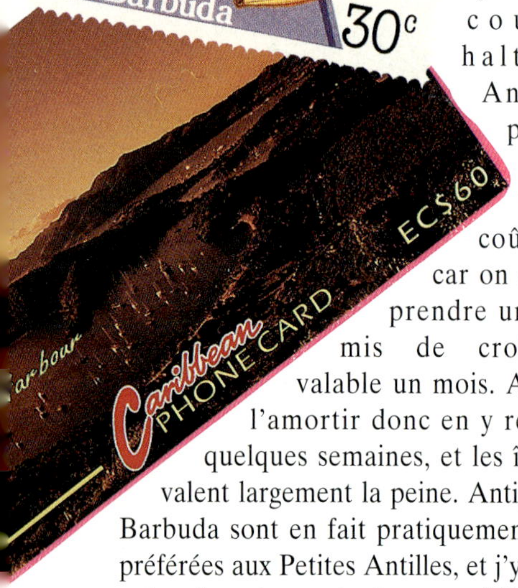

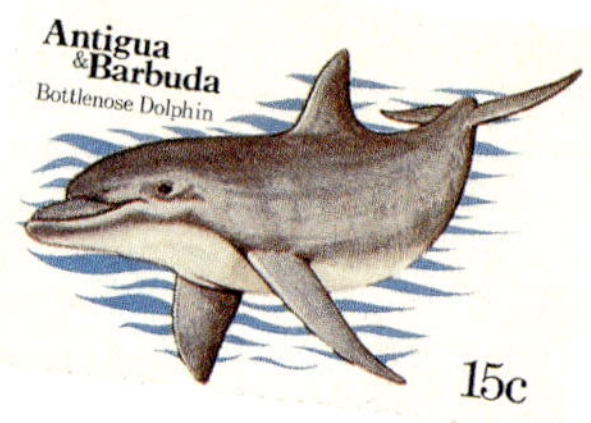

Barbuda, à quelques heures de route, est presque déserte et le mouillage de Spanish Point est certainement un des plus agréables au monde, avec ses fonds de sable blanc et les très jolis fonds coralliens qui l'entourent.

Sur la côte ouest de Barbuda, comme dans tout le nord des Petites Antilles, il faut se méfier de l'arrivée possible de houles venues du nord qui ont jeté plus d'un bateau à la côte. Une bonne manière de savoir s'il y a un risque, c'est l'allure de la plage: si elle est très haute et abrupte, c'est qu'elle est parfois exposée à des houles énormes qui ont empilé tout ce sable!

L'île de Montserrat est tranquille et discrète. Un peu plus au nord, l'îlot rocheux de Redonda peut être l'occasion d'une balade exceptionnelle: on mouille (pas trop longtemps) sur deux ancres, parallèle à la côte, sous son vent, près des rochers on débarque en choisissant bien son moment et on grimpe par une ravine abrupte jusqu'à une plate-forme où ne vivent que des oiseaux et des chèvres.

C'est Jacques Higelin qui m'avait le premier signalé la beauté des paysages du sud de Saint Kitts, lunaires et désertiques. L'île voisine de Nevis est une des plus paisibles des Caraïbes. Le mouillage est bon devant une très longue plage, la petite ville est assoupie et de jolis petits hôtels, comme l'Hermitage, ont été construits dans les restes de plantations de canne à sucre, où l'on se promène, ou dans le corps d'anciens moulins.

Un petit musée consacré à Nelson présente toutes sortes d'objets à la gloire de l'amiral qui a vécu ici et qui s'est même marié dans une des nombreuses petites églises de l'île.

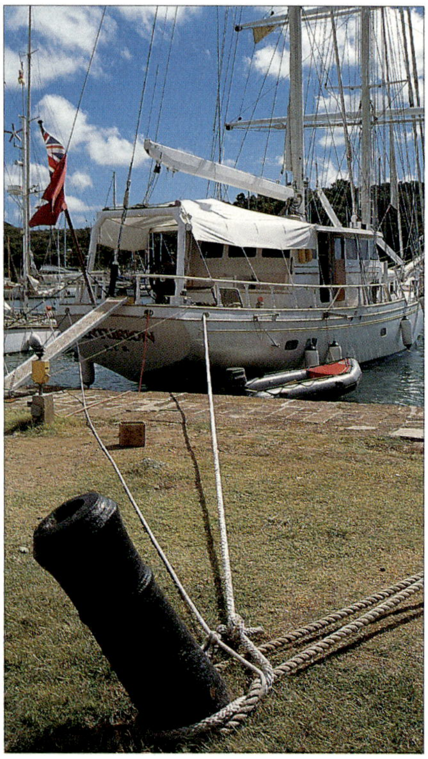

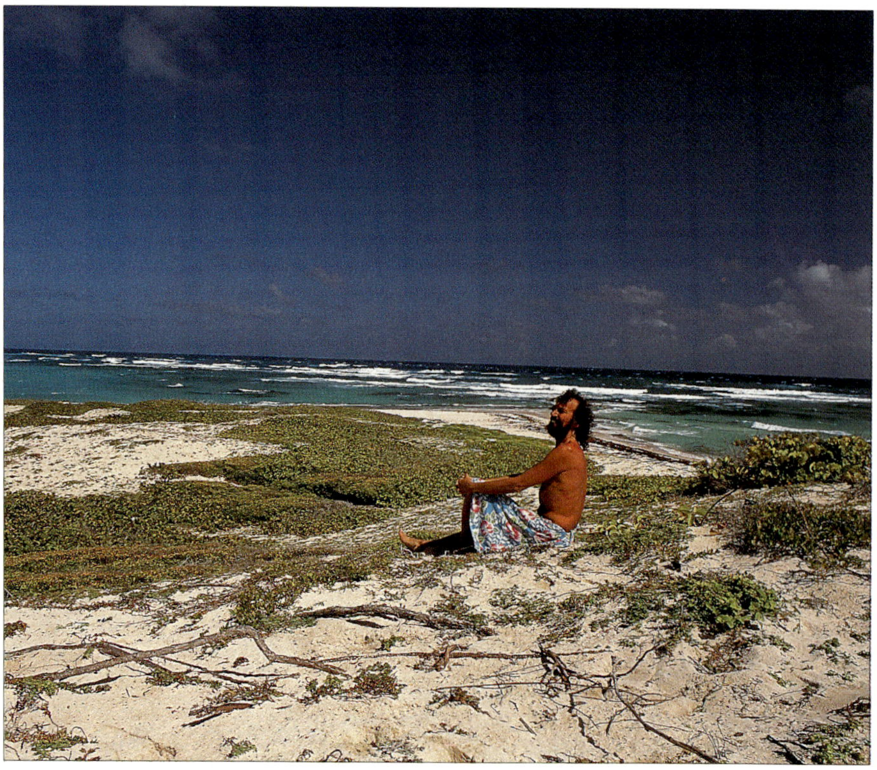

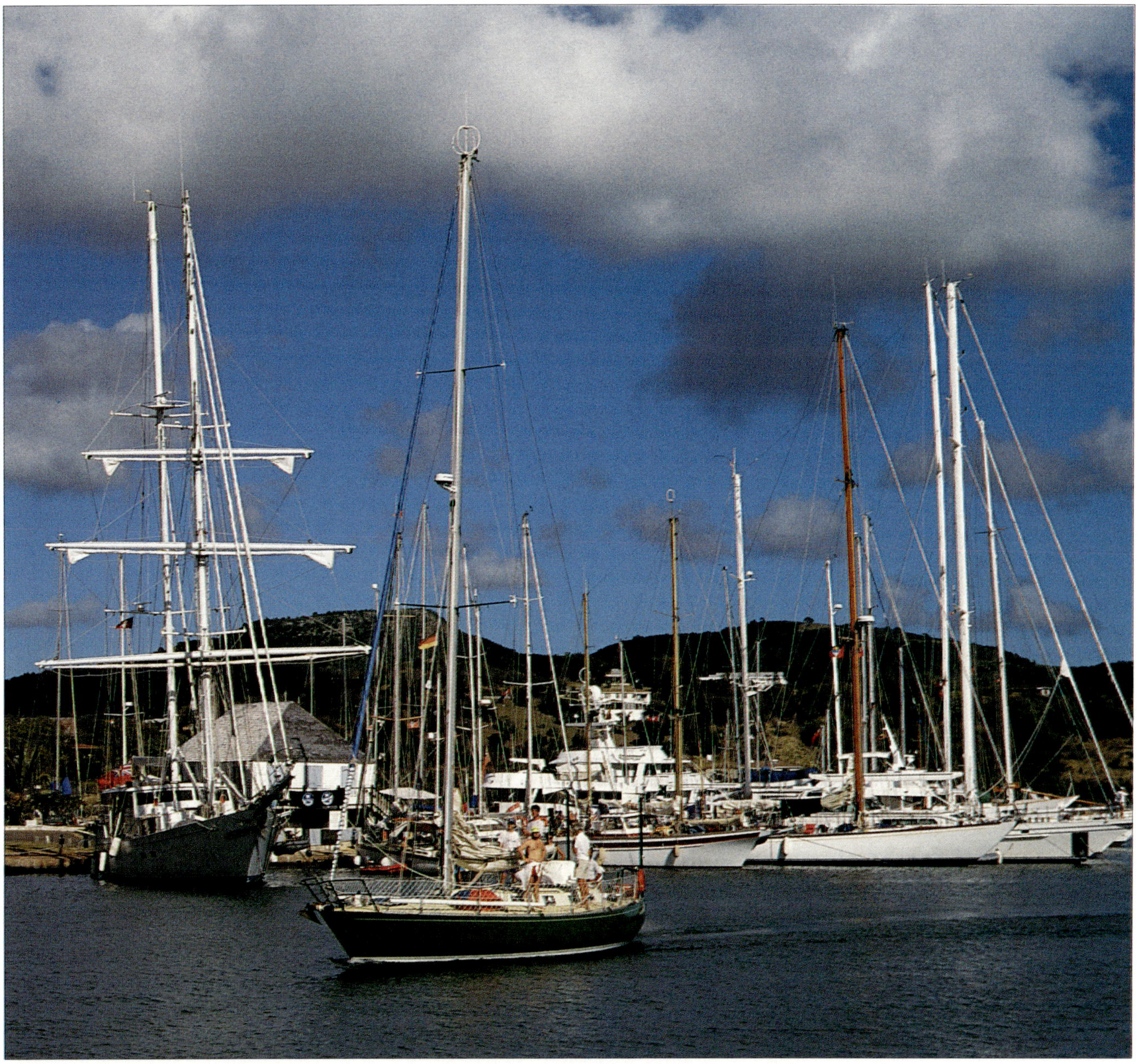

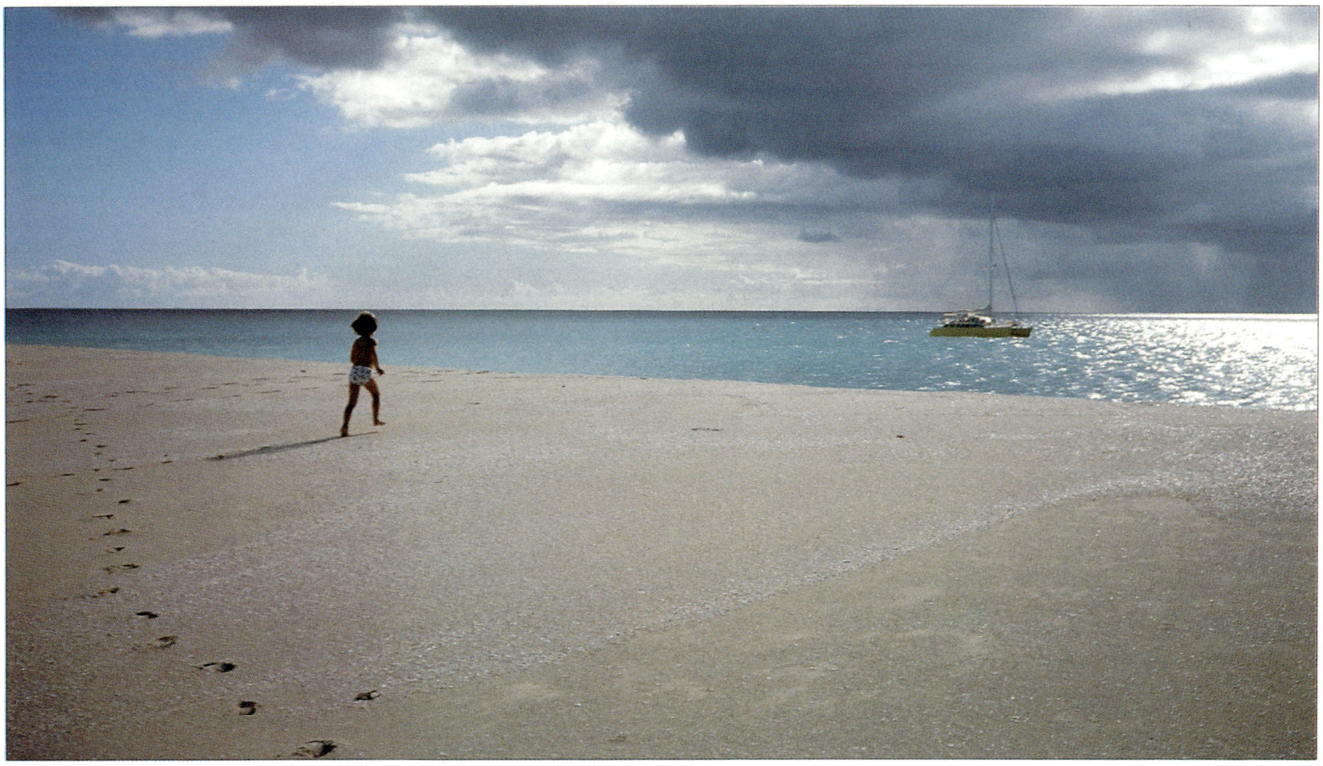

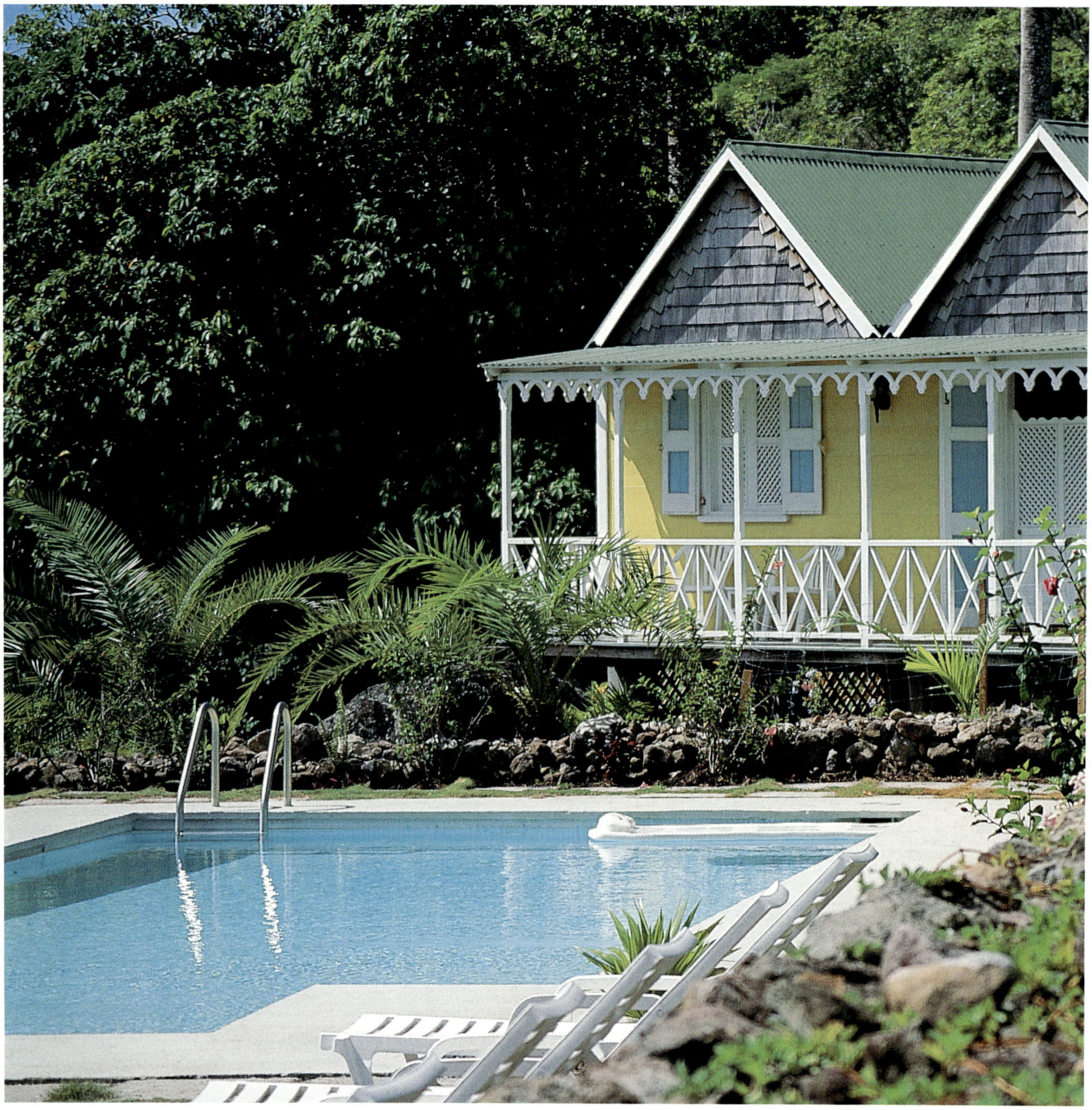

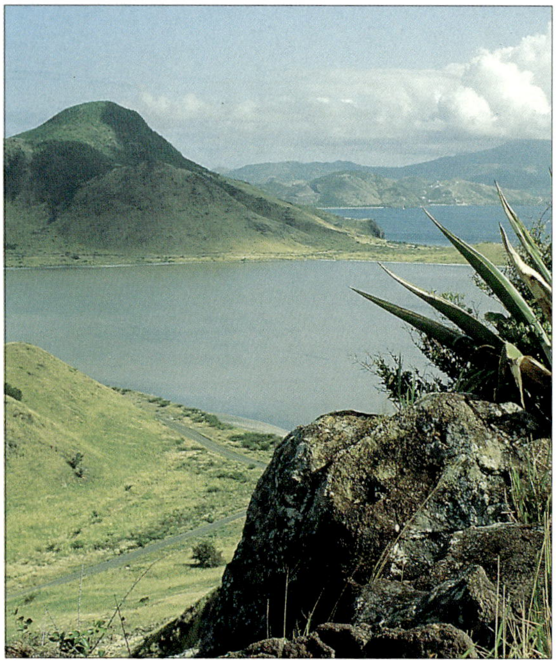

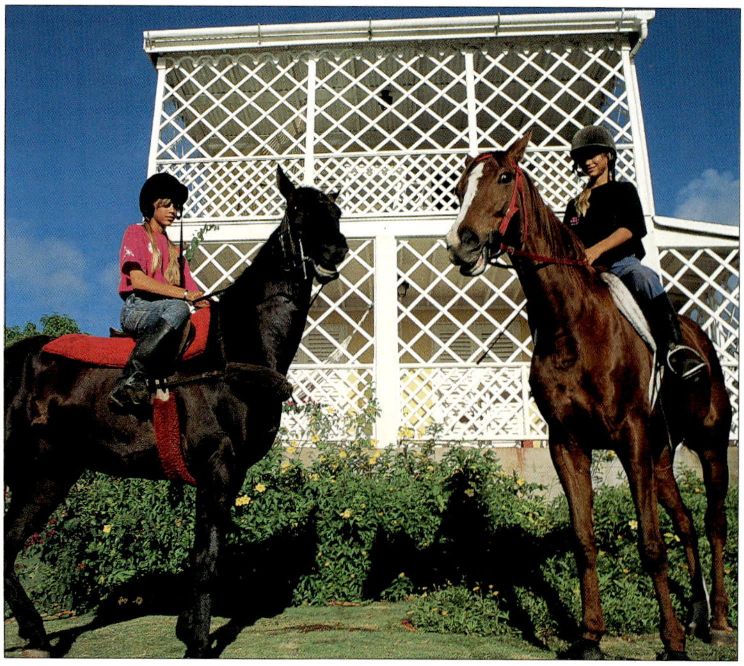

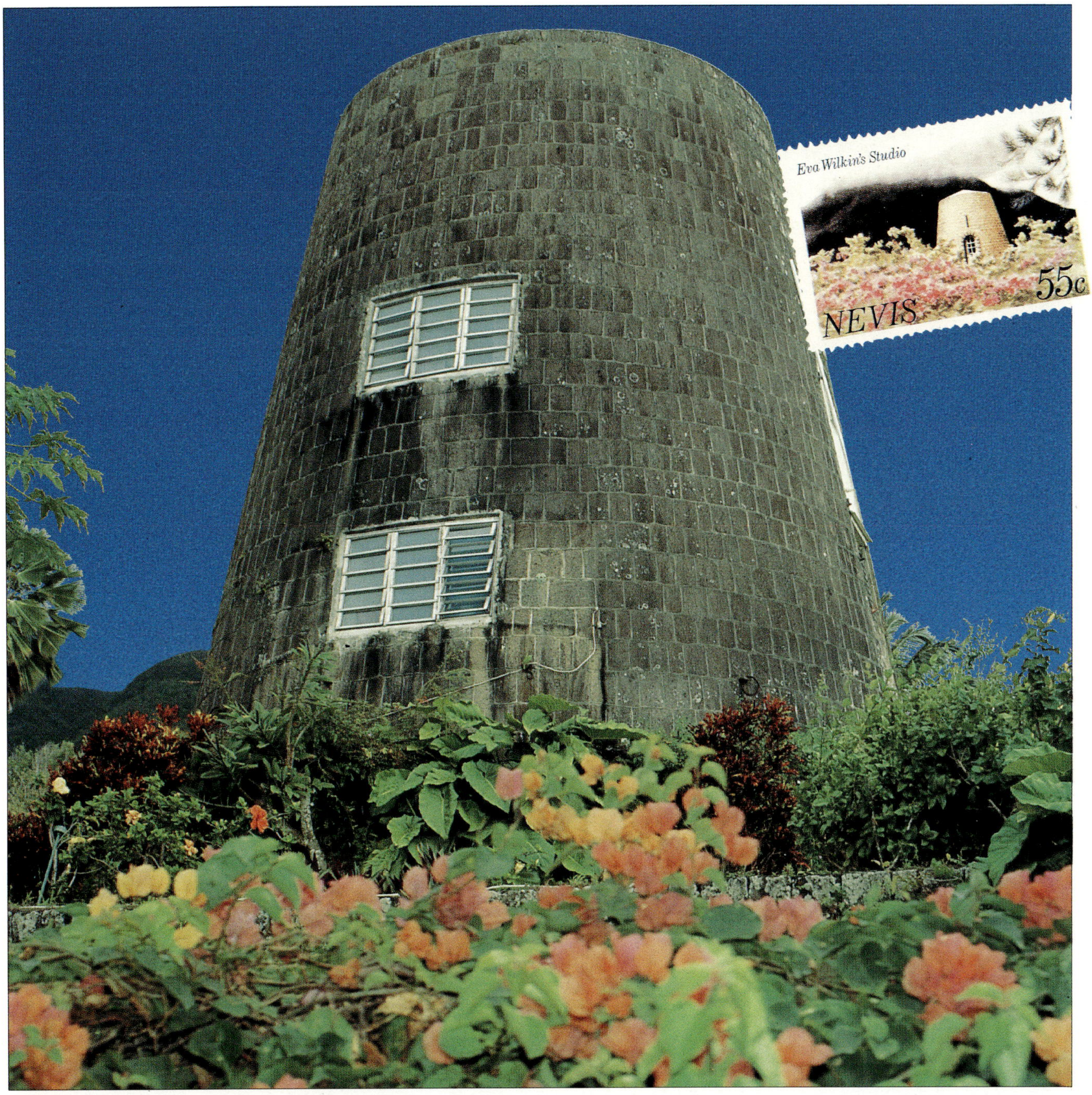
Eva Wilkin's Studio
55c
NEVIS

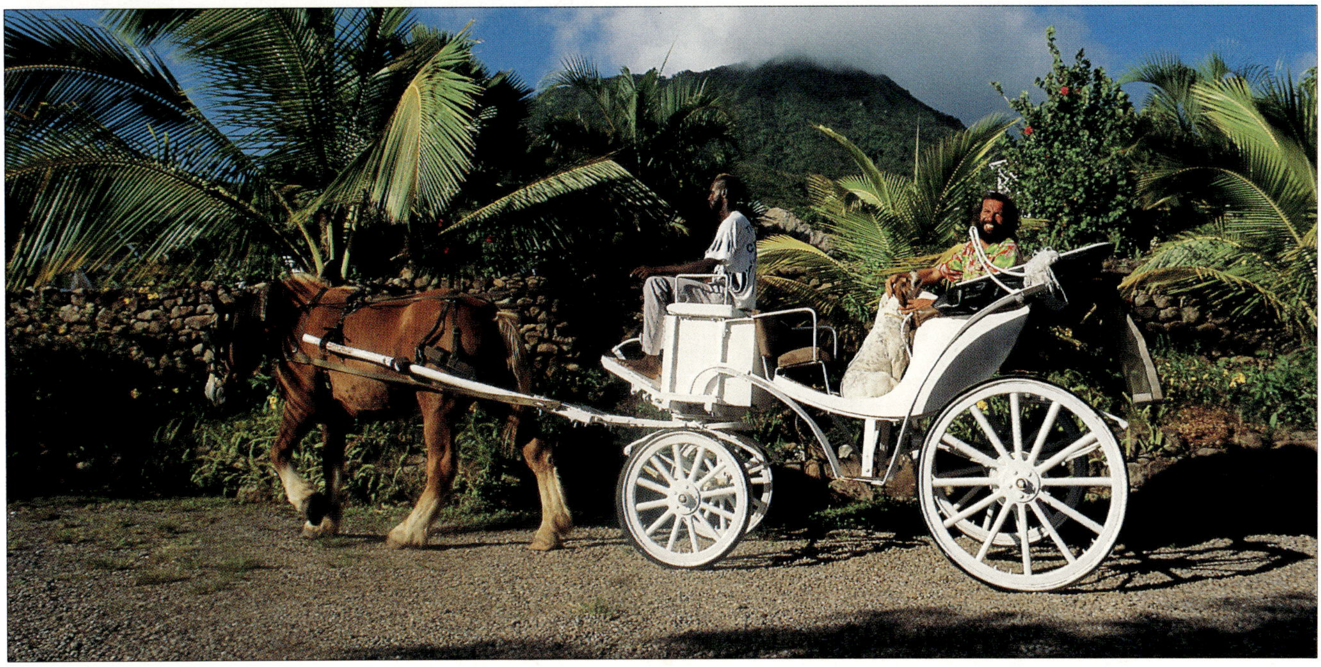

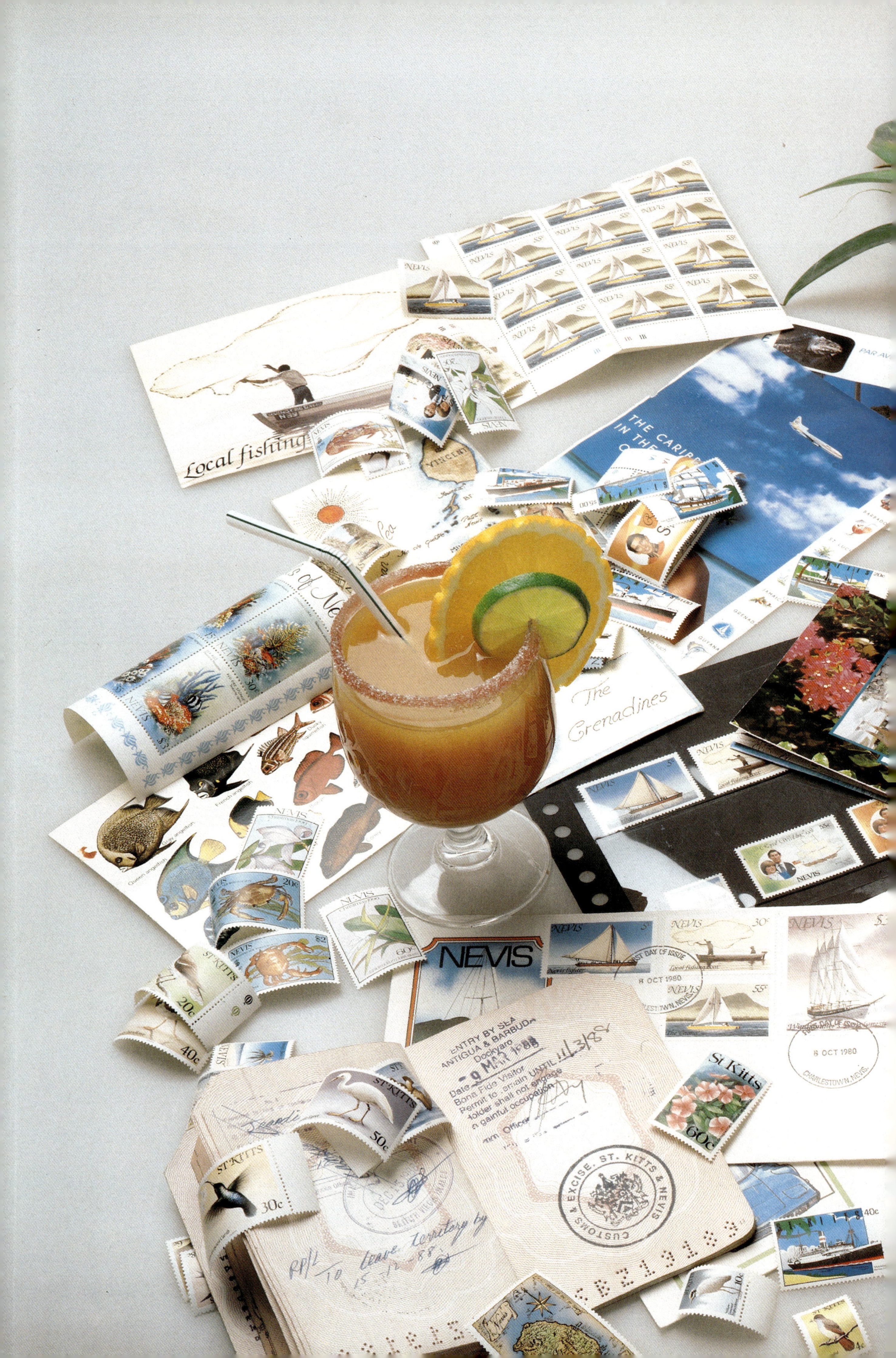

Local fishing
The Grenadines
NEVIS
St Kitts
CUSTOMS & EXCISE, ST. KITTS & NEVIS
8 OCT 1980
CHARLESTOWN, NEVIS

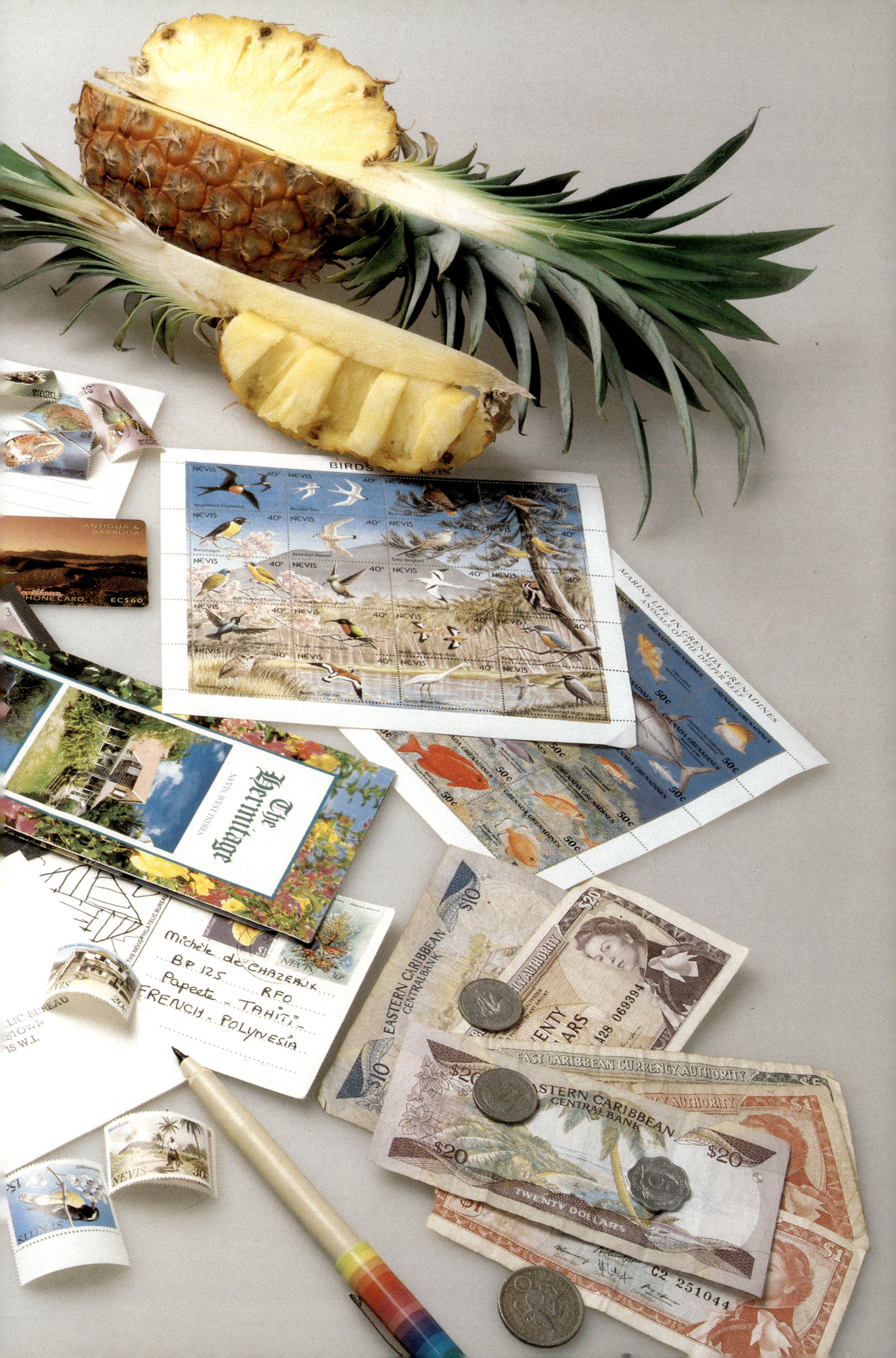

BIRDS
NEVIS
MARINE LIFE IN GRENADA GRENADINES
ANIMALS OF THE DEEP REEF
GRENADA GRENADINES
ANTIGUA & BARBUDA
PHONE CARD EC$60
The Hermitage
NEVIS WEST INDIES
Michèle de CHAZEAUX
B.P. 125 R.F.O.
Papeete - TAHITI
FRENCH - POLYNESIA
EASTERN CARIBBEAN CENTRAL BANK
EAST CARIBBEAN CURRENCY AUTHORITY
TWENTY DOLLARS
C2 251044

Saint-Barth, Saint-Martin

et l'île Fourchue

On aime ou on n'aime pas, mais ce minuscule archipel a quelque chose de magique. On y trouve tant d'univers enchevêtrés: des jolis petits mouillages tranquilles et des manifestations d'un snobisme quasi tropézien; des petites maisons perdues dans la nature et des réalisations architecturales dantesques et inutiles nées de la défiscalisation; des rues bordées de boutiques hors taxe vendant électronique, bijoux, alcools et Gucci à des prix défiant toute concurrence, et des quartiers dignes du tiers monde, grouillant d'une vie cosmopolite.

A Saint-Barth, il faut payer pour jeter l'ancre dans un mouillage médiocre et surpeuplé, devant le port de Gustavia. Même le superbe quai d'honneur du port est souvent agité d'un violent ressac, fatal aux amarres, et le mouillage dans la belle baie de Saint-Jean est interdit.

Pourtant l'île a tant d'attraits que nombre de bateaux y prolongent leur escale. La baie de Colombier est assez proche de la perfection et l'on n'y accède pas encore en voiture.

L'esprit de liberté qui flotte sur les bistrots du quai et les petites rues de Gustavia date du temps où Saint-Barth était le repaire des rebelles et des émigrés. Elle l'est toujours un peu, d'ailleurs; des célébrités mondiales vivent, discrètes, dans de belles maisons accrochées aux collines de l'île ou séjournent dans quelques-uns des jolis hôtels aux dimensions raisonnables, comme Eden Roc ou le remarquable La Banane, minuscule hotel construit par Jean-Marie Rivière qui a amené ici l'esprit et quelques artistes de l'Alcazar de Paris. Le dîner spectacle qu'il donne chaque soir est un petit prodige de bonne humeur kitsch et de sexy bon enfant !

Et puis il y a la beauté de l'île qui a su résister aux agressions, en particulier du côté des falaises au pied desquelles s'étendent de véritables piscines naturelles remplies par les plus grosses vagues, un bel endroit où s'isoler pour se remettre des folies et de la fête !

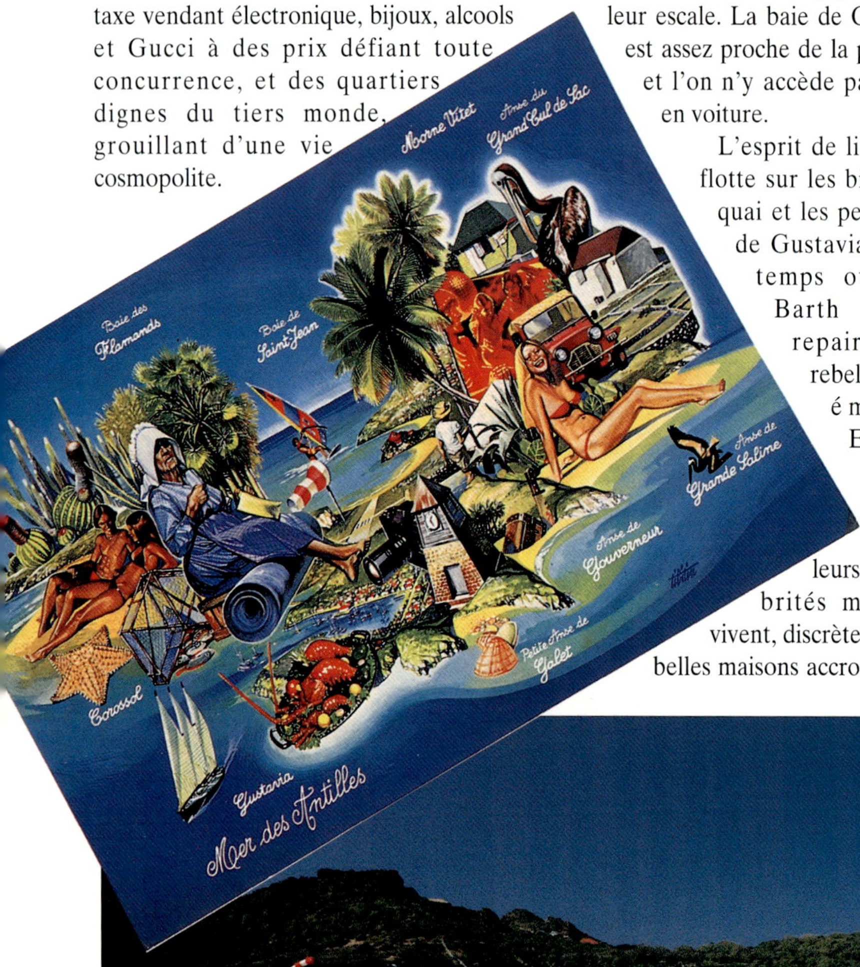

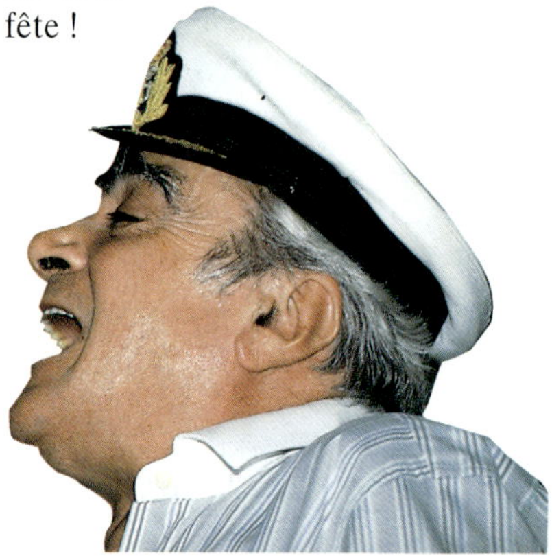

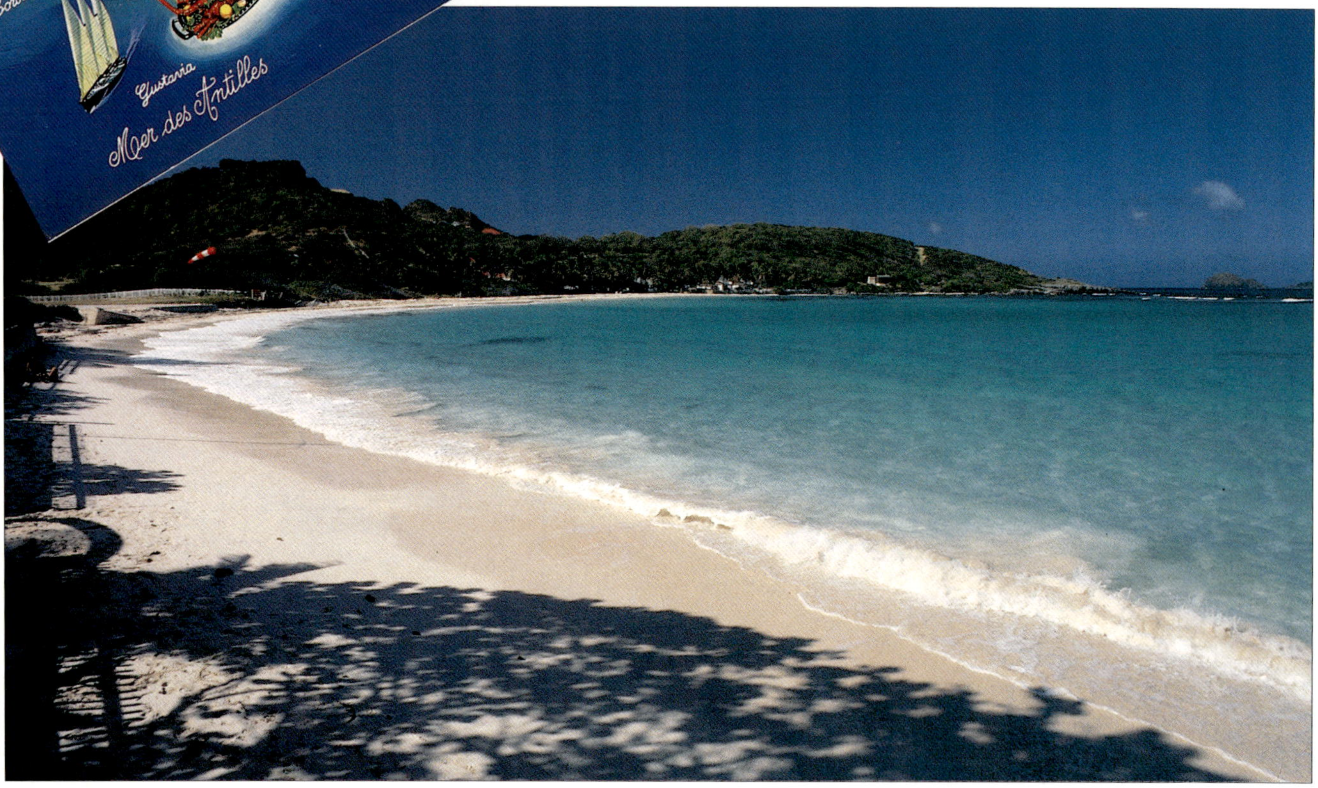

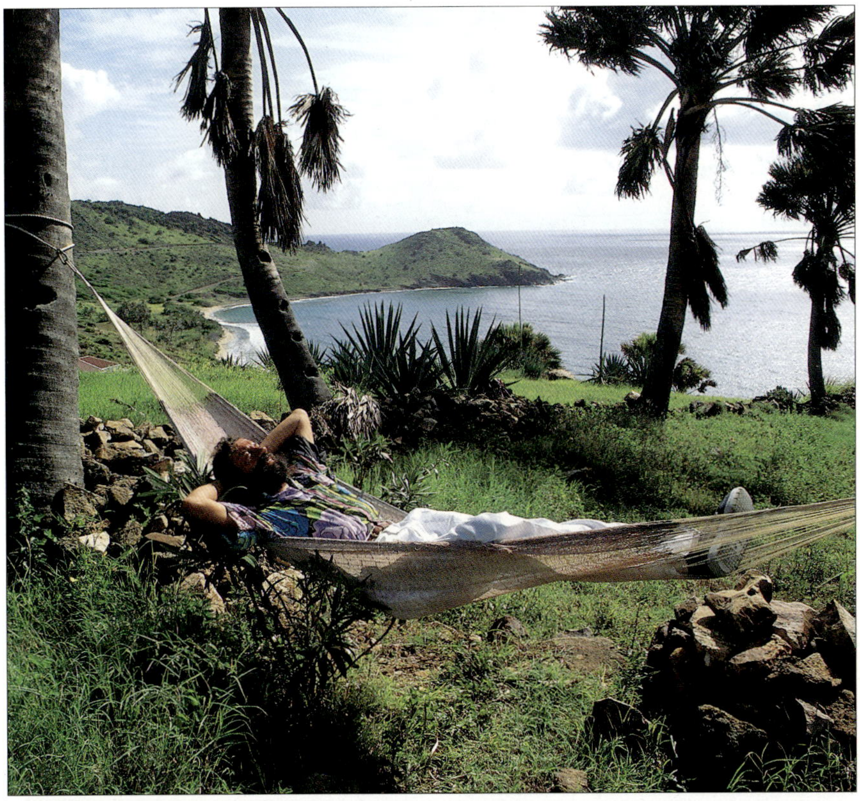
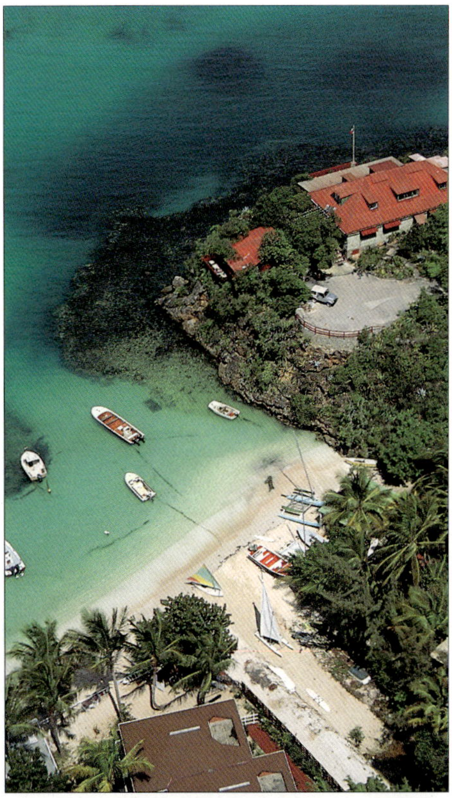
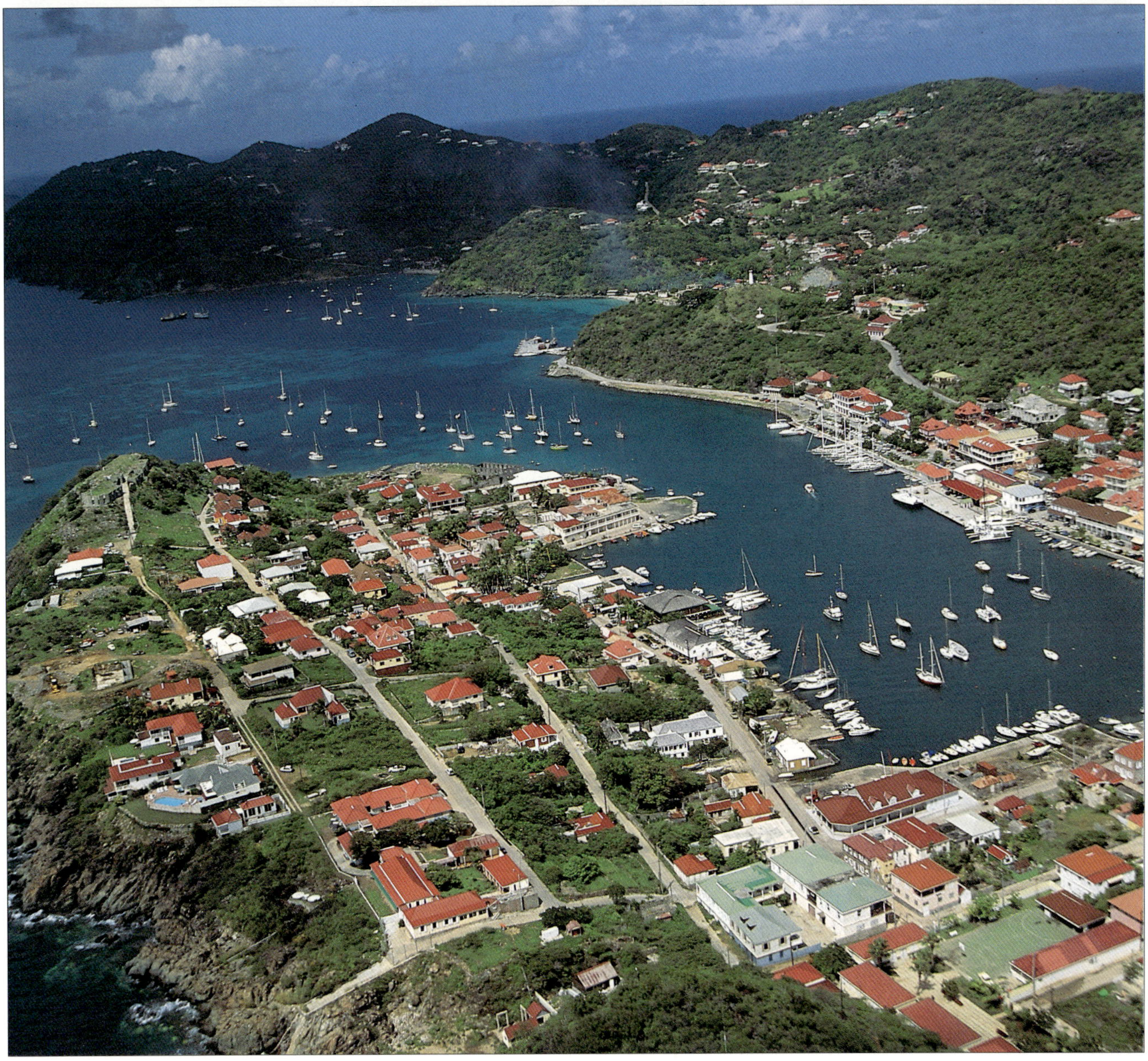

L'ILE FOURCHUE

Mais parmi ces îles du nord, «dépendances» de la Guadeloupe, ma préférée est une île que n'habitent que quelques lézards et un maigre troupeau de chèvres, un petit îlot connu sous le nom de Fourchue.

Cinq sommets désertiques et lunaires entourent un excellent mouillage en fer à cheval, un peu rouleur parfois si le vent passe au sud-sud-est, mais en catamaran, qu'importe !

Je m'y retrouve souvent seul à l'ancre, malgré la proximité de l'agitation des îles voisines. J'y ai passé des mois, ravitaillé en pain et fruits frais par un copain venant de Saint-Barth sur l'un de ces bateaux de *day charter,* où l'on embarque pour goûter au plaisir de rapides catamarans et qui ne troublent que quelques heures la paix du mouillage.

Bien chaussé pour éviter les cactus les plus agressifs, on peut escalader l'un ou l'autre des cinq sommets, et là, à la cime, à mi-chemin entre Saint-Martin et Saint-Barth, sur son île au milieu de l'immensité étincelante et bleue, on se sent vraiment le roi du monde.

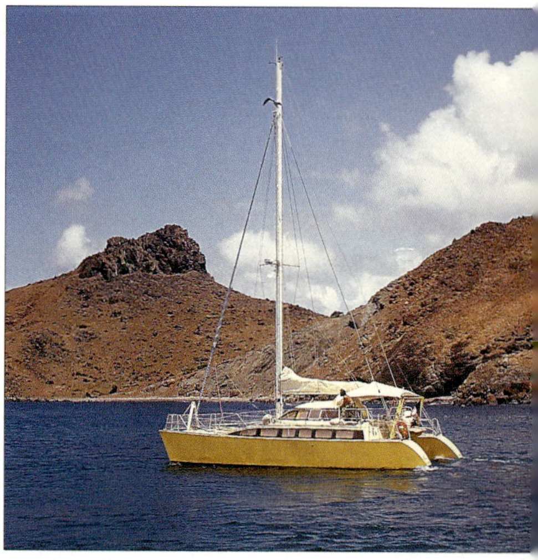

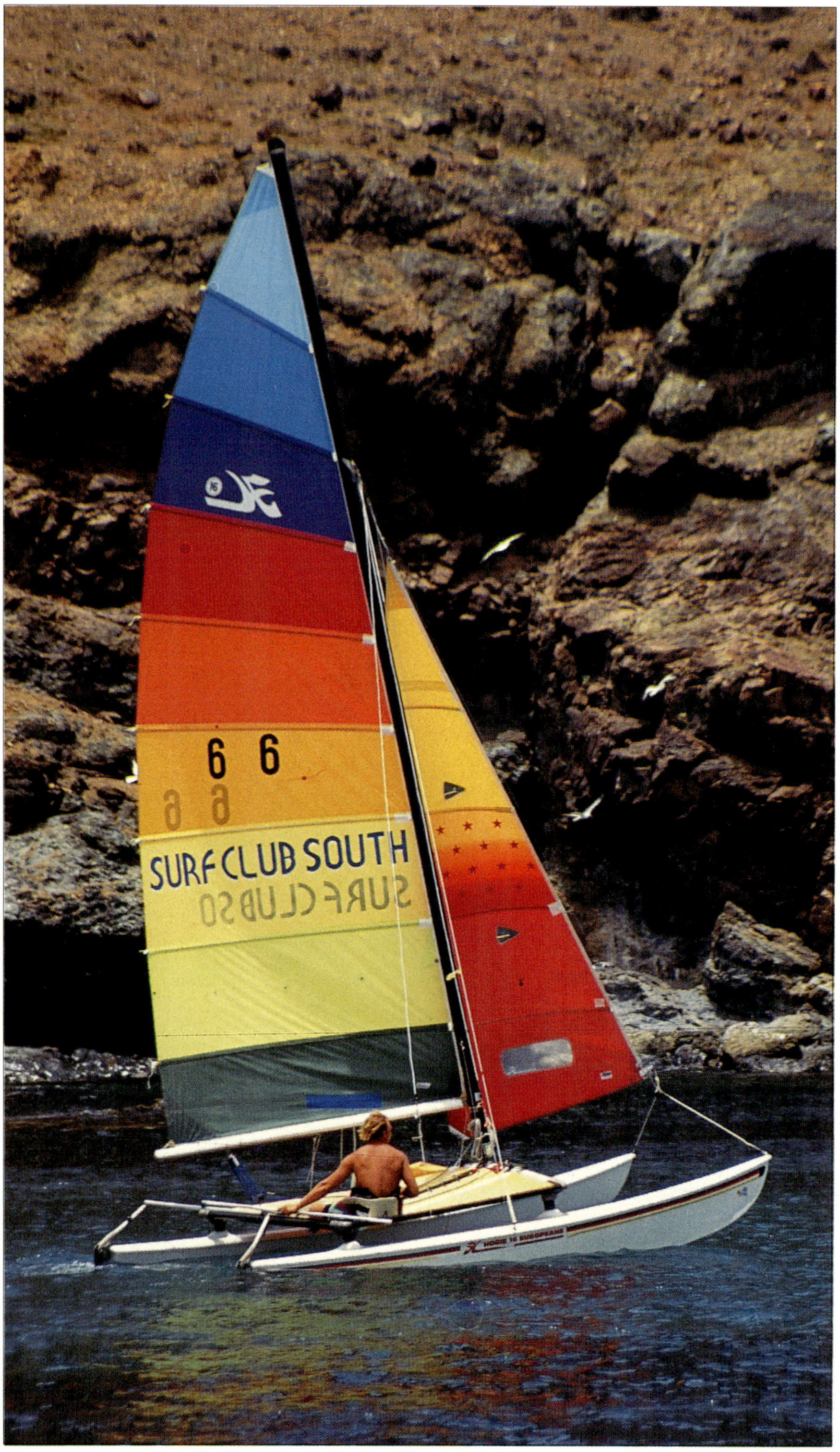

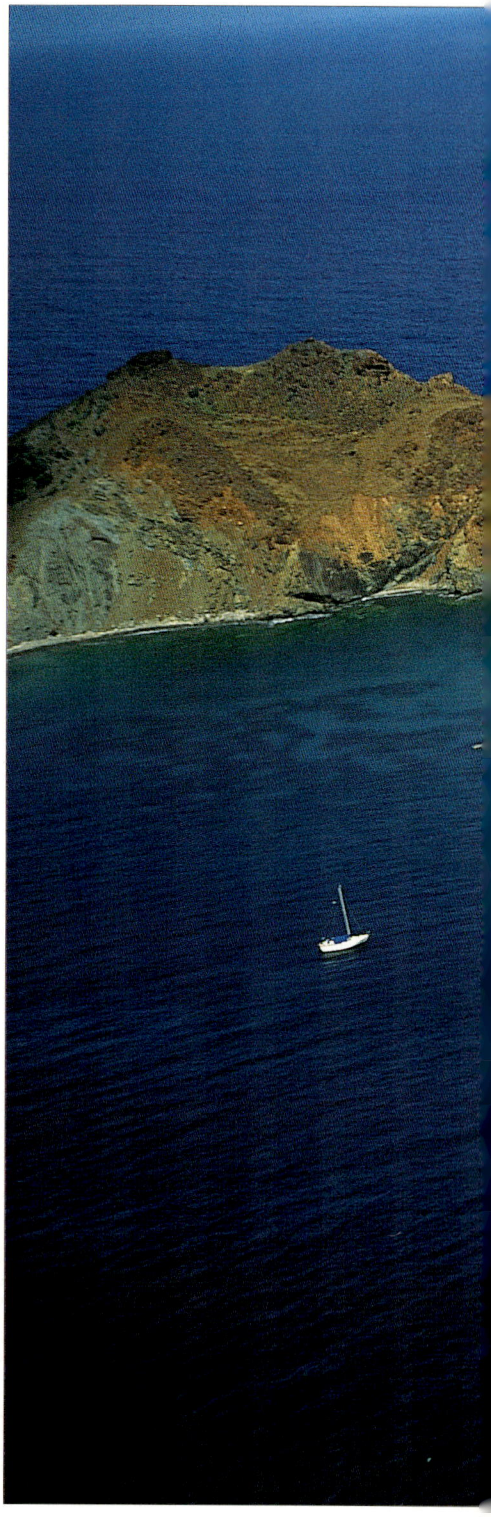

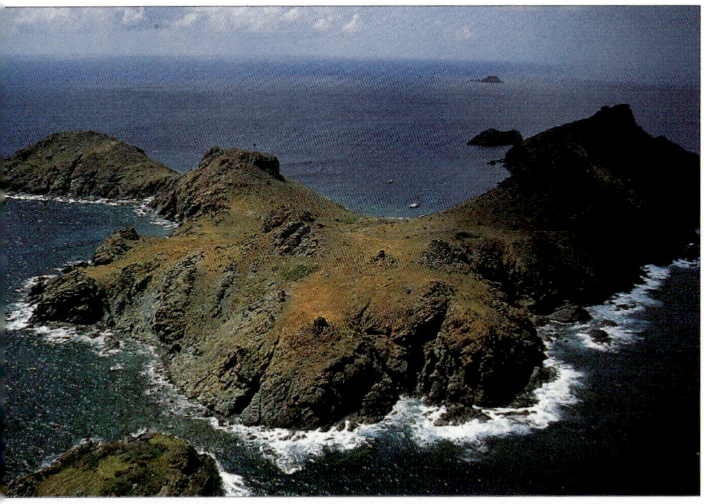

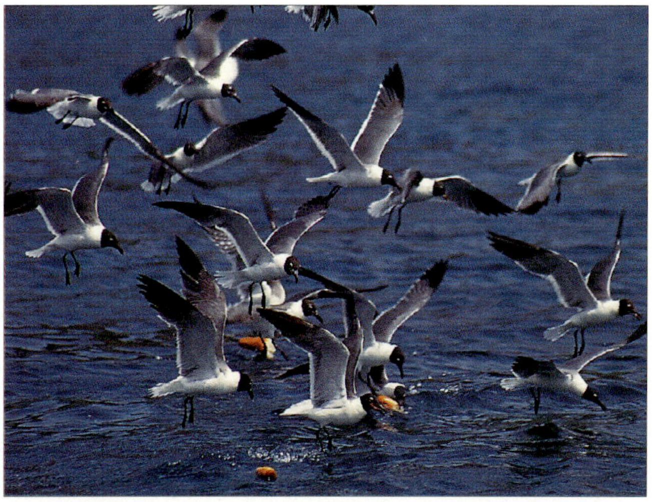

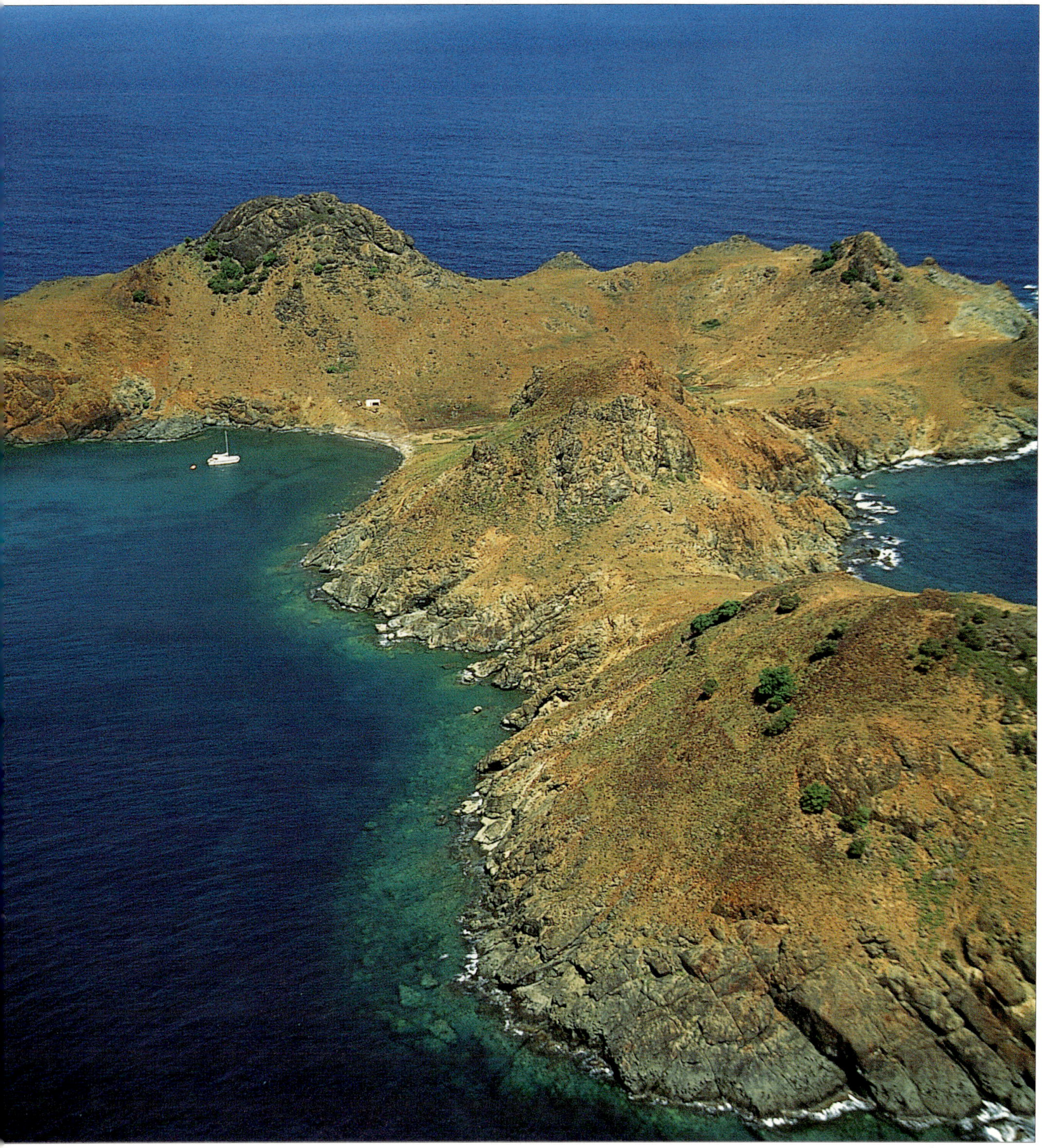

SAINT-MARTIN

Le phénomène le plus remarquable est ici le mélange de plusieurs cultures : française, hollandaise – Saint-Martin est partagée entre une partie française et une partie hollandaise –, américaine. Ici, dans les magasins, on paie au choix en francs, en dollars ou en florins ! Jusqu'à nouvel ordre, Saint-Martin reste un des seuls endroits au monde où l'on puisse arriver avec son bateau et rester des années sans qu'on vienne vous embêter avec des histoires de taxes d'importation. Bien sûr, le tourisme y est omniprésent, mais si on évite les parties les plus surchargées de l'île (la route qui mène à l'aéroport, par exemple), on trouve encore des havres de paix très praticables. J'ai un faible pour la petite marina d'Oyster Pond, créée par le «Captain Oliver» dans une baie bien abritée, à l'accès rendu parfois difficile par fort vent d'est. J'aime aussi les petites îles comme Tintamarre, Pinel ou l'île Verte et l'île voisine d'Anguilla, longue anguille assoupie sous le soleil.

De nombreux loueurs proposent des voiliers avec ou sans équipage au départ des divers ports de l'île. Saint-Martin et Saint-Barth offrent beaucoup d'avantages aux bateaux en escale: tout le matériel nautique est à des prix hors taxes (des panneaux solaires, par exemple, à moitié prix, beaucoup de bateaux s'en équipent ici); des spécialistes, voiliers, mécaniciens, révision de radeaux de survie; le ravitaillement au meilleur prix (une bouteille de pastis coûte ici le cinquième de ce qu'elle vous coutera à Tahiti!). Plusieurs chantiers peuvent hisser les bateaux au sec pour carénage, et le lagon de Saint-Martin est un excellent abri anticyclones auquel on accède par deux chenaux enjambés par des ponts ouvrant à heure fixe.

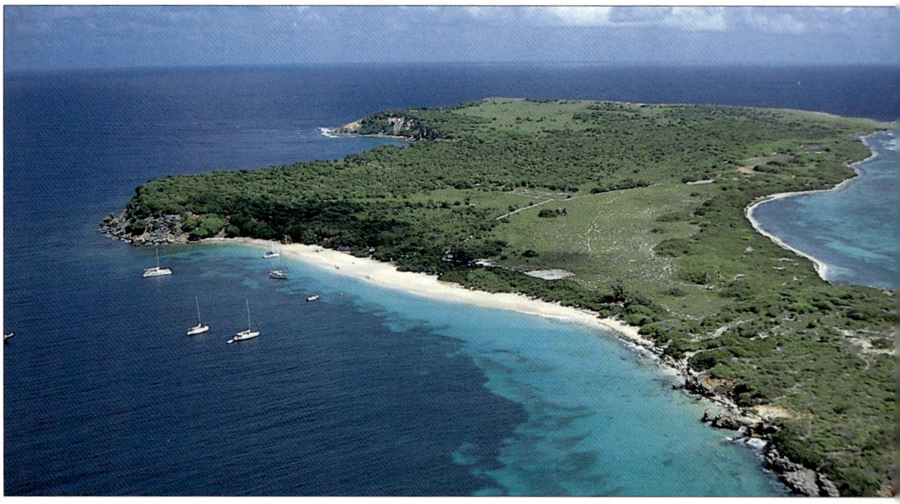

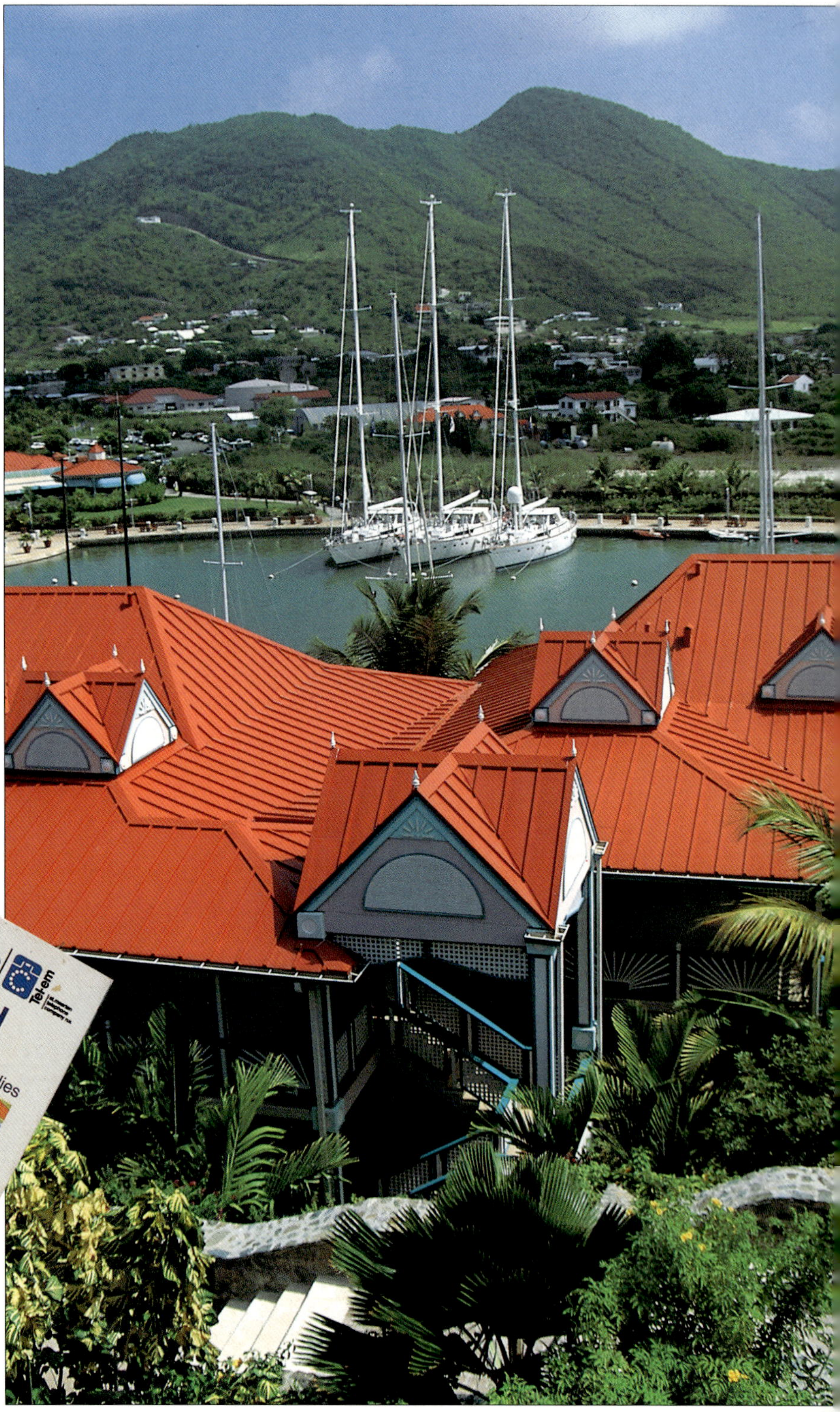

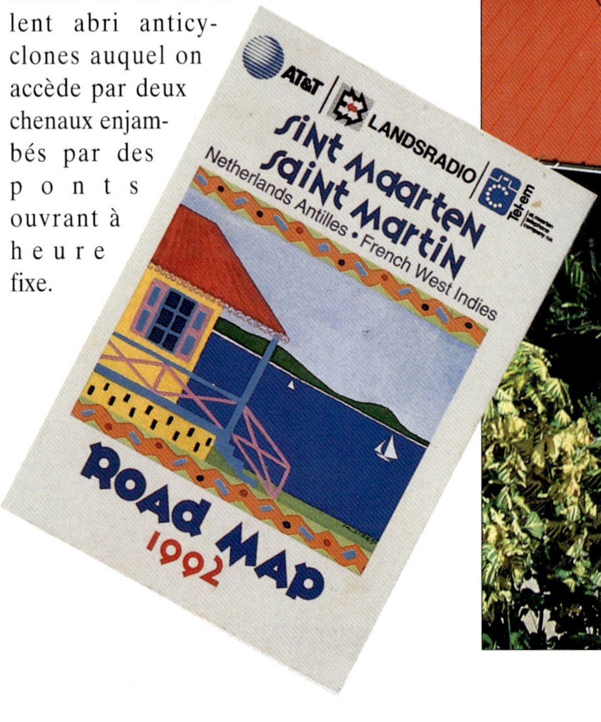

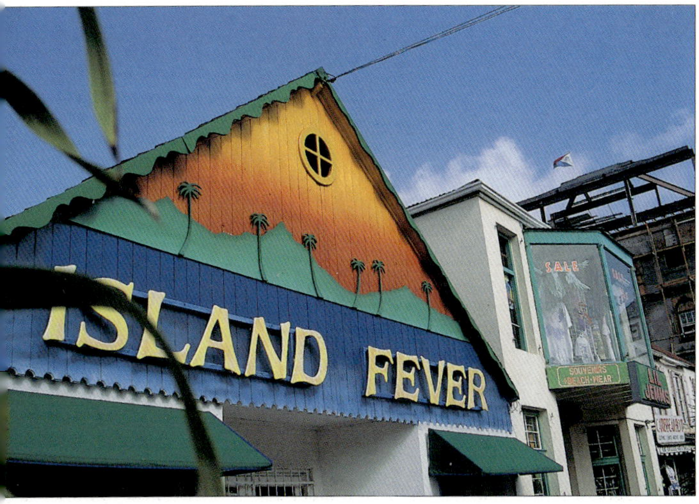
ISLAND FEVER

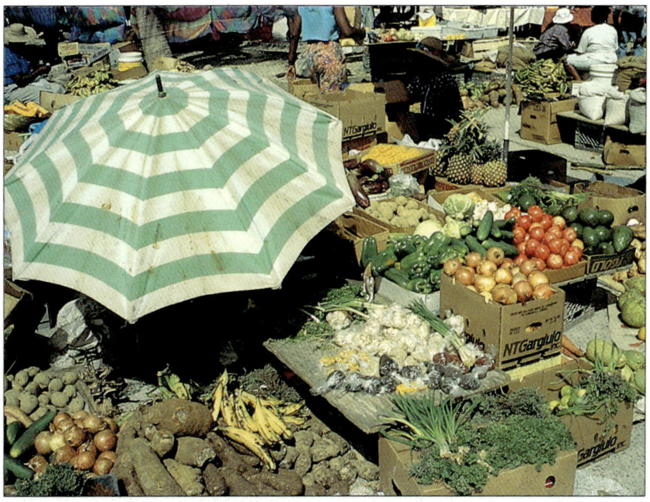

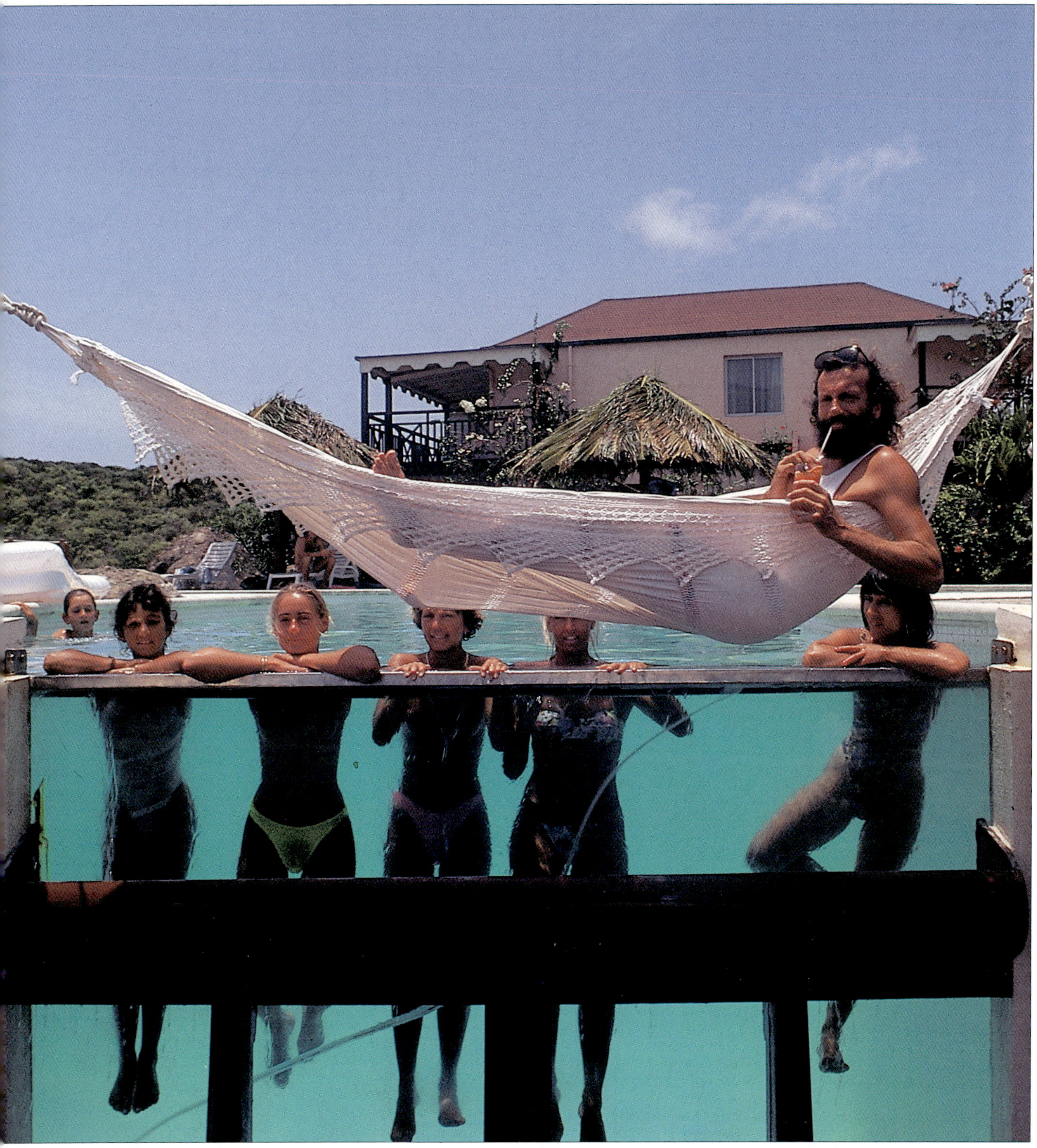

Grandes Antilles

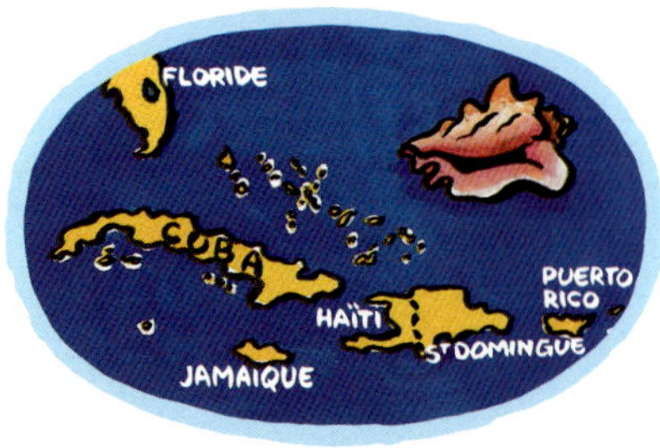

Iles Vierges, Porto Rico, Haïti, Cuba, Jamaïque

Passé Saint-Martin, l'arc des Antilles oblique vers l'ouest. La largeur du passage séparant Anguilla des îles Vierges suffit à rendre difficile le retour contre l'alizé. Arrivé aux Vierges, on est déjà en route vers l'ouest, pour de bon.

Partagé entre Vierges britanniques et Vierges américaines, l'archipel est un véritable paradis de la voile et les voiliers ne manquent pas. De nombreuses sociétés de charter sont basées à Tortola, à Saint-Thomas, à Virgin Gorda et le moindre mouillage de l'archipel est souvent encombré de cinquante ou cent bateaux à l'ancre! Le mouillage vedette des îles Vierges britanniques, celui des Baths, n'est vraiment fréquentable que tôt le matin, avant que ne déferlent les hordes de visiteurs en escale pour la journée venus se baigner au milieu de ces curieux rochers, tout à fait semblables à ceux qui jaillissent des plages des Seychelles. Pourtant, ici comme partout, en choisissant bien sa saison et en s'aventurant hors des sentiers battus, on n'a pas de mal à trouver des mouillages tranquilles, sinon solitaires, et tous merveilleusement beaux.

A Jost Van Dyke, on ira goûter le punch de Foxy, chanteur et célébrité de l'île. A Charlotte Amalie, on pourra partir à la découverte du quartier français, où vivent encore des descendants de Saint-Barth ayant abandonné leur île au début du siècle. Pêcheurs, ils parlent encore un français étonnant dans cette île totalement américanisée et livrée à des millions de touristes débarquant chaque jour de plusieurs paquebots.

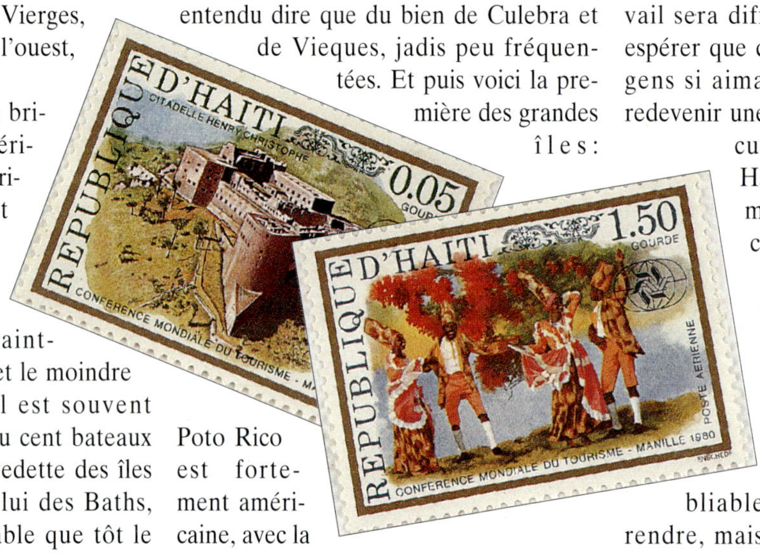

Appartenant à Porto Rico, je n'ai entendu dire que du bien de Culebra et de Vieques, jadis peu fréquentées. Et puis voici la première des grandes îles: Poto Rico est fortement américaine, avec la lourdeur des règlements et formalités américaines, mais aussi totalement hispanique. A San Juan, dominée par le fortin du Moro, on recherchera dans les rues tortueuses de la petite ville les traces de l'âge d'or des établissements espagnols aux Antilles. C'est d'ici que viennent les protagonistes du célèbre *West Side Story*.

Revenant du continent sud-américain, du Spanish Main, chargés de l'or des Aztèques, les galions espagnols empruntaient souvent le Mona Passage, qui sépare Porto Rico d'Hispaniola. Première île colonisée par Colomb, elle est divisée en deux nations : Saint-Domingue, du côté au vent, est verdoyante et relativement riche; la meilleure escale à y faire est dans la baie de Samanà, à l'est; Haïti, du côté sous le vent, est desséchée, déboisée par deux siècles de pratiques désastreuses (Haïti fut la première nation noire décolonisée du monde). Récemment, on parlait d'un retour à la démocratie... le travail sera difficile, mais on peut rêver, espérer que cette terre merveilleuse aux gens si aimables et attachants puisse redevenir une excellente escale, en particulier la belle ville de Cap-Haïtien ou les îlots — totalement hors du temps — de la côte sud.

Cuba, c'est une autre histoire; sans doute la plus belle île des Caraïbes, coupée du reste du monde par un rideau qui n'en finit plus de se lever. Mon escale à Cuba fut inoubliable, n'hésitez pas à vous y rendre, mais ne manquez pas de vous couvrir de visas et de lettres de recommandations et de vous diriger droit vers des lieux déjà habitués à recevoir quelques voiliers en escale, les plus adaptés étant la marina Hemingway à l'ouest de La Havane, et, au sud, l'îlot de Cayo Largo, sorte de zone franche dédiée au tourisme international; lorsque le rideau sera entièrement levé, on trouvera à Cuba des centaines de merveilleux mouillages.

La Jamaïque, enfin, souffre de la mauvaise réputation de certains de ses rastas nuisant au tourisme, mais divers équipages qui y ont fait escale en disent le plus grand bien.

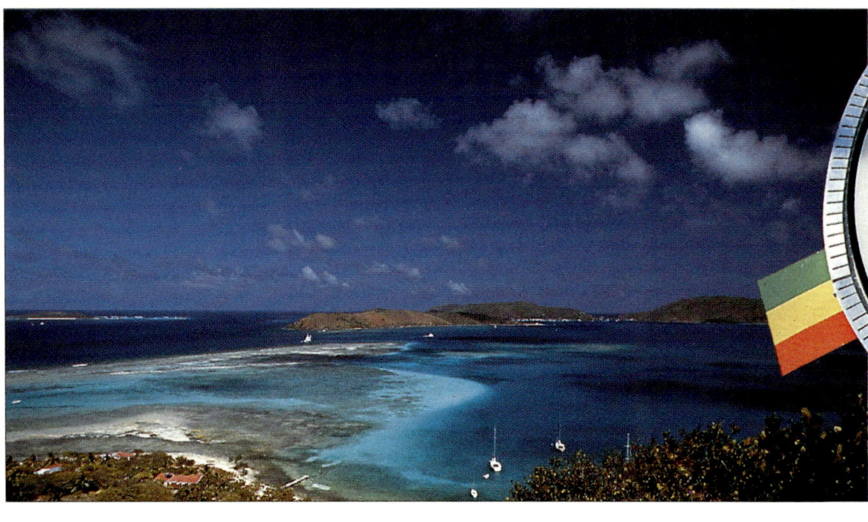

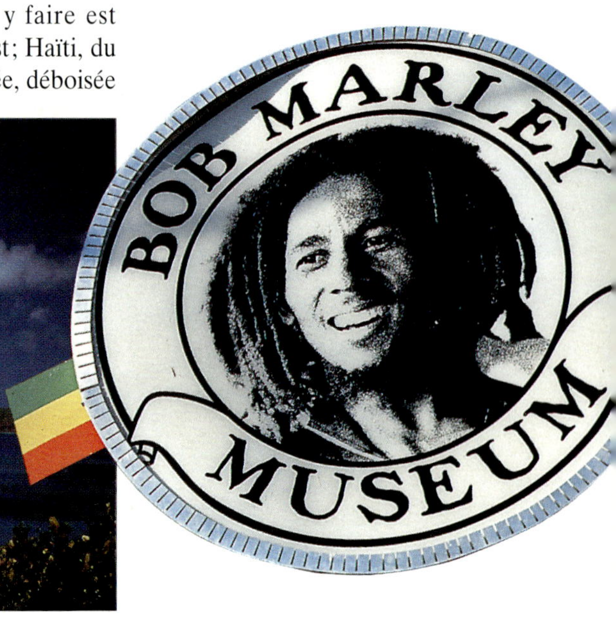

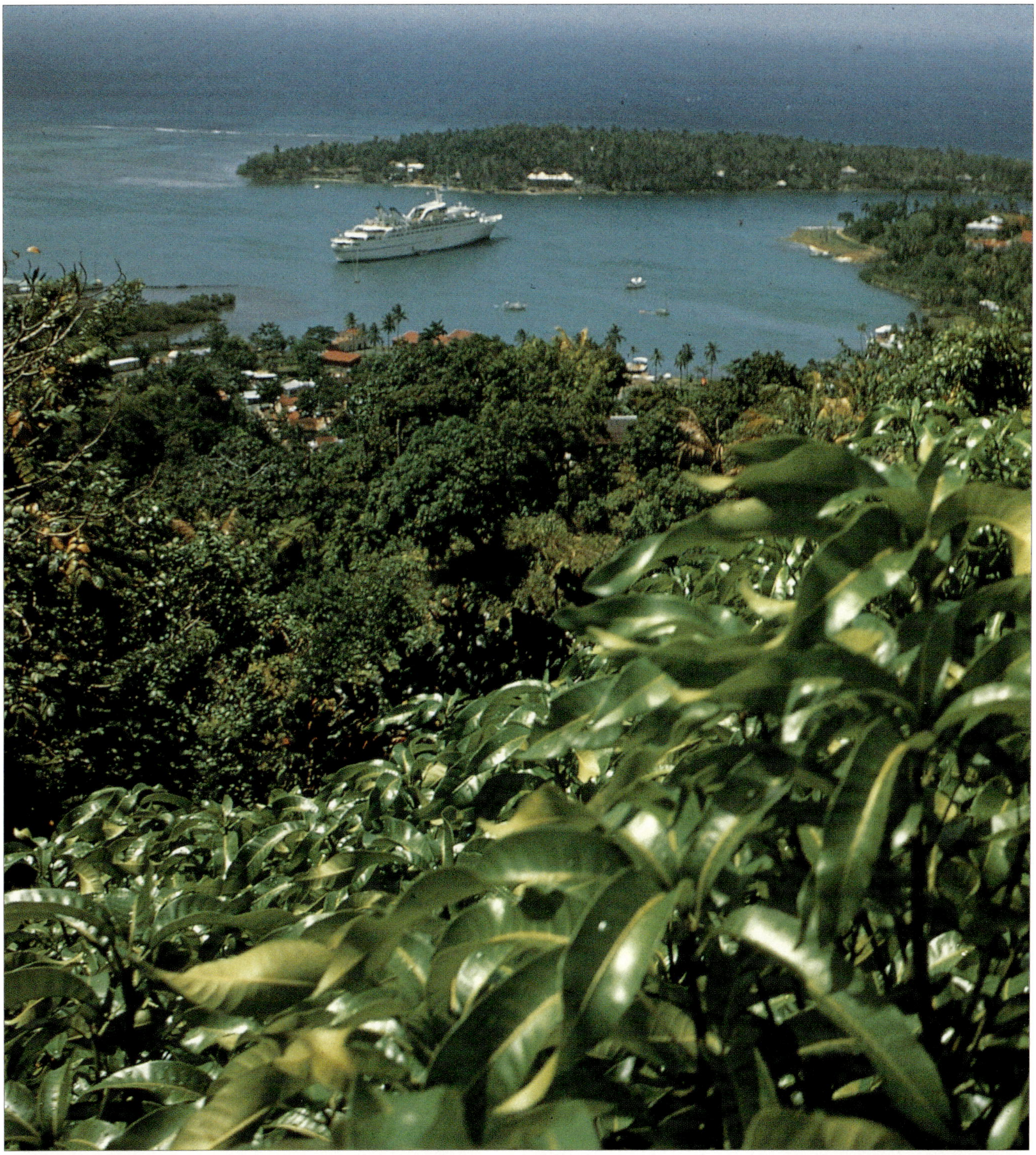

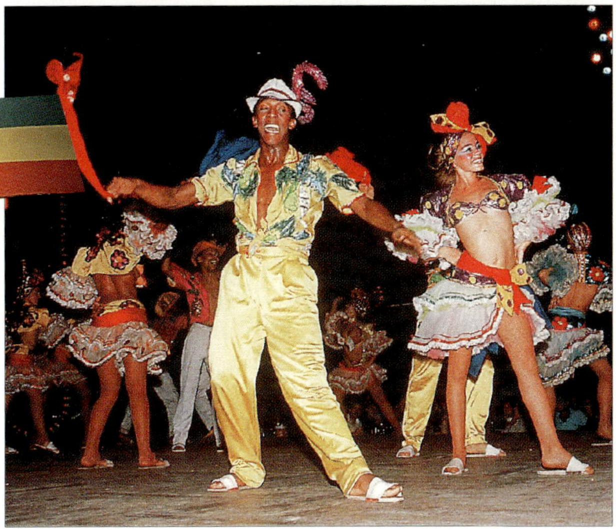

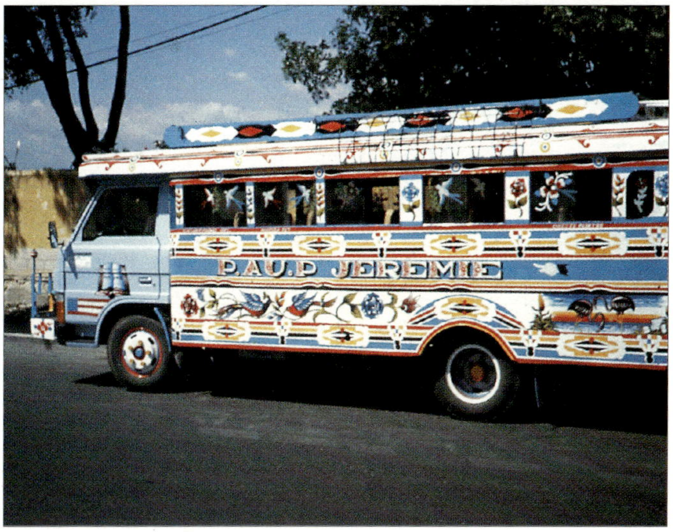
P.AU.P JEREMIE

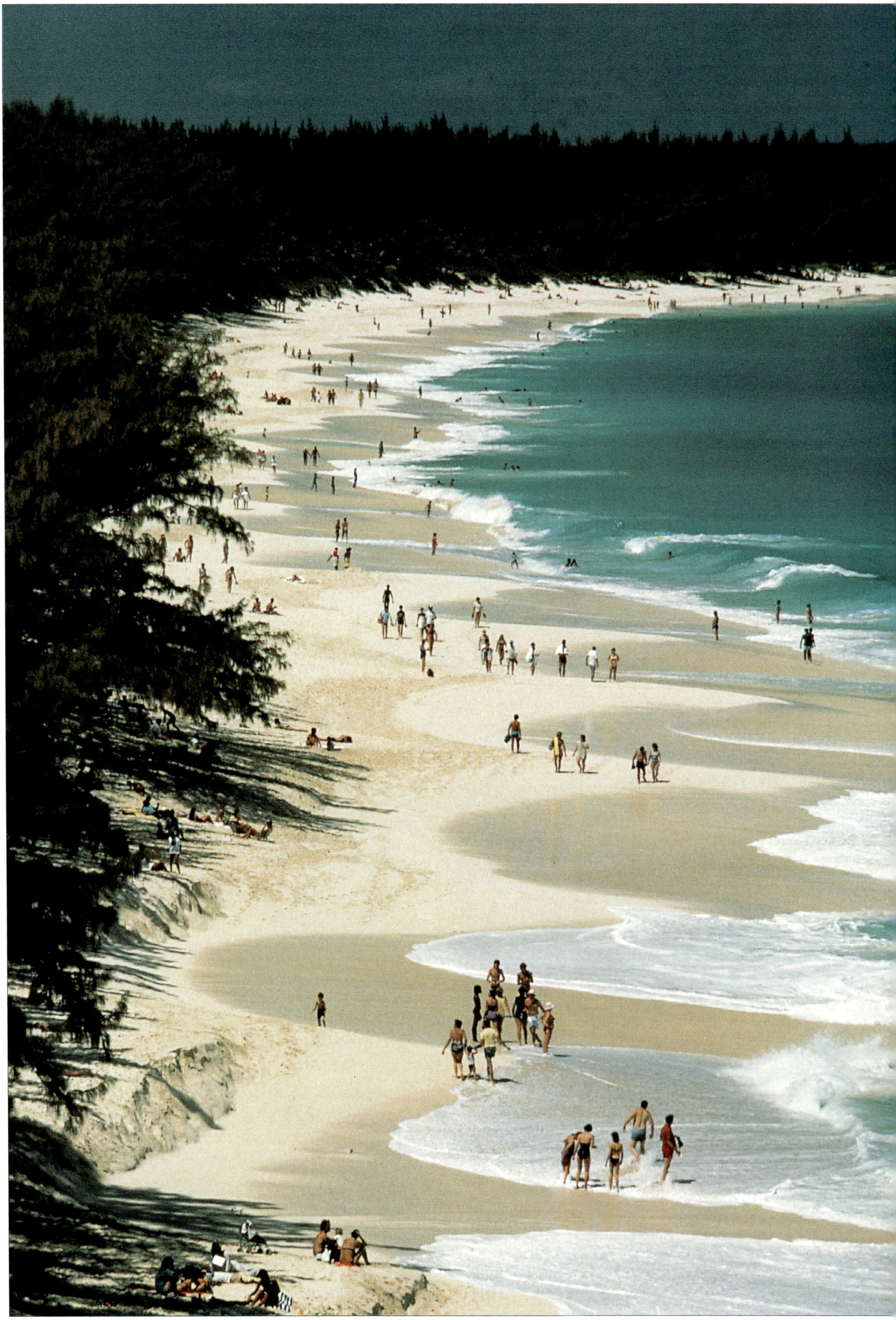

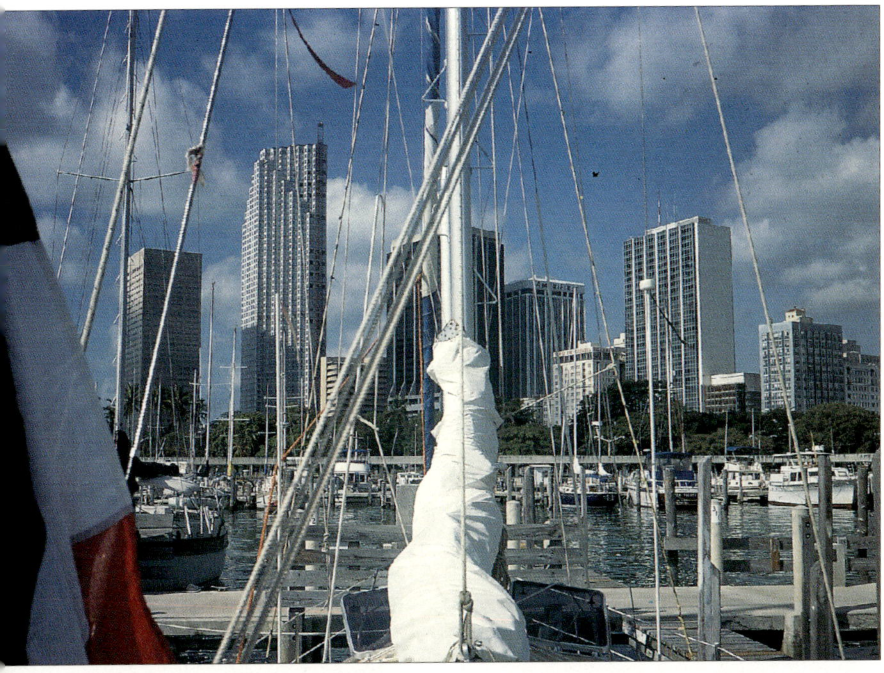

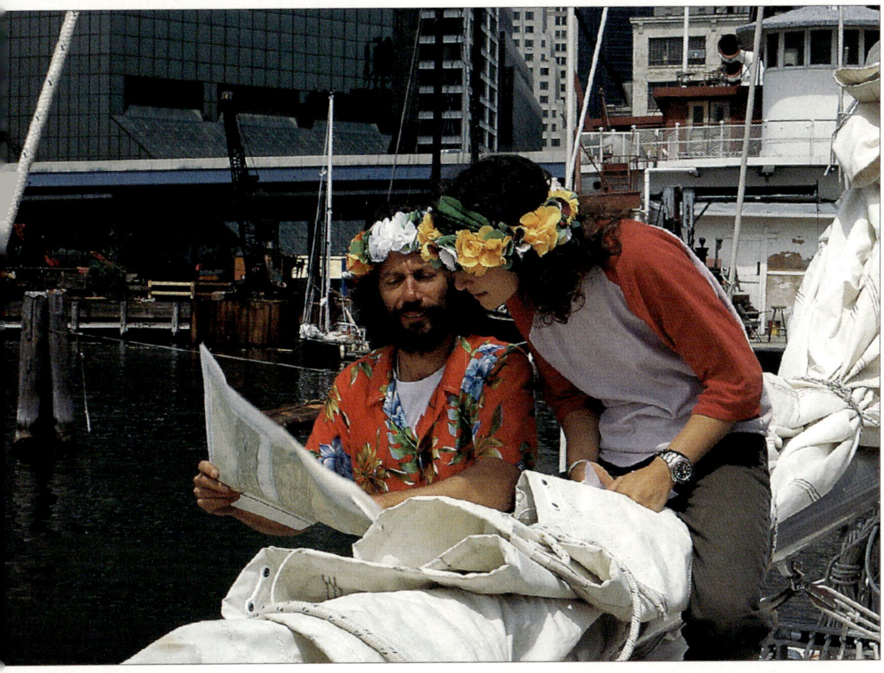

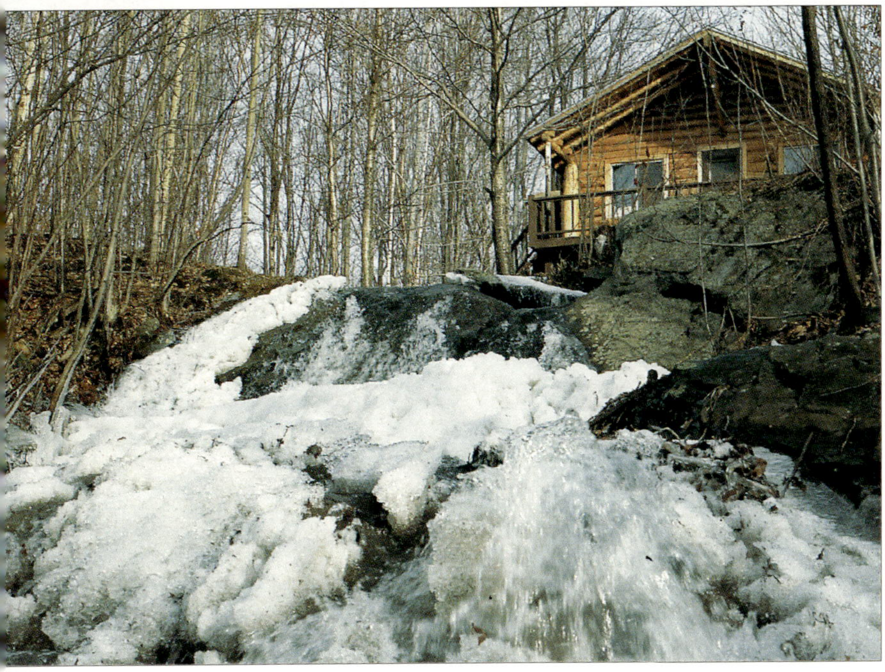

Escapade nord-américaine

Bahamas, USA, Canada

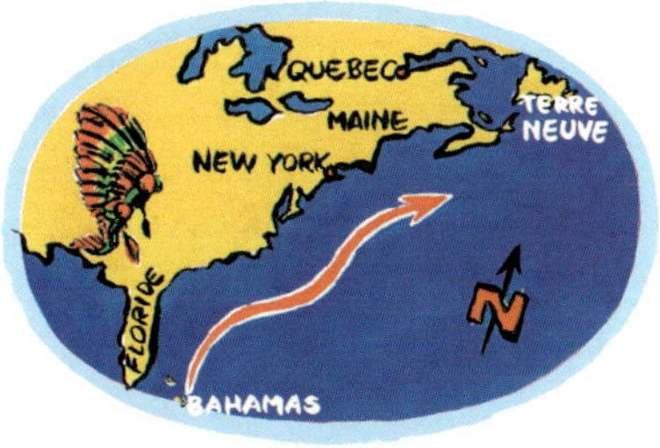

Aux Bahamas, des centaines de mouillages vous attendent. La navigation y est généralement confortable: surveiller pourtant l'approche des *northers*, rotation et fraîchissement du vent au nord-est puis au nord-ouest lorsque passe l'extrémité d'un front froid. Des milliers de bateaux américains limitent leur voyage à la traversée du Gulf Stream et passent l'hiver entier dans les eaux clémentes des Bahamas. Ils restent généralement au nord de l'archipel. Au sud de George Town (Exumas), on a toute les chances d'être tranquille. Attention, l'usage du fusil sous-marin est interdit aux Bahamas, on le remplace par l'*hawaiian sling*, curieuse arme tenue à deux mains et qui laisse ses chances au poisson.

Dans la traversée du Gulf Stream, comptez sur une très forte dérive. Et voici les États-Unis, les grands immeubles, les luxueuses villas de Floride, au bord de l'Intra Coastal Waterway, voie d'eau intérieure qui vous mènera, via les Carolines, les baies Chesapeake et Delaware, jusqu'à New York, à la Nouvelle-Angleterre et au Maine. C'est un voyage impressionnant et passionnant, même si on se sent parfois mal à l'aise devant une telle richesse, devant ces pancartes «propriété privée» et cette commercialisation de ce qui est notre vie et notre rêve: la plaisance.

Plus au nord, au Canada et surtout au Québec, on retrouve une chaleur humaine plus conforme à notre rêve de «citoyens du monde». Les amateurs de brouillard et de glace pourront à la bonne saison pointer leur étrave vers Terre-Neuve, Saint-Pierre-et-Miquelon, et pourquoi pas le Labrador ou le Groenland... Mais là, on est bien loin de l'alizé !

Navigation au radar

C'est lorsque j'ai quitté les latitudes tropicales pour naviguer dans les parages de Saint-Pierre-et-Miquelon que je me suis laissé tenter par un appareil dont je n'avais encore jamais ressenti le besoin: un radar, essentiel pour percer le brouillard de ces régions.

Je pensais revendre l'appareil lorsque je regagnerais les tropiques où la brume est rarissime. «Tu verras, le radar te changera la vie», m'a dit Gérard Janichon, de *Damien*...

Je n'imaginais pas à quel point ce serait vrai, car le radar rend service dans le brouillard, mais aussi la nuit, le jour, près de terre, au grand large et même au mouillage... Je me demande comment j'ai pu m'en passer jusque-là!

Dans la brume, ou la nuit, c'est évident, le radar voit là où vos yeux sont aveugles, montrant l'île, le rivage, le cap, la baie noyés dans l'obscurité; mais, de plus, il vous indique votre distance à tel ou tel point remarquable, évitant toutes les frayeurs du genre : «Il y a un haut-fond à un demi-mille de ce cap, comment savoir si j'en suis à deux cents mètres où à un mille?» ou: «Mon point me place à dix milles de l'île... Et si je m'étais trompé, si un courant soudain m'avait fait dériver vers l'île et ses récifs, invisibles dans la nuit?»

Avec le radar, on n'hésite presque plus à pénétrer dans un mouillage à la nuit tombée, on peut donc faire de plus longues étapes de jour. Au mouillage, on voit tout de suite si on a dérivé.

En mer, on peut suivre exactement le mouvement des autres navires, et même être prévenu, à temps, pour réduire la toile, de l'arrivée d'un grain, de sa durée: la pluie est parfaitement visible sur l'écran. En fixant autour de vous un périmètre d'alarme, vous serez averti, voire réveillé, à l'approche de tout navire ou grain.

Les prix des radars sont devenus beaucoup plus accessibles ces dernières années, l'encombrement de leur aérien, fixé dans les barres de flèche, est aujourd'hui ridiculement faible, en particulier celui du Furuno 1720 ou du Raythéon R20X.

Il n'y a vraiment plus de raison de se priver d'un radar... qui vous changera réellement la vie!

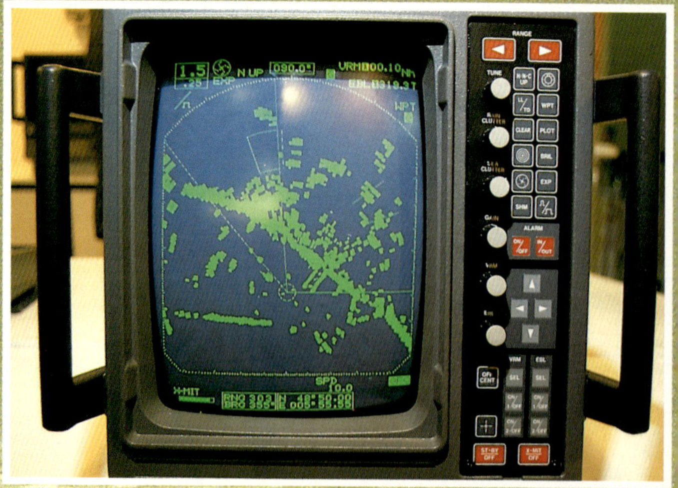

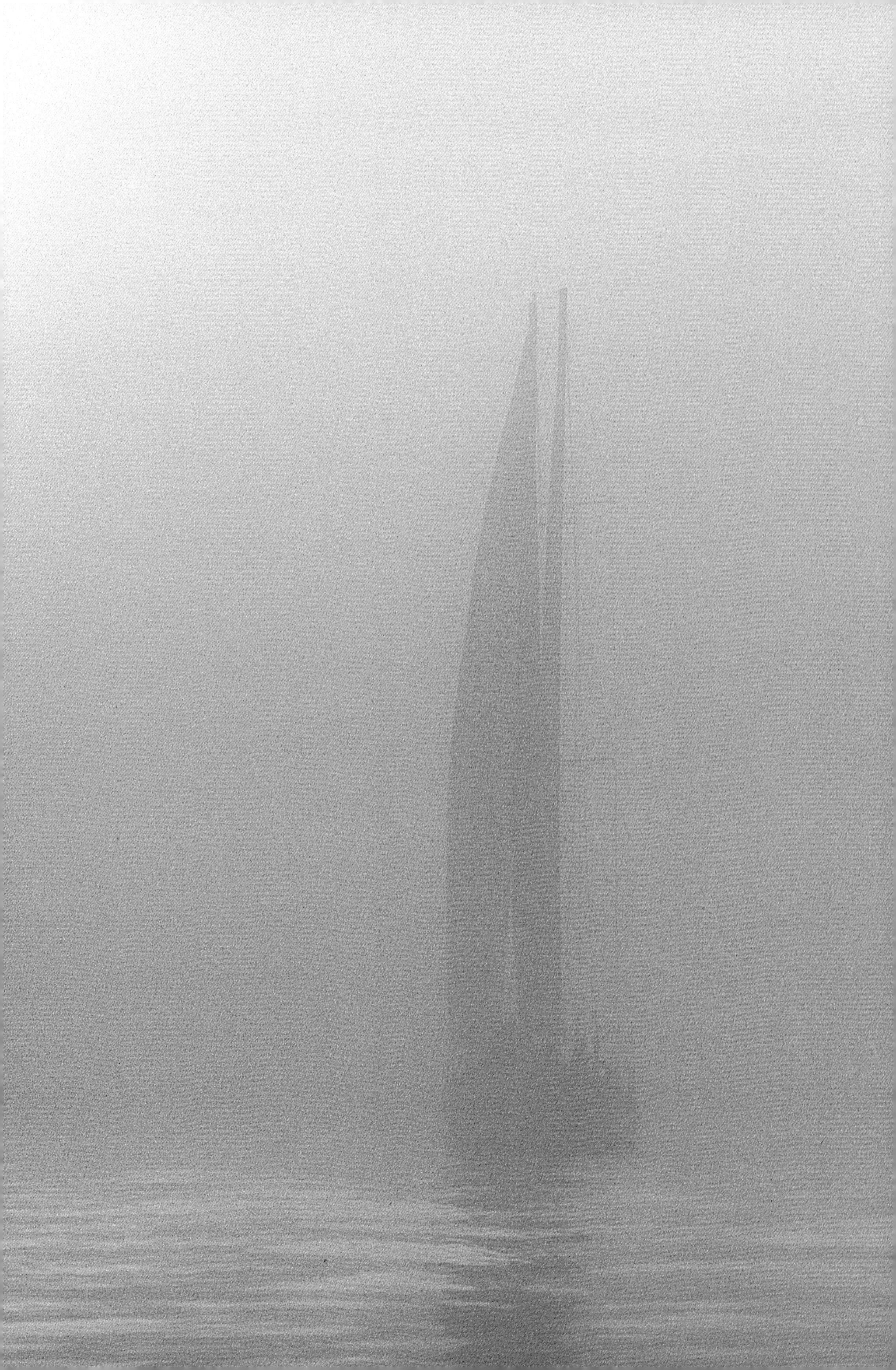

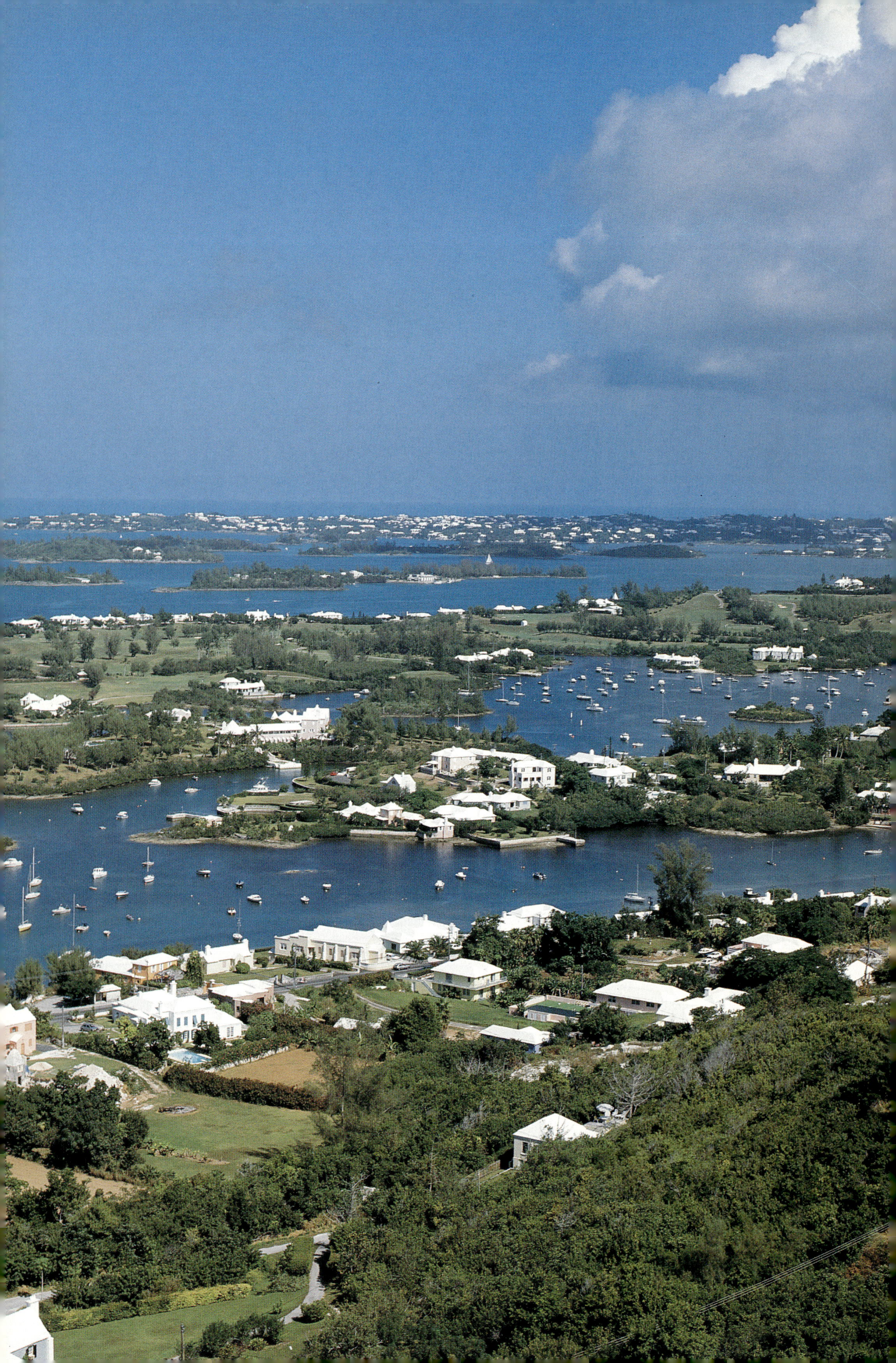

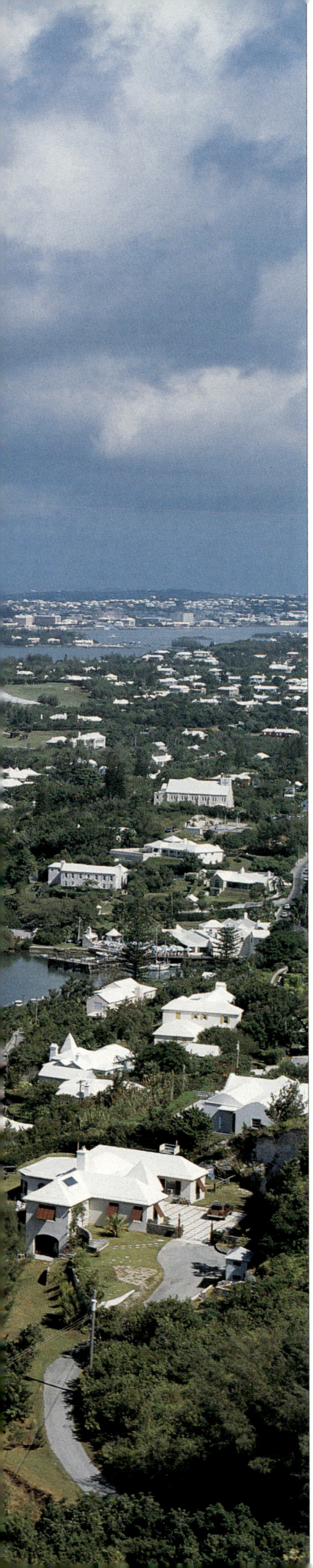

Retour transatlantique

Bermudes, Açores, Irlande...

Après un hiver aux Antilles, certains choisissent de regagner l'Europe.

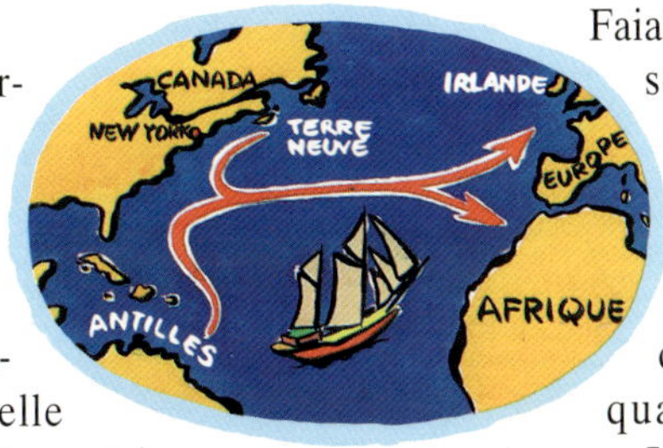

Ils se joignent à la grande migration inaugurée par Colomb, celle des voiliers qui pratiquent le charter aux Antilles en hiver, en Méditerranée en été. Ils quittent les Caraïbes autour du mois de mai et décrivent un grand arc dans l'Atlantique, faisant parfois escale aux Bermudes, une halte très fréquentée par les bateaux américains venus des États-Unis et se dirigeant vers les Caraïbes.

Qu'ils arrivent des Antilles (*via* les Bermudes ou non-stop), ou de la côte Est d'Amérique du Nord (de Saint-Pierre-et Miquelon à la première des Açores, il n'y a que 1500 milles), les navigateurs découvrent d'abord de cet archipel ce qu'il a de plus célèbre : son anticyclone. Cette vaste zone de hautes pressions atmosphériques est synonyme de beau temps sur l'Europe et de calmes prolongés dans toute cette partie de l'Atlantique; mais voilà, faire route plus au nord pour trouver les vents d'ouest, ça voudrait dire manquer les Açores ! Ce serait dommage !

De ces neuf îles qui s'étirent sur 330 milles du nord-ouest au sud-est, la première rencontrée sera certainement Flores, l'île des Fleurs, la mieux préservée, la plus accueillante, superbe avec ses collines, ses cascades, ses haies d'hortensias bleus. Malheureusement le mouillage de Santa Cruz de Flores laisse fortement à désirer: un bassin en pleine houle et plein vent vaguement protégé par quelques rochers. De Flores partaient encore récemment de hardis baleiniers harponnant à la main les quelques cétacés dont dépendait la survie de l'île; aucun rapport avec les massacres de la chasse industrielle.

Plusieurs autres Açores méritent la visite, Graciosa où l'essentiel du transport se fait encore à dos d'âne, Terceira où la *Tourada da corda* consiste à faire galoper dans la ville des taureaux vaguement tenus en laisse et à montrer sa bravoure en les taquinant avec des ombrelles colorées.

Mais l'escale favorite des voiliers (près de mille par an), c'est, dans l'île de Faial, le port d'Horta, avec son excellente marina, avant tout pour le très célèbre Café Sport où de père en fils, la famille Azevedo, depuis 1953, se met en quatre pour les navigateurs. Ils ont accueilli Le Toumelin, Tabarly, et tant de nos illustres prédécesseurs. A la pointe ouest de Faial, on peut voir un phare perdu au milieu d'un désert, loin de la mer. En 1957, une éruption volcanique a fait jaillir de l'océan une île, puis tout un promontoire fait de cendres et de laves.

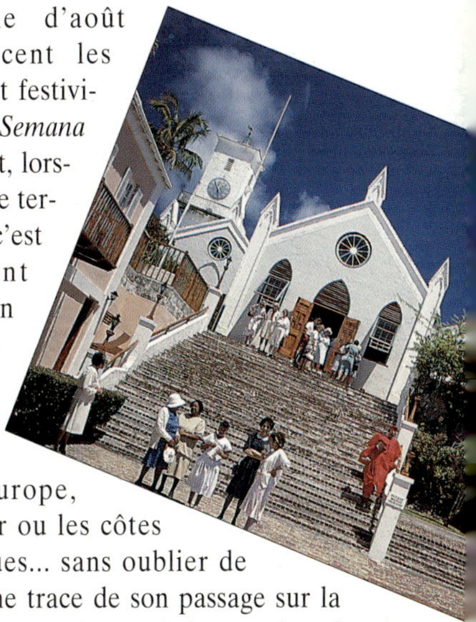

Le premier dimanche d'août commencent les régates et festivités de la *Semana do mar* et, lorsqu'elles se terminent, c'est justement le bon moment pour mettre le cap sur l'Europe, Gibraltar ou les côtes atlantiques... sans oublier de laisser une trace de son passage sur la jetée du port, peinture d'oiseaux, de poissons, de baleines ou de bateaux, pavillon, écusson, œuvre abstraite ou B.D. Il y en a de superbes, et l'on dit que cela porte malheur de quitter Horta sans laisser sa marque.

Ceux qui visent la Manche en profiteront peut-être pour faire escale en Irlande, pas vraiment tropicale, mais dont les ports, les voies d'eaux intérieures, les habitants... et les pubs séduisent les navigateurs.

Bientôt, on retrouvera les côtes d'Europe, ce sera la fin, à défaut de circumnavigation, d'un beau voyage et la naissance d'un rêve, peut-être, celui de tout mettre en œuvre pour pouvoir repartir, d'ici quelques années, pour la boucle tout entière.

Pages suivantes : Aux Açores, Horta , la jetée, les hortentias.

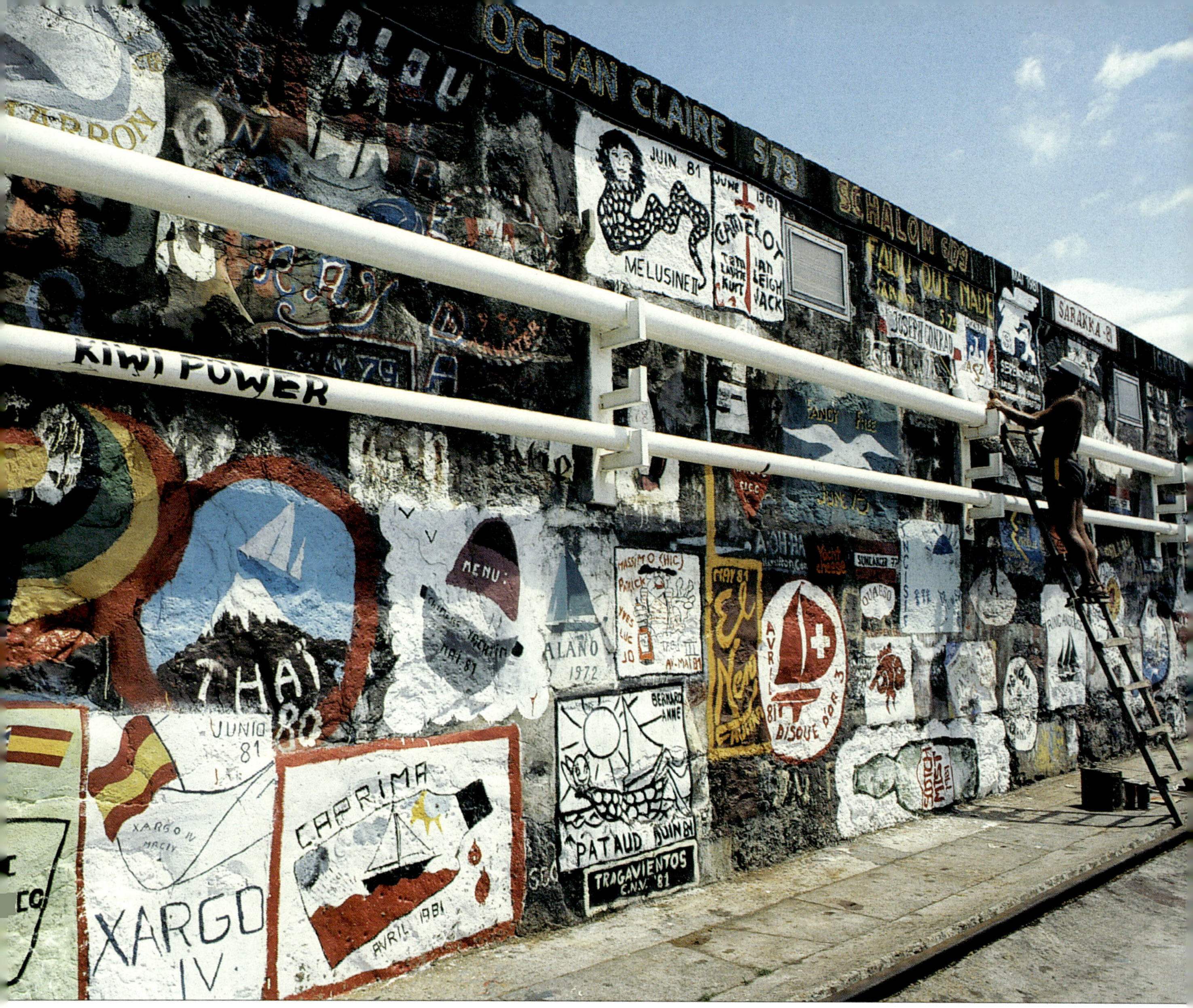
OCEAN CLAIRE
SCHALOM
JUIN 81
MELUSINE II
KIWI POWER
THAÏ RO
XARGO IV
CAPRIMA
AVRIL 1981
PATAUD JUIN 81
TRAGAVIENTOS
C.N.V. '81

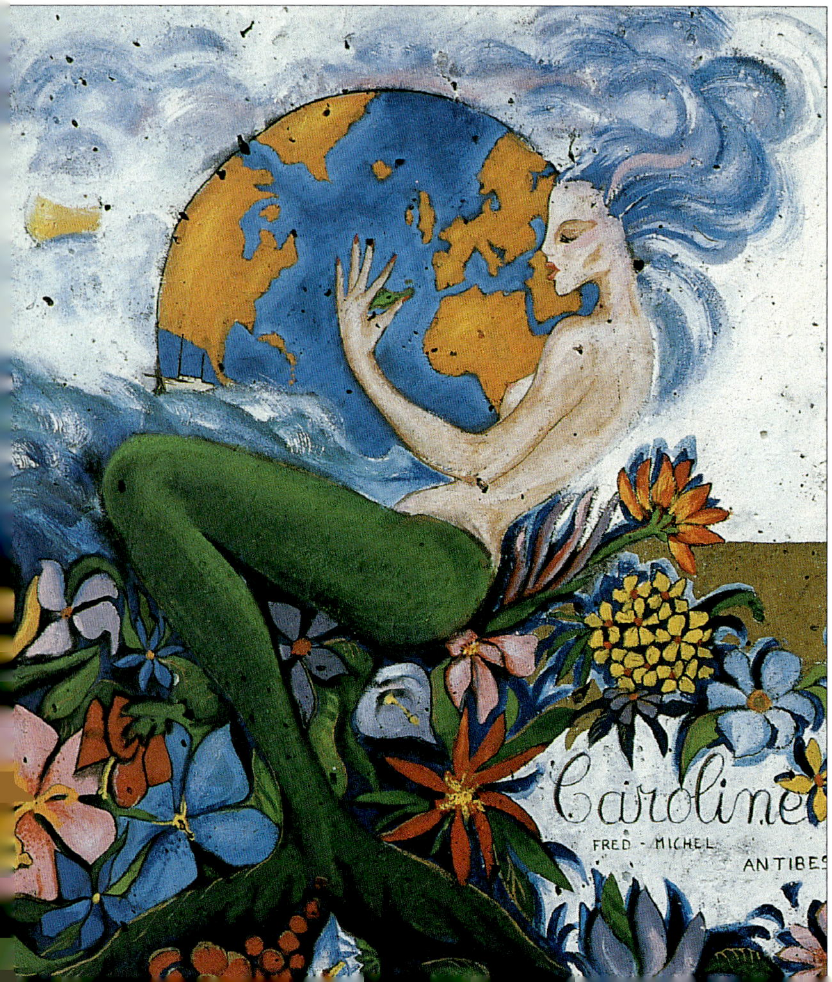
Caroline
FRED - MICHEL
ANTIBES

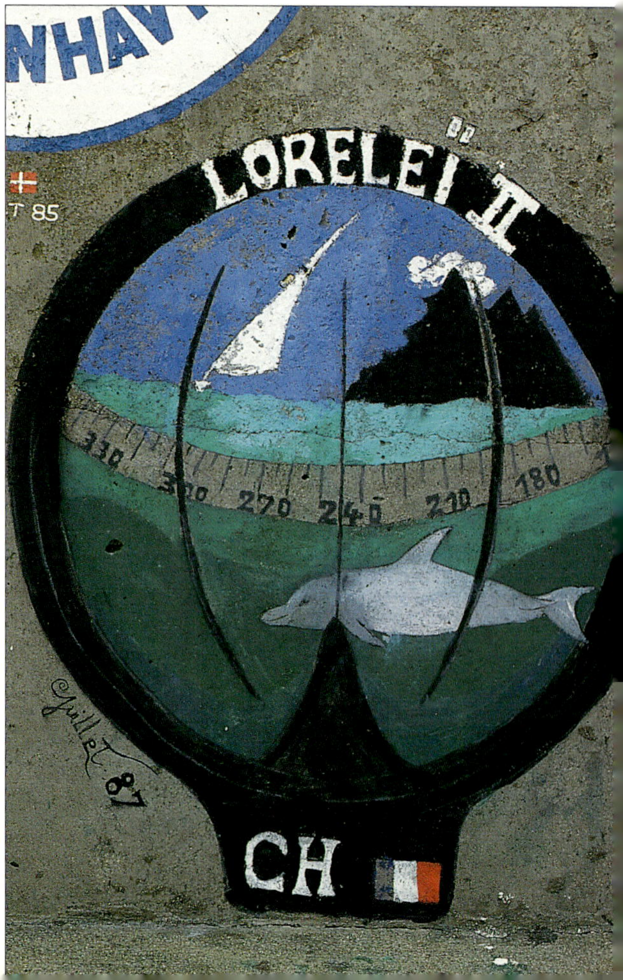
LORELEI II
CH

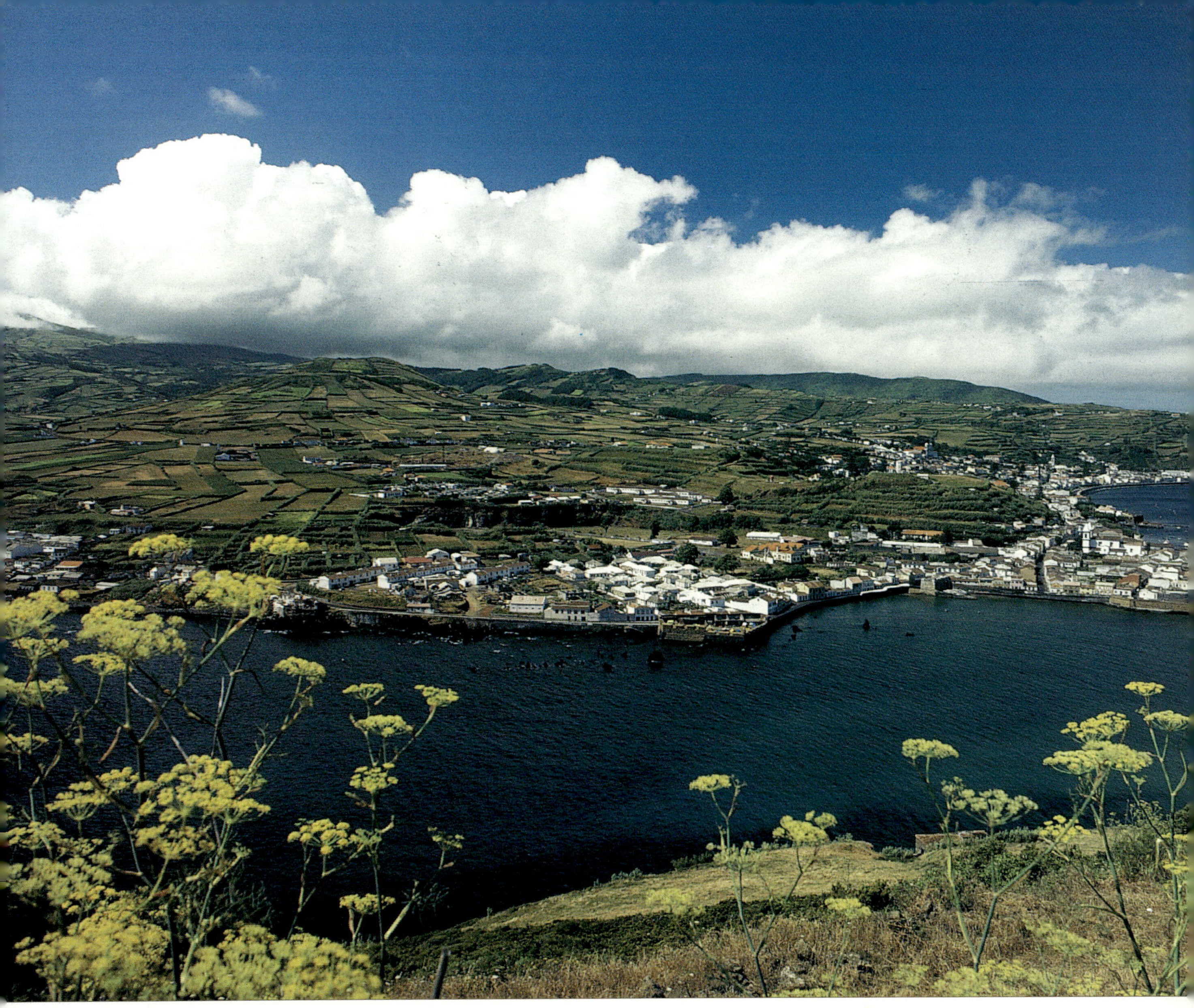

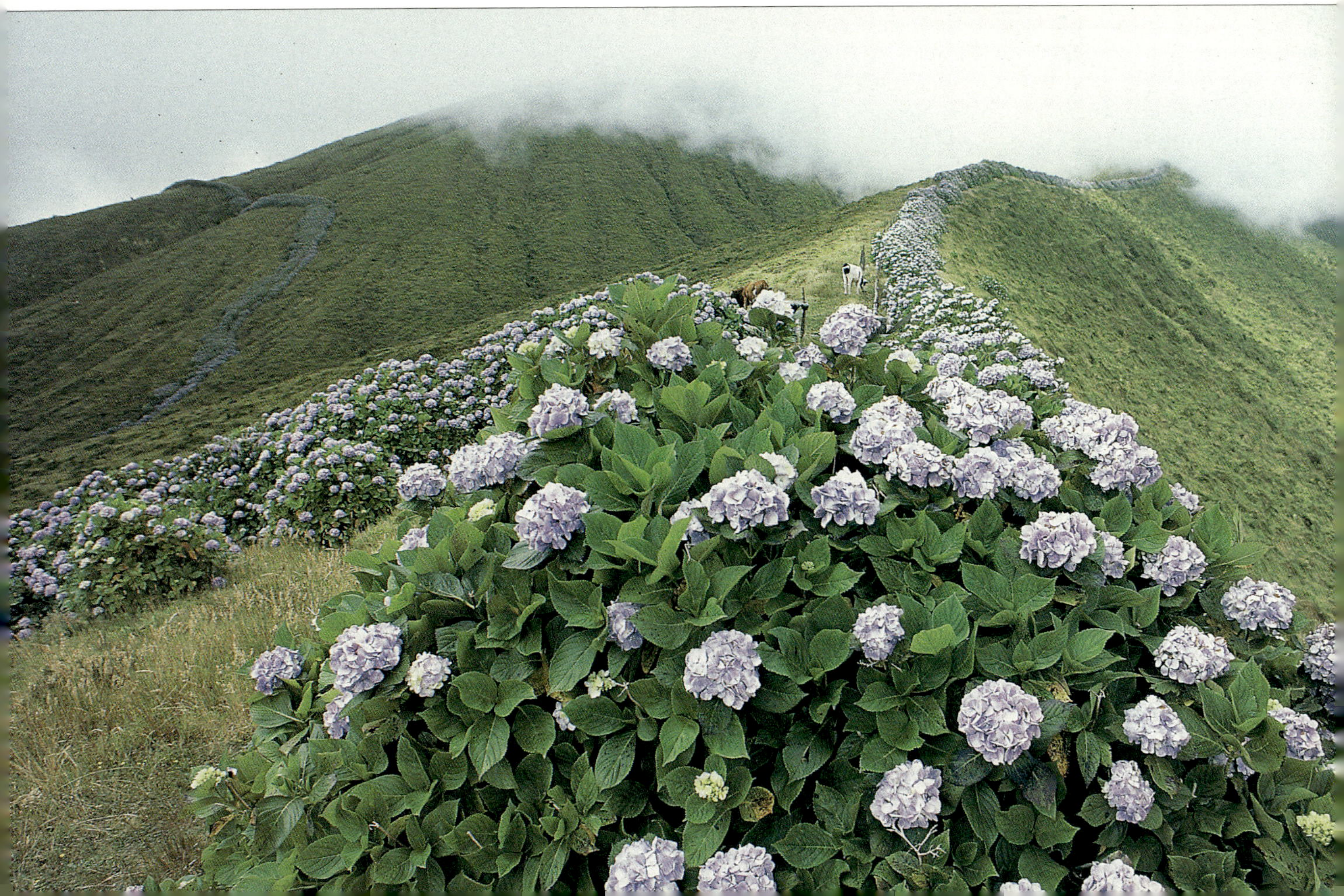

Venezuela

Testigos, Roques, Aves

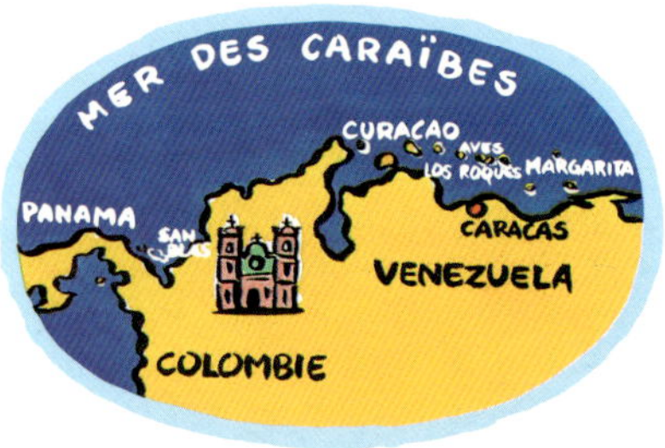

Reprenant la route des alizés au terme de leur séjour aux Antilles, ou voulant passer l'été dans une zone épargnée par les cyclones, nombreux sont les voiliers qui naviguent au Venezuela.

Le pays a de multiples avantages: de nombreux ports dont certains très bien équipés (à Puerto de La Cruz, en particulier, d'excellents chantiers nautiques bordent le canal d'entrée d'une vaste lagune où se construit un impressionnant complexe du genre de celui de Port-Grimaud).

Ici, on fait son ravitaillement à des prix ridiculement bas comparés aux Antilles françaises (le fuel en 1993 coûtait ici trente centimes le litre) et on peut découvrir une infinité de mouillages.

Le Venezuela continental est immense, ses provinces infiniment variées, des jungles de l'Orénoque aux sommets enneigés des Andes. Les chutes Angel, 1 052 mètres de haut, sont les plus hautes du monde.

Pour l'anecdote, dans les mouillages des îles proches du continent, gardez une lumière allumée la nuit pour éviter la mésaventure survenue à quelques navigateurs : se faire sucer le sang dans leur sommeil par des vampires ! Si, si, ça existe, ce sont des chauves-souris venues de la terre et qui peuvent être porteuses de la rage !

Pour les amateurs exclusifs d'îles, le Venezuela en propose quelques-unes de merveilleuses : les Testigos où vivent une poignée de pêcheurs accueillants; Margarita; et puis, magiques, tranquilles, les Roques, iles et récifs aux couleurs hallucinantes.

Les Aves, vastes lagons parsemés d'îlots au ras de l'océan et d'épaves, portent des mangroves, bois de palétuviers peuplés de milliers d'oiseaux ignorant la peur.

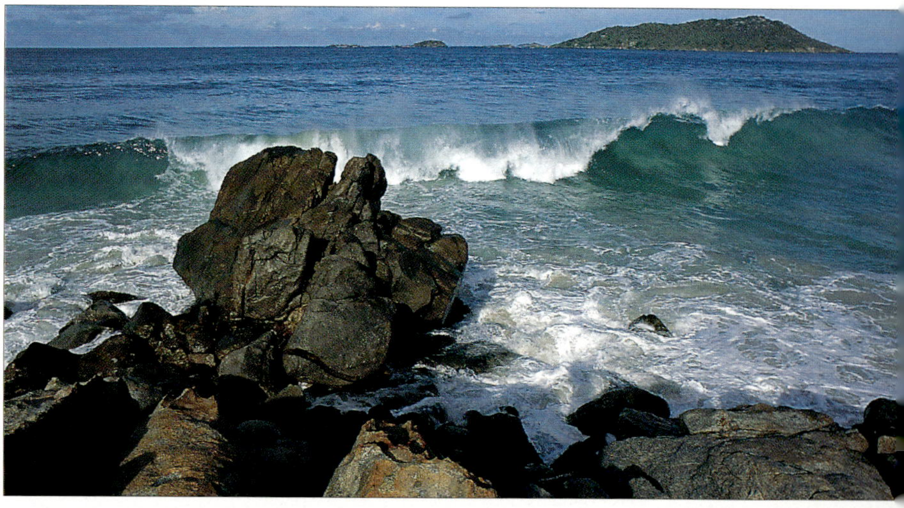

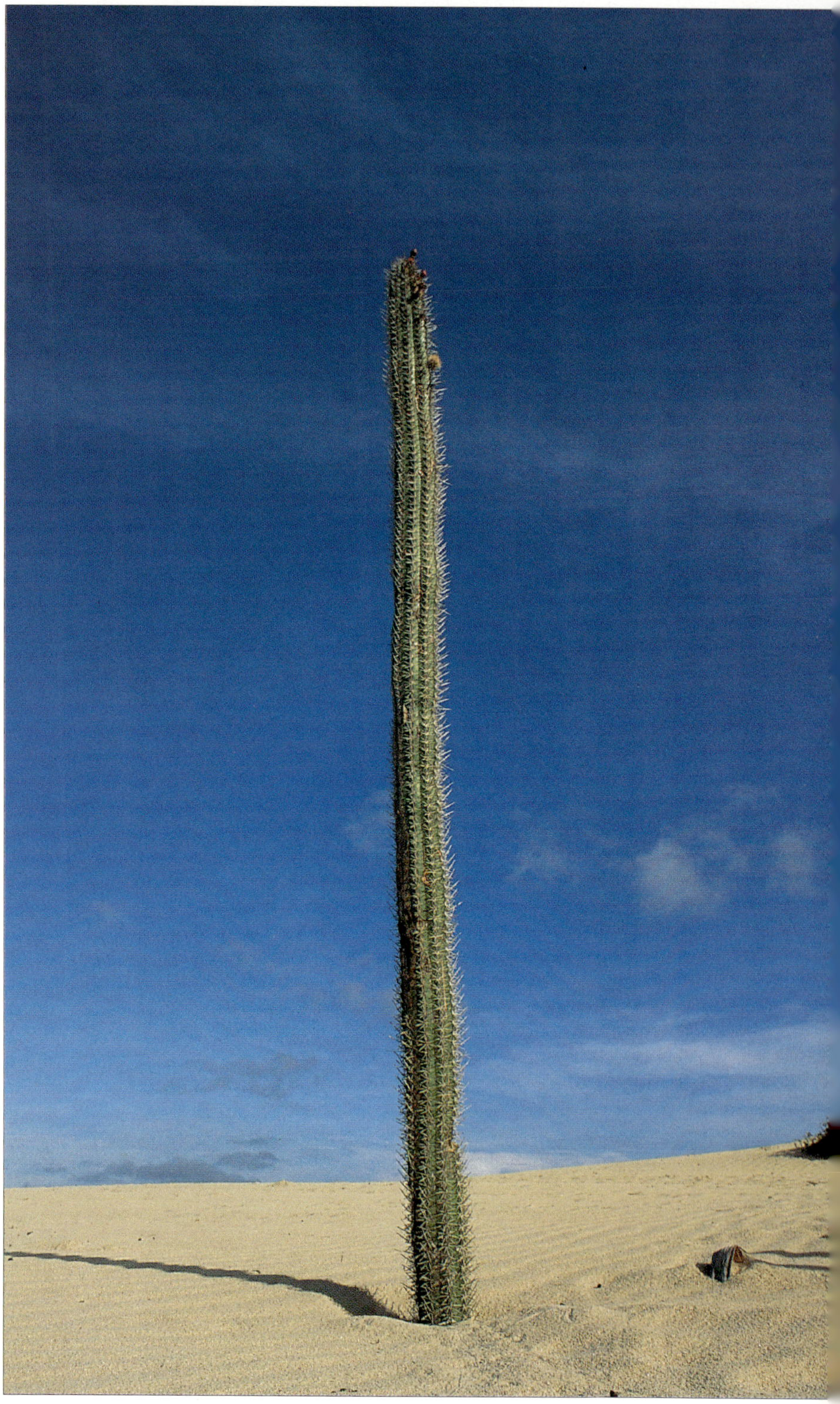

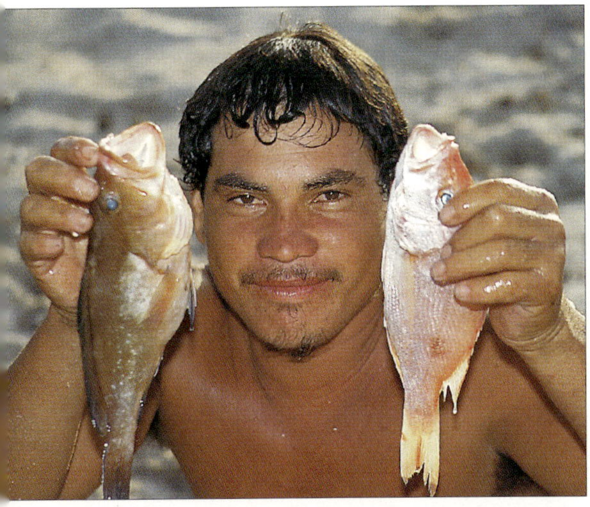
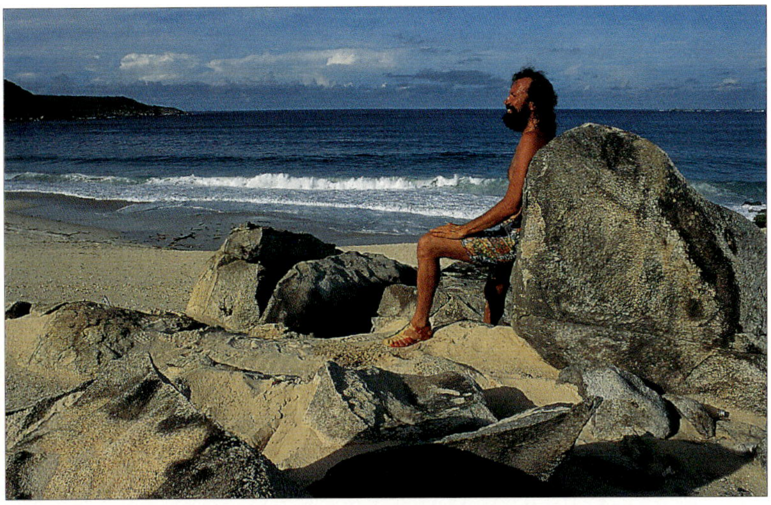
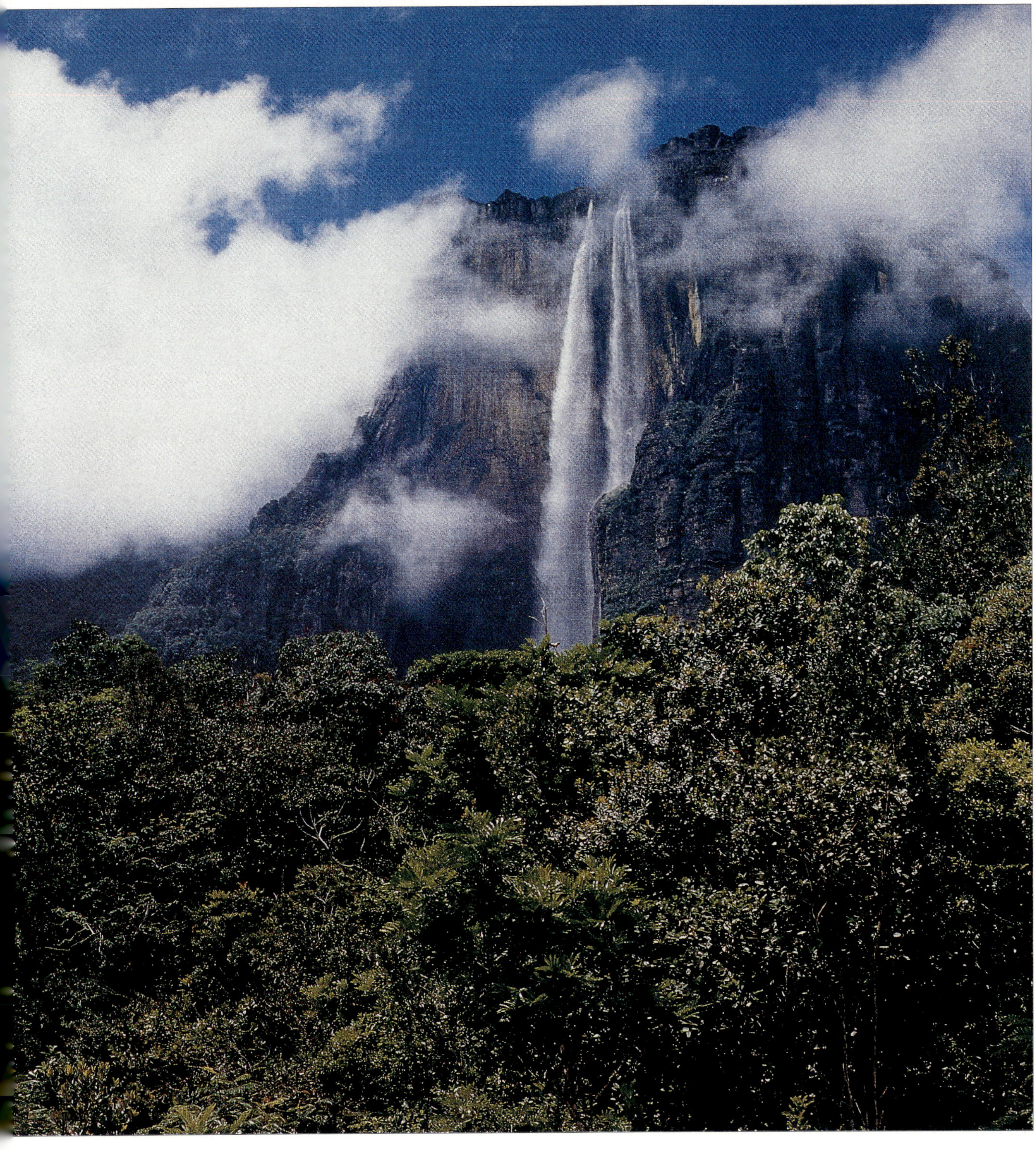

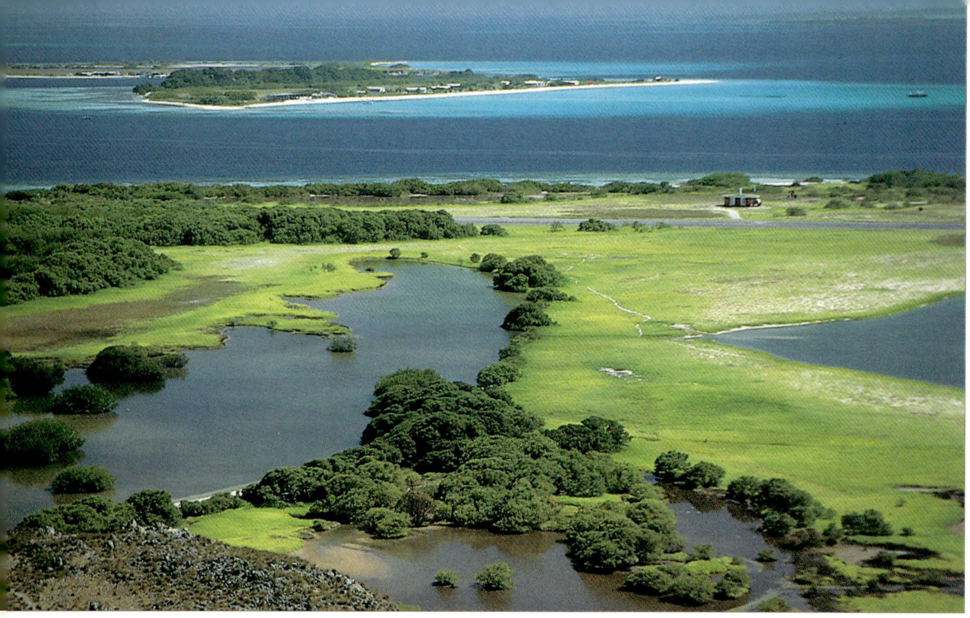
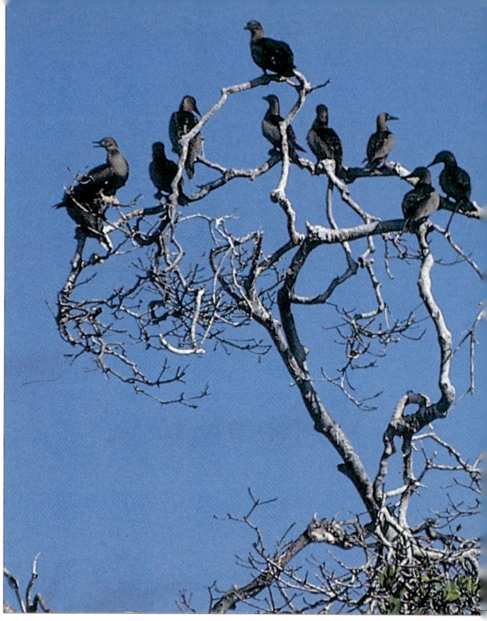
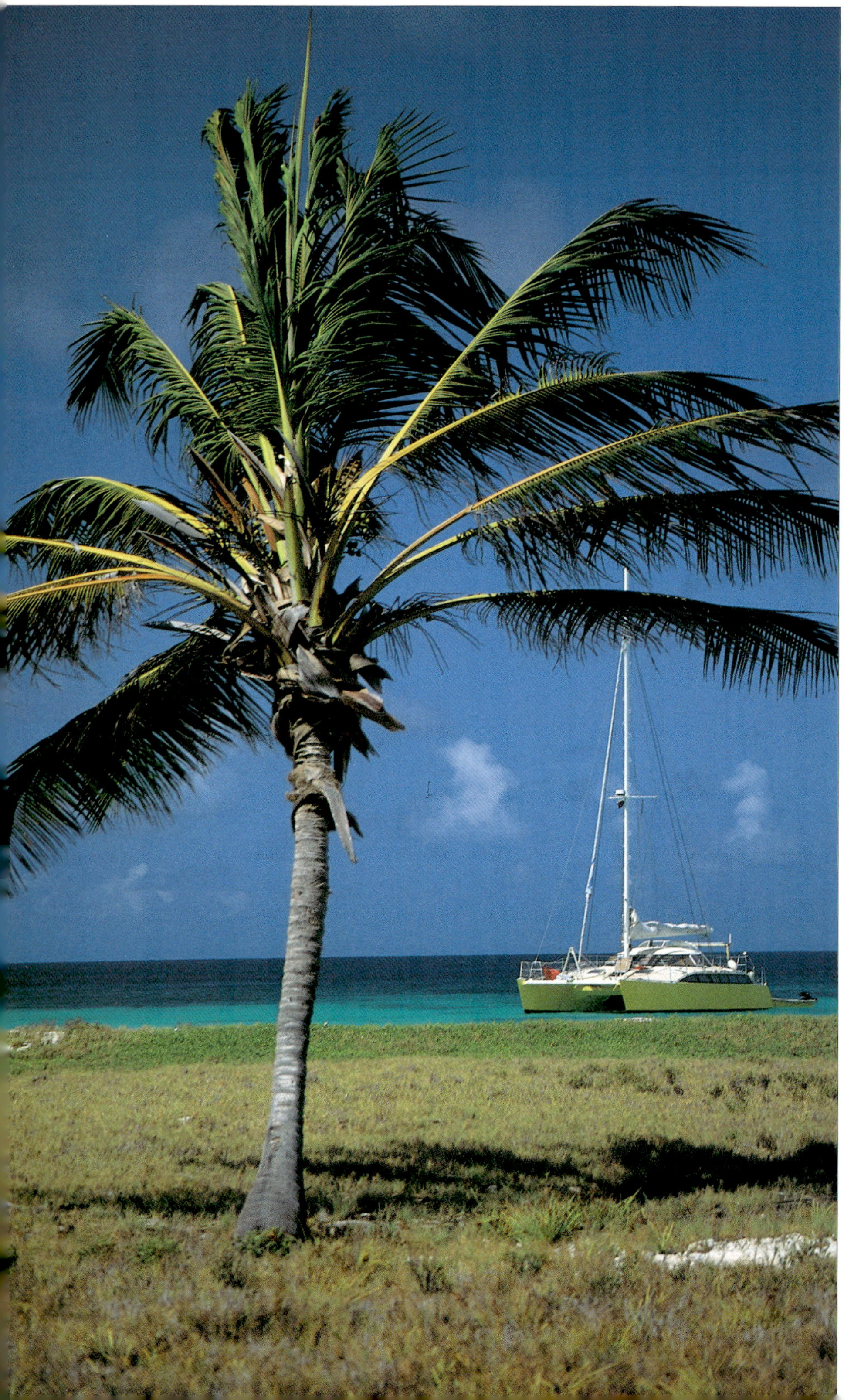
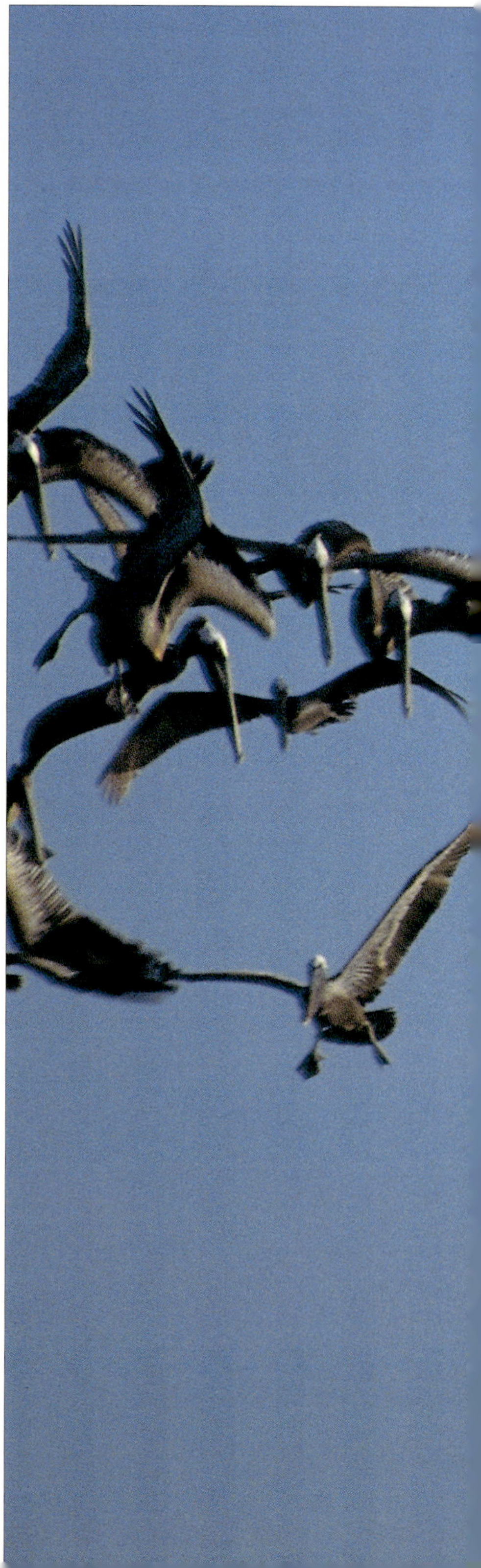

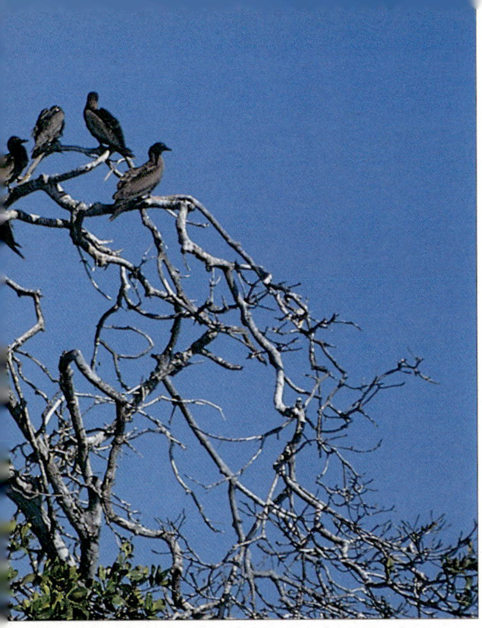
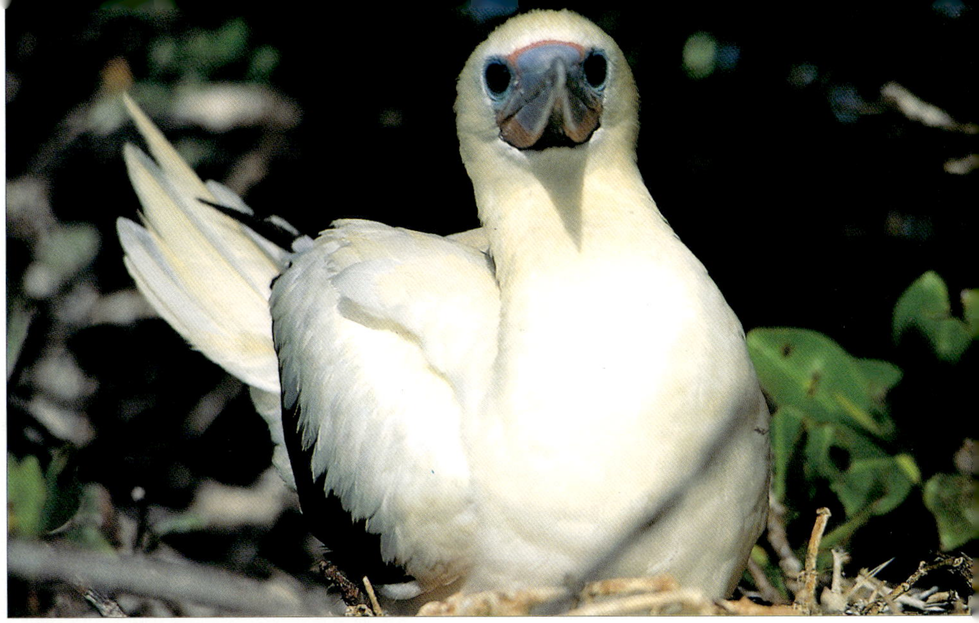
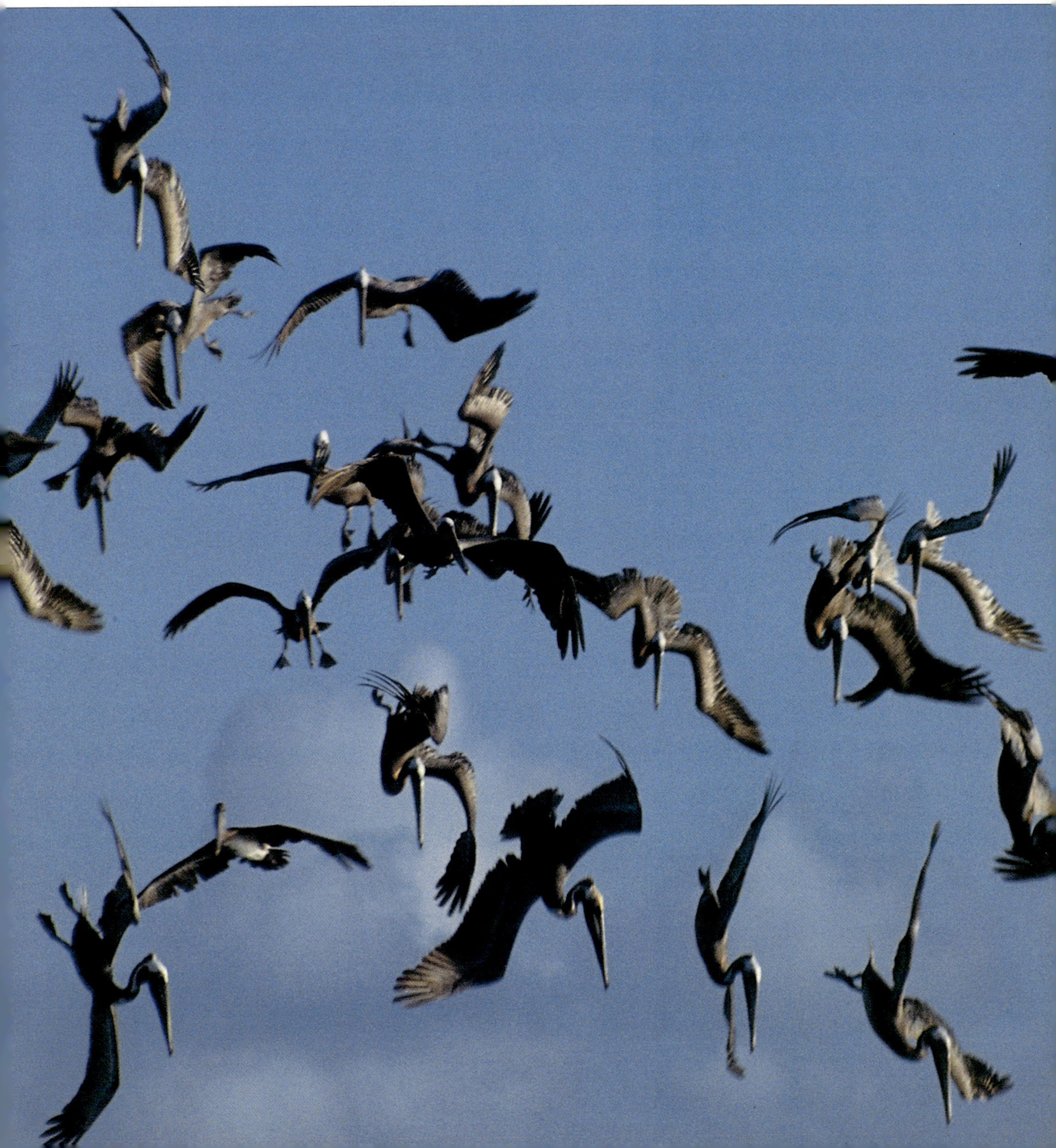

Curaçao

Un cocktail d'îles

A, B,C, Aruba, Bonaire, Curaçao. Ces trois îles qui s'étirent au large du Venezuela ont longtemps connu la prospérité grâce au traitement du pétrole venu du continent. Elles s'en dégagent maintenant et retrouvent leur beauté aride de terres rocheuses et ventées.

Bonaire possède une des plus grandes réserves de flamants roses du monde, et ses côtes sont si accores qu'on n'a pas besoin d'embarcation pour plonger dans des sites sous-marins d'une beauté entièrement préservée.

Aruba a démantelé les installations pétrolières qui la transformaient en un étonnant arbre de noâl. Curaçao, la plus importante, est certainement une escale à considérer sur la route de Panama; on évitera le port de Wilhelmstadt, où les bateaux n'ont guère d'endroits où s'amarrer; on pourra aller la visiter en voiture, admirant les anciennes maisons coloniales dont la plupart tombent hélas en ruine, et le marché abrité sous les voiles des bateaux venus du Venezuela, chargés de fruits et de légumes, et, si l'on a la chance que ce soit la bonne époque, les couleurs du carnaval. Pour faire escale à Curaçao, on préfèrera l'étonnante baie de Spanish Waters, à l' est de la capitale, où l'on accède par un chenal très étroit.

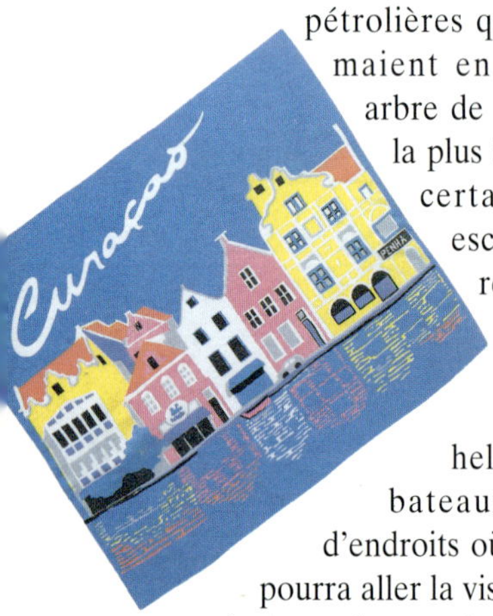

A la très accueillante Sarifundy's Marina, un couple de Hollandais fournit tout ce dont peut rêver un navigateur en escale : l'assistance technique, une voiture à louer pour le supermarché; de l'eau, une machine à laver, une Bourse d'échanges de livres, un bar agréable, bref, tout pour se préparer à une traversée agitée.

La mer des Caraïbes, de Curaçao à Panama, reste parfois, avec ses vents forts et ses houles montagneuses, un des plus mauvais souvenirs des circumnavigateurs, qui hésitent à couper la traversée en raison de la mauvaise réputation des côtes de Colombie, où le port de Cartagène, jadis capitale des colonies espagnoles en Amérique, est pourtant, m'a-t-on dit, magnifique et accueillant.

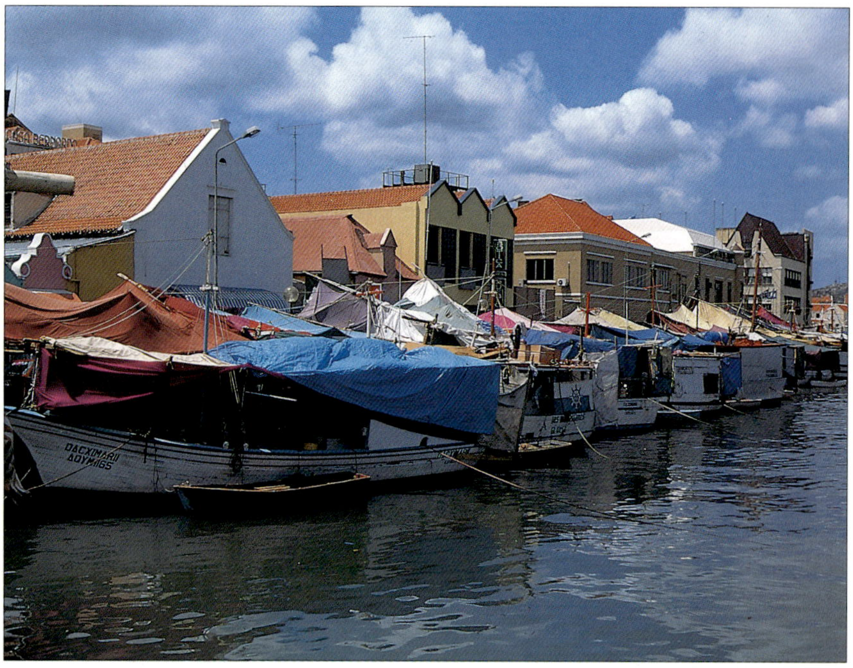

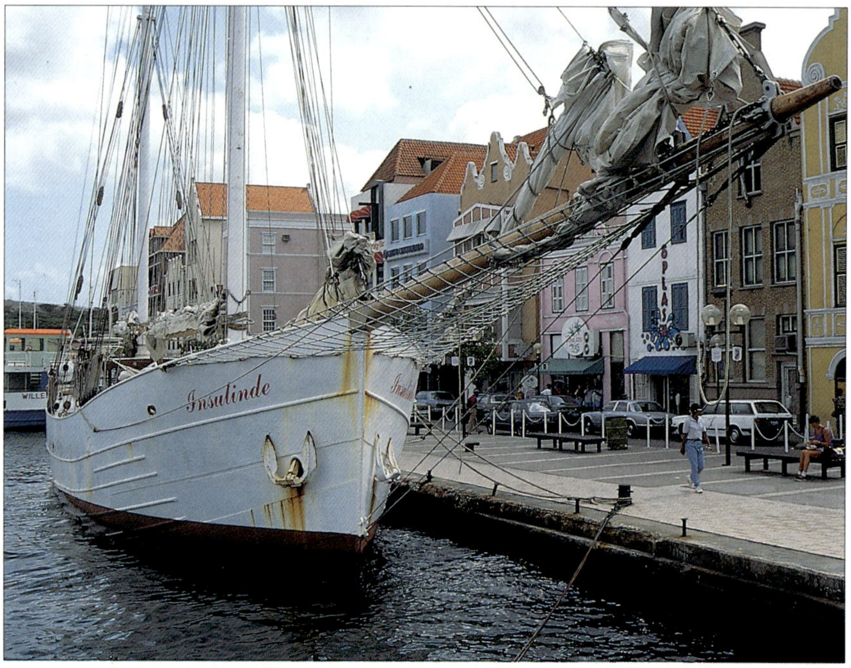

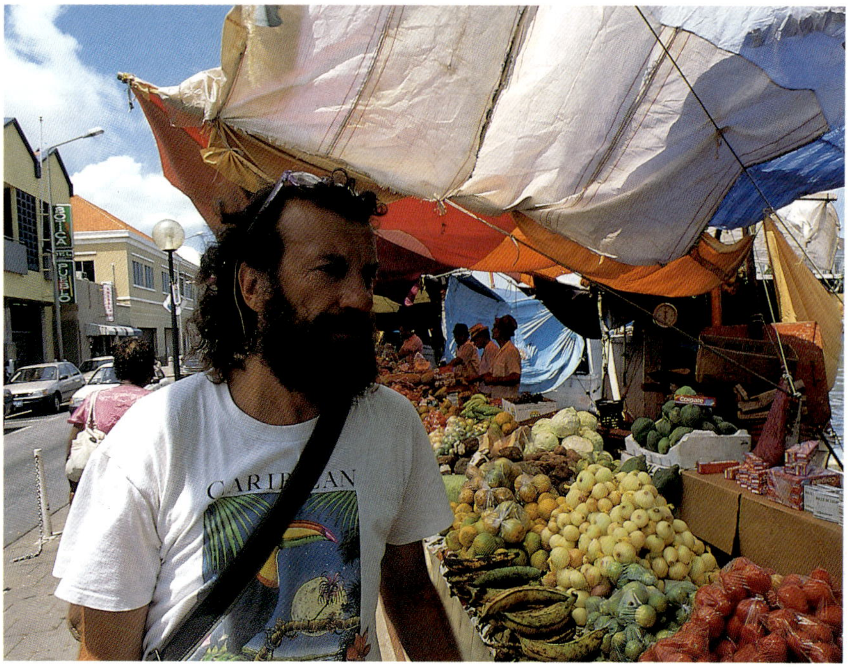

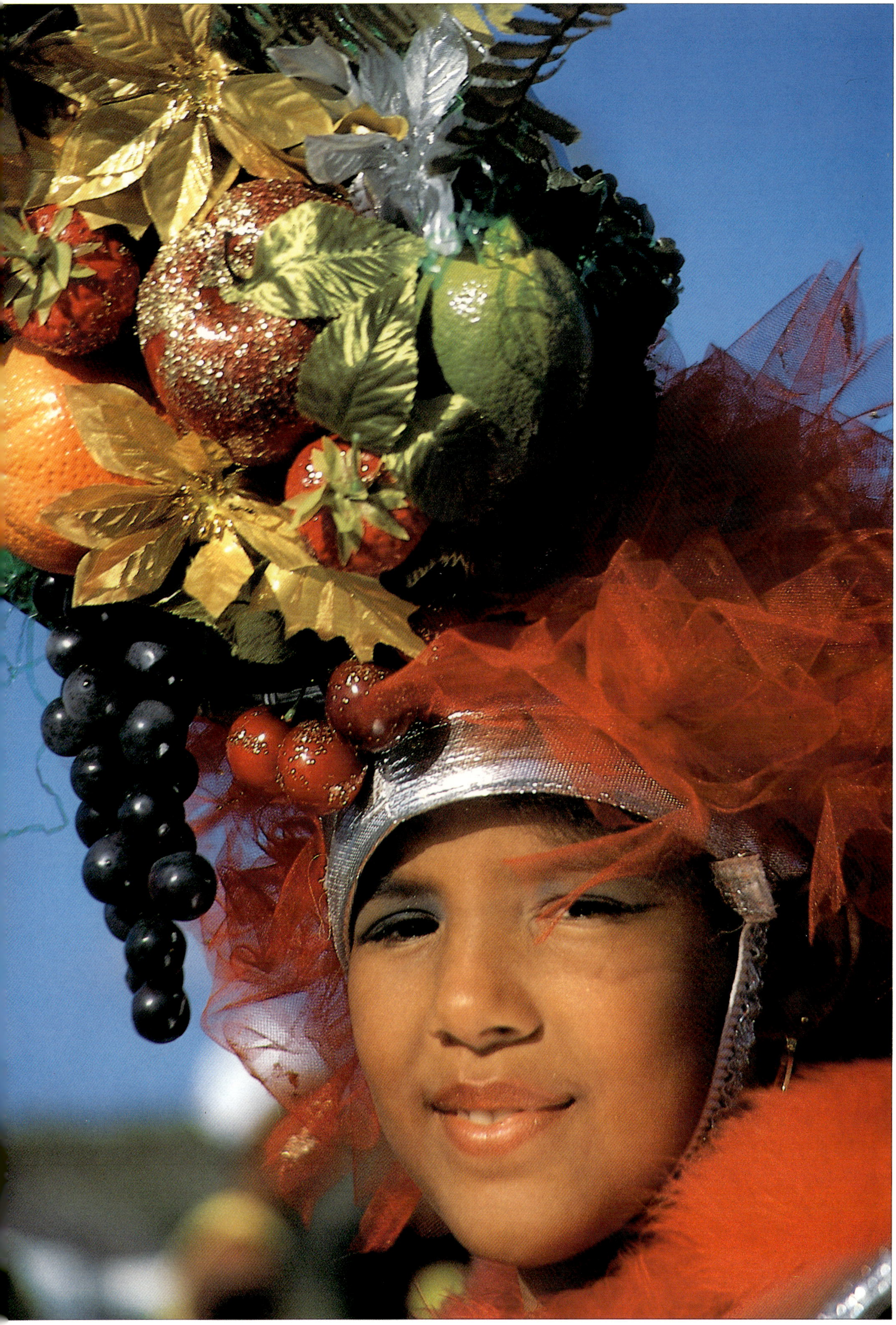

Retour aux San Blas

Le bonheur cousu main

Connaissent-ils leur bonheur, les Indiens cunas, les habitants de l'archipel des San Blas, au large du Panama, au sud de la mer des Caraïbes? Des îles polynésiennes, peut-être plus belles que la Polynésie, du rêve à l'état brut, sable étincelant, eaux turquoise et cocotiers ébouriffés.

Si l'île de vos fantasmes n'a, comme dans les dessins humoristiques, qu'un cocotier, les San Blas ont l'article. Si vous souhaitez un, deux, quatre, mille cocotiers, l'île de vos rêves est là, entourée d'eaux poissonneuses, épargnée par les cyclones, la ciguatera, les poissons-pierres. Quatre cents îles, et au moins autant de mouillages sûrs, s'offrent au voilier de passage, et les formalités sont réduites au minimum: les Cunas jouissant d'une certaine indépendance vis-à-vis de Panama: il suffit, en cas de séjour prolongé, d'aller de temps à autre se signaler au chef de l'île de Porvenir, à l'extrémité ouest de l'archipel.

Une recommandation: surtout, ne cueillez aucune noix de coco sur ces cocotiers de rêve; ici, chaque coco a valeur de monnaie; les achats dans les petites épiceries des îles reculées se paient encore en cocos, et la note est ainsi rédigée: 3 paquets de café: 18 cocos; 2 boîtes de haricots au porc: 4 cocos. Un jour, j'ai vu arriver d'une plantation une famille sur sa pirogue; ils ont débarqué une douzaine de cocos, se sont fait peser en échange deux livres et demie de riz, et ils sont repartis pour leur petite île. Les seuls dollars qui passent dans les mains des Cunas, ils les obtiennent en vendant des molas, ces empiècements de poitrine multicolores que les femmes brodent à longueur de journée; car, comble de chance, dans leur petit coin de paradis, où ils vivent de si peu de chose, ils ont un artisanat unique, apprécié du monde entier, qui leur rapporte les quelques devises nécessaires pour envoyer, par exemple, leurs enfants à l'école: leurs molas.

C'est à la fois amusant et émouvant, lorsqu'on passe en voilier à côté d'une de ces îles minuscules, de voir sortir de la seule hutte de l'îlot des femmes traditionnellement vêtues qui agitent leurs molas pour attirer le navigateur, acheteur potentiel!

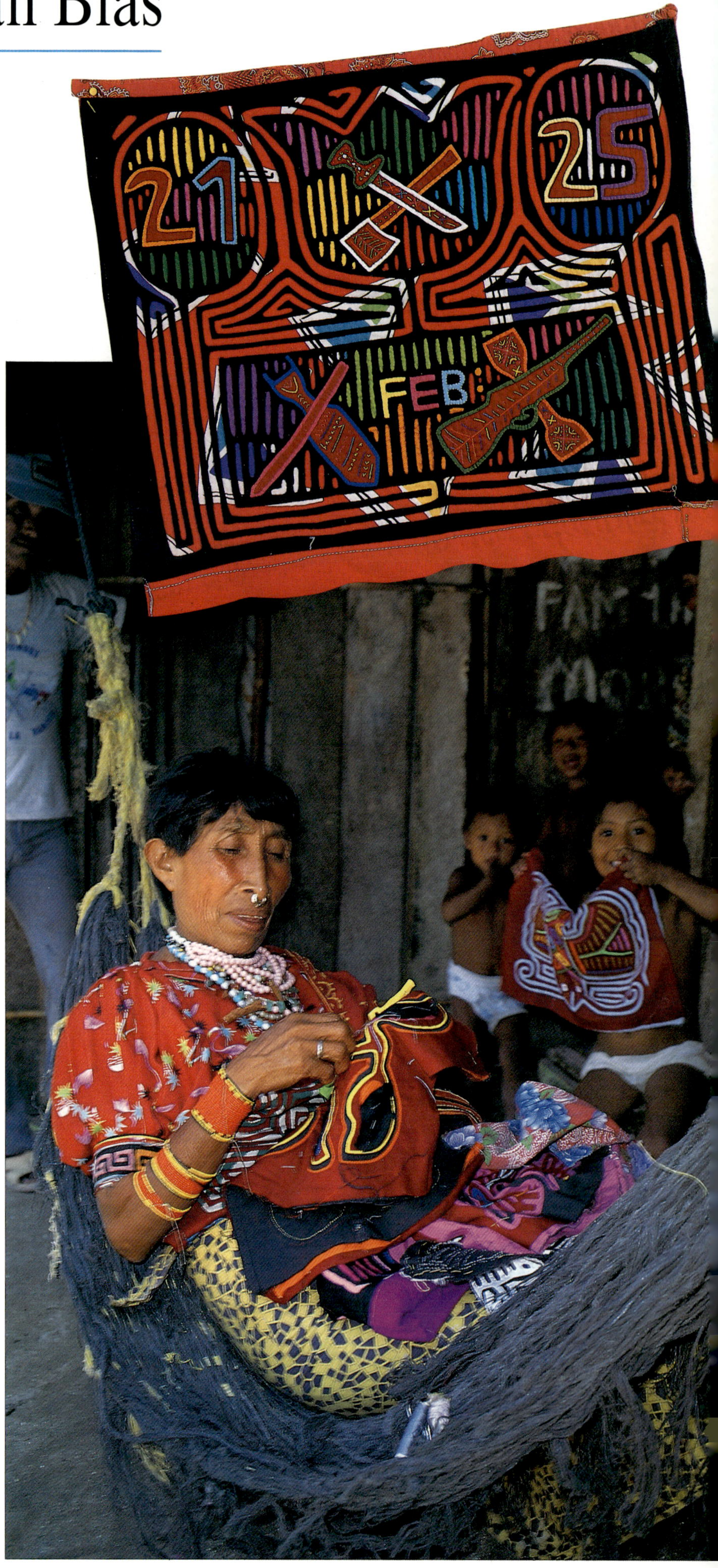

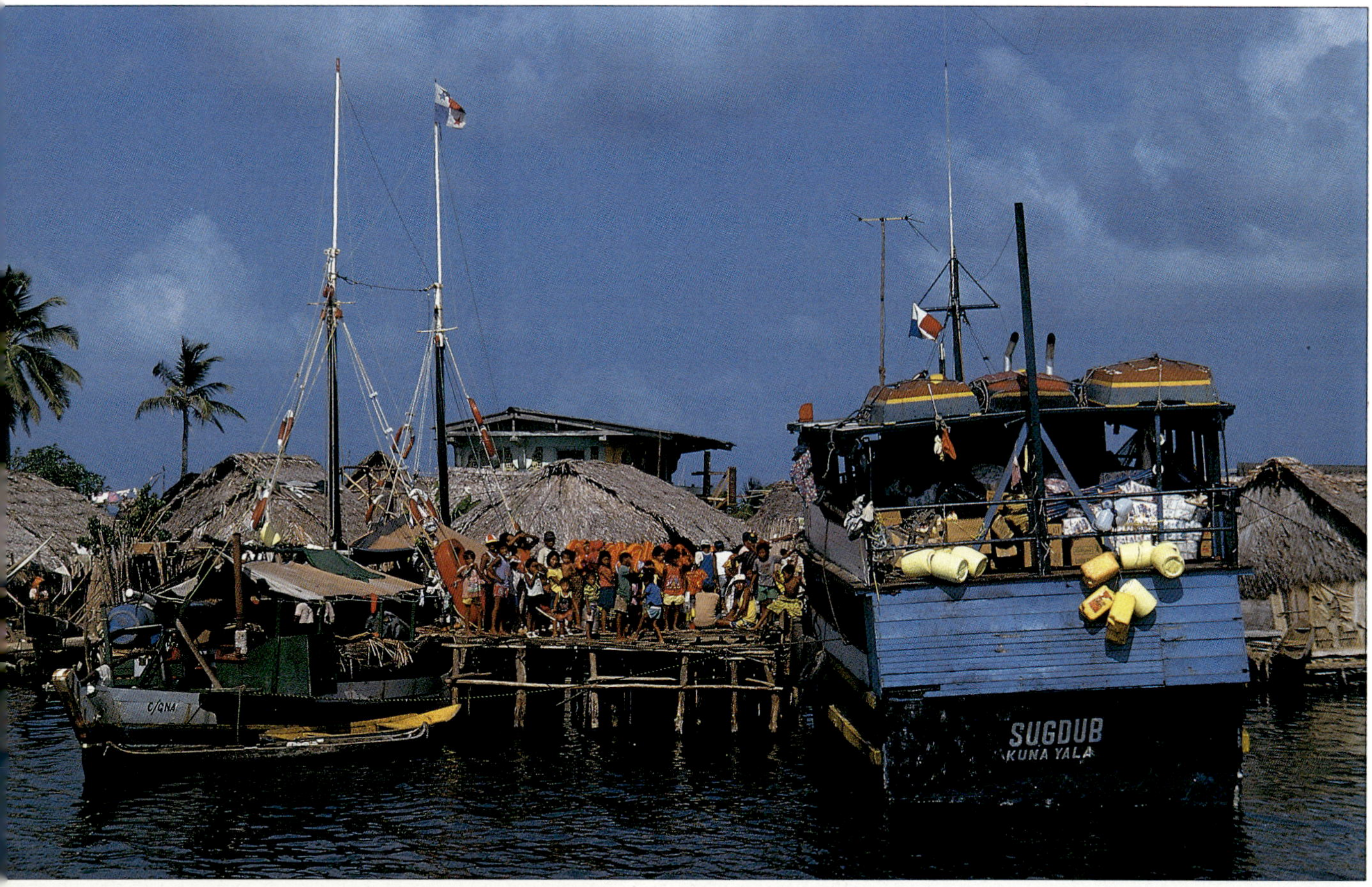
SUGDUB
KUNA YALA

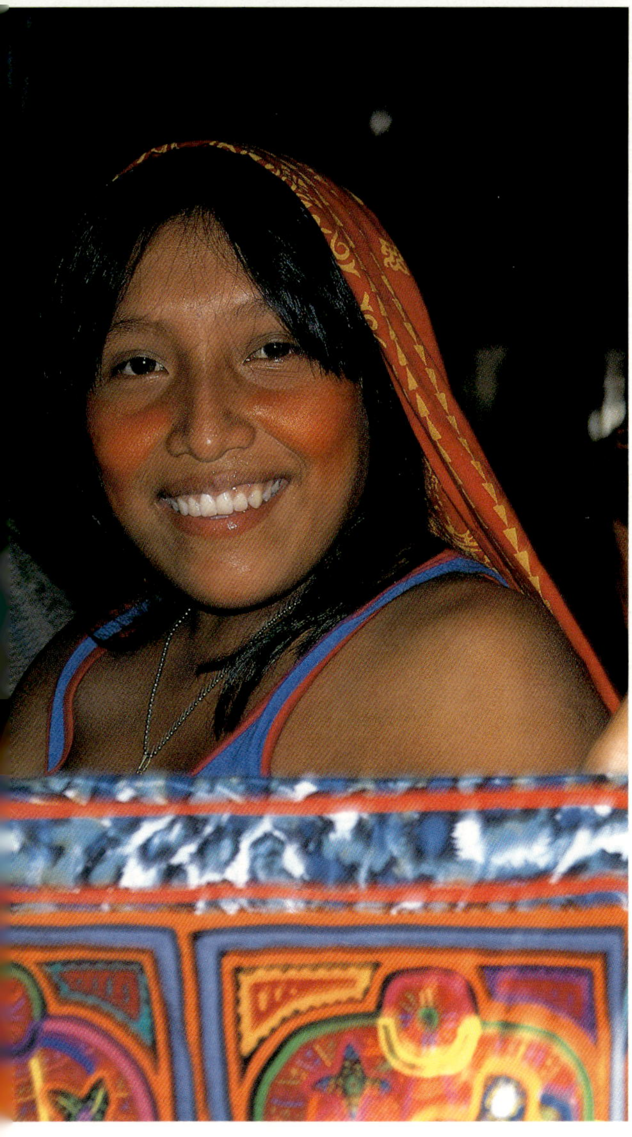

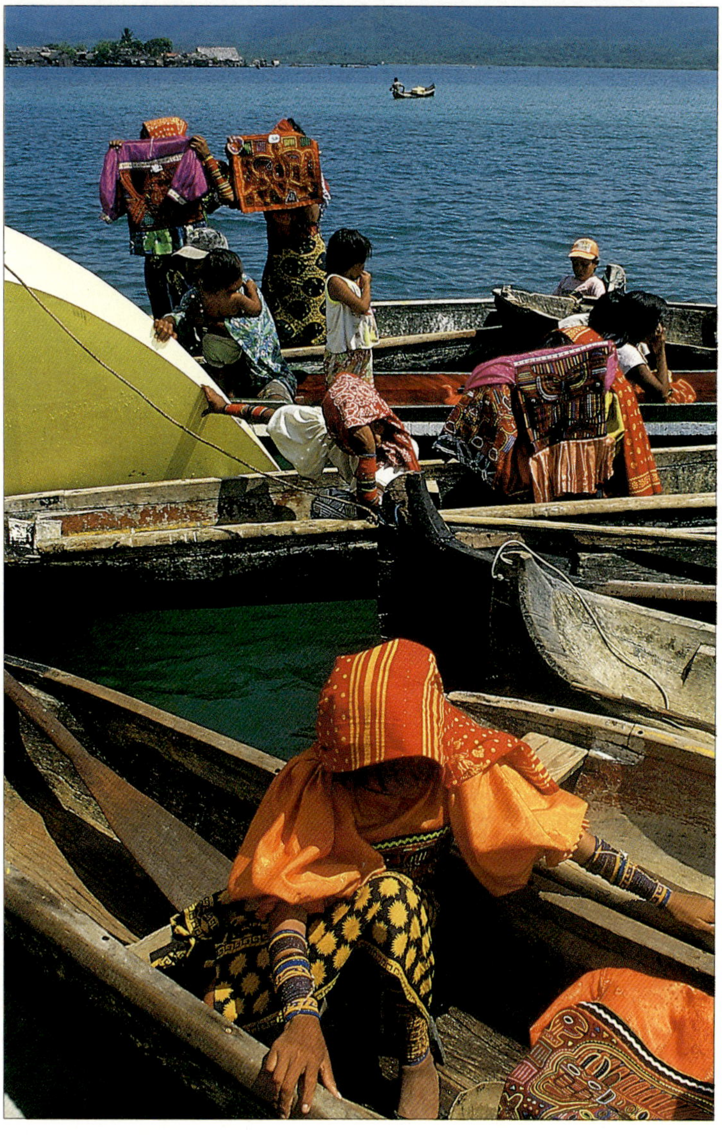

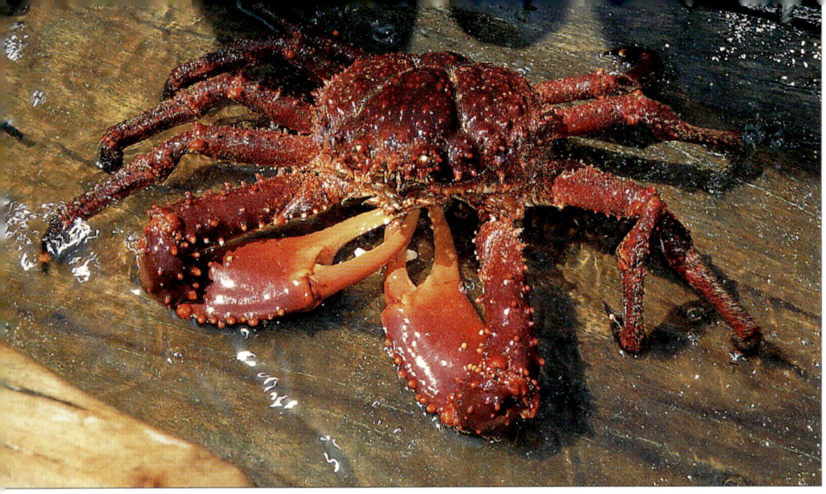
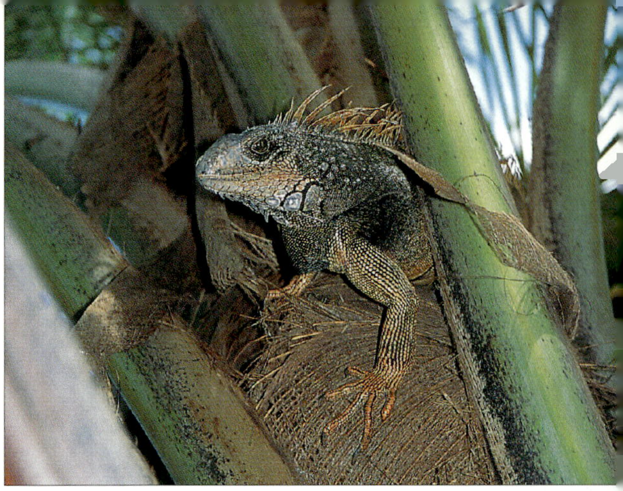
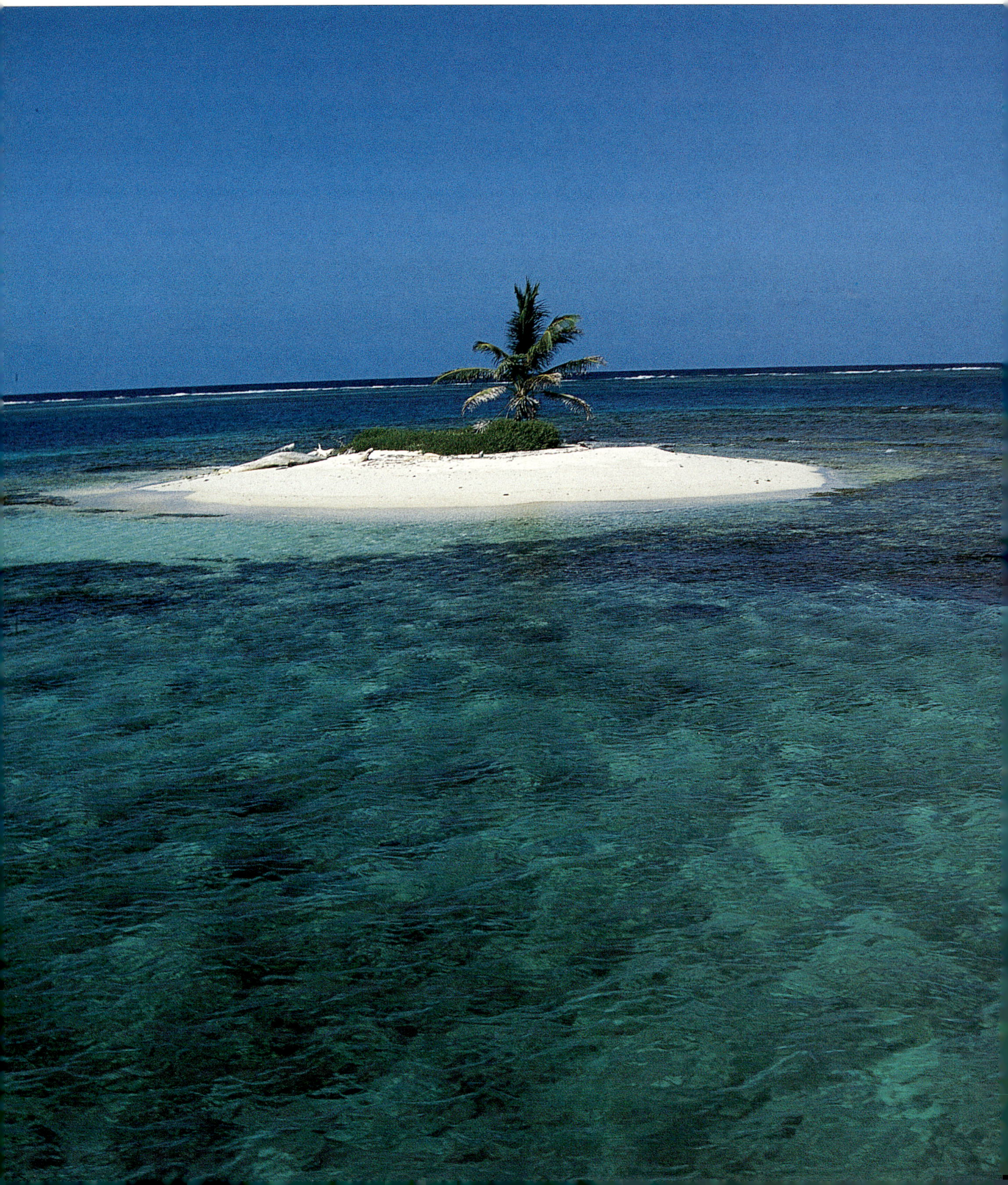

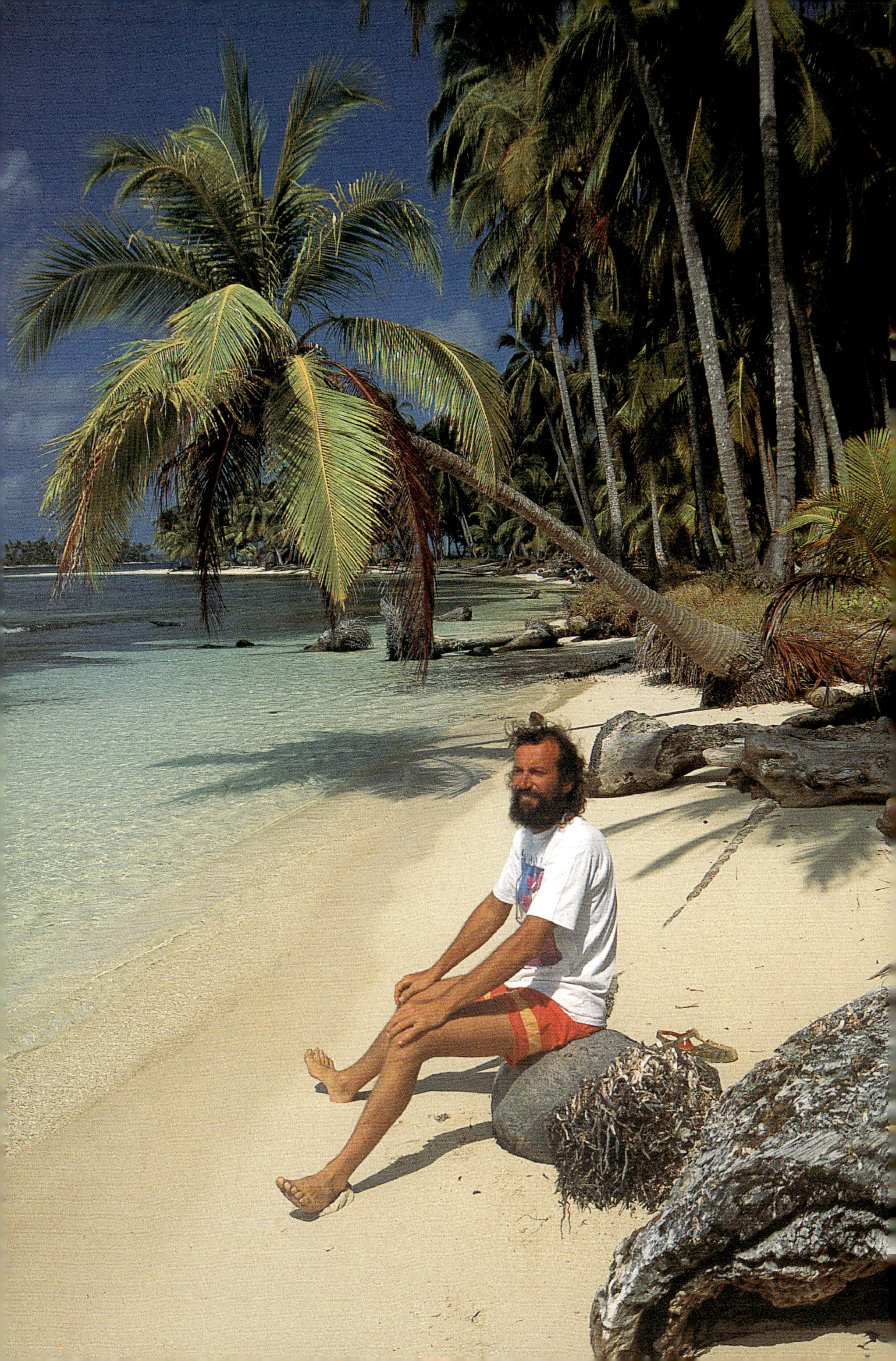

Panama

Les portes du Pacifique

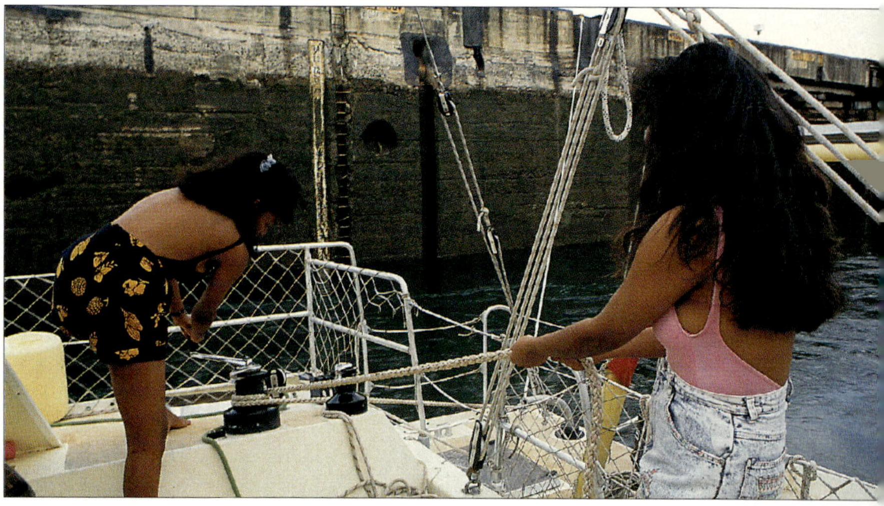

Tant de navigateurs avaient cherché en vain un passage entre Atlantique et Pacifique ! Il a fallu attendre Magellan pour trouver un détroit, bien trop au sud, juste avant le Cap Horn et ses tempêtes... et le XXe siècle pour qu'existe un passage proche de l'équateur, artificiel, creusé à travers l'isthme de Panama.

Les Français, d'abord, forts du succès de Suez, s'étaient attaqués en 1880 à la construction d'un canal au niveau de la mer; maladie, morts innombrables, krach financier, l'affaire fut revendue en 1904 aux Américains, qui décidèrent, eux, de construire des écluses géantes pour élever les bateaux à 30 mètres d'altitude, jusqu'au lac artificiel de Gatun. Depuis 1914, il suffit d'une dizaine d'heures pour changer d'océan, moyennant 100 000 dollars (pour le *Queen Mary* en 1984) ou 36 cents (pour un certain Richard Halliburton qui en 1928 a passé le canal... à la nage!) ; il en coûte de 200 à 300 dollars aux petits bateaux de plaisance.

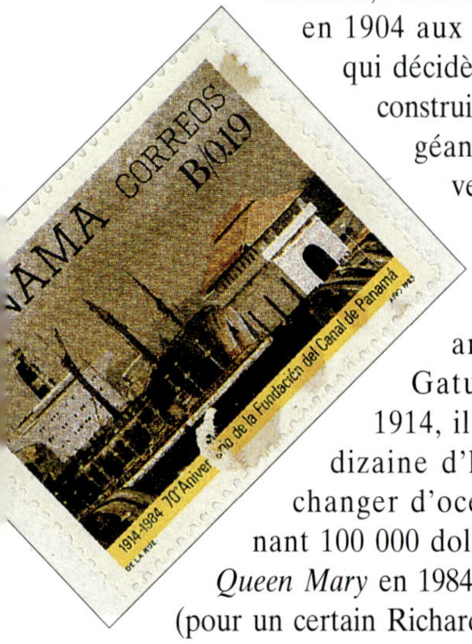

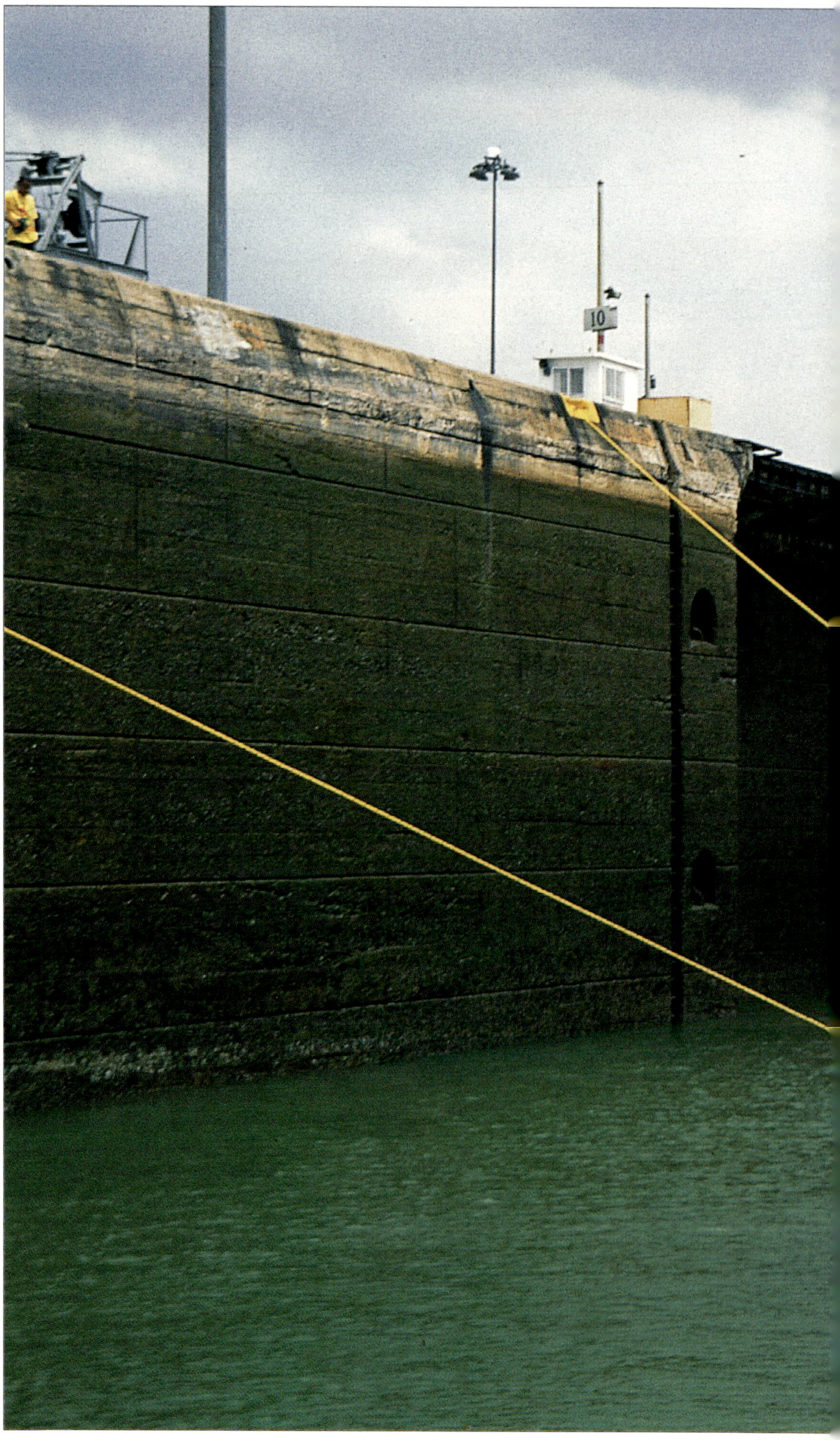

Les formalités d'entrée à Panama et le jaugeage occupent bien deux jours; il faut prévoir quatre amarres de 30 à 50 mètres et quatre équipiers (*line handlers*) en plus du barreur et du pilote. Le transit se fait le plus souvent *Center Chamber*, c'est-à-dire au centre de l'écluse, tenu par quatre amarres qu'il faut reprendre à mesure que l'eau monte en grands tourbillons. Si l'on a la chance de passer avec un remorqueur, bien amarré à couple, on n'a plus rien à faire. S'amarrer au bord de l'écluse (*Side Wall*) n'est conseillé qu'à la descente où les tourbillons sont bien moins forts. En 1993, le transit des voiliers se faisait tous les jours de la semaine, mais le passage prenait souvent deux jours, il fallait rester une nuit au mouillage à Gamboa.

L'eau du lac de Gatun est douce, voilà de quoi rincer les moteurs, la vaisselle, les WC marins, et stopper net la croissance des coquillages sur votre coque!

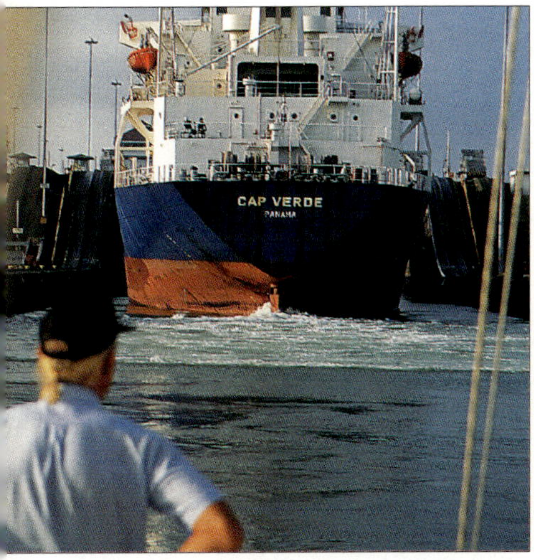
CAP VERDE
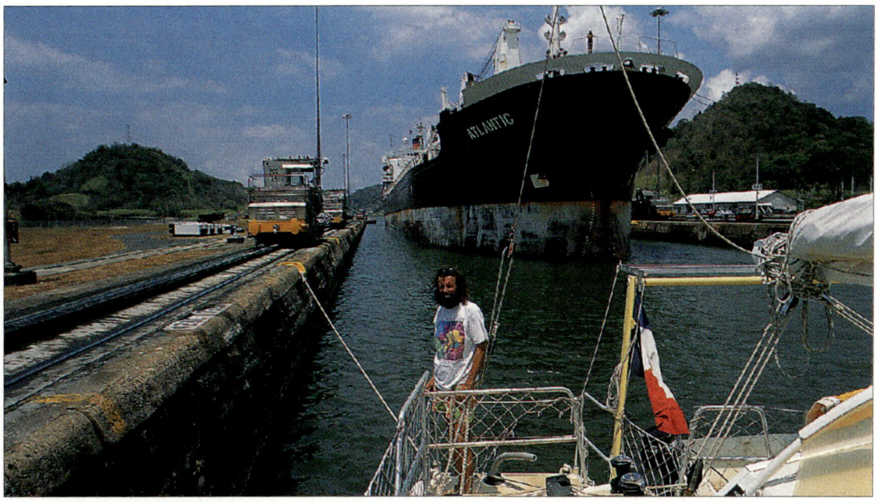
ATLANTIC
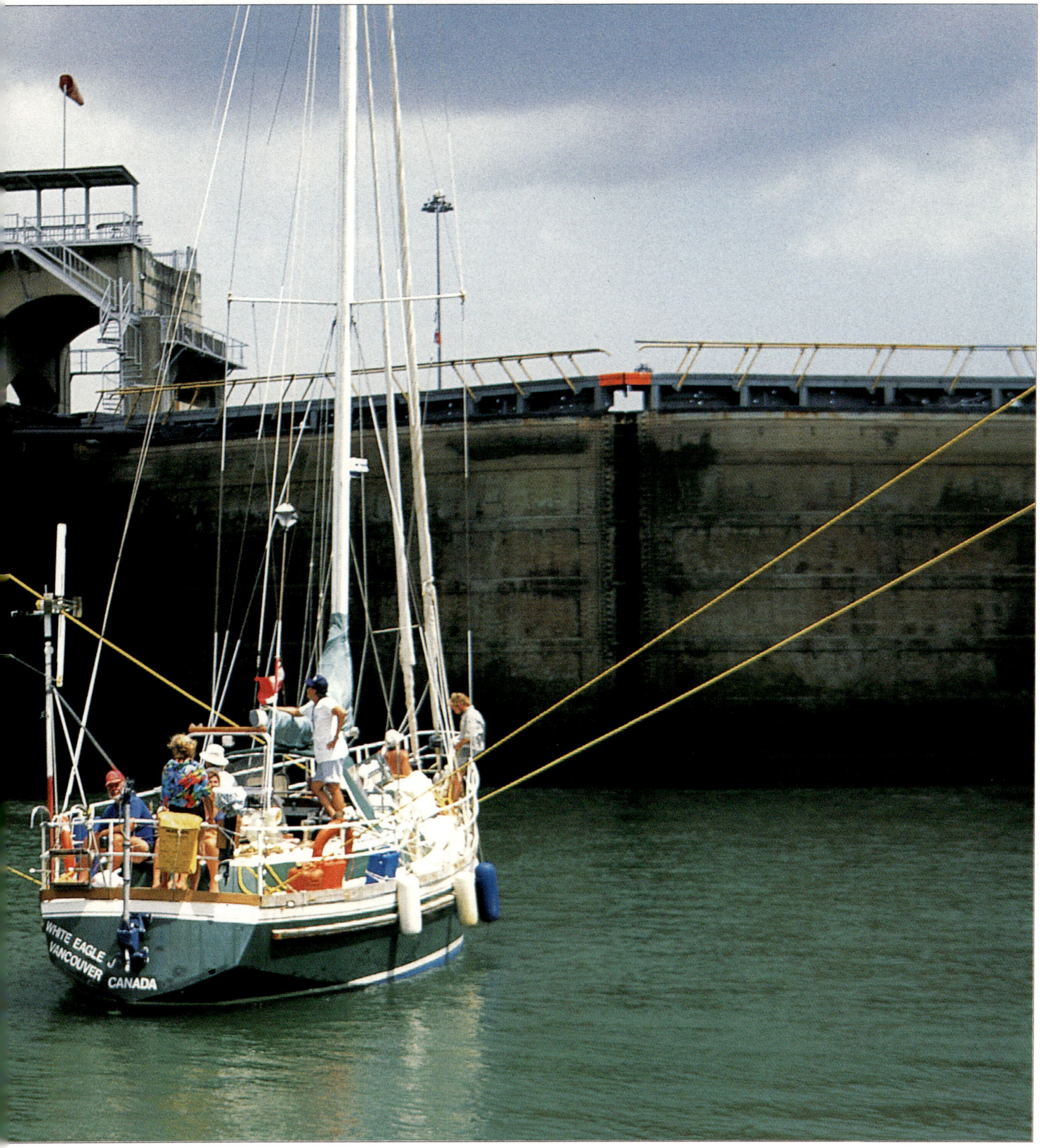
WHITE EAGLE
VANCOUVER CANADA

Entretien et carénages

En complément au principe de Peter, et à la loi de l'emmerdement maximal (si un emmerdement peut se produire, il se produira, et au plus mauvais moment), qu'il me soit permis d'énoncer ici

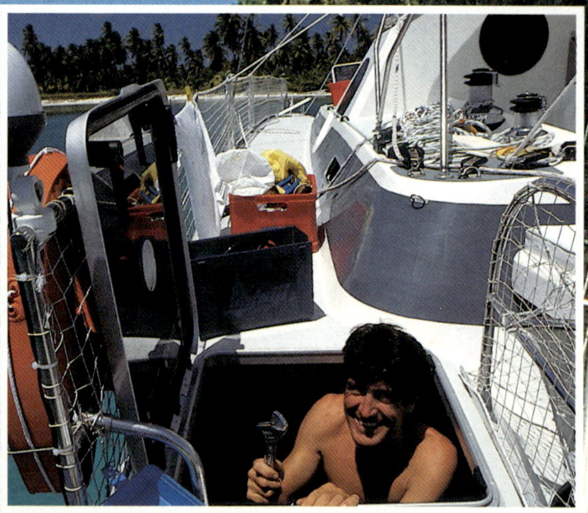

LE PRINCIPE D'ANTOINE :

«TOUTE MÉCANIQUE, PARTICULIEREMENT NAUTIQUE, MÊME LA PLUS SIMPLE, CONNAIT UN ÉTAT NORMAL, NATUREL, STABLE, APPELÉ "LA PANNE". ON PEUT DANS CERTAINS CAS, ET POUR UNE DURÉE TOUJOURS LIMITÉE, LA MAINTENIR DANS UN ÉTAT ANORMAL ET PARFAITEMENT INSTABLE, APPELÉ "ÉTAT DE MARCHE"».

Etat instable, car si l'on voit couramment des appareils en état de marche tomber en panne tout seuls, il est rarissime que le contraire se produise, ou alors il s'agit de la plus odieuse des pannes, la panne intermittente.

Autrement dit, si vous êtes habitué à ce que votre voiture démarre au premier tour de clé, à ce que votre téléphone et votre mixer fonctionnent, en entrant dans l'univers marin, oubliez toutes ces bonnes dispositions et admettez une fois pour toute que tout appareil va vous trahir et qu'il faudra faire avec ! Qu'il vous faudra donc devenir plombier, électricien, diéseliste, voilier, peintre, menuisier, gréeur. J'ai souvent comparé le bateau à un très gros bricolage qu'on emmène avec soi autour du monde... la plus sûre garantie contre l'ennui !

Vous pourrez ainsi assurer l'essentiel de l'entretien, des réparations permanentes; sauf dans les régions à marées importantes où le carénage peut se faire sans frais, une fois par an environ, il vous faudra vous adresser à un chantier, cale de halage, slipway, ou plus moderne, travelift; de nombreux bateaux basés aux Antilles vont de plus en plus faire leurs travaux au Venezuela où les tarifs sont intéressants. En Polynésie, travelift à Raïatea, divers moyens de levage à Tahiti. Dans les pays où la navigation de plaisance est encore rare, on s'adresse généralement aux chantiers qui mettent au sec les bateaux de pêche, et c'est souvent l'occasion d'aventures et de rencontres pittoresques.

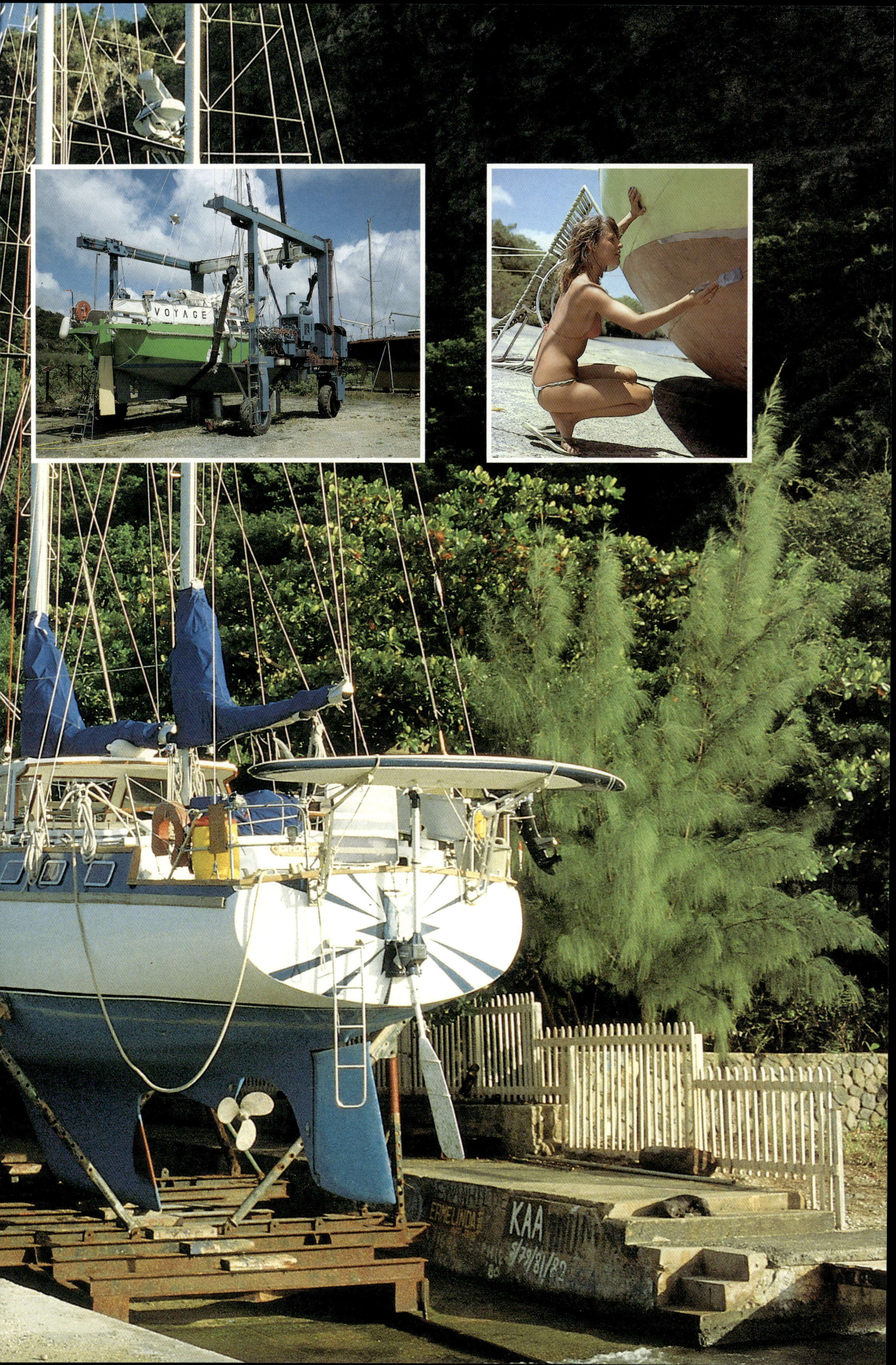
VOYAGE
KAA

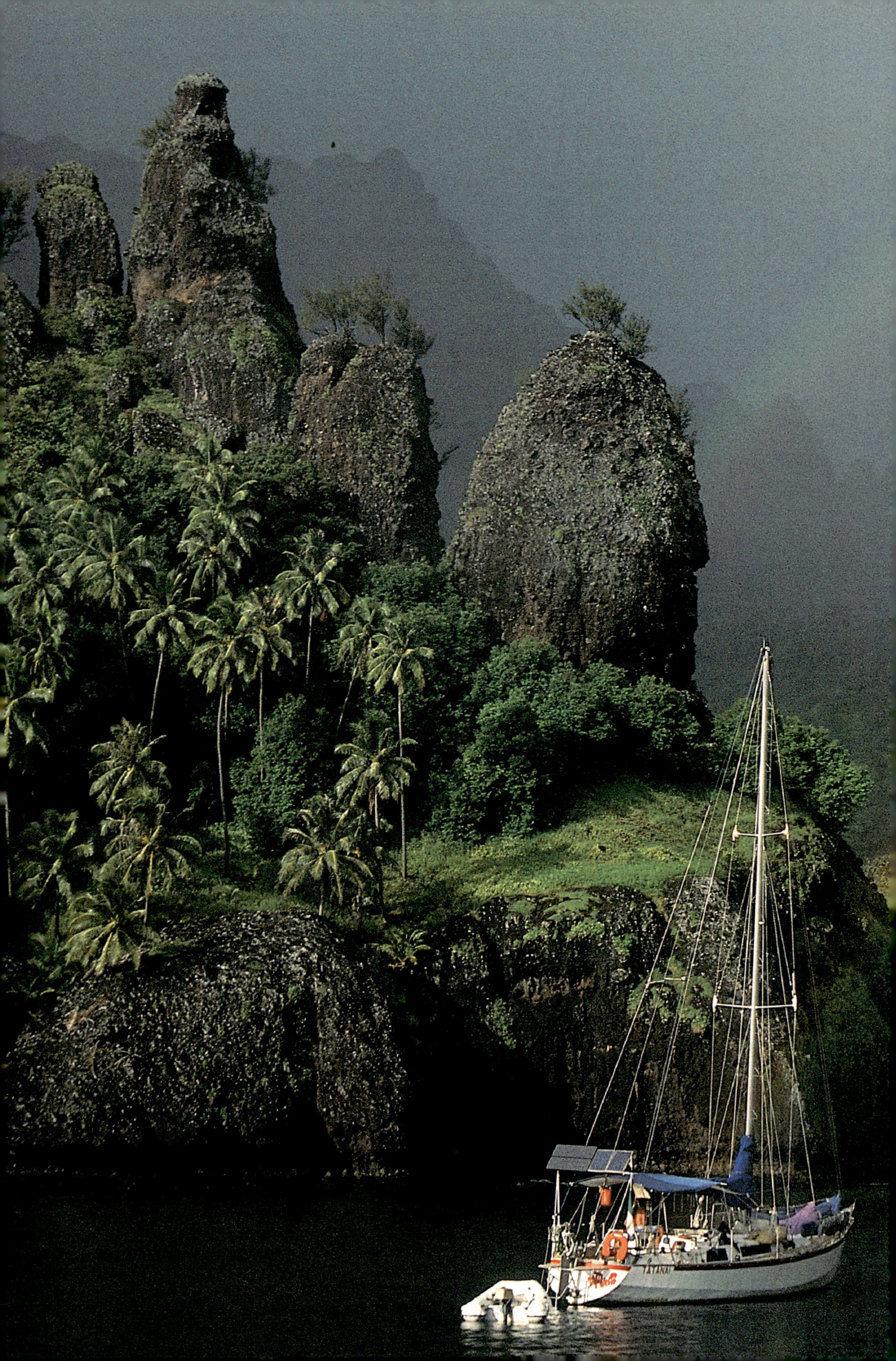

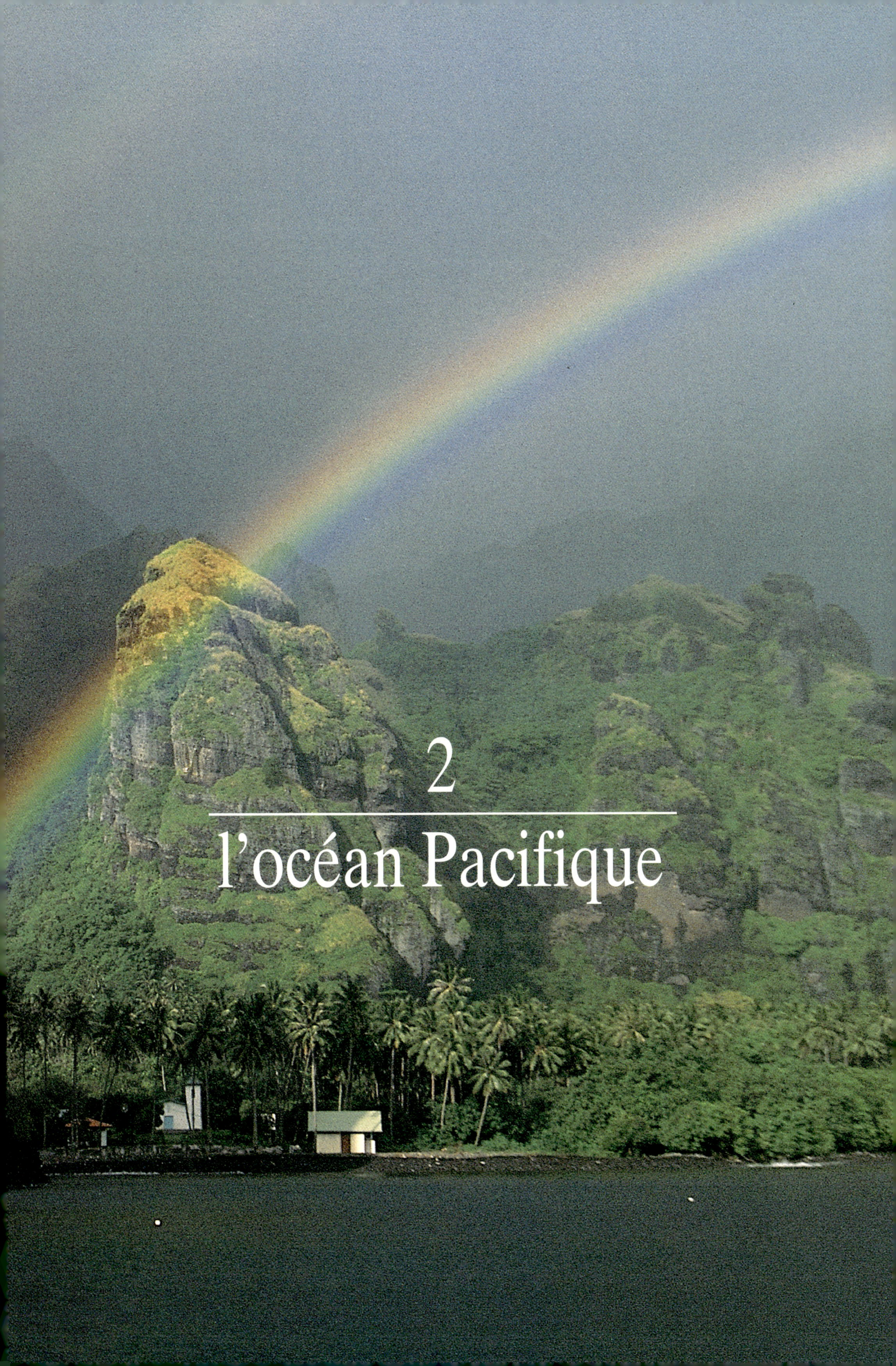

2

l’océan Pacifique

Les Perlas

Les perles du golfe de Panama

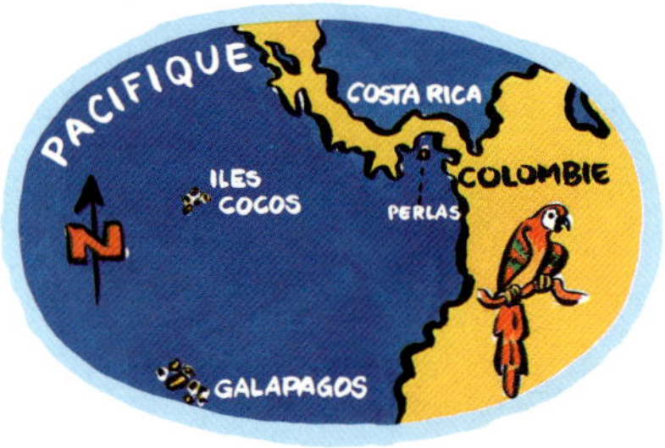

Sitôt que s'ouvrent les portes de la dernière écluse, un vif courant vous entraîne dans les eaux du Pacifique; en hiver, elles sont beaucoup plus froides que la mer des Caraïbes: le courant de Humboldt amène dans le golfe de Panama un foisonnement de poissons extraordinaires.

Avant de s'élancer dans l'immensité du Pacifique, plusieurs îles sont bien tentantes: tout près de Balboa (où le club nautique, jadis peu accueillant, a fait des progrès, mais où on est ballotté jour et nuit par les vagues des cargos qui empruntent le canal), voici Taboga, Otoque. En route vers le Costa Rica ou l'île Coco, de petits archipels, les Secas, Parida, offrent la surprise de jolies petites plages blanches au milieu des roches noires hérissées de frangipaniers en fleur; et puis, surtout, au centre du golfe, le vaste archipel des Perlas, jadis employé à la récolte d'huîtres perlières; la récolte faite, on comptabilisait la recette dans une île qui porte depuis le nom de Contadora (la comptable!). Elle n'a guère d'intérêt que quelques belles plages de sable fin. Les autres îles, innombrables, sont plus belles: l'Isla del Rey, la plus vaste, abrite encore, au long de ses rivières, des Indiens vivant comme autrefois; des poissons énormes tentent les chasseurs sous-marins.

Sur l'île de San José vit depuis dix ans un adorable couple d'allemands, Dieter et Helga, gardiens de l'île, propriété d'un riche Allemand de Panama. Vrai Robinson, Dieter cultive fruits et légumes et les vend aux voiliers de passage; il a fixé à une bouteille de rhum le droit de visite de son domaine, superbe promenade jusqu'à des baies inviolées, des points de vue superbes et les vestiges, tombes et poteries, des Indiens qui précédèrent les conquistadores.

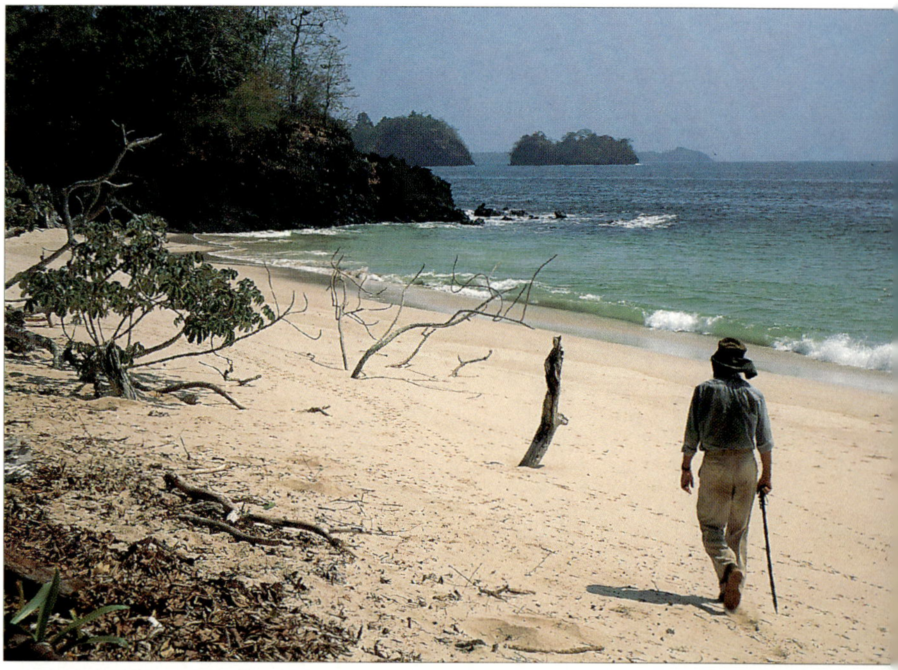

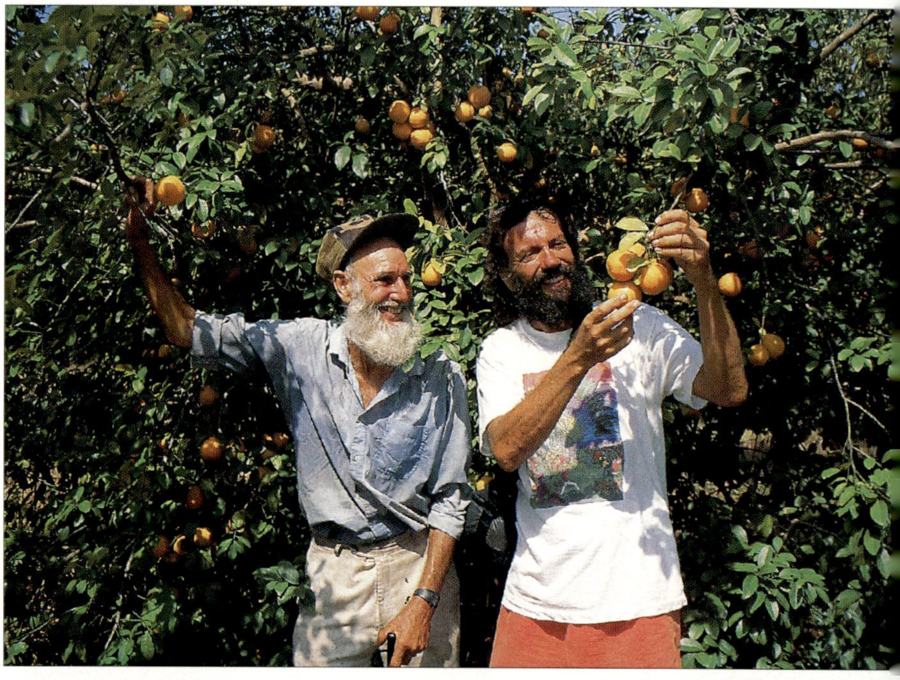

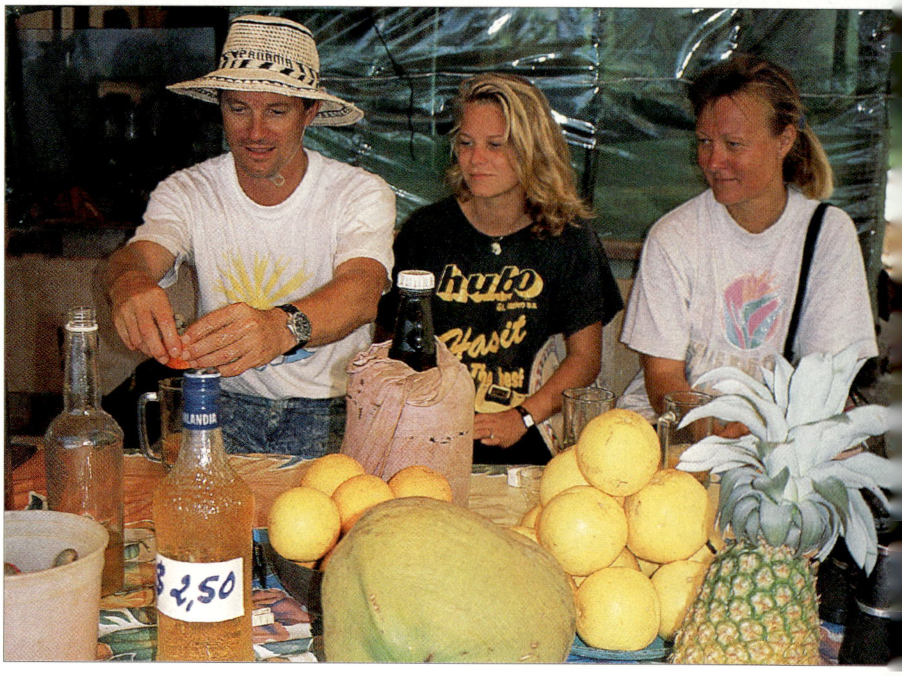

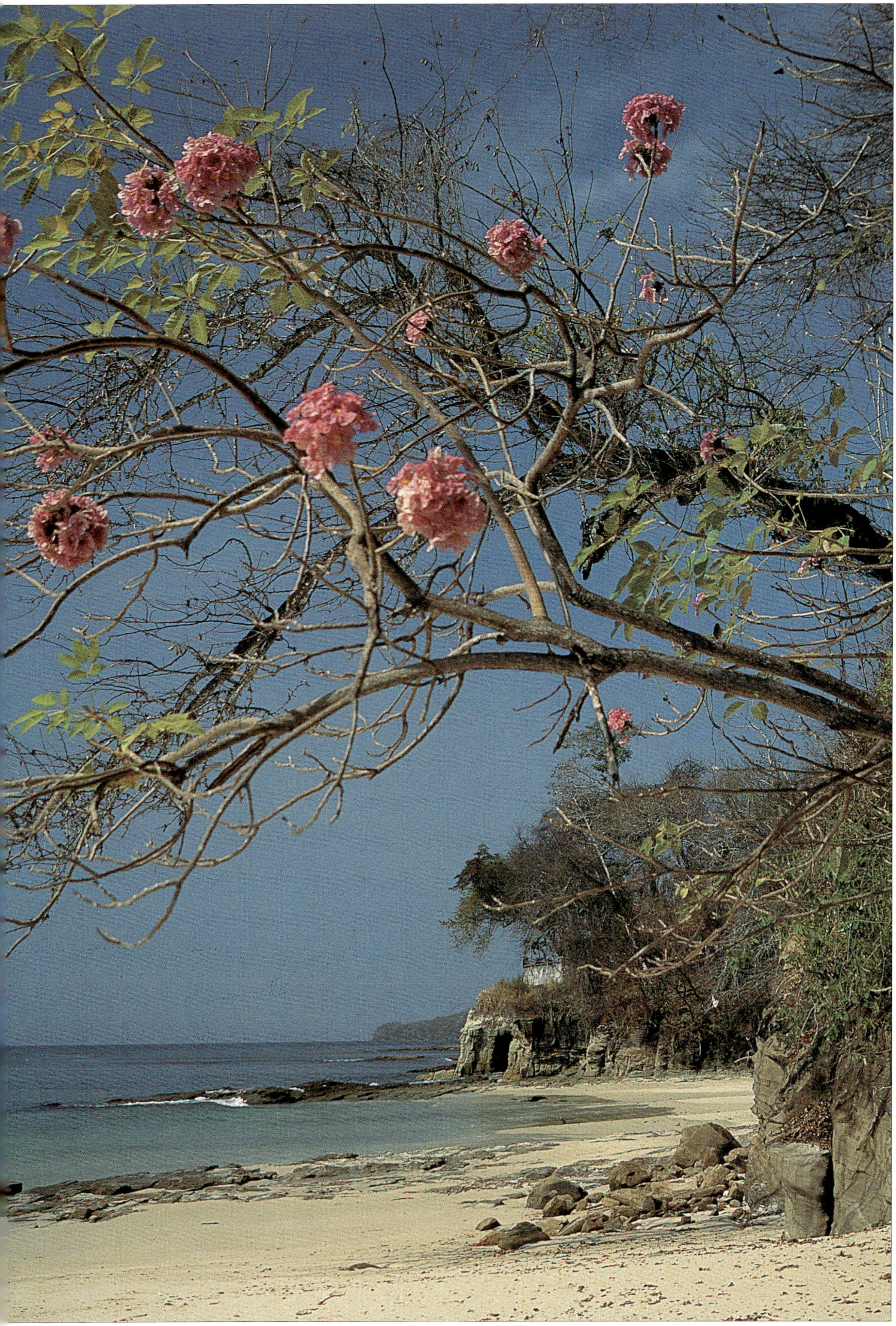

Iles Galapagos

L'archipel interdit

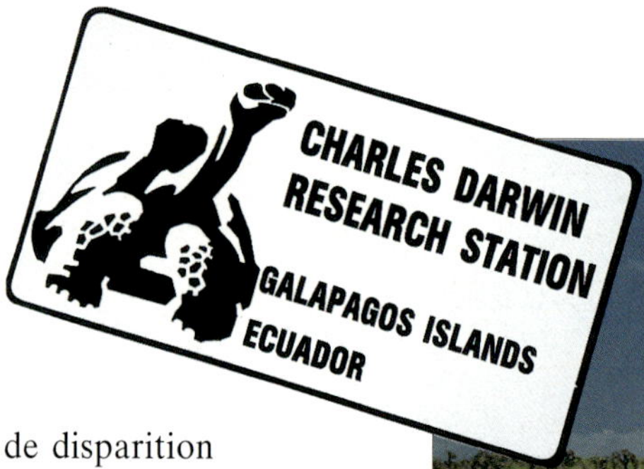

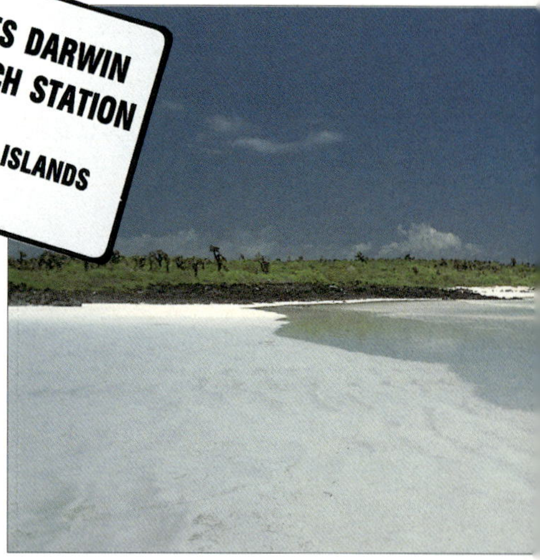

Comme tombées de la lune, perdues loin des côtes d'Amérique du Sud, soumises simultanément au climat équatorial et à l'influence des eaux froides du courant de Humboldt, les Galapagos ont connu une évolution à part. Des espèces animales uniques s'y sont développées: tortues géantes, iguanes terrestres ou marins, otaries et phoques à fourrure, petits manchots, fous à pattes bleues, protégés des influences extérieures par l'éloignement. Cette tranquillité a pris fin quand, au fil des siècles, les pêcheurs, chasseurs de phoques, baleiniers sont venus faire une hécatombe de ces animaux.

Au siècle dernier, un jeune naturaliste, Charles Darwin, y a concu la théorie de l'évolution des espèces, donnant la célébrité à l'archipel. Dès le début du XXe siècle, des savants du monde entier ont émis le vœu de protéger un système aussi unique, mais ce n'est qu'au début des années soixante, sous l'égide de personnalités internationales, que furent créés, en collaboration avec les autorités équatoriennes, la Fondation Charles-Darwin, puis le Galapagos National Park Service. Des experts en environnement furent interrogés et on appliqua à l'archipel, devenu parc protégé, un grand nombre de restrictions visant à protéger les tortues, iguanes et autres espèces endémiques, des animaux importés et de l'homme...

Trente ans plus tard, un extraordinaire travail a été fait, et des espèces animales et végétales en voie de disparition ont été sauvées grâce à des hommes de bonne volonté venus du monde entier travailler à la station Darwin.

Malheureusement, une espèce migratrice qui passait par les Galapagos a été oubliée par les scientifiques : la centaine de voiliers vagabonds qui n'avaient que ces quelques îlots pour se reposer quelques jours au cœur de l'immensité d'océan désert, 4 000 milles, qui sépare Panama des îles Marquises. Mis dans le même sac que les baleiniers ou massacreurs de tortues de jadis, ils se sont vu pratiquement interdire l'accès à l'archipel. Quelques autorisations sont accordées (mais aussi souvent refusées sans explication) à des yachts ayant fait une demande un an à l'avance aux autorités d'Équateur mais pour une durée et une date précisées à l'avance et inamovibles, ce qui est peu compatible avec nos habitudes flâneuses et les incertitudes des vents et des courants. La plupart des voiliers de passage sont soumis au bon vouloir des officiers en poste, dont les plus compréhensifs n'accordent guère que deux ou trois jours d'escale, contre paiements assez élevés, dans le mouillage de Puerto Ayora.

Les Galapagos ne sont plus alors pour nous l'archipel béni que décrivirent Patrick Van God et Bernard Moitessier, mais une sorte de station-service où faire en vitesse le plein de fuel, d'eau désalinisée et de fruits et légumes avant de reprendre le large pour trois semaines. On peut aussi négocier l'autorisation de laisser son bateau à l'ancre et de s'embarquer quelques jours sur un bateau local visitant les îles sous l'œil d'un guide... car parallèlement à ces restrictions s'est développé une colossale exploitation touristique, près de 60 000 visiteurs par an, à côté desquels quelques centaines de plaisanciers inoffensifs, qui ne demandent qu'à s'associer à toute action tendant à protéger la beauté de la planète que leurs bateaux parcourent, comptent peu. A la réflexion, si Darwin se pointait aux Galapagos de nos jours sur son voilier, le *Beagle*, on ne lui laisserait pas le loisir d'y faire les observations qui ont rendu l'archipel célèbre !

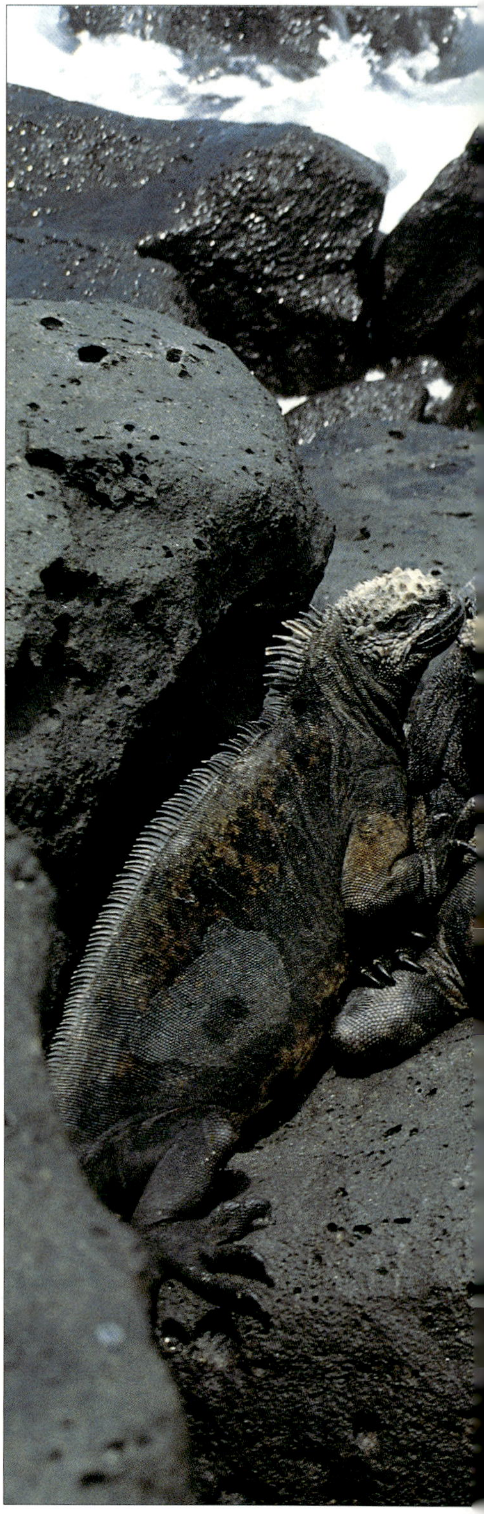

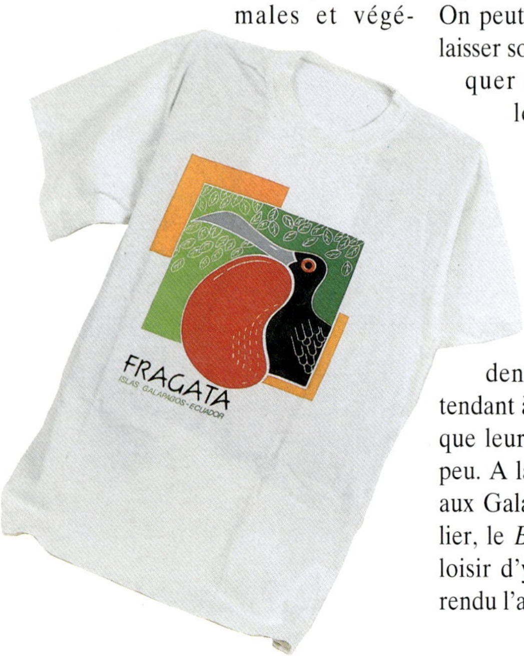

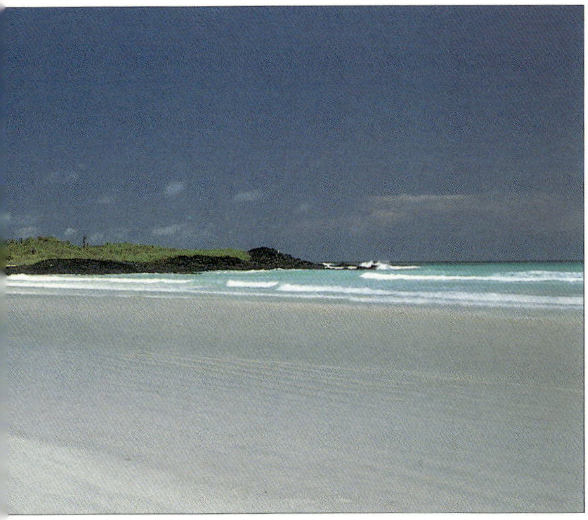

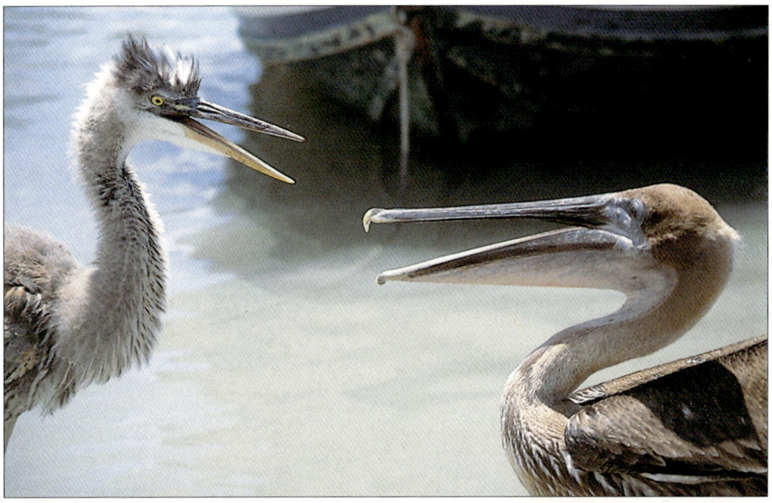

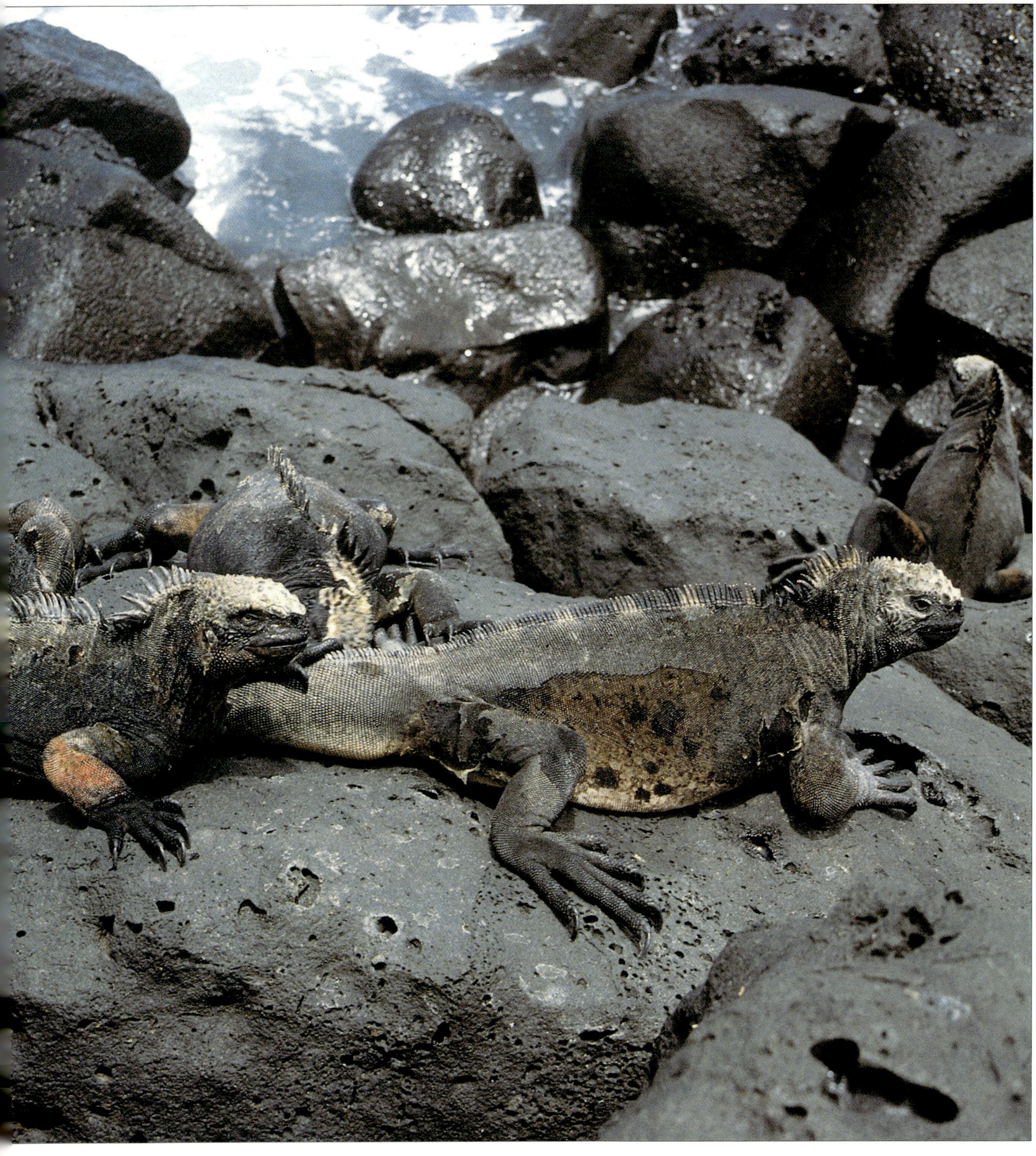

Pâques et Pitcairn

Des îles de légende

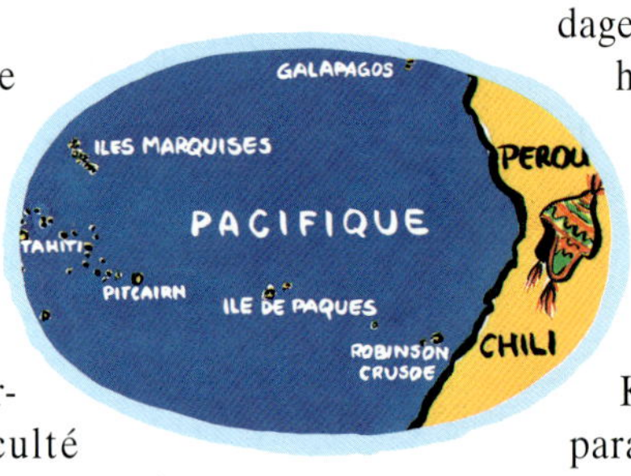

Il suffit de s'écarter un instant de la zone où les alizés sont les plus stables pour quitter les sentiers battus et atteindre des îles moins fréquentées, en raison parfois de leur difficulté d'accès et de leur manque de mouillages sûrs ; c'est le cas de l' île de Pâques, qui fait rêver depuis longtemps les amateurs de fantastique et d'inexpliqué : les vents n'y venant jamais très longtemps de la même direction, il est généralement exclu d'y laisser un bateau à l'ancre le temps de visiter l'île. Ceux qui disposent d'un équipage nombreux auront moins de problèmes que les solitaires et pourront laisser à bord quelqu'un qui partira chercher un abri d'un autre côté de l'île si le vent vient à tourner.

Mon premier bateau, *Om*, grâce à son faible tirant d'eau (90 centimètres) et à la solidité de sa construction, a passé deux mois en sécurité dans le petit abri pour embarcations de Hanga Piko, mais il avait fallu emprunter à terre de très grosses amarres, le violent ressac qui agitait le bassin ayant rompu tous les cordages du bord en quelques heures; j'ai entendu dire que l'on s'occupait à améliorer cet abri, renseignez - vous avant d'y entrer!

Un film avec Kevin Costner, en préparation, s'appellera *Rapa Nui*: c'est le vrai nom de l'île de Pâques, et je suppose qu'il racontera les malheurs des habitants de l'île, cette extrémité orientale du triangle polynésien (Hawaï, Rapa Nui, Nouvelle-Zélande). Ils furent décimés par les maladies importées, mais surtout emmenés en esclavage vers les mines chiliennes où ils périrent presque tous. La seule période heureuse de leur histoire semble être celle où un visiteur français qui s'était proclamé roi de Pâques avait pris en charge leur destinée, tentant de les protéger des évangélistes et des négriers.

L'histoire de Pitcairn, un peu plus à l'ouest, est bien connue, et c'est toujours une émotion de retrouver ici les descendants des mutins du *Bounty*. Le seul mouillage de l'île n'est bon que par vents du sud, mais la chaleur de l'accueil, la sensation d'être ici à la fois au bout du monde et dans les pages d'un livre d'aventures font oublier toutes les frayeurs!

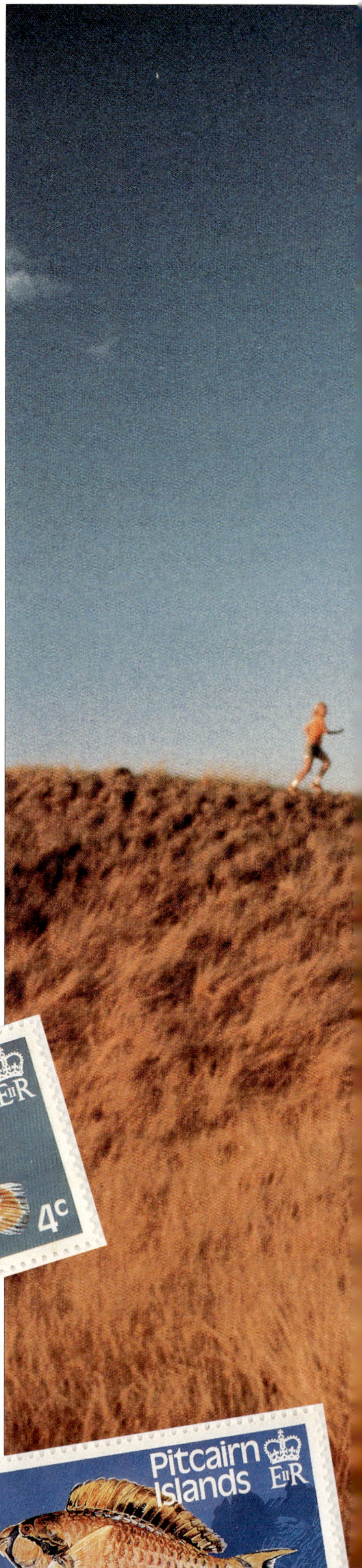

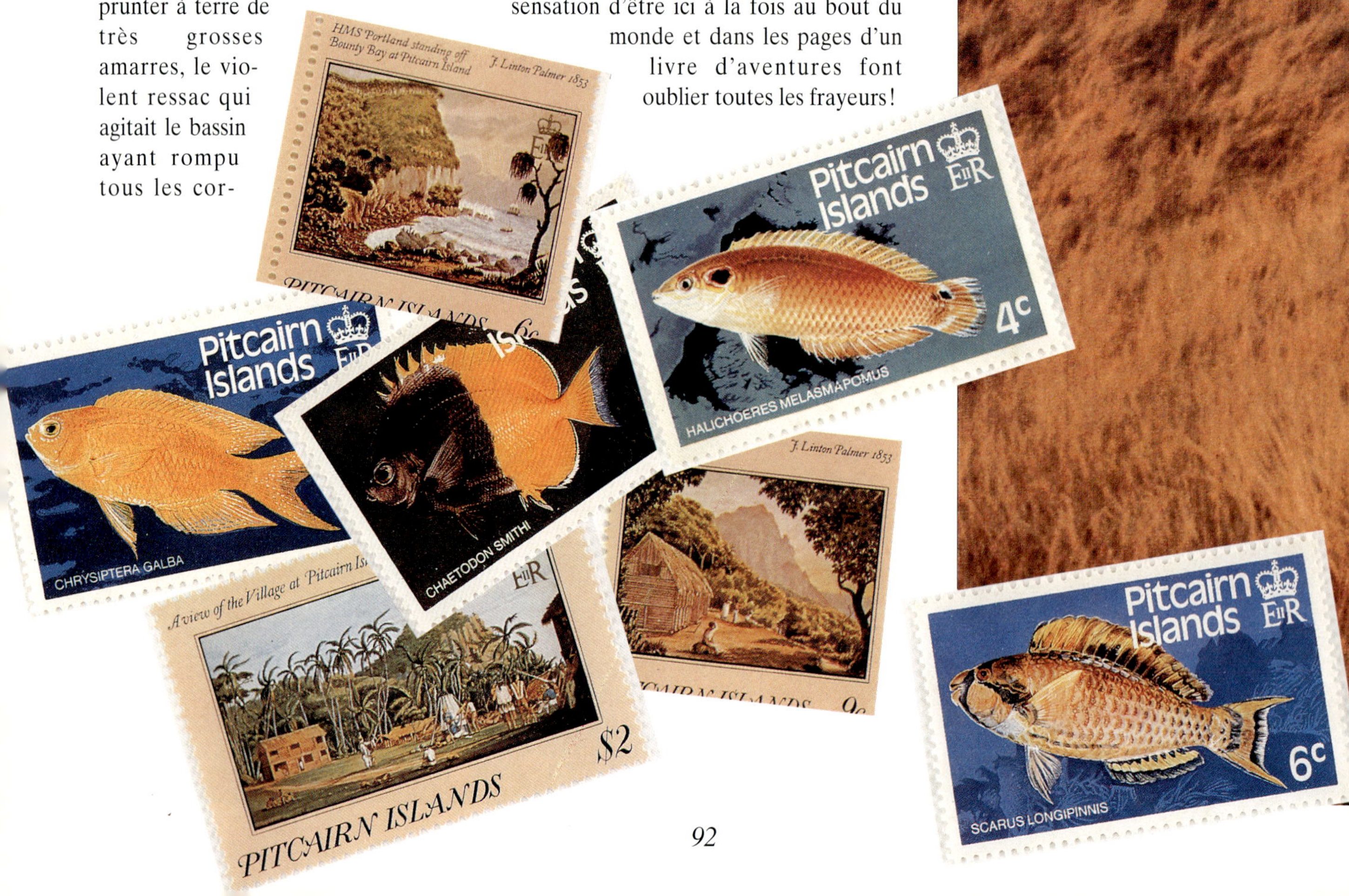

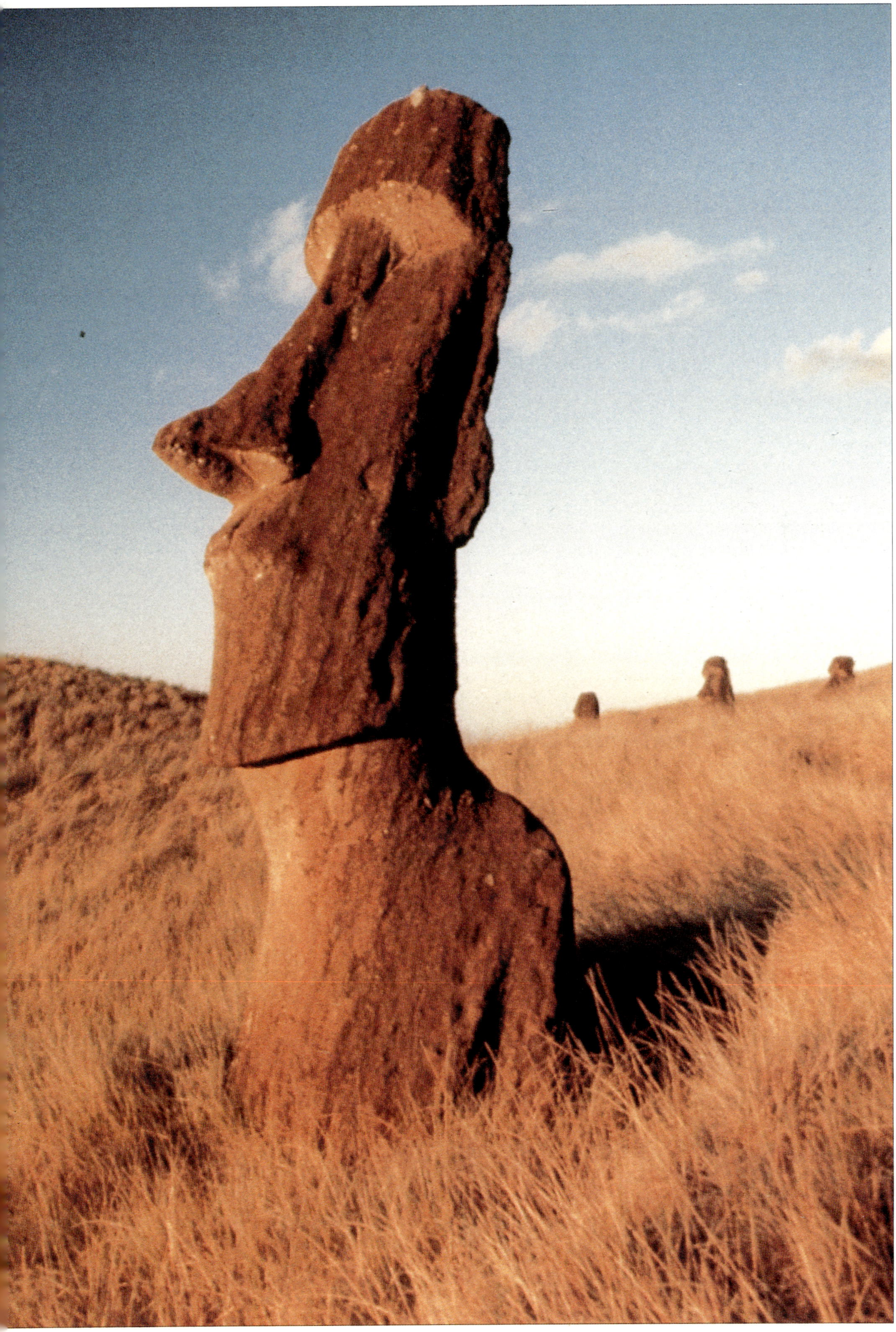

Iles Marquises

...exquises !

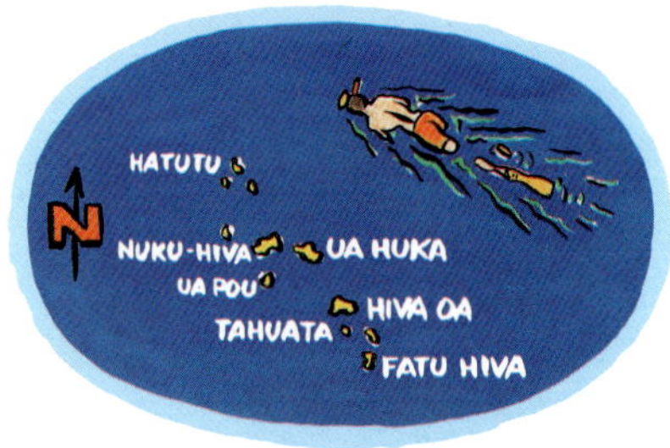

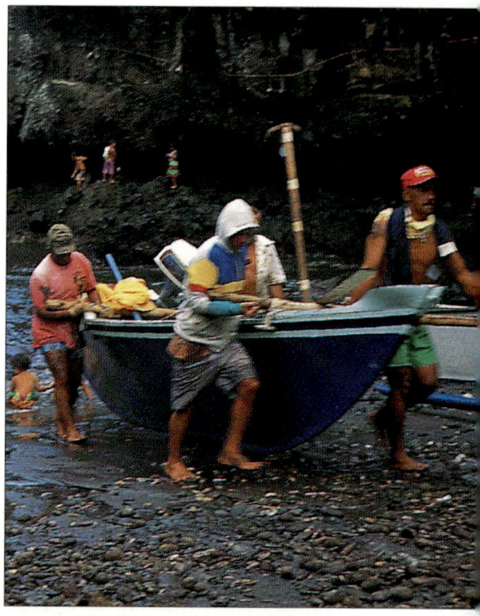

FATU-HIVA

Au bout de trois à quatre semaines d'océan désert (les 3 000 milles de la route Galapagos-Marquises, la plus fréquentée, sont la plus longue distance sans possibilité d'escale dans le tour du monde des alizés), c'est toujours un grand moment lorsque l'on voit monter à l'horizon la première île... et celle-ci, la plus au vent des Marquises, est vraiment spectaculaire. Le mouillage de la baie des Vierges est certainement un des plus beaux au monde, en tout cas des plus impressionnants, avec ces roches immenses, qui ressemblent à s'y méprendre à des idoles géantes, qui dominent la baie, écrasant les bateaux à l'ancre de leurs proportions gigantesques. Une houle raisonnable vient briser sur un croissant de gros galets noirs, et le débarquement se fait sans trop de difficulté sur un plan incliné de sable noir et de ciment, à l'extrémité nord de la plage.

Ici, dans le village d'Hanavave, vivent deux ou trois cents Marquisiens heureux. Le village est tranquille, très propre, fleuri et planté de centaines d'arbres fruitiers, oranges, mandarines, pamplemousses géants de Tahiti au parfum aussi extraordinaire que leur forme; fruits de l'arbre à pain, corossols, bananes et *fei*, ces drôles de bananes rouges qui poussent à l'envers et qui sont délicieuses cuites au four. Les habitants de Fatu-Hiva sont souriants et ravis d'échanger leurs fruits contre hameçons et accessoires de pêche, cirés, parfums, boucles d'oreilles. Le soir, toute une jeunesse souriante et en bonne santé se rassemble pour la prière: ici tout le monde est catholique; et la nuit, une demi-douzaine de pirogues vont pêcher au large les poissons qui leur sont commandés d'avance par un commerçant de Papeete. Une antenne parabolique relie une cabine téléphonique (à cartes!) avec le reste du monde, et une autre reçoit les programmes de télévision de Tahiti: à mon arrivée, tout le monde regardait un match de l'OM!

HIVA-OA, TAHUATA

Gauguin et Brel n'ont certainement pas choisi le plus merveilleux site de Polynésie pour y finir leurs jours: la baie d'Atuona (également appelée baie des Traîtres!) n'est ni la plus spectaculaire ni le meilleur mouillage; quant à celui de la baie voisine de Tahauku, il est étroit, vite surpeuplé (obligeant à mouiller sur deux ancres, trop près à mon gré des voisins), parfois rendu intenable par houle du sud-est, et de fortes pluies l'avaient, à mon passage, teinté de boue qui le faisait ressembler plus à l'Amazone qu'à la Polynésie. Pourtant la vie semble douce à Atuona, et ceux qui ont choisi d'y vivre, si leur sort est moins tragique que celui de leurs illustres modèles, semblent heureux. La petite bourgade sommeille autour d'une

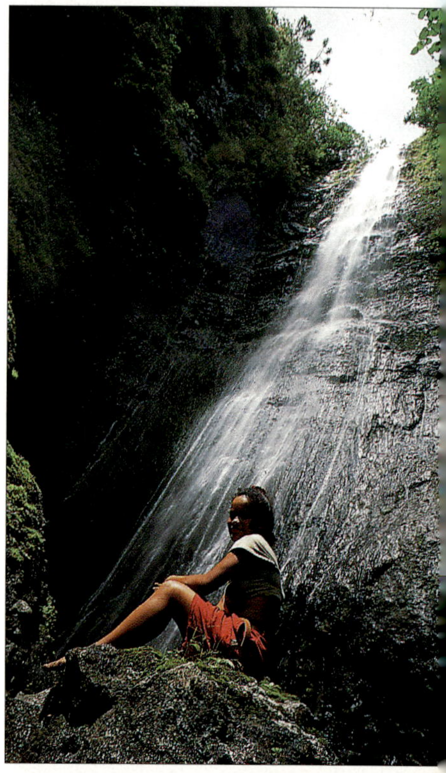

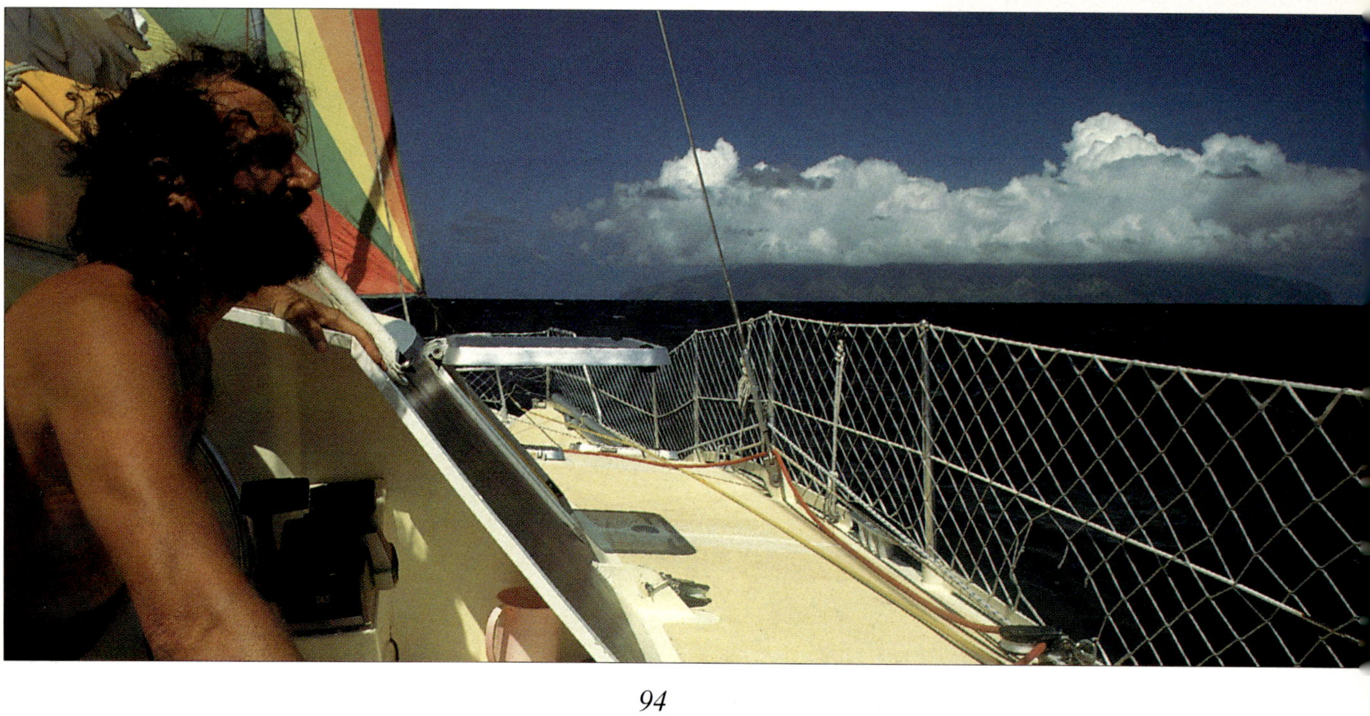

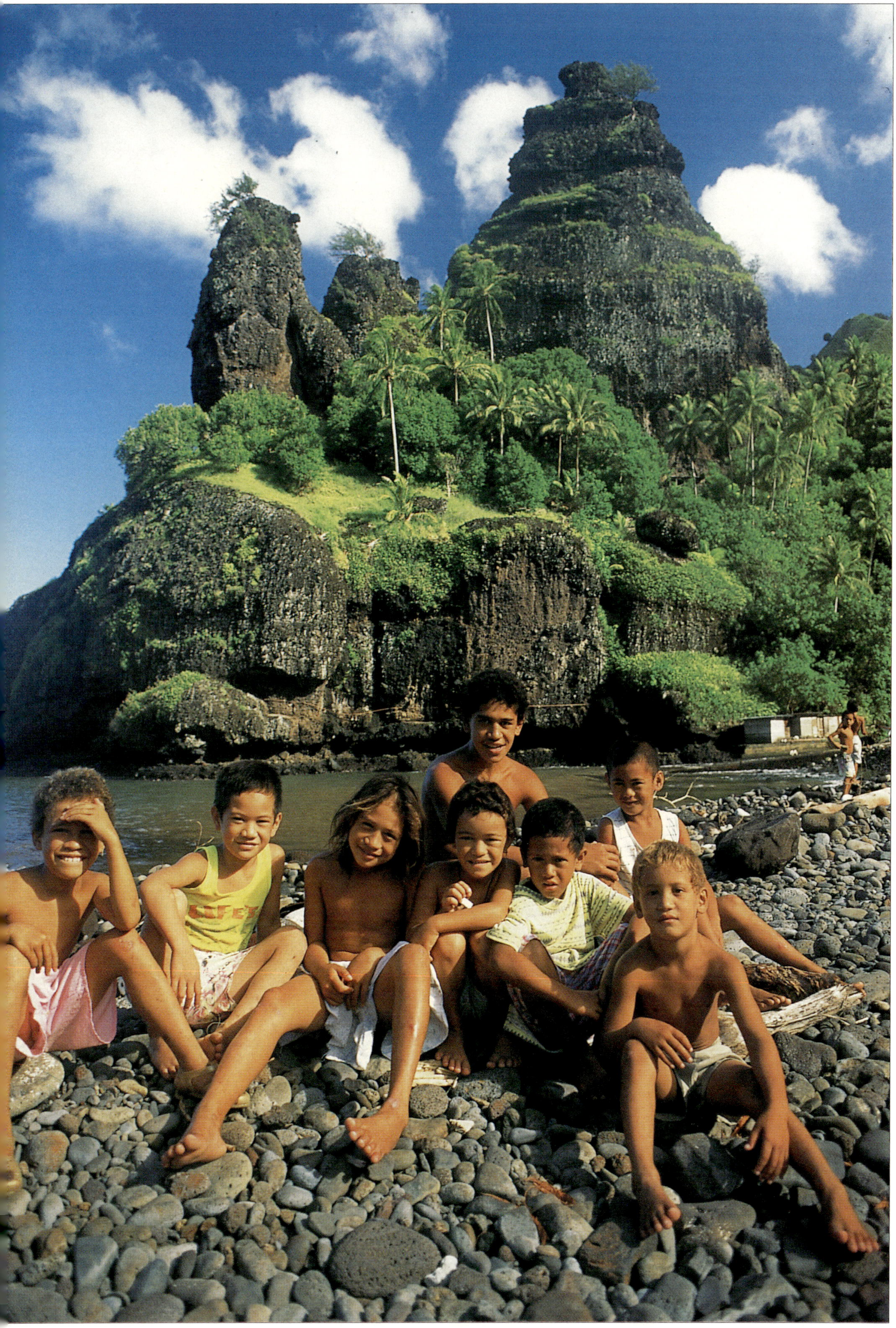

rue unique : gendarmerie, poste, quelques boutiques chinoises. A flanc de colline, dans le cimetière fleuri de frangipaniers, Gauguin et Brel reposent, et le calme du site fait oublier la pénible maladie de l'un, les démélés de l'autre avec l'église et la gendarmerie.

Des voyageurs venus du monde entier viennent se recueillir sur la tombe de Jacques Brel s'ils sont français ou belges, sur celle de Gauguin s'ils sont américains. Pour ces visiteurs, on vient de construire, au cœur du village, une reproduction de la maison du Jouir, la maison de Gauguin, et une très jolie exposition est consacrée au peintre et aux recherches faites sur sa vie par Segalen.

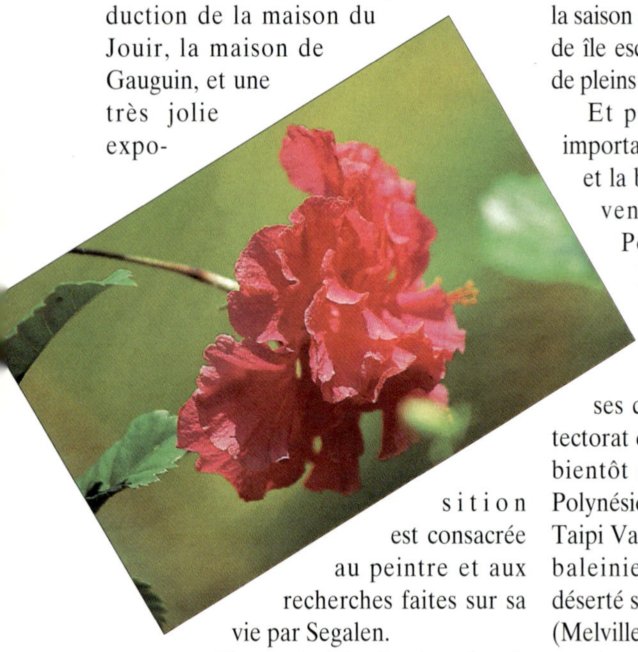

Un petit hôtel très réussi, l'hotel Hanakee (trois appartements!) se dresse au-dessus de la baie de Tahauku, c'est un très joli point de départ pour découvrir Atuona, mais aussi les *maraes* (plates-formes de pierre destinées aux célébrations et aux sacrifices) et les tikis de Puamau et de Taaoa : les terrasses de pierre de ce dernier site s'étendent sur des hectares, en partie enfouis sous une forêt inextricable.

Si vous ne voyagez pas sur un petit bateau, la meilleure façon de découvrir les Marquises, c'est de vous embarquer sur l'*Aranui*, un petit cargo mixte qui y fait régulièrement des croisières depuis Tahiti. Vous rejoindrez ainsi d'autres sites moins accessibles, comme l'île voisine de Tahuata, avec la superbe plage blanche (elles sont rares aux Marquises) de Hana-moe-noa. Moi, mon coup de foudre à Hiva-Oa fut pour la profonde baie d' Hanamenu où un Marquisien solitaire, Nicolas, règne sur son petit domaine de cocotiers, d'arbres fruitiers, au bord d'un merveilleux bassin naturel d'eau douce, sur lesquels se penchent des *opui*, grosses fleurs blanches odorantes, et où se déverse une délicieuse petite cascade. Aucun décorateur de cinéma pour film sur les îles n'imaginerait plus joli décor!

Nuku-Hiva

Cap au nord-ouest, poussé par l'alizé, trois nouvelles îles s'offrent devant votre étrave: Ua-Pou, avec les pics impressionnants qui la couronnent; Ua-Huka, l'île où vivent des troupeaux de superbes chevaux sauvages qu'on attrappe au lasso pour les dompter; au large de Ua Huka, l'îlot aux oiseaux abrite des centaines de milliers de sternes, et quand vient la saison de la ponte, les enfants de la grande île escaladent les falaises pour récolter de pleins seaux d'œufs, leur gourmandise.

Et puis voici Nuku-Hiva, la plus importante de l'archipel des Marquises, et la baie de Taiohae, chargée de souvenirs. C'est là que l'Américain Potter avait pris possession de l'archipel au nom de son pays; mais sa tentative de colonisation fut brève. C'est là que l'amiral Dupetit-Thouars, avec ses canonnières, a proclamé le protectorat de la France sur les Marquises et bientôt sur Tahiti et les autres îles de Polynésie. C'est dans la vallée voisine de Taipi Vai que Melville, alors marin sur un baleinier, s'était réfugié après avoir déserté son navire; recueilli par les Taipis (Melville écrit «Typee»), qui lui épargnèrent leurs pratiques cannibales, il assista à leurs guerres tragi-comiques avec les guerriers voisins, les Hapaa, et fila le parfait amour avec la belle Fayaway (dont le nom s'écrirait sans doute aujourd'hui Faiaue), avant de se faire embarquer sur un autre navire, de passer quelque temps à la prison de Tahiti et d'écrire son premier roman, *Typee*, suivi plus tard d'*Omoo*, puis de *Moby Dick*, inspiré de l'attaque d'un bateau par un cachalot au mouillage d'Henderson, une dépendance de Pitcairn.

Le relief de Nuku-Hiva est si spectaculaire que je vous recommande la balade en hélicoptère au-dessus de la baie d'Anaho (sans doute le meilleur mouillage des Marquises, bien abrité de la houle et bordé de plages blanches), autour des pitons hallucinants d'Hakapaa, et à la verticale de la cascade d'Hakaui, la plus haute cascade du monde après le saut des Anges, au Venezuela. Des oiseaux blancs tourbillonnent entre les parois verticales, torturées des gorges où s'engouffre la cascade. Un tel spectacle, découvert d'un aussi extraordinaire point de vue, vous remplit d'un mélange de frayeur et d'émerveillement.

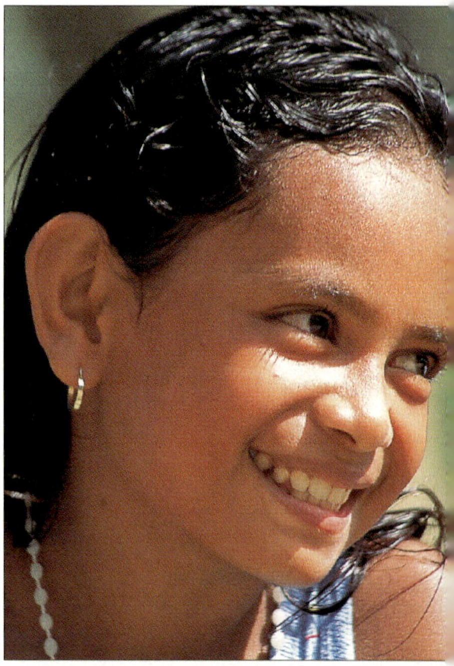

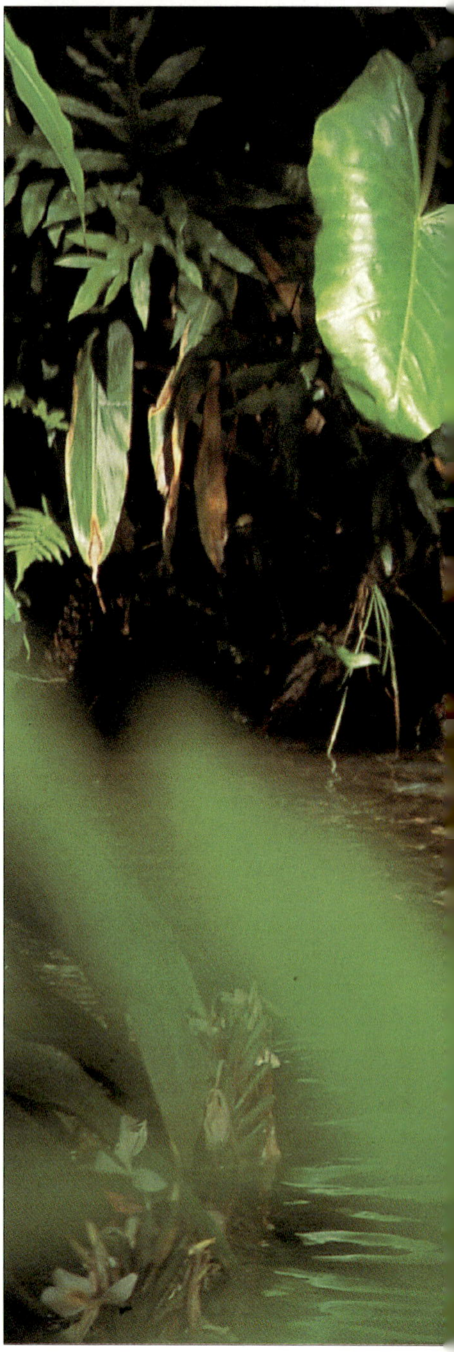

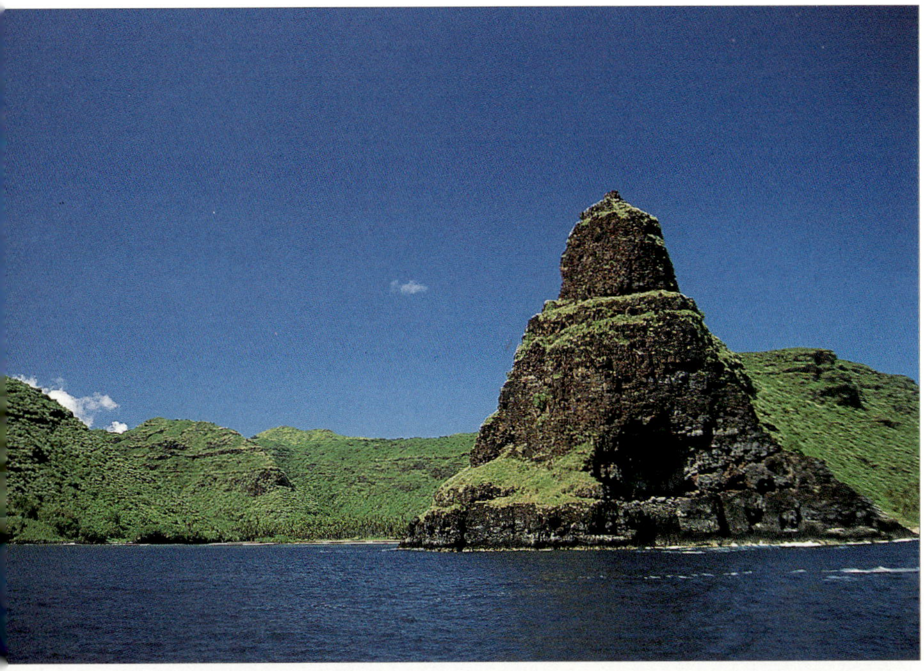
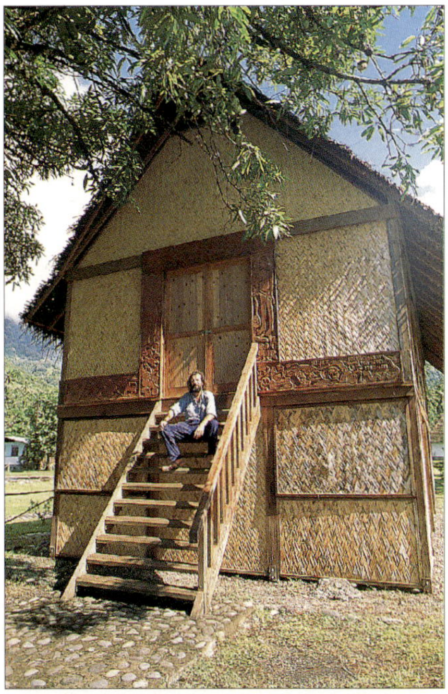
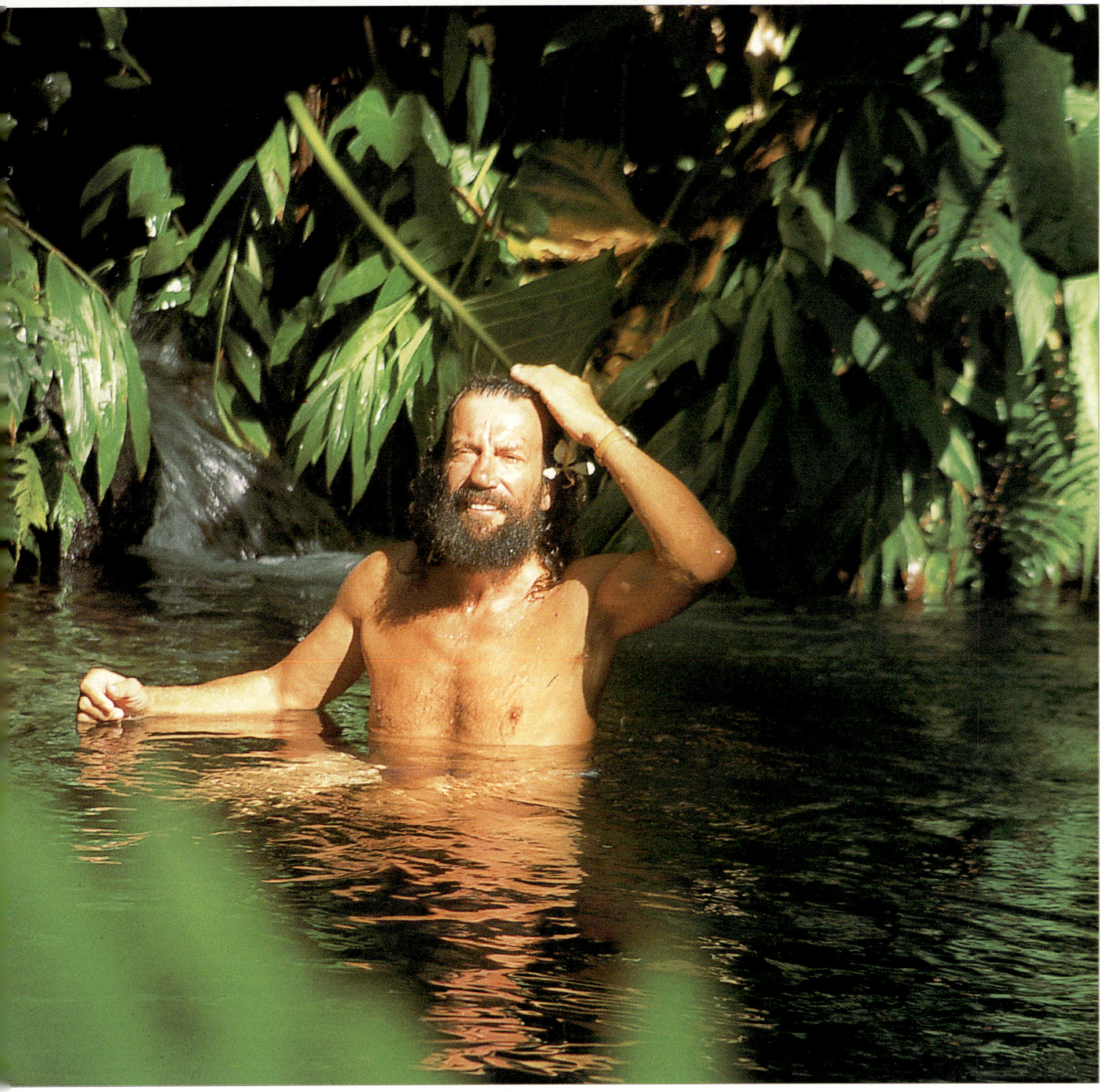

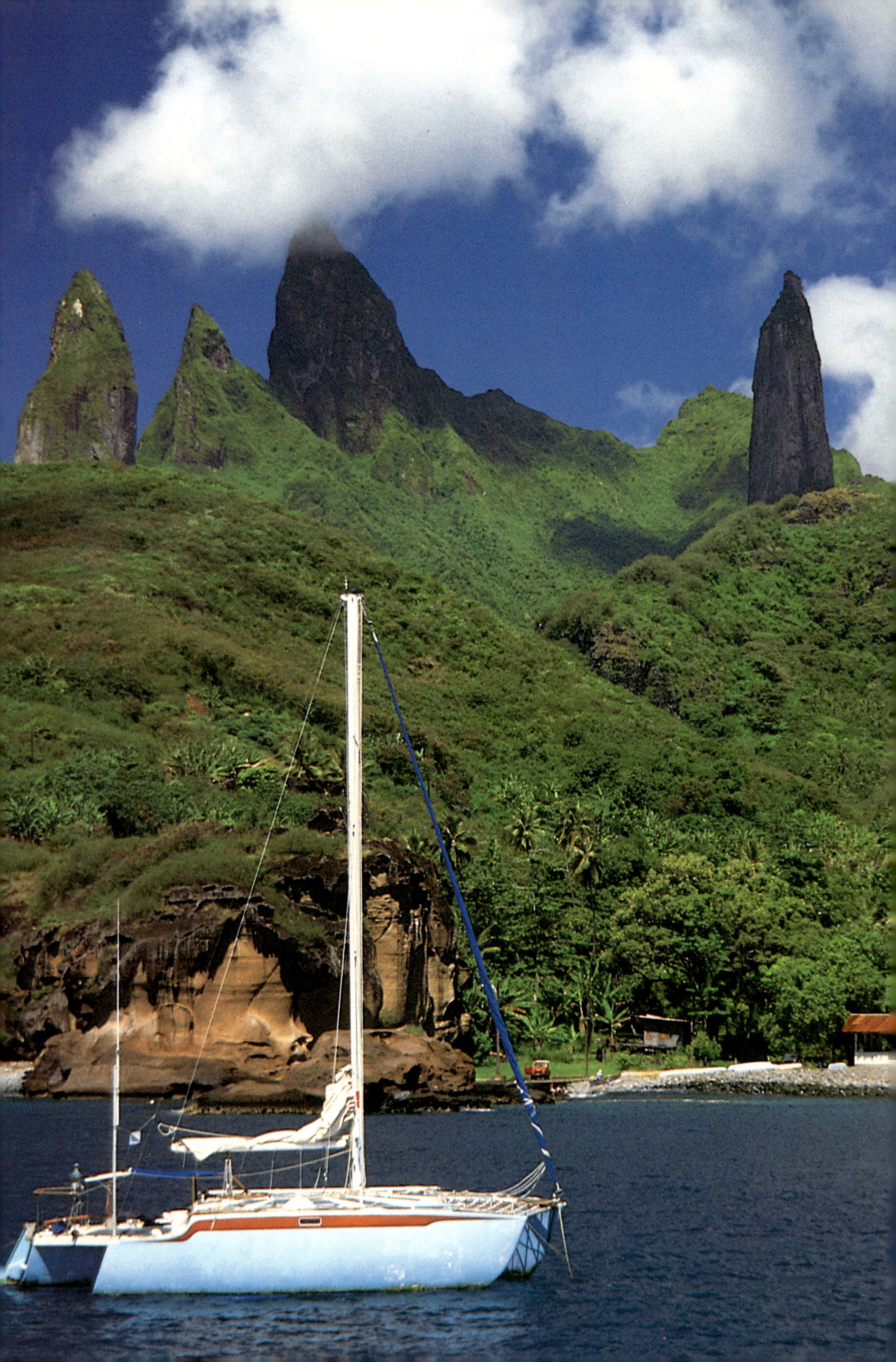

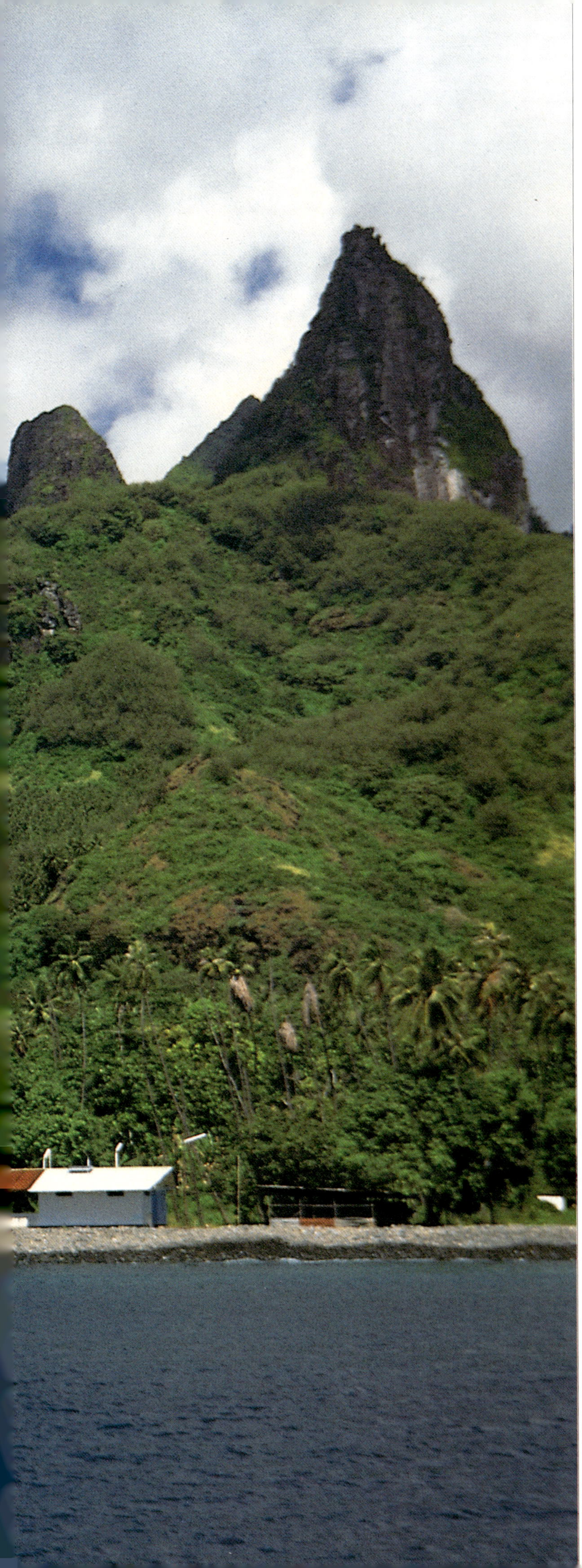
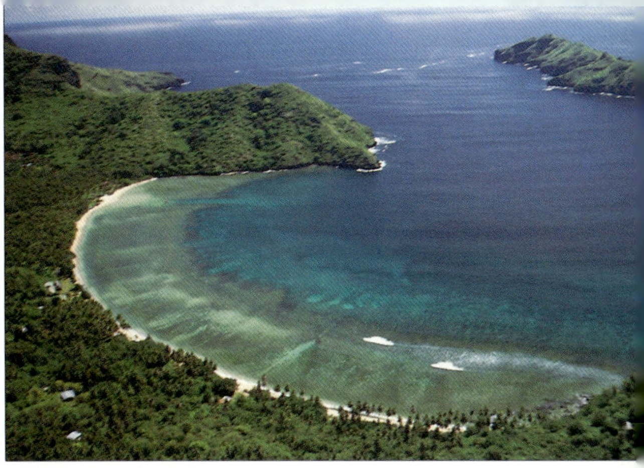
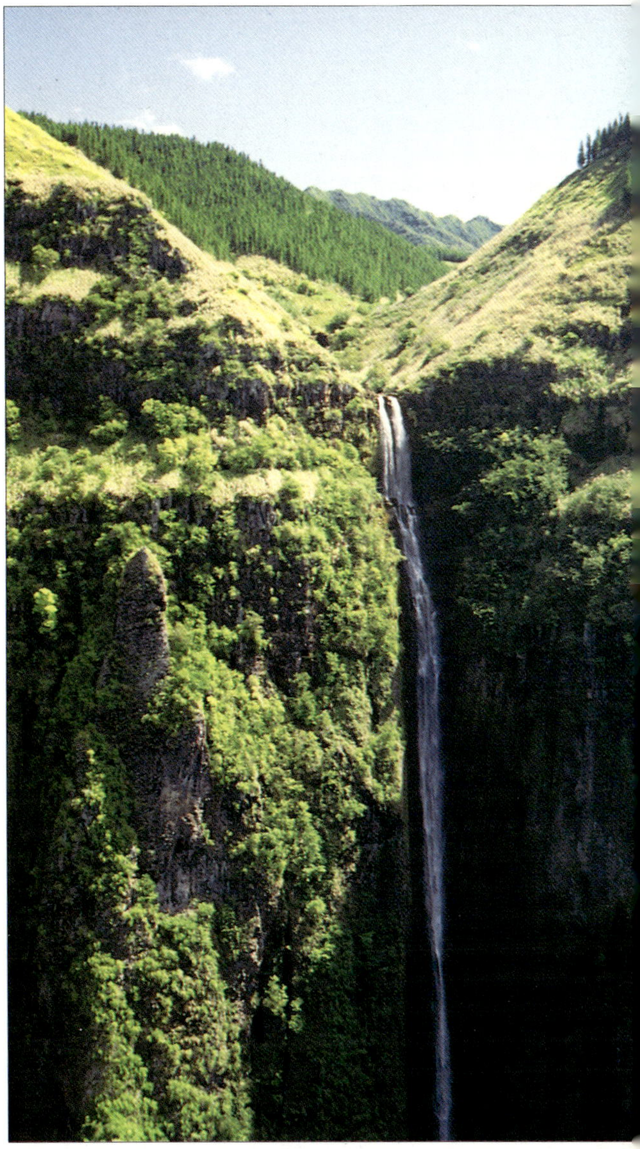
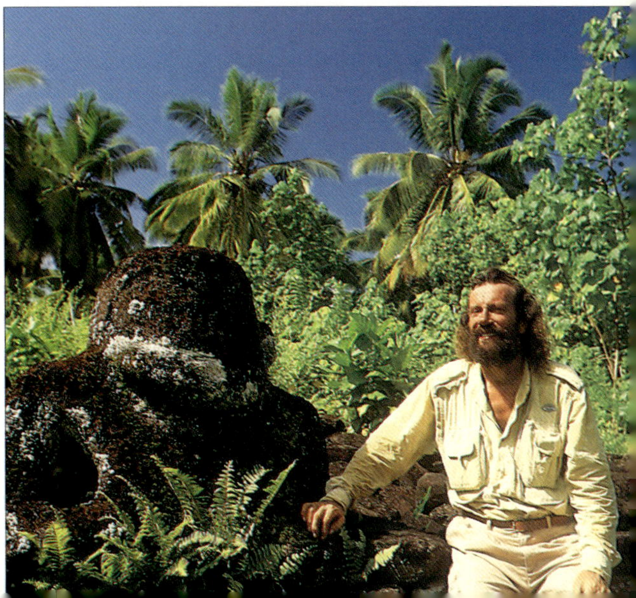

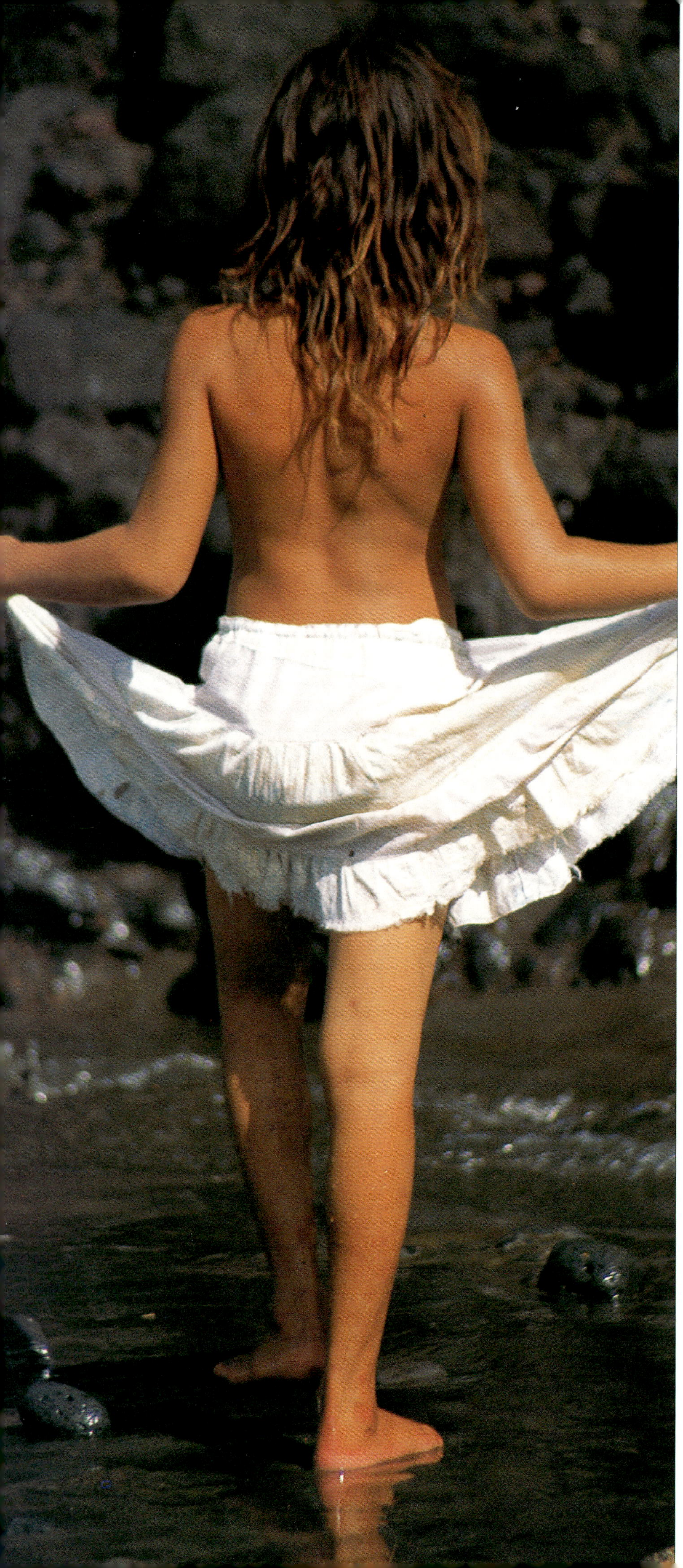
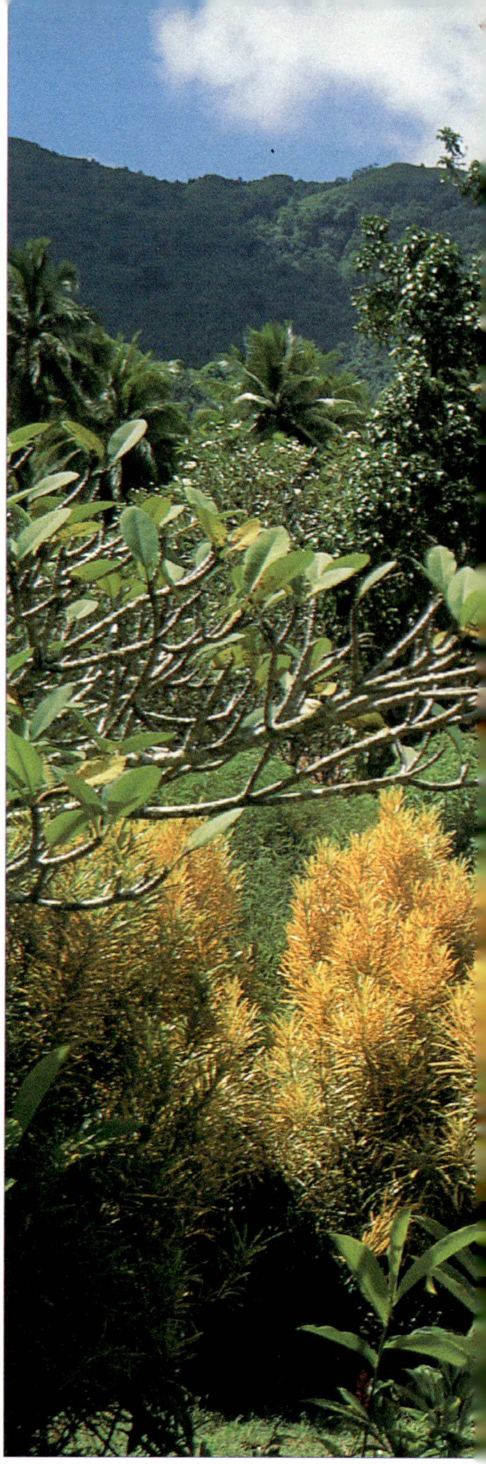
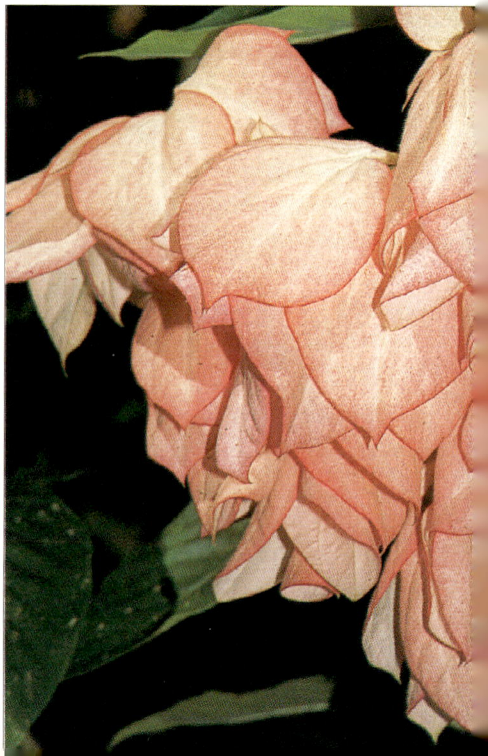

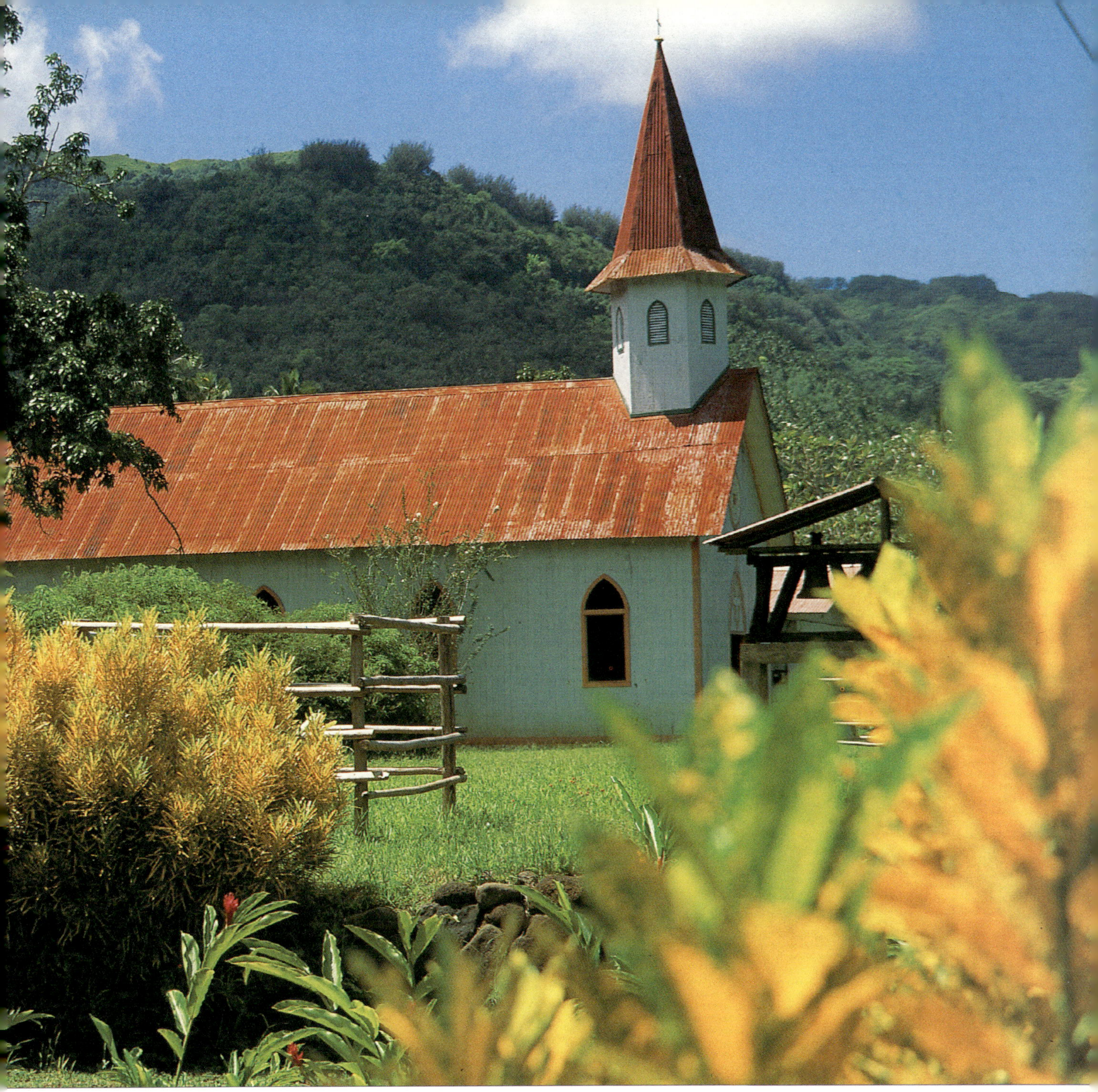

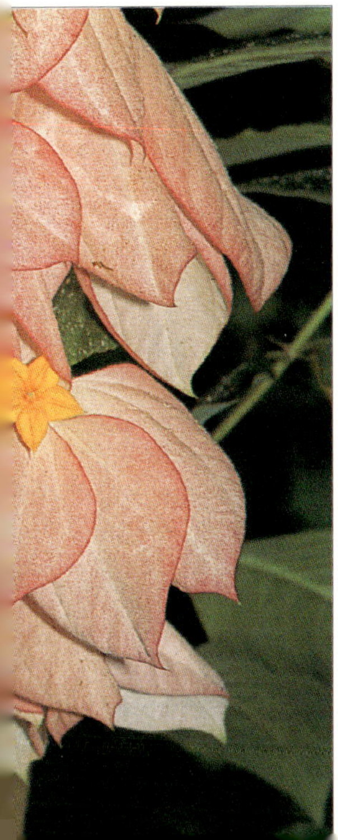

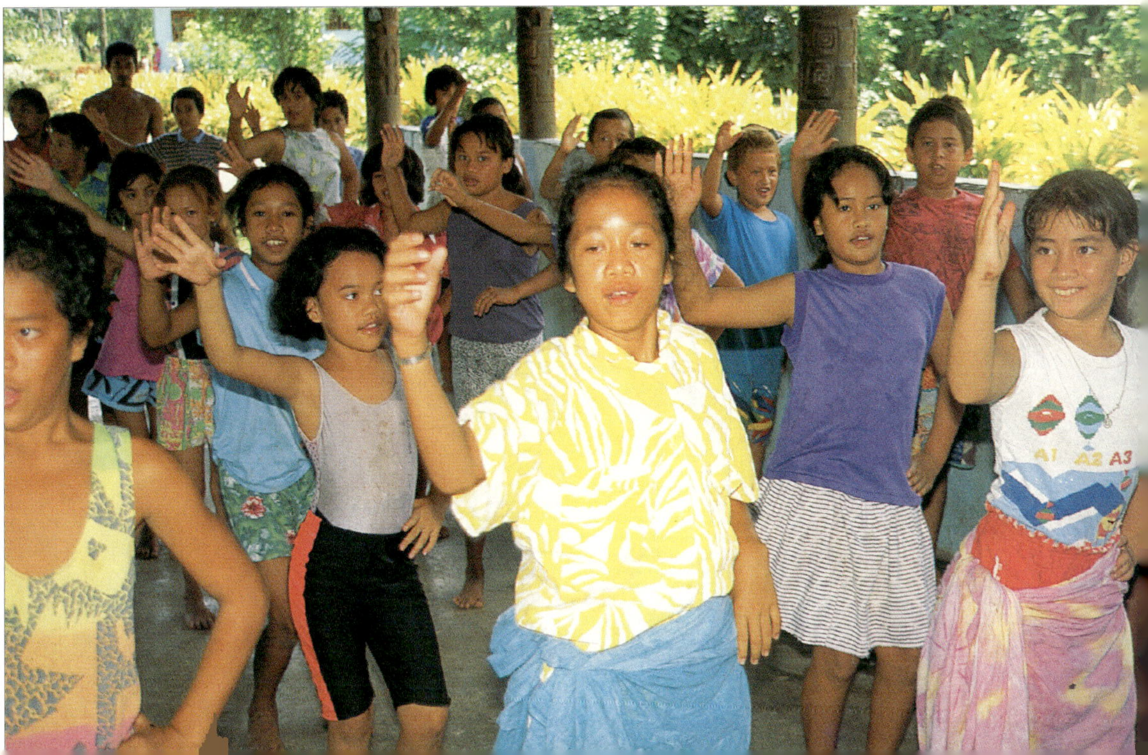
A1 A2 A3

Tuamotu

A fleur d'océan

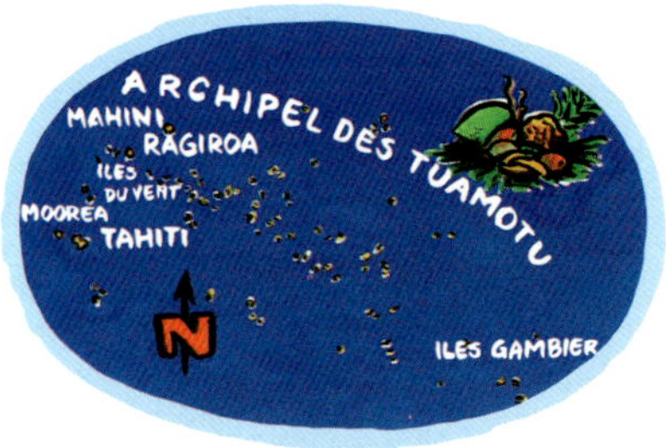

Jadis appelées «archipel dangereux», les Tuamotu sont un groupe d'atolls au ras de l'eau. Des anneaux coralliens, certains immenses (celui de Rangiroa mesure 70 milles de long) à fleur d'eau, portent sur une partie de leur circonférence des îlots de sable où poussent des cocotiers. Dans le meilleur des cas, on les voit à 6 ou 7 milles (une dizaine en grimpant au mât); dans le plus mauvais (la nuit, ou par mer d'huile, par exemple), on ne voit le récif immergé que lorsqu'on est dessus... Pas étonnant que de nombreux navires aient été perdus dans cet archipel, poussés par des courants forts et imprévisibles sur des récifs mortels. La navigation électronique, le GPS et le radar ont bien amélioré la situation. Méfiance tout de même !

Lorsque l'atoll a une ou plusieurs passes, on peut y pénétrer (il faudra peut-être attendre qu'un violent courant cesse d'en sortir, surtout si une forte houle passant par-dessus les récifs immergés a rempli le lagon qui ne peut se vider que par les passes) pour trouver à l'intérieur de l'atoll un mouillage souvent excellent. S'il n'a pas de passe... eh bien, on bave d'envie et on passe son chemin, les flancs extérieurs de l'atoll sont généralement trop à pic pour qu'on puisse envisager d'y jeter l'ancre. Les baleinières des caboteurs locaux guettent l'arrivée d'une vague, et, surfant sur sa crête, sautent par-dessus le récif pour débarquer passagers et marchandises. Ce n'est pas un sport praticable sans un grand entraînement !

Au nord de l'archipel, Rangiroa, Ahé, Manihi reçoivent de nombreux voiliers. Plus au sud Fakarava, Tahanea, Makemo en voient très peu. Plus loin encore au sud-est, il n'y a plus guère que Mururoa, mais on n'y fait pas escale.

Les Tuamotu, âpres et belles dans leur austérité, permettent au voyageur de tester ses capacités physiques et mentales : perdu au fin fond d'un lagon désert, baigné dans une lumière crue et irréelle, on a l'impression d'être sur une autre planète.

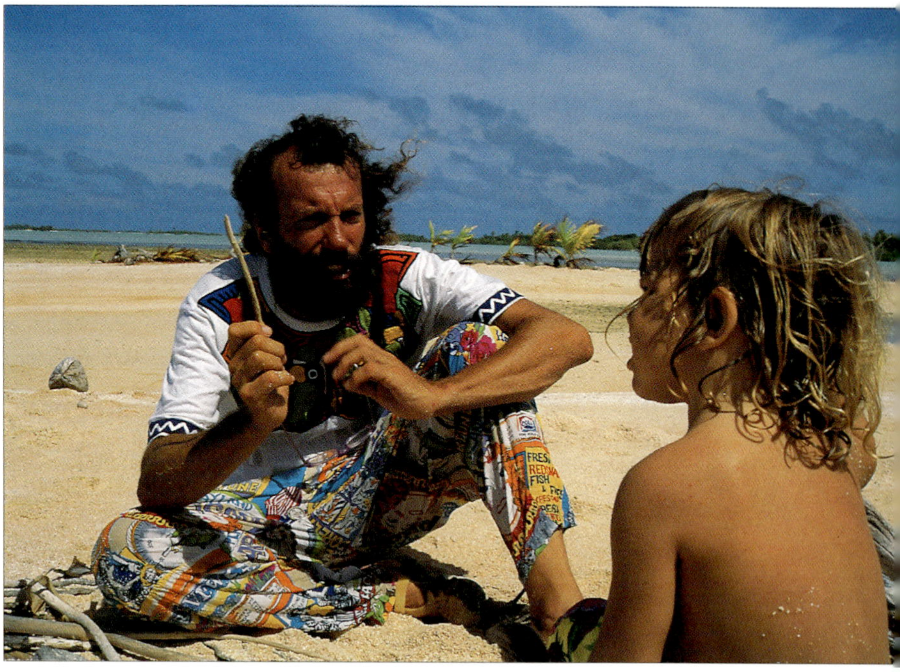

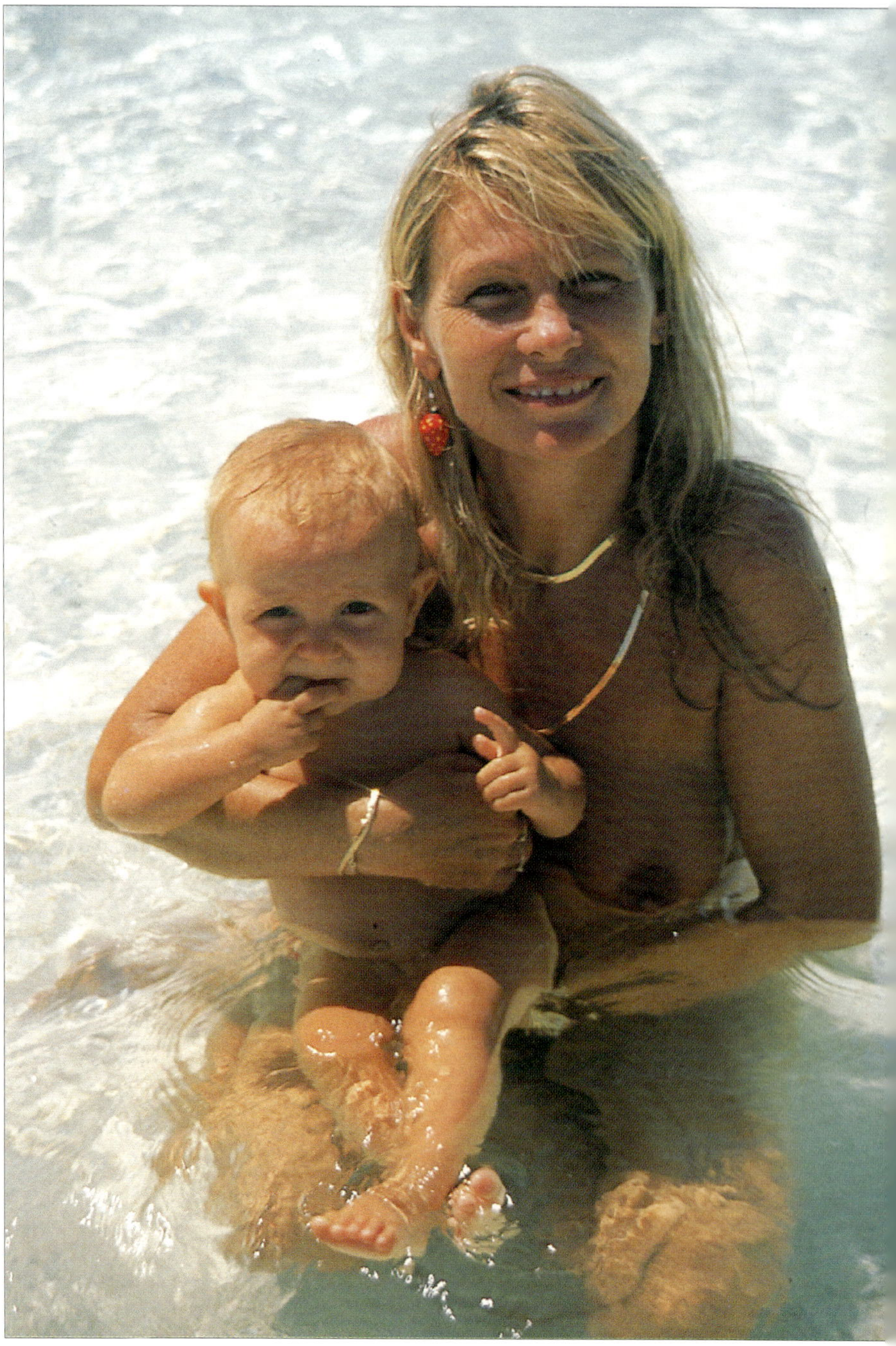

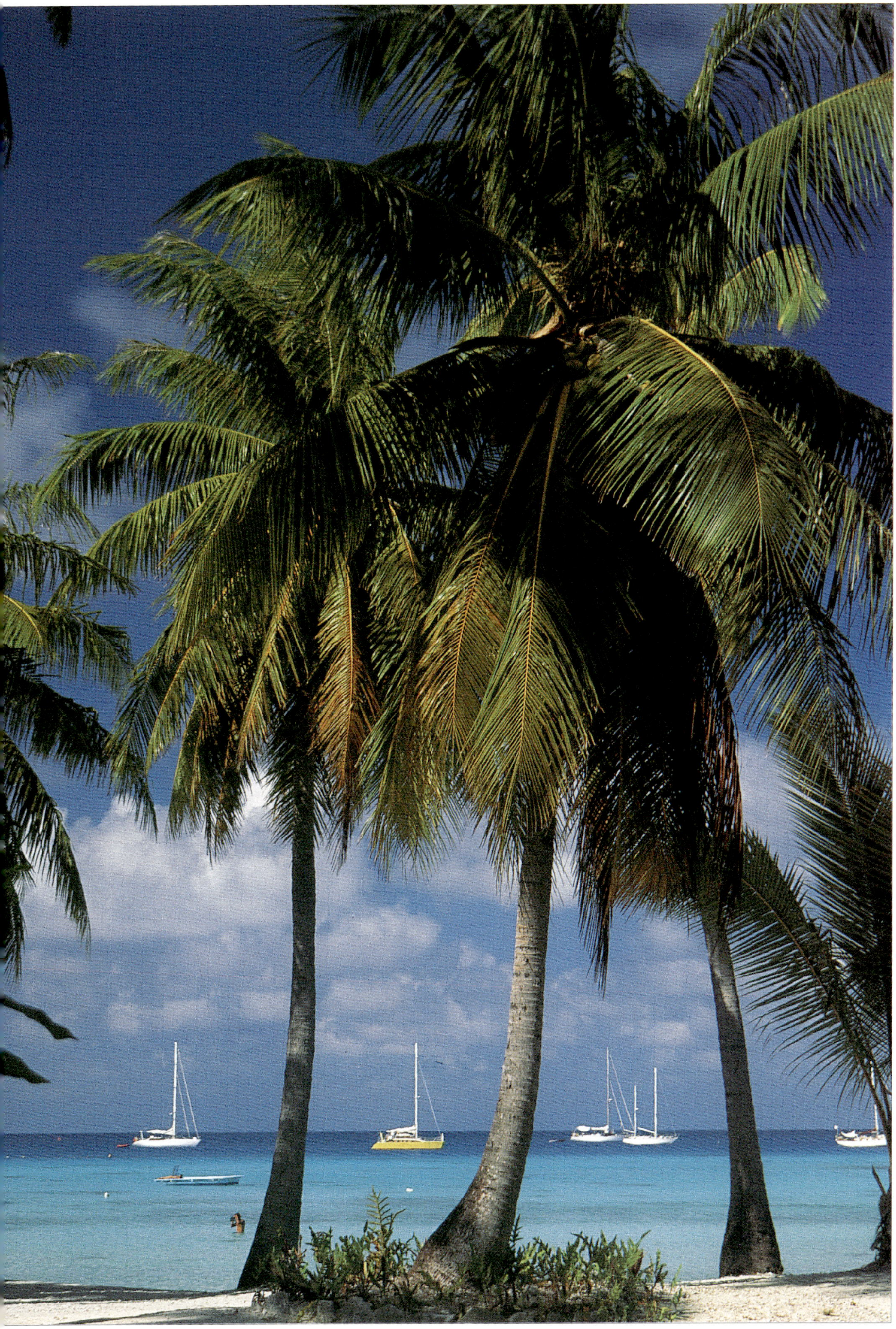

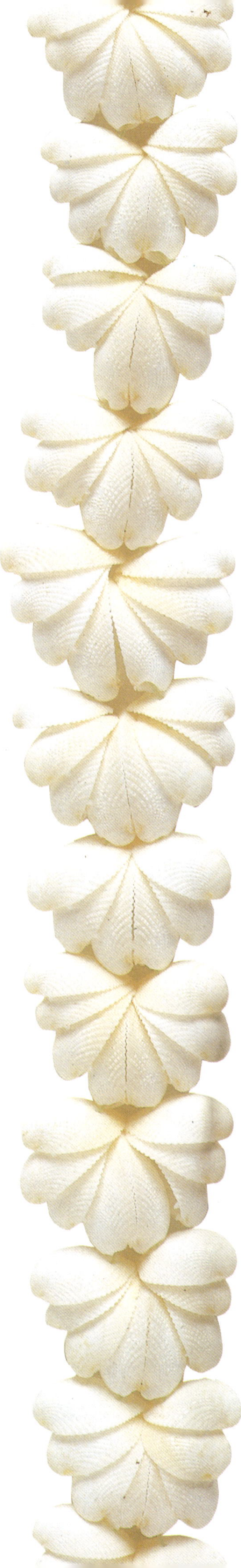

A Tahiti,

où l'eau jaillit plus pure que le diamant

C'est le début d'une chanson qu'apprennent ici les enfants des écoles. Les habitants de toutes les îles du monde chantent volontiers à tue-tête que leur île est le paradis sur terre. C'est vrai en un certain sens à Tahiti, lorsque le progrès ne l'a pas trop abîmée; les embouteillages aux heures de pointe, l'invasion du béton et de la tôle autour de Papeete n'ont rien de paradisiaque; mais il suffit de quitter la ville pour s'apercevoir que le reste de l'île, somme toute, demeure bien plus beau que d'autres sites réputés édéniques, l'île Maurice par exemple.

Les côtes sud et est, les environs du jardin botanique, et par-dessus tout la presqu'île, Tahiti Iti, offrent quantité de beaux spectacles. Le général de Gaulle avait un jour, dans un soudain accès de démagogie, promis une route traversière aux Tahitiens, qui s'en moquaient bien vu l'inutilité d'une route traversant le centre escarpé, inhabitable, inutilisable de l'île. Cette route, récemment justifiée par l'exploitation de ressources hydroélectriques permet de découvrir (à bord du 4x4 de Tahiti Safari Expeditions, par exemple) des paysages à couper le souffle, les vallées encaissées, le lac Vahiria, les parois verticales à l'assaut desquelles monte une effarante plante parasite, le miconia, ennemi public numéro un à Tahiti, et le cours de la rivière Papenoo. Le petit hôtel de la Maroto, surprenant, construit au cœur des montagnes, possède une cave à vin inattendue, où l'on déguste, c'est assez surréaliste, les meilleurs vins de Bourgogne ou de Bordeaux, avant de prendre la piste qui ramène au bord de mer, franchissant à gué vingt et une fois la rivière, de l'eau jusqu'à la calandre du véhicule.

Si le port de Papeete et les rares mouillages proches sont surpeuplés à la saison de la transhumance (de mai à septembre, période où l'on est à l'abri des cyclones), les bateaux aventureux trouvent, au sud de l'île ou vers la presqu'île, des mouillages pratiquement déserts où ils pourront se croire un instant revenus au temps de Cook et de Bougainville.

Maison de Tahiti et des Iles, 28 bd Saint-Germain, 75005 Paris. Air France relie Paris à Papeete plusieurs fois par semaine.

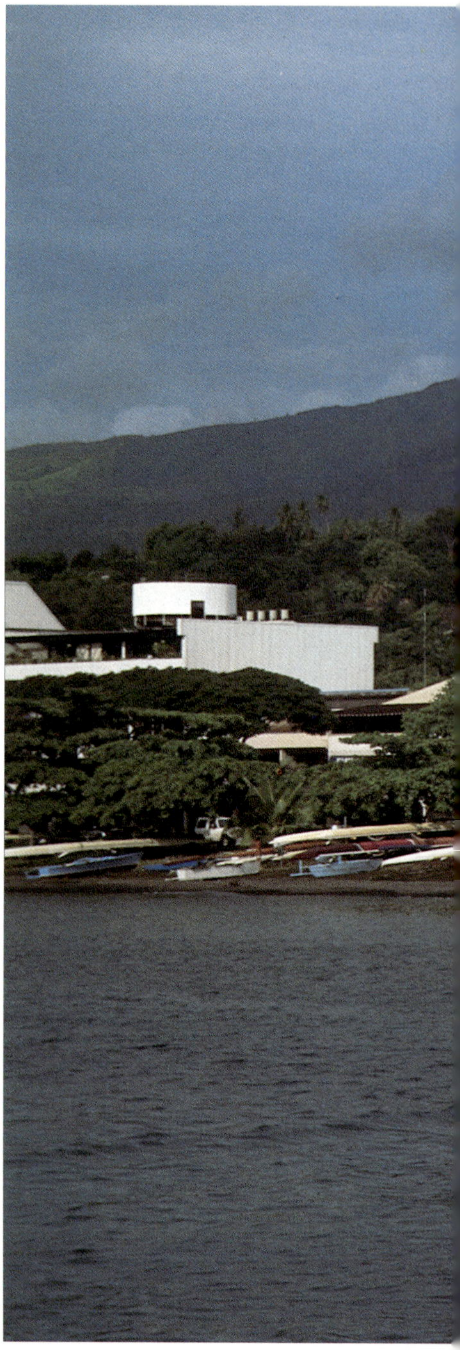

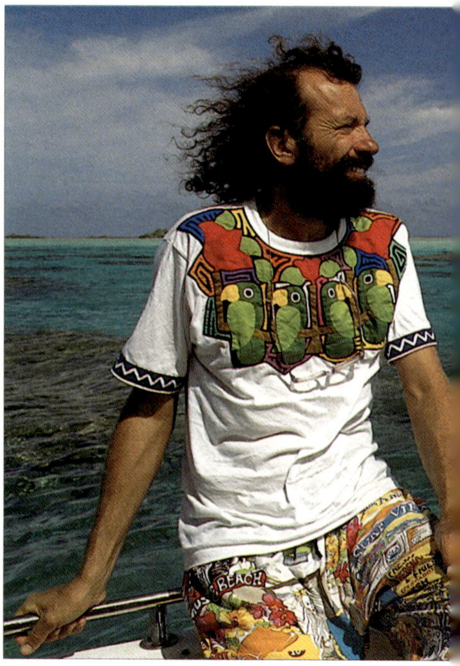

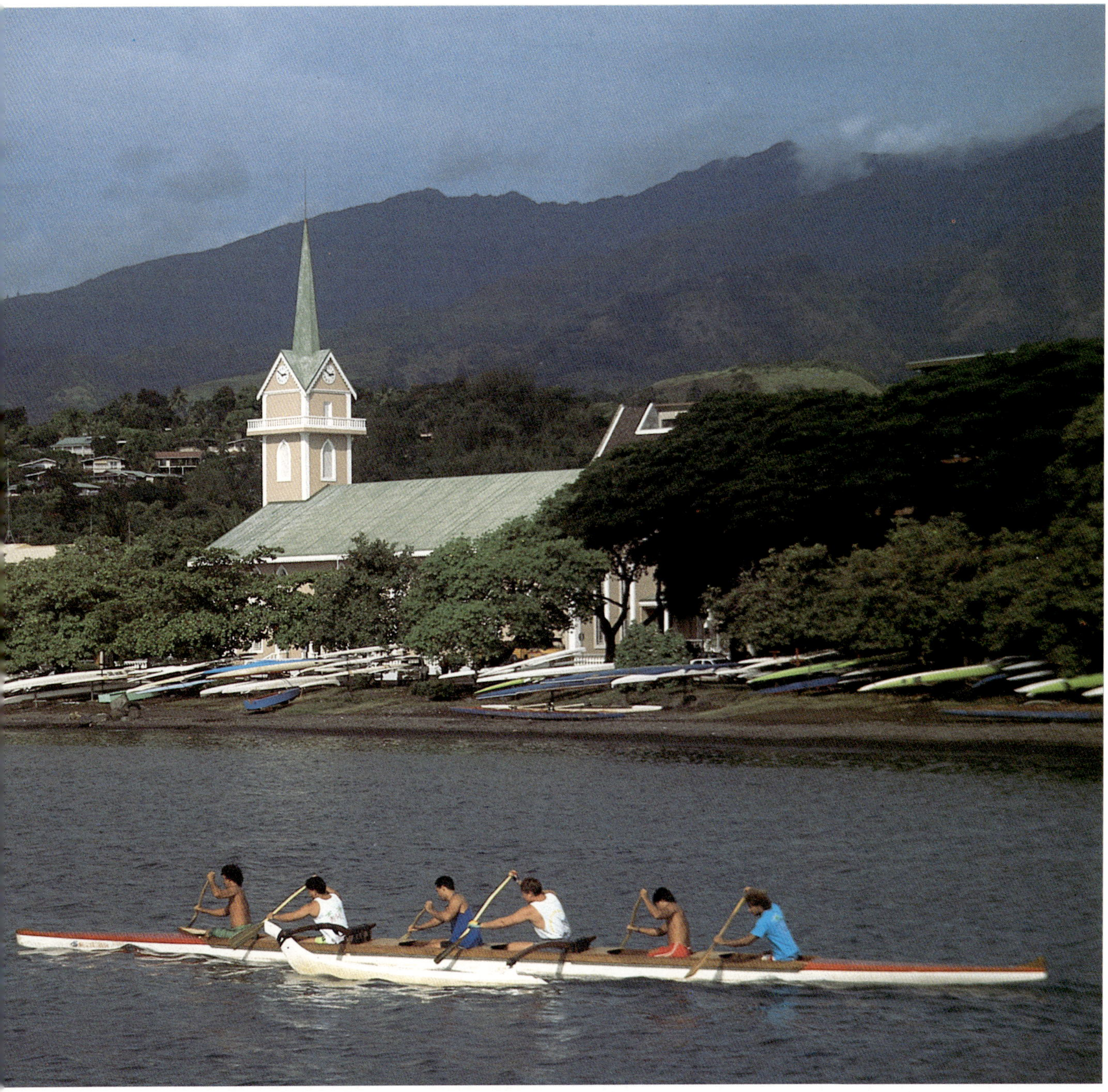

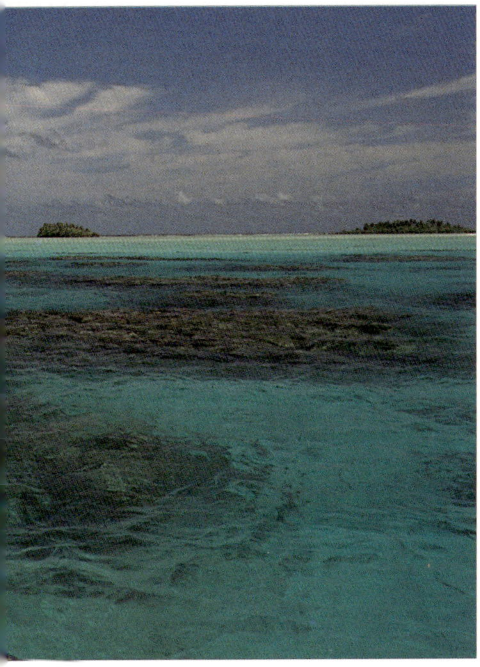

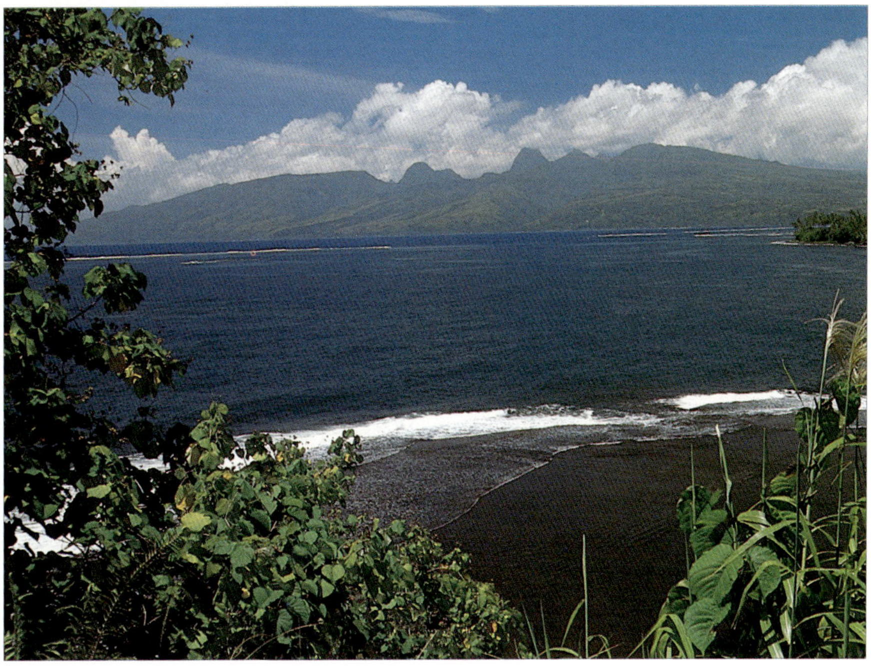

Moorea

L'île sœur

Moorea se dresse, magnifique, à une dizaine de milles de Tahiti, et les voiliers ancrés devant le quai de Papeete regardent chaque soir le soleil se coucher sur ses pics déchiquetés. La vie y est remarquablement douce et plus d'un artiste a choisi de vivre à Moorea, assez retirée pour éviter le tumulte de la ville, assez proche pour pouvoir venir à Tahiti, au besoin, à bord d'un des petits avions qui font la navette ou sur l'un des nombreux ferries et vedettes quotidiens. François Ravello peint les scènes de la vie tahitienne; Jean-Marie Dallet, auteur de *Dieudonné Soleil*, lauréat de la bourse Goncourt, vit au bord du lagon avec sa femme Michèle dont les tableaux débordent de fruits, de poissons ou de colliers de fleurs. Au Tiki Théâtre Village, un amusant village traditionnel polynésien où l'on vient du bout du monde se marier en une brillante cérémonie tahitienne a été recréé.

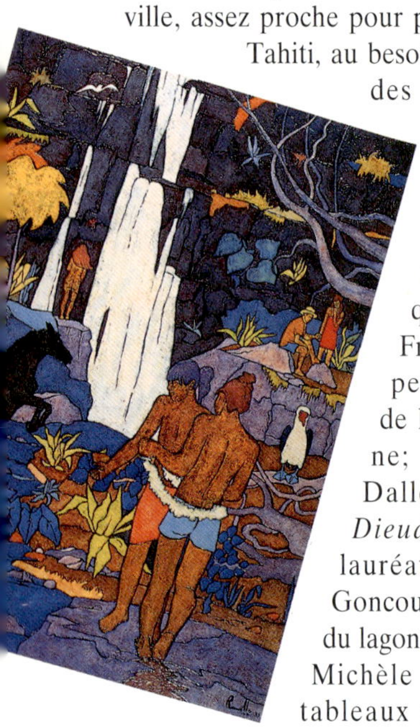

La plupart des amoureux de la Polynésie ont un jour ou l'autre leur période Moorea: il faut dire que l'île a de quoi inspirer, avec ses montagnes impressionnantes (l'une d'elles est percée d'un trou, creusé, dit-on, par le javelot d'un dieu ancien) et les deux baies qui l'entaillent profondément: la baie de Cook et celle d'Opunohu, un peu oppressantes, en eaux trop profondes, entourées de montagnes abruptes. Je préfère jeter l'ancre à l'est de l'entrée de la baie de Cook, par jolis fonds de sable turquoise, ou , mieux encore, dans le nord de la baie de Vaiare, à proximité de l'agréable hôtel Ia Ora, construit jadis par Jean-Claude Brouillet, ancien pilote en Afrique et auteur de l'*Avion du Blanc*. C'est de Moorea, en particulier de ses étincelantes plantations d'ananas, que viennent les délicieux jus de fruits consommés dans toute la Polynésie.

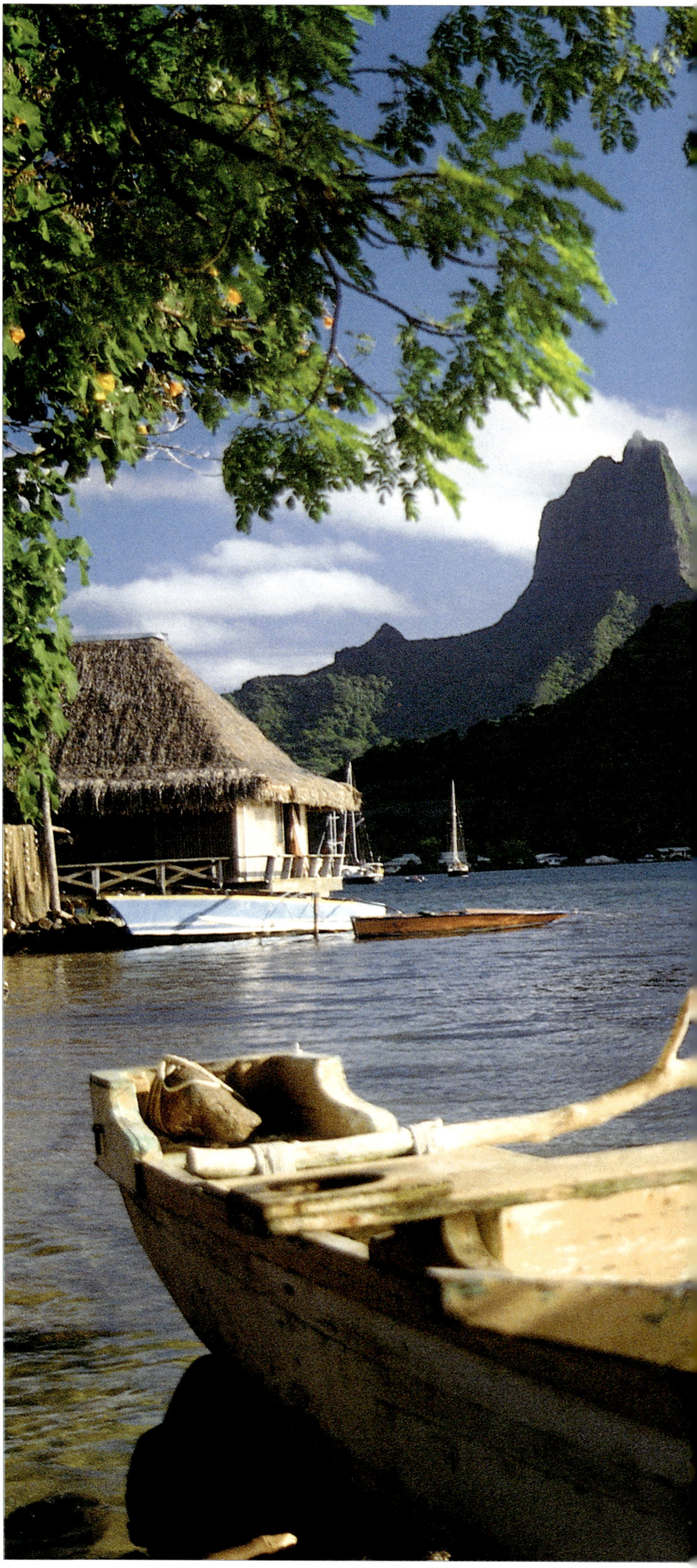

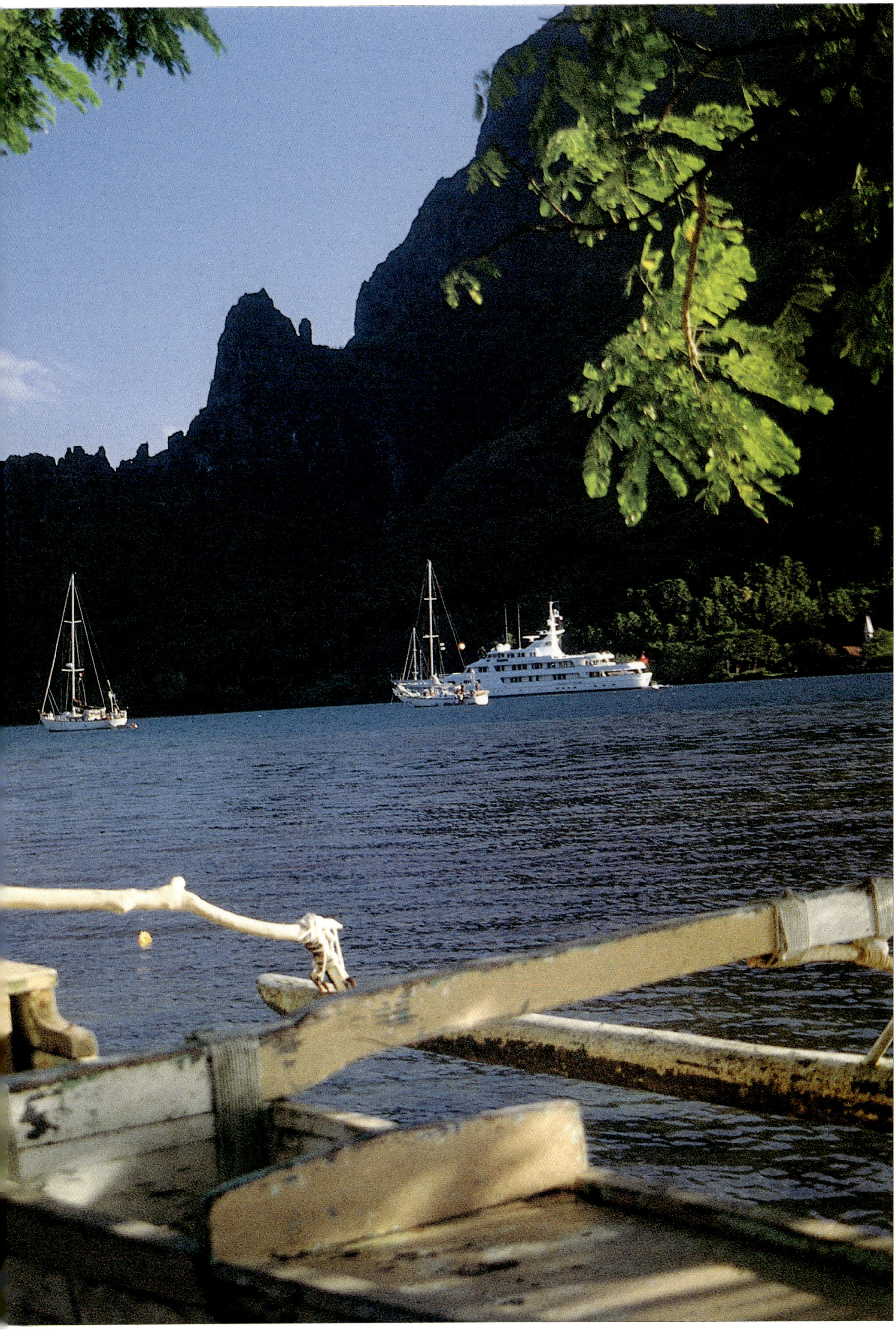

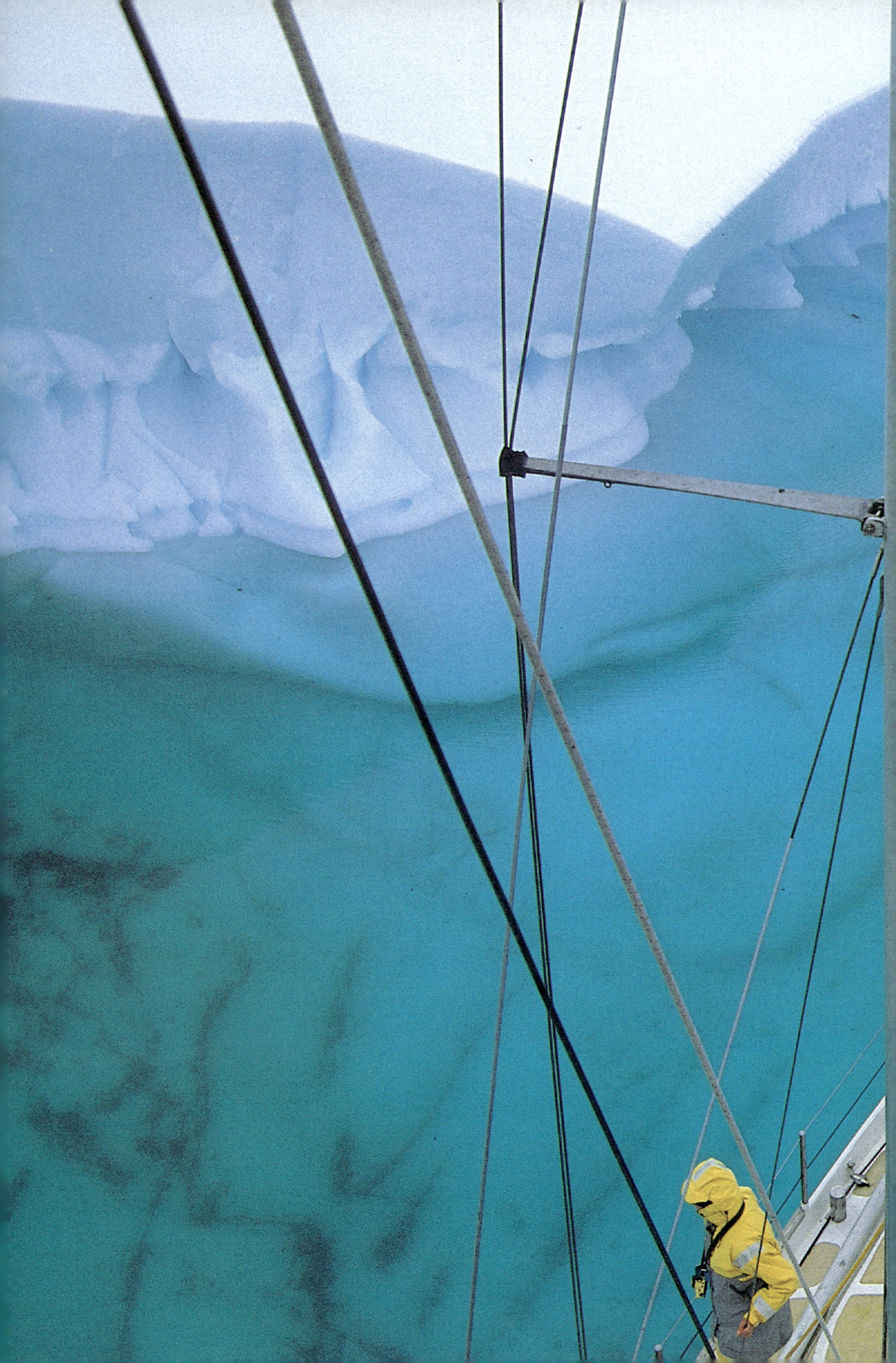

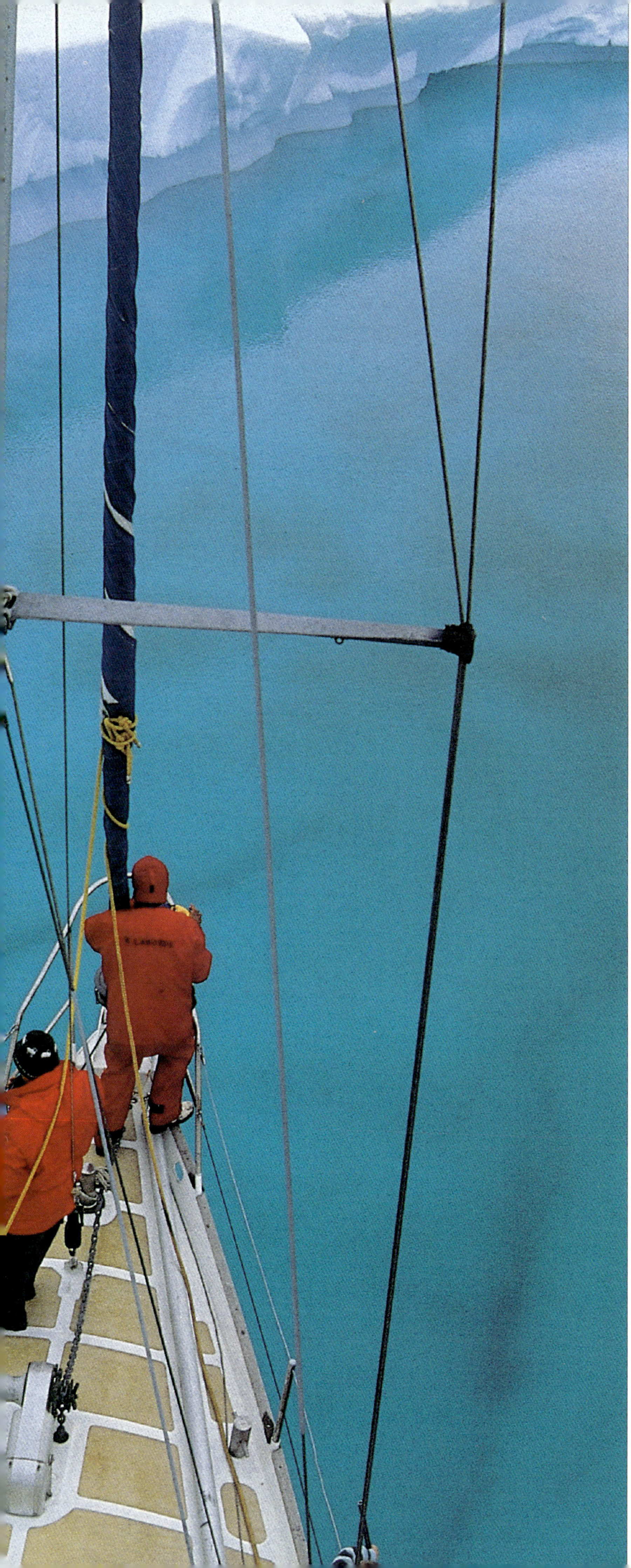

Retour par le Cap Horn

et virée Antarctique

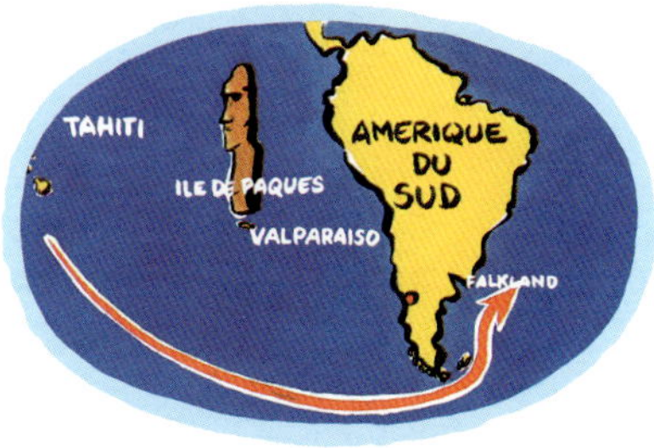

A force de regarder par en dessous un globe terrestre pendu au plafond de Joshua, Bernard Moitessier avait soudain réalisé que la route la plus rapide pour regagner l'Europe serait celle du Horn.

Quelques amateurs de sensations fortes suivent ses traces, piquent au sud; lorsqu'ils obliquent vers l'est en atteignant les quarantièmes rugissants, c'est une autre histoire, et la douce navigation alizéenne n'est plus qu'un très lointain souvenir. Plutôt que de piquer droit sur le Cap Horn via les cinquantièmes (dits hurlants), certains visent les régions sud du Chili, Puerto Montt, Chiloe, et l'immense archipel de Patagonie qui s'étire jusqu'au Cap Horn. De là, ils passent en Atlantique et remontent vers l'Europe, faisant ou non escale en Argentine et au Brésil: c'est la route du retour des Boc Challenge, Globe Challenge et autres tours du monde en 79 jours.

Et puisque nous avons atteint des latitudes extrêmes, rendons hommage à ceux qui poussent plus loin au sud encore leurs étraves, vers la Géorgie du Sud ou la péninsule Antarctique : Kotick, Basile, Jean-Louis Etienne sur *Antarctica*, avec bien sûr une mention spéciale pour Jérome Poncet, de *Damien*, et Sally qui ont choisi de faire leur vie là-bas, partageant leur temps entre leur île des Falkland, où ils élèvent des moutons au bord de la mer, et les croisières scientifiques dans les îles glacées de ces mers battues par les tempêtes.

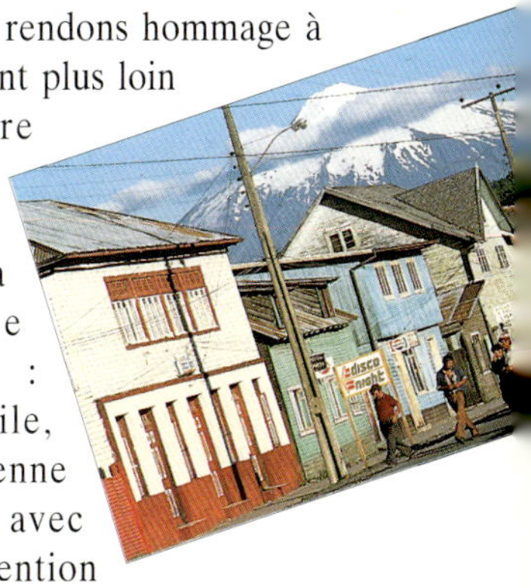

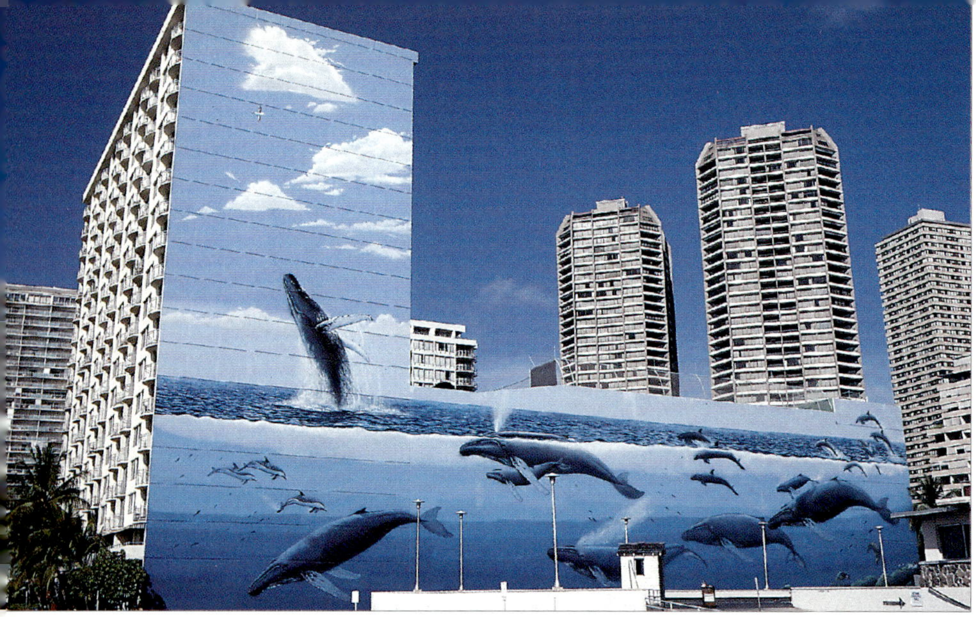

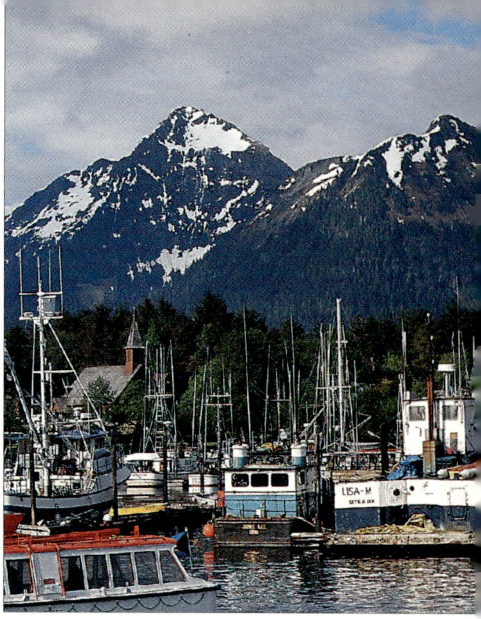

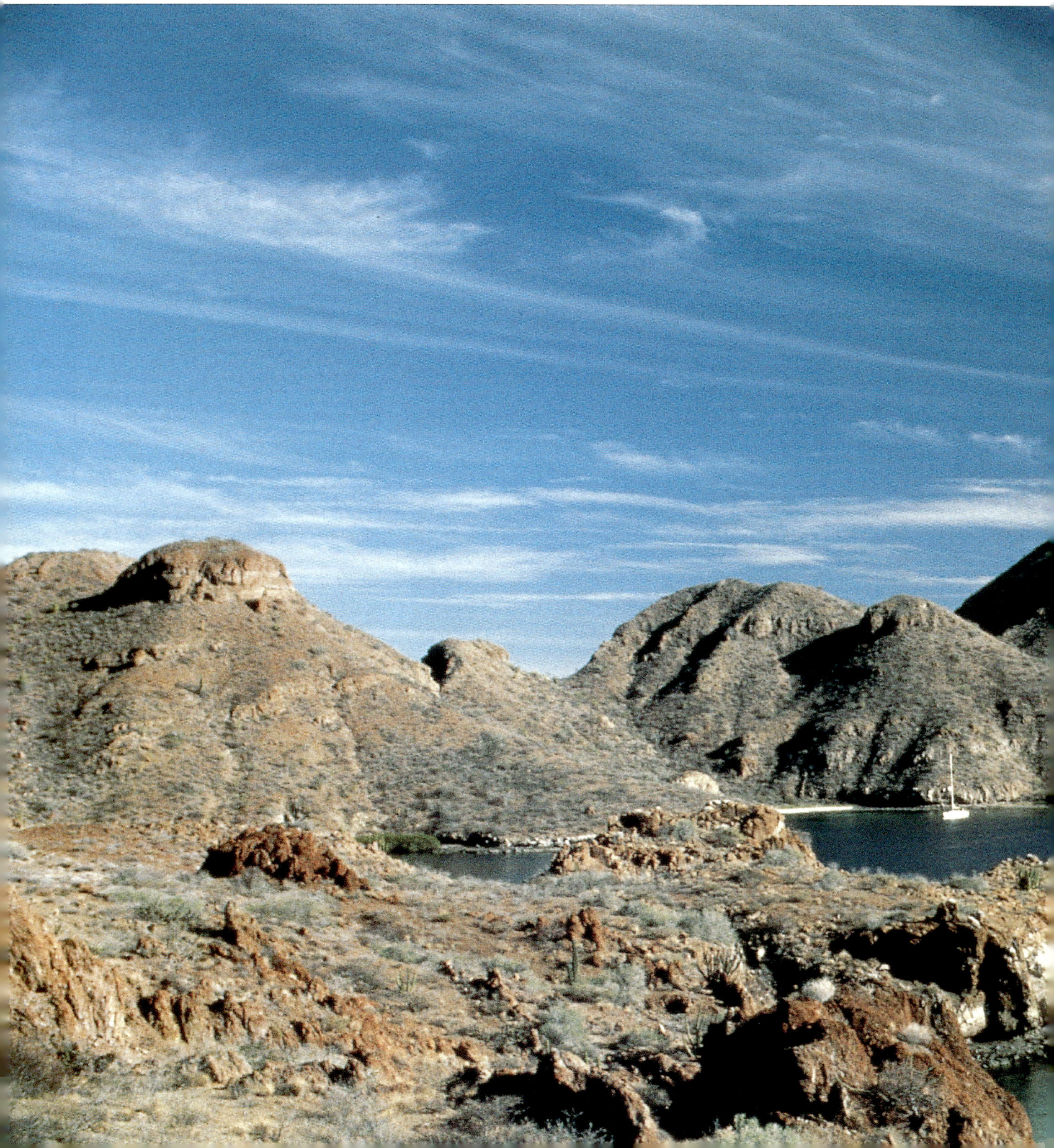

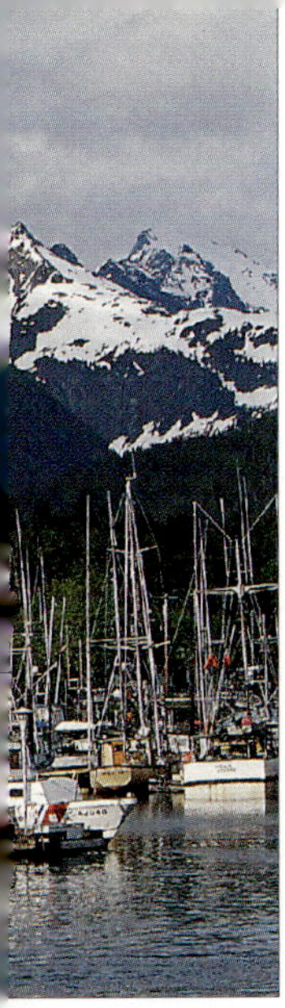

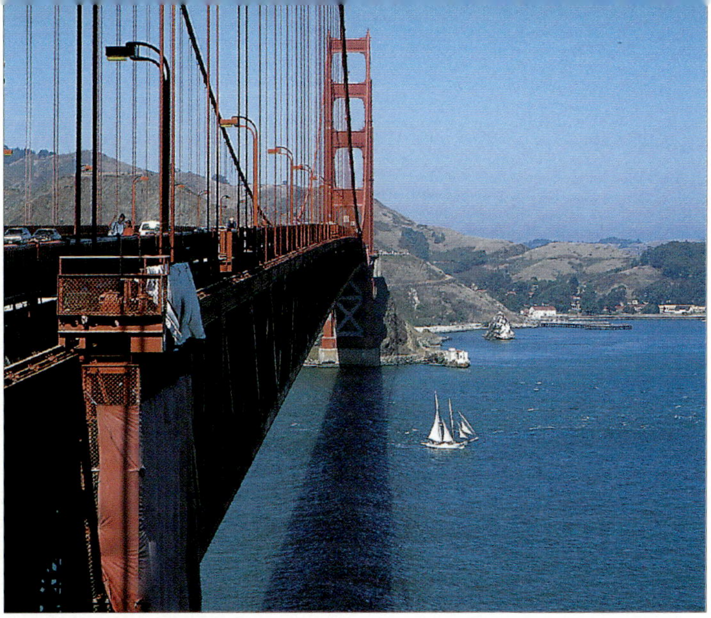

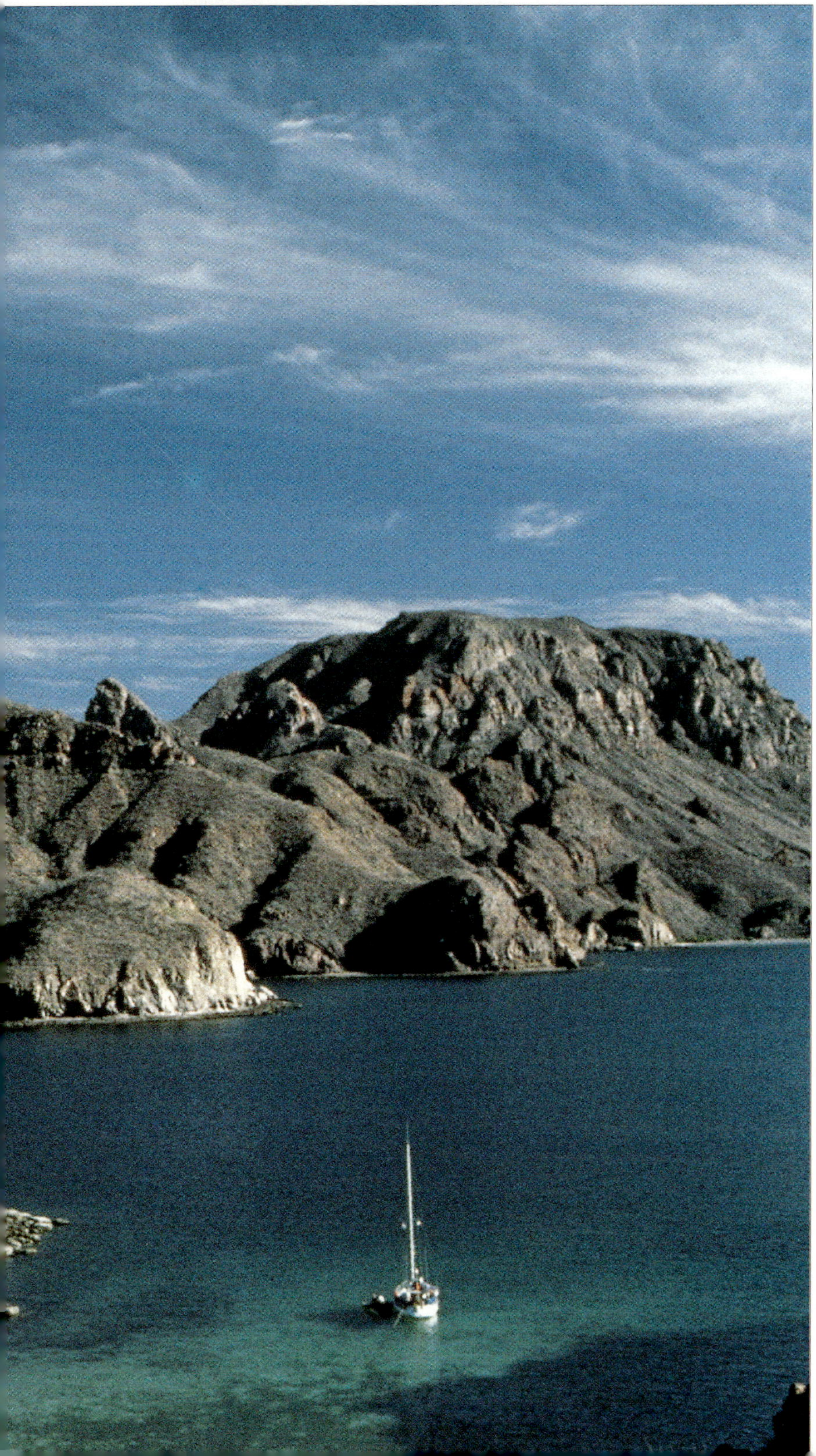

Escapade Pacifique Nord

Hawaii, Alaska, Californie

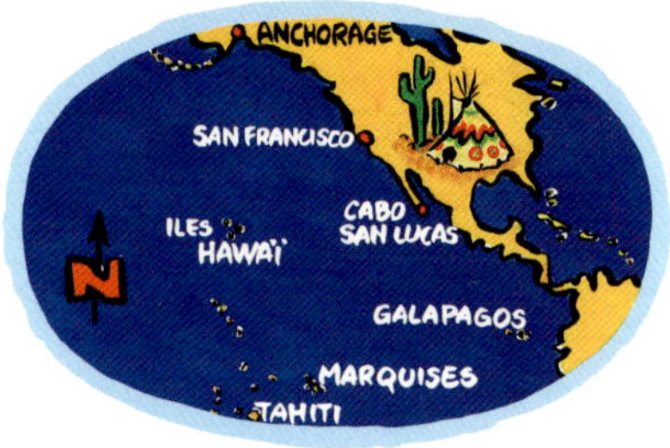

C'est un détour apprécié de quelques navigateurs rêvant d'un mélange équilibré de cocotiers, de glaciers et de gratte-ciel. De Tahiti, ils piquent vers le nord, gagnant dès le départ autant vers l'est que l'angle de l'alizé de sud-est le leur permet : lorsque, dans l'hémisphère Nord, le vent passera au nord-est, il les repoussera au nord nord-ouest ; Hawaii ne m'a jamais fait vraiment rêver: des millions de touristes s'y pressent chaque année, les mouillages forains sont rarissimes, et les marinas surpeuplées, sont, comme partout aux Etats-Unis, le royaume du dollar et des règlements.

J'ai beaucoup aimé, par contre l'Alaska, et j'y naviguerais volontiers quelques mois. Les plus hardis, quittant Hawaii, mettent le cap sur Kodiak ou Anchorage. D'autres vont chercher le souvenir des ruées vers l'or à Juneau et Skagway ou celui de l'Amérique russe du siècle dernier à Sitka.

Le retour vers le sud se fait dans les chenaux abrités du Nord-Ouest canadien, jusqu'à Vancouver; et puis voilà San Francisco et sa baie gigantesque: passer à la voile sous le Golden Gate Bridge, c'est revivre les romans maritimes de Jack London comme *Le loup des mers*.

Plus au sud, la côte est peu fréquentable, les abris y sont rares. Passé Los Angeles et San Diego, voici enfin la Baja California, péninsule mexicaine aux paysages arides à vous couper le souffle. D'ici, de la baie de Cabo San Lucas, partent la plupart des voiliers de la côte Ouest qui s'élancent vers la Polynésie.

Iles Sous-le-Vent

Le jardin de la voile

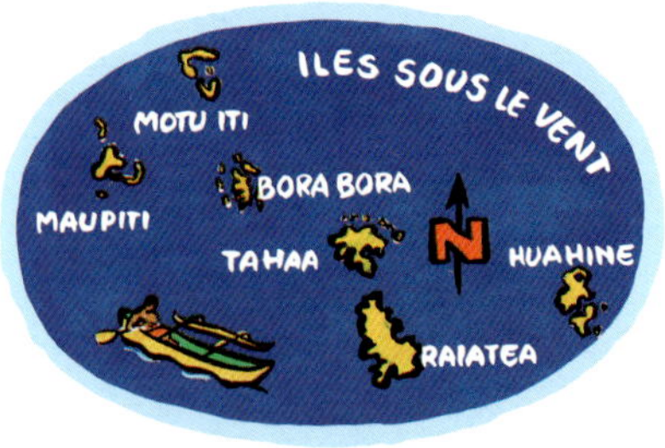

Reprenant la route des alizés, il suffit d'une nuit pour atteindre la première des îles Sous-le-Vent, Huahiné.

Ici aussi, le dieu Hiro a fait des siennes: c'est sa pirogue qui a coupé l'île en deux, et le pic qui se dresse sur une colline serait son sexe... Huahiné est une île un peu magique. De nombreux *marae* témoignent d'un passé religieux puissant et les artistes qui s'installent dans cette île y vivent une expérience quasi mystique. Le plus aimé de tous les Polynésiens, Bobby Holcomb, s'y est éteint récemment. Ses tableaux, ses chansons resteront à jamais pour moi indissociables de la beauté de Huahiné.

Dans cette île jadis peu connue s'est développée récemment une hôtellerie à dimension humaine (par opposition aux trop grands hôtels d'autre îles); une famille venue de Nouvelle-Calédonie a construit le sympathique relais Mahana, au bord de la plus jolie baie de l'île; le Sofitel Heiva a des bungalows sur pilotis dans un décor à vous couper le souffle; quant au Hana Iti, c'est sans doute un des hotels les plus fous du monde, avec ses maisons dans les arbres et ses Jacuzzis de plein air d'où la vue plonge vers le lagon: ici, les carafes, les vasques des lavabos sont des coquillages géants, et une cascade dégringole dans la piscine; l'endroit fut jadis la propriété de Julio Iglésias.

Aux nombreux mouillages de Huahiné, on se retrouve souvent seul à l'ancre. Ici, c'est fréquent en Polynésie, les profondeurs sont souvent trop grandes pour mouiller confortablement; mais en cherchant bien on trouve toujours un joli fond de sable où poser son ancre.

J'ai passé des mois dans la baie d'Avéa, dans un mètre vingt d'eau, baignant dans le bleu turquoise!

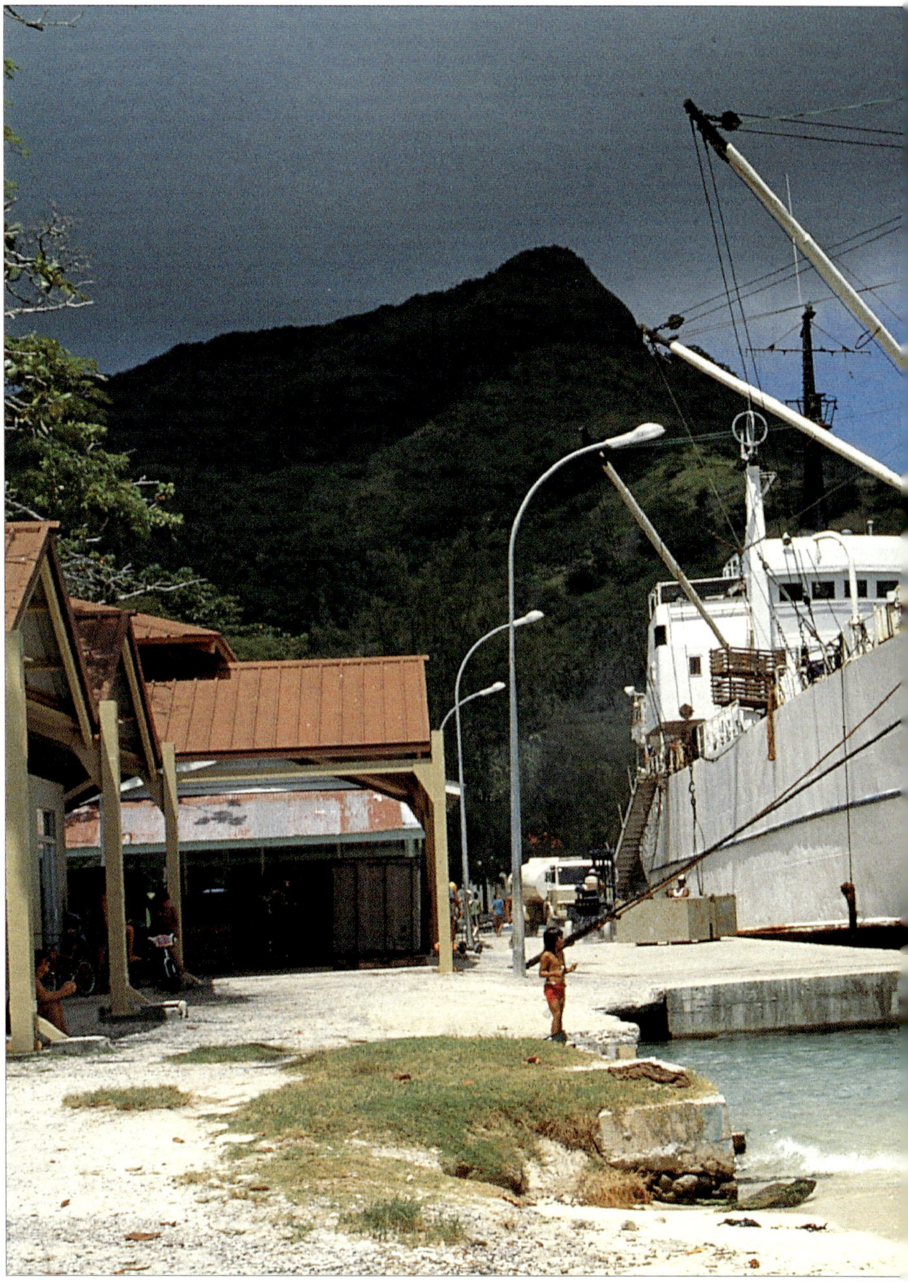

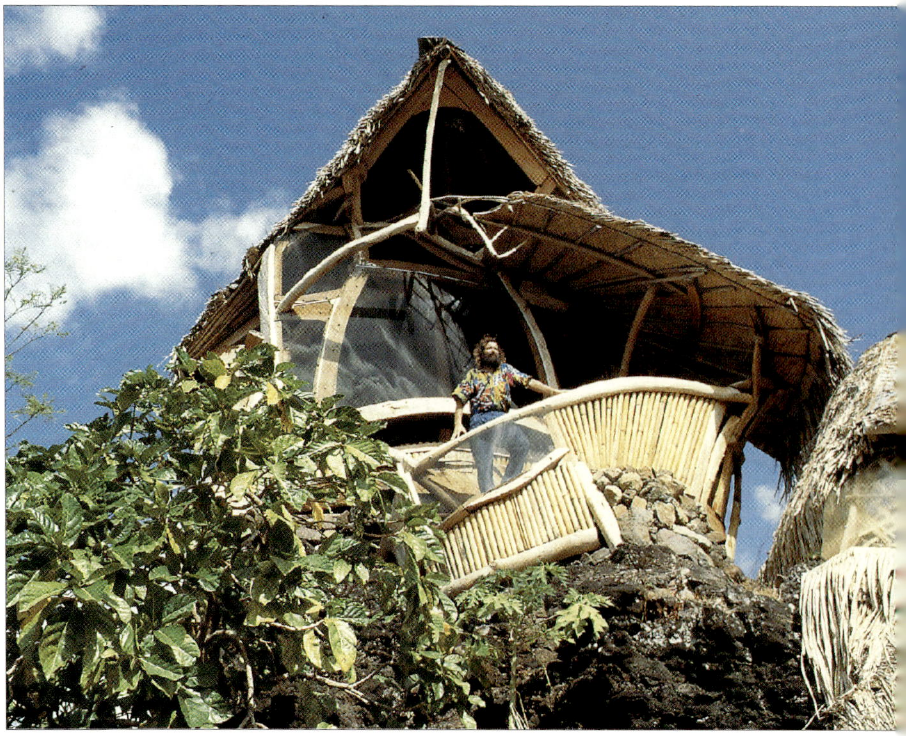

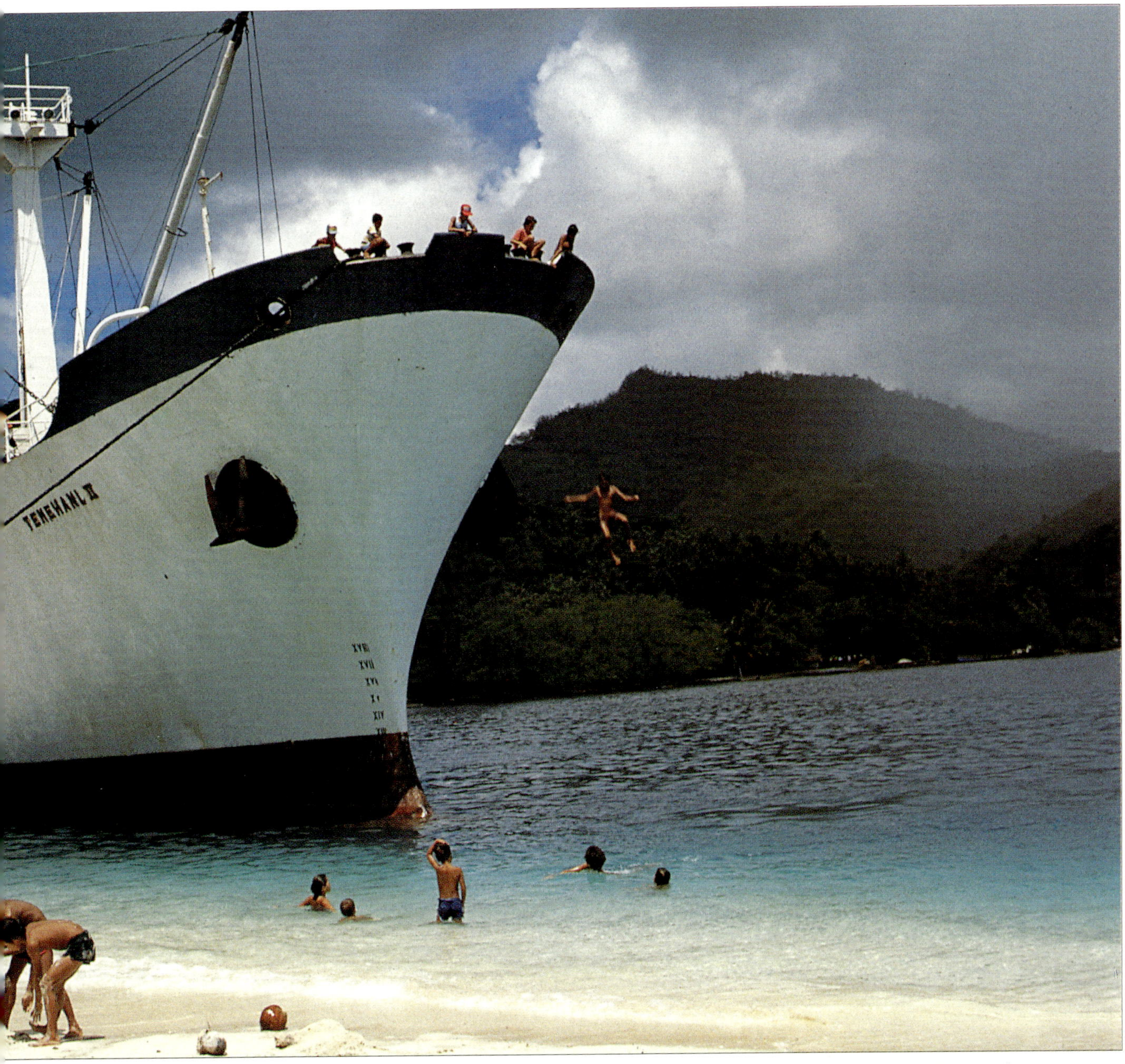

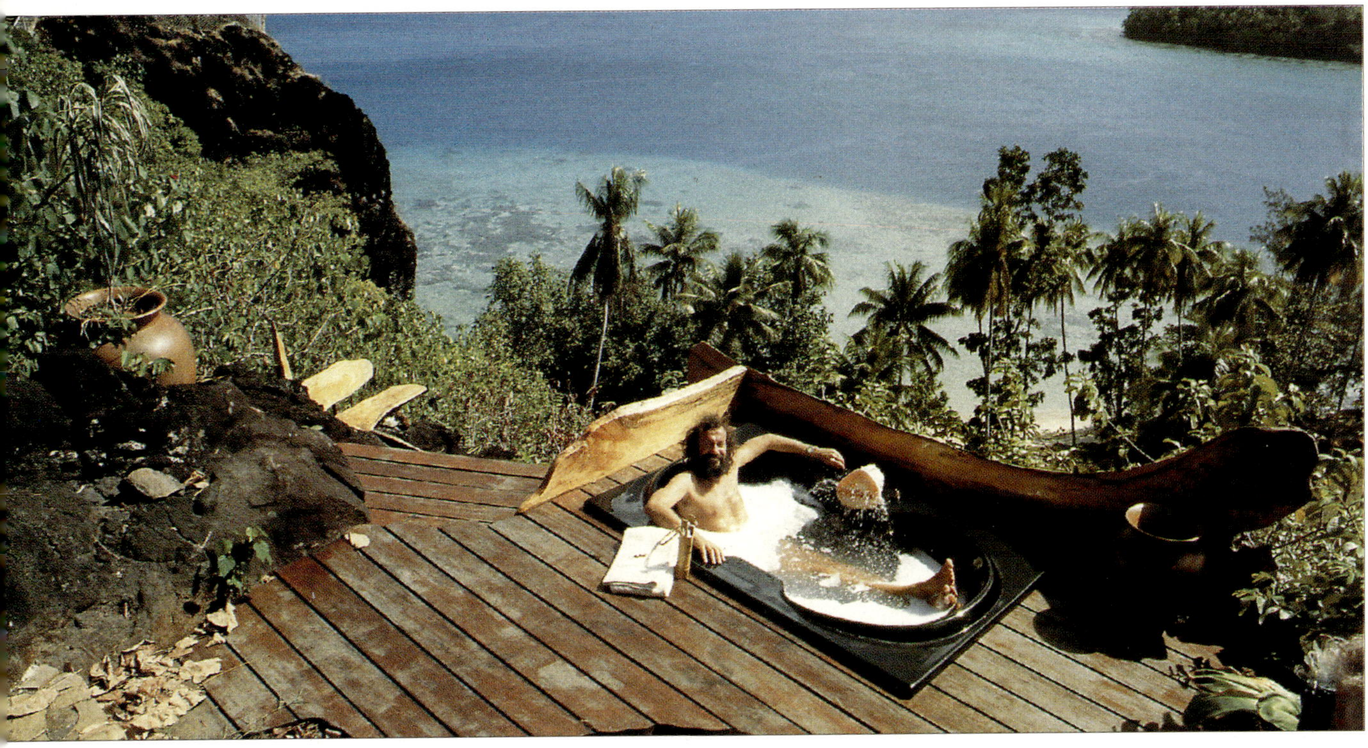

RAIATEA ET TAHAA

Elles ont confirmé leur vocation de centre nautique de Polynésie. Une seconde marina complète maintenant celle d' Apooiti. Moorings, ATM et d'autres compagnies louent monocoques et catamarans; si vous rêvez d'une semaine ou de quinze jours de navigation en Polynésie, c'est à Raïatea que vous trouverez votre bonheur, et les faibles distances qui séparent les îles vous permettront de faire alterner quelques heures de traversées excitantes avec des escales dans des lagons à l'eau toujours calme, dans des mouillages délicieux où votre voilier sera souvent le seul bateau à l'ancre.

Quelques escales à ne pas manquer: le safari-vanille d'Alain Plantier dans la baie Hurepiti; l'île Vahiné, qui a maintenant huit bungalows, et, à Raïatea, l'ascension du mont Temehani, à la recherche du rarissime *tiare apetahi*, une curieuse fleur asymétrique à cinq pétales qui ne pousse que dans une zone restreinte, au flanc de la montagne, et qui émet, dit-on, un «pop» sonore quand elle s'ouvre au petit matin.

BORA BORA

Définitivement vouée au tourisme, elle a deux des plus spectaculaires hôtels du monde, sur pilotis, le Moana Beach et, plus récent, l'hôtel Nara. Pourtant la vie dans l'île est restée paisible, en particulier sur la ceinture de *motus* qui entoure l'atoll.

Les voiliers, pénétrant par la passe unique, s'amarrent aux corps morts du yacht club ou jettent l'ancre dans les nombreux mouillages du lagon. Les plus jolis sont ceux de sa partie est, accessibles par le nord de l'île: Joan de Kat continue à y peupler son *motu* des statues phalliques ou callipyges qu'il sculpte dans les bois de Polynésie, et d'autres artistes talentueux sont venus le rejoindre dans la fondation artistique créée récemment par Paul-Emile Victor.

Quand vous ferez route vers Bora Bora, donnez un grand tour au récif qui la borde au sud, il s'étend vraiment très loin. Un matin d'erreur, trop confiant dans la navigation électronique (qui a tendance à induire une trompeuse sensation de sécurité) et dépalé par une forte houle de sud, j'ai failli faire grimper *Banana-Split* sur le récif, à quelques centaines de mètres des grands hôtels du sud de l'île... ça aurait fait désordre!

MAUPITI, MOPELIA

La plus occidentale des îles montagneuses de Polynésie est reconnaissable de loin à la falaise qui domine son village; attention, la passe étroite qui donne accès à son lagon est impraticable par houle ou vent forts de sud-est.

Quelques îlots inaccessibles, Bellingshausen, Tupai, sont le refuge de tortues de mer qui viennent pondre leurs œufs dans le sable. Plus à l'est, Mopelia, déserte, a une passe minuscule dont l'eau sort souvent à cinq ou sept nœuds; mais à l'intérieur de l'atoll, quelques mouillages excellents abritent souvent des voiliers qui n'arrivent pas à quitter la Polynésie.

Poly-nésie ... étymologiquement, «beaucoup d'îles». Il en est encore des quantités que je ne connais pas, comme les australes: Rurutu, Tubuai, Raïvavae, sans oublier, au bout de la chaîne, Rapa Iti, la petite Rapa (la grande est l'île de Paques), si isolée, dont les chants extraordinaires aux curieux microtons viennent de triompher aux Etats-Unis: l'étonnant *Tahitian Choir*, enregistré sur place par un amoureux de cette musique, vient de rester près d'un an dans les hitparades de World Music.

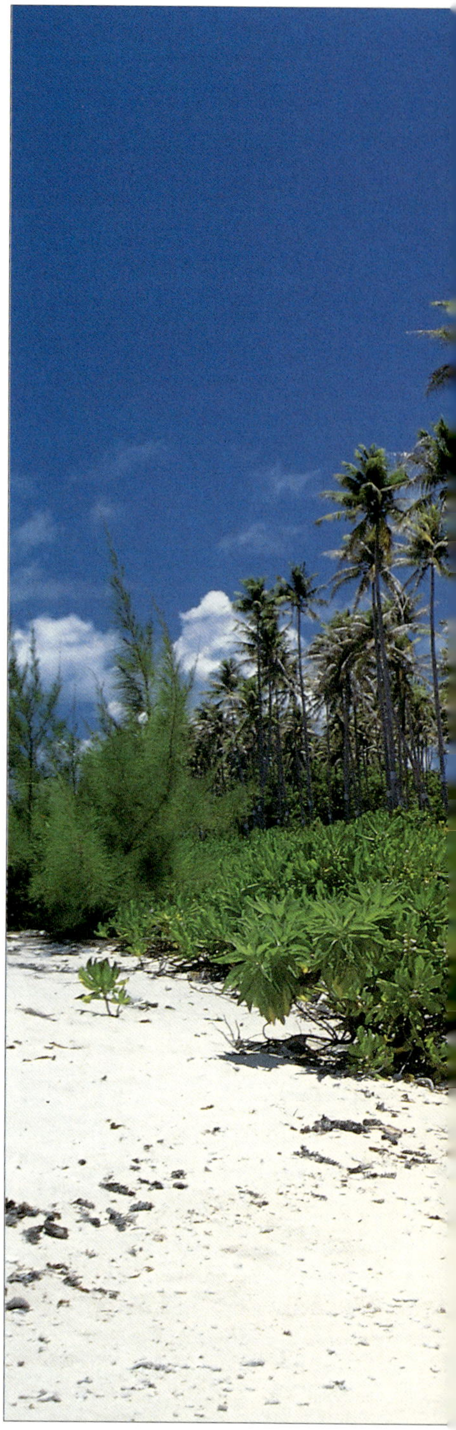

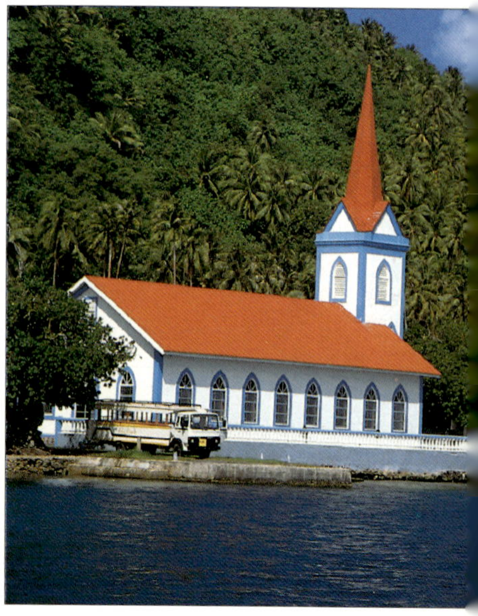

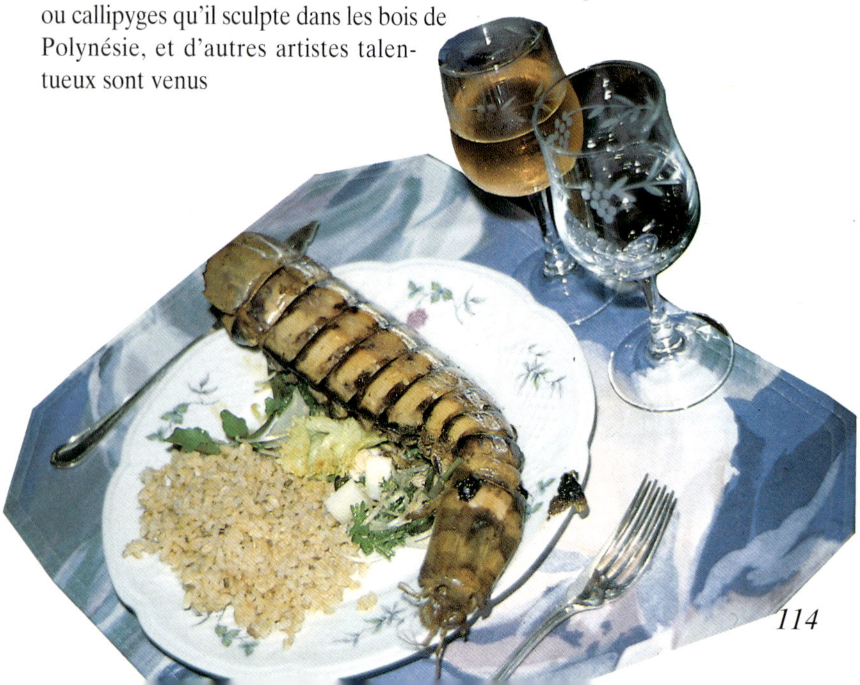

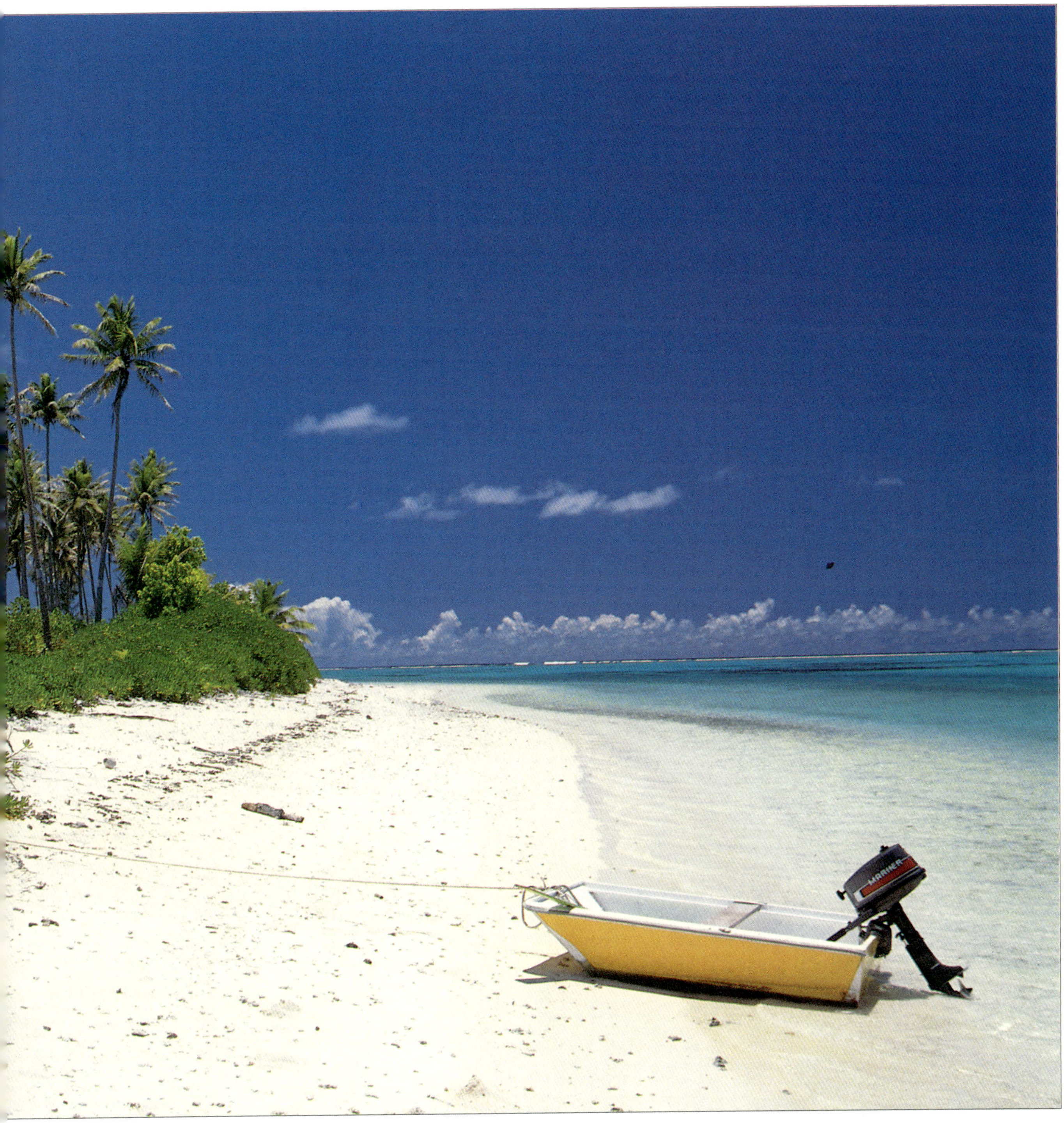

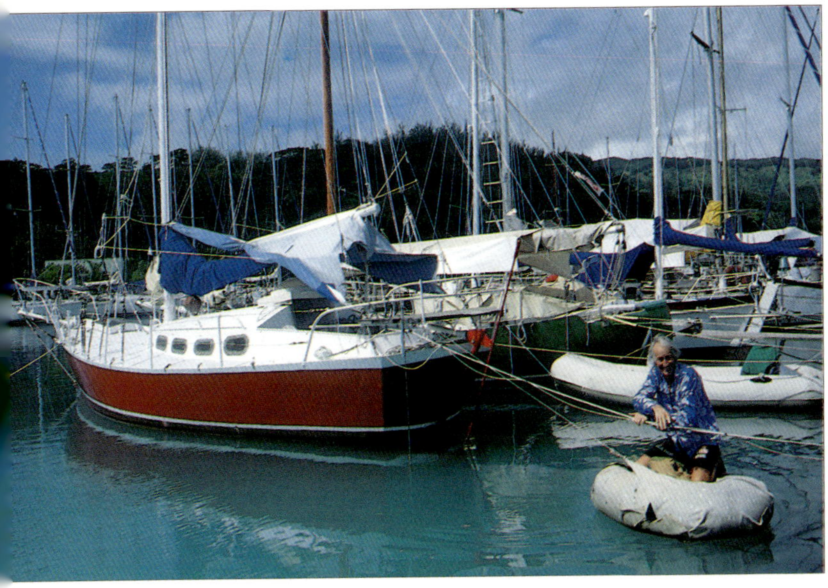

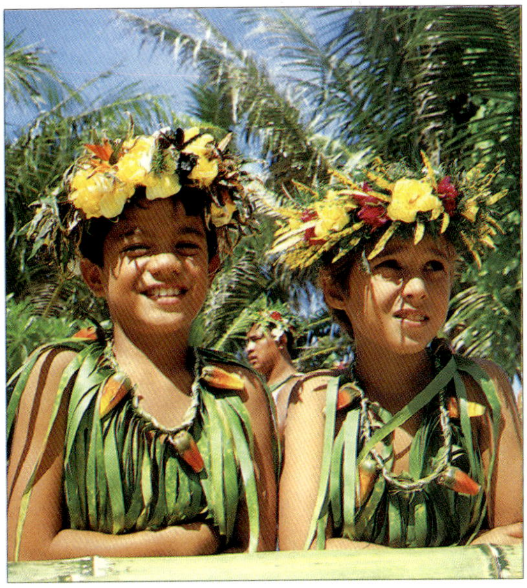

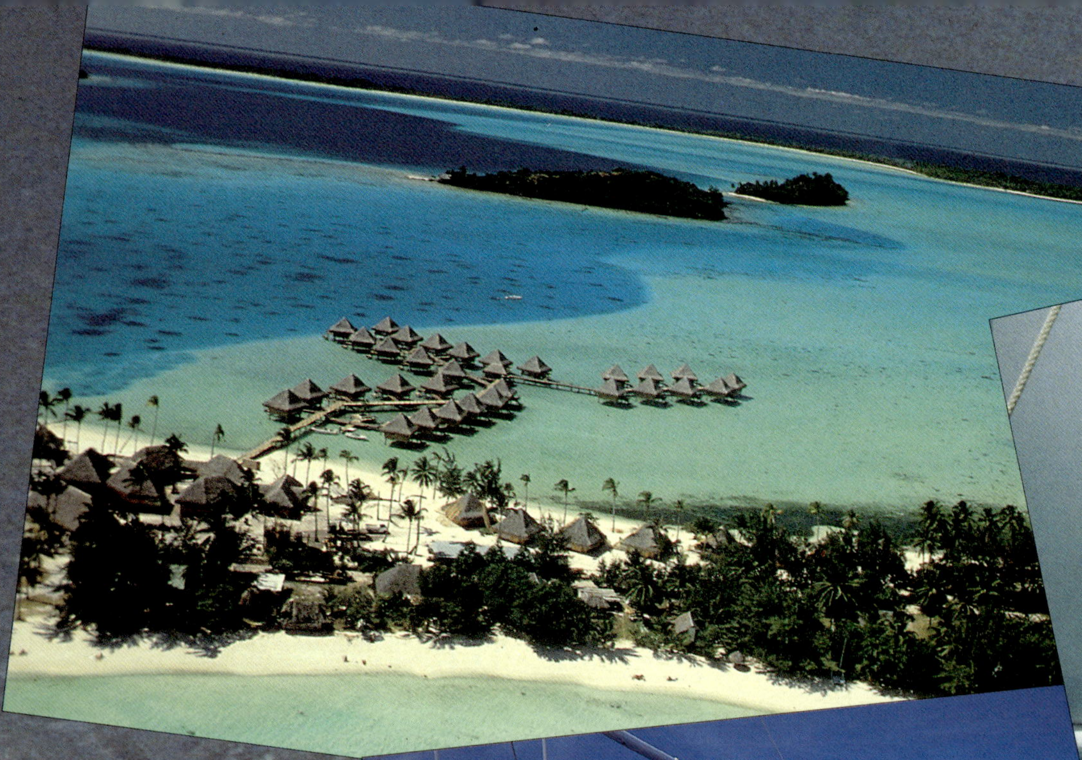

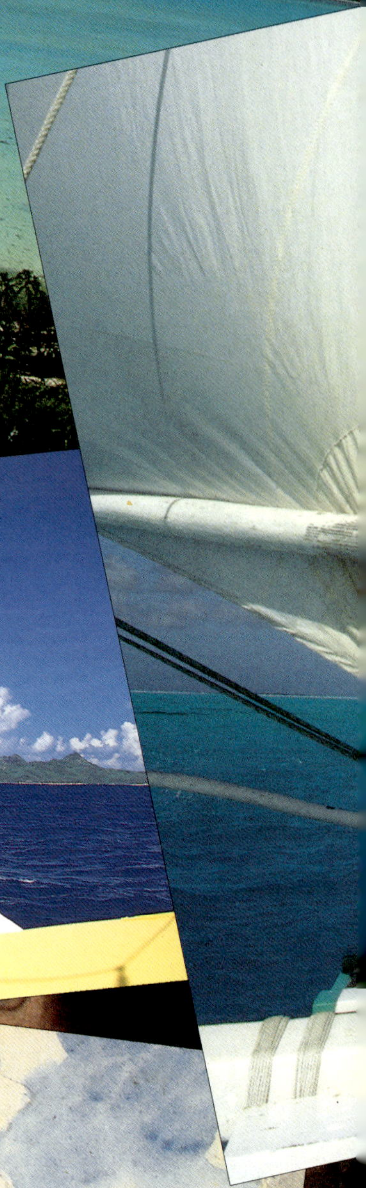

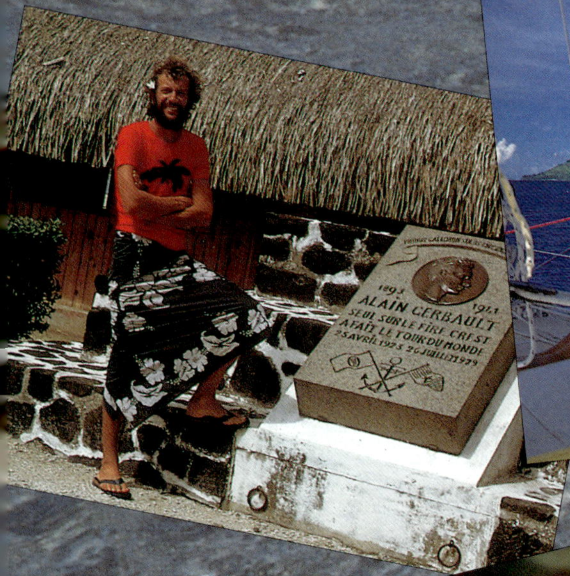
ALAIN GERBAULT

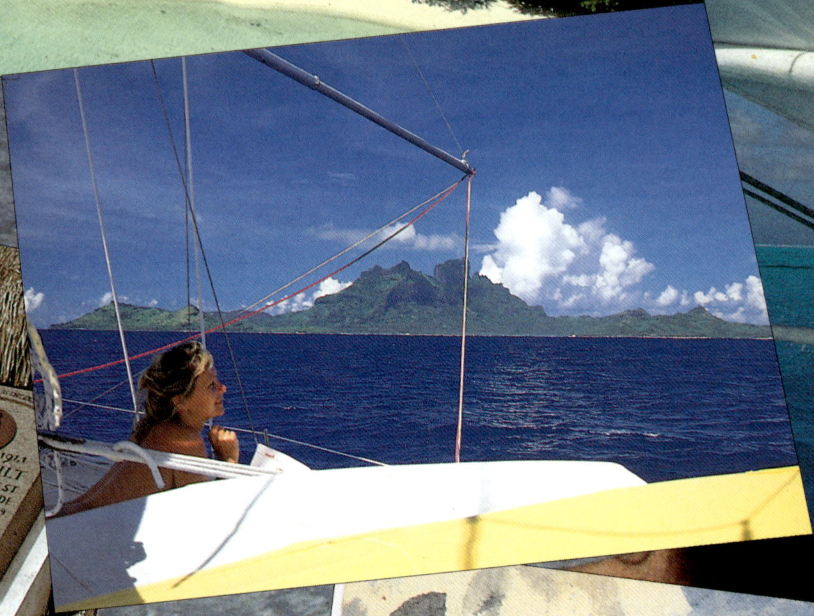

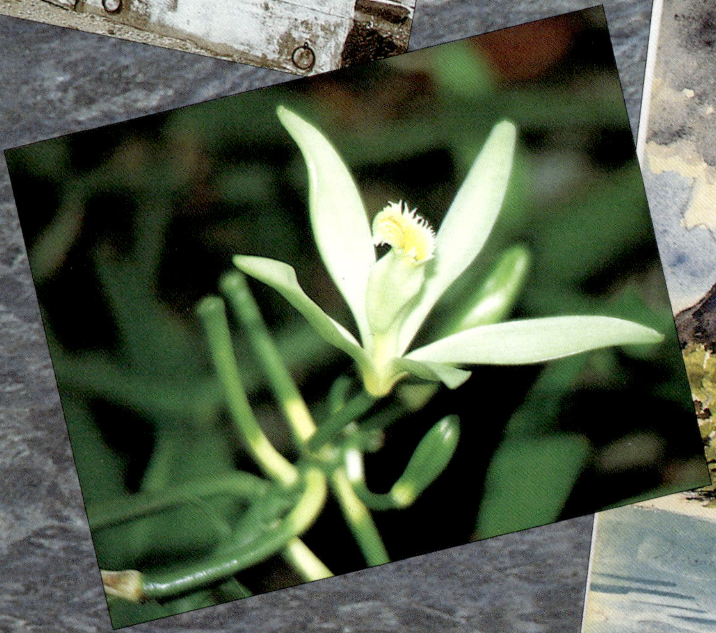

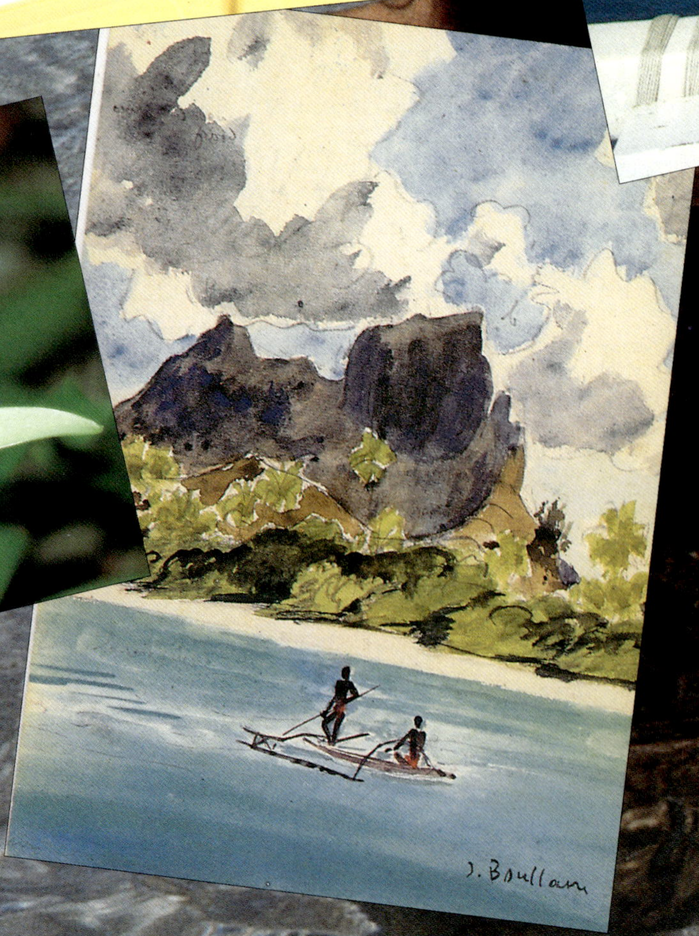

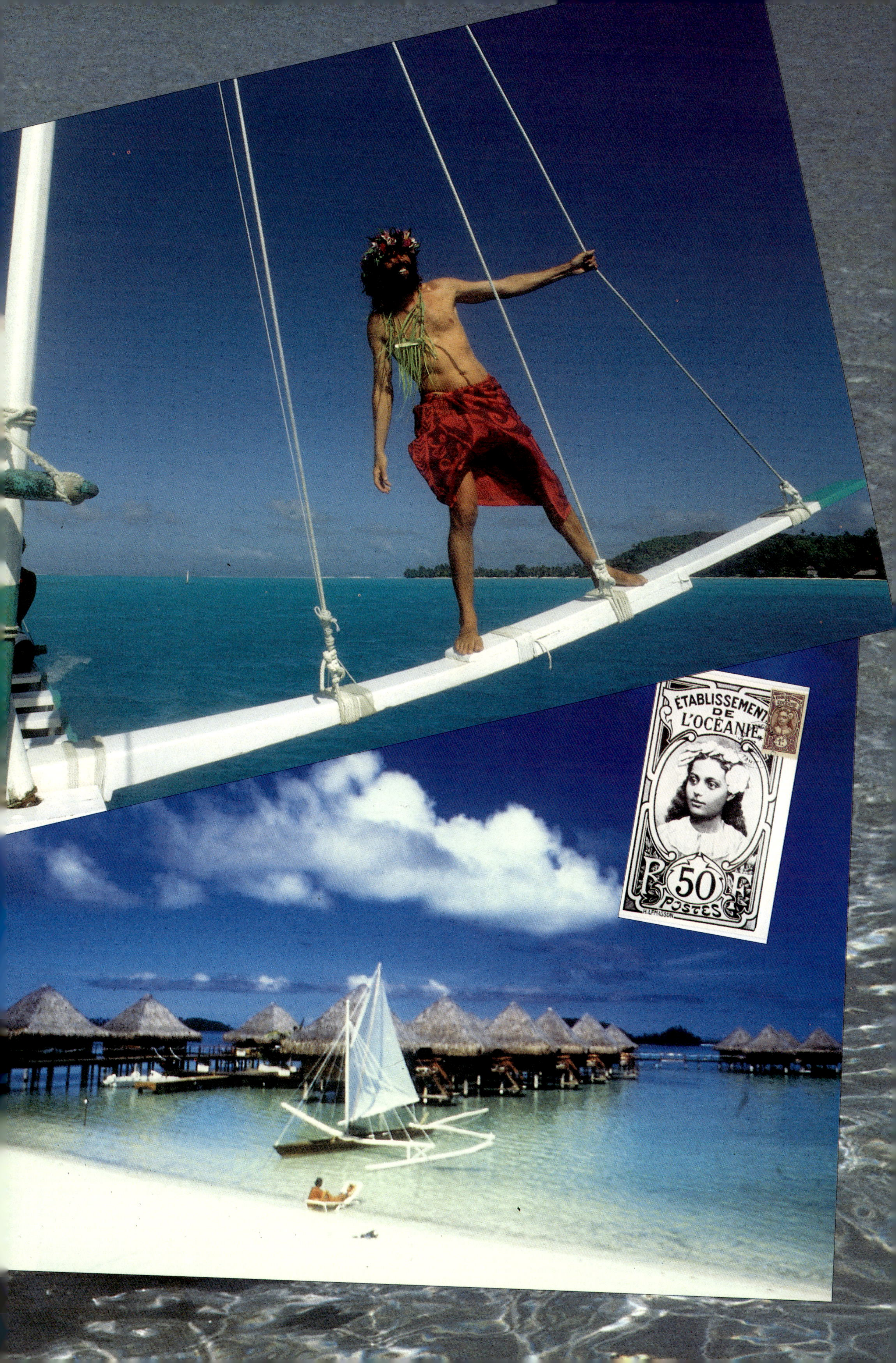
ÉTABLISSEMENT
DE
L'OCÉANIE
50
POSTES

La Location et le charter

Pour connaître les plaisirs d'une circumnavigation si vous ne disposez que de quelques loisirs de temps en temps, le plus agréable est de choisir quelques destinations de rêve où des loueurs mettront à votre disposition le bateau correspondant à vos souhaits, sans que vous ayez à vous préoccuper de l'entretien ni du gardiennage.

Plutôt que d'acheter un bateau pour vous en servir quelques semaines, mieux vaut louer aux endroits que vous rêvez de connaître. Les tarifs peuvent sembler élevés, mais si l'on compare avec les locations à terre ou l'hôtellerie, ils sont assez raisonnables, et la variété des destinations proposées a de quoi satisfaire tous les goûts.

Les régions les mieux équipées pour ce genre de loisir sont :

• Antilles : bases Moorings, ATM, etc., aux Antilles françaises, mais aussi à Grenade, Sainte Lucie, îles Vierges; bateaux loués sans équipage (bareboats: il vous faudra établir votre habileté à skipper une de ces unités parfois fort sophistiquée. Il existe, particulièrement chez les loueurs américains, des programmes de formation à la location qui sont appelés à se développer) ou avec skipper et hôtesse, en particulier à Antigua où est basée depuis longtemps une industrie de charters de luxe.

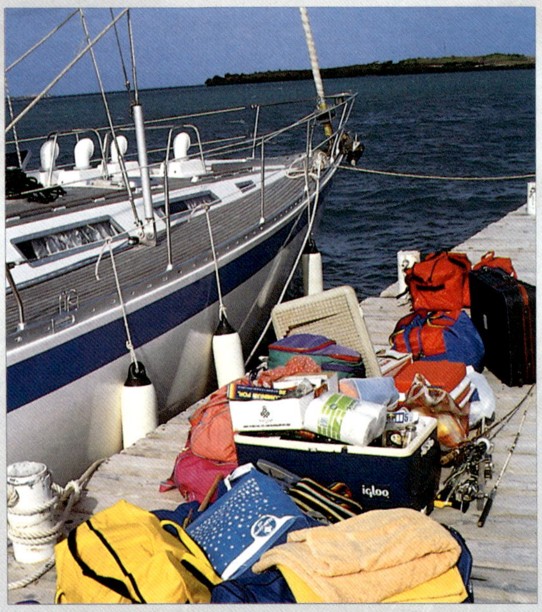

• Iles Vierges, Bahamas, Floride, Chesapeake, Nouvelle Angleterre, Maine : on est ici dans un domaine entièrement américanisé, même si, depuis la défiscalisation, beaucoup de bateaux sont des Bénéteau ou des Jeanneau; vous trouverez tous les détails dans les revues américaines comme *Cruising World* ou *Yachting.*

• Venezuela : quelques charters au départ de Caracas ou de Margarita pour les Roquès.

• Galapagos : *Pulsar,* un catamaran, propose des balades dans cet extraordinaire archipel.

• Polynésie : le grand centre est l'île de Raïatea, où sont la plupart des loueurs. Il existe de superbes catamarans naviguant aux Marquises et aux Tuamotou.

• Nord-ouest américain, région merveilleuse, de Seattle jusqu'en Alaska; nombreux loueurs aux îles San Juan. Locations possibles aussi dans la mer de Cortez, Baja California.

• Tonga : Moorings a une base à Vava'u.

• Nouvelle-Calédonie : le charter se développe lentement dans ce lagon immense.

• Australie : Grande Barrière de Corail, Whitsunday Islands.

• Thaïlande : côte ouest, aux alentours de Phuket.

• Réunion, Maurice.

• Madagascar : quelques charters avec skipper à Nosy Bé.

• Seychelles: une poignée de voiliers, mais des règlements astreignants.

• Et bien sûr en Méditerranée : Turquie, îles grecques (je vous conseille le printemps), îles italiennes, en espérant qu'on pourra bientôt naviguer à nouveau dans le merveilleux archipel proche des côtes de l'ex-Yougoslavie.

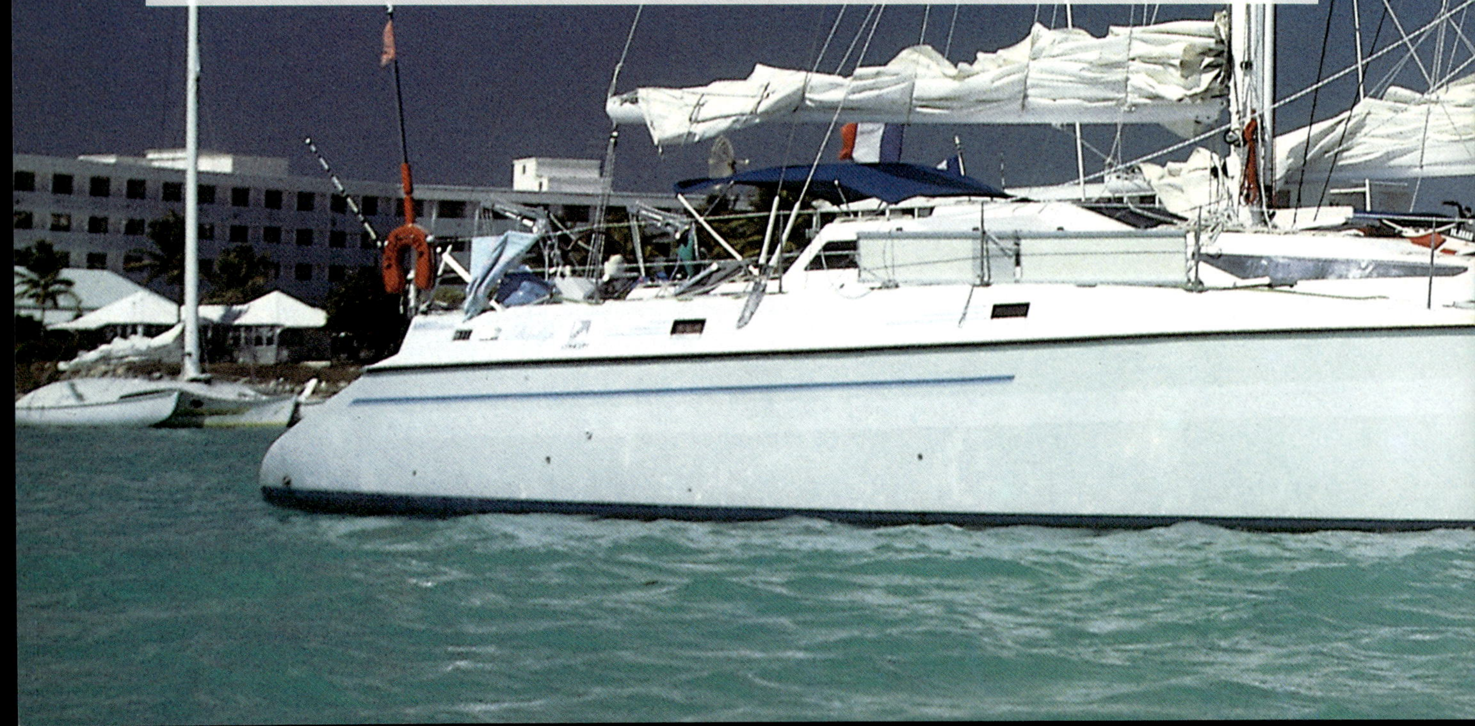

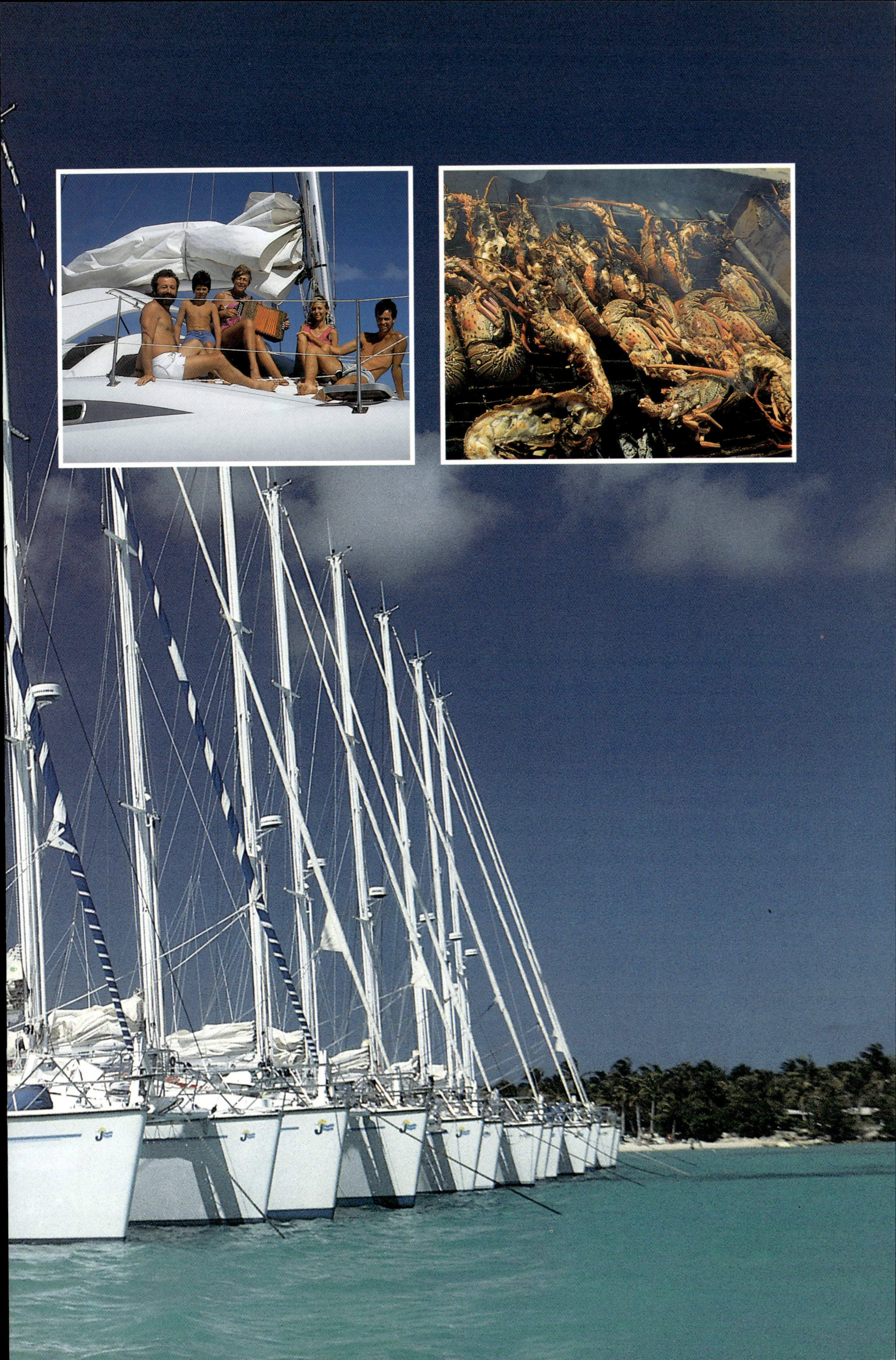

Pacifique central

Irréversible

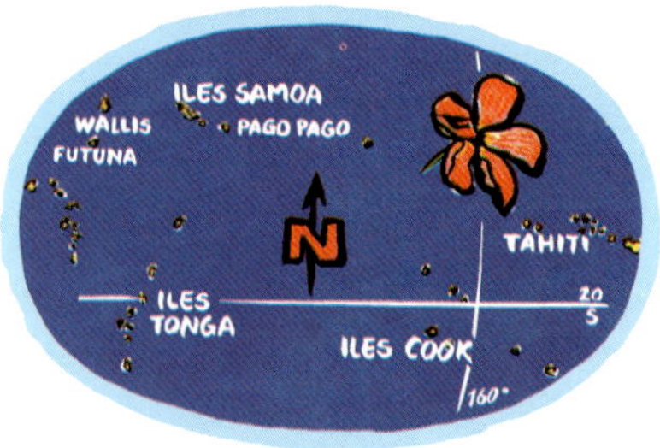

Quitter la Polynésie française — ce qui est généralement rendu nécessaire par les règlements douaniers au bout de six à douze mois, sauf à payer des taxes élevées –, c'est ressentir un sentiment d'irréversibilité : on l'a vu, les distances dans le Pacifique sont si grandes qu'on n'envisage généralement plus de revenir contre l'alizé et le courant.

Iles Cook

Les plus connues sont Aitutaki, parfois comparée à Bora Bora, mais dont seule une toute petie partie du lagon est accessible, via une passe étroite, et Suvarov, longtemps habitée par un robinson écrivain, Tom Neale.

Après une période d'interdiction, on pourrait de nouveau y faire escale sans avoir à faire une entrée dans la capitale de l'archipel, la lointaine Rarotonga.

Iles Samoa

Elles sont partagées entre les Samoa américaines et Western Samoa ; le port des premières, Pago Pago est superbe sur une photo par beau temps, mais épouvantable par quarante nœuds de vent sous la pluie que provoque très souvent le *rainmaker*, la montagne qui flanque la baie à l'est. Des conserveries de poisson achèvent parfois de transformer l'eau de la baie en soupe répugnante. Si le ciel se débouche, on peut prendre le téléphérique qui traverse la baie et mène au mont Alava. Ravitaillement à l'américaine dans les magasins de Pago Pago.

Les Samoa occidentales sont bien plus préservées. Administrées par les Allemands, puis par la Nouvelle-Zélande, elles sont indépendantes depuis 1962. L'équilibre entre importations et exportations est infiniment plus sain qu'en Polynésie française, et les Samoans sem-

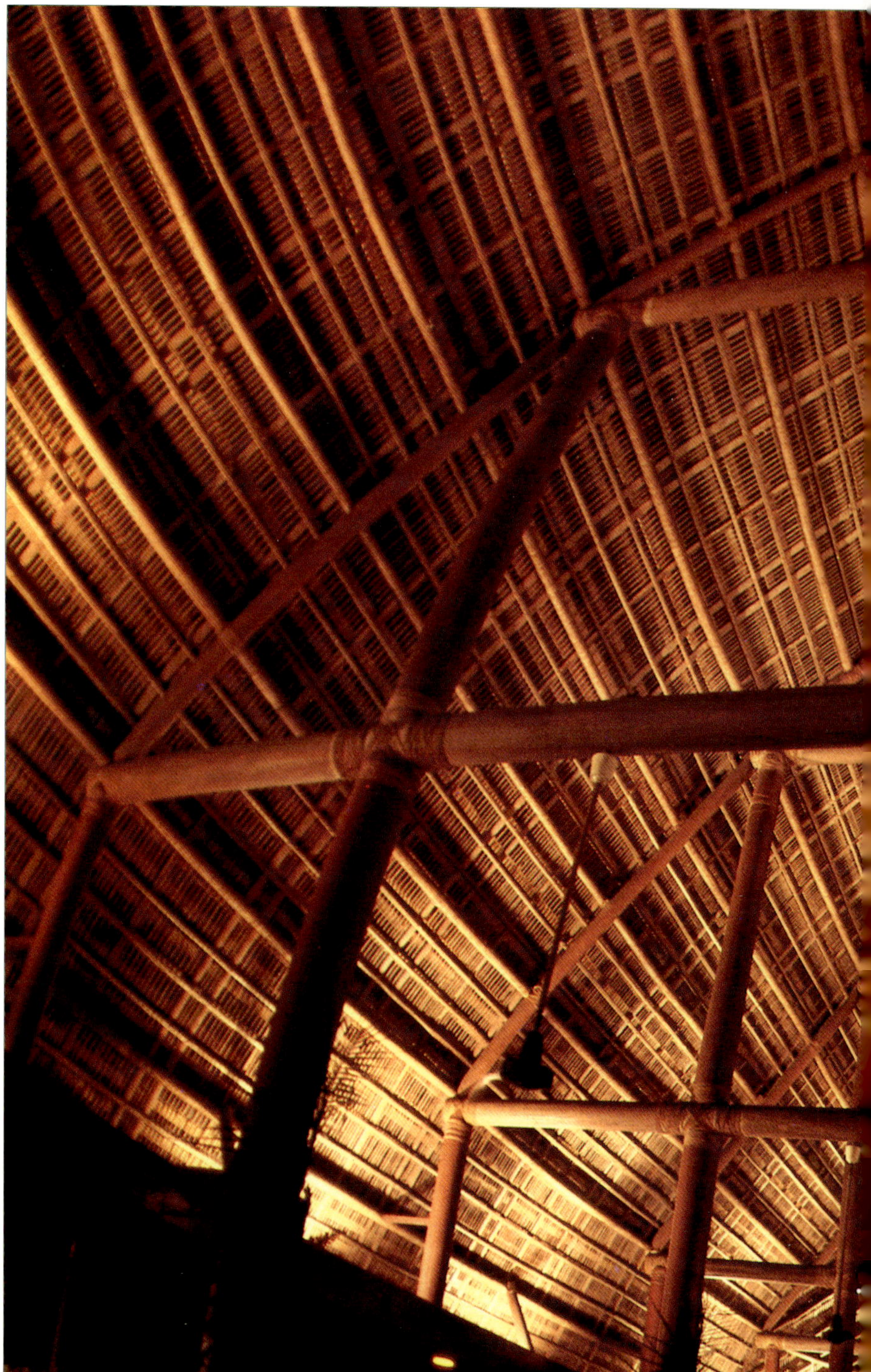

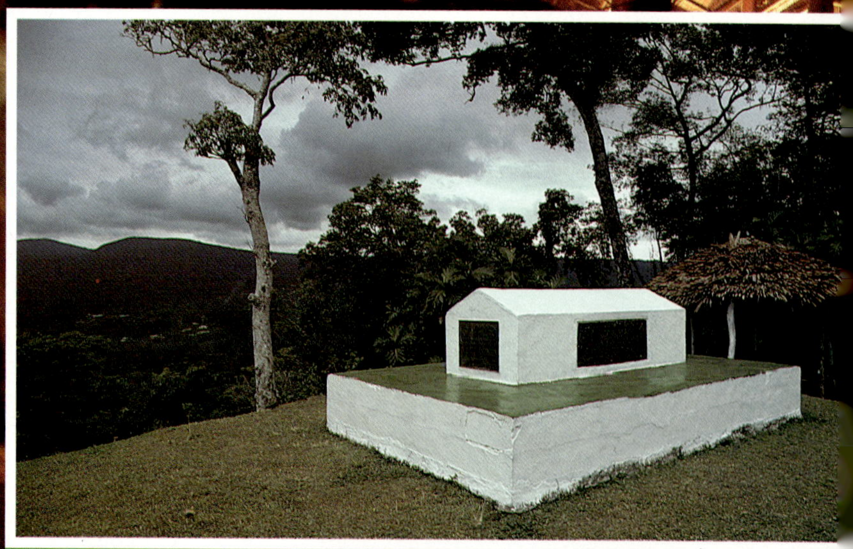

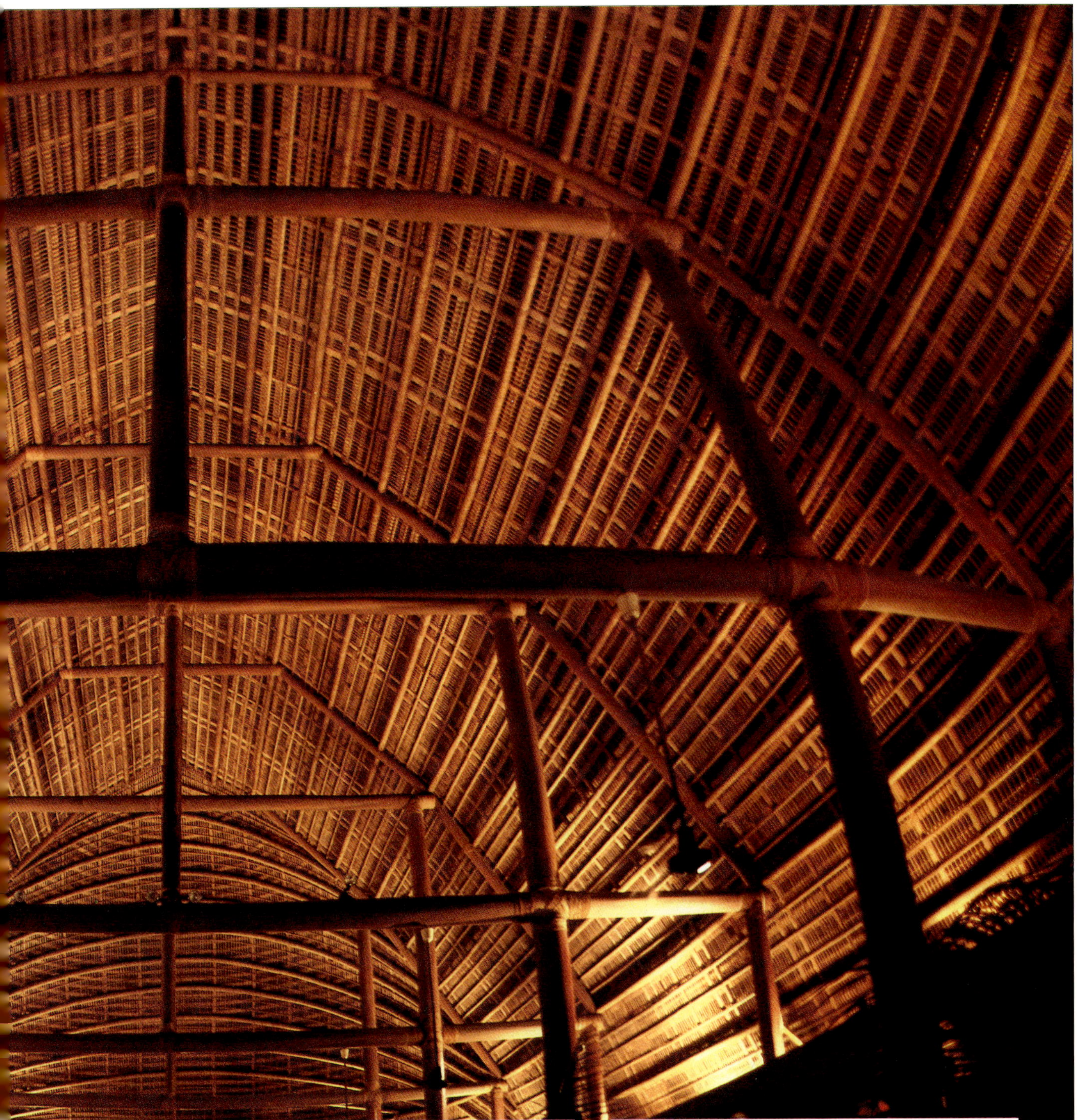
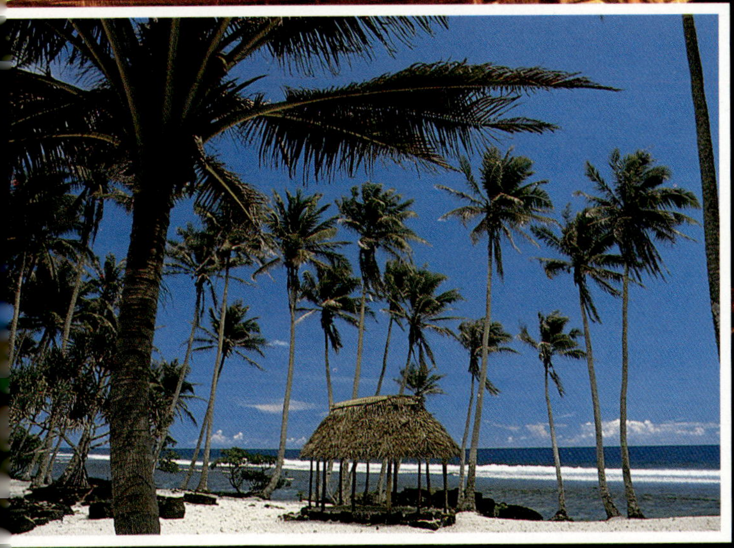
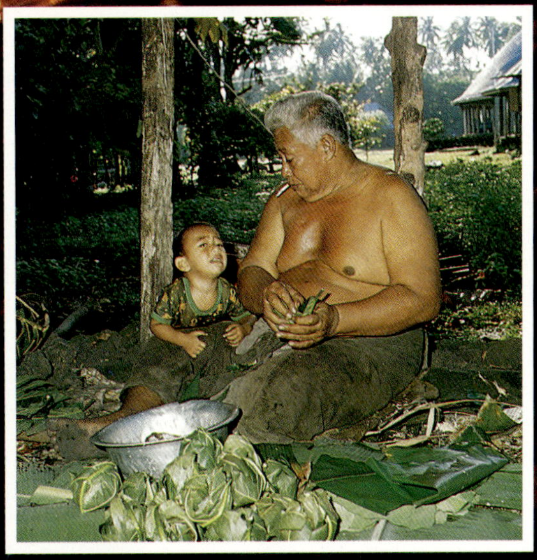

blent heureux et accueillants dans leurs quatre îles, dont la principale, Upolu, fut l'ultime résidence de Stevenson, l'auteur de *L'Ile au trésor* et *Dr. Jekyll et Mr. Hyde,* qui y vécut quatre ans, dans une propriété de 162 hectares au cœur des montagnes, à Vailima, dans une superbe maison devenue depuis la résidence du Premier ministre. Il sut se faire aimer des Samoans, et deux cents d'entre eux le portèrent jusqu'à sa tombe, au sommet, solitaire et poignant, du mont Vaea.

Sur la tombe de Stevenson est gravé: «...*Home is the Sailor, home from the sea, and the hunter home from the hill.*» («...Le marin est rentré chez lui, revenu de la mer, et le chasseur est revenu de la colline.»).

WALLIS-ET-FUTUNA

Territoires français, elles n'ont pas de très bons abris: Gerbault a fait naufrage devant Mata-Utu, dans l'île Wallis, le port d'entrée; par mauvais temps, les bateaux ancrent dans la baie de Gahi. A Futuna, le mouillage de la baie de Sigave est tout juste acceptable. L'archipel, partagé entre plusieurs royaumes, est relié par avion à Tahiti et à Nouméa.

ILES TONGA

C'est le plus ancien royaume de Polynésie, et le sympathique roi des Tonga doit peser plus de cent cinquante kilos, ce qui ne l'empêche pas de parcourir à vélo sa capitale, Nukualofa. Baptisées par Cook les «îles des Amis», les Tonga comportent trois groupes: Tongatapu, basse et bordée d'un lagon bleu, possède un des plus étonnants vestiges archéologiques du Pacifique, un trilithe, arche composée de trois blocs parallélépipédiques pesant près de cent tonnes. Le dieu Maui (l'équivalent polynésien d'Hercule) l'aurait apporté sur son dos de l'île d'Uvéa.

Plus au nord, le groupe d'îles très basses de Haapai est peu connu, des amis navigateurs m'ont affirmé y avoir trouvé beaucoup de beaux mouillages. Vava'u, à l'extrémité nord des Tonga, est bien plus accessible. La compagnie Moorings y a établi depuis quelques années déjà une base de location de voiliers dans le port très bien protégé de Neiafu; tout autour, c'est un véritable paradis de la voile où l'on change de mouillage chaque jour, visitant de très jolis sites, dont la Mariner's cave, une caverne à laquelle on n'accède qu'en nageant sous l'eau. La légende dit qu'un jeune noble y cacha jadis sa bien-aimée de peur qu'un tyran ne la lui souffle!

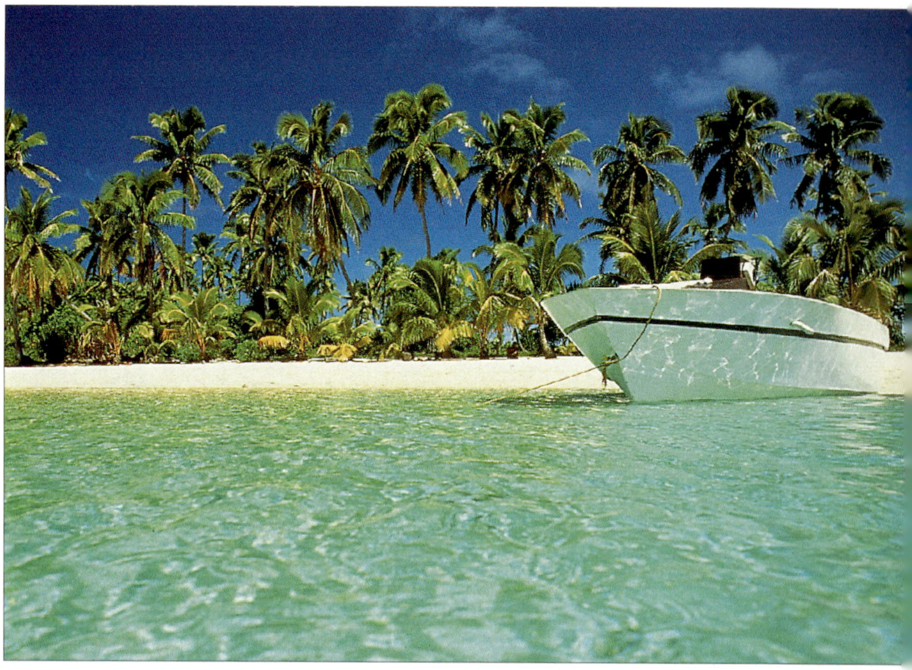

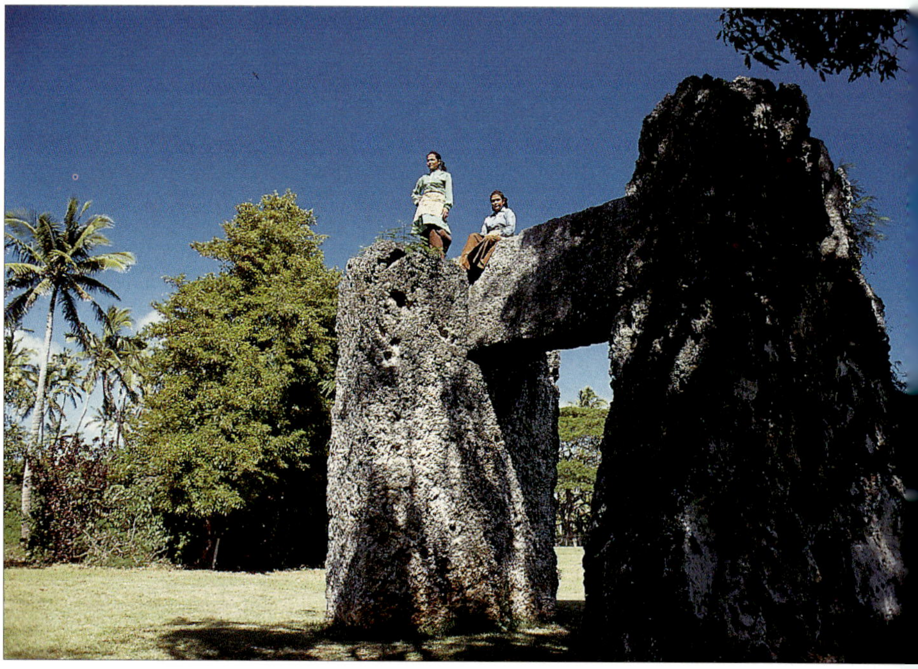

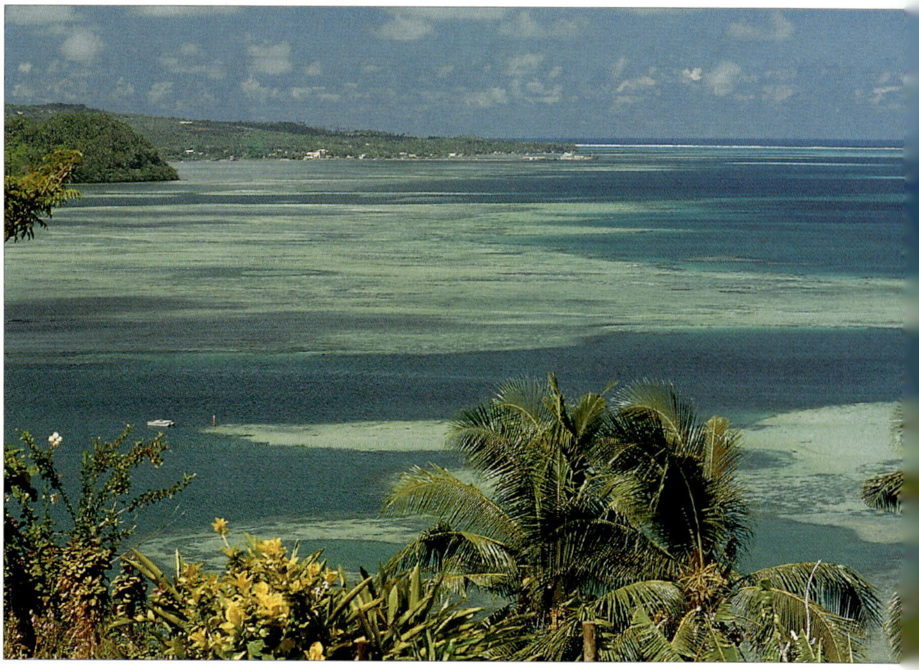

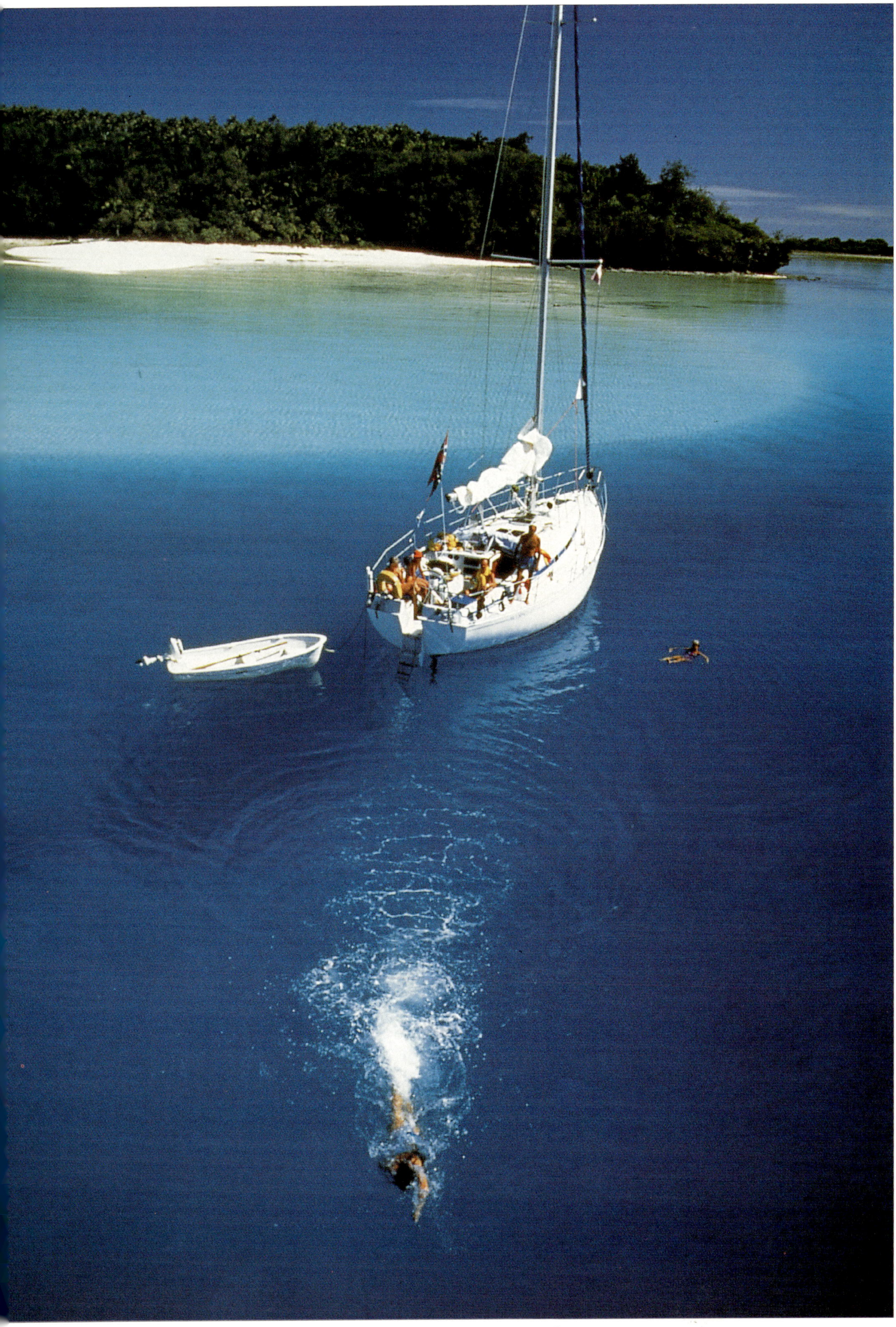

Mélanésie

Un peu plus à l'ouest

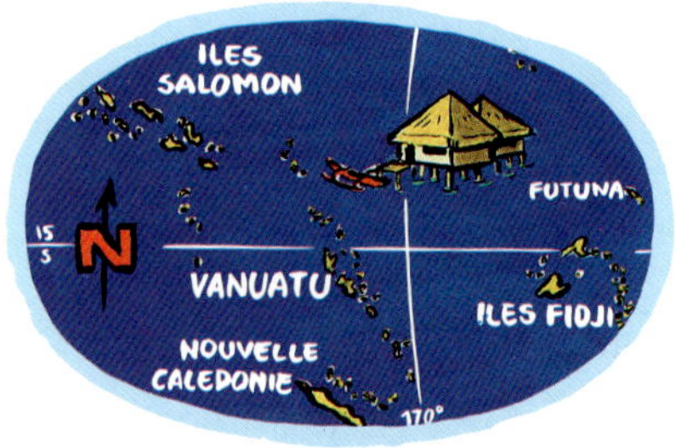

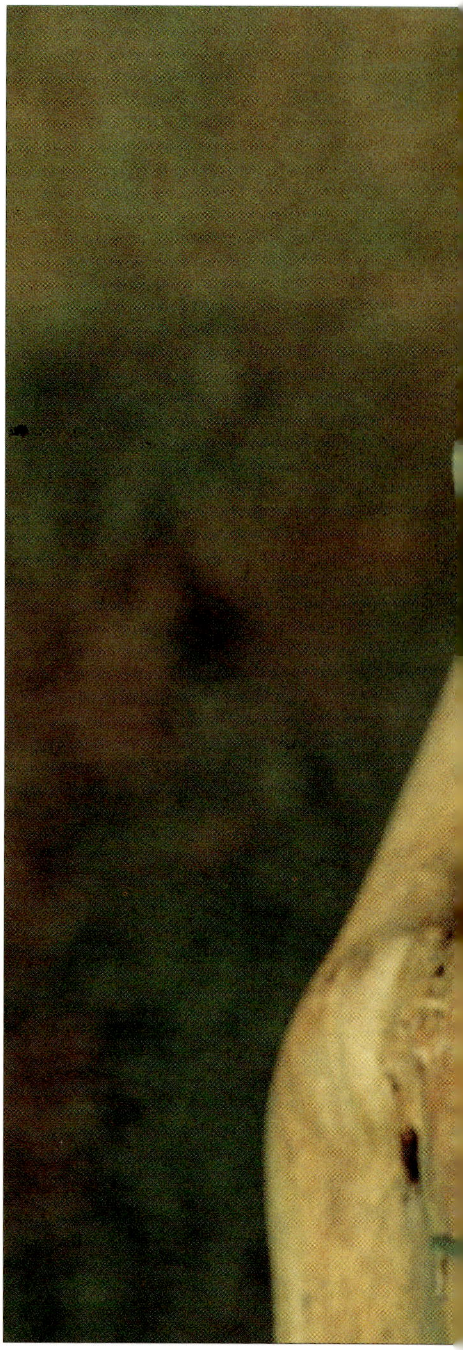

ILES FIDJI

Les trois cents îles qui constituent les Fidji sont certainement un univers tout entier à découvrir; je me promets d'y passer de longs mois dans les années à venir.

Les différends entre les deux composantes de la population — d'une part, les Fidjiens, aux cheveux crépus, aux origines africaines, et, d'autre part, les Indiens, venus au début pour cultiver la canne à sucre, et aujourd'hui plus nombreux que les Fidjiens — semblent en voie d'amélioration.

Les deux plus grandes îles, Viti Levu (où se trouvent la capitale, Suva, et la seconde ville, Lautoka, accessibles via l'aéroport de Nandi; une randonnée extraordinaire conduit au travers de l'île) et Vanua Levu sont entourées d'une myriade d'îlots.

Le tourisme se développe particulièrement au nord-ouest, dans les îles

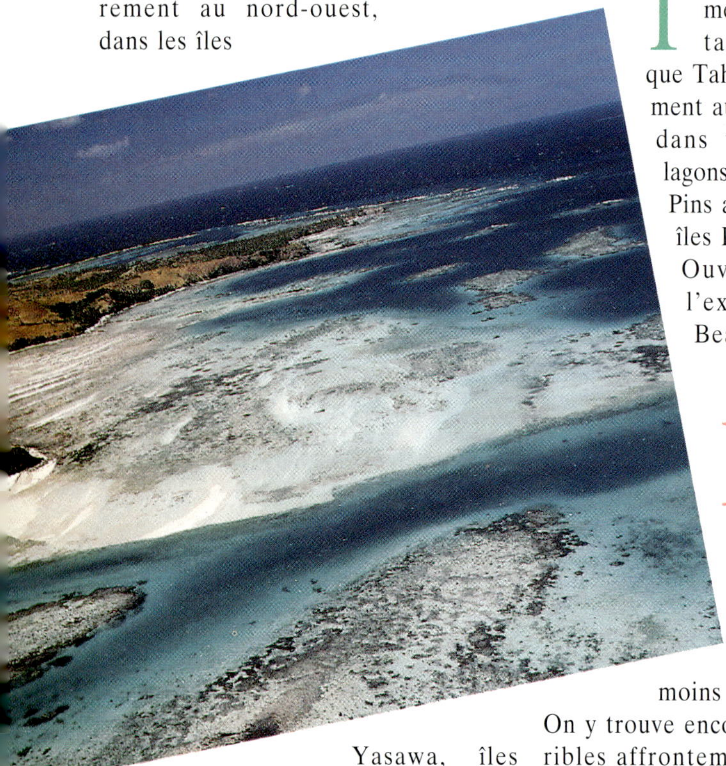

Yasawa, îles coraliennes aux récifs superbes.

Le groupe sud-est, les îles Lau, ne peut être visité que si l'on a fait son entrée aux Fidji dans les îles principales, situées plus à l'ouest; peu de voiliers ont alors, ce qui se comprend, envie de remonter contre l'alizé jusqu'à ces îles peu visitées.

LES NOUVELLES-HÉBRIDES

Maintenant appelées Vanuatu, elles semblent se rapprocher diplomatiquement de la France, après des années de mésentente; mon matelot préféré, Titou, a passé plusieurs mois chez les Big Nambas qui vivent encore comme à la préhistoire dans les montagnes de Mallicolo (Malekula).

Dans l'île de Pentecôte, pour montrer leur courage, les indigènes sautent du haut de tours branlantes, de quinze à trente mètres, retenus par une liane autour des chevilles, c'est l'ancêtre du saut à l'élastique moderne. L'île d'Efate offre les meilleurs ports de l'archipel, mais il semblait récemment qu'on n'autorisait plus les voiliers à passer au mouillage de Port-Vila la saison des cyclones.

NOUVELLE-CALÉDONIE

Territoire français d'outre-mer, elle a des réglementations moins strictes que Tahiti et mérite certainement aussi des mois d'escale, dans un des plus vastes lagons du monde, de l'île des Pins aux îles Huon, ou aux îles Loyauté, Maré, Lifou, Ouvéa, sans oublier l'extraordinaire atoll Beautemps-Beaupré !

LES ILES SALOMON

Les îles Salomon, tristement illustres lors de la guerre du Pacifique, sont proches de la Nouvelle-Guinée; ce sont les îles les moins connues et les moins visitées du Pacifique. On y trouve encore les traces des terribles affrontements qui opposèrent Japonais et Américains. Les bateaux en escale apprécient particulièrement la Nouvelle-Géorgie et l'immense Marovo Lagoon. Comme de toutes les régions du monde souffrant d'instabilité politique, il faut être prudent dans la région de Bougainville disputée entre les îles Salomon et la Nouvelle-Guinée.

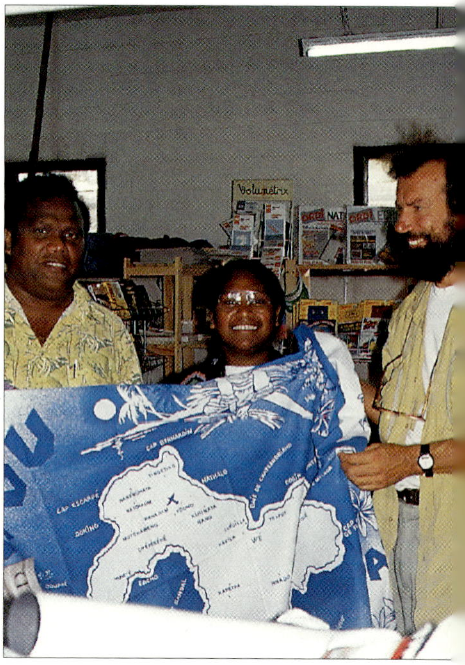

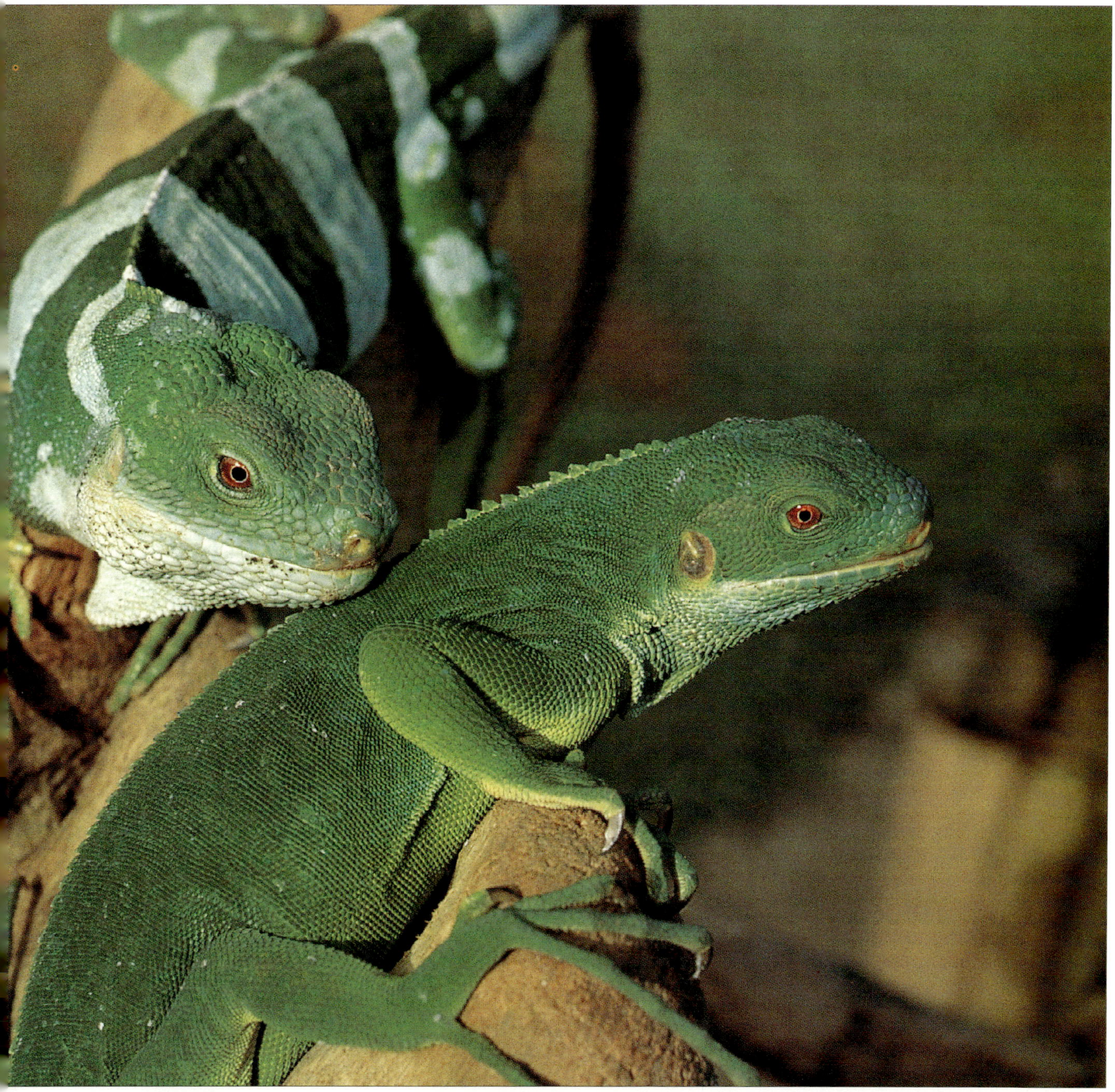

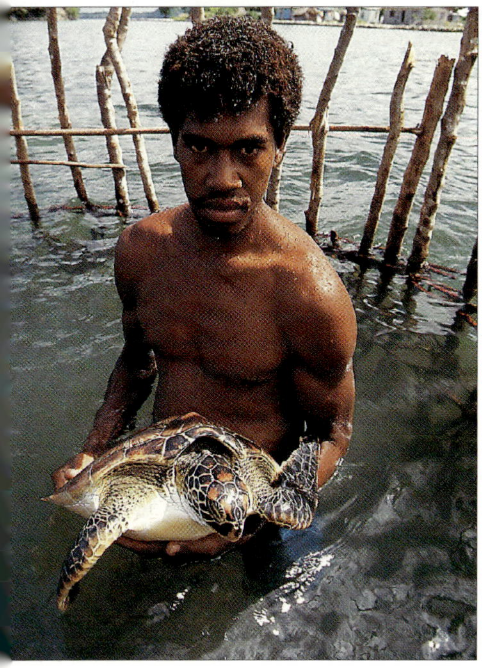

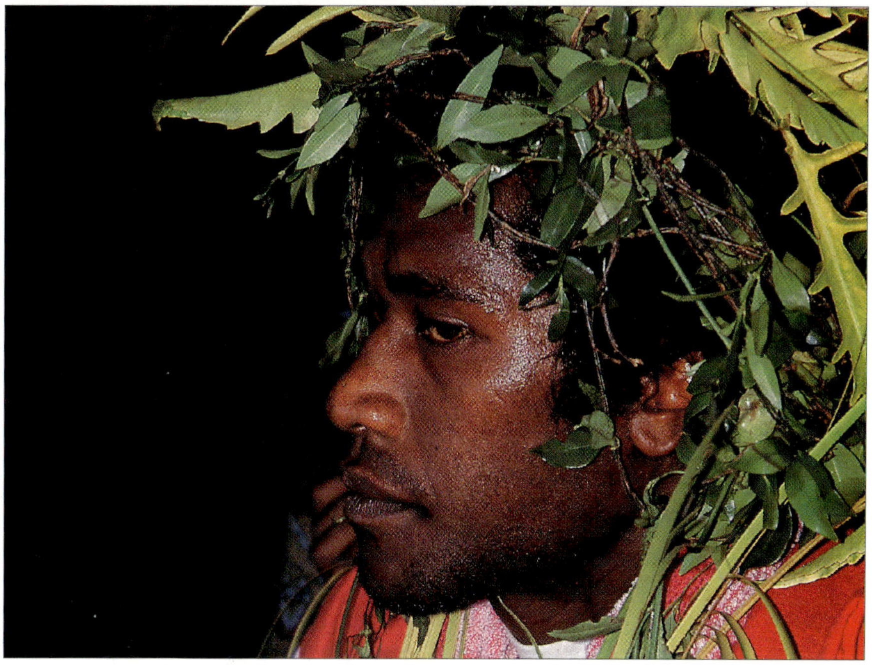

Nouvelle-Zélande

L' Angleterre australe

C'est devenu une tradition: pour éviter la saison des cyclones, beaucoup de bateaux passent l'été austral en Nouvelle-Zélande; quittant un instant les îles tropicales, ils retrouvent la civilisation occidentale et un climat tempéré, même des montagnes enneigées.

La traversée, quittant la zone des alizés, est parfois agitée à la rencontre des dépressions d'ouest. La partie la plus fréquentée est le nord de l'île nord, d'Auckland à la Bay of Islands, le plus joli port étant celui de Kerikeri.

Prix raisonnables, artisans habiles, installations nautiques bien équipées, la Nouvelle-Zélande est l'endroit idéal pour réparer les outrages causés aux bateaux par des mois et des années de navigations tropicales. Opua, Whangarei sont des noms célèbres dans la légende des grandes courses océaniques: la voile, en Nouvelle-Zélande, est une immense institution, et la vue de la baie d'Auckland certains jours de fêtes nautiques, constellée de milliers de bateaux et d'embarcations, est un fameux spectacle.

De décembre à mars, quelques bateaux s'aventurent dans l'île sud, traversant le détroit de Cook, atteignant Christchurch et la presqu'île d'Akaroa. Mais le sud de l'île sud, le cap Leeuwin, le détroit de Foveaux et l'île Stewart sont déjà tout à fait sous l'empire des grands vents d'ouest.

Les premiers coups de vent d'hiver, quand vient avril, ont tôt fait de chasser à nouveau les voiliers vers les latitudes plus clémentes, Fidji, Nouvelle-Calédonie, Tonga; à moins qu'ils ne décident de regagner Tahiti en faisant route d'abord vers l'est en bordure des quarantièmes rugissants, et en attendant pour obliquer vers le nord d'avoir atteint la longitude des îles Australes.

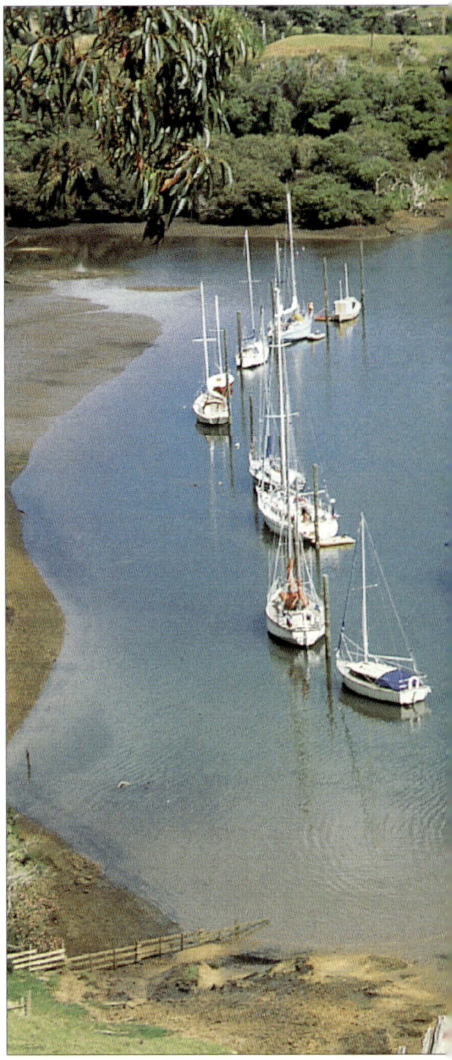

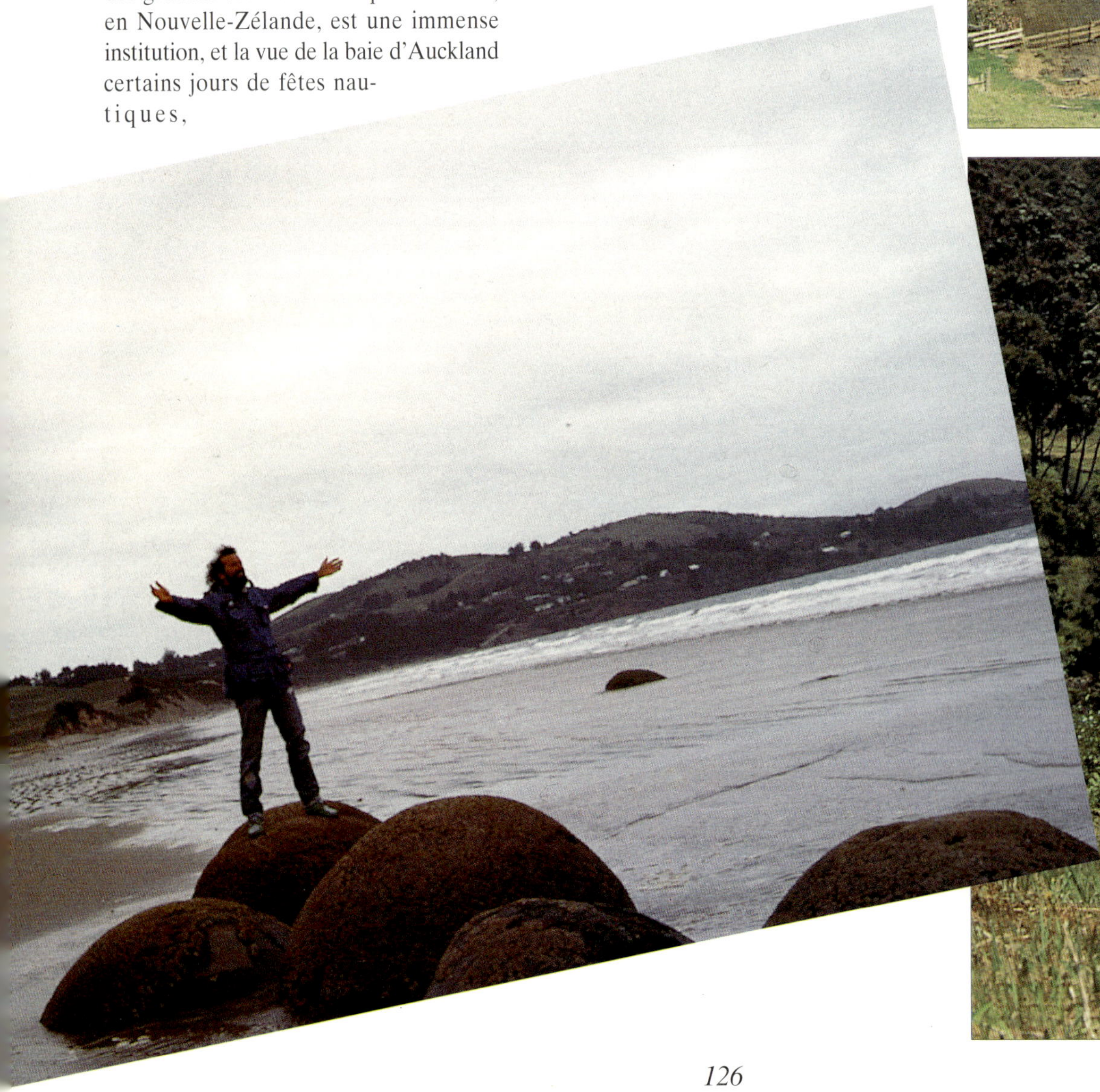

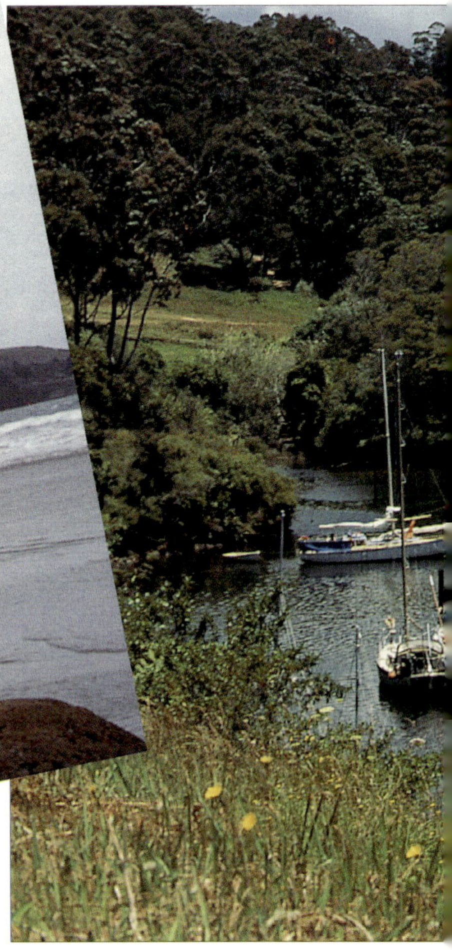

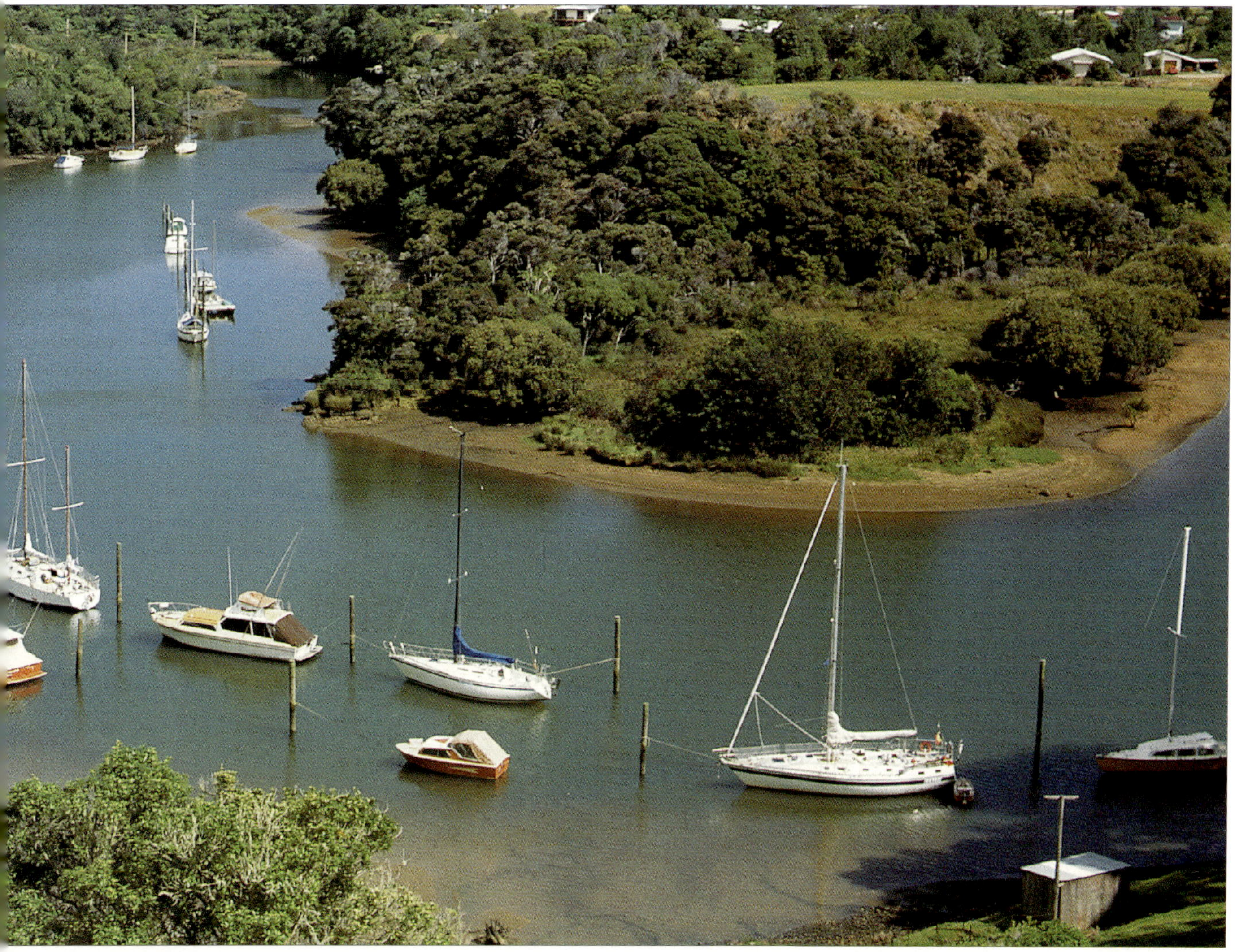

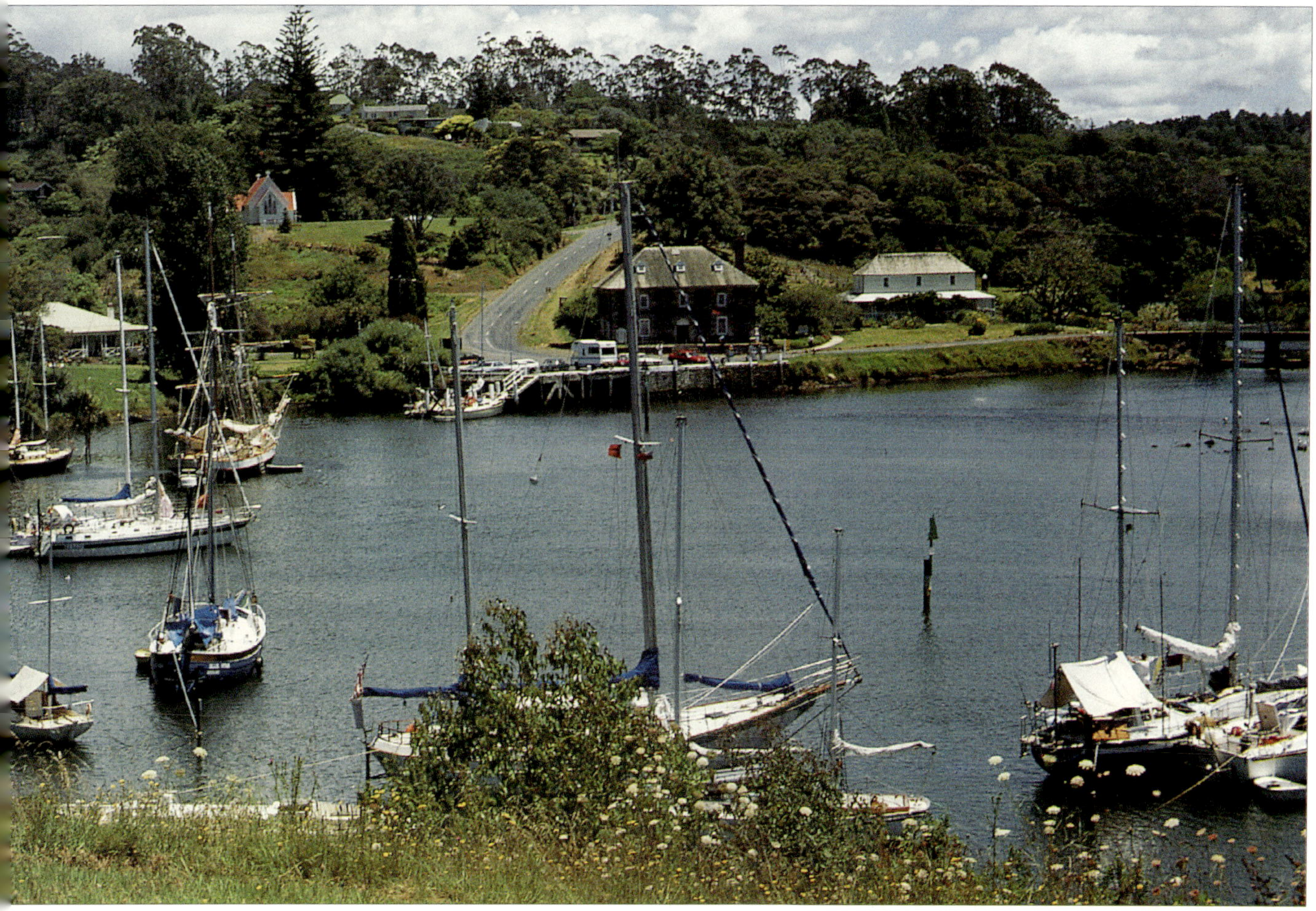

Australie et Nouvelle Guinée

Le détroit de Torrès

C'était la bête noire des navigateurs d'autrefois: au nord de l'Australie, la route des alizés emprunte un étroit couloir, au milieu d'un dédale de récifs et d'îlots; Gerbault et les autres s'y jetaient comme du haut d'une falaise, et, passant deux jours sans dormir ni relâcher leur attention, n'avaient de cesse d'en être débarrassés. Une navigation astronomique précise était essentielle pour en trouver l'entrée, et de forts courants en compliquaient encore le passage...

De nos jours, GPS et radars (sous réserve, une fois encore, qu'ils ne tombent pas en panne au mauvais moment) simplifient la chose; d'ailleurs, il y a au long du détroit quelques mouillages convenables pour couper la traversée et la transformer, avec un peu de chance, en une paisible croisière de quelques jours dans un joli archipel.

Les principes de la navigation dans le corail, bien sûr, devront être d'autant

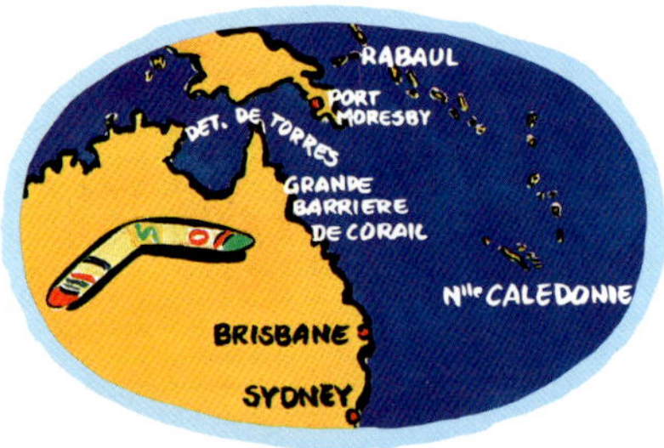

plus strictement observés.

Il est même possible de faire un détour vers le sud, et de pénétrer dans la grande barrière de corail par l'une des nombreuses passes qui la coupent, par exemple pour atteindre Cairns, et naviguer quelques semaines à l'abri de la Grande Barrière.

Celle-ci, malheureusement, n'est pas aussi glorieuse que son nom le suggère: pas question de passer des nuits à l'ancre sous son vent, les marées ici sont fortes, la protection qu'apporte la barrière devient quasi nulle à marée haute et l'alizé souffle bougrement fort, par ici!

D'autres destinations, plus au sud, attirent parfois les bateaux, Brisbane, et même Sydney, c'est l'occasion de découvrir un véritable continent, un pays moderne s'étendant depuis les tropiques jusqu'aux climats ingrats des quarantièmes.

De l'autre côté du détroit, c'est un autre monde, un autre âge, la Papouasie-Nouvelle-Guinée, légendaire, habitat de quelques-unes des tribus les plus primitives de la planète; l'archipel de Louisiade compte une myriade d'îles éparpillées dans un immense lagon.

La Nouvelle-Irlande, la Nouvelle-Angleterre, les îles Trobriand, et puis l'île principale, jusqu'aux parages de la rivière Sepik au nord, ou vers la capitale, Port Moresby au sud, constituent, des jungles tropicales et des lagons bleus aux neiges éternelles, un univers d'une richesse inimaginable.

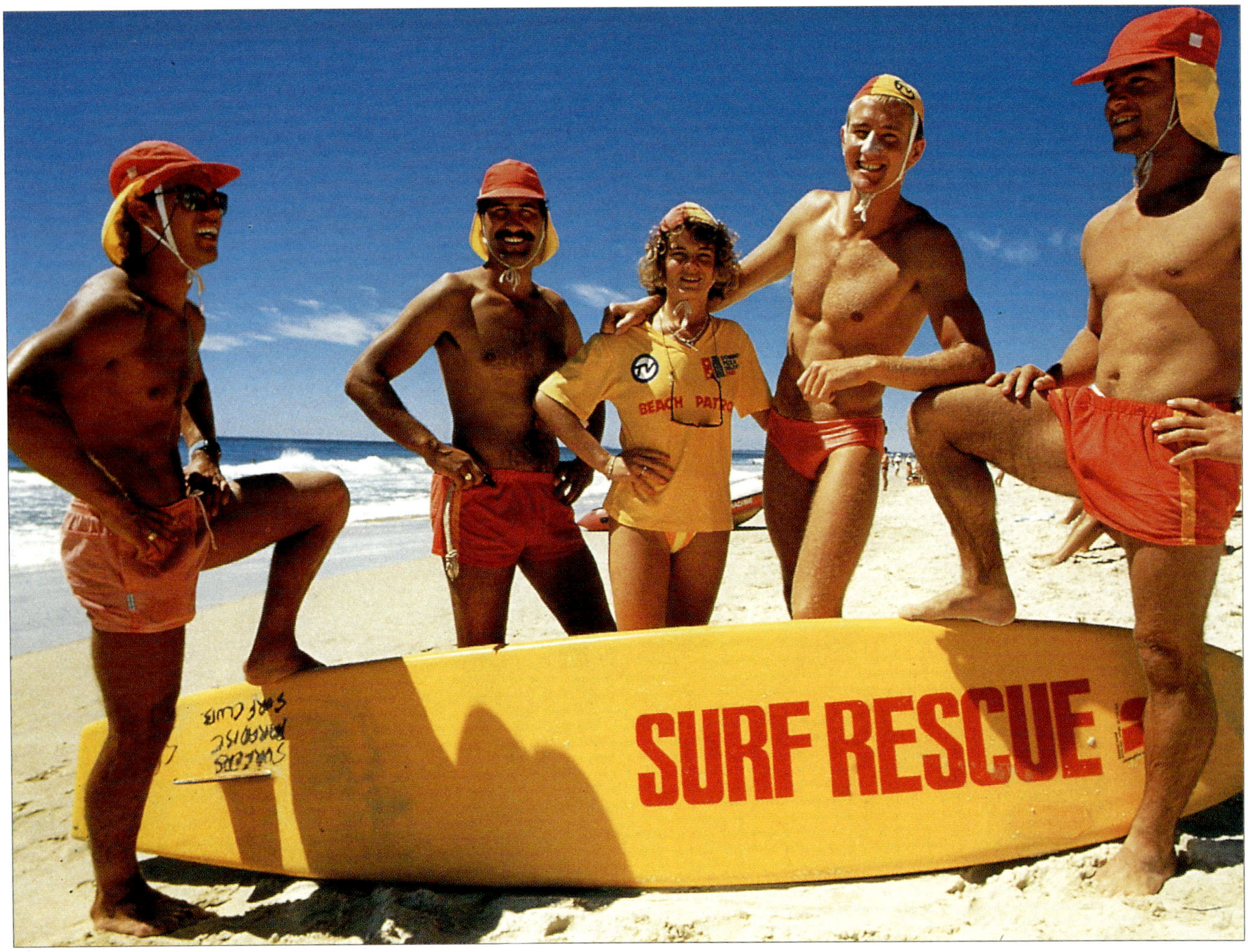

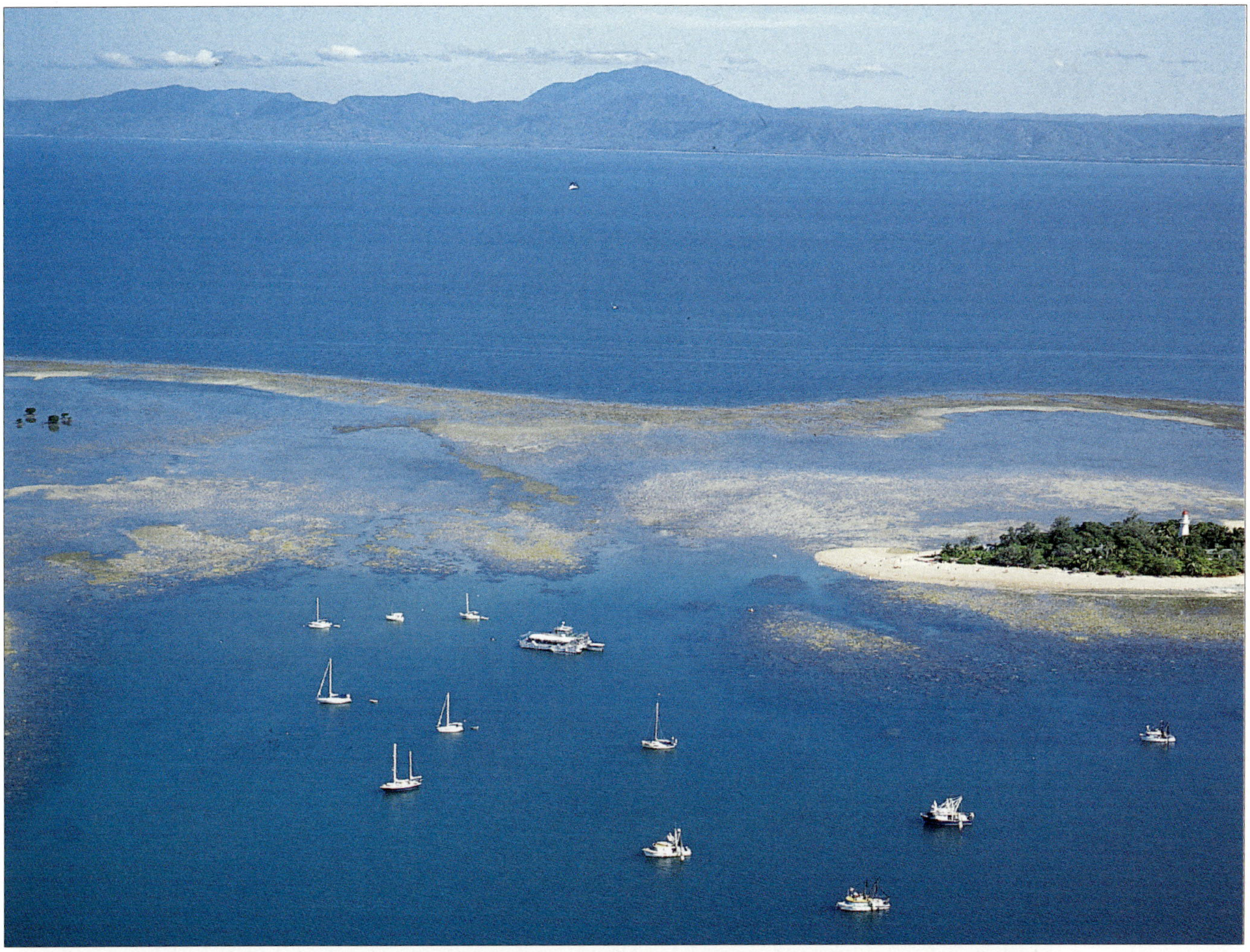

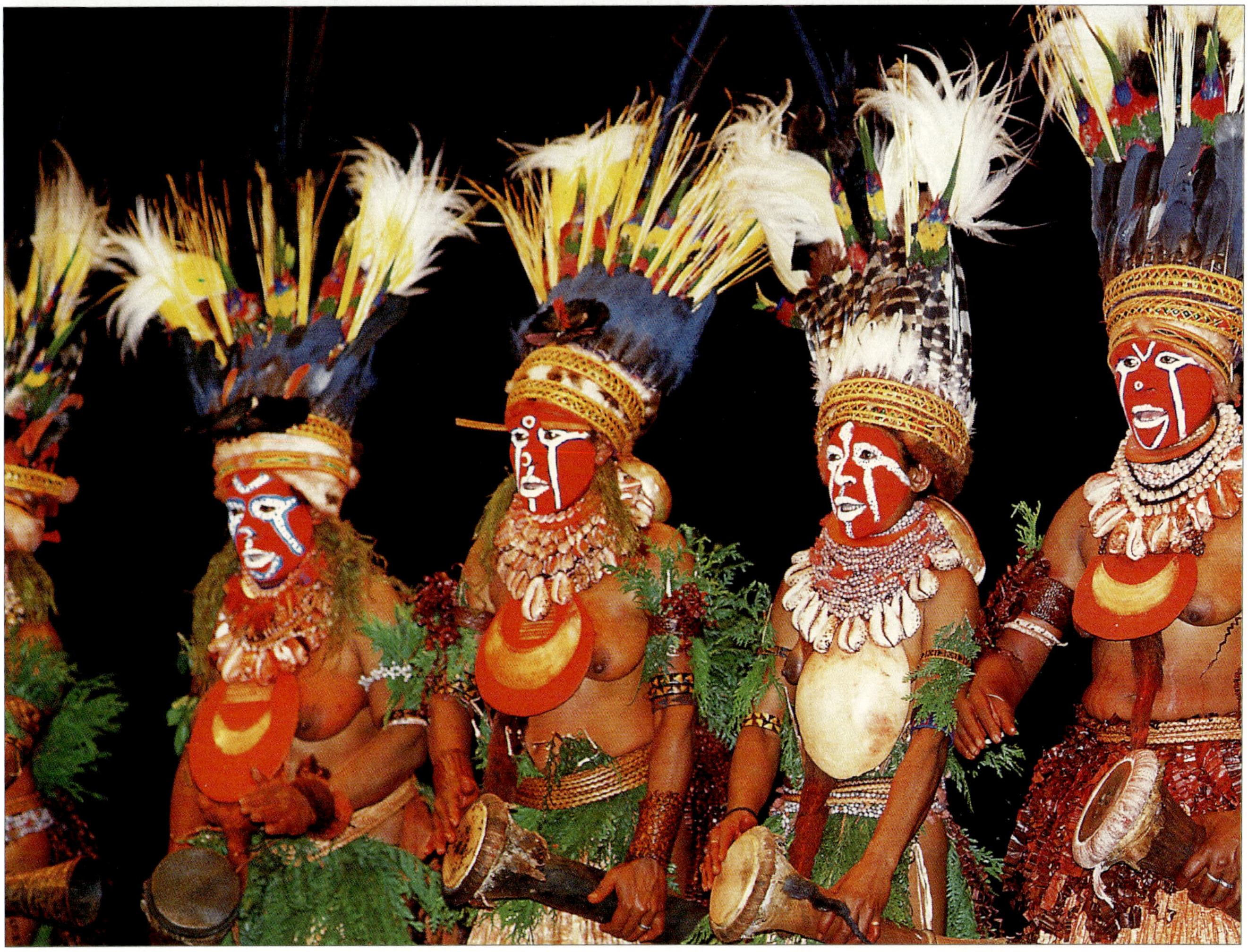

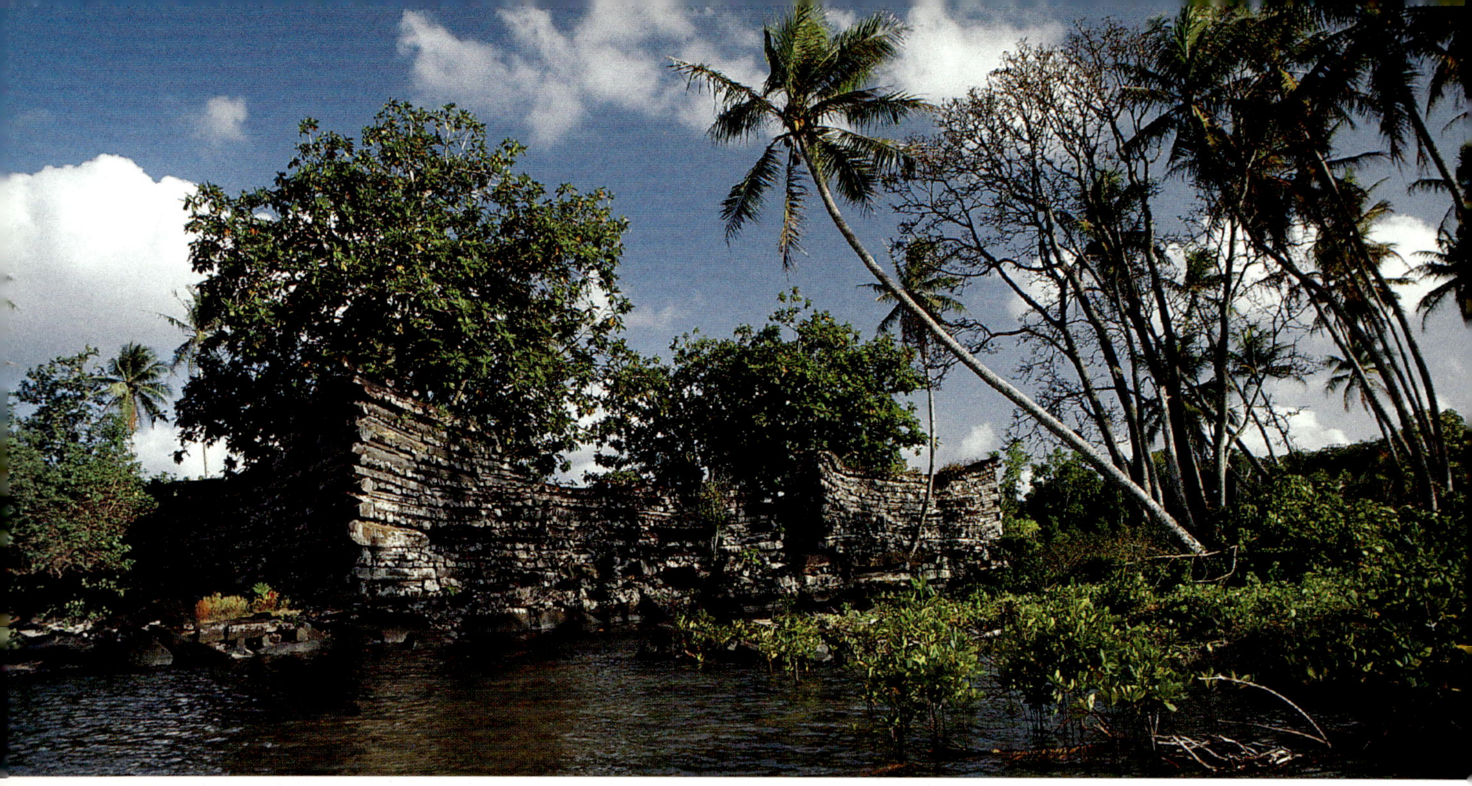

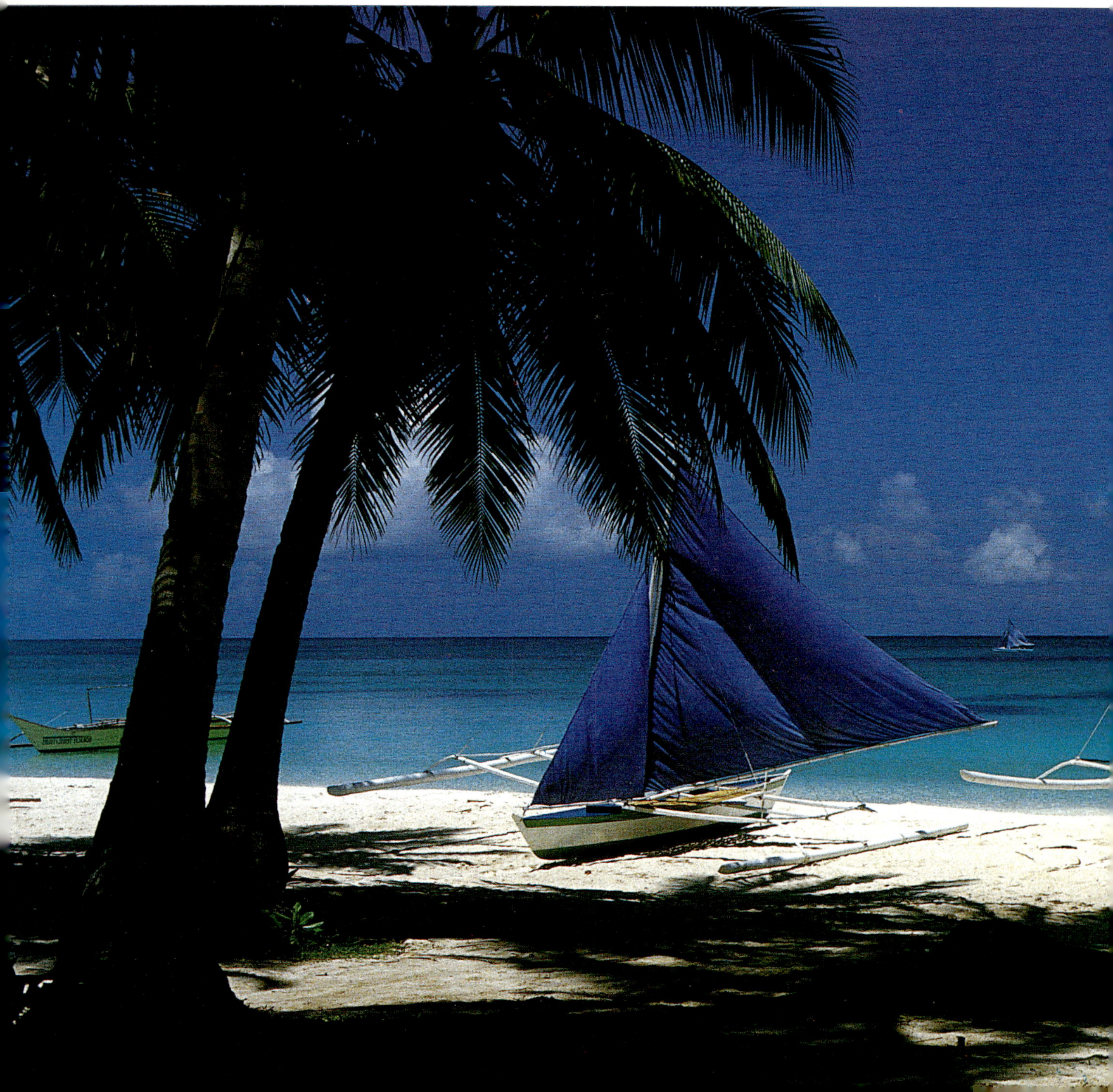

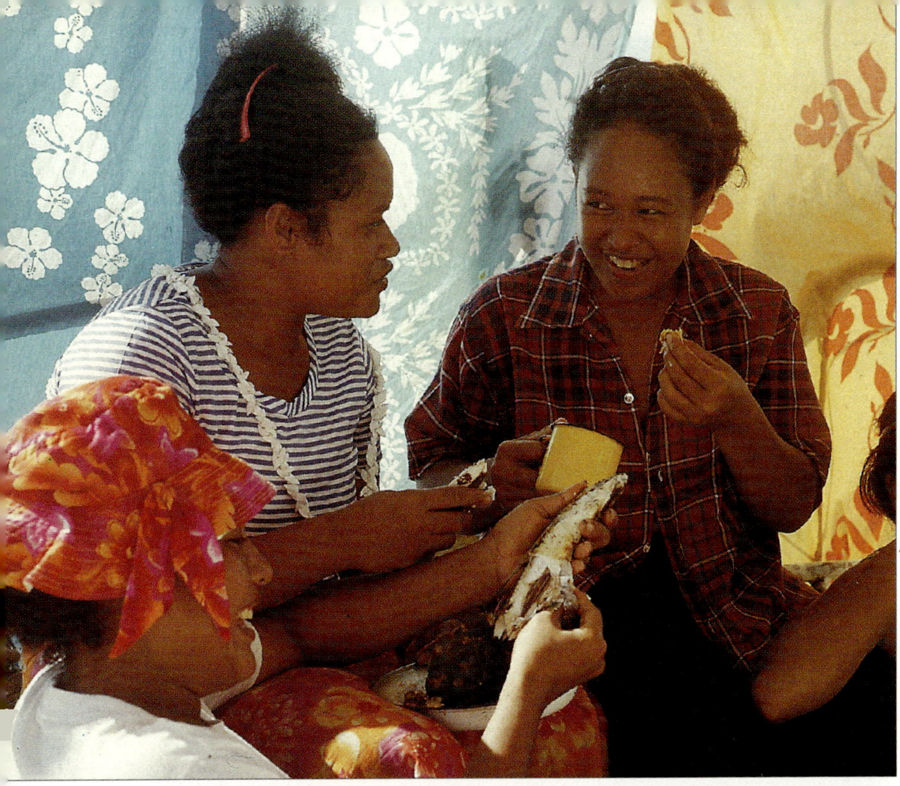

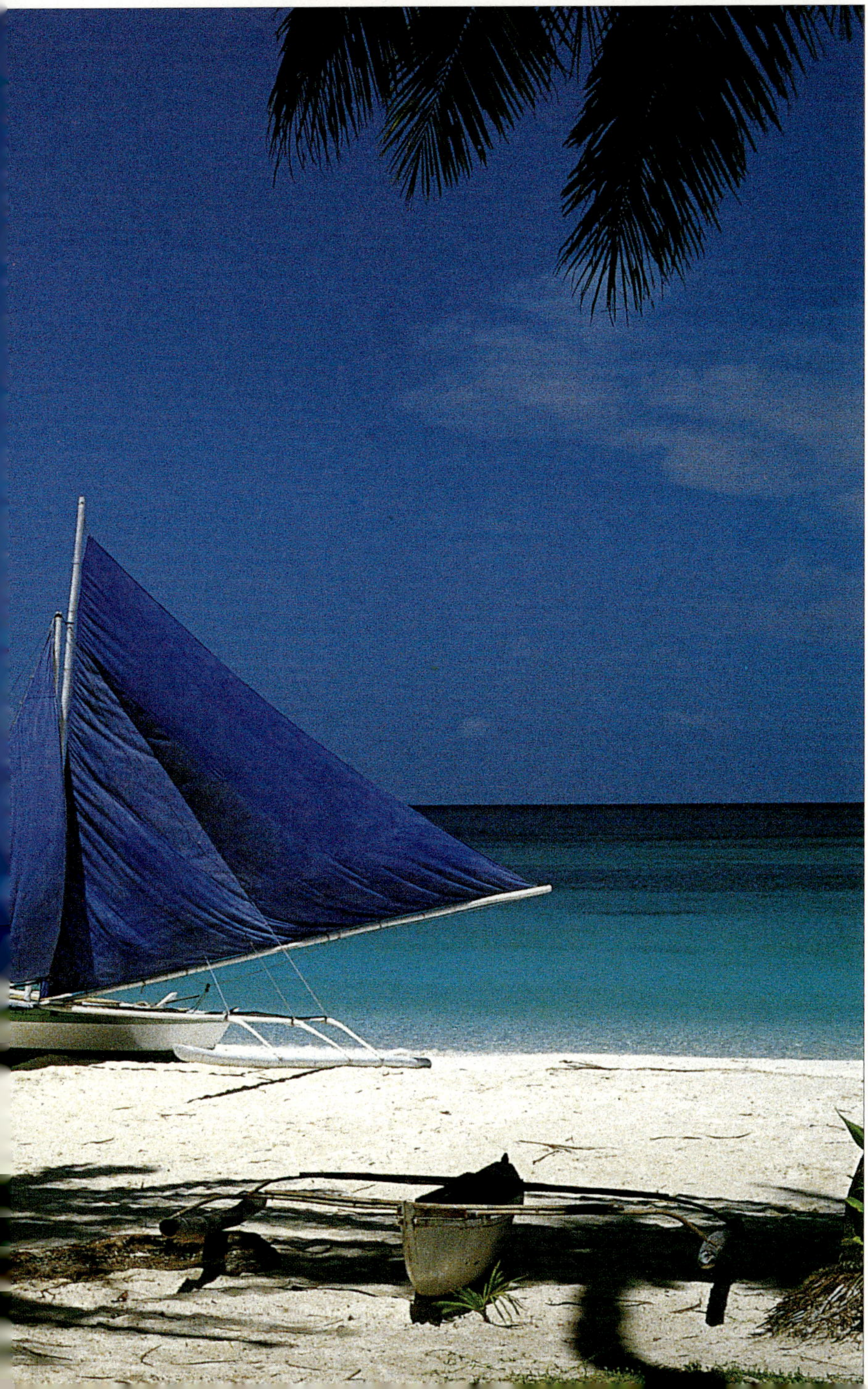

Escapade Pacifique Nord-Ouest

Micronésie, Philippines

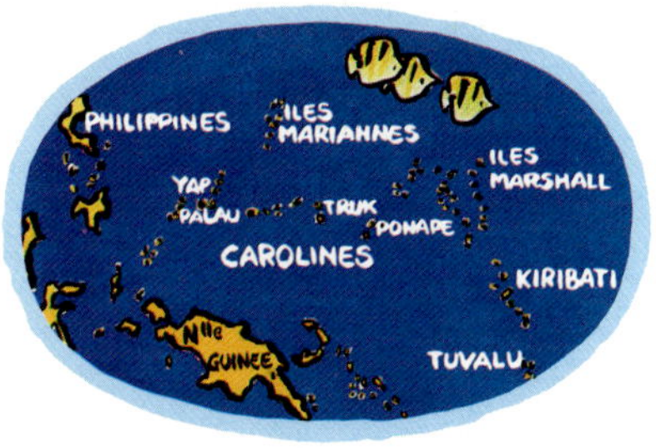

MICRONÉSIE

Une autre façon d'éviter la saison des cyclones du Pacifique Sud-Ouest consiste à franchir l'équateur vers le nord ; malheureusement, le risque de cyclone (ici on les appelle typhons) n'y est jamais totalement nul. Pourtant la région est parsemée d'archipels fascinants: les îles Kiribati et Tuvalu, atolls au ras de l'eau, aux noms amusants de Funafuti, Abemama, Butaritari.

Les anciens habitants des Marshall, comme ceux des Carolines, plus à l'ouest, accomplissaient sur leurs pirogues de longues traversées océaniques. Dans l'île de Ponape se dressent les ruines colossales et inexpliquées de Nan Madol. Les Mariannes connaissent un développement touristique colossal, le Japon est proche. La Micronésie s'étant récemment divisée en plusieurs États indépendants, les formalités sont encore complexes et variables d'île en île.

PHILIPPINES

Il vaut mieux éviter certaines régions de Mindanao et de la mer de Sulu où l'incertitude politique engendre des activités proches de la piraterie.

Le seul récit circonstancié d'attaque de plaisancier que je connaisse est celui de Peter Tangvald (voir à la fin du livre) qui a vu sa femme se faire tuer sous ses yeux. Pourtant de nombreux bateaux sillonnent sans problèmes majeurs (d'octobre à mai, la meilleure période, mousson de nord-est et risque de typhon minimal) cet archipel de 7 000 îles. Des Français rencontrés au nord-est de Palawan naviguaient depuis des années sans souci sur un bateau de construction locale.

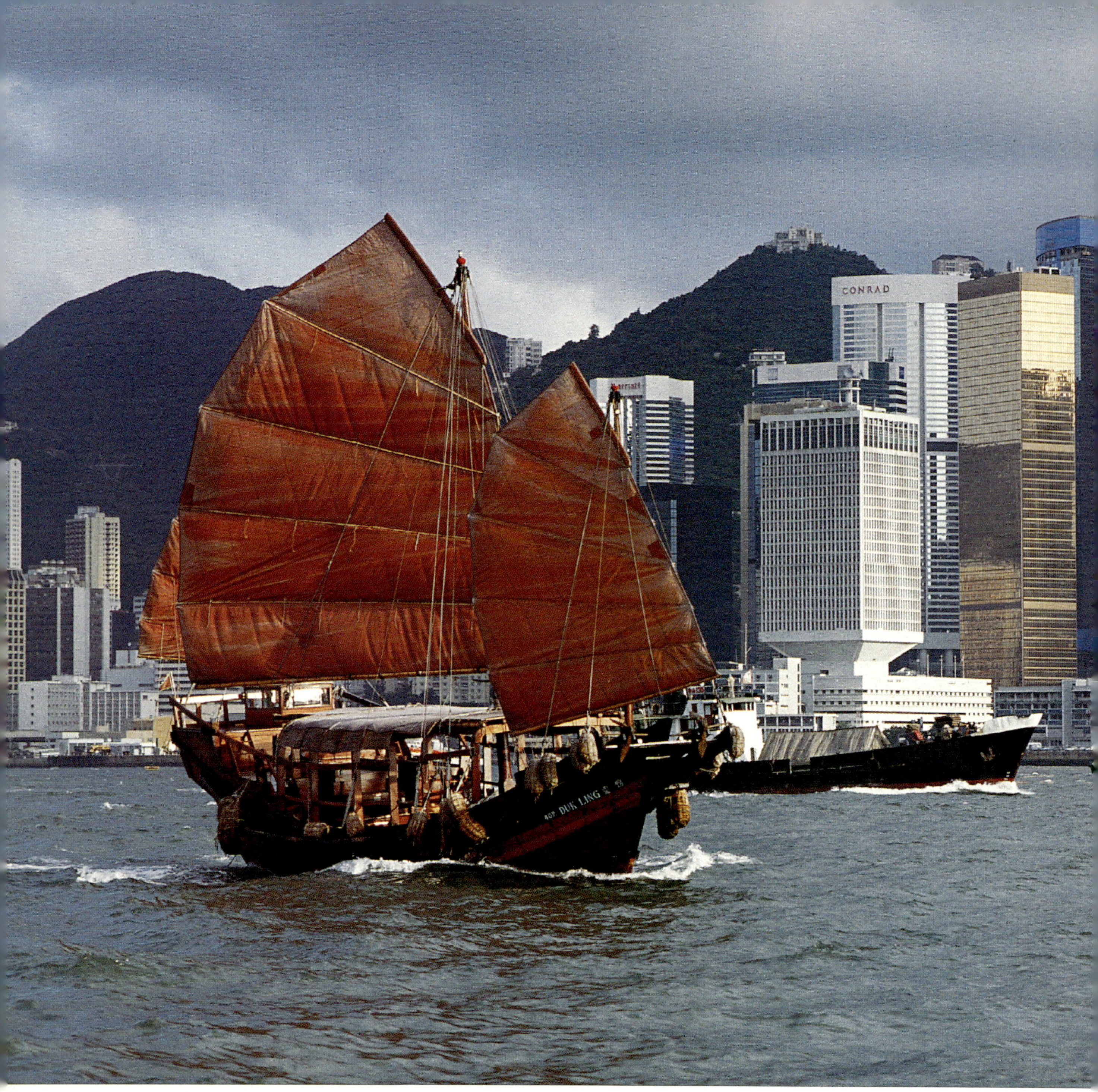
CONRAD
DUK LING

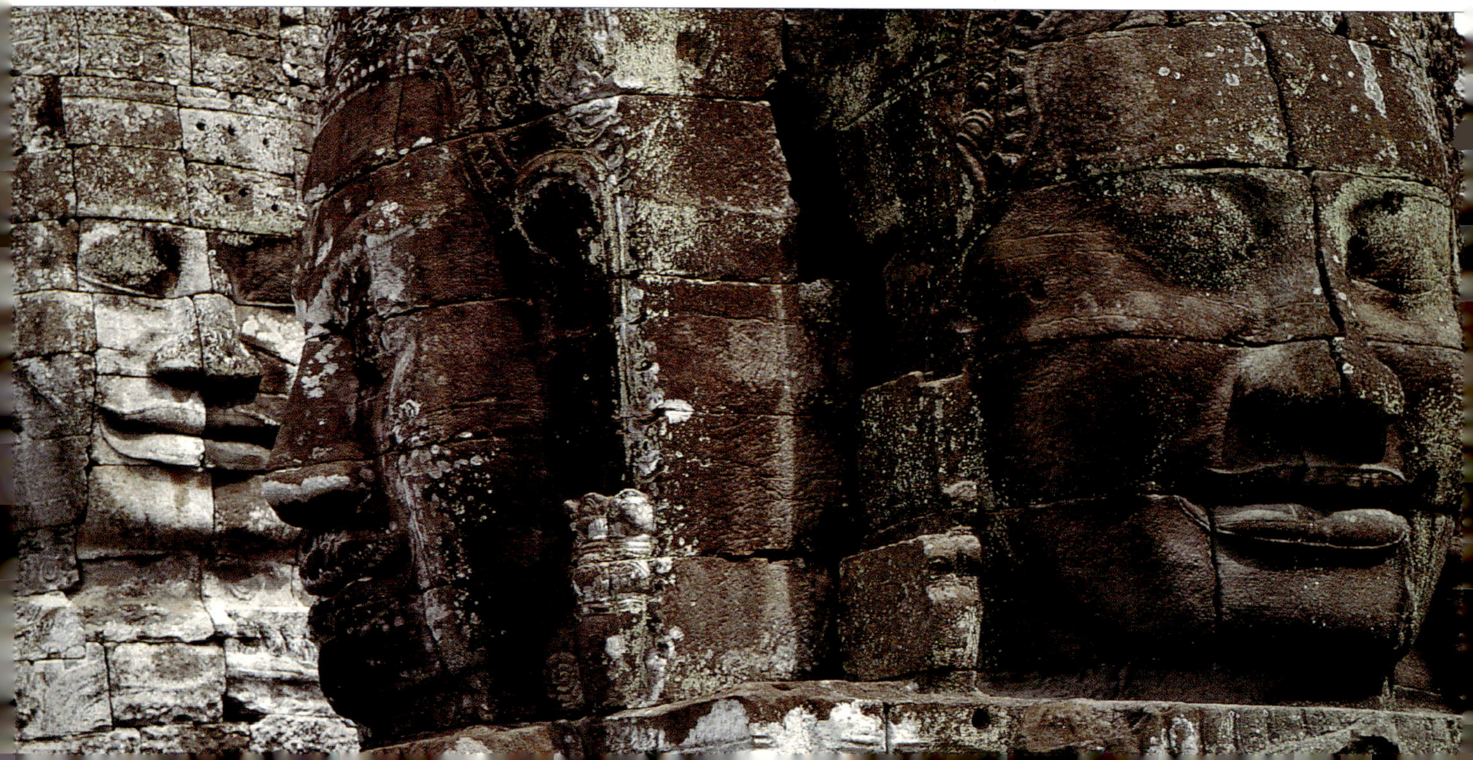

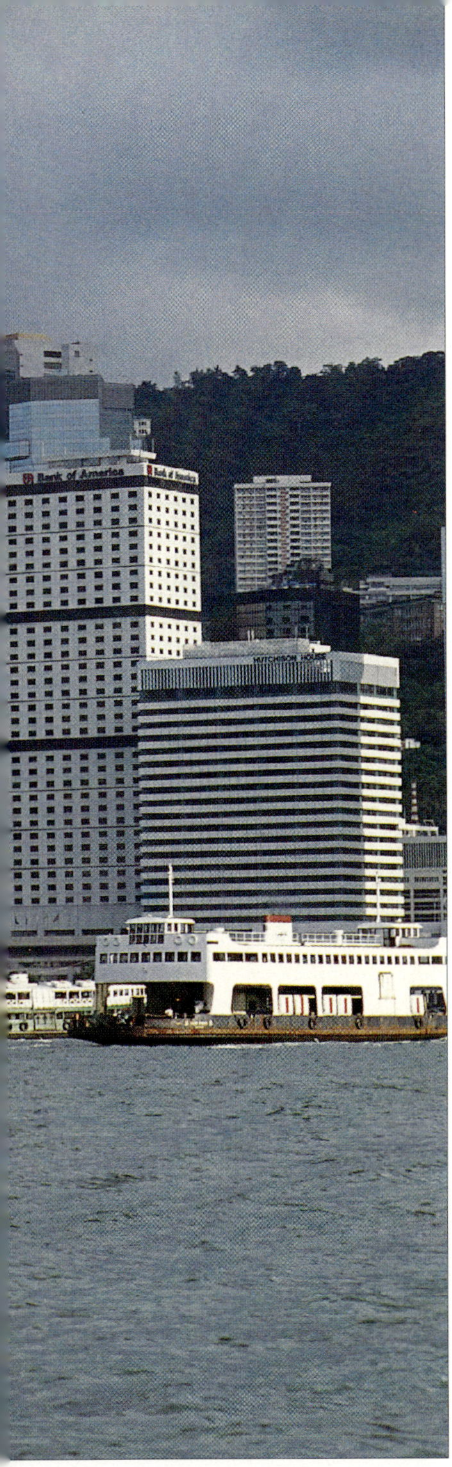

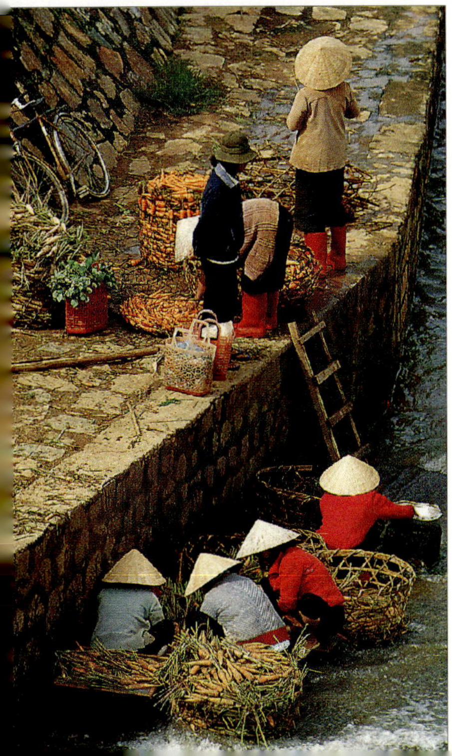

Escapade : Asie du Sud-Est

Hong-Kong, Viet-Nam, Thaïlande...

Et puis voici le continent, immense, à la vie grouillante. En sentinelle, Hong Kong, qui est sur le point de redevenir chinoise : qu'adviendra-t-il en 1997 de son économie fulgurante, de ses gratte-ciel entièrement construits à l'aide d'échafaudages de bambou ?

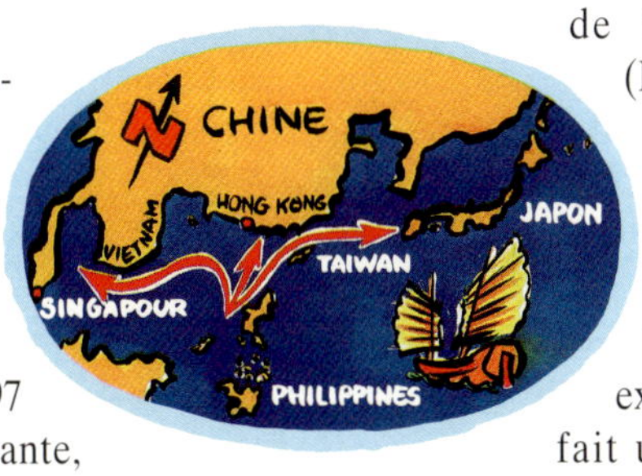

Très peu de voiliers ont pu à ce jour s'aventurer en Chine continentale, pourtant il y a là quelques fleuves tentants, Si Kiang, Yang-Tsê Kiang. Taiwan, de l'autre côté du détroit de Formose, n'est pas non plus très accueillante, et s'il s'y construit de nombreux voiliers, la plaisance n'y a nulle place.

De novembre à avril, la mousson de nord-est amène le climat le plus favorable. De mai à octobre, le risque de typhons est au plus fort. Au Japon s'y ajoutent les risques dus au brouillard que provoque la rencontre de courants froids et chauds. Peu de facilités étaient jusqu'à présent offertes aux plaisanciers au pays du Soleil-Levant, du sumo et des sushis, mais les Japonais semblent désormais se mettre au yachting et, connaissant leur dynamisme, il devrait y avoir bientôt une place pour la plaisance sur les rives de cet archipel jusqu'à présent réservées à la pêche et à l'industrie.

Retournant vers le sud, le Vietnam va bien finir par s'ouvrir aux bateaux de plaisance et on pourra avec émotion retourner sur les lieux où Bernard Moitessier fit ses premières navigations. Une jonque propose actuellement des croisières de Saigon à Phnom Penh... nos voiliers pourront-ils un jour remonter jusqu'au Cambodge pour que nous puissions admirer les statues d'Angkor ?

La côte est de la Thaïlande s'ouvre aussi à la navigation, et, le phénomène des *boat-people* fuyant le Vietnam s'atténuant, on peut espérer voir disparaître la piraterie qu'il avait engendrée dans le golfe de Siam et la mer de Chine méridionale.

La région la plus sûre ces dernières années restait la côte nord-ouest de Bornéo, les États prospères de Brunei et de Sarawak et Sabah (Malaisie).

Singapour a subi ces dernières années une rénovation qui lui a fait perdre une bonne partie de son exotisme, mais qui en a fait un des pays les plus sûrs et prospères d'Asie. Elle reste la plaque tournante des circumnavigateurs qui se sont aventurés au nord de l'Indonésie ; c'est là qu'ils rencontreront leurs premiers collègues lévogyres, ceux qui ont pris à gauche en quittant l'Europe et profité de la mousson de sud-ouest pour traverser l'océan Indien d'ouest en est ; il s'agit là d'une route logique, mais la prolonger vers l'est expose à lutter désormais contre les alizés sur des milliers de milles.

Au départ de Singapour, il faudra bien sûr choisir la saison de la mousson de nord-est, la meilleure période étant de janvier à mars, pour se diriger vers la côte ouest de la Thaïlande et l'océan Indien. En mousson de sud-

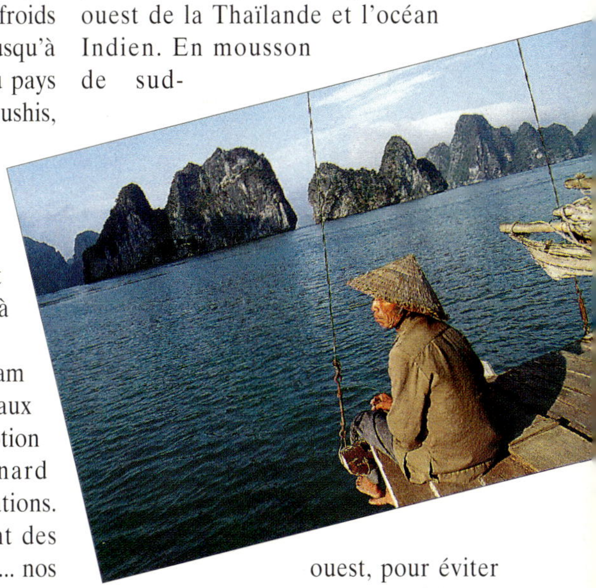

ouest, pour éviter la traversée épouvantable par laquelle commence le premier livre de Bernard Moitessier, *Un vagabond des mers du Sud*, il vaudrait mieux laisser Sumatra à tribord, et *via* le détroit de la Sonde, rejoindre l'hémisphère Sud et la route traditionnelle des alizés qui vient de pénétrer dans l'océan Indien.

Office du tourisme du Vietnam : renseignements, par téléphone uniquement, au 42 86 86 37. Air France relie Paris à Hong-Kong, Tokyo et Osaka, Hanoï, Hô Chi Min-Ville / Saigon et Bangkok.

Les Risques

Maladies, accidents, naufrages, piraterie.

Si une navigation autour du monde sur un bon bateau, en choisissant les meilleurs climats des meilleures régions, est somme toute moins dangereuse que de faire Paris Nice en voiture, il y a un certain nombre de risques à prendre en compte:

Coté santé, vous serez les quatre cinquièmes du temps à portée d'une médecine quelconque. En cas de besoin, chaque pays, chaque île a sa conception des soins. Ce n'est que lors de grandes traversées, ou de mouillages libres, prolongés loin de tout centre que vous devrez vraiment jouer le *flying doctor*; à cet égard, une pharmacie bien équipée est essentielle, le Dr Chauve réalise celle des coureurs des compétitions comme le Vendée Globe Challenge; les trois boîtes de pharmacie et les brochures qu'il y associe (dont une sur les problèmes des enfants) m'ont maintes fois rendu service.

En principe, une navigation prudente, des choix judicieux vous mettront à l'abri des naufrages et échouages; les moyens modernes, radar et GPS, ont infiniment amélioré la situation... attention néanmoins à l'excessive sensation de sécurité qu'ils finissent par donner.

Un échouage malencontreux ne sera pas forcément fatal si le bateau est solide et des dispositions prises rapidement : le grand voilier de la photo ci-contre a été tiré de là rapidement par un remorqueur. L'assurance tout risque d'un bateau de plaisance est assez coûteuse, mais elle est exigée en particulier pour les bateaux achetés en leasing.

On reparle régulièrement de piraterie; je parlerais plutôt de triste banditisme, généralement localisé à quelques régions, Asie du Sud-Est, golfe de Guinée. Le trafic de drogue a créé des difficultés dans certaines régions des Antilles, mais des quantités de voiliers y voyagent sans problème. Sur les côtes exposées au vent, *lee shores*, comme celles d'Amérique centrale, les populations sont depuis longtemps habituées à considérer comme leur bien tout ce qui échoue sur leurs plages: prudence redoublée, donc, le pillage suivant parfois l'échouage... mais on a même vu ça sur les côtes bretonnes lors de tempêtes récentes

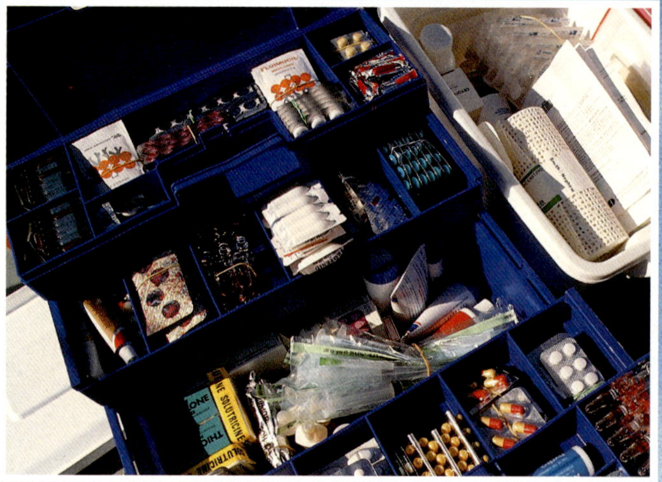

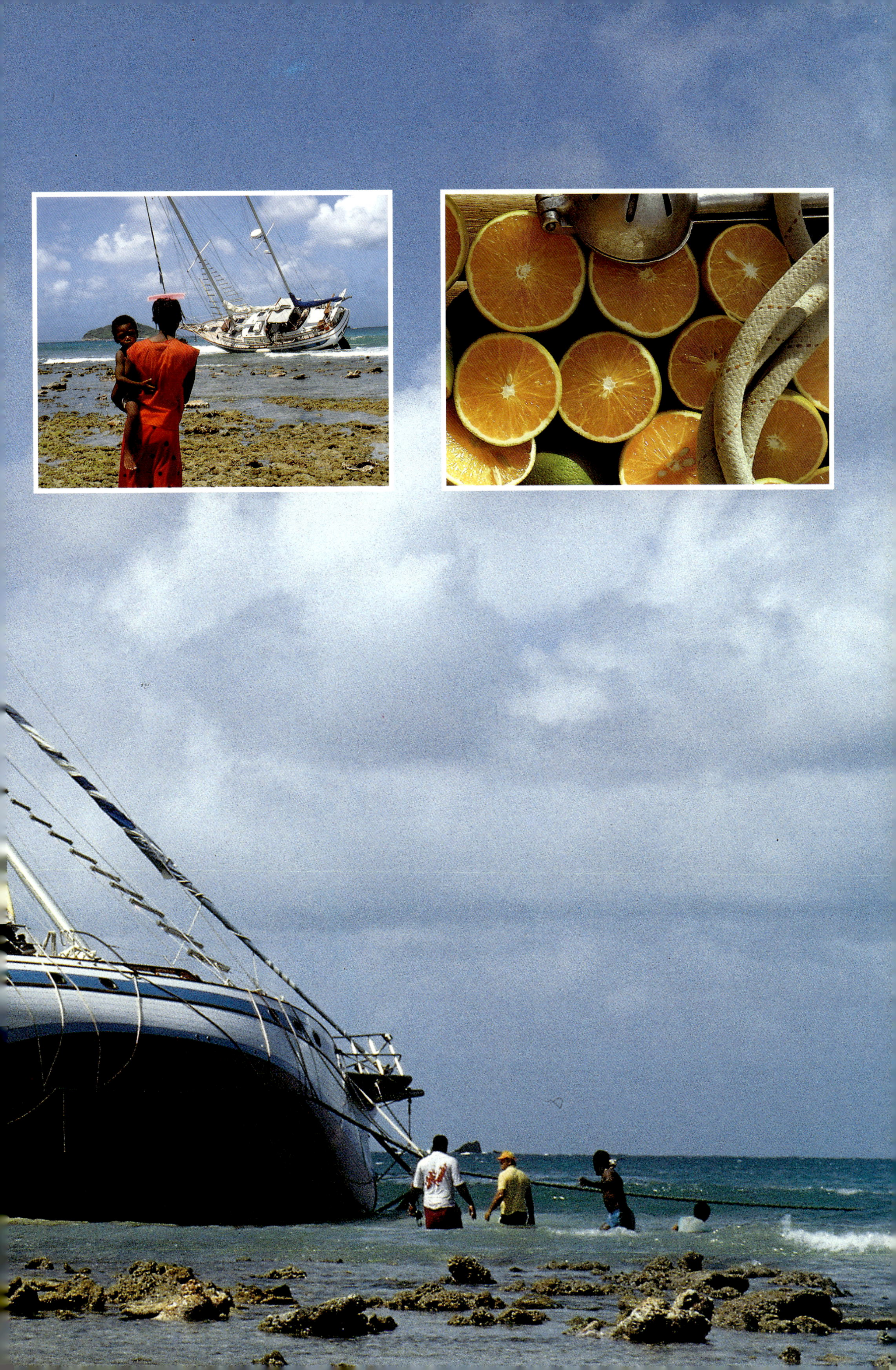

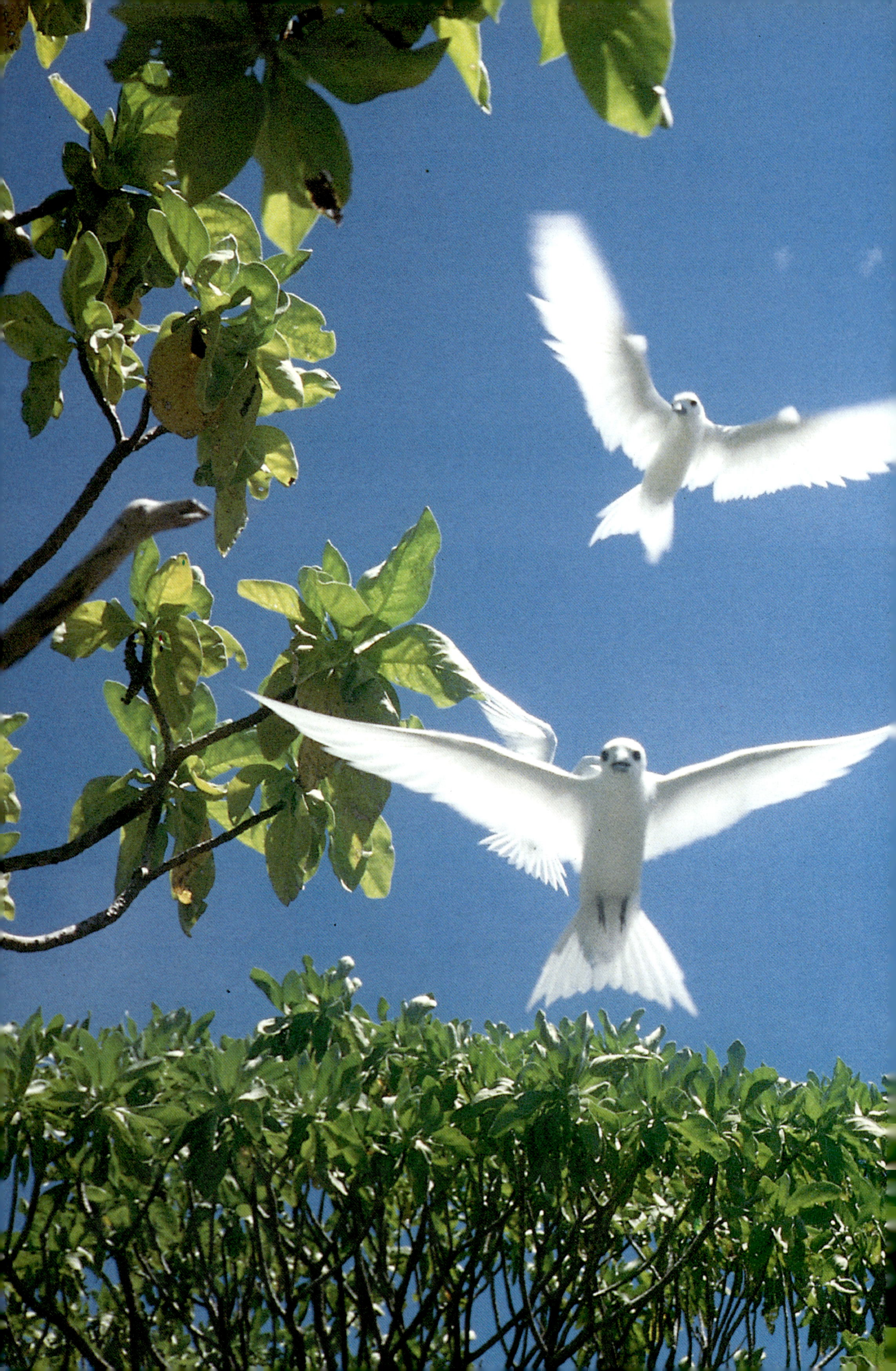

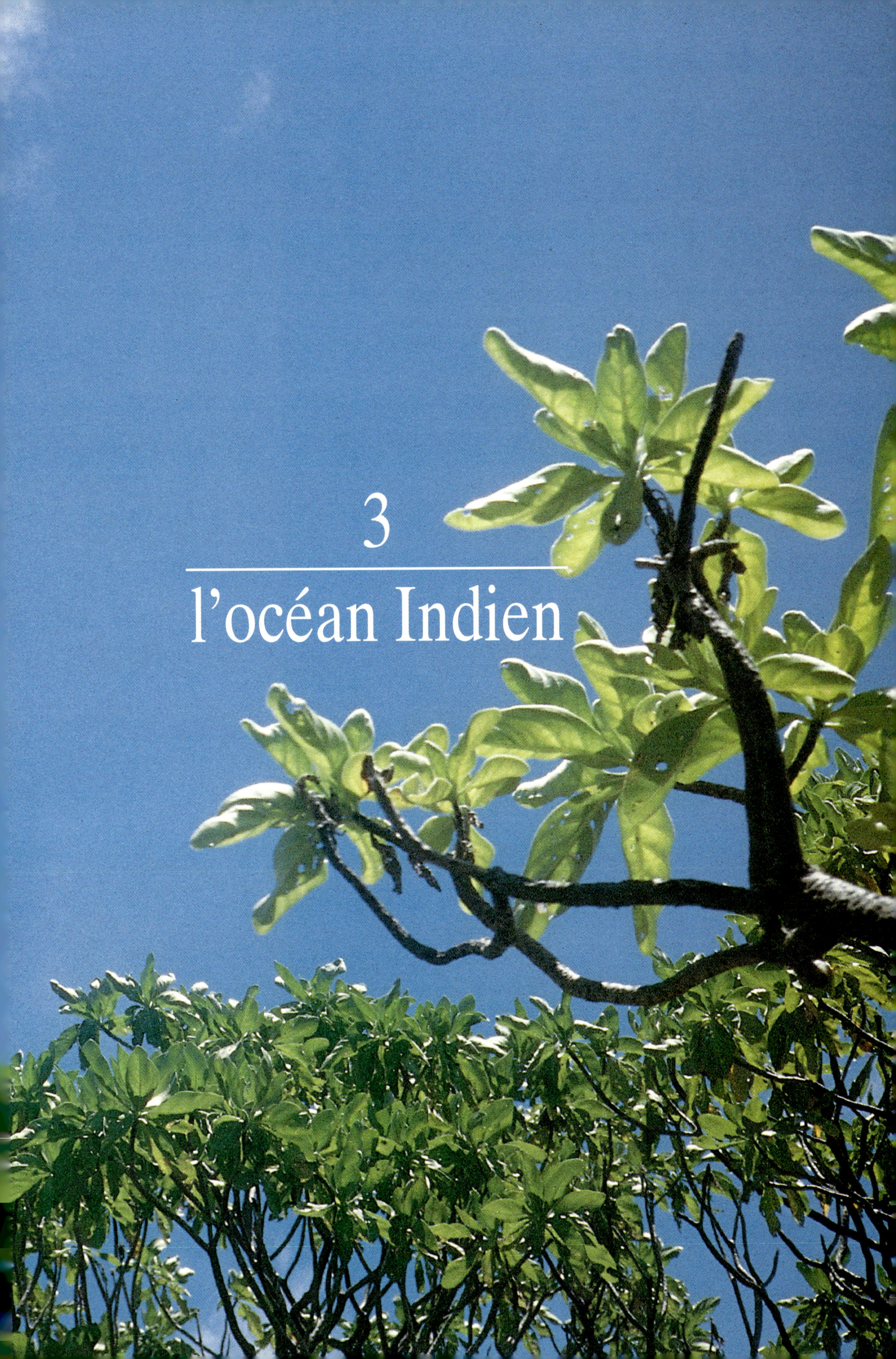

3

l’océan Indien

Indonésie

Bali sera toujours Bali

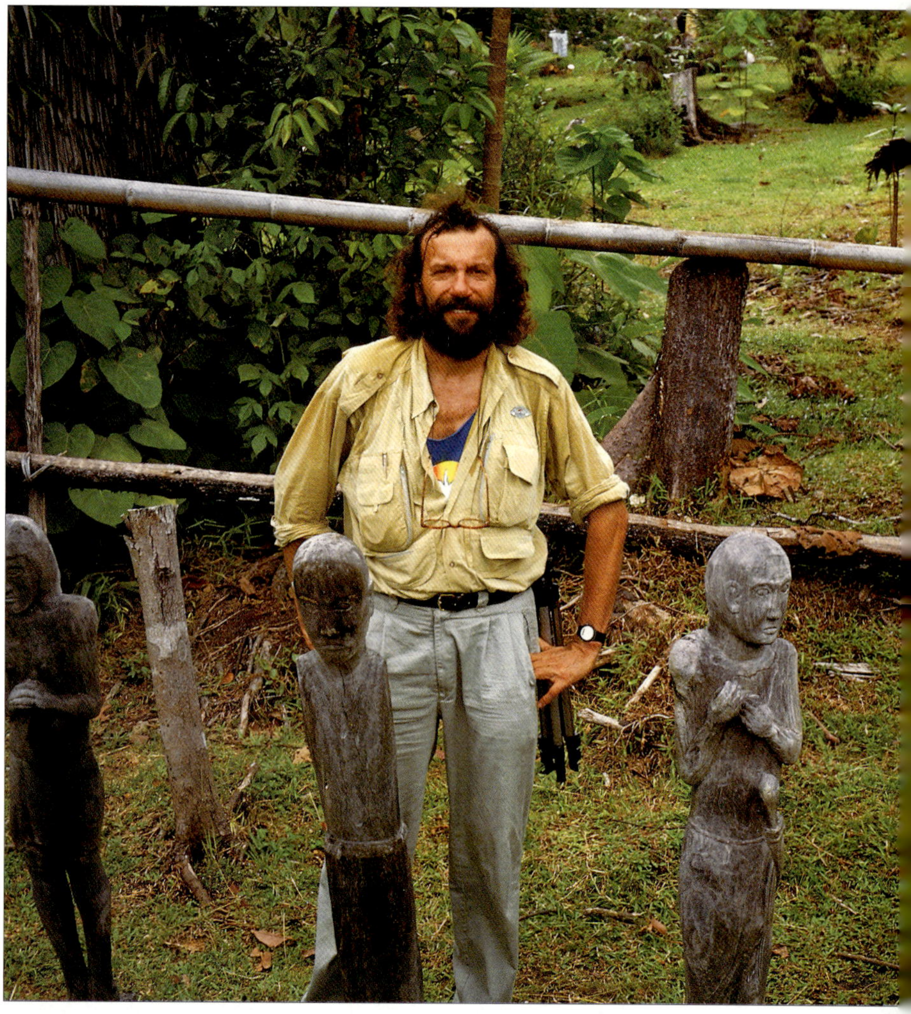

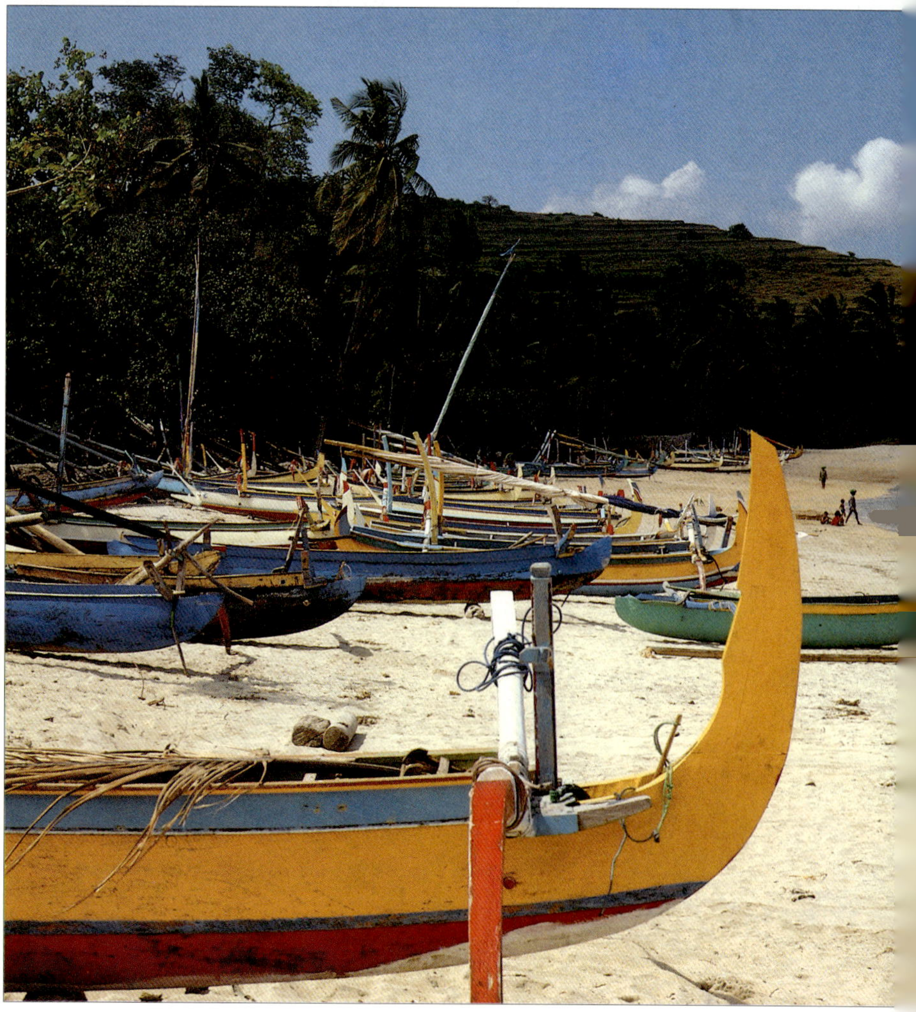

A la sortie des mers d'Arafura et de Timor, la route des alizés longe l'immense chaîne méridionale des îles indonésiennes après être passée à proximité du récif Ashmore où l'on peut jeter l'ancre par vents faibles et bonne visibilité.

Pour faire escale en Indonésie, il faudra s'être muni avant tout d'un permis de croisière visé par moult autorités de Djakarta (quelques agents le fournissent désormais, mais ce n'est pas simple) et des visas. Il faudra s'attendre à des contrôles fréquents et en tout cas à une grande curiosité, généralement envahissante de la part des populations des îles. Quelques bateaux tentent, avec des fortunes diverses, de faire escale à Bali, l'île la plus fréquentée par les bateaux de passage, sans *cruising permit*.

Les courants sont très forts dans les détroits qui séparent les îles, en particulier dans le détroit de Lombok, à l'est de Bali, rendant parfois scabreuse l'entrée à Benoa, le port principal, où l'on jette l'ancre dans un vaste lagon rétréci par de nombreux bancs de vase découverts à marée basse. A quelques kilomètres se trouve la capitale, Denpasar. Le plus étonnant, c'est que le charme et la spécificité de Bali parviennent encore à survivre à l'invasion touristique.

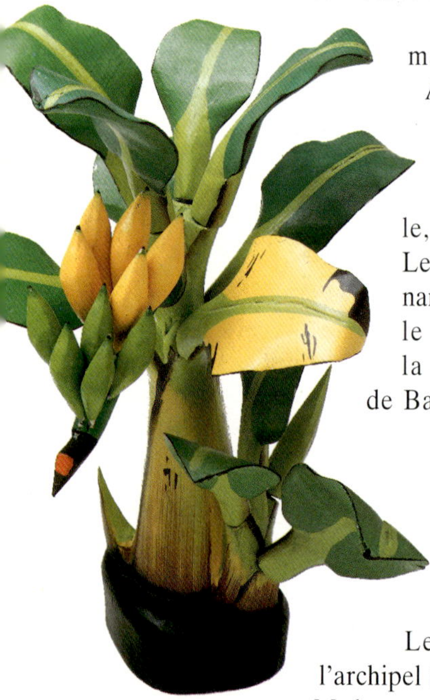

Le reste de l'archipel indonésien, Moluques, Célèbes, Lombok, Java, Sumatra, sans oublier la partie indonésienne de Bornéo, qui inspira les romans de Conrad comme *Le Paria des îles* ou *Lord Jim*, est bougrement tentant, mais les formalités n'arrangent rien, et rares sont les bateaux qui font escale ailleurs qu'à Bali dont les richesses ne sont plus à vanter...

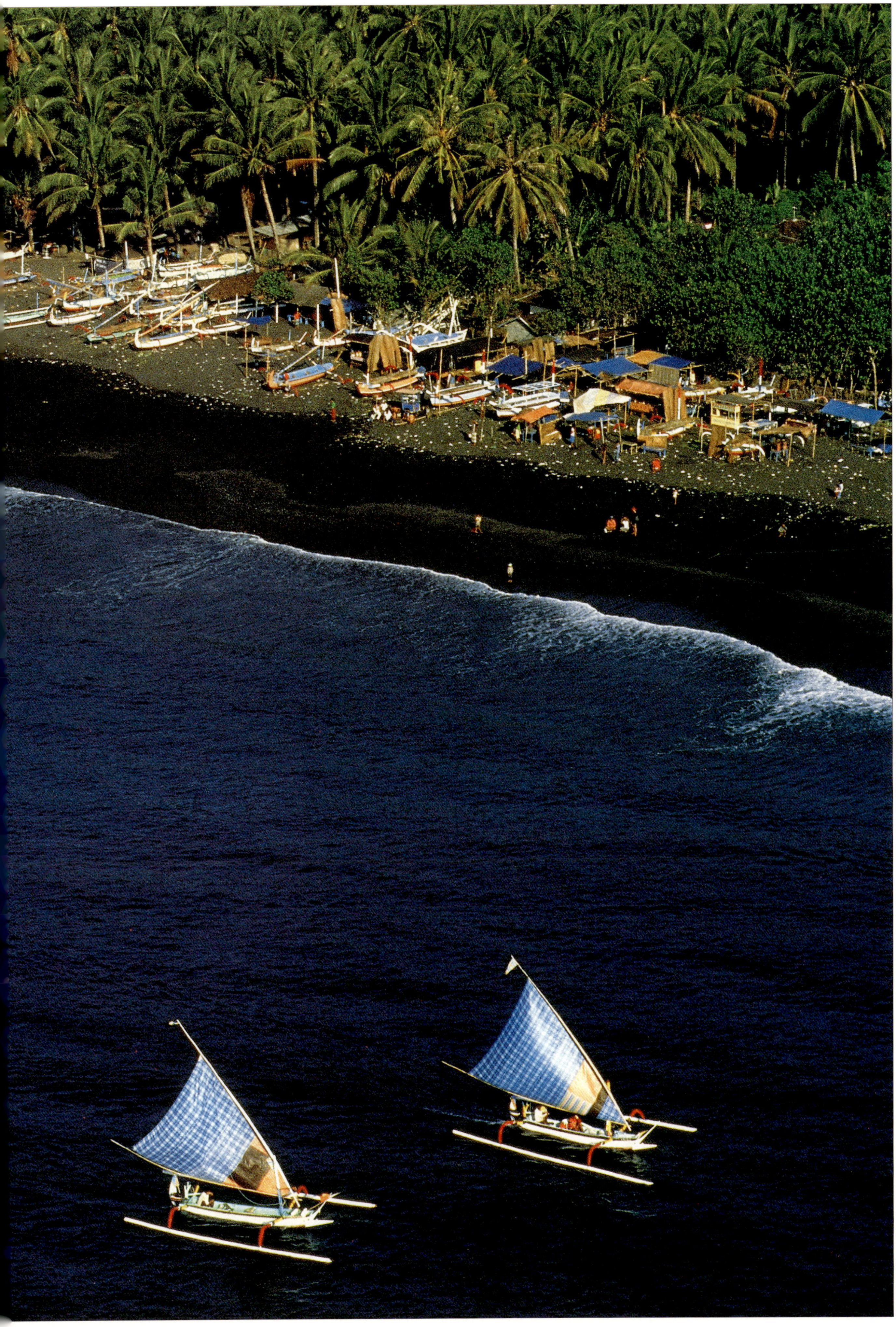

Océan Indien oriental

Christmas, Cocos Keeling, Chagos, Ceylan, Maldives

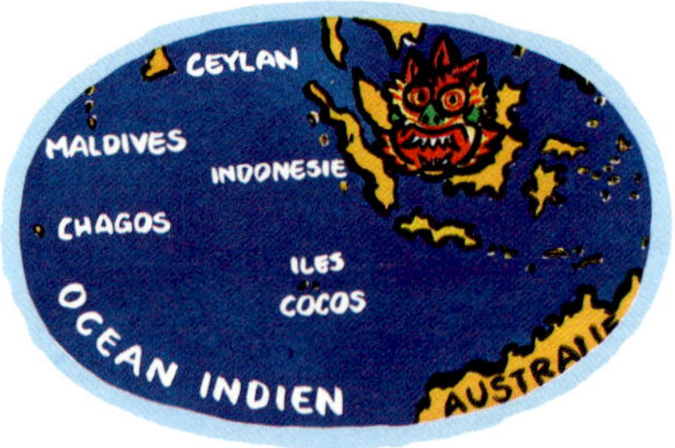

La houle de l'océan Indien est souvent hachée mais la traversée peut être interrompue par des escales plaisantes dans des îles distantes de quelques centaines de milles les unes des autres. Christmas, rocheuse et abrupte, a un mouillage honnête, un yacht club accueillant, un golf, des commerçants asiatiques et, partout, les traces de l'industrie minière. Aux Cocos-Keeling, les voiliers s'abritent de l'alizé dans un mouillage de rêve, au nord-est de l'atoll, jadis royaume d'un roi européen aux pieds nus.

Au bout d'une traite de 1 500 milles, l'archipel des Chagos est une excellente escale au milieu de l'océan même si une base militaire américaine interdit jusqu'à nouvel ordre l'accès à Diego Garcia, car l'escale est permise dans les atolls Salomon, Egmont et Peros Banhos, sous réserve de ne pas s'installer à terre et de respecter certaines règles visant à la protection de l'archipel, réserve naturelle.

J'ai déjà dit ma passion pour les Maldives: même si le nombre d'îles transformées en villages de vacances augmente, il suffit de s'éloigner de l'atoll de Malé pour retrouver les îles dans leur authenticité. Aux plus récentes nouvelles, on pouvait obtenir à Malé l'autorisation de rendre visite aux atolls retirés, aux noms aussi magiques que Suvadiva ou Miladoumadoulou.

Malé est fréquemment reliée par avion à Ceylan, dont l'agitation politique n'incite pas à y croiser, surtout dans la région la plus dangereuse, celle de Trincomalee, au nord-est.

Mais le port de Galle, au sud de cette belle île, semble encore un abri sûr, même si don Windsor, l'agent-ami-pourvoyeur des yachts est récemment décédé.

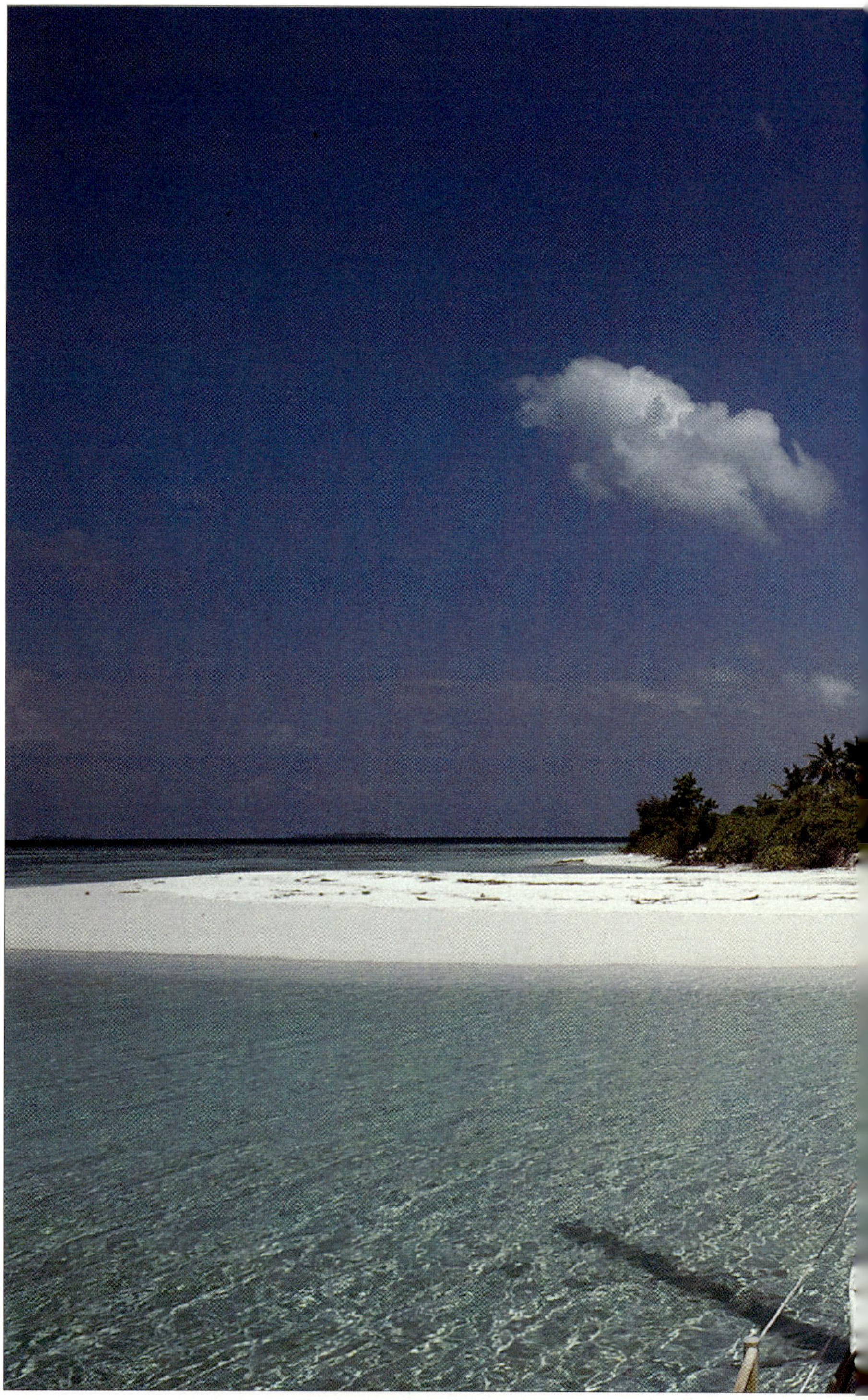

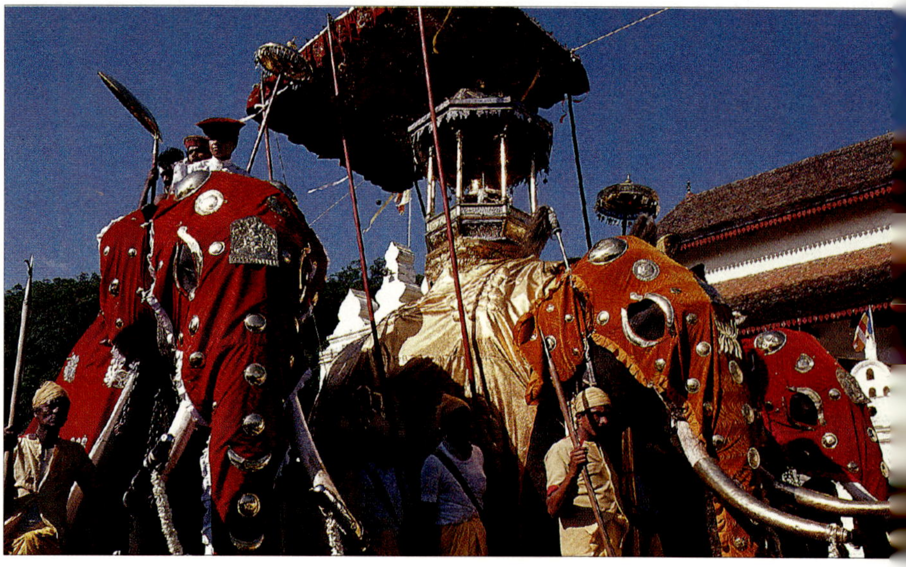

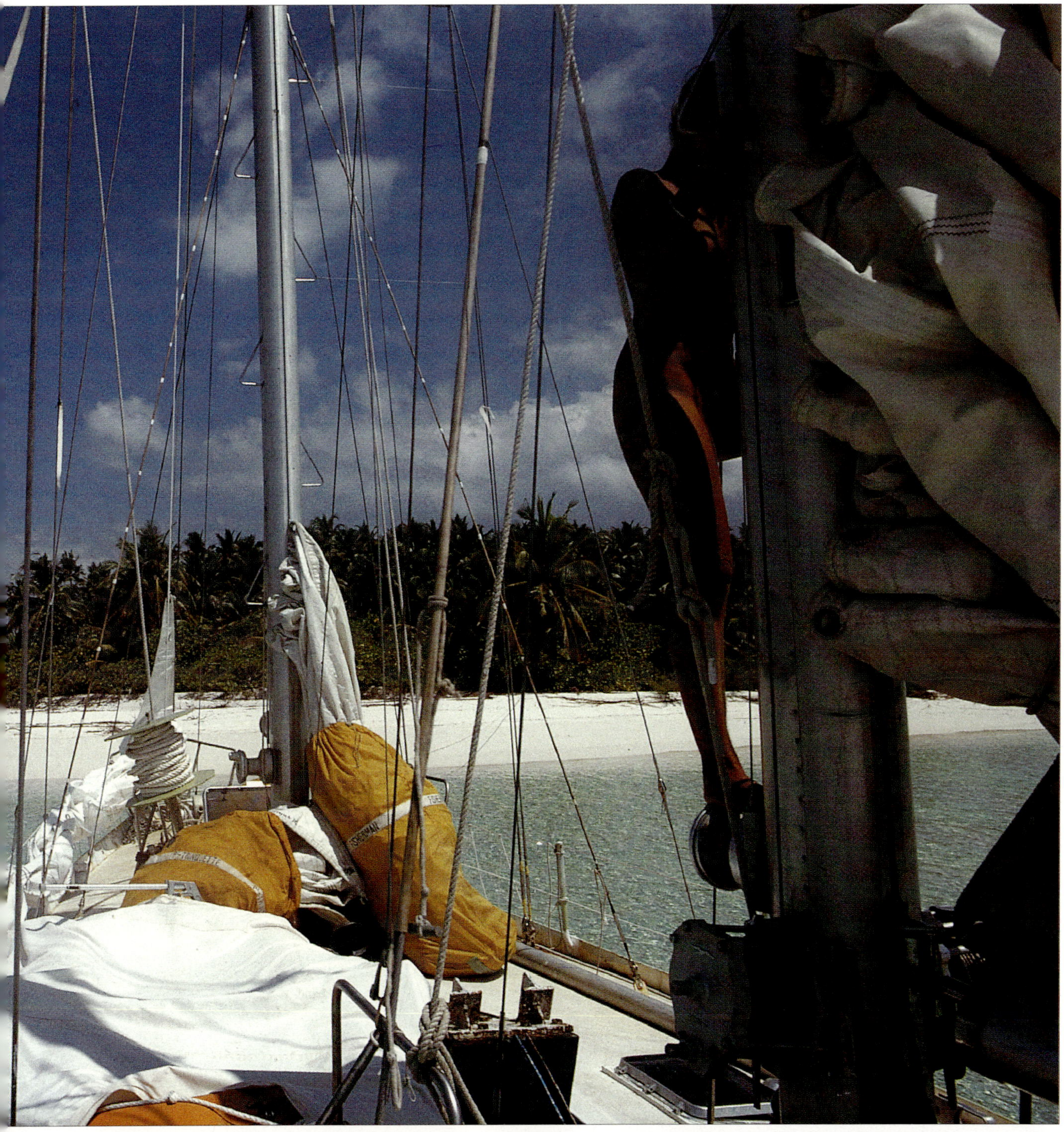

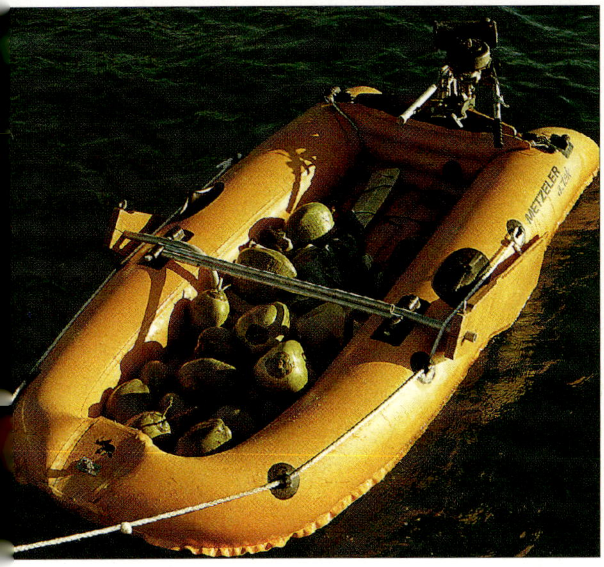
METZELER

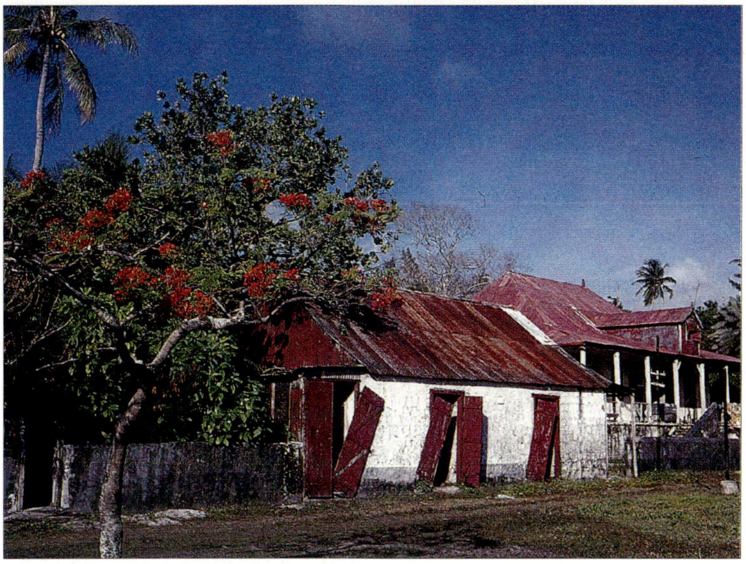

Réunion, Maurice et Rodrigues

Iles de France

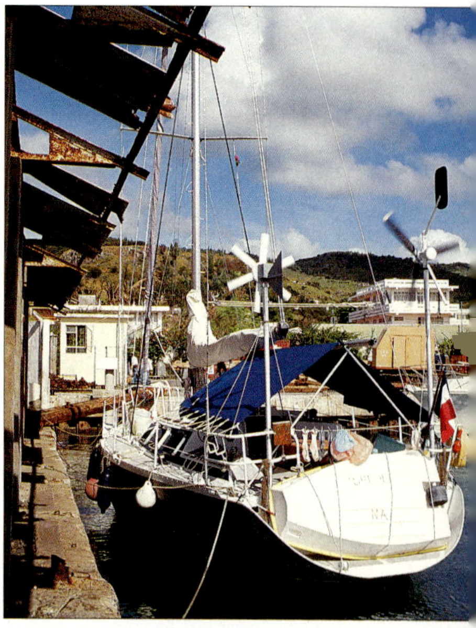

Rodrigues

L'île du Solitaire, oiseau disparu, est une dépendance de l'île Maurice; le chenal assez étroit de Port-Mathurin donne accès à un lagon bien protégé et les rares voiliers en escale y jettent l'ancre ou s'amarrent à un petit quai délabré, tout près de l'embarcadère du cargo mixte qui relie l'île à Maurice. Dans toute cette région, les risques de cyclones sont sérieux de novembre à mai; l'alizé, au contraire peut devenir inconfortablement fort en juillet-aout

Maurice

Ancienne île de France, elle est restée française de 1715 à 1815, et demeure francophone et francophile.

Le seul port d'entrée est Port-Louis, mais les formalités faites, les bateaux en escale gagnent généralement le mouillage de Grande Baie. On y trouve un yacht club accueillant et quelques-uns des plus beaux hôtels de l'île, comme l'extraordinaire Royal Palm.

A 200 milles au nord-est de l'île Maurice, un groupe d'îles basses, les Cargados Carajos (ou Saint Brandon) sont parfois visitées, mais une autorisation doit être en principe obtenue à Maurice.

La Réunion

Ancienne île Bourbon, c'est un département d'outre-mer : on y retrouve pratiquement tout ce qu'on trouve en France, mais nettement plus cher.

Les mouillages sont rares (pointe des Galets, Saint-Pierre, Saint-Paul), les plages sont limitées aux environs de Saint-Gilles, mais l'extraordinaire paysage de l'intérieur de l'île, les pentes couvertes de canne à sucre, le cirque de Cilaos, le volcan de la Fournaise ont valu à la Réunion le titre mérité d'île à Grand Spectacle.

Office du tourisme de la Réunion, 90 rue de la Boétie, 75008 Paris. De l'Ile Maurice - par téléphone ou courrier uniquement - 41, rue Ybry, 92220 Neuilly sur Seine ; tel.: 45 40 37 42.

Air France relie quotidiennement Paris à Saint Denis der la Réunion et à l'Ile Maurice.

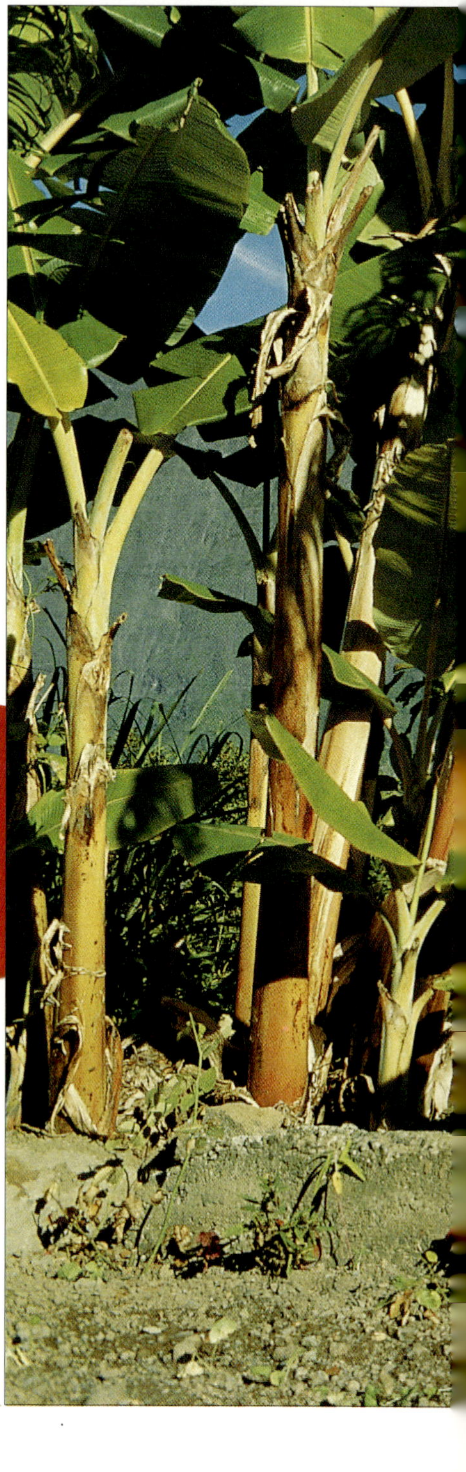

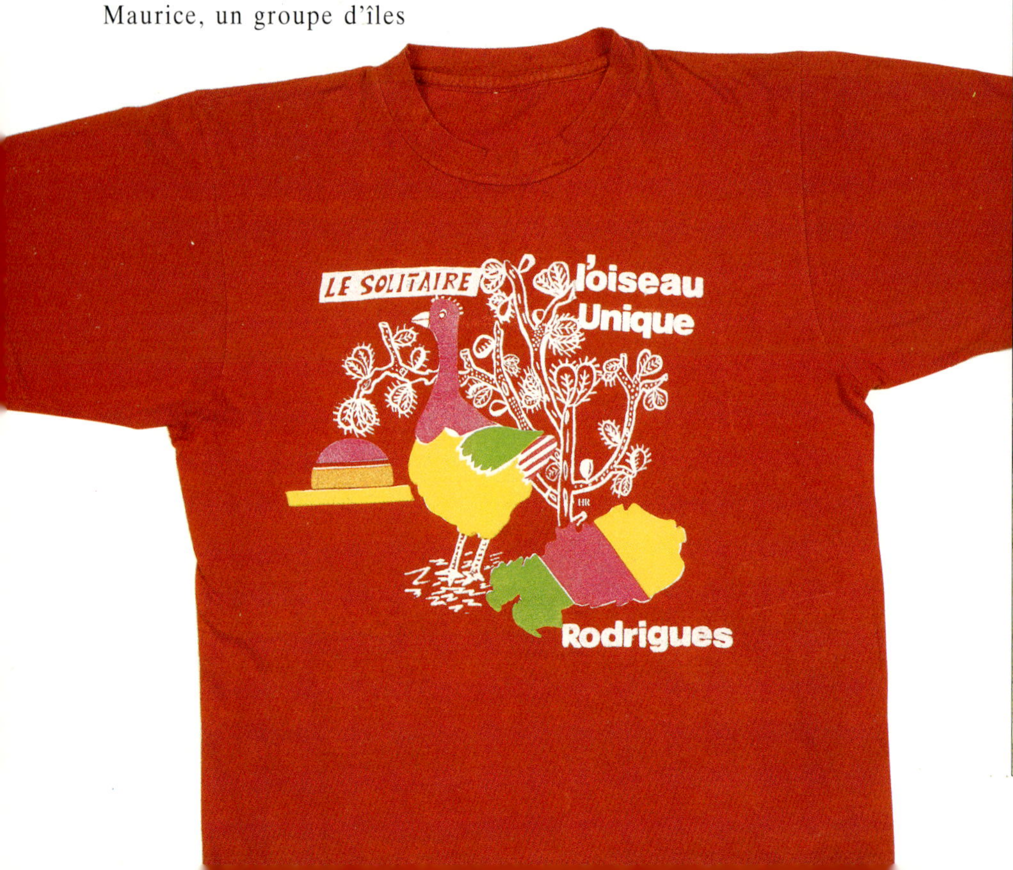

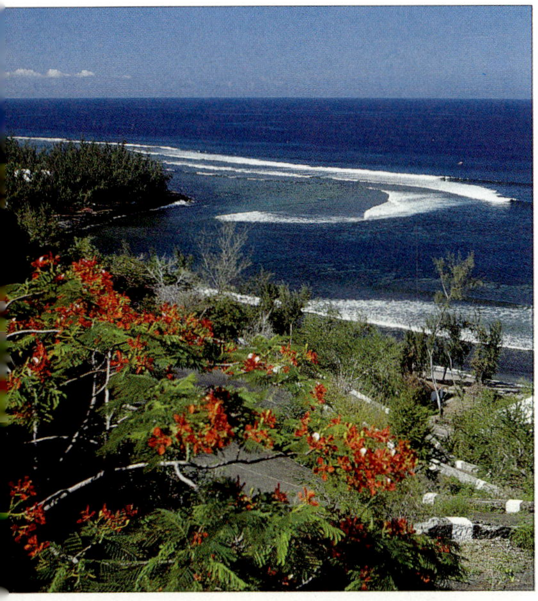

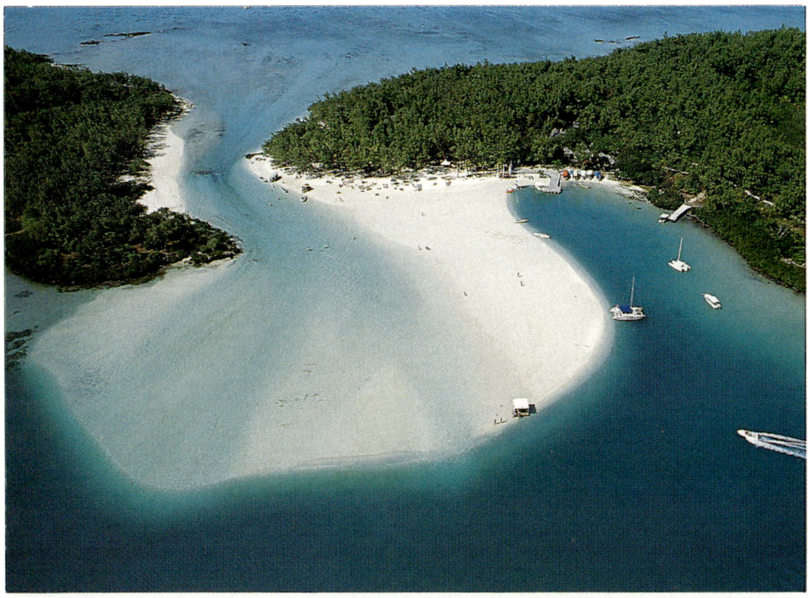

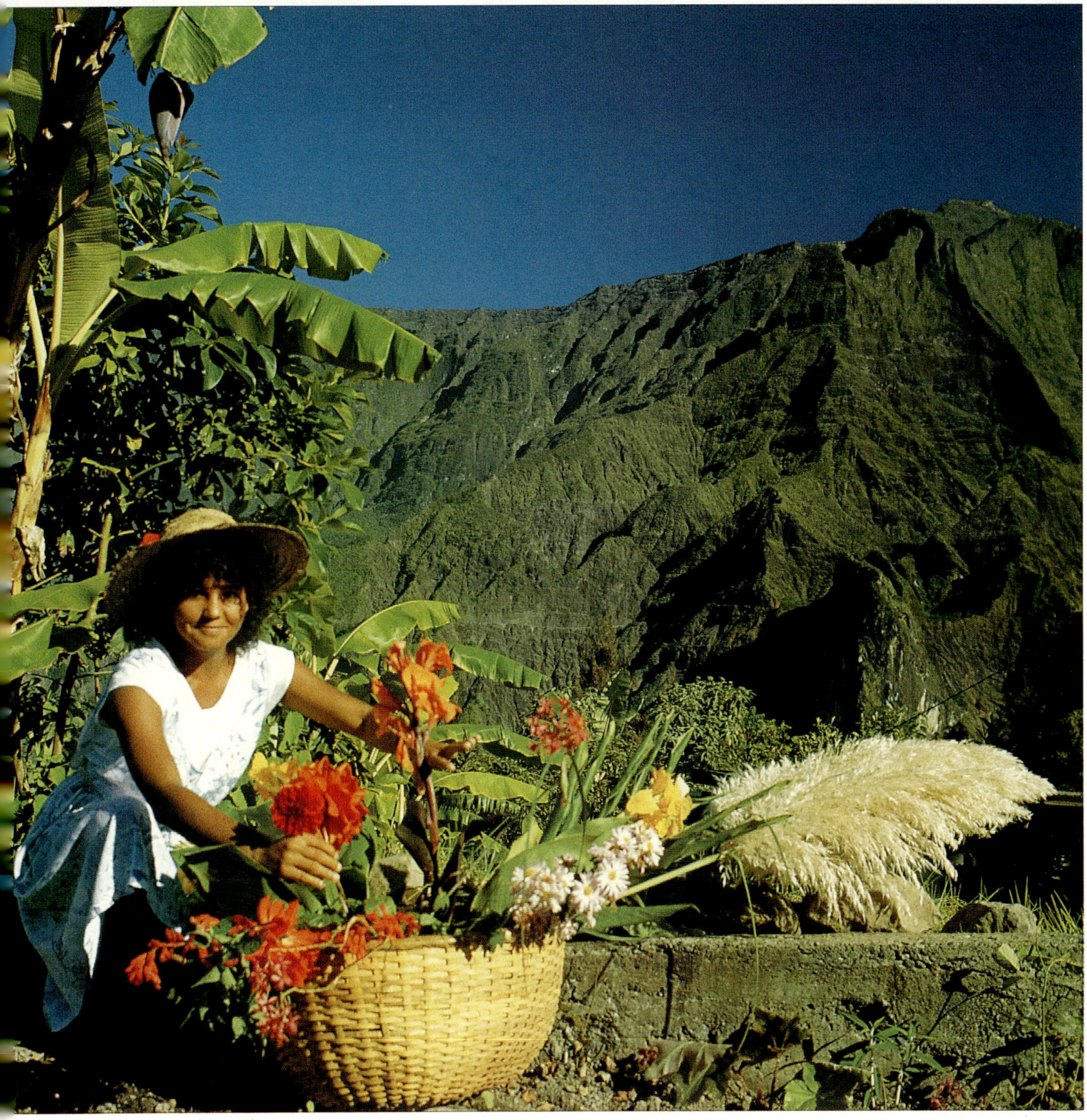

Madagascar

En Lémurie

La plupart des voiliers qui font route vers les côtes d'Afrique dé-daignent l'escale à Madagascar dont la visite était rendue difficile par un régime politique peu accueillant. Les premières élections démocratiques ont eu lieu dans l'île, le multipartisme s'établit, que tous les dieux accompagnent Madagascar sur le chemin qu'elle semble prendre! Tant d'escales, alors, seront possibles, à Fort-Dauphin, toute proche de la route Réunion-Durban; à Tamatave, ma ville natale; à Sainte Marie; ou, dans le canal du Mozambique, dans le lagon de Tuléar, apparemment presque toujours épargné par les cyclones qui déchirent souvent la région.

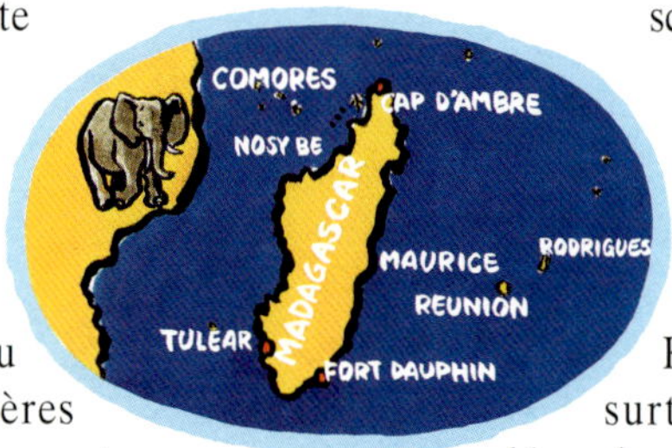

En attendant, la seule région fréquentée par quelques circumnavigateurs est la côte nord-ouest de l'île, du cap d'Ambre (et de la baie voisine de Diégo-Suarez) à Nosy-Bé. La petite bourgade d'Hellville, à Nosy-Bé, porte encore les traces de l'époque de la colonie, et ses canons désormais muets se tournent vers la rade où quelques voiliers de charter sont basés et où quelques voiliers font escale. Les autorités, à Hellville, sont plus habituées à recevoir des visites que dans le reste de Madagascar et les formalités se font sans tracas. L'île est somptueuse, avec son manteau de canne à sucre et les vieux boutres à voiles qui assurent encore ici l'essentiel du transport de marchandises. Quelques hôtels simples, une boîte de nuit, le vieux port, où l'on danse le salegh dans une ambiance bondissante et endiablée, des prix défiant toute concurrence dans les rares restaurants et sur les marchés. Des boutres sculptés et des lambawan multicolores, voici ce que trouvent les rares visiteurs. A quelques milles au sud de Nosy-Bé, à Nosy-Komba, ne manquez surtout pas la visite aux lémuriens qui vivent dans une réserve naturelle et viennent manger dans vos mains les morceaux de banane que vous leur offrez. Quelle merveille que ces animaux qui viennent quémander de leurs pattes toutes douces et de leurs grands yeux rêveurs ! je connais plus d'un visiteur tombé amoureux de ces gentils animaux. Toute proche également, l'île de Tany kely a de superbes fonds marins, et le pique-nique que l'on vous prépare sur la plage, brochettes et langoustes, est pittoresque et délicieux. Sur le long banc de sable de Nosy-Iranja, les tortues de mer montent péniblement pondre leurs œufs dans le sable.

Les îles Mitsio, en remontant vers le nord-ouest, sont un but d'excursion pour les rares voiliers ou vedettes locales, et le coucher de soleil sur la plage de Tsarabajina, au sable étincelant, fin comme de la farine, face aux rochers fantomatiques qui jaillissent un peu partout de l'océan, est inoubliable. Plus près du cap d'Ambre, enfin, inconnues de tous, des îles fantastiques, tourmentées, où la roche tinte comme du cristal sous les pas, vous font vraiment vous sentir, ici, tout près de la pointe nord de Madagascar, au bout du monde.

Office du tourisme de Madagascar : 4, avenue Raphaël, 75016 Paris, tél.: 45 04 62 11. Air France, en association avec Air Madagascar, relie Paris à Tananarive quatre fois par semaine. Vols quotidiens Tananarive / Nosy Bé.

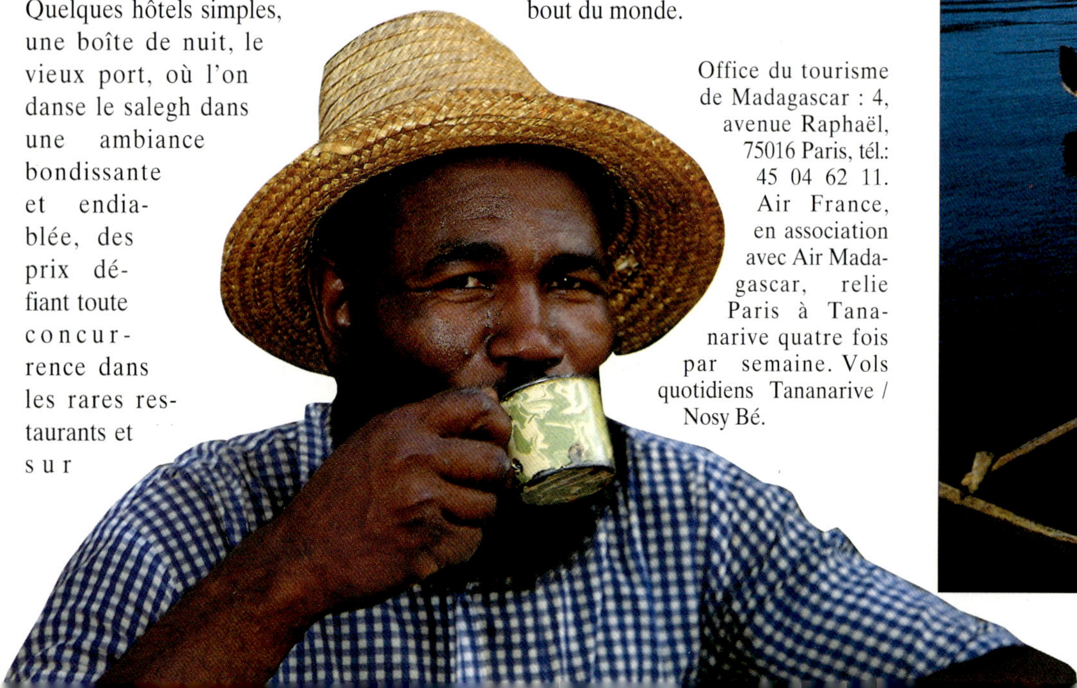

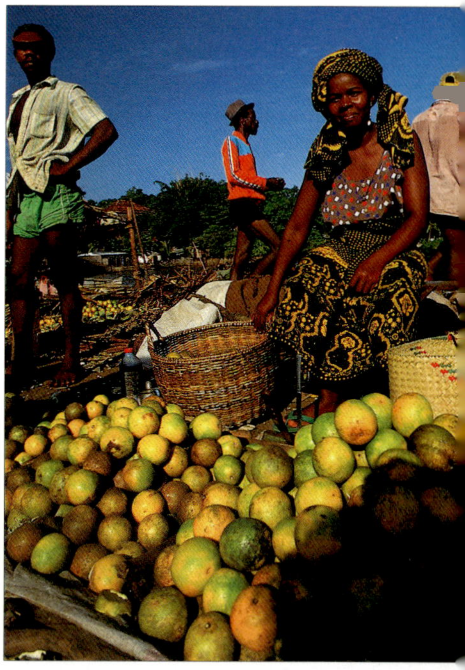

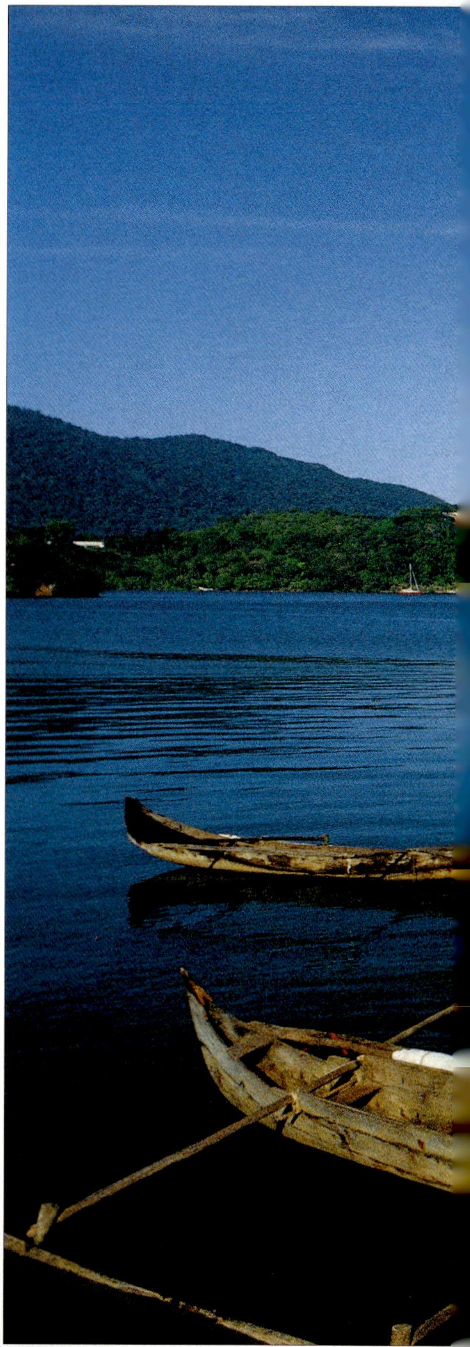

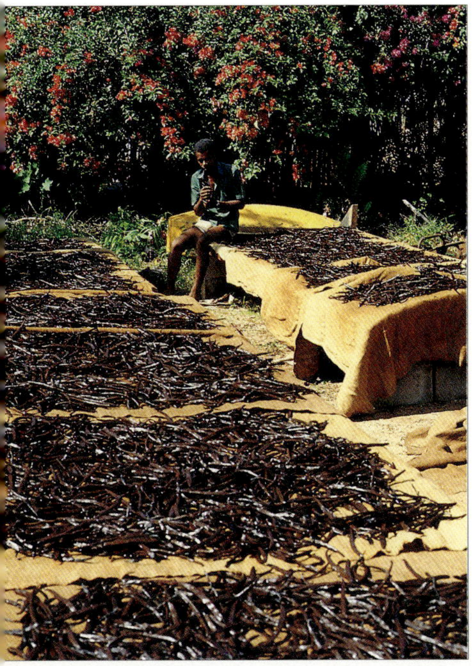

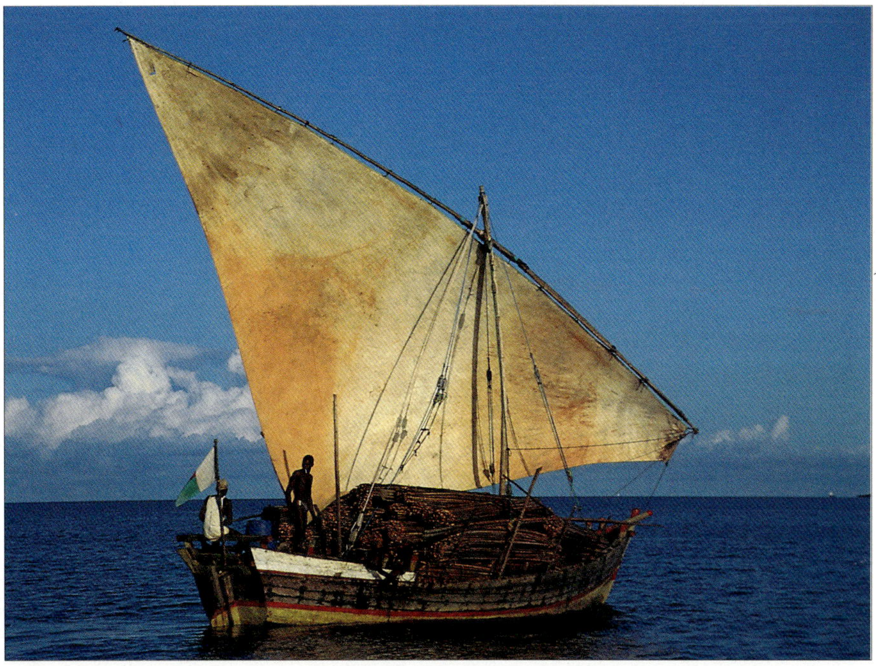

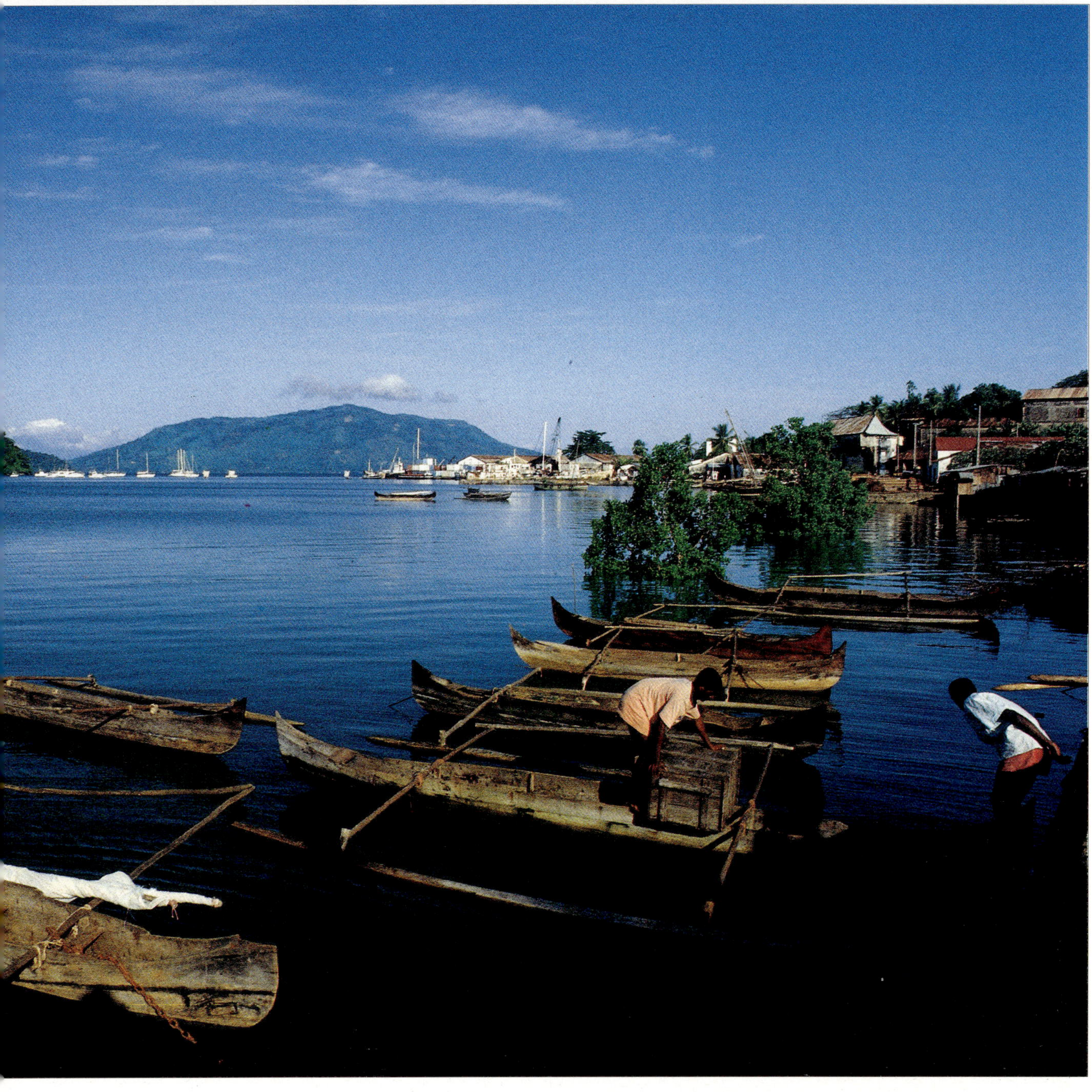

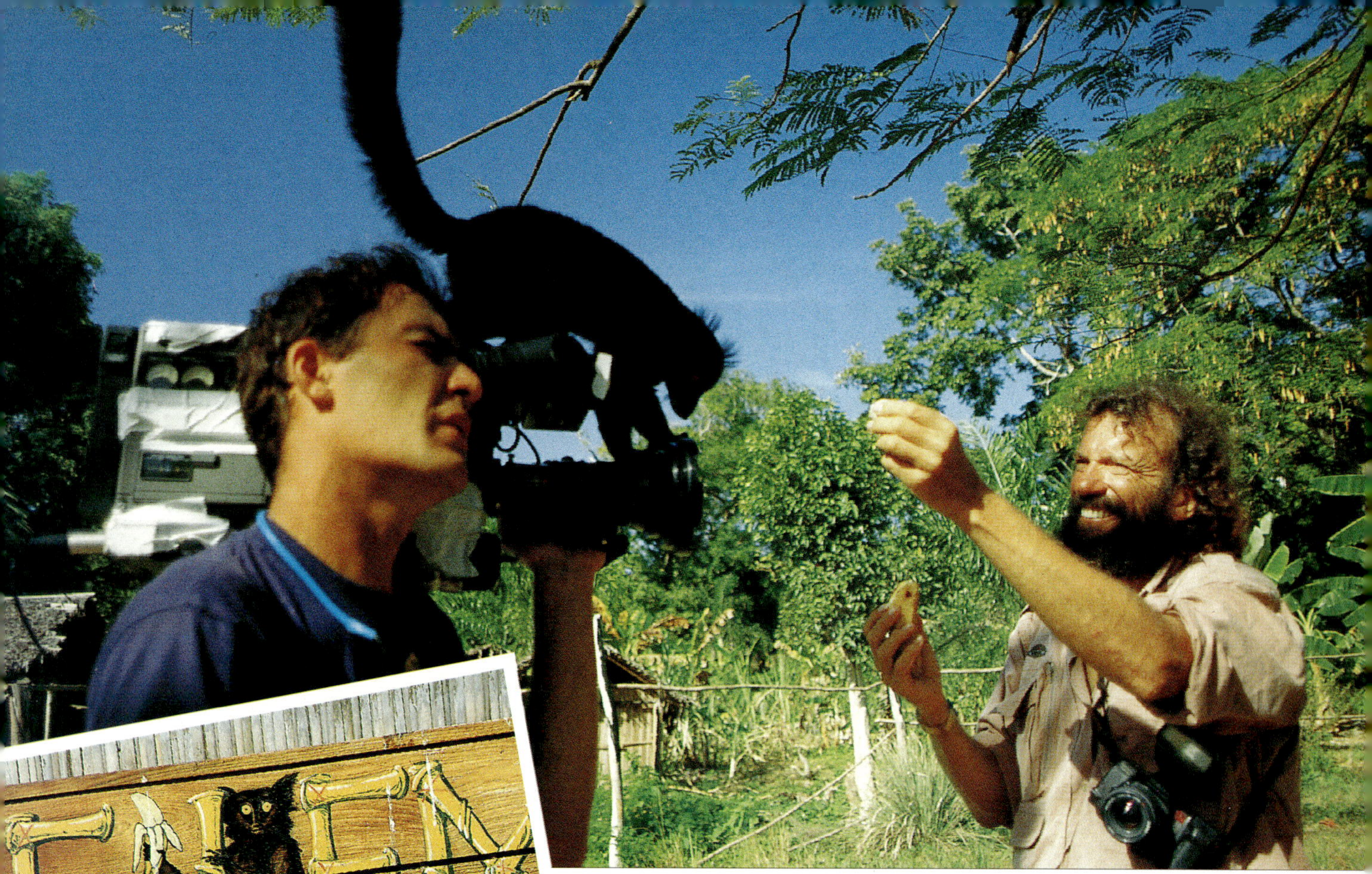

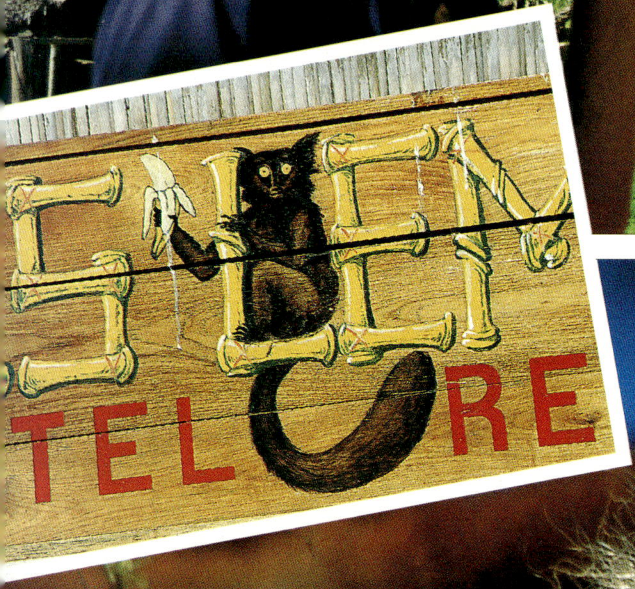
TEL
RE

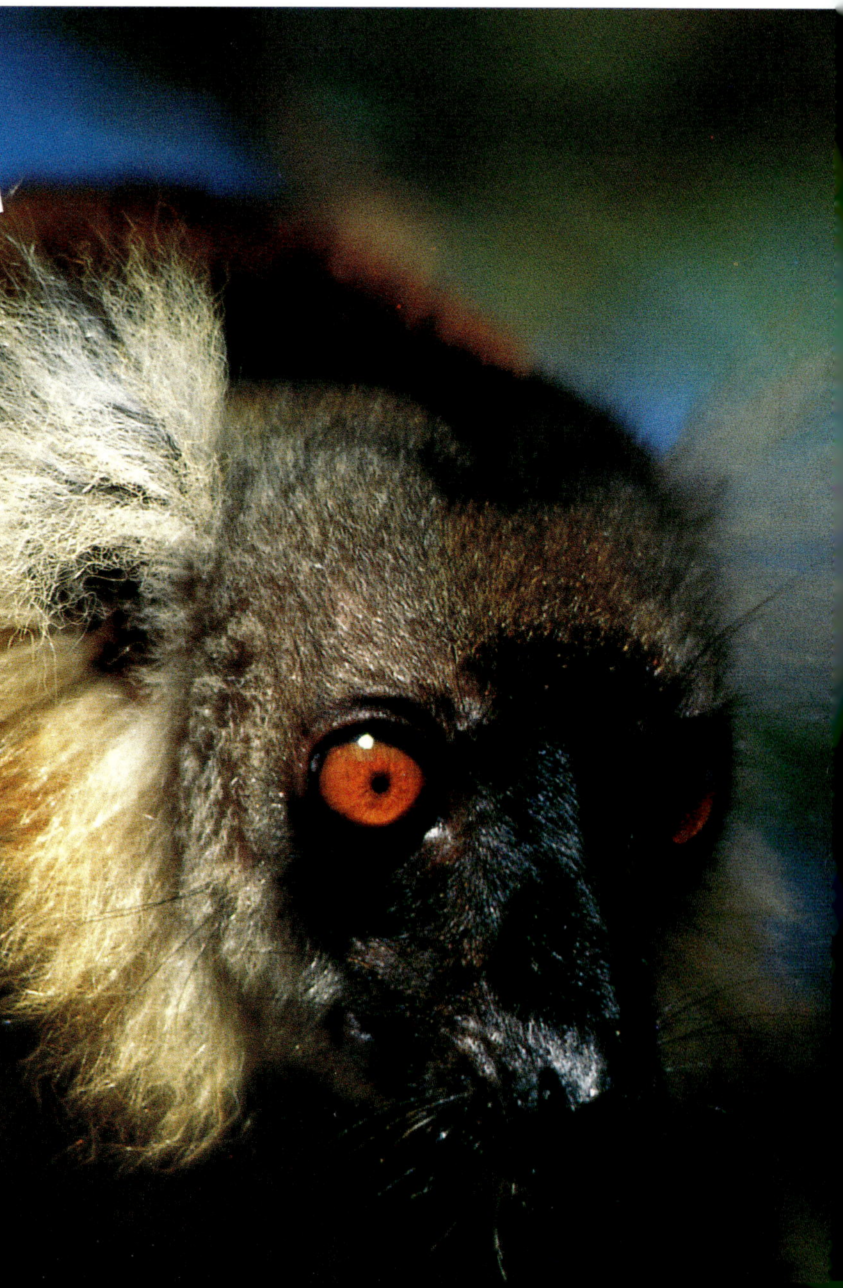

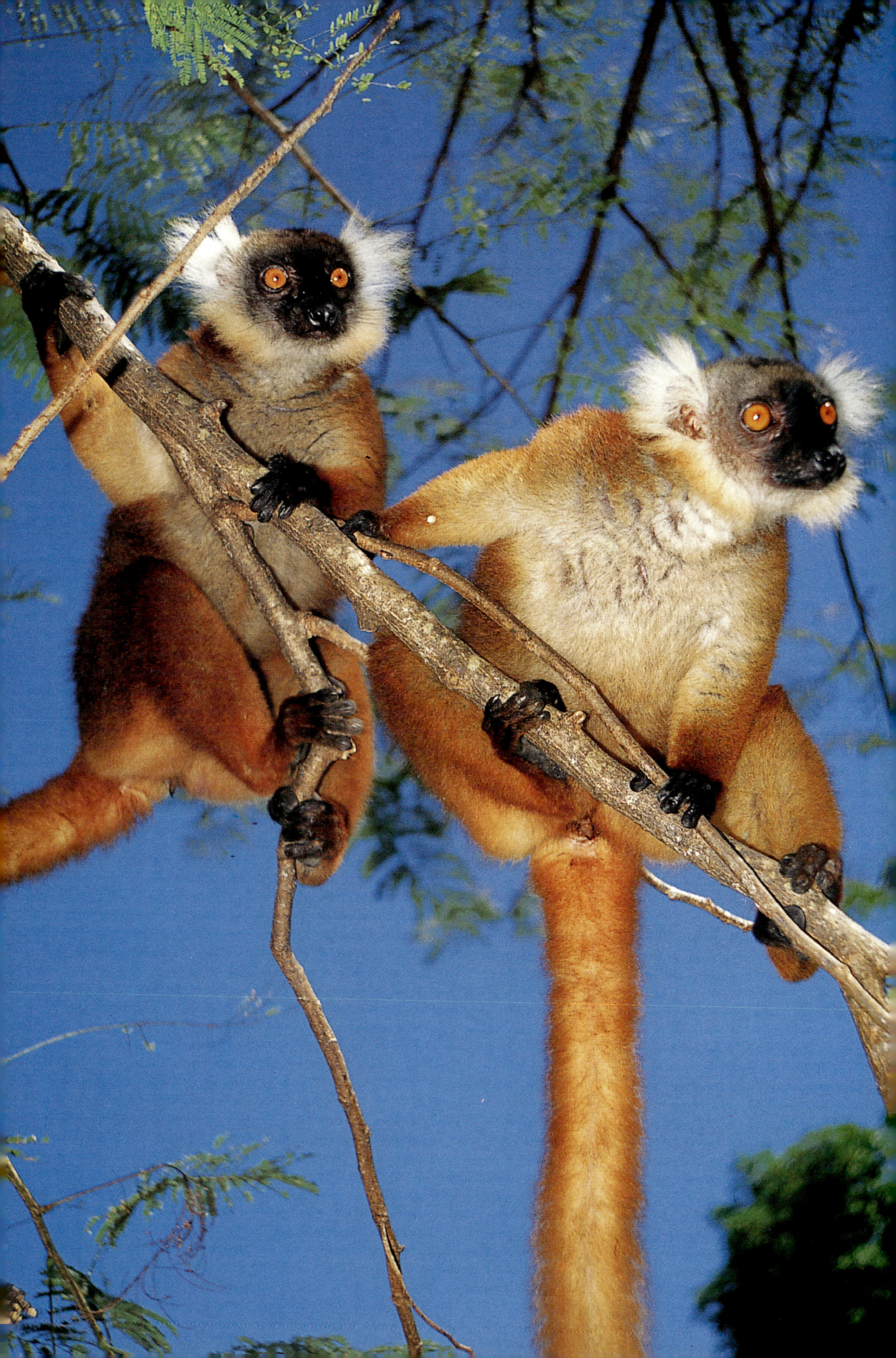

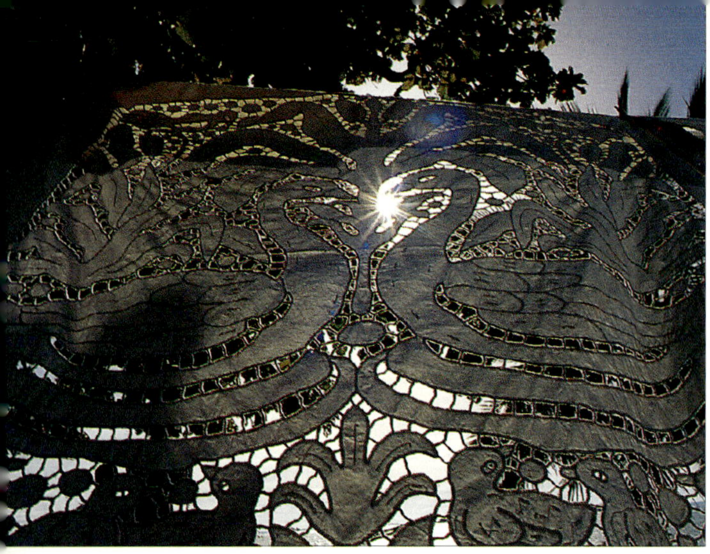

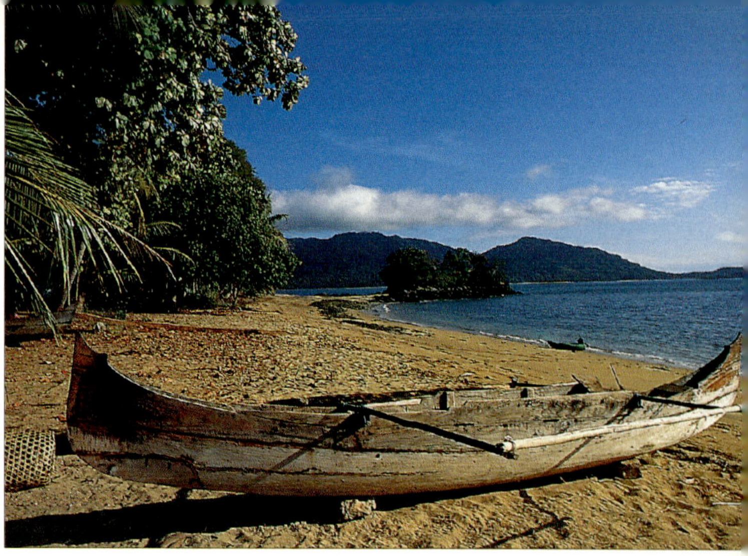

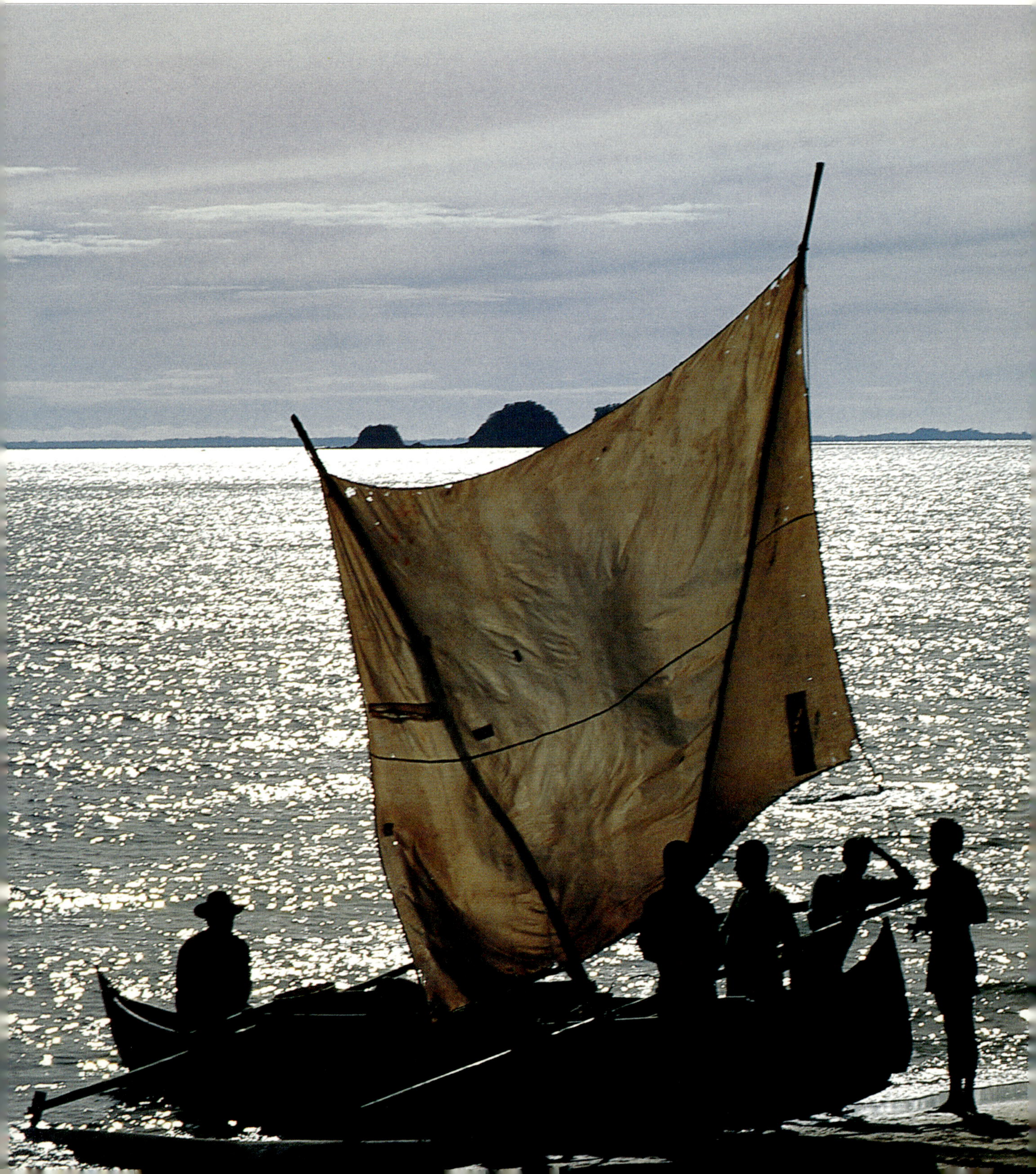

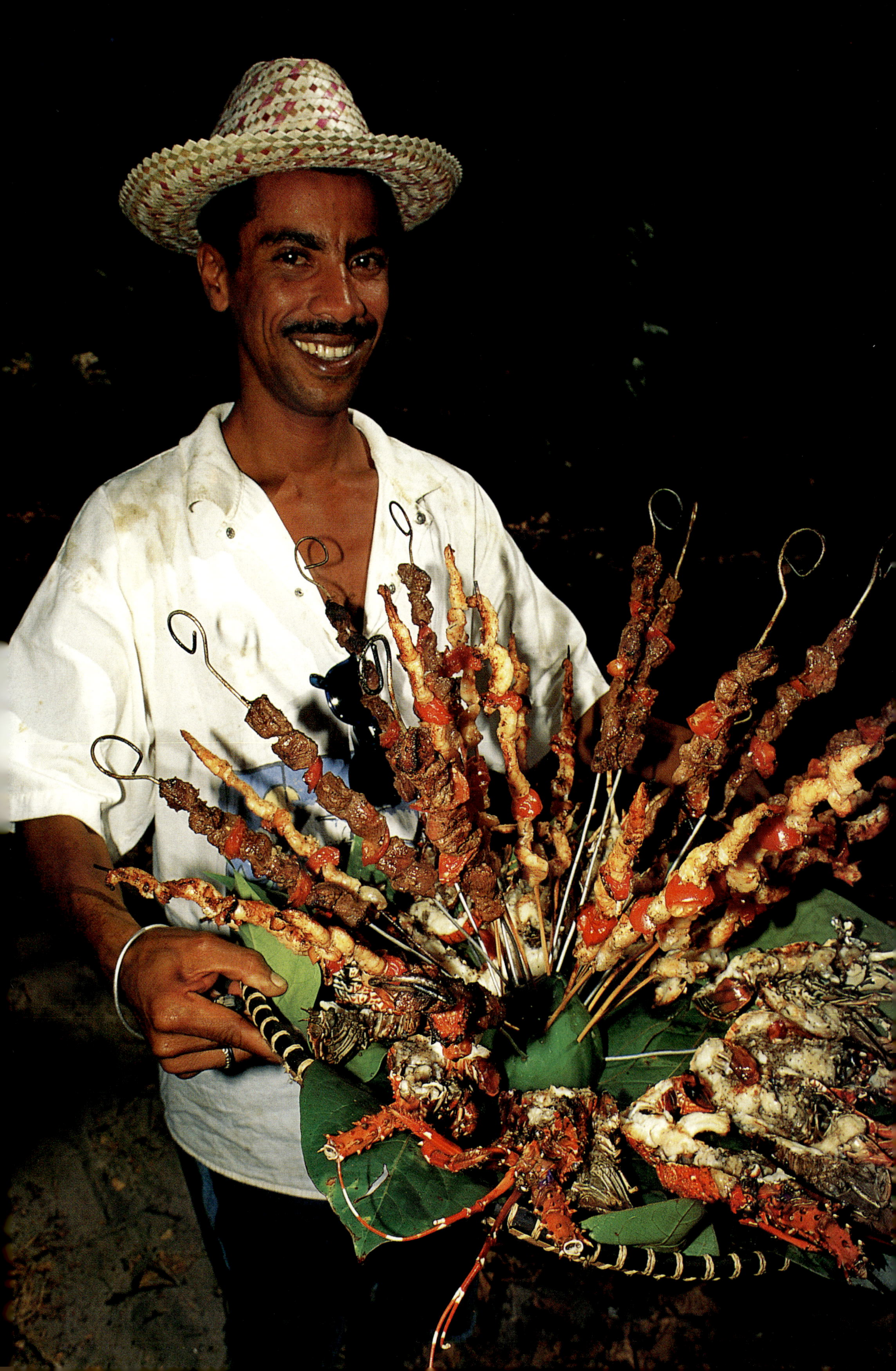

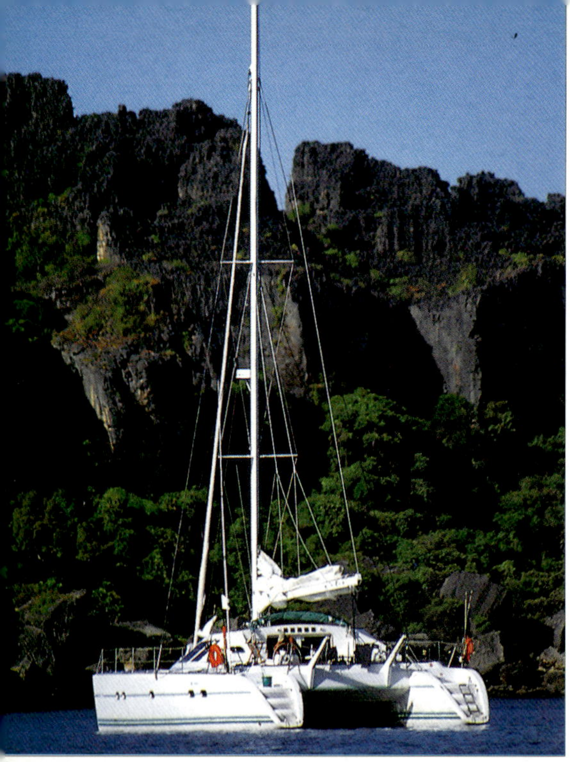
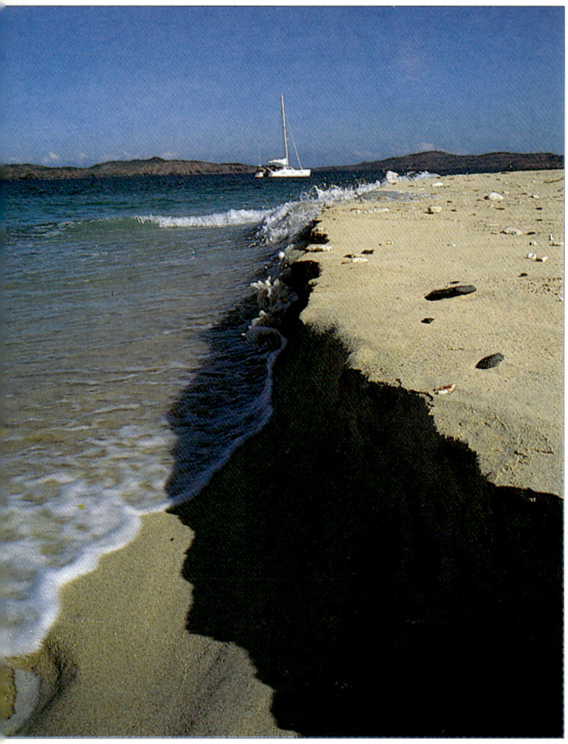
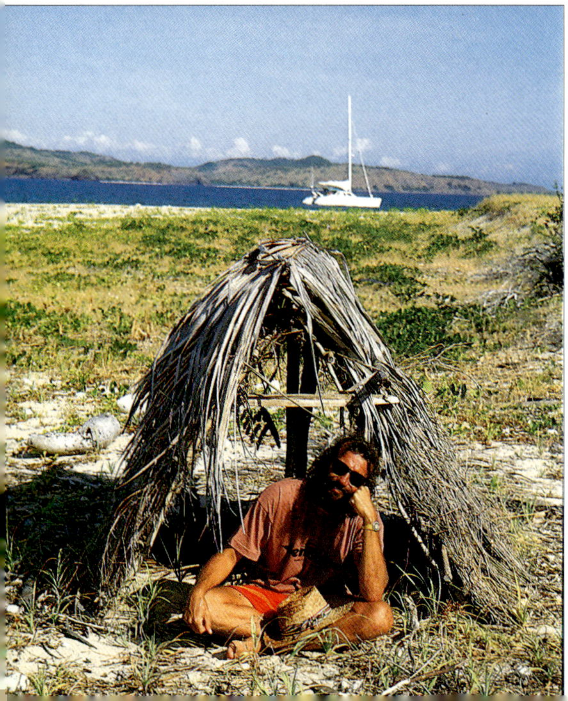
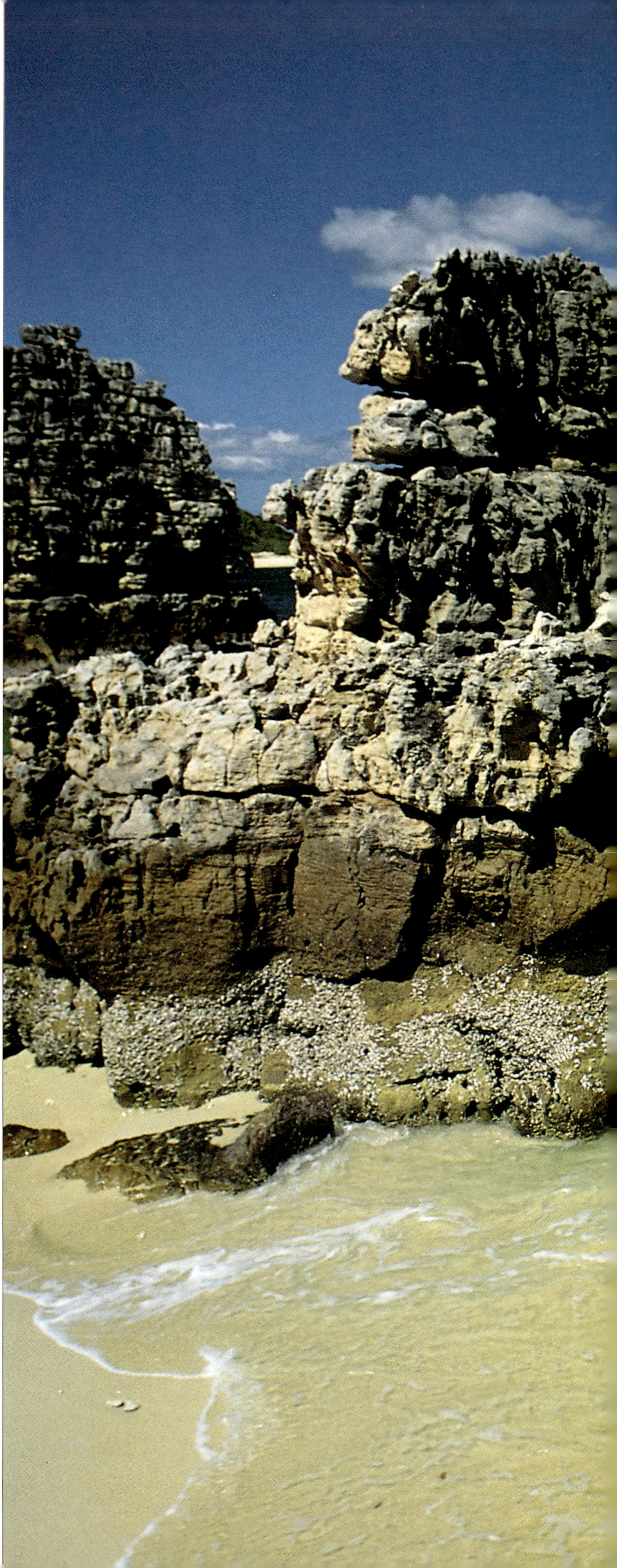

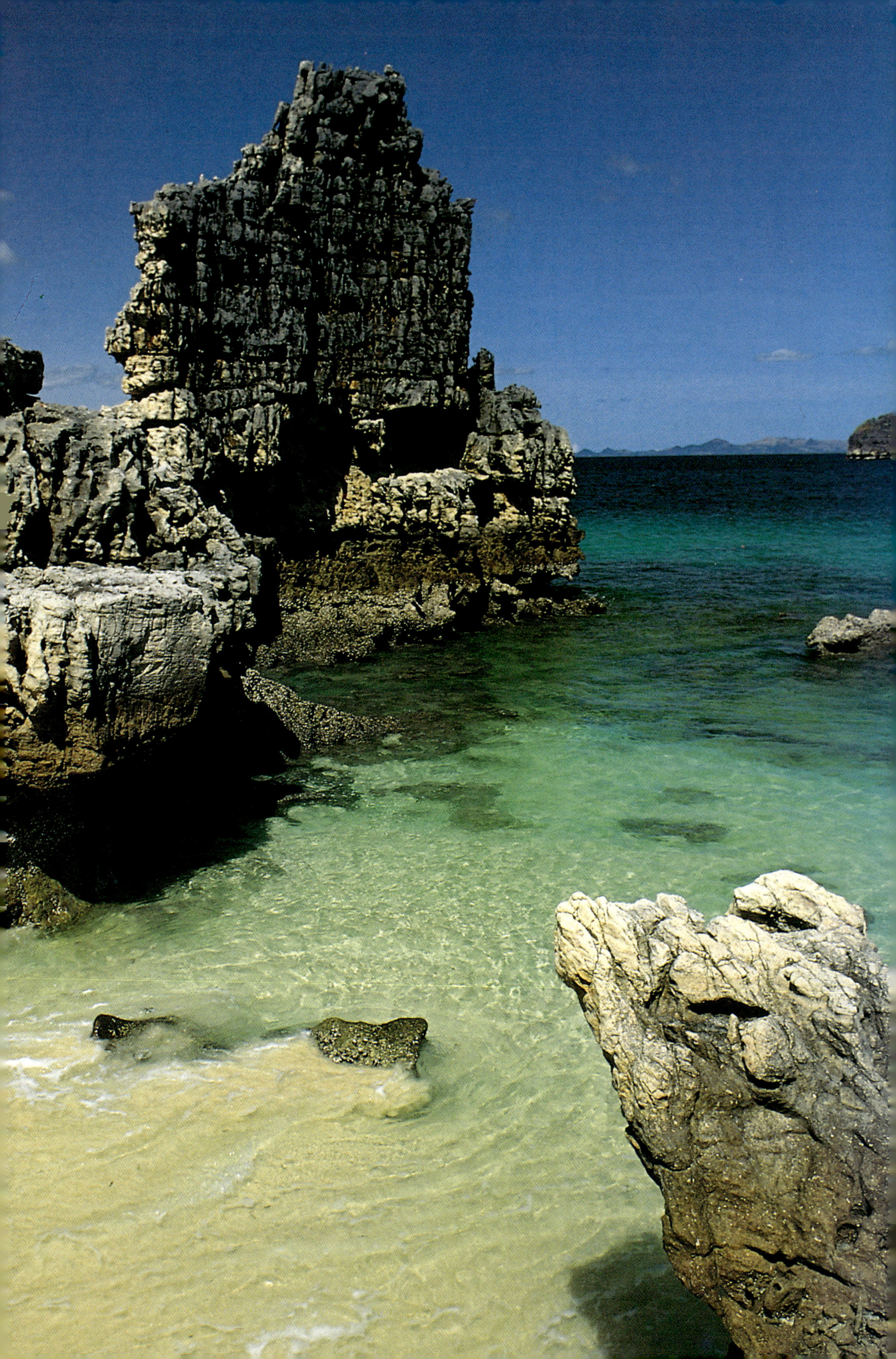

Seychelles

Granit et coco-fesses

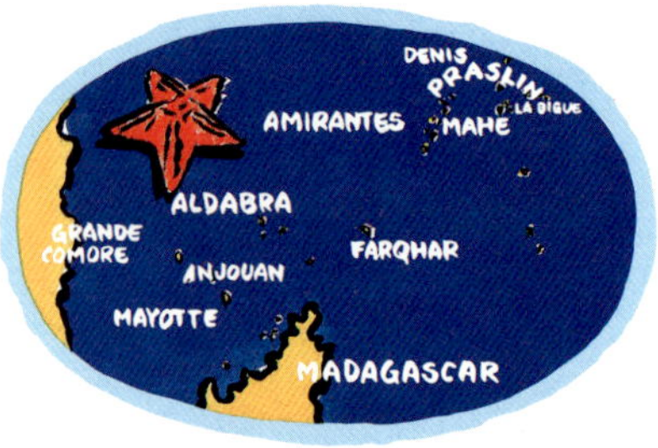

Quelle merveille ! et quel dommage ! Les Seychelles, qui, après des années de régime plutôt totalitaire, semblent s'ouvrir progressivement au multipartisme, se méprennent sur les motivations des navigateurs venus visiter ce fabuleux archipel.

Affirmant vouloir lutter contre le charter sauvage (des bateaux en escale faisant venir leurs parents et amis pour des balades prétendument amicales, en vérité rétribuées), le gouvernement seychellois a imposé une taxe de 100 dollars par jour à tous les voiliers en escale, taxe dont pâtissent tous les équipages qui, de bonne foi, voudraient simplement passer quelques semaines aux Seychelles; moralité : pratiquement plus aucun voilier ne fait halte dans le port de Victoria. Puissent ces lignes aider à faire lever cette taxe, brimade unique au monde, et ouvrir de nouveau aux amoureux de paysages enchantés les mouillages superbes des Seychelles.

Le groupe des îles du nord, Mahé, Praslin, La Digue, et un grand nombre d'îlots, sont des îles hautes, rocheuses, dont les blocs de granit aux formes inimaginables gisent sur des plages étincelantes baignées d'eaux cristallines. Victoria, la capitale, dans l'île de Mahé, est une petite ville tranquille où l'on retrouve, dans les rues et au marché, les couleurs enjouées des tableaux des peintres naïfs seychellois et résonnant du parler créole, si imagé.

Le plus joli restaurant, Chez Marie-Antoinette, se trouve dans une amusante maison coloniale appelée le Petit Trianon, qui sert chaque jour de l'année le même menu délicieux et épicé. Le tour de l'île s'accomplit en quelques heures dans une des minimokes jaunes qu'on loue là-bas et fait découvrir derrière chaque cap un paysage plus beau que le précédent.

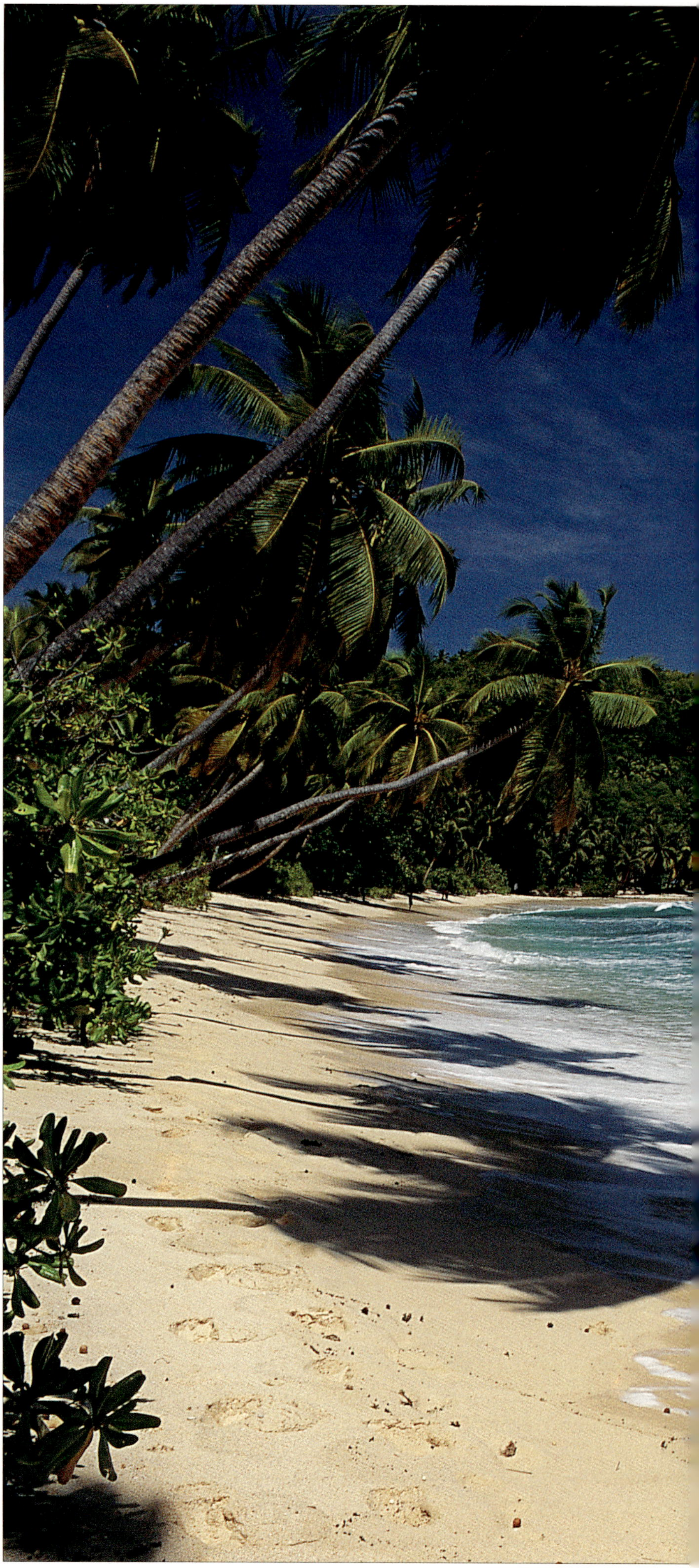

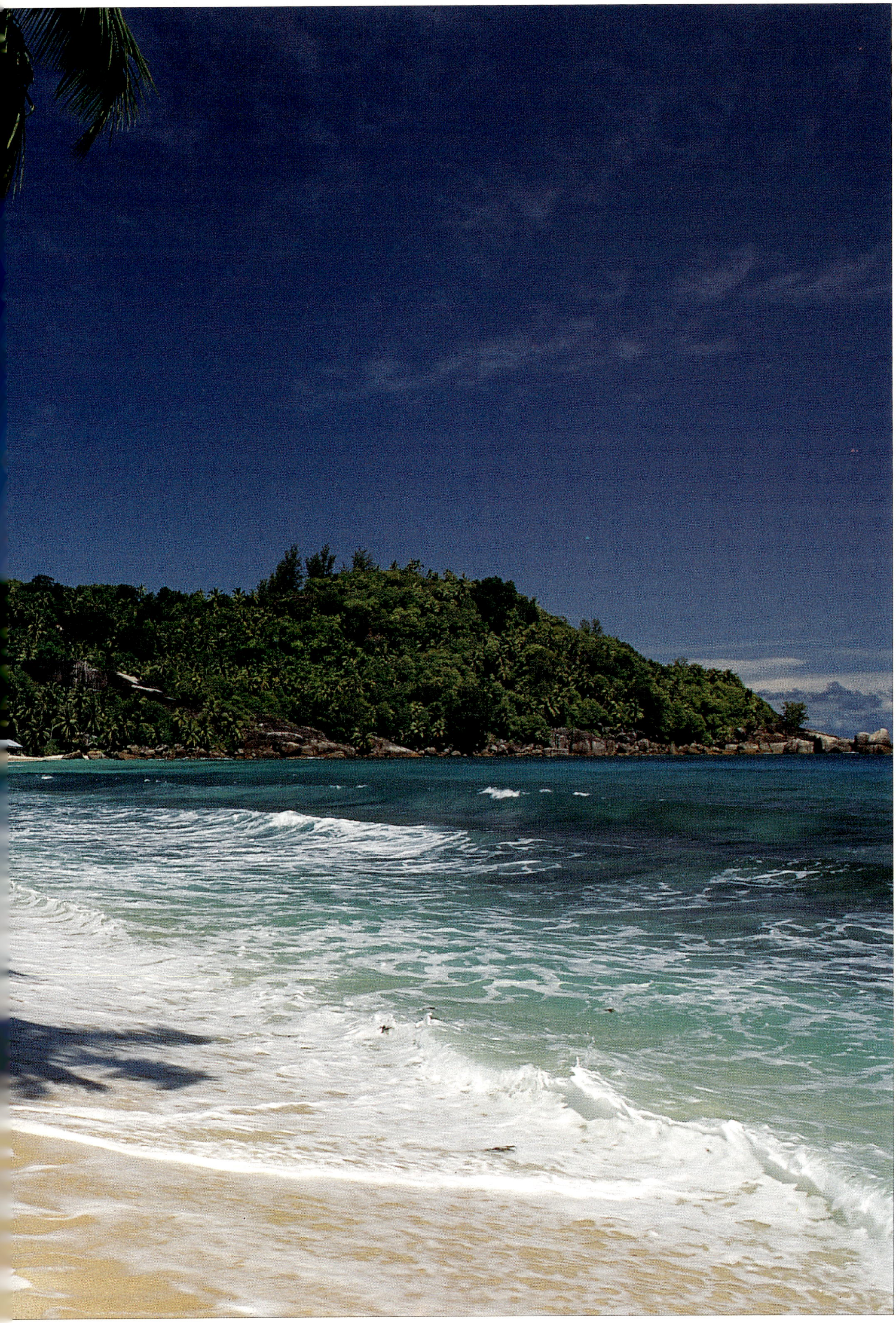

A quelques heures de route au nord, Praslin abrite la vallée de Mai, où pousse l'étonnant coco-de-mer, qui n'existe qu'aux Seychelles et qui est plus connu sous le nom de coco-fesse. En raison de sa forme surprenante, on l'a longtemps cru aphrodisiaque, on pensait même, avant de découvrir les Seychelles, qu'il poussait au fond le la mer. Plus tard, une thèse a même soutenu que le paradis terrestre était la vallée de Mai, et le fruit défendu le coco-fesse... Il aurait fallu qu'Eve ait de bonnes dents, la chair immangeable du coco-fesse est dure comme du bois! Tout près de l'une des plus belles plages de Praslin, sur l'îlot Chauve-Souris, un minuscule hôtel se dresse au bord du lagon turquoise, quelques chambres magiques comme la chambre du Pirate.

Non loin, sur l'île Curieuse, ou sur l'îlot Cousin, réserve naturelle, des tortues géantes, parentes de celles des Galapagos, vivent une longue vie paisible, tandis que des goélands blancs pondent leurs œufs à la fourche des branches des takamakas, et que les phaétons, aussi appelés pailles-en-queue pour leur longue plume solitaire, nichent dans les replis des troncs des filaos.

Si je devais choisir mon île préférée aux Seychelles, ce serait sans conteste l'île voisine, La Digue, où l'on vit au ralenti, se déplaçant en char à bœufs ou à bicyclette pour rejoindre des lieux aussi extraordinaires que les anses Source d'Argent où sont prises la plupart des photos des Seychelles: ici, les blocs de granit émergeant du sable font penser au jeu de construction d'un géant à l'imagination délirante.

Outre ces îles montagneuses, les Seychelles comportent un grand nombre d'îlots et d'atolls coralliens. Au nord, dans l'ile Denis, un industriel français rêvant de tout quitter a construit quelques petits bungalows tout simples, et la liste des célébrités mondiales qui ont signé le livre d'or de ce petit hôtel est impressionnante. En faisant route vers le sud, on atteint des îles beaucoup plus reculées: les Amirantes, tout d'abord, vastes anneaux de corail portant des îlots; l'un des plus jolis s'appelle l'îlot Bijoutier, petite merveille toute ronde, plage dorée couronnée d'une touffe de cocotiers et de filaos dans lesquels ont élu domicile une vingtaine de hérons cendrés. Les mouillages et les fonds de ces îles généralement désertes ont de quoi vous couper le souffle.

Plus au sud encore, quelques atolls très isolés: Aldabra, une réserve naturelle classée par l'Unesco patrimoine de l'humanité(comme la vallée de Mai) ne peut être visitée que dans des buts scientifiques, avec forces autorisations; un lagon qui se vide à marée basse y est entouré d'un paysage lunaire de roches déchiquetées où se traînent des milliers de tortues géantes.

Moins difficile d'accès, par une passe joliment nommée «passe des Vingt-Cinq Francs», l'atoll de Farquahr, parsemé de somptueux bancs de sable, abrite quelques habitants qui préparent le coprah et font sécher les poissons qu'ils pêchent, et l'hallucinant îlet Goélette où des millions d'oiseaux tournoient sans cesse, piaillant et hurlant au-dessus des œufs pondus et couvés à même la roche ou l'herbe rase, aucune végétation ne pouvant survivre à ces nuées tonitruantes qui semblent tout droit sorties des *Oiseaux* d' Hitchcock.

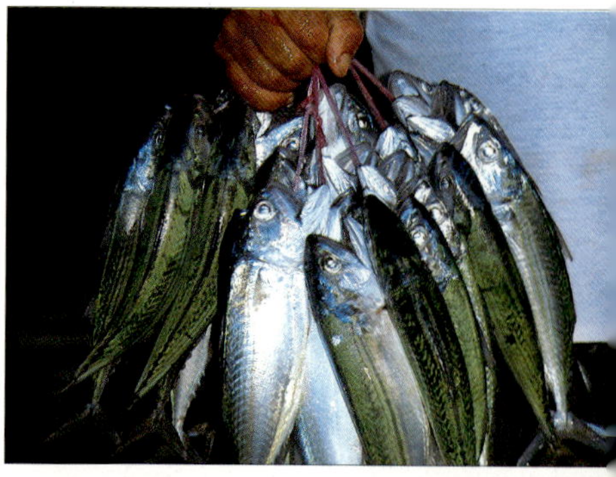

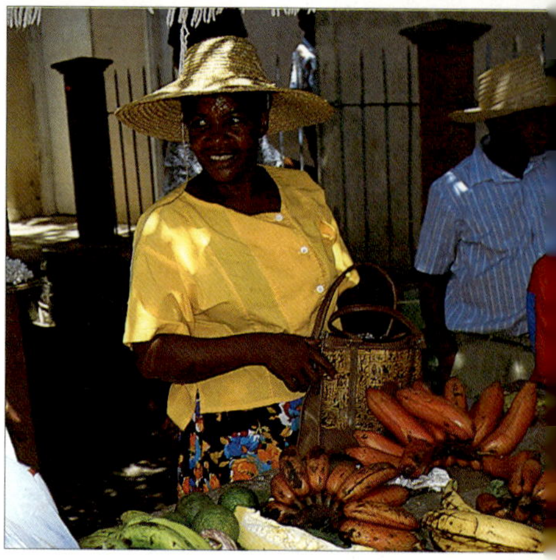

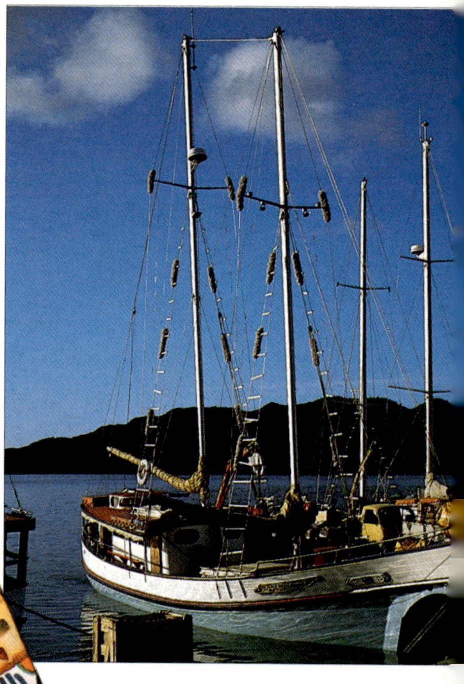

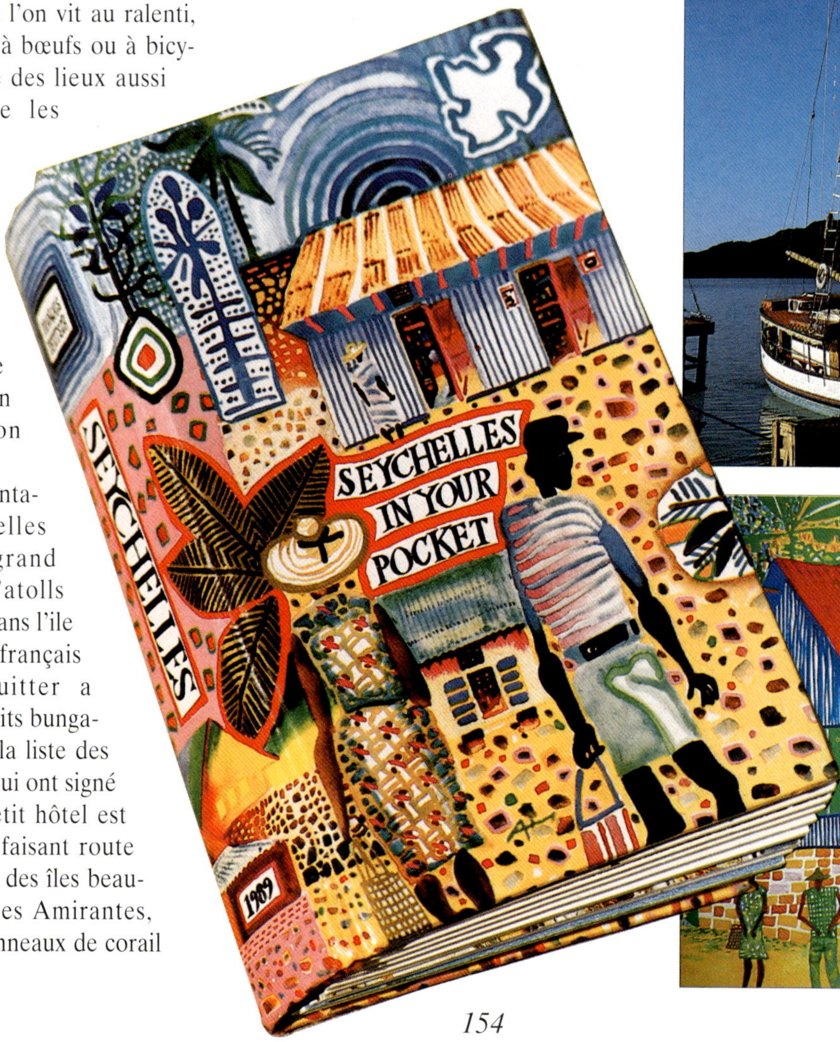

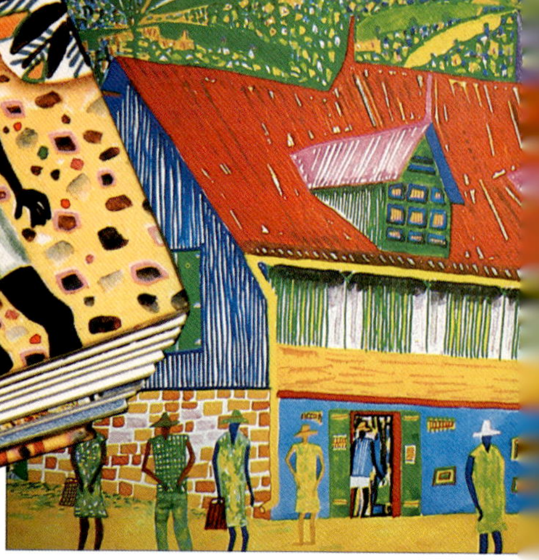

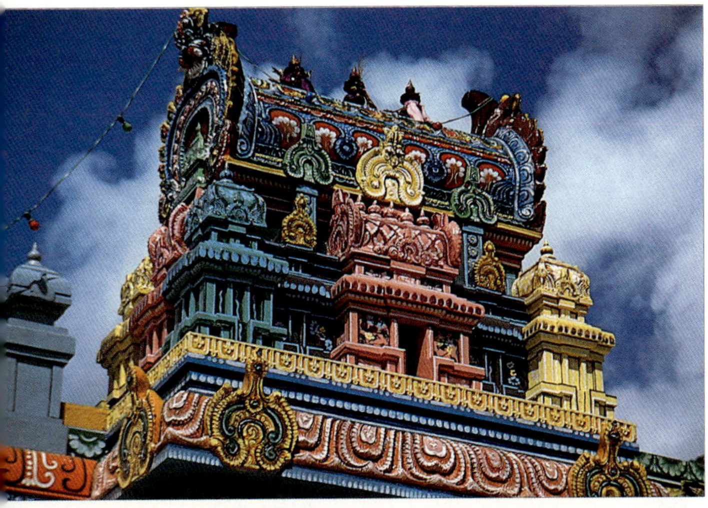
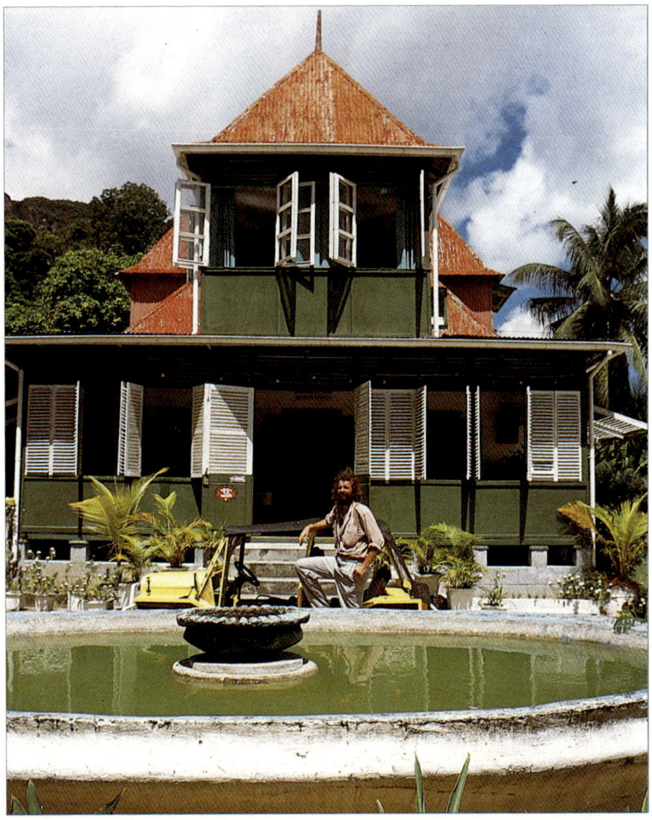
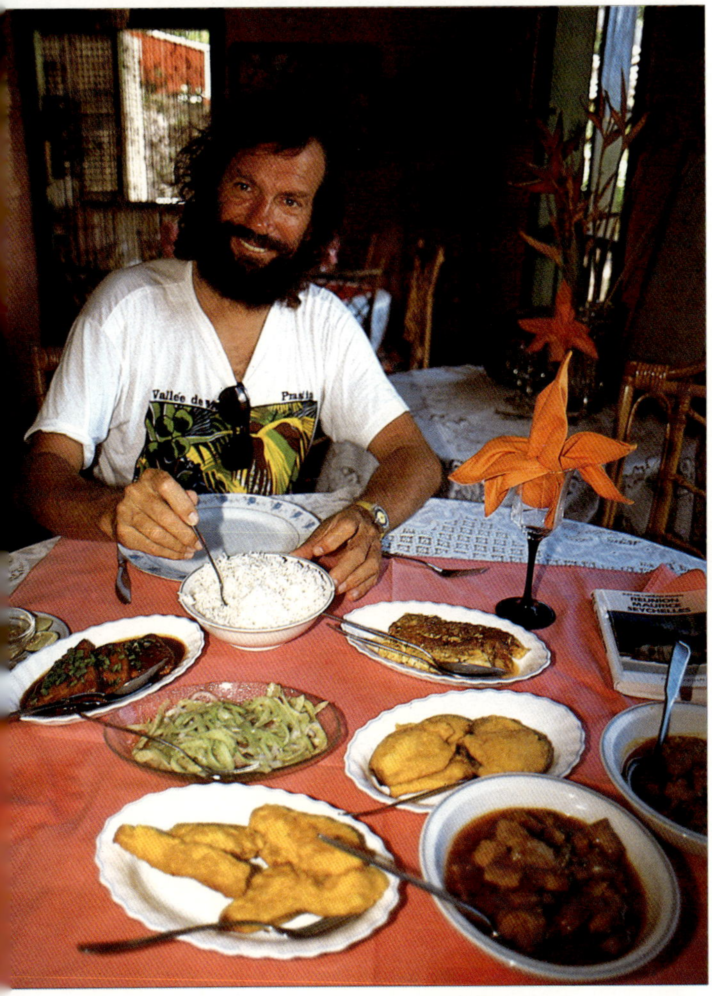
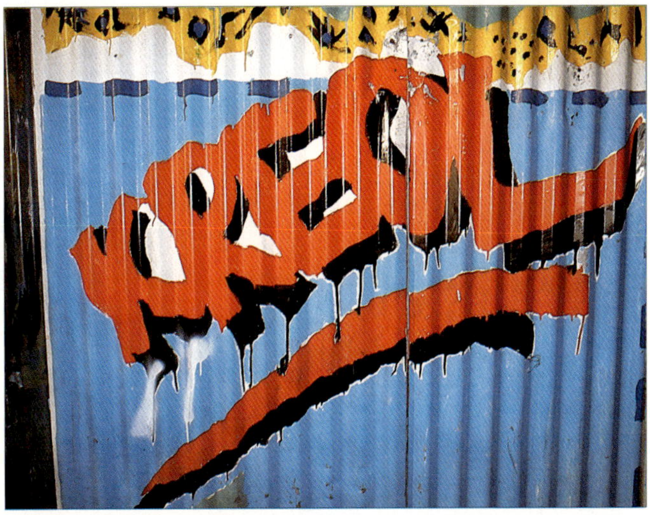
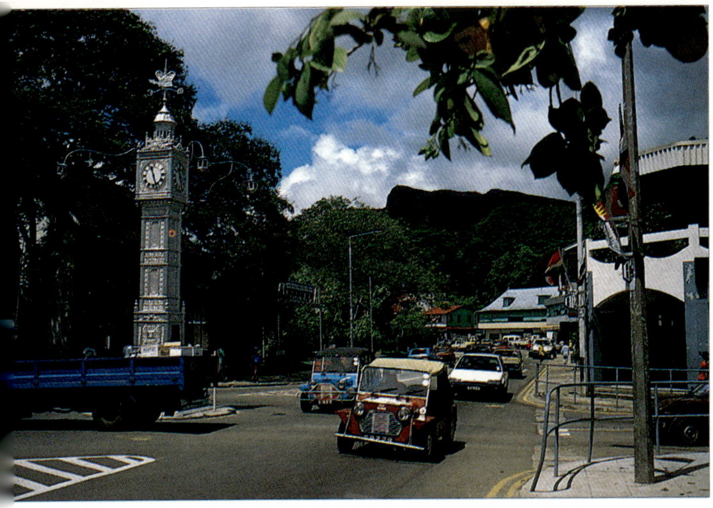
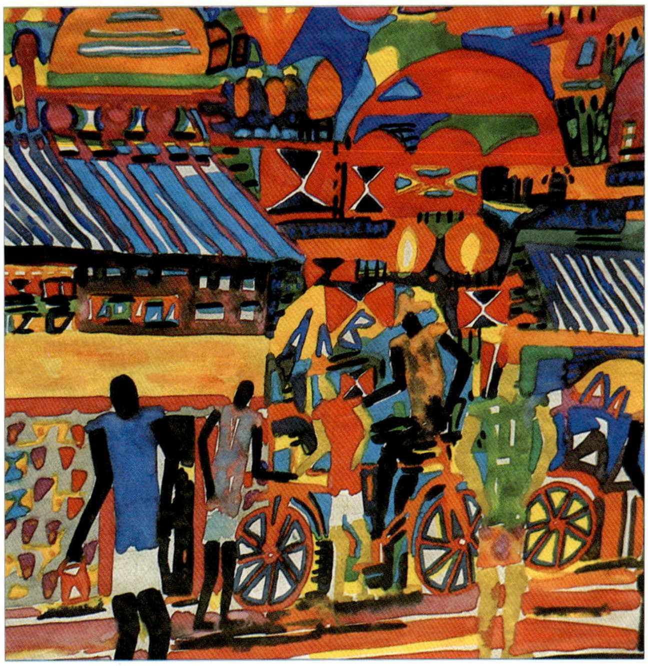

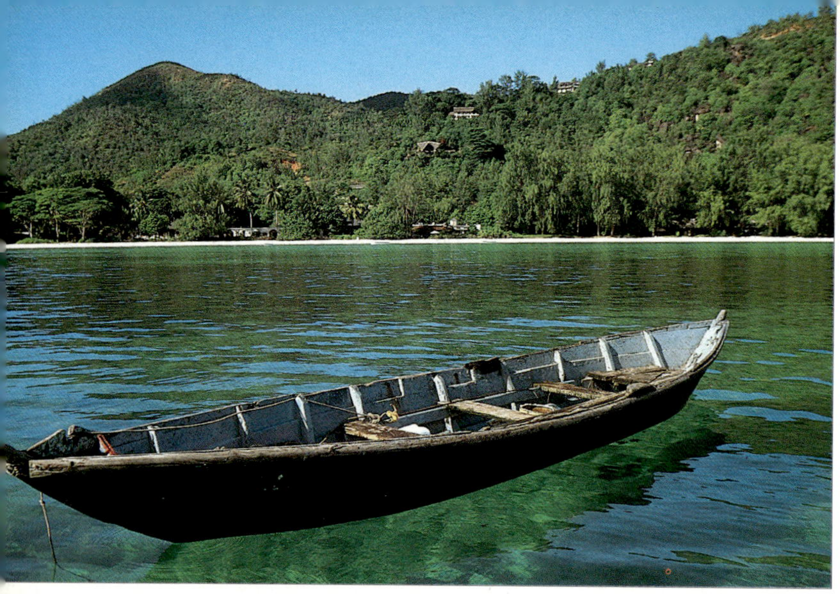

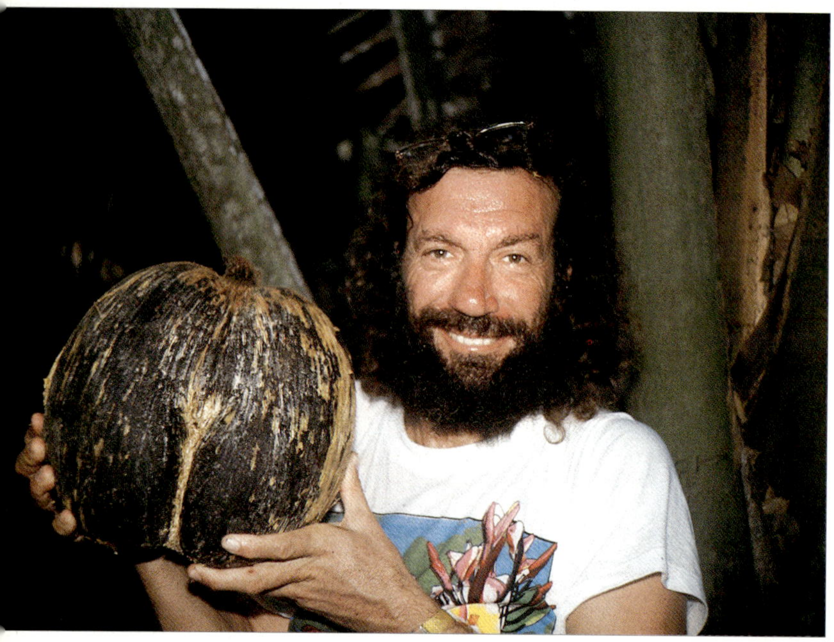

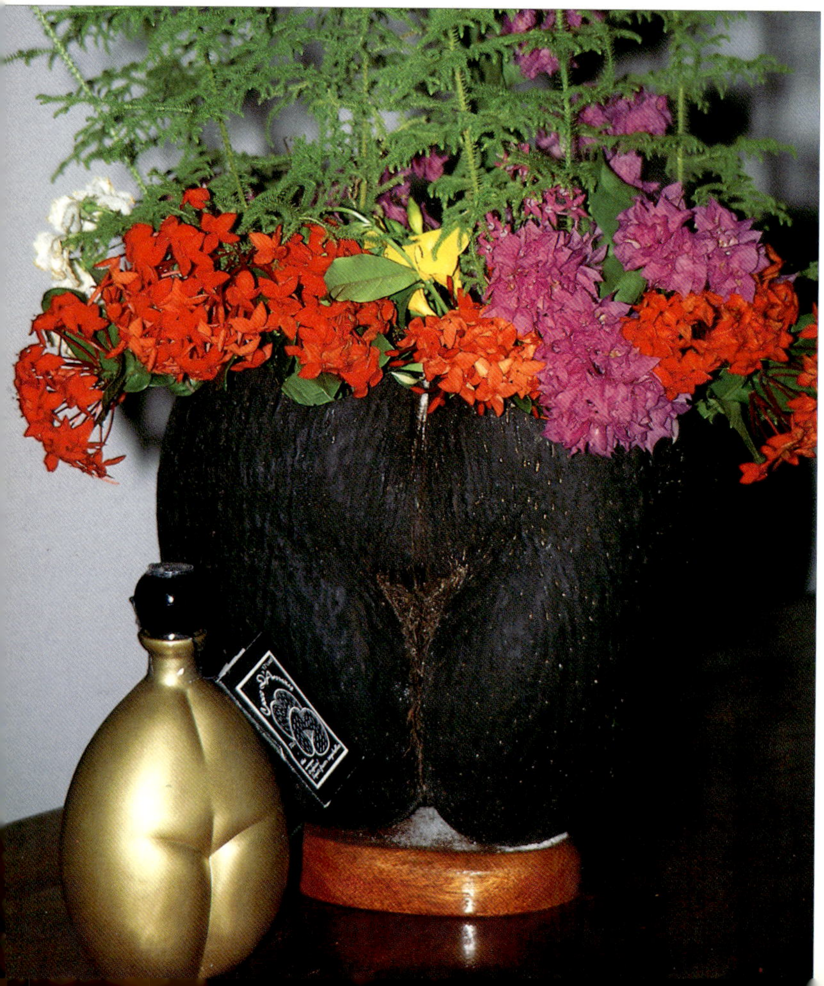

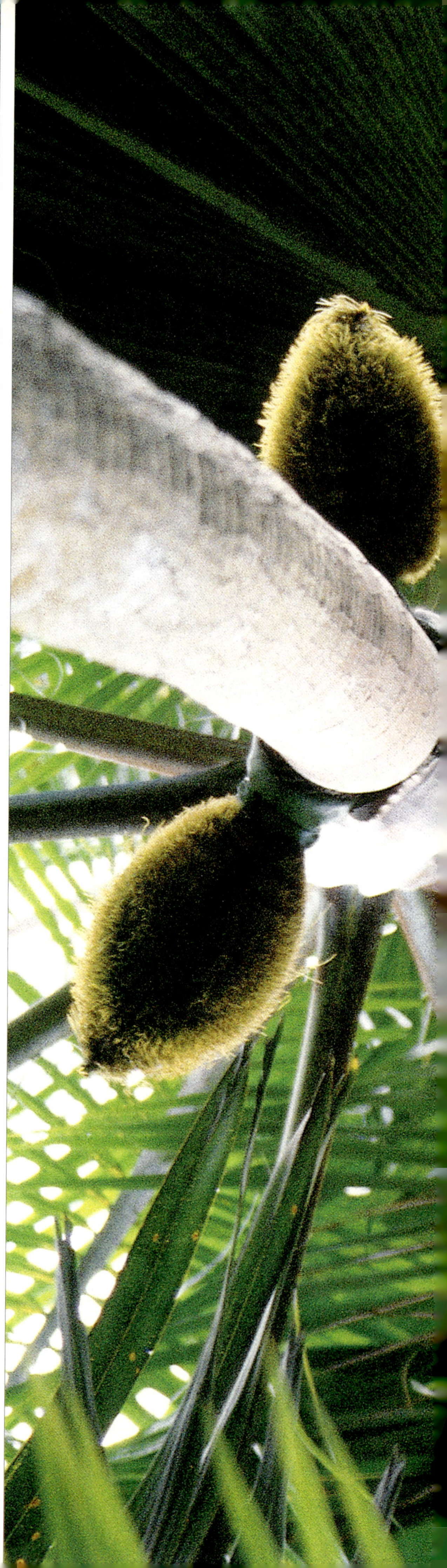

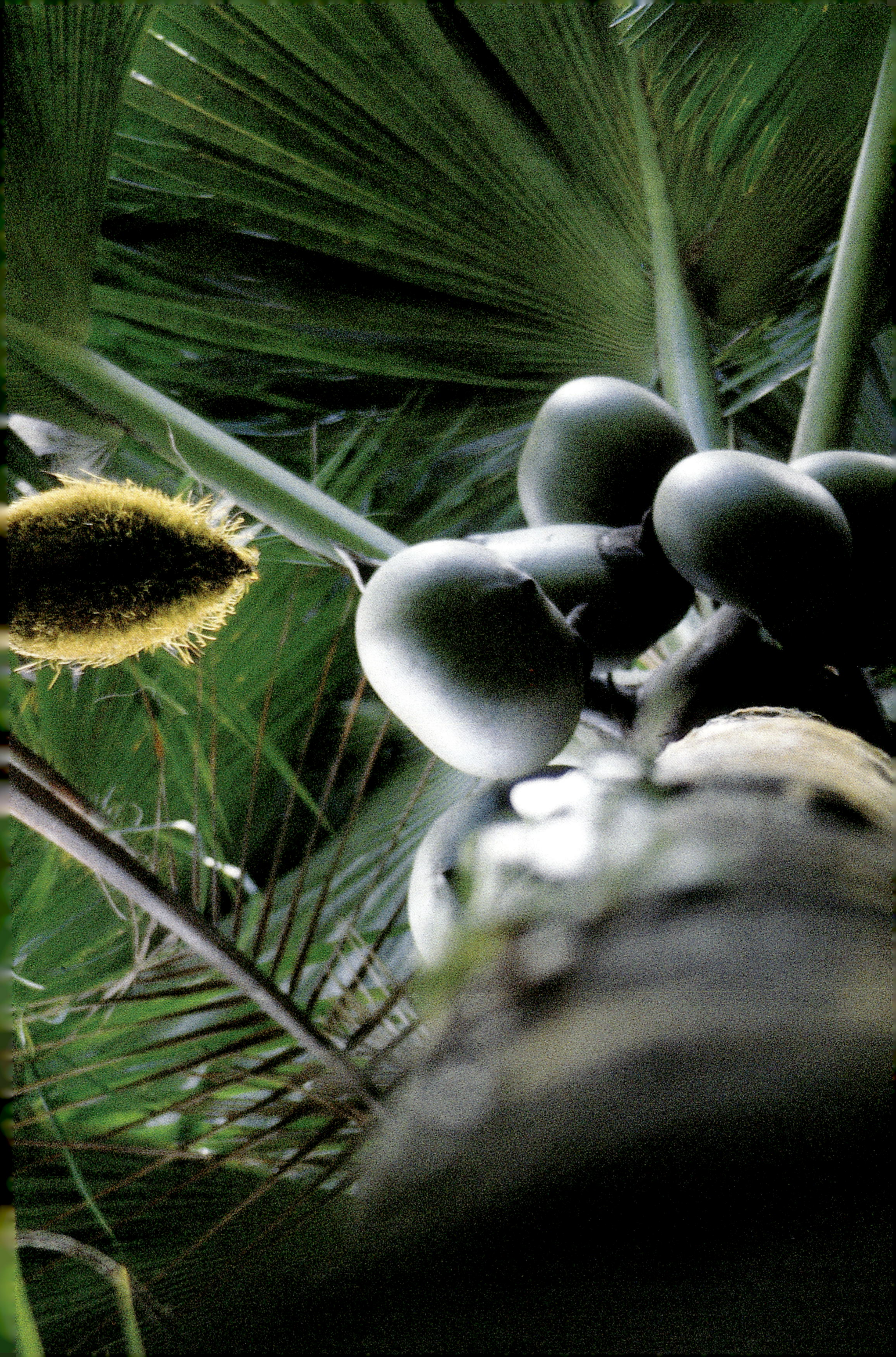

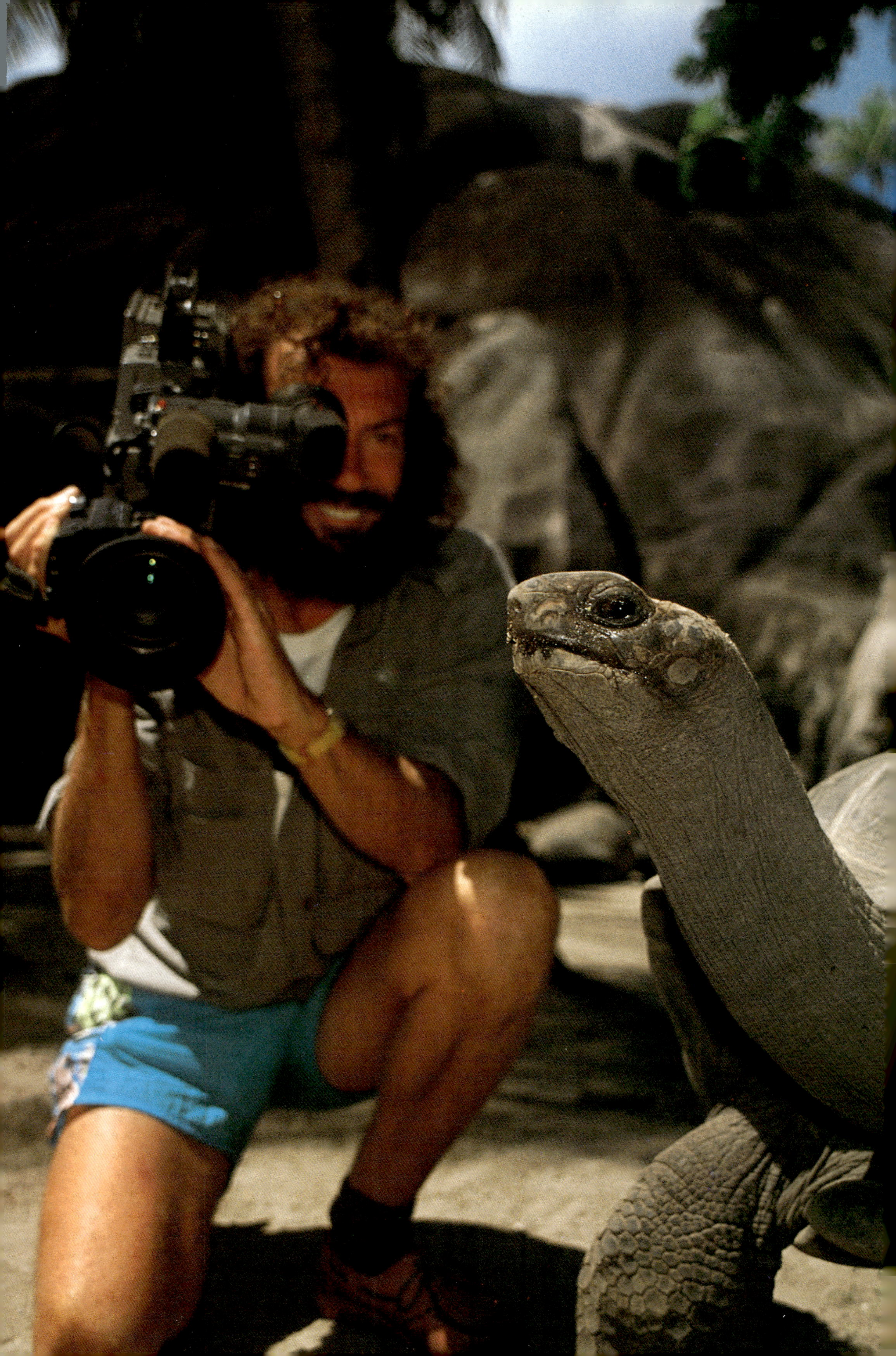

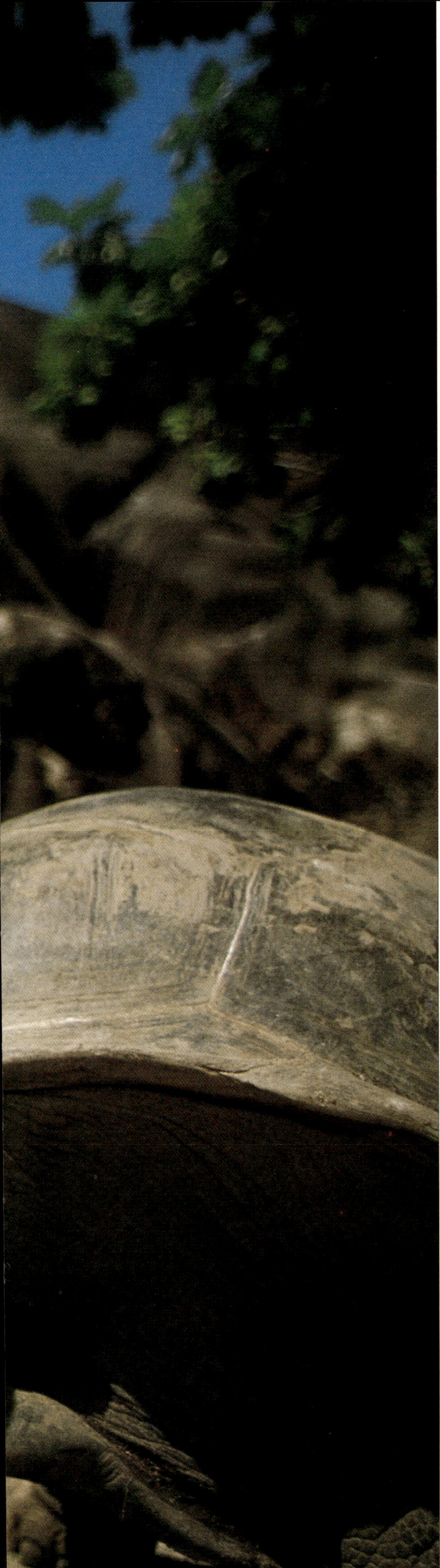
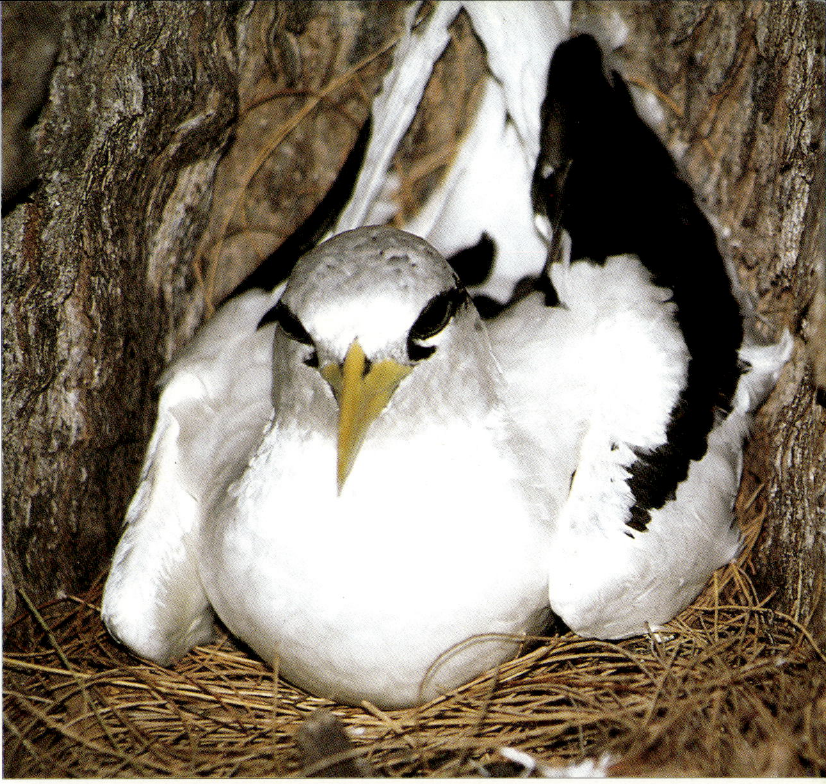
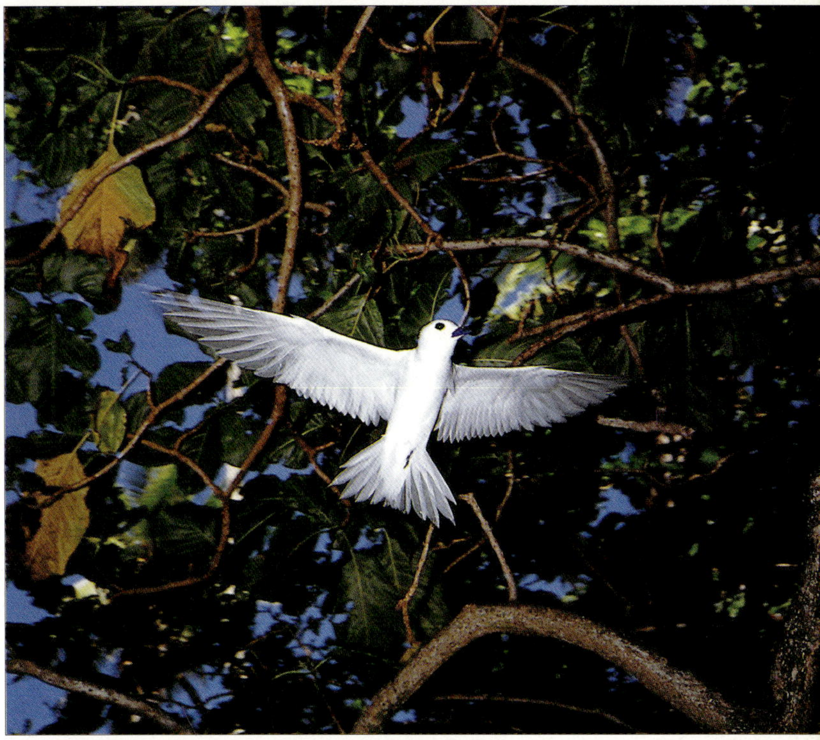
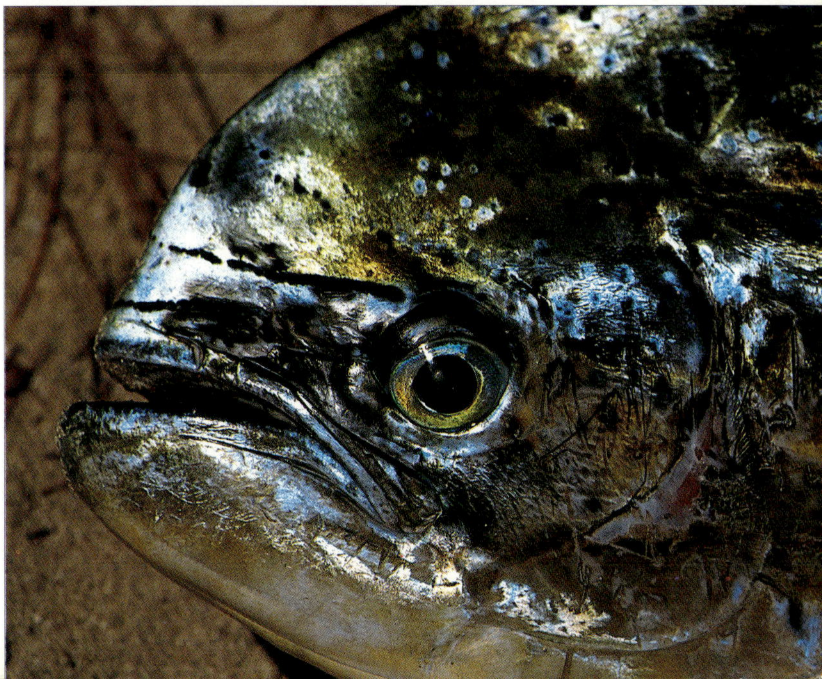

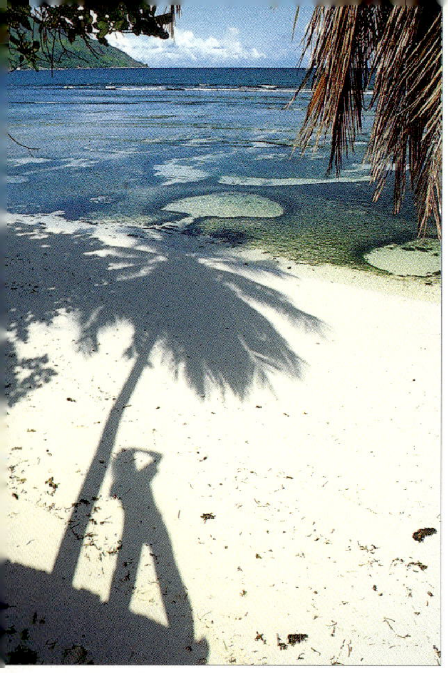
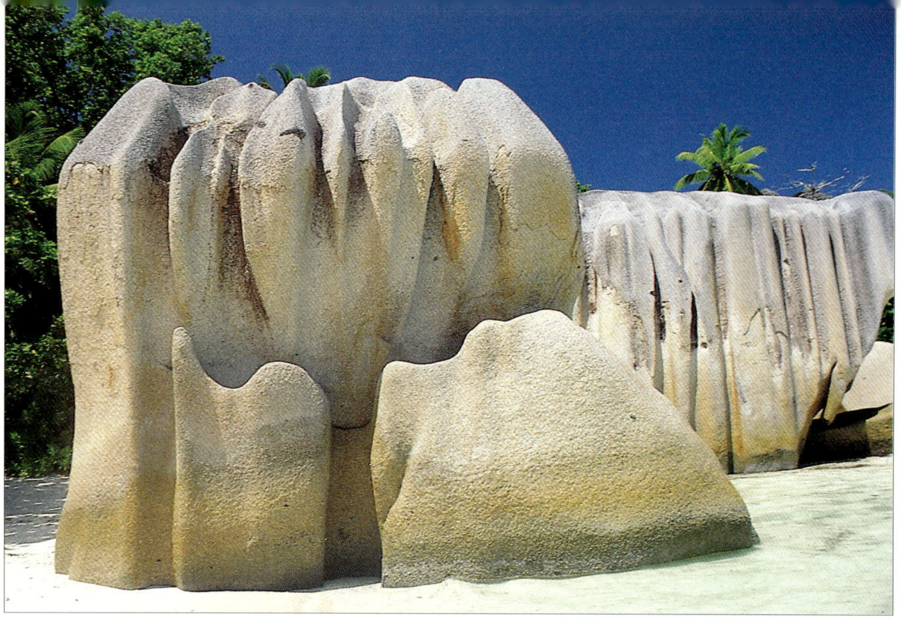
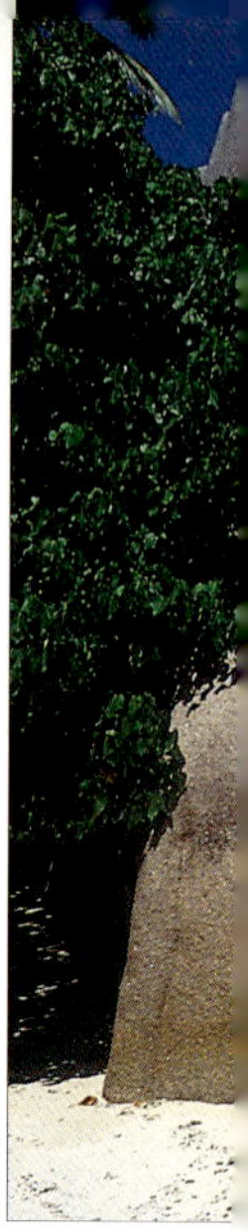
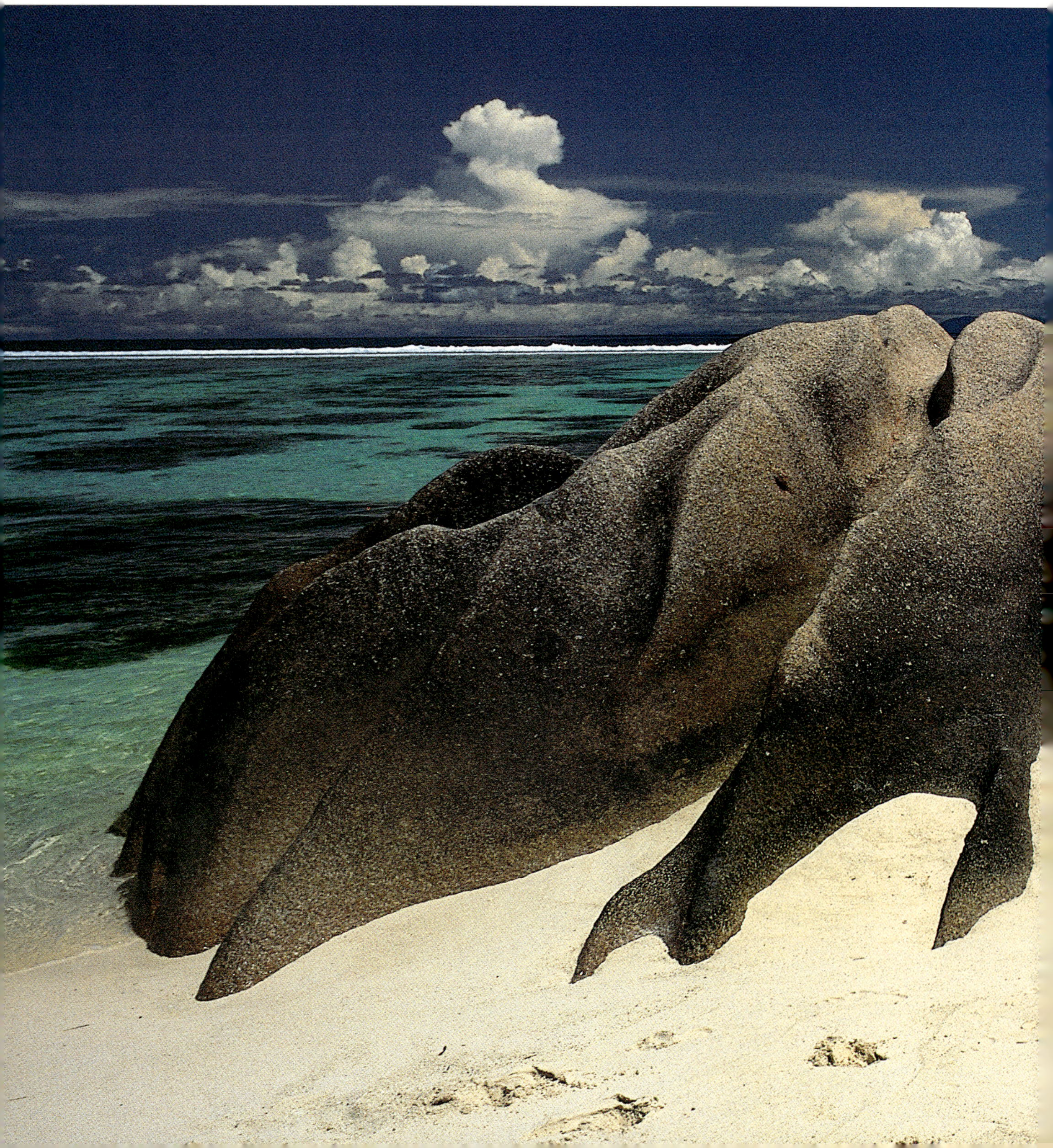

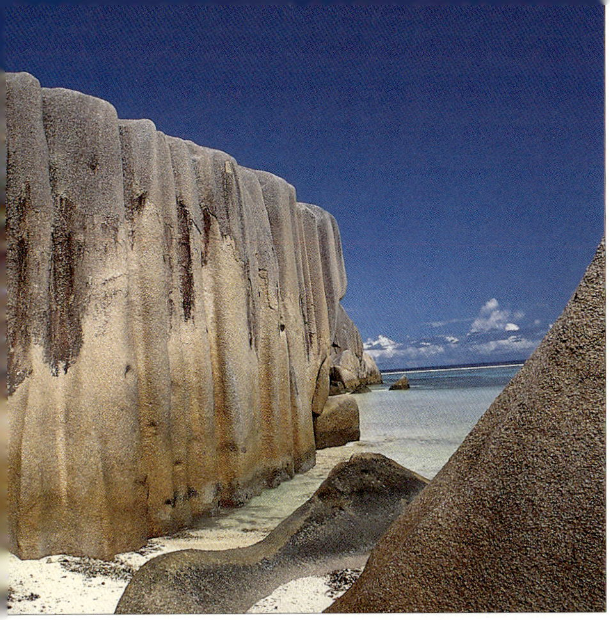

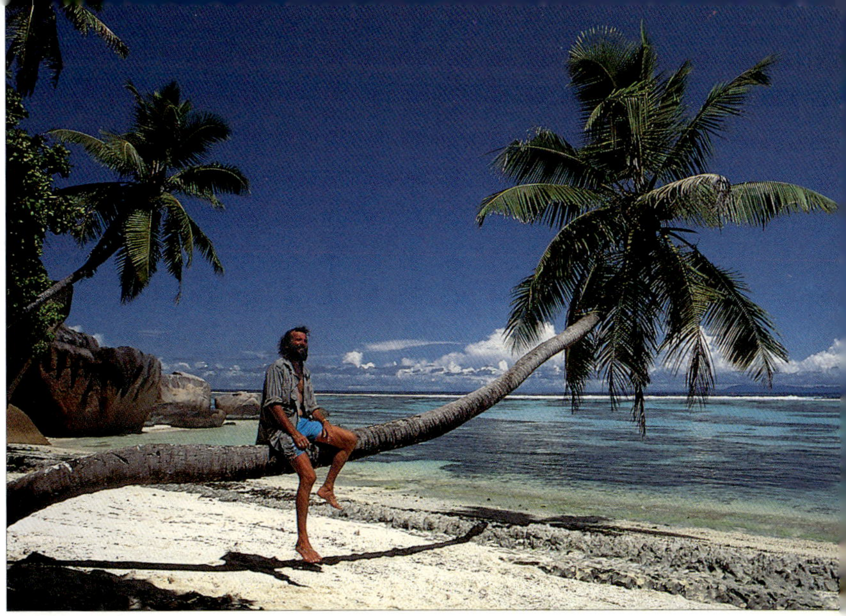

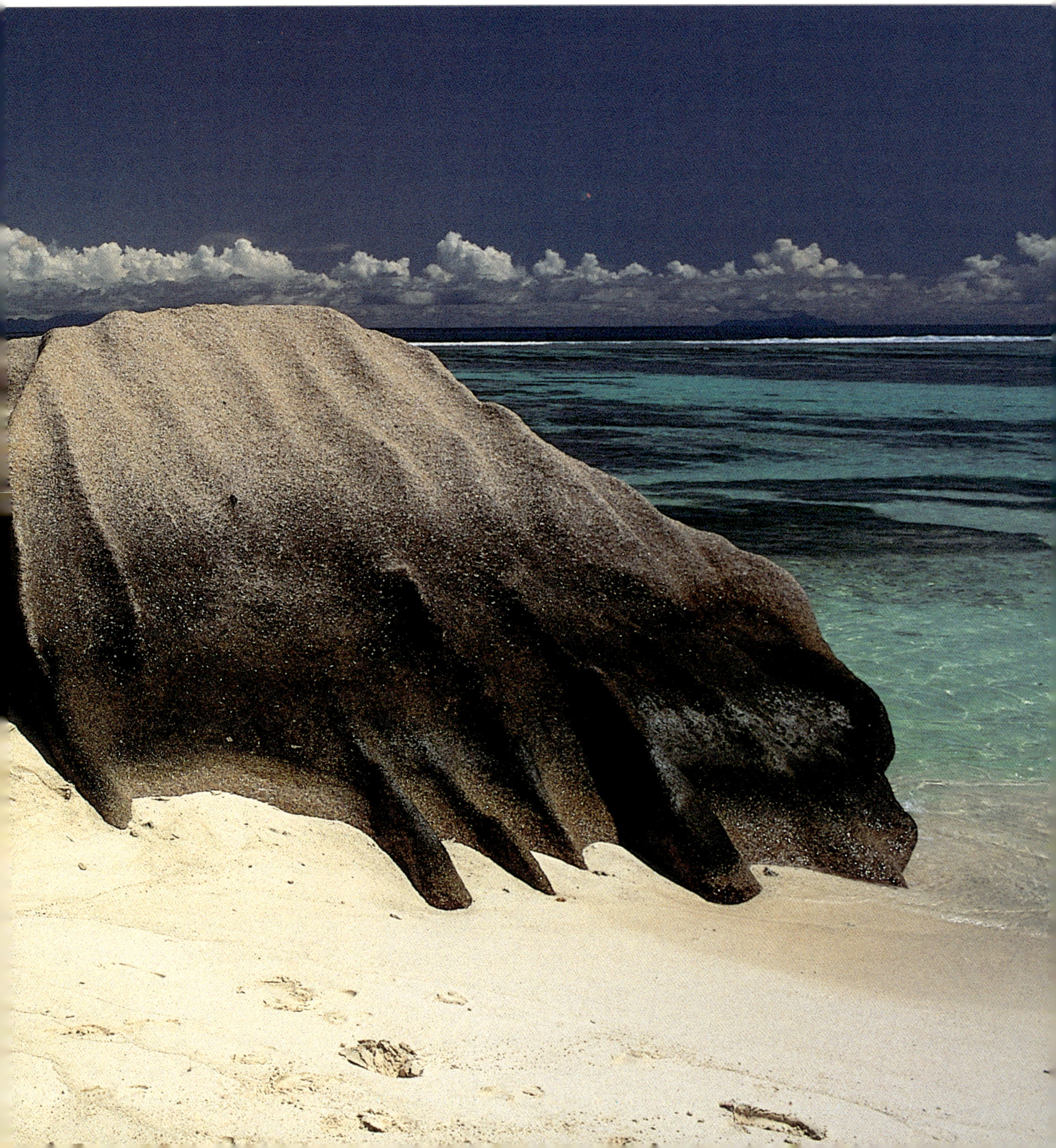

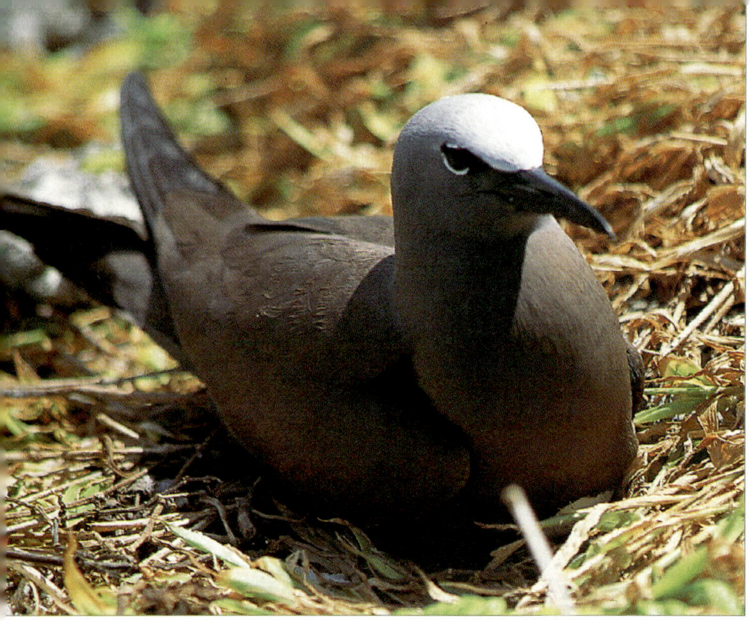

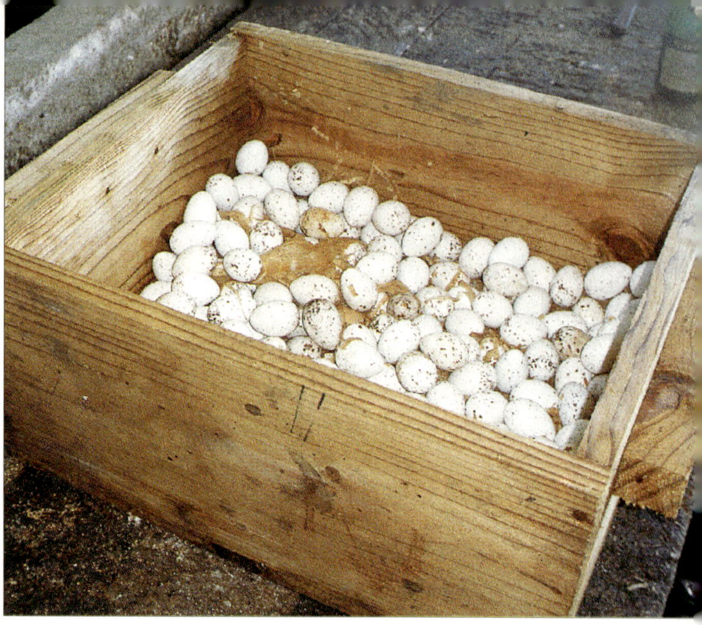

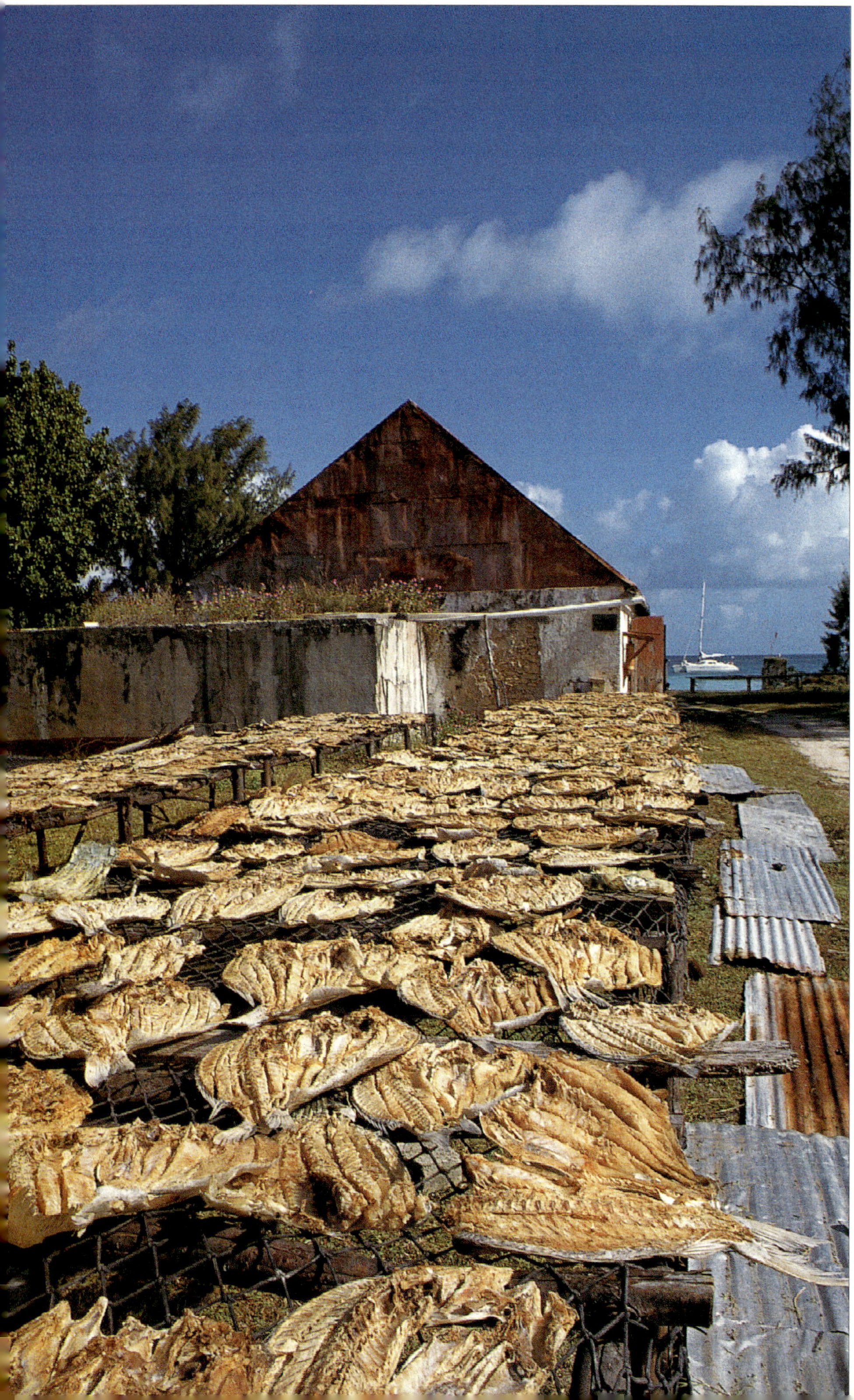

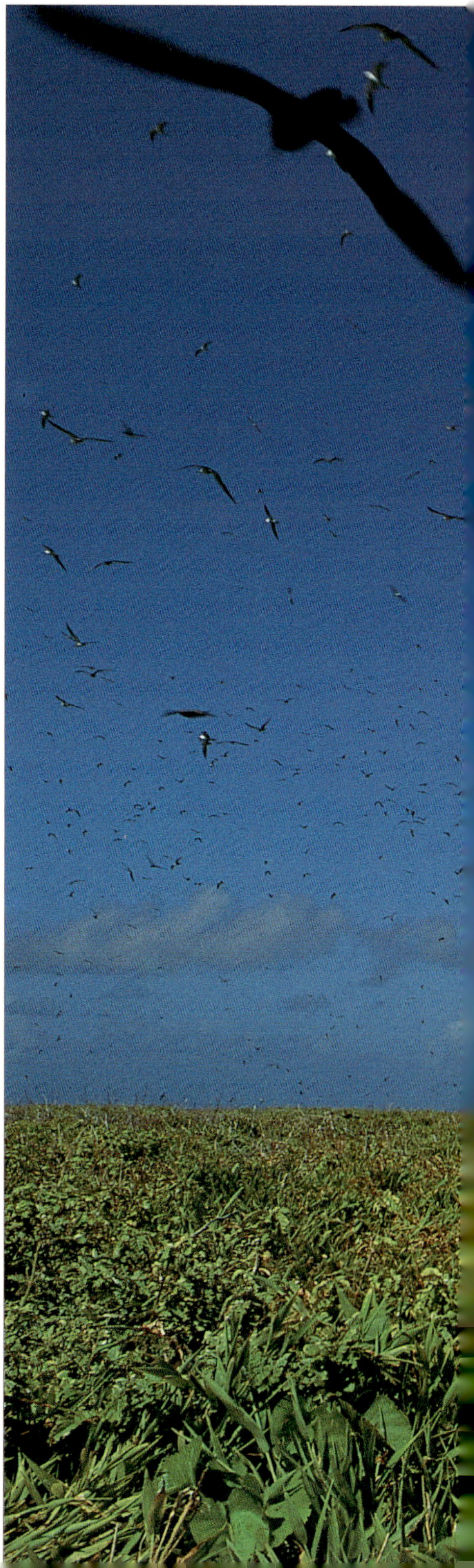

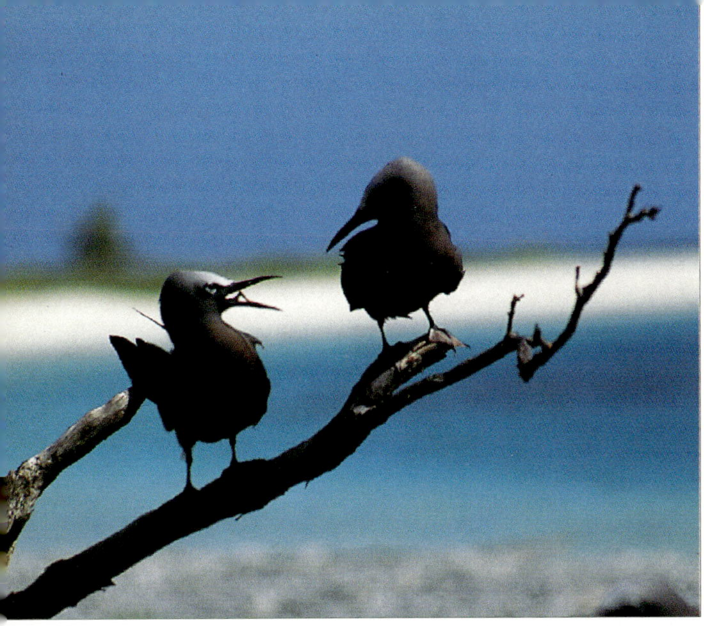
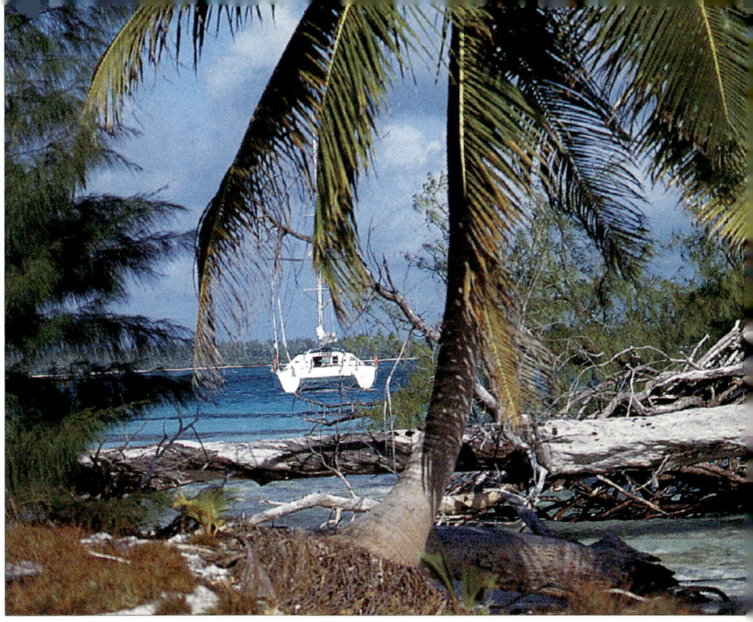
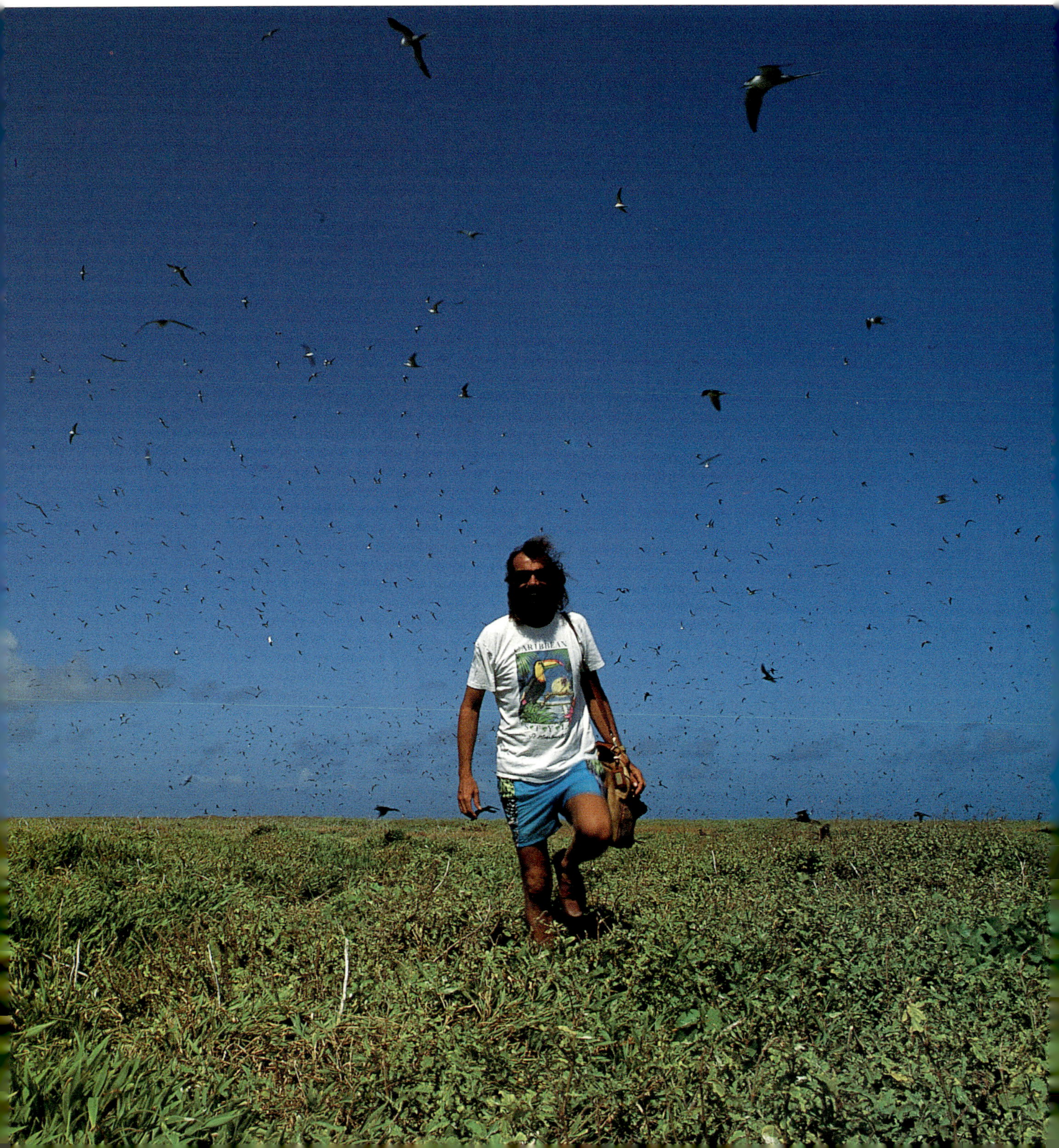

De l'eau, de l'énergie : le confort à bord

Les bateaux modernes, en particulier ceux à salon de pont ou les multicoques, sont plus ouverts sur l'extérieur que les monocoques traditionnels, ce qui est un avantage pour la vie sous les tropiques.

La chaleur du bois est souvent remplacée par des matériaux et revêtements modernes plus faciles d'entretien, plus clairs. Quant aux conceptions spartiates, voire masochistes d'autrefois, elles font place à un art de vivre nouveau.

Un bateau, ce n'est pas fait pour y souffrir, mais pour y vivre agréablement; le cata à cet égard a un avantage incommensurable, on y vit de plain-pied avec l'extérieur, au même niveau que le cockpit.

L'aération est essentielle, il sera parfois possible de rajouter des hublots ouvrants vers l'avant ou sur les côtés des roofs.

Si la dimension du bateau le permet, il serait bon de pouvoir s'isoler quand l'envie vous en prend. La cuisine à l'écart de tout où le ou la pauvre volontaire se retrouve enfermé(e) ne vaut pas la cuisine en contact direct avec le carré.

Des conforts, jadis inimaginables sur un voilier, sont aujourd'hui courants : un réfrigérateur qui fonctionne devra être très bien isolé et alimenté par une copieuse capacité de batteries, rechargées par l'alternateur du moteur, mais aussi par éolienne, arbre d'hélice ou panneaux solaires dans les pays bien ensoleillés; aucun de ces systèmes n'est la solution universelle, mais chacun est à choisir en fonction des lieux de navigation et d'escale.

L'eau douce, clé de la liberté, proviendra d'un système de récolte d'eau de pluie, mais aussi, de plus en plus, de systèmes de désalinisation; il en existe d'économiques alimentés en 12 volts. Les plus puissants permettent toutes les douches dont on peut rêver et dispensent de toute quête d'un robinet à terre.

Il ne faudra , cependant, pas perdre de vue la fragilité de tout appareil sophistiqué et avoir, par exemple, un système à main ou à pied pour venir en aide aux circuits d'eau sous pression.

Toute mécanique, toute amélioration ne vaut que si on peut, en cas de besoin, s'en passer!

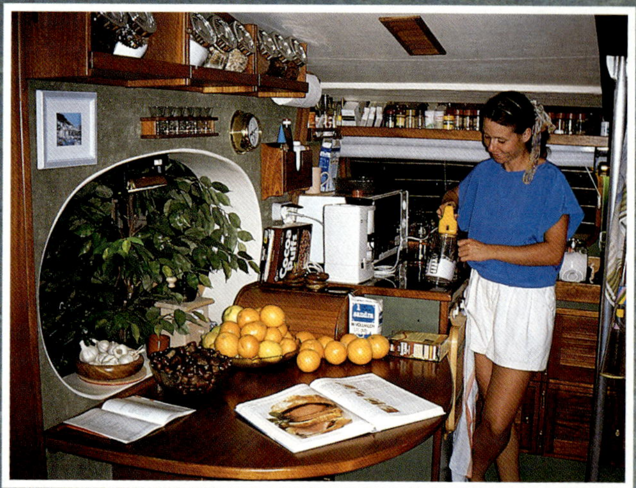

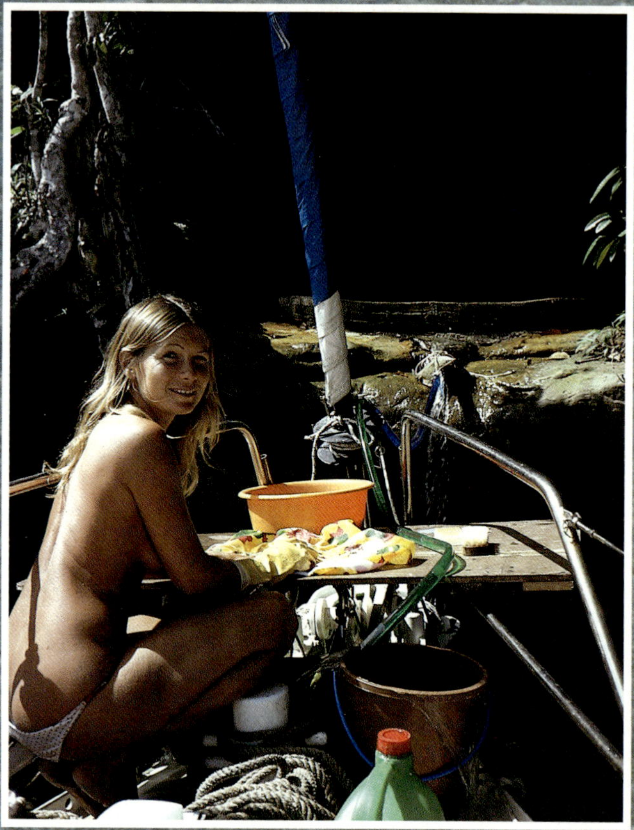

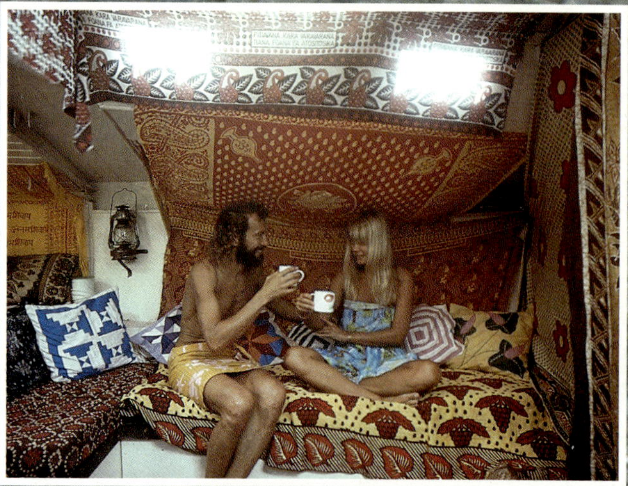

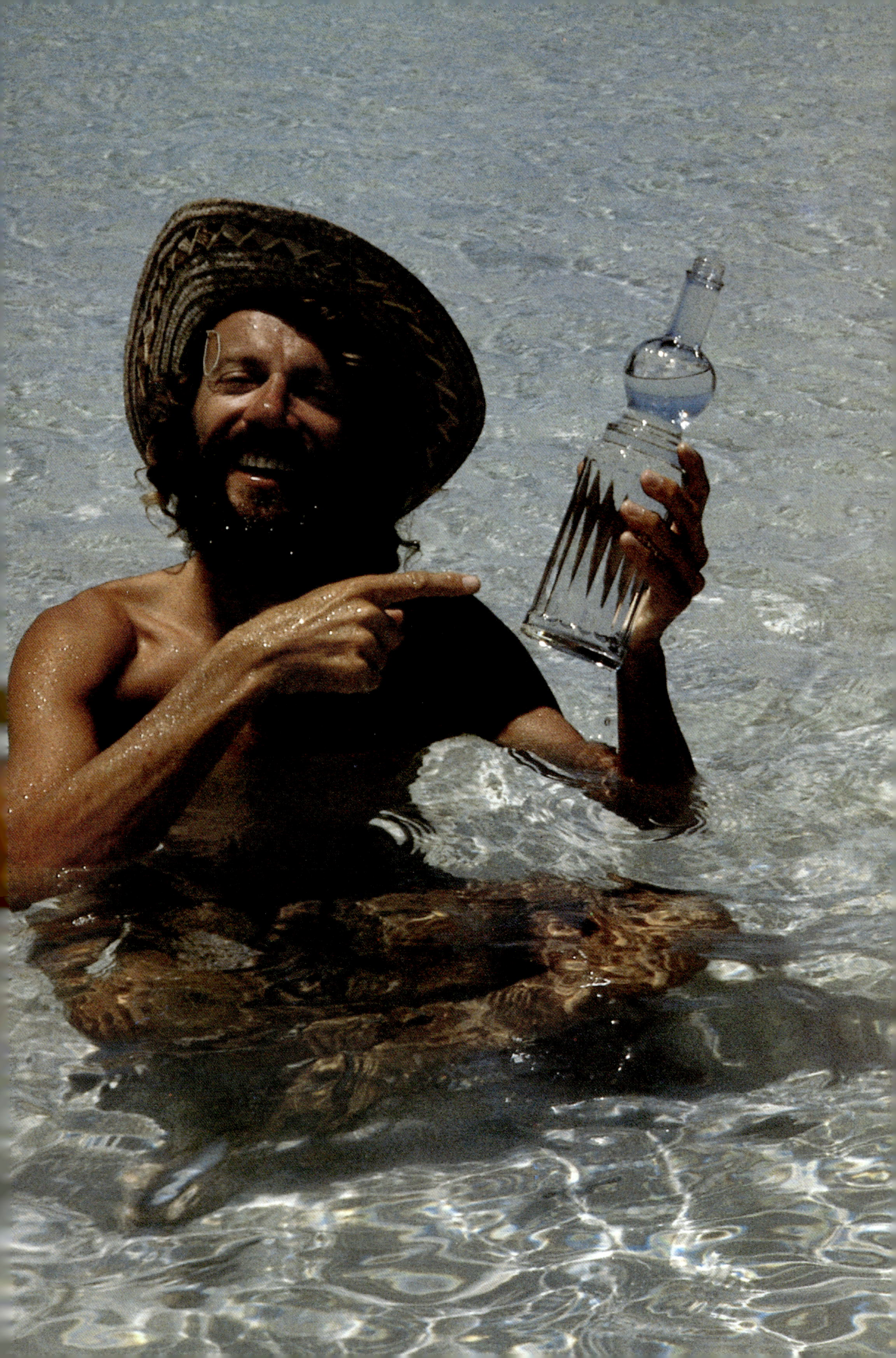

Comores

Anjouan, Mayotte

Ici aussi, on joue l'ouverture; après s'être enfermée longtemps dans la parano anti-impérialiste, après avoir lorgné vers les pays de l'Est, la république des Comores (Anjouan, Mohéli, Grande Comore), ne voyant rien venir du destin radieux qu'ils lui proposaient, a fait volte-face et à réalisé, entre autres, quel vaste réservoir de touristes représente la République sud-africaine toute proche: quelques installations hôtelières comme le Galawa Beach s'ouvrent à la Grande Comore pour attirer les visiteurs sur de superbes plages. Ces trois îles ont peu d'abris pour les voiliers, hors quelques mouillages forains médiocres et saisonniers et le port de Mutsamudu, sur l'île d'Anjouan, qui a beaucoup perdu de son charme avec la disparition des boutres à voiles (bien plus rares ici qu'à Madagascar) et l'invasion des conteneurs. Pourtant la ville, ses minarets, son marché (ici on dit «son bazar») témoignent encore un peu de la splendeur d'un passé arabe. Mais il suffit de prendre la route accidentée qui mène à la côte est de l'île pour retrouver la nature glorieuse, l'ylang-ylang, les girofliers et les étonnantes «framboises» de Mutsamudu, uniques à l'océan Indien.

Mayotte, elle, au centre de son immense lagon, a choisi de rester française, l'économie y est plus prospère. Les accostages et les appareillages de la «barge», le ferry qui relie le centre vital, Dzaoudzi, à la grande île, rythment la journée, déversant leur flot d'hommes et de femmes enroulés d'étoffes multicolores.

Les *bangas* sont d'amusantes cases de terre construites et décorées par les adolescents comoriens qui y vivent, libres et seuls, leurs années d'insouciance, avant de se marier. Non loin du mont Choungui, à la forme caractéristique, le Jardin mahorais, au pied de baobabs géants, est un sympathique ensemble de bungalows d'où partent des expéditions de pêche au gros et de plongée sous-marine dans le somptueux lagon de Mayotte.

Pour les voiliers, le mouillage de Dzaoudzi est un carrefour de l'océan Indien sud, ils retrouvent toujours ici un copain revenant de Madagascar, une famille amie de globe-flotteurs en route vers les Maldives ou les Seychelles, ou une équipe de joyeux drilles venant de passer trois mois dans un atoll magique des Chagos.

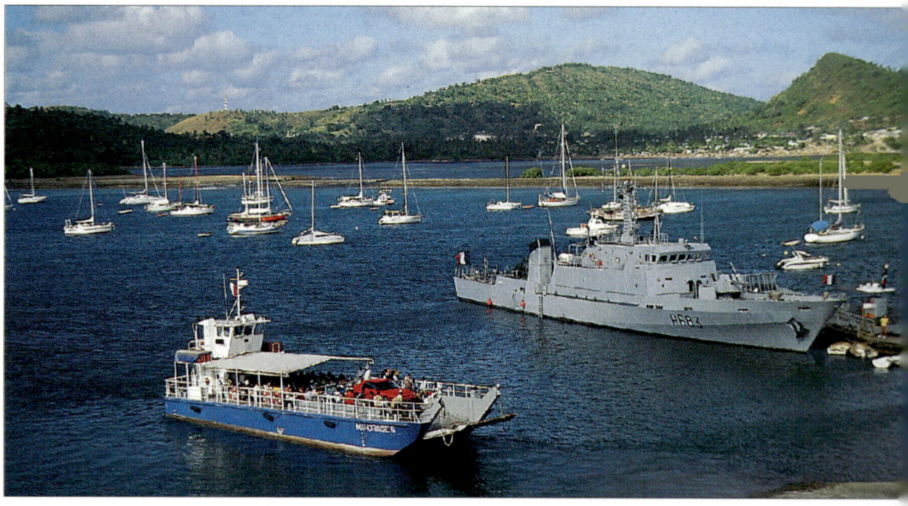

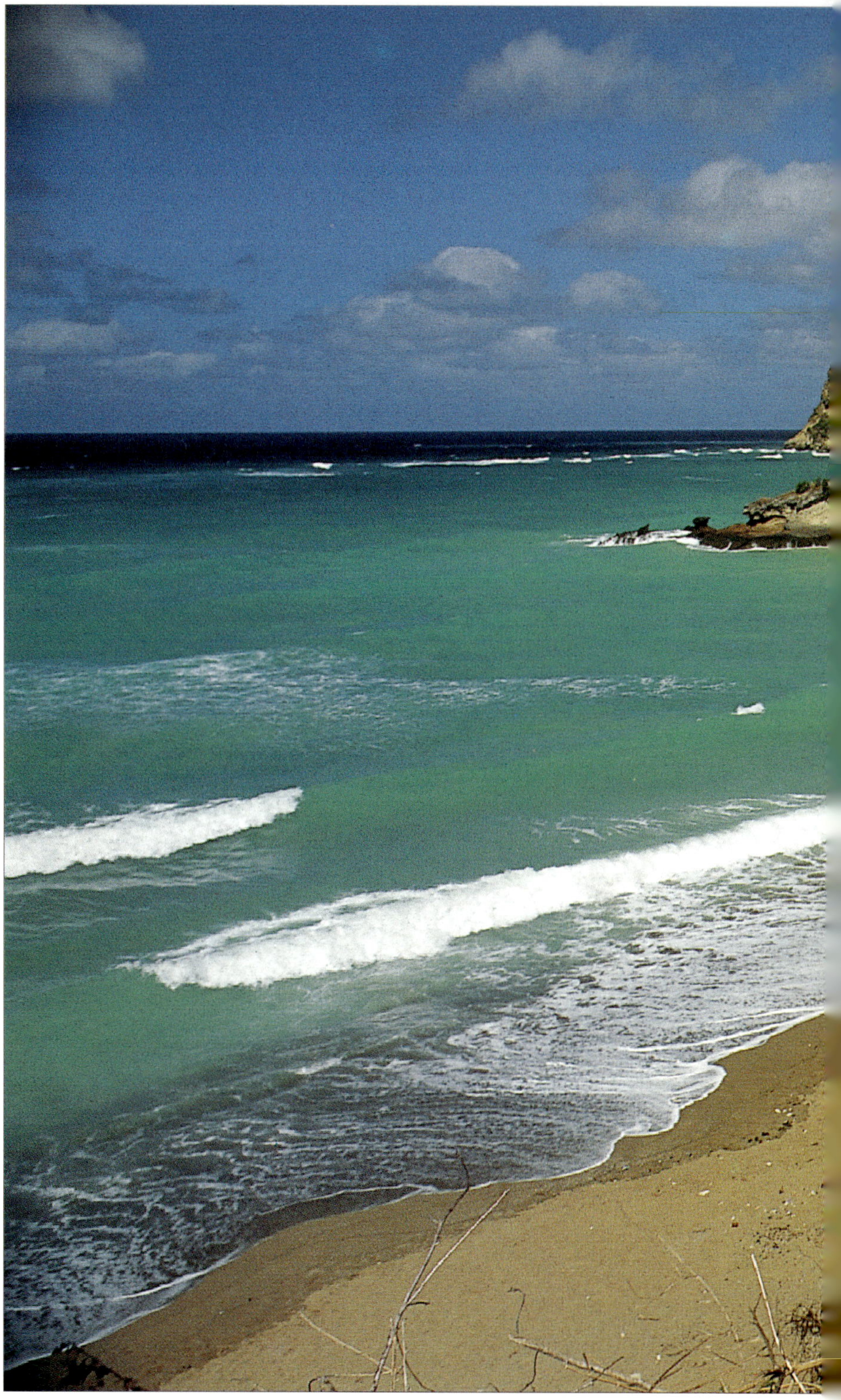

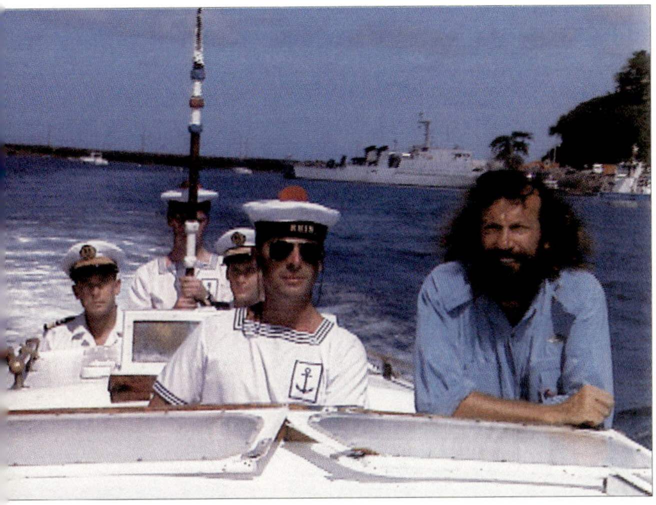

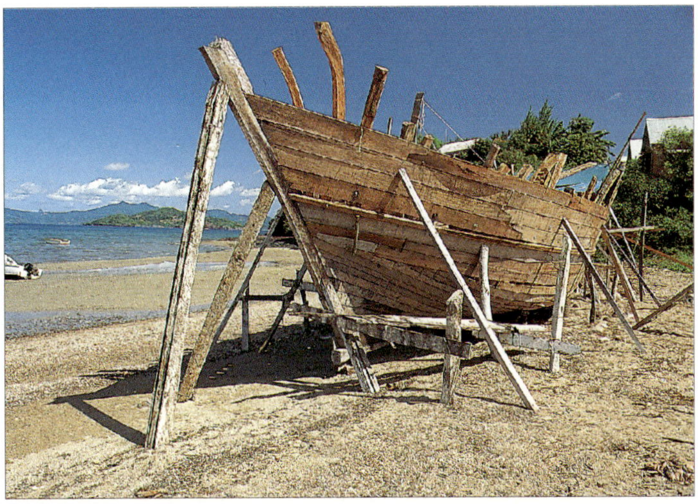

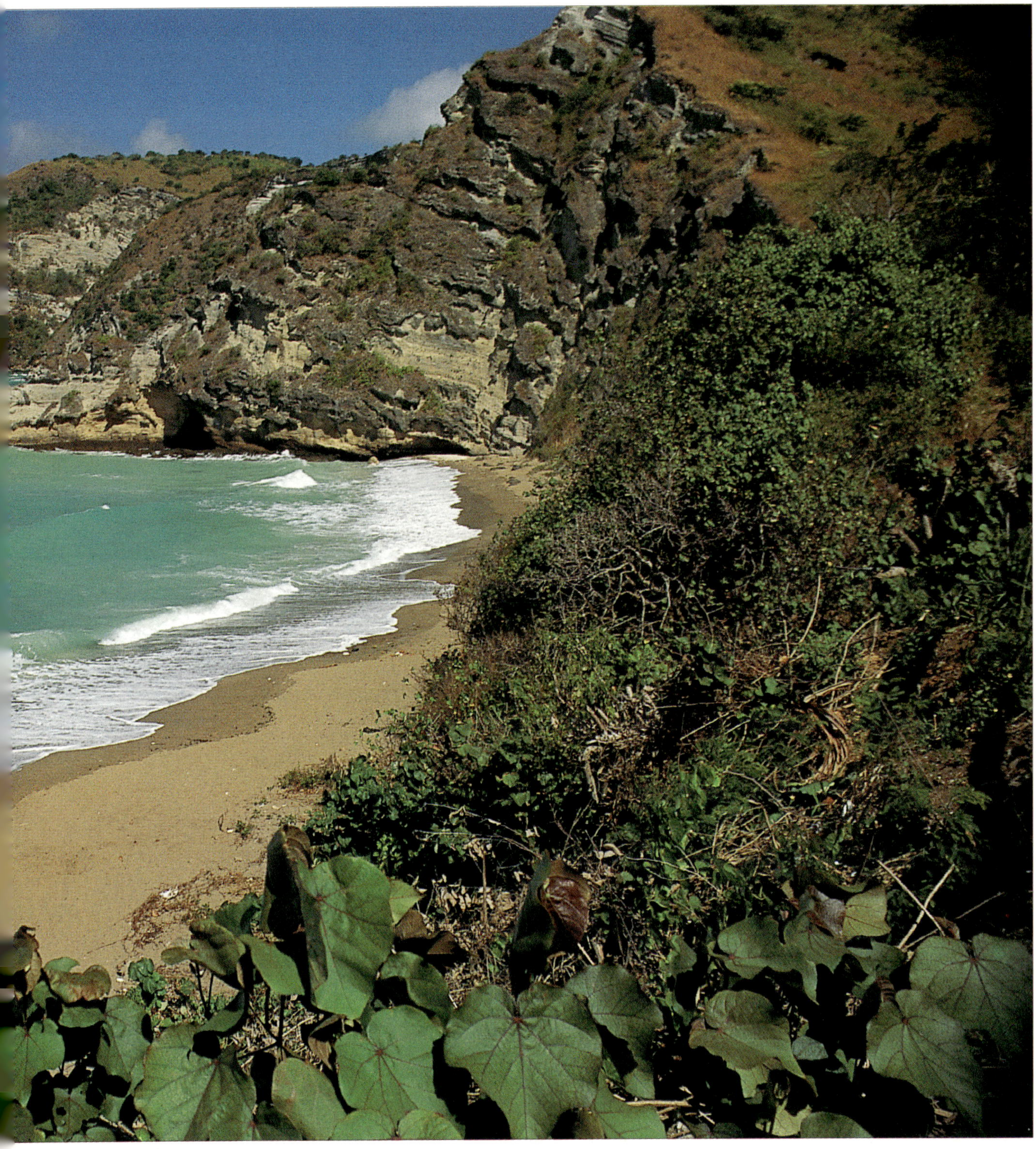

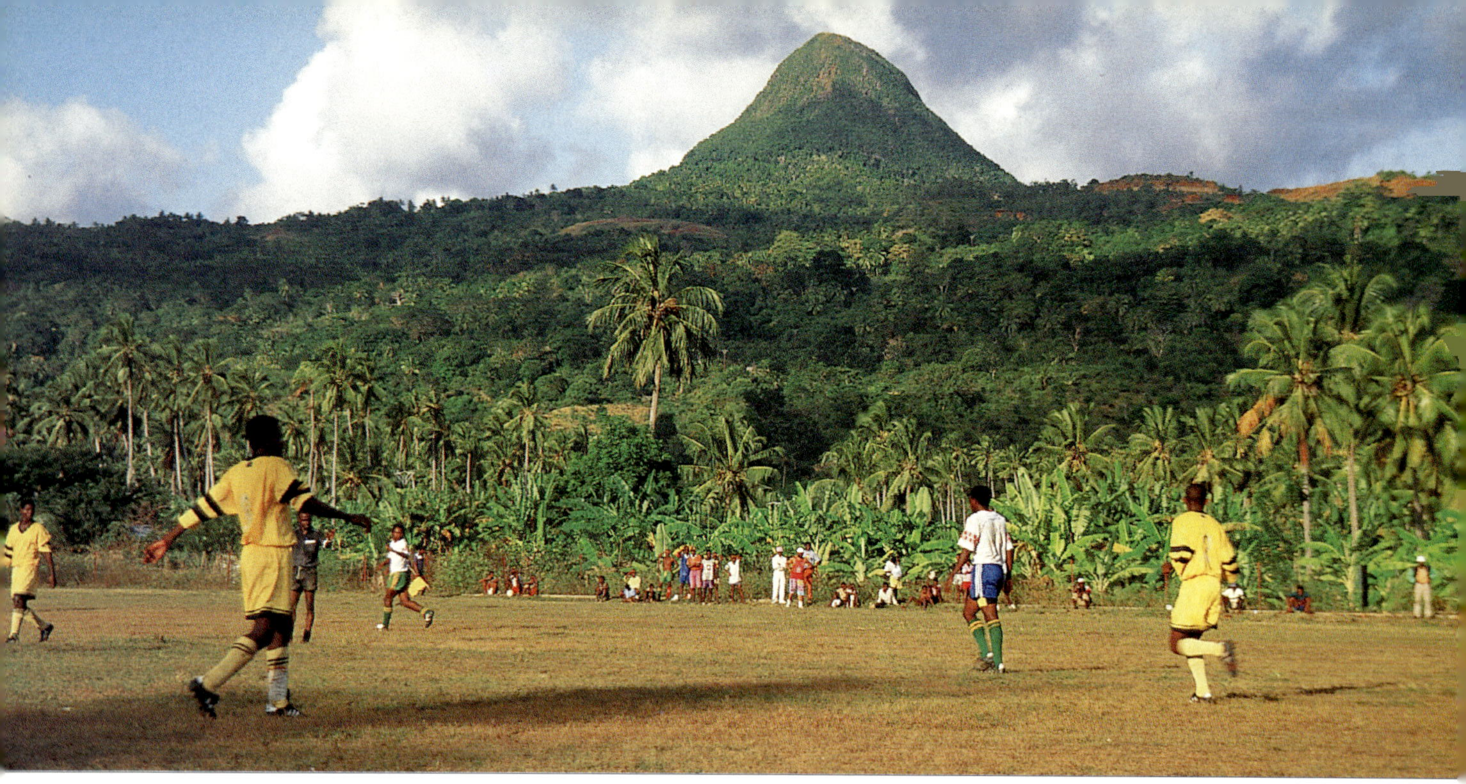

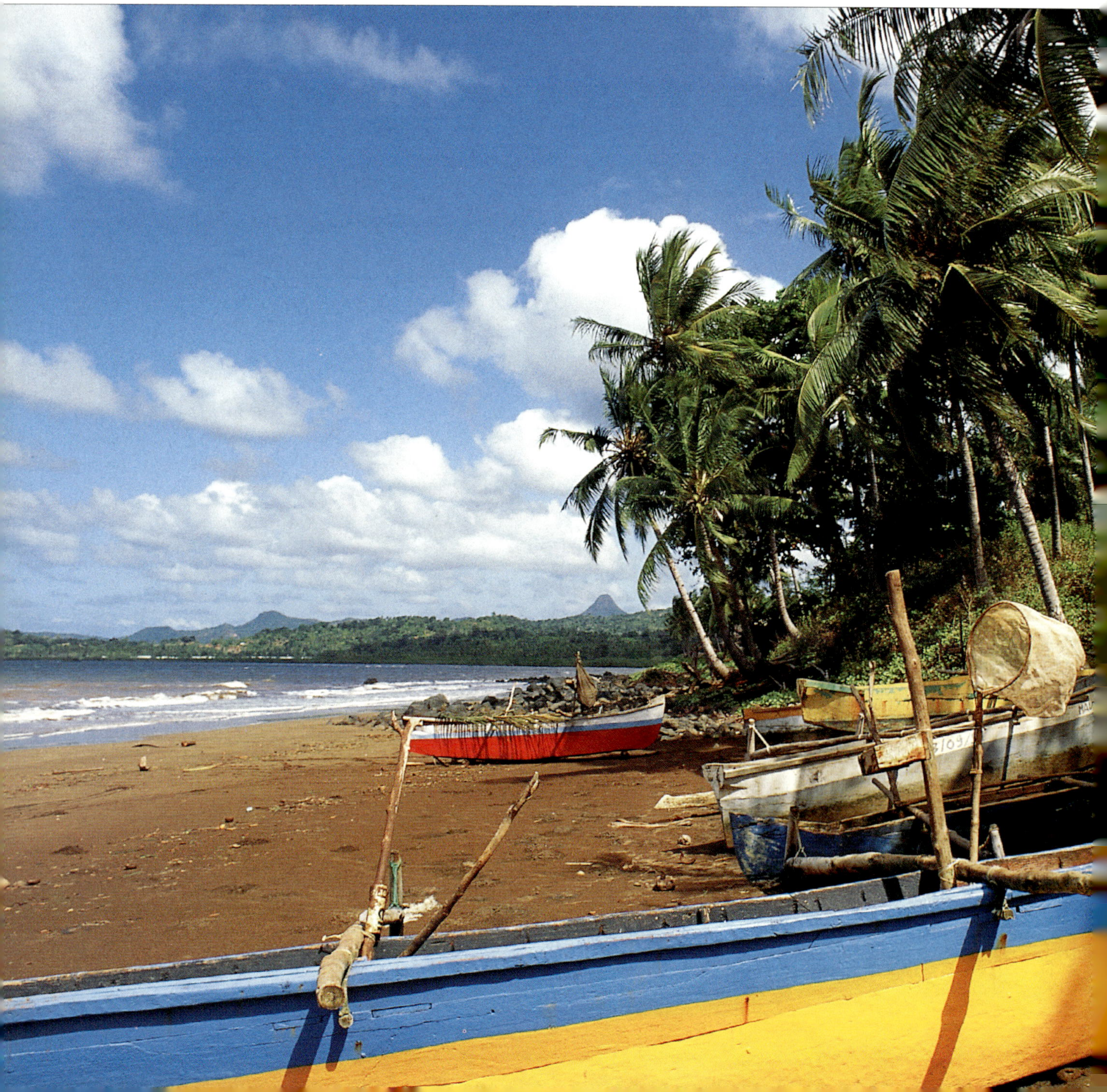

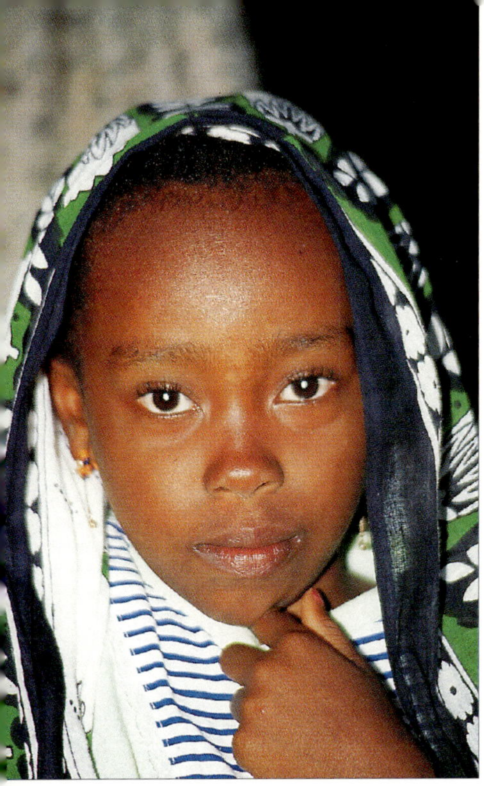

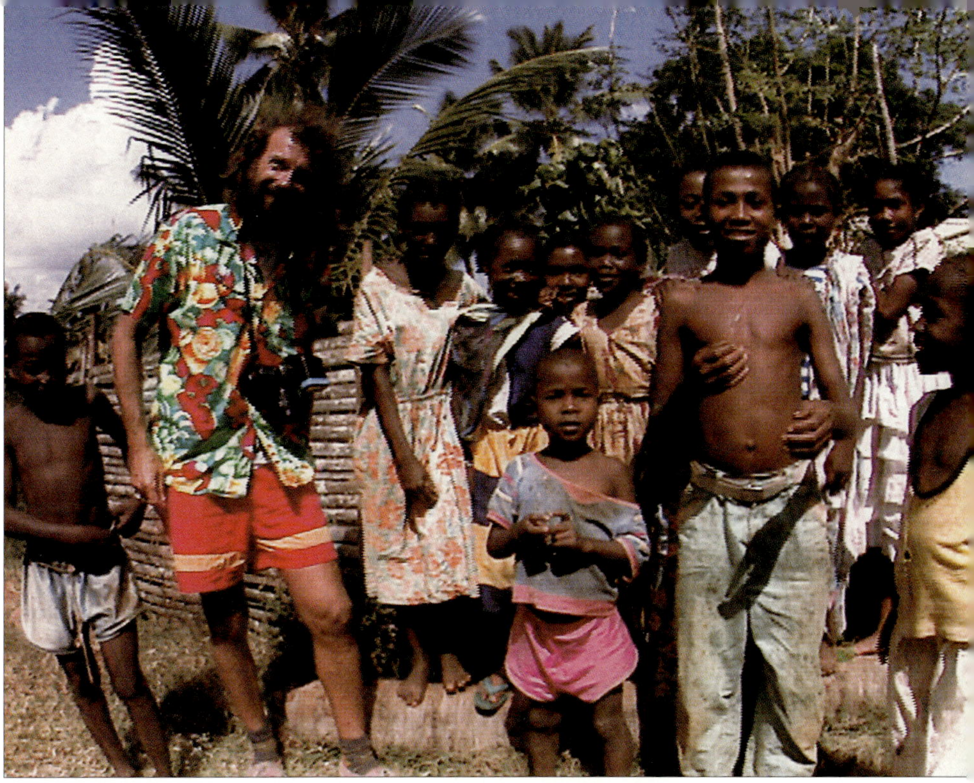

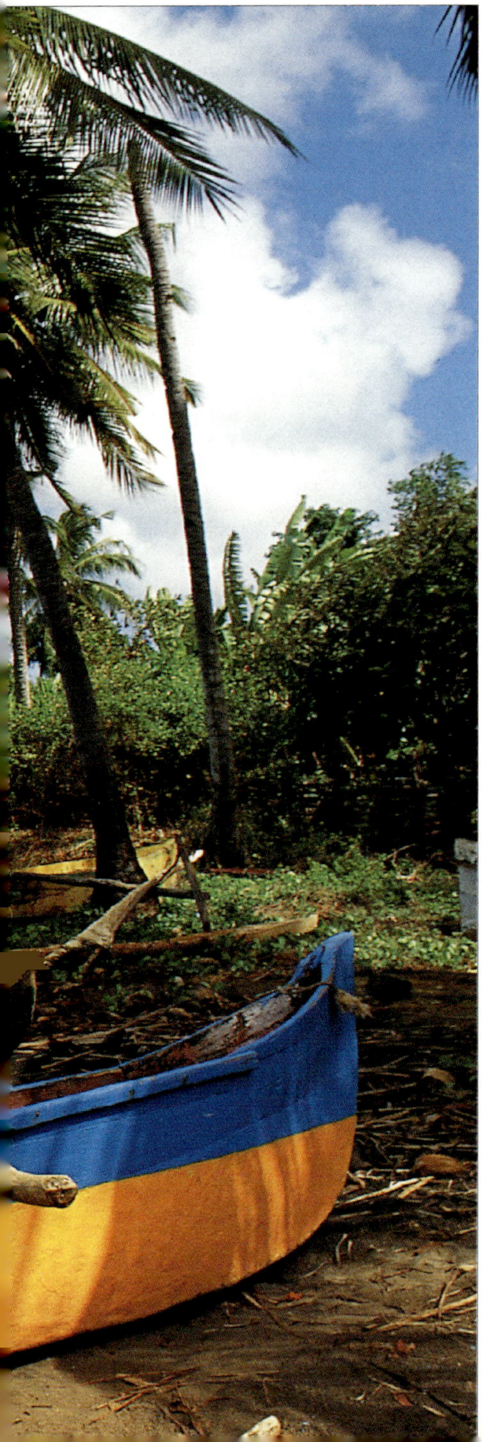

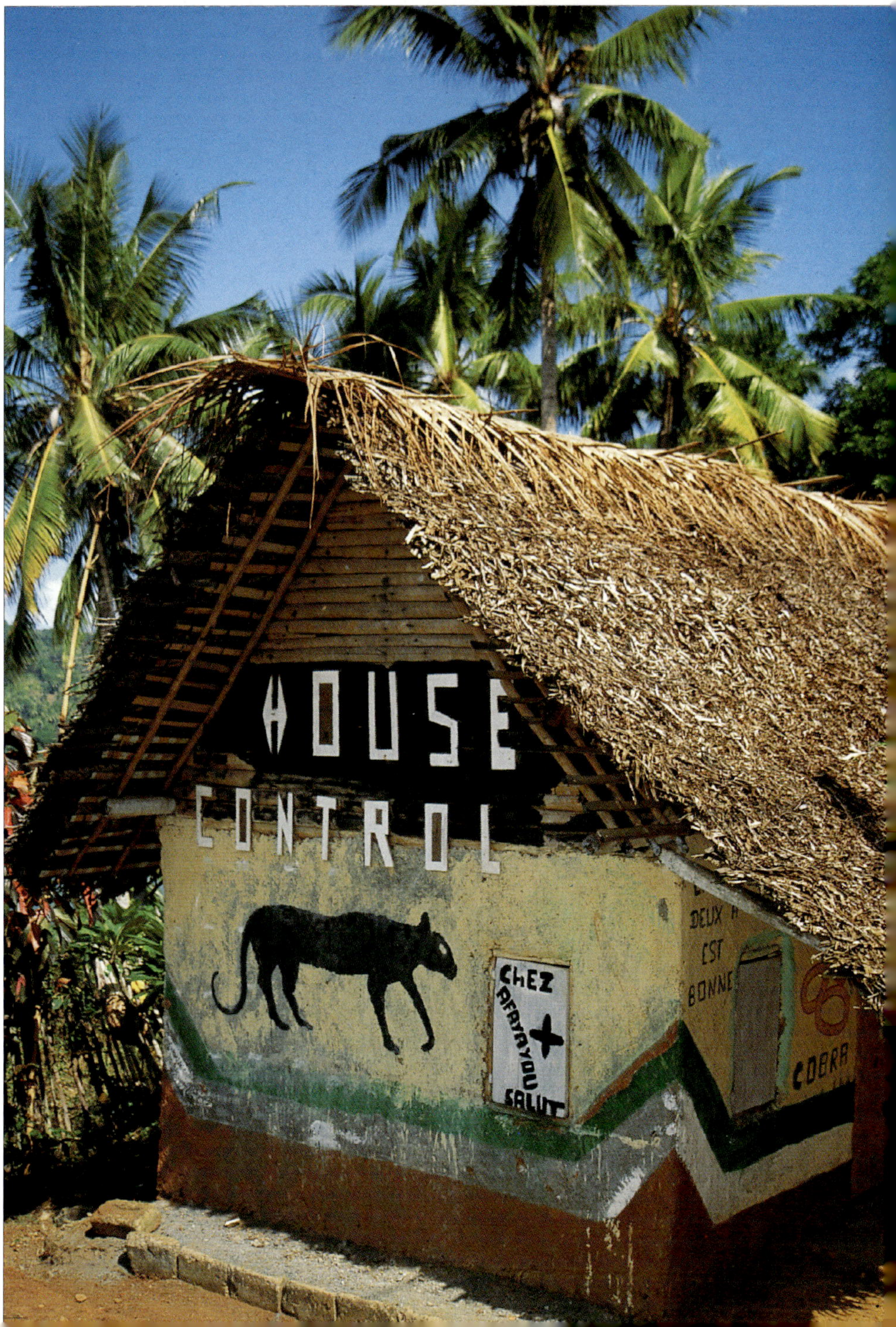
HOUSE
CONTROL
ChEZ
AFAYAYOU
SALUT
DEUX
EST
BONNE
COBRA

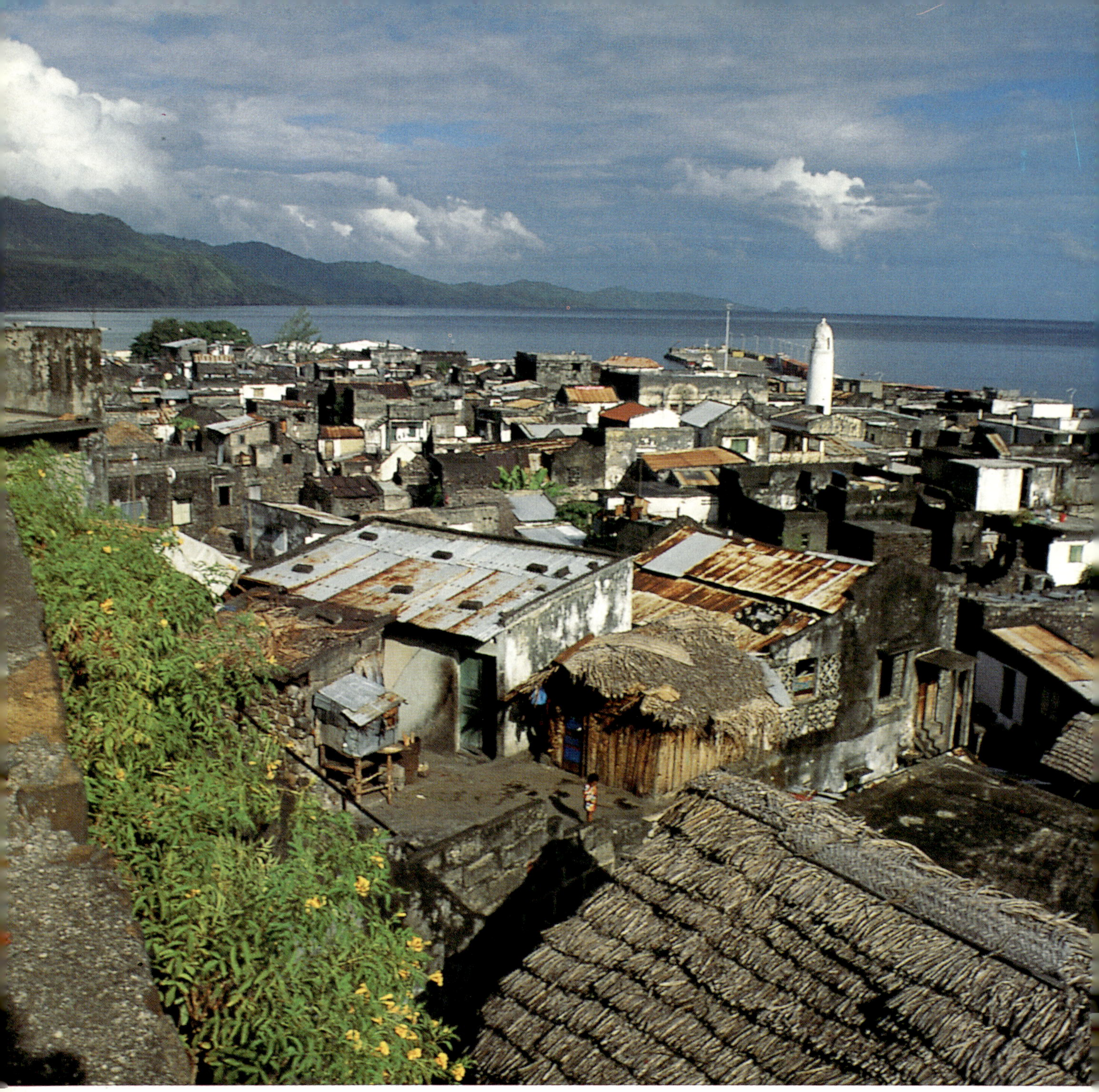

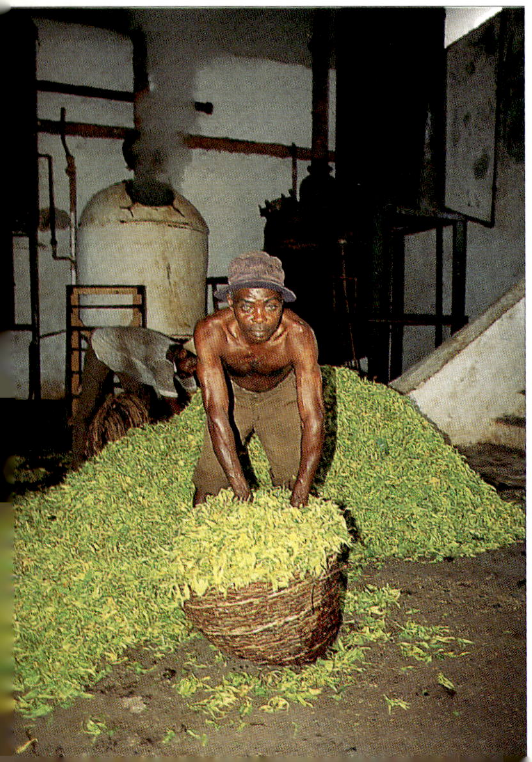

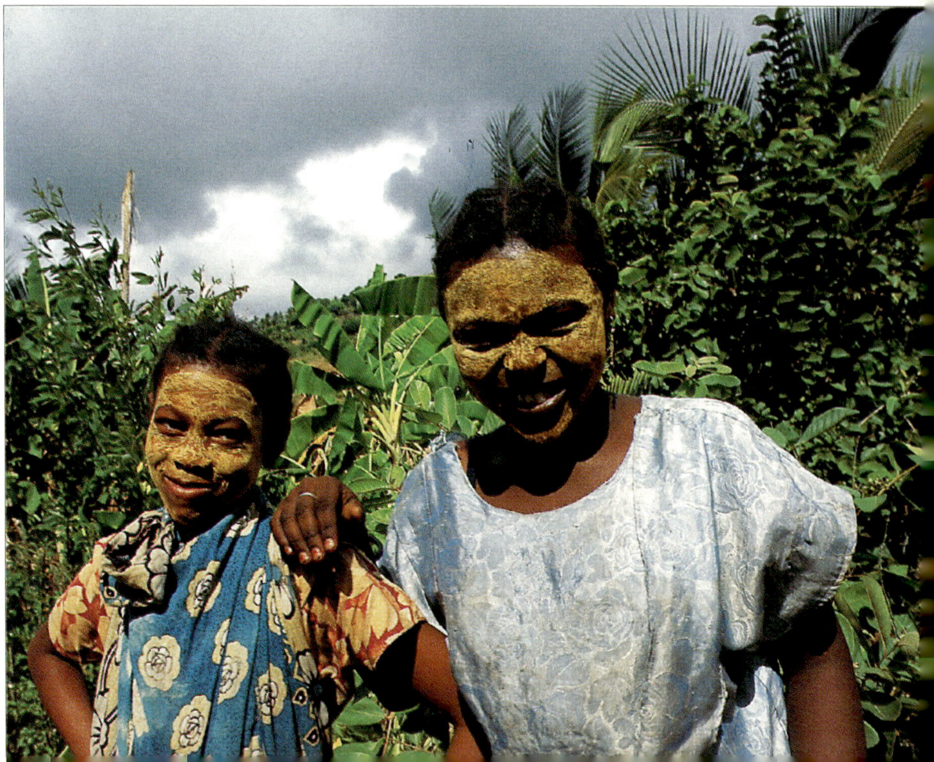

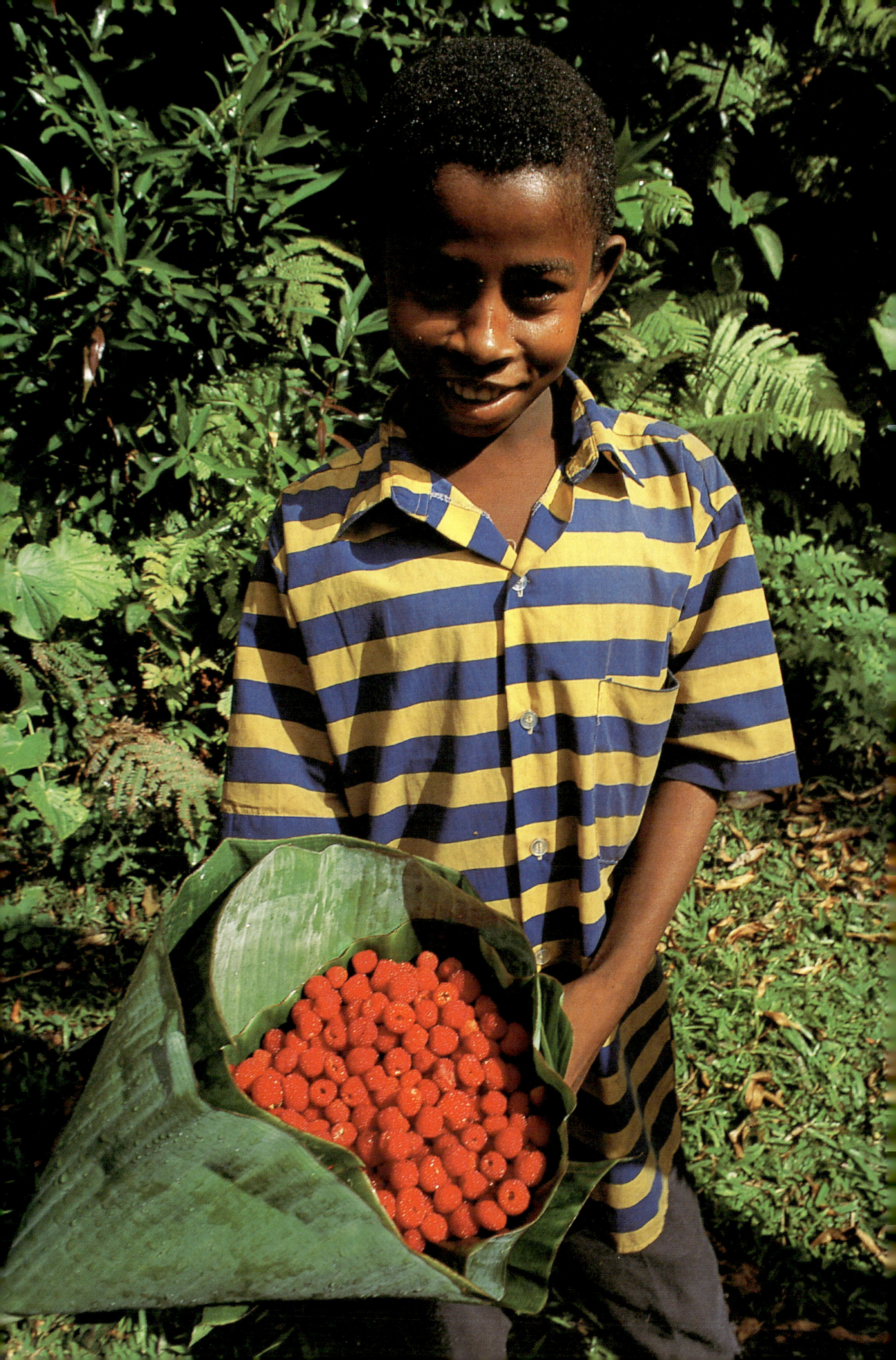

Retour vers l'Europe

Une question de choix

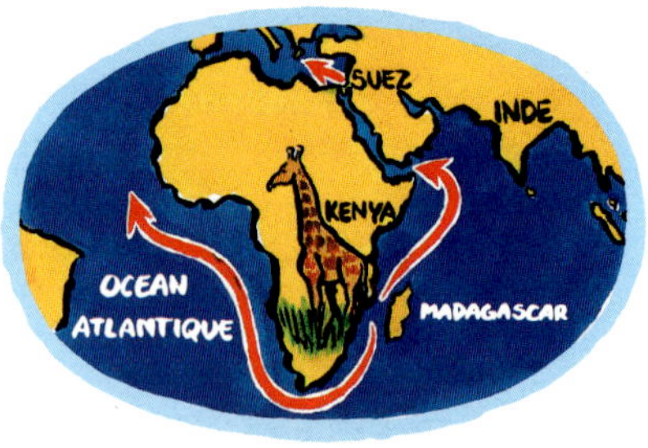

C'est à ce point du voyage que devra se faire le choix le plus délicat. Le retour vers l'Europe se fera-t-il par Suez et la Méditerranée, ou bien, par le sud de l'Afrique? Chacune des options a ses avantages, mais surtout ses inconvénients.

Retour par Bonne-Espérance :

L'Afrique australe est une région magnifique qui a tout à fait sa place dans un tour du monde. Une visite aux parcs animaliers de la République sud-africaine et de ses voisins, le Botswana, le Zimbabwe, en tout cas, s'impose. Mais le problème est à la pointe sud de l'Afrique où les dépressions venant de l'ouest, lorsqu'elles rencontrent le courant des Aiguilles, lèvent une mer épouvantable.

Le cap franchi, le navigateur rejoindra rapidement l'alizé de sud-est, pour faire une route rapide vers l'équateur, puis l'Europe... à moins que l'appel du Brésil ou des Antilles, de nouveau proches, ne se fasse trop pressant et qu'on ne se laisse tenter par un petit détour vers l'ouest et, pourquoi pas, par un autre tour du monde!

Retour par la mer Rouge

Ceux qui auront choisi la mer Rouge s'y heurteront, même à la meilleure saison, à des vents contraires. Si le Soudan reste fréquentable, on pourra rendre plus agréable la remontée en la coupant d'escales reposantes ; à Suez, Le Prince of the Red Sea semble un agent efficace (et indispensable) pour franchir le canal.

En Méditerranée, on aura, bien sûr, tendance à s'attarder dans les merveilleux mouillages de Turquie ou, parmi les myriades d'îles de la mer Egée, à retarder au maximum le moment de passer le canal de Corinthe et le détroit de Messine pour rejoindre le port de départ, les yeux brillant encore du souvenir de mille escales.

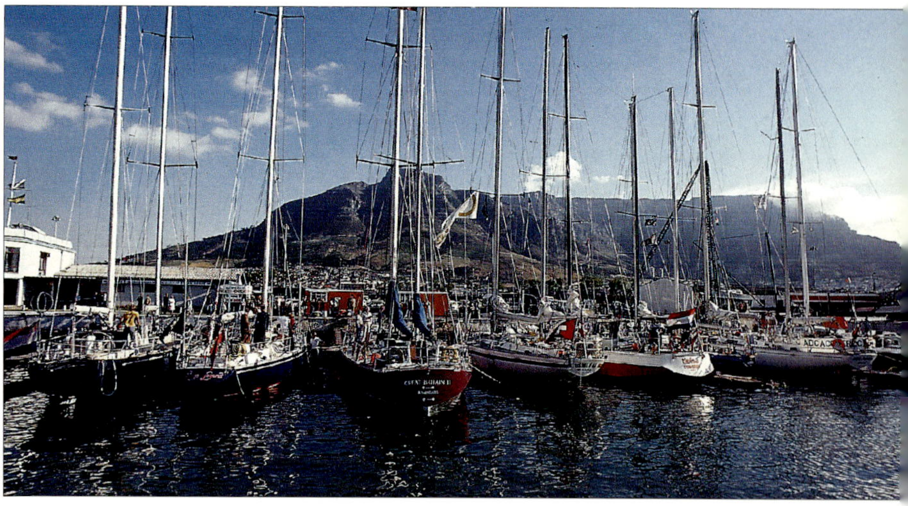

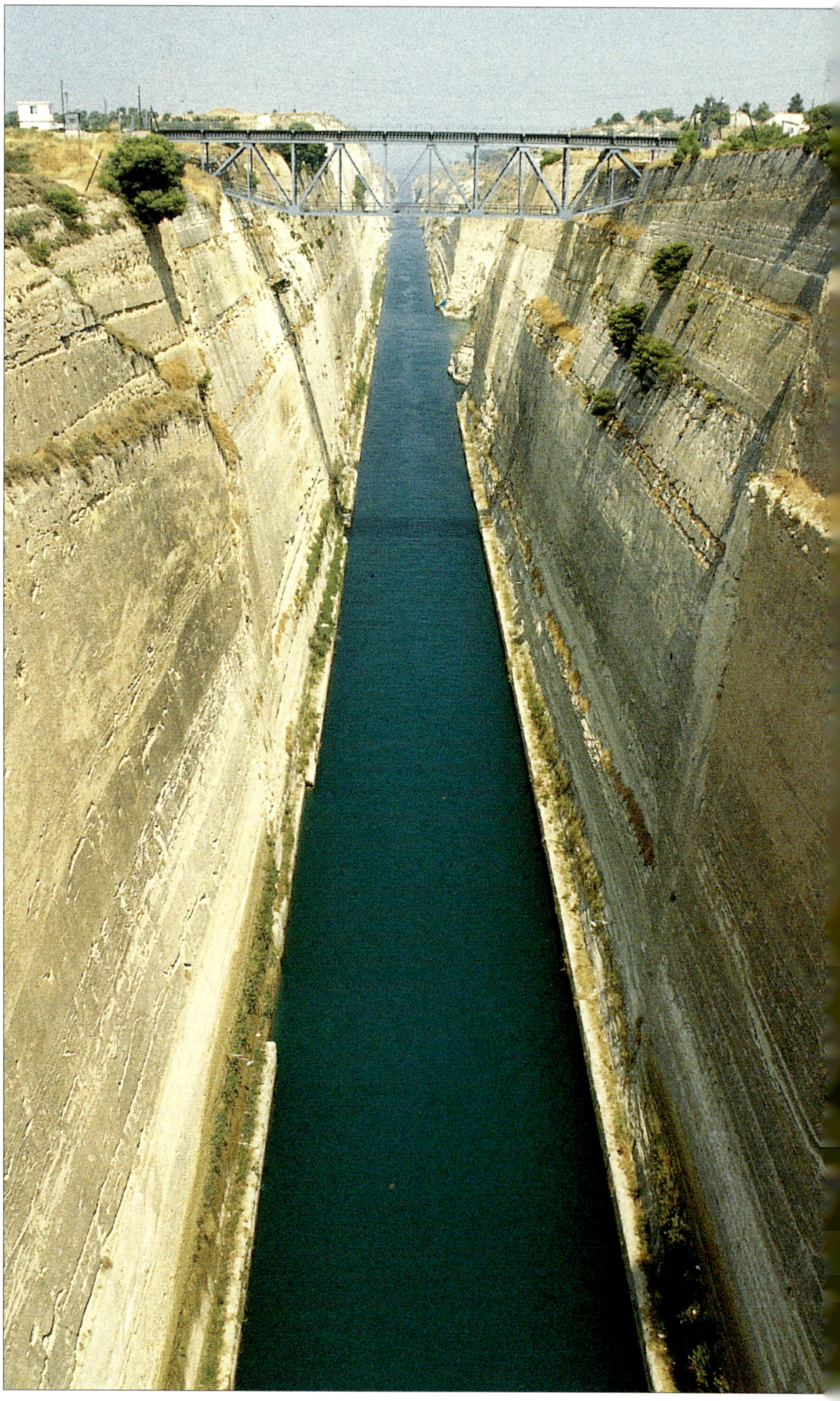

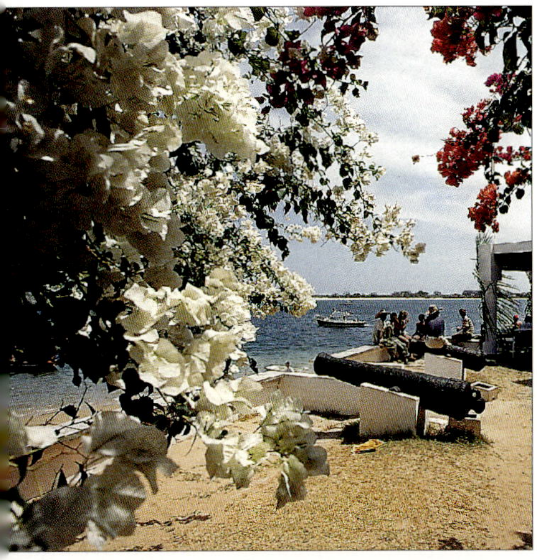

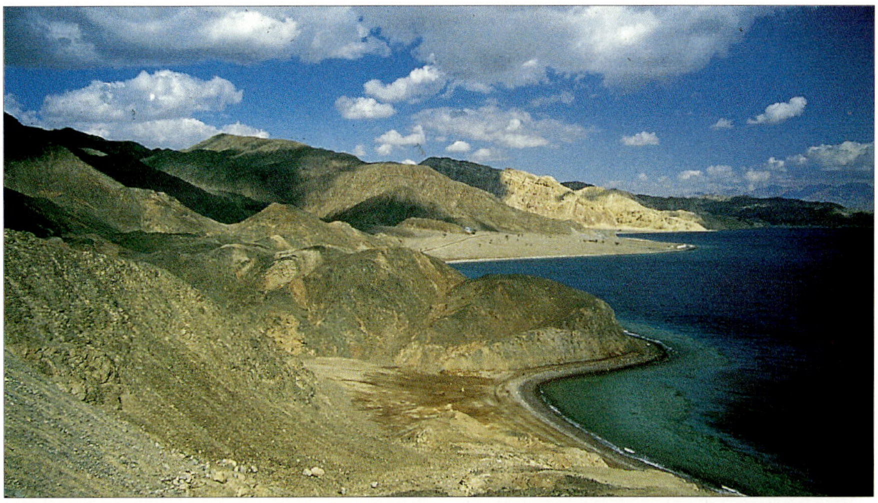

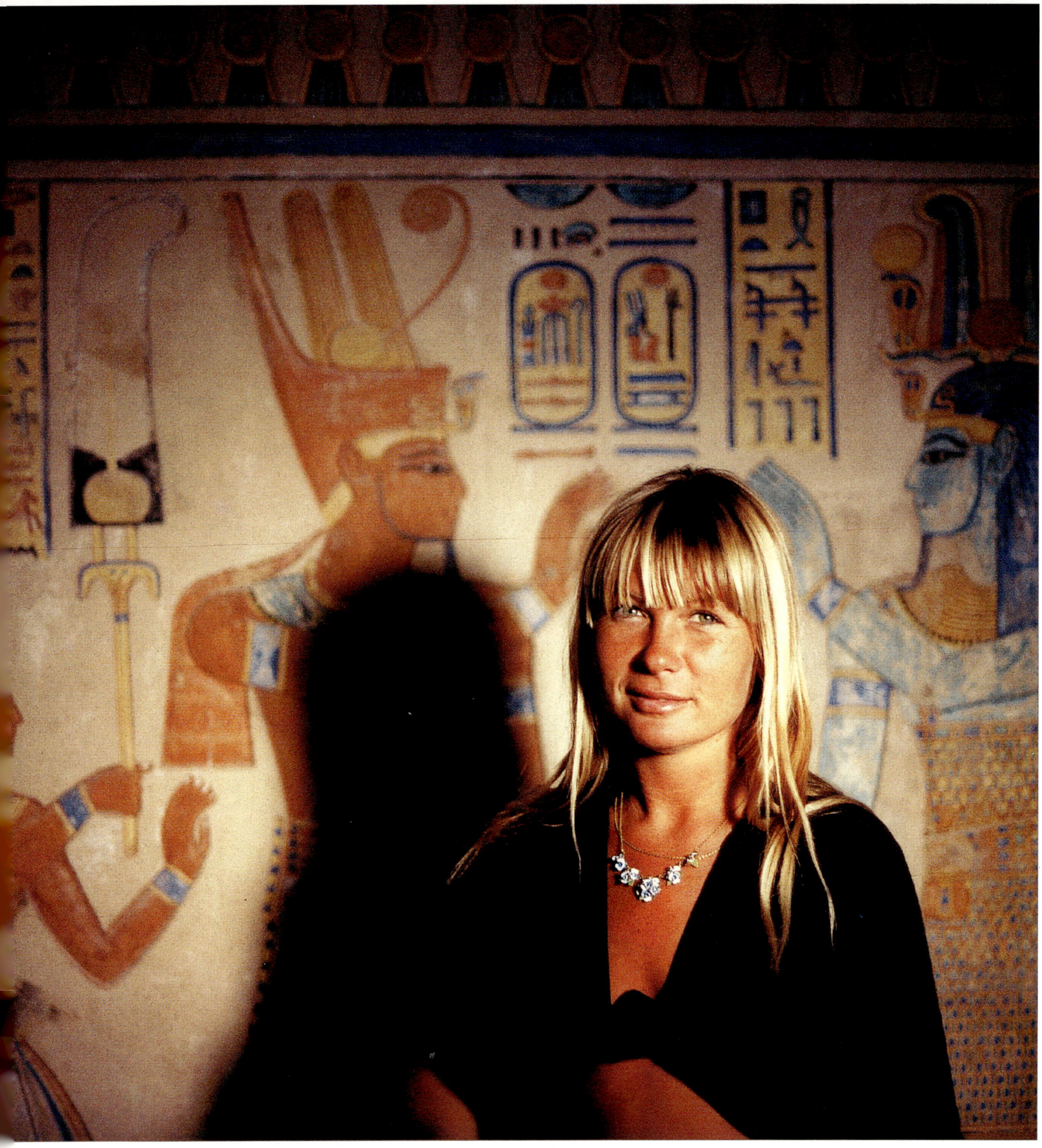

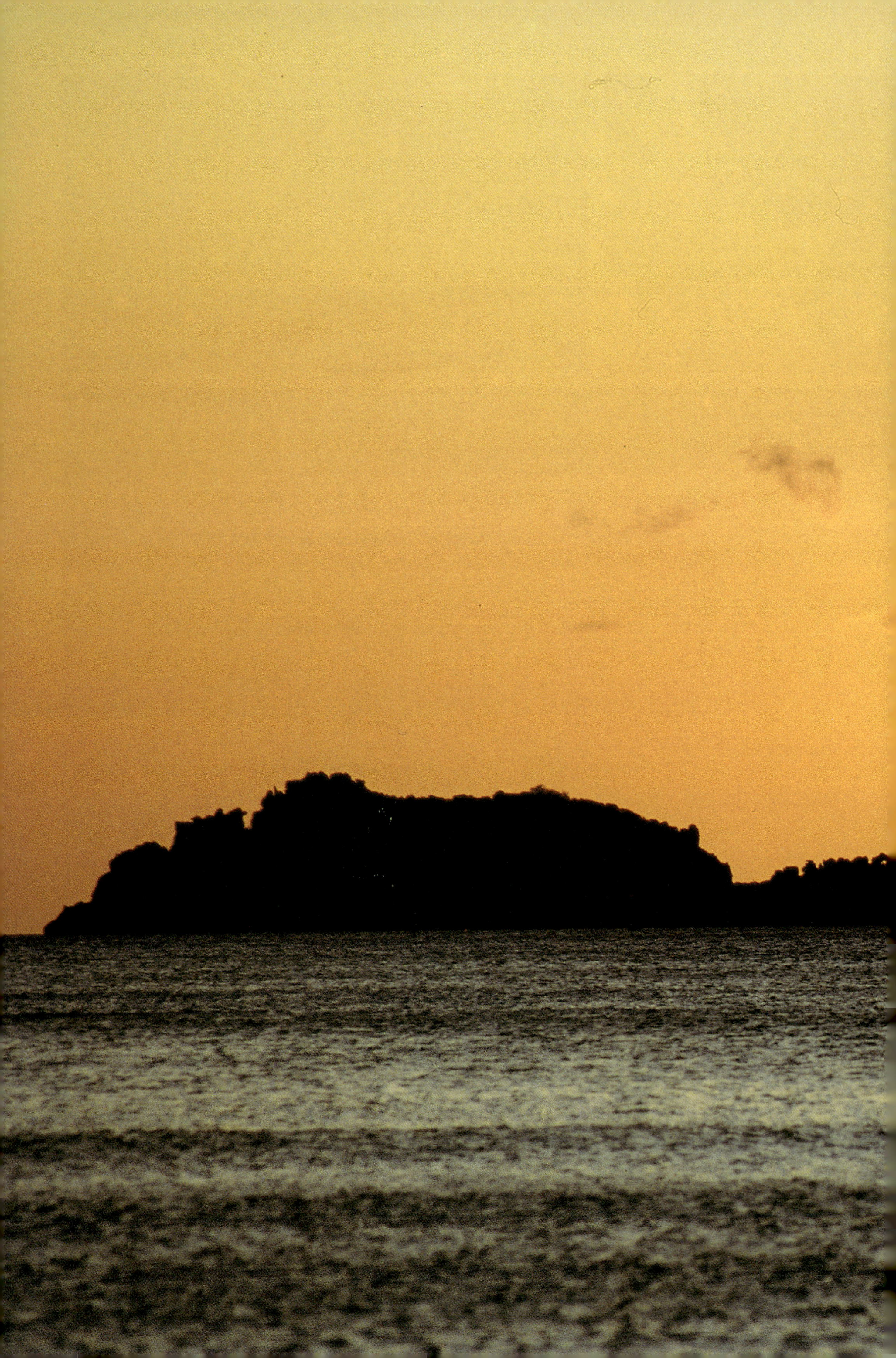

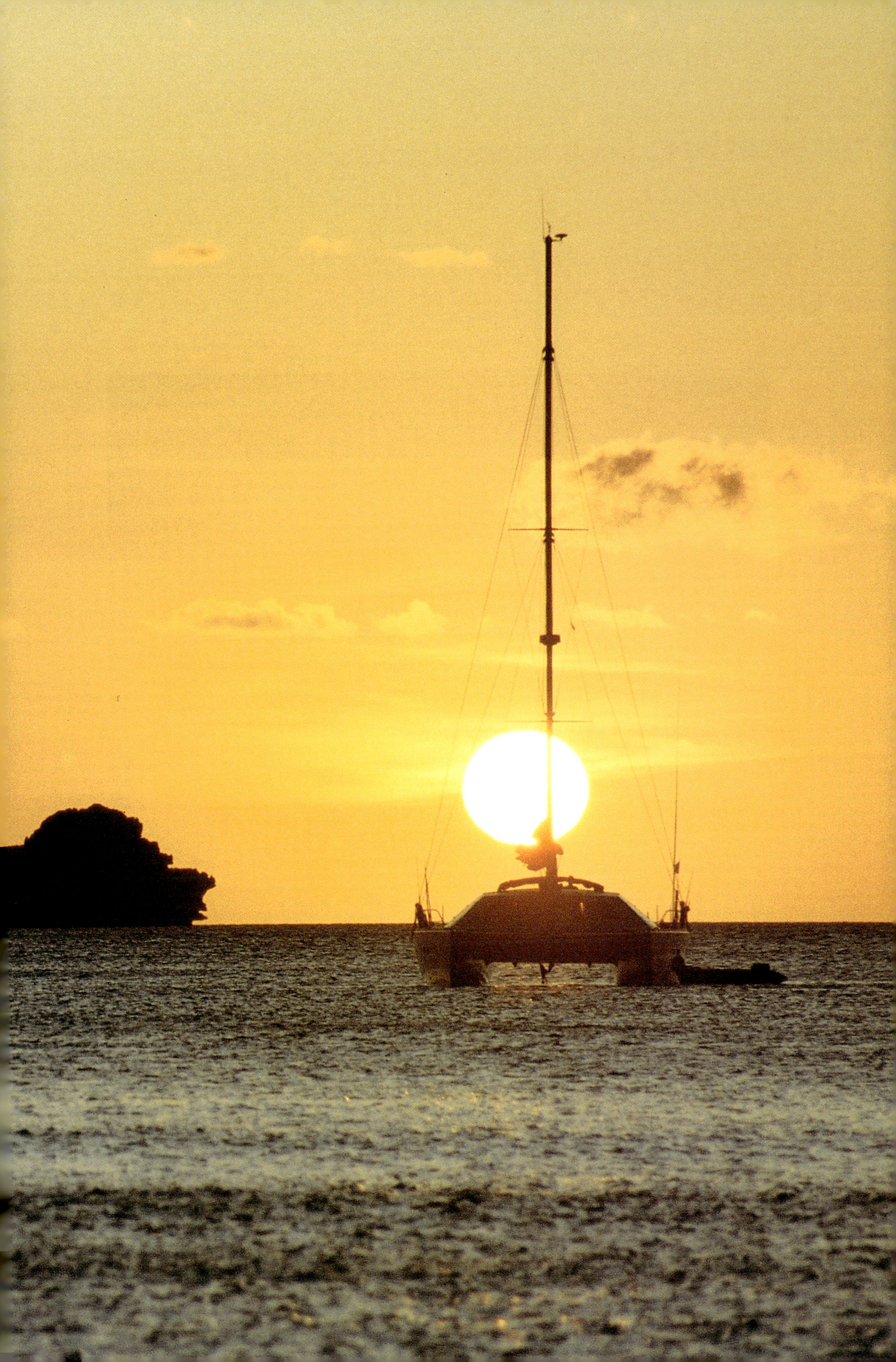

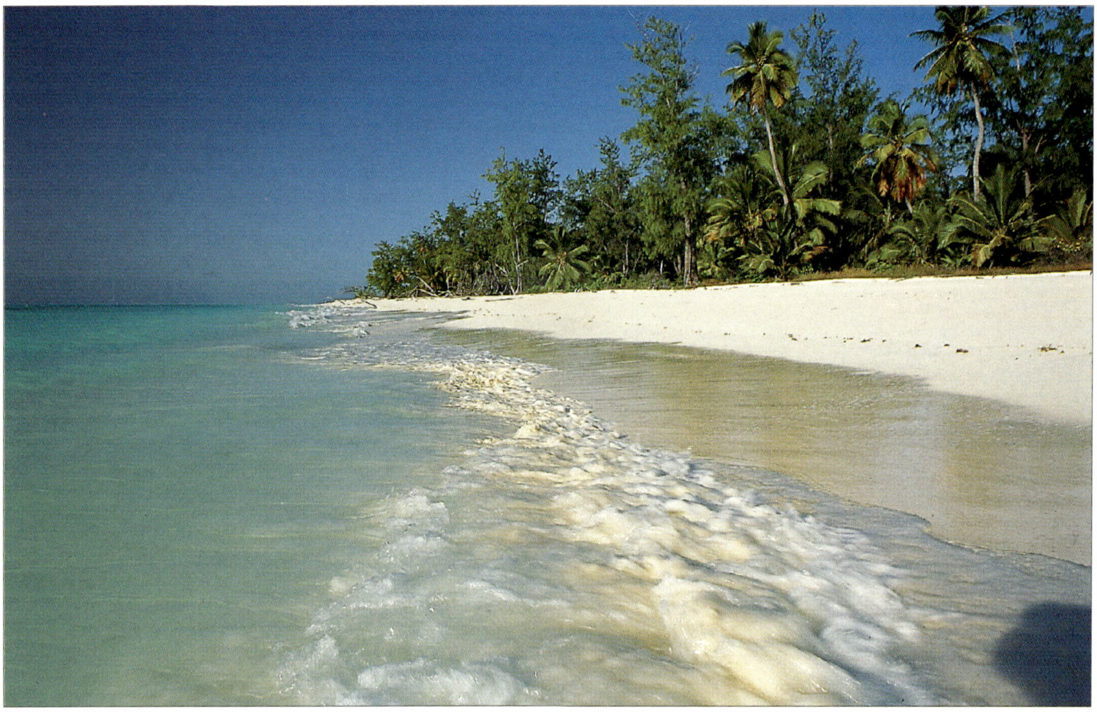

A suivre...

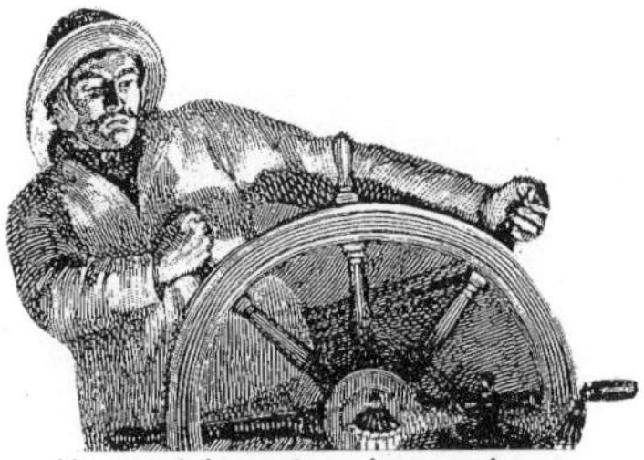

J'ai déjà raconté comment, il y a bientôt vingt cinq ans, j'ai découvert la voile: ayant loué, un mois d'été, une villa au bord de la Méditerranée, j'ai trouvé, dans l'inventaire de location, un petit dériveur qui prenait l'eau. Moi qui ne connaissais rien à la mer, et que la mer n'intéressait aucunement, je me suis embarqué, l'après-midi d'un soir de relâche, avec un copain qui avait quelques notions de manœuvre... Quelques heures plus tard j'étais conquis, et je me précipitais chez le libraire de Fréjus pour acheter un livre du genre «Le dériveur en dix leçons»...

Qui dira l'influence illimitée des hasards les plus mesquins sur l'ensemble de nos destins? Sur l'étagère du libraire, il y avait un livre, *La grande bordée*, de René Corpel. Il racontait le tour du monde d'une équipe de copains, journalistes, photographes, une expédition née dans la zizanie et cent fois avortée, mais que l'auteur parvint à mener à un terme approximatif... et passionnant. Le soir même, mes amis et moi nous donnions cinq ans pour préparer une aventure semblable. Si ce livre n'avait pas été là, sur cette étagère poussiéreuse, je ne serais jamais parti en bateau... Pas plus que si j'avais omis de rendre visite, un soir de cafard, quelques années plus tard, à une ancienne maîtresse à moi: un nouvel amant lui avait offert le récit de Robin Lee Graham, le plus jeune garçon à avoir fait le tour du monde à la voile, et en solitaire: dégoûté de la navigation par la mésentente entre les membres de notre équipe, j'ai découvert ce soir-là que c'était en solitaire que je partirais... Sans ces deux livres, placés au bon endroit, au bon moment, le bateau me serait passé à côté...

A l'époque nous avions en France une locomotive qui tirait les navigateurs à voile (l'image est hardie), un homme, plus qu'un éditeur, Jacques Arthaud, qui rassemblait, en provenance des quatre coins du monde, les meilleurs textes sur la navigation... en ce temps-là, la vie était simple, il n'y avait qu'une marque de céréales, un type de yaourt, et lorsqu'un livre parlait de voile, Jacques l'éditait... On retrouvait un bon nombre de volumes de la mythique collection «Mer» sur les étagères des carrés de la plupart des voiliers vagabonds.

De nos jours, tout est plus compliqué, et, bien que la littérature de voyage marche du feu de Dieu, il n'y a presque plus de récits de croisière; à quoi cela tient-il ? L'époque du «Grand Départ», qui fit pousser tant de coques dans les arrière-cours des rêveurs est, me dit-on, terminée; beaucoup moins de gens rêvent de partir, partent... Tu parles, il n'y a jamais eu tant de monde dans les mouillages du bout du monde!

Les livres ont guidé ma vie à chacun de ses tournants, les livres nautiques l'ont changée radicalement... A moi d'apporter ma petite pierre à la défense de la littérature nautique, en sélectionnant ici une cinquantaine d'extraits de récits, tous traitant de tours du monde (complets ou partiels) par les alizés, la seule vraie route logique de ceux qui préfèrent l'art de vivre à la précipitation.

Fasse le ciel qu'un seul de ces textes vous apporte soudain l'inspiration, vous aiguille dans un choix important que vous aurez à faire, ouvre soudain dans votre vie une fenêtre sur un coin de ciel bleu dont vous n'imaginiez même pas l'existence; alors il n'aura pas été inutile, ce travail de rat de bibliothèque auquel je me suis livré pour vous, cherchant les meilleurs passages (à mon goût du moins) de tous ces récits, depuis celui de Pigafetta (l'historiographe du premier tour du monde, celui de Magellan), en passant par Slocum, Moitessier et les *Damien*, jusqu'à des écrits tout récents, publiés parfois par de tout petits éditeurs, voire à compte d'auteur... en espérant qu'ils vous donneront envie de lire l'ouvrage entier, et d'en tirer les conclusions qu'il vous plaira.

Colomb aurait peut-être été le premier à faire le tour du monde s'il ne s'était pas cassé le nez sur un immense continent dont il ne sut jamais très bien que ce n'était pas l'Asie. Il fut le premier à comprendre le fonctionnement de l'anticyclone des Açores, qui, sur son versant sud, pousse les voiliers vers les Antilles, et qui les ramène vers l'Europe dans les vents d'ouest de son versant nord. Des températures plus élevées des régions équatoriales, Colomb tirait la conclusion qu'elles se trouvaient plus près du ciel, et que la terre avait la forme d'une poire.

La Sainte Ecriture raconte que Notre-Seigneur fit le Paradis terrestre et y plaça l'arbre de vie, et qu'il y jaillit une fontaine d'où sortent quatre grands fleuves : le Gange, dans l'Inde, le Tigre et l'Euphrate qui forment la Mésopotamie et parcourent la Perse, et le Nil qui naît en Ethiopie et se jette dans la mer à Alexandrie. Je n'ai jamais trouvé d'écrit, soit latin soit grec, qui indique avec certitude l'emplacement en ce monde du Paradis terrestre, ni ne l'ai vu placé sur aucune mappemonde, sauf d'après des données théoriques traditionnelles. Les uns le placent à l'endroit des sources du Nil, en Ethiopie; mais ceux qui ont parcouru ces contrées n'ont pas trouvé, dans la température ni dans l'altitude, d'indices du voisinage de ce lieu, ni que les eaux du Déluge fussent arrivées jusque-là pour tout submerger. Certains païens ont prétendu que le Paradis était dans les îles Fortunées, c'est)-à-dire les Canaries. Saint Isidore, Bède, Strabon, le maître de l'histoire scolastique, saint Ambroise, Scot et tous les théologiens autorisés sont d'accord pour situer en Orient le Paradis terrestre.

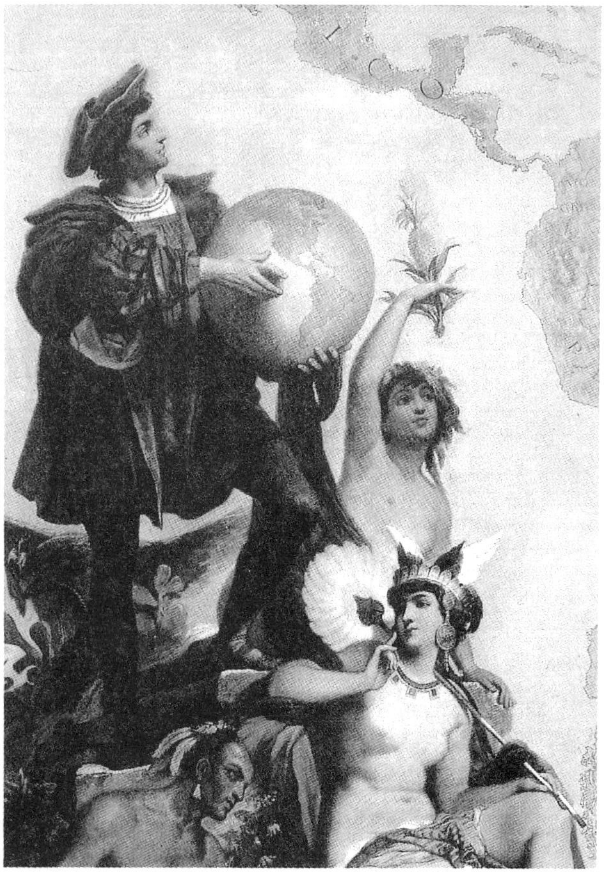

J'ai déjà dit ce que je pensais de cet hémisphère et de la façon dont il est fait. Je pense que si je passais de l'autre côté de l'équateur, plus je monterais, plus je trouverais de changement dans la température et les étoiles et les eaux. Non que je croie que, là où la hauteur atteint son maximum, on y puisse parvenir en naviguant, ni que l'on puisse monter là-bas, car le Paradis terrestre doit s'y trouver, et personne n'y peut aller, sauf par volonté divine expresse. Je pense que cette terre que Vos Altesses m'ont envoyé découvrir est très grande, qu'elle touche à beaucoup d'autres terres au sud dont personne n'eut jamais connaissance. Je ne crois pas que le Paradis terrestre soit une montagne escarpée, comme on le dit généralement, mais qu'il est le point culminant là-bas, comme le pédoncule de la poire; à partir de zones lointaines, la terre doit s'élever peu à peu vers ce sommet, mais personne ne peut parvenir au point culminant. De là-bas proviendrait ce fleuve qui, venu de si loin, arrive à former ici ce golfe. Il y a beaucoup d'indices de l'approche du Paradis terrestre, car l'emplacement en serait conforme à l'opinion de tant de savants et de théologiens autorisés et les symptômes aussi ; je n'ai jamais lu ni entendu dire qu'il existât ailleurs une telle quantité d'eau douce en contact avec l'eau salée; la douceur de température est aussi un indice. Et si ce fleuve ne sort pas du Paradis, c'est encore plus grande merveille car il n'y a pas, que je sache, dans le monde entier, de fleuve aussi grand et aussi profond.

3ème voyage (1498). Lettre aux souverains catholiques

Tout le monde sait que ce n'est pas Magellan qui a fait le tour du monde le premier, qu'il est mort en route, victime de guerres philippines, et que c'est un lieutenant de sa flotte, Juan Sebastian Elcano, qui a bouclé la boucle, ramené la *Victoria* en Espagne en 1522. On peut donc en déduire que les premiers hommes à avoir fait le tour du monde sont Elcano et les survivants de l'expédition... eh bien non, pour comprendre comment ils se sont fait voler la primeure de la circumnavigation, il faut savoir ce que les Occidentaux connaissent du monde, en 1519: il y a longtemps qu'on contourne l'Afrique par le sud, qu'on traverse en diagonale l'océan Indien, et qu'on atteint l'Indonésie, les Philippines, les Moluques, où poussent les épices; de ces îles lointaines, un navire a même ramené en Europe quelques indigènes moluquois. Quand l'Inquisition et autres intégrismes ont enfin cessé de persécuter ceux qui disaient que la terre était ronde (ce qui se voit par n'importe quel après-midi clair au bord de la mer, où les mâts d'un bateau qui s'approche sont visibles avant sa coque), on a décidé de chercher une route vers les Moluques par l'ouest; Christophe Colomb a buté sur un continent inconnu qui sera un jour hérissé de gratte-ciel et de hamburgers. D'autres ont cherché le passage, Magellan, le premier, l'a trouvé; et ne voilà-t-il pas que dans l'équipage de Magellan, il y avait... un des indigènes venus des Moluques par l'océan Indien, un esclave; c'est donc cet homme-là, dont on sait seulement qu'il s'appelait Enrique, qui fut le premier circumnavigateur: il avait déjà droit à son diplôme et à son épitaphe, genre *Primum circumdedisti me* alors que les survivants scorbutiques d' Elcano luttaient encore pour contourner le cap des Tempêtes. Voici le récit de l'instant qui valut à Magellan la gloire éternelle: celui de la découverte du Détroit.

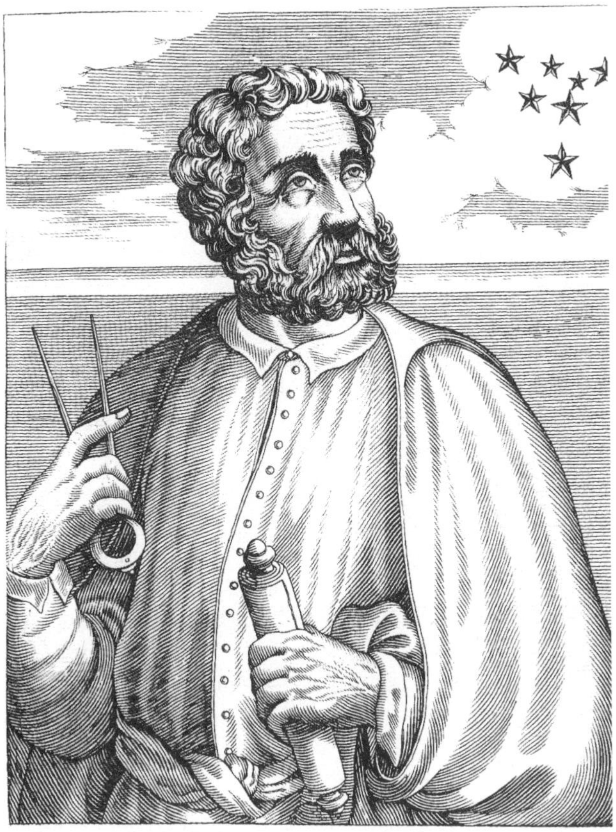

Après avoir navigué et atteint le cinquante-deuxième degré dudit ciel antarctique, le jour de la fête des Onze Mille Vierges, nous trouvâmes par miracle un détroit que nous appelâmes le cap des Onze-Mille-Vierges, lequel détroit a comme longueur cent dix lieues, qui font quatre cent quarante milles, et presque autant de largeur, moins de demi-lieue, et va tomber en une autre mer qu'on appelle la mer Paisible, et est environné de randes et hautes montagnes chargées de neige.

En ce dit lieu il ne fut pas possible de mouiller les ancres parce qu'on ne trouvait point de fond; force nous fut de mettre les proysses en terre de vingt-cinq ou trente brasses de longueur. Ce détroit était un lieu rond environné de montagnes et la plupart des mariniers pensaient qu'il n'y avait point d'endroit pour saillir de là et entrer en cette mer Paisible. Mais le capitaine général dit qu'il y avait un autre détroit pour sortir et qu'il le savait bien pour l'avoir vu sur une carte marine du roi du Portugal, carte établie par un grand pilote et marinier nommé Martin de Boesme.

Le capitaine envoya en reconnaissance deux de ses navires, l'une nommée *San Antonio* et l'autre la *Concepcion*, pour chercher et découvrir la sortie dudit détroit, qui s'appelait le cap de la Baya. Nous, avec les deux autres navires, à savoir la nef capitaine nommée *Trinidad* et l'autre la *Victoria*, demeurâmes à les attendre dans la baie où, la nuit, nous eûmes une grande fortune qui dura jusqu'au lendemain midi. Force fut de lever les ancres et de laisser dériver les navires dans la baie. Les deux autres navires étaient en travers de la lame, si bien que, ne pouvant doubler un cap que faisait la baie presque en sa fin, pour venir nous rejoindre ils durent entrer à sec. Mais approchant du fond de la baie et pensant être perdus, ils virent une petite ouverture qui ne semblait pas être une bouche mais un canton; s'abandonnant, ils se jetèrent dedans et par force découvrirent le détroit. Voyant que ce n'était pas un canton mais un détroit de terre, ils allèrent plus avant et trouvèrent une baie. Puis, allant plus loin encore, ils trouvèrent un autre détroit et une autre baie plus grande que les deux premières; alors, très joyeux, ils tournèrent en arrière pour le dire au capitaine. Entre nous, nous pensions qu'ils fussent péris, premièrement à cause de la tempête, puis il y avait deux jours que nous ne les avions vus. Et ainsi étant inquiets nous vîmes venir les deux navires à pleines voiles, enseignes déployées; quand ils furent près de nos navires, ils déchargèrent force artillerie, sur quoi, nous, très joyeux, les saluâmes avec artillerie et cris. Après, tous ensemble remerciant Dieu et la Vierge, nous allâmes chercher plus avant.

Le premier tour du monde

Le pape ayant partagé la propriété du monde entre les Espagnols et les Portugais, le monopole de ces deux nations s'étendra au long du XVIe siècle; au XVIIe, il prendra fin devant la pugnacité des Hollandais et des Anglais; Sir Francis Drake, Lemaire et Schouten, Abel Tasman laissent leur nom aux détroits et aux îles de la planète. William Dampier, un flibustier, lorsqu'il ne pille pas les colonies espagnoles, se livre à toutes sortes d'observations sur la faune des archipels, des Galapagos en particulier; l'abondance des tortues géantes et le massacre que ses marins en font laissent pantois!

Les Galapagos sont formées d'un grand nombre d'îles inhabitées, qui s'étendent à l'équateur et de part et d'autre de ce dernier. Les plus orientales se trouvent à environ cent lieues du continent. Elles gisent à 181° de longitude, atteignant jusqu'à 176° à l'ouest, ce qui explique que leur longitude depuis l'ouest de l'Angleterre soit environ de 68°. Il m'est avis pourtant que nos hydrographes ne les placent pas suffisamment loin à l'ouest. Les Espagnols, qui furent les premiers à les découvrir, et les seuls à en avoir établi des plans, signalent qu'elles sont nombreuses au nord-ouest de l'équateur (jusqu'à 5° N.), mais nous n'en vîmes pas au-dessus de 14 ou 15°. Sur ces grande îles, il y a quelques rivières vraiment grandes; et sur beaucoup des plus petites, il y a des ruisseaux d'eau potable. Les Espagnols, quand ils découvrirent ces îles pour la première fois, y trouvèrent quantité d'iguanes, de tortues de terre ou *tortoises*, et les baptisèrent les îles Galapagos. Il n'est, à mon sens, aucun endroit au monde plus prodigieusement fourni en ces animaux. Les iguanes sont aussi gros et gras que ceux que j'ai pu voir ailleurs; ils sont si familiers qu'un homme peut en abattre vingt à l'heure avec un gourdin. Les tortues de terre sont si nombreuses ici que cinq cents ou six cents hommes peuvent se nourrir uniquement de tortues pendant plusieurs mois, sans aucune autre sorte de vivres : c'est une merveille de les voir si grasses et charnues, et si délicates qu'aucun poulet ne se mange plus agréablement. Les plus grands de ces animaux pèsent facilement cent cinquante à deux cents livres chacune, et certaines mesurent deux pieds ou deux pieds six pouces sur la carapace ou le ventre.

Il y a de très larges chenaux entre ces îles, qui conviennent au passage des navires, et à certains endroits de l'eau peu profonde, où pousse à foison l'herbe à tortue. C'est pourquoi ces îles regorgent de tortues de mer, de cette variété qu'on appelle *chélonée* franche ou tortue verte.

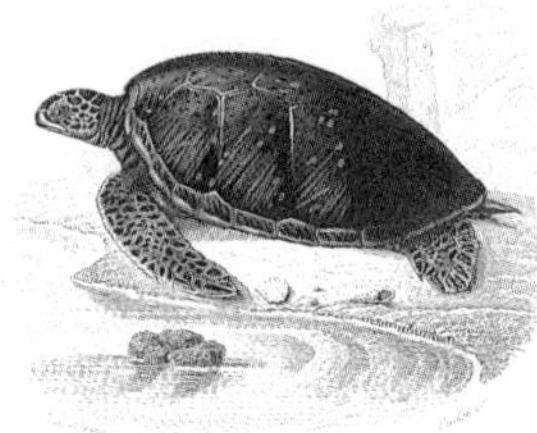

La tortue verte est ainsi appelée en raison de la couleur de sa carapace, plus verte que celle des autres. Elle est très mince, très claire et plus tachetée que la tortue à écailles, mais elle n'est utilisée que pour les incrustations, tant elle est mince. Cette tortue est en général plus grosse que la tortue à écailles; elle peut peser deux cents à trois cents livres. Son dos est plus plat que celui de la tortue à écailles, sa tête ronde et petite. La tortue verte est de toutes la plus raffinée au palais. Il est une chose étonnante et très étrange chez ces animaux : à l'époque de la reproduction, ils quittent pour deux ou trois mois leurs repaires habituels, où ils se nourrissent l'essentiel de l'année, et se rendent dans d'autres endroits, uniquement pour pondre leurs œufs. Et l'on pense qu'ils ne mangent rien pendant cette saison, de telle sorte que le mâle aussi bien que la femelle deviennent très maigres, mais le mâle l'est à tel point que personne n'en voudrait manger. Les endroits les plus remarquables dont j'ai entendu parler pour la reproduction sont une île des Antilles appelée Caïman, et l'île d'Ascension dans l'océan de l'ouest. Quand la saison de la reproduction est finie, il n'en reste aucune. Sans nul doute elles font à la nage des centaines de lieues pour gagner ces deux endroits : car on a souvent observé qu'aux îles Caïman, à l'époque de la reproduction, on trouve toutes ces sortes de tortues précédemment décrites. Les cayes du sud à Cuba sont à plus de quarante lieues de là, et c'est l'endroit le plus proche d'où puissent provenir ces animaux. Il est en outre absolument certain qu'il ne pourrait vivre ici autant de tortues qu'il en vient en une seule saison.

Nous restâmes dans une de ces îles, située à l'équateur, mais pour une nuit seulement, parce que nos prises ne pouvaient y jeter l'ancre. Nous nous restaurâmes copieusement de tortues de terre comme de mer, avant de quitter l'île le lendemain. L'île des Galapagos, à laquelle nous parvînmes ensuite, n'est qu'à deux lieues de celle-ci : elle est tout aussi rocheuse et aride. Elle mesure environ cinq à six lieues de long sur quatre de large. Nous mouillâmes dans l'après-midi, au nord de l'île, à un quart de mille du rivage, avec un brassiage de seize toises. Tout le pourtour de l'île est escarpé, et le mouillage n'est possible qu'en cet endroit. Ici, il n'y a que le mouillage ordinaire; car le terrain est si escarpé que si une ancre se détache, elle ne peut plus jamais être fixée; le vent souffle généralement de la terre, sauf la nuit, où le vent de terre vient davantage de l'ouest, car il souffle exactement le long du rivage, encore que faiblement. Ici, il n'y a pas d'eau, si ce n'est dans les mares et les anfractuosités des rochers. L'endroit où nous avions d'abord jeté l'ancre offrait de l'eau à l'extrémité nord, qui ruisselait de rochers élevés et abrupts dans la baie sableuse où on pouvait la recueillir.

Dès que nous eûmes jeté l'ancre, nous dressâmes une tente sur le rivage pour le capitaine Cook, qui était malade. Nous y trouvâmes les tortues de mer échouées sur le sable; ce n'est pas fréquent aux Antilles. Nous les retournâmes sur le dos pour les contraindre à rester sur place. Le lendemain, d'autres vinrent, et nous découvrîmes qu'elles avaient l'habiture de se reposer au soleil; aussi ne primes-nous plus jamais la précaution de les retourner. Mais, au matin, nous envoyions le cuisinier qui en tuait autant qu'il était nécessaire pour les rations de la journée. Nous observâmes cette règle tout le temps que nous séjournâmes en cet endroit, nous nourrissant alternativement de tortues de terre et de tortues de mer, étant donné qu'il y en avait quantité de chaque sorte. Le capitaine Davis revint pour la seconde fois, avant de se rendre sur d'autres îles, à l'ouest de celles-là : il y trouva tant de tortues de terre que ses hommes et lui ne mangèrent rien d'autre pendant les trois mois que dura leur séjour. Elles étaient si grasses qu'il économisa soixante jarres d'huile sur celles dont il disposait. Cette huile, à son retour de ces mers, remplaçait le beurre, et accommodait les boulettes ou la bouillie.

William Dampier, *Le grand voyage*

Jusqu'à George Anson, les navigateurs avaient plutôt tendance à garder pour eux leurs découvertes; Lord Anson, le premier, les diffuse avec un grand succès. Il relate ici ses tentatives pour lutter contre le scorbut, qui décime les équipages: une flotte comptant deux mille hommes peut n'achever le tour du monde qu'avec deux cents survivants!

Je ne saurais m'empêcher d'observer ici combien tous ceux qui, en vertu de leur charge ou de leur autorité, ont quelque influence sur les affaires de notre marine, sont obligés de prendre garde à un article aussi important que l'est la conservation de la vie et de la santé de nos gens de mer. Si l'on pouvait supposer que les motifs d'humanité fussent impuissants en cette occasion, les raisons d'État et le désir de voir prospérer nos armes, aussi bien que l'intérêt et l'honneur de chaque commandant de vaisseau en particulier, devraient nous animer à examiner avec soin tous les moyens qu'on propose avec quelque apparence de probabilité pour contribuer à la santé des équipages. Mais ce soin est-il ordinaire ? Les méthodes inventées depuis peu pour purifier et rafraîchir sans peine l'air de nos vaisseaux ont-elles été examinées avec cet esprit de sincérité et d'impartialité que les avantages qu'on pouvait se promettre de ces méthodes auraient dû naturellement inspirer ? Ne les a-t-on pas souvent au contraire négligées ou même rejetées d'un air de mépris ? Je dis plus, quelques-uns de ceux qui ont eu la commission d'en faire l'essai ne se sont-ils point rendus coupables d'une partialité impardonnable dans le rapport des expériences faites à cet égard ? Il faut cependant avouer que plusieurs personnes de distinction qui ont eu le commandement de nos flottes ou la direction de ce qui les concerne ont apporté à cet examen une impartialité et une attention proportionnées à l'importance de la chose; ainsi l'on ne sait quel jugement l'on doit porter de ceux qui se sont conduits précisément d'une manière opposée et qui ont manqué en cette occasion aux règles les plus sacrées de la prudence et de l'humanité. Je serais pourtant assez porté à croire que cette conduite n'a point sa source dans des motifs aussi cruels qu'on pourrait se l'imaginer à la premiere vue, mais j'aime mieux attribuer ce travers à un attachement opiniâtre et en quelque sorte superstitieux aux coutumes qui ont été en vogue depuis longtemps et à une haine invétérée pour toutes les nouveautés, et en particulier pour celles qui sont proposées par des hommes qui ne sont pas gens de mer.[...] Ces fâcheux accidents allongèrent notre voyage et nous donnèrent pour l'avenir des craintes qui n'étaient que trop fondées, car quand nous quittâmes la côte du Mexique le scorbut avait déjà commencé à se manifester parmi nos équipages, quoique depuis notre départ de l'île de Juan Fernandez jusqu'alors ils eussent joui d'une parfaite santé. Nous avions, par une triste expérience, trop bien appris à connaître cette maladie pour penser qu'il n'y eût aucun autre moyen qu'un prompt trajet pour sauver la plupart de nos gens, et comme après avoir été près de sept semaines en mer nous ne pouvions pas nous flatter d'être plus près des vent alizés que quand nous avions mis à la voile, nous devions naturellement supposer que notre voyage serait trois fois plus long que nous ne l'avions cru au commencement et par conséquent nous ne pouvions nous attendre qu'à mourir du scorbut ou à périr avec notre vaisseau, faute de monde pour le gouverner. Il y avait à la vérité, parmi nous quelques personnes qui aimaient à croire que dans ce climat chaud, si différent de celui où nous nous étions trouvés en doublant le cap Horn, cette maladie perdrait beaucoup de sa force, à cause qu'on suppose ordinairement que dans ce passage la malignité du scorbut vient principalement de la rigueur du temps. Mais la violence de ce mal, dans notre situation présente nous convainquit bientôt de la fausseté de cette supposition, aussi bien que de celle de plusieurs autres opinions reçues au sujet de la cause et de la nature de cette cruelle maladie.

C'est un sentiment généralement admis que de l'eau douce à suffisance et toutes sortes de provisions fraîches sont un puissant préservatif contre cette maladie, mais nous avions de ces sortes de provisions à bord en abondance, tels que cochon, volaille etc, dont nous nous étions pourvus à Paita. Outre cela, nous prenions tous les jours une grande quantité de bonites, de dauphins et d'albacores et le temps variable qui nous privait des vents alizés était extrêmement pluvieux, de sorte que dès que quelques-unes de nos futailles étaient vides, il ne tenait qu'à nous de les remplir et chaque homme eut cinq pintes

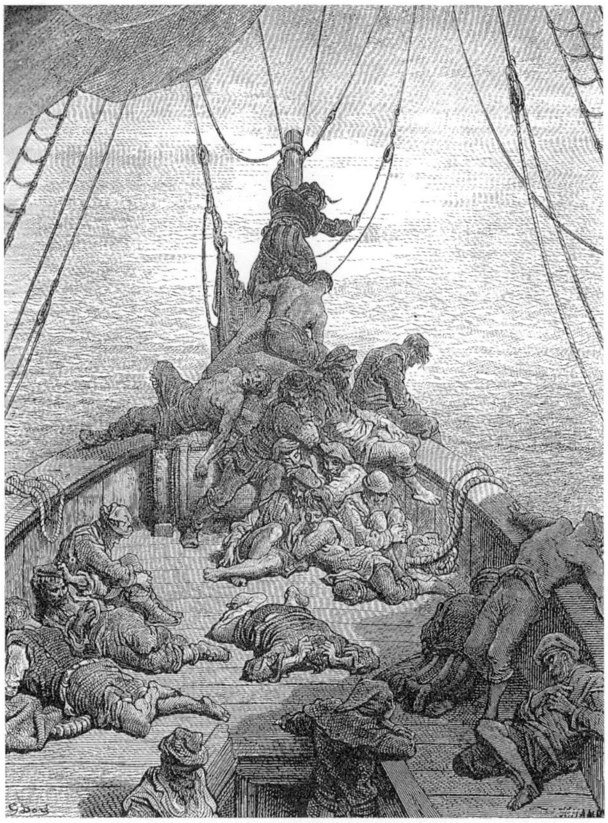

d'eau par jour durant la traversée. Mais, malgré cette abondance d'eau et de poisson frais, aussi bien que d'autres mets non salés qu'on fournissait aux équipages, les malades ne se portèrent pas mieux pour cela. Nous ne nous vîmes pas seulement trompés à ces égards : nous avions pris encore une autre précaution qui était de bien nettoyer nos vaisseaux et de tenir les écoutilles et les sabords ouverts pour faciliter le passage de l'air. Cette précaution est seule capable, suivant bien des gens, d'empêcher le scorbut de se manifester ou du moins d'en diminuer considérablement les effets. Cependant nous remarquâmes, vers la fin de notre traversée, que quelque peine qu'on eût prise pour tenir nos vaisseaux nets et pour y laisser entrer de l'air frais, la maladie avait continué à attaquer nos équipages et n'avait presque rien perdu de sa malignité.

Qu'on ne s'imagine point que je veuille soutenir que de la viande fraîche, abondance d'eau et une circulation continuelle d'air frais entre les ponts soient des choses peu importantes : je suis très convaincu, au contraire, qu'elles peuvent beaucoup contribuer à la santé ou au rétablissement des équipages et qu'en plusieurs occasions, elles sont capables d'empêcher la cruelle maladie dont nous parlons de se manifester. Tout ce que je voulais prouver est proprement que dans certains cas cette maladie ne saurait être ni prévenue ni guérie, quelque chose qu'on fasse et quelque remède qu'on emploie sur mer. J'ose assurer que quand elle est arrivée à un certain point, le malade ne peut être guéri à moins qu'on ne le porte à terre ou du moins à une petite distance du rivage. Il sera peut-être difficile d'acquérir jamais une connaissance exacte de la cause de ce mal, mais on conçoit aisément en général qu'il faut un renouvellement continuel d'air frais pour entretenir la vie des animaux et que cet air, sans perdre son élasticité ni aucune de celles de ses propriétés qui nous sont connues, peut être tellement altéré par les vapeurs qui s'élèvent de l'océan qu'il

en devienne moins propre à conserver la vie à des animaux terrestres, à moins que ces vapeurs ne soient corrigées par une autre sorte d'exhalaison que peut-être la terre seule est capable de fournir.
J'ajouterai à ce que je viens de dire au sujet de cette maladie que notre chirurgien, qui attribuait à la rigueur du climat le scorbut dont nos équipages furent si cruellement maltraités durant le temps que nous employâmes à doubler le cap Horn, n'oublia rien dans les circonstances présentes pour guérir ou du moins pour soulager nos malades, mais avoua à la fin qu'il perdait absolument ses soins et ses peines. Cet aveu détermina le commandeur à essayer deux remèdes dont on avait beaucoup parlé immédiatement avant son départ d'Angleterre, savoir les pilules et les gouttes de M. Ward. Quoique les effets de ces remèdes fussent quelquefois, à ce qu'on disait, très violents, on jugea néanmoins devoir en faire l'essai, la mort de nos malades paraissait sans cela inévitable. On donna donc un des remèdes ou tous deux à diverses personnes dans tous les degrés de la maladie. Un de ceux sur qui on faisait l'essai commença à saigner violemment du nez. Le chirurgien l'avait déjà condamné et il s'en fallait de peu qu'il ne fût à l'agonie, mais il se trouva bientôt mieux et sa santé se fortifia ensuite de plus en plus, quoique lentement, jusqu'à ce que nous ayons gagné terre, ce qui arriva environ quinze jours après. Quelques autres sentirent un soulagement qui ne dura que quelques jours, au bout desquels ce fût précisément la même chose qu'auparavant; cependant, ni ceux-ci ni ceux des autres qui ne furent point soulagés ne se trouvèrent pas plus mal que s'ils n'avaient rien pris du tout.

Amiral Anson, *Voyage autour du monde*

Les expéditions deviennent scientifiques. John Byron, Wallis cherchent en vain un continent austral. Cook fera faire des bonds de géant à la connaissance de l'océan Pacifique. Dans le dédale de récifs de la Grande Barrière de corail australienne, il est bien près de perdre son navire.

7 août. Après avoir bien examiné notre position du haut de la grande hune, je vis que de toutes parts nous étions environnés de dangers; si bien que je ne savais pas du tout de quel côté gouverner quand le temps permettrait de mettre à la voile : battre en retraite en prenant par le sud-est la route par laquelle nous étions venus, comme le maître eût voulu que je fisse, eût été une entreprise interminable : les vents venaient constamment de ce côté, très forts, presque sans répit. Mais, d'autre part, si nous ne trouvions pas de passage vers le nord, nous finirions peut-être quand même par être obligés de revenir en arrière. A onze heures, le navire chassa sur les ancres, ce qui nous obligea à filer un câble et un tiers de câble, qui nous ramena. Mais, le matin, le vent augmentant, chassa de nouveau. Nous mîmes alors la petite ancre d'affourche et nous filâmes par-dessus un câble entier, et deux par-dessus l'autre, et même après cela le navire continua à dériver lentement, jusqu'à ce que nous eussions abattu nos mâts de perroquet, nos vergues et nos hunières et que tout fût rentré dans l'ordre. Alors il prit de la vitesse, le cap Bedford nous restait à l'ouest-sud-ouest à trois lieues et demie. Dans cette situation nous eûmes à l'est les hauts-fonds qui s'étendaient au sud-est par sud au nord-nord-ouest, les plus rapprochés étant à environ deux milles.

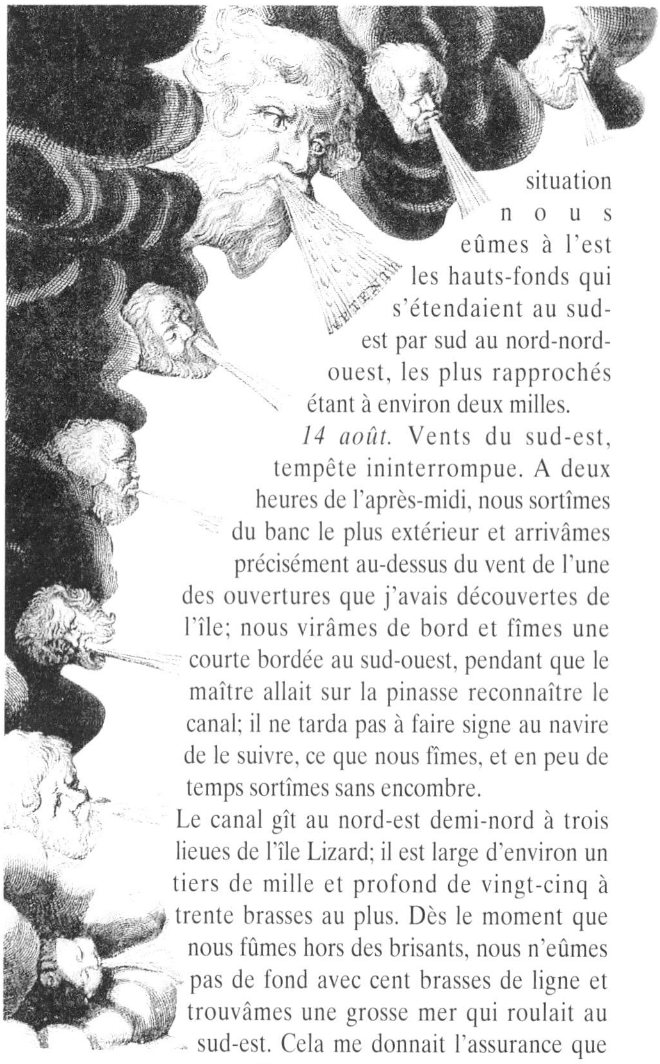

14 août. Vents du sud-est, tempête ininterrompue. A deux heures de l'après-midi, nous sortîmes du banc le plus extérieur et arrivâmes précisément au-dessus du vent de l'une des ouvertures que j'avais découvertes de l'île; nous virâmes de bord et fîmes une courte bordée au sud-ouest, pendant que le maître allait sur la pinasse reconnaître le canal; il ne tarda pas à faire signe au navire de le suivre, ce que nous fîmes, et en peu de temps sortîmes sans encombre.
Le canal gît au nord-est demi-nord à trois lieues de l'île Lizard; il est large d'environ un tiers de mille et profond de vingt-cinq à trente brasses au plus. Dès le moment que nous fûmes hors des brisants, nous n'eûmes pas de fond avec cent brasses de ligne et trouvâmes une grosse mer qui roulait au sud-est. Cela me donnait l'assurance que nous étions en dehors de tous les écueils : la joie que cela nous fit éprouver n'était pas médiocre. Après avoir été toujours plus ou moins embarrassés parmi les îles et les récifs depuis le 26 mai, et avoir parcouru pendant ce temps trois cent soixante lieues; et cela sans que jamais, quand le navire était à la voile, la chaîne cessât d'être pourvue d'un homme qui avait la sonde en main, circonstance qui ne s'était peut-être jamais produite sur un navire jusque-là mais précaution absolument indispensable dans ce cas. Je serais volontiers resté à proximité de la terre, afin d'explorer la côte sur l'extrémité nord du pays, dont nous ne devions pas être fort éloignés, car à mon avis cette terre ne rejoint pas la Nouvelle-Guinée. Mais de cela j'espère donner bientôt une preuve qui tranchera la question; et j'ai lieu d'espérer que les raisons de quitter alors la côte que j'ai alléguées seront considérées comme suffisantes. Mais je ne renonce pas à m'en approcher de nouveau, aussitôt que je pourrai le faire sans danger.

16 août. Nous n'avions pas couru plus de deux milles au sud-sud-est que nous eûmes calme plat. Nous sondâmes, ce que nous avions déjà fait plusieurs fois, mais ne trouvâmes pas le fond par cent quarante brasses de ligne. Un peu après quatre heures, le mugissement de la houle se fit entendre sans doute possible, et au jour l'immense écume des lames n'était que trop visible, à moins d'un mille de nous, le vaisseau étant porté vers elle par les vagues avec une étonnante rapidité. Nous n'avions à ce moment pas un souffle de vent, et la profondeur de l'eau était insondable, de sorte qu'il n'y avait aucune possibilité de jeter l'ancre. Dans cette détresse, nous n'avions d'autre recours que la Providence, et l'aide médiocre que les chaloupes pouvaient nous fournir; la pinasse était en radoub et ne pouvait être mise en mer sur-le-champ. On mit à l'eau la chaloupe et l'esquif et on les envoya en avant pour nous remorquer, ce qui permit de mettre le cap du navire au nord; cela paraissait être le meilleur moyen de le maintenir à l'écart du banc, ou en tout cas de gagner du temps. Avant que ce fût fait il était six heures et nous n'étions pas à plus de quatre-vingts ou cent yards des brisants. La même eau qui battait les côtés du navire brisait à une hauteur prodigieuse au moment où elle montait, de sorte qu'entre nous et la destruction il n'y avait qu'une épouvantable vallée d'eau, de la largeur de la base d'une vague, et on ne trouvait pas le fond avec cent vingt brasses. A ce moment la pinasse étant remise en état, je la fis mettre en mer et l'envoyai à l'avant pour nous touer; malgré quoi nous n'avions guère d'espoir de sauver ni notre bâtiment ni nos vies, car nous étions à dix bonnes lieues de la terre la plus proche, et les chaloupes ne pouvaient suffire à nous porter tous. Cependant, dans cette situation vraiment terrible, pas un seul des hommes ne cessa de faire tout son possible, et cela avec autant de calme que si aucun danger ne nous avait menacés. Tous les dangers auxquels nous avions échappé étaient peu de chose en comparaison de celui auquel nous étions exposés, d'être jetés contre ce banc, sur lequel le bâtiment devait fatalement être brisé et voler en éclats en une minute. On ne sait pour ainsi dire pas en Europe ce qu'est un banc tel que celui dont il s'agit : c'est une muraille de rochers de corail, qui s'élève presque perpendiculairement de l'océan insondable; ces rochers sont toujours couverts à la haute mer, et secs par places quand la marée baisse. Les grandes vagues du vaste océan rencontrant cette soudaine résistance forment une redoutable houle dont les lames au moment de se briser sont hautes comme des montagnes, plus que jamais quand les vents alizés leur soufflent directement dessus, comme c'était le cas.

En cette extrémité, alors que tous nos efforts se montraient vains, un souffle d'air s'éleva, mais si faible que s'il se fût produit dans un calme, en toute autre occasion nous ne l'aurions pas remarqué. Grâce à lui, et à l'aide de nos canots, le navire commença à s'écarter obliquement des récifs, mais au bout de moins de dix minutes le calme revint aussi plat que jamais et nos craintes se renouvelèrent, car nous n'étions pas à plus de deux cents yards des brisants. Peu après, notre brise secourable nous visita de nouveau, et dura à peu près autant que la première fois. On voyait alors une petite ouverture dans les récifs à environ un quart de mille, et j'envoyai un des seconds pour l'examiner. Sa largeur n'excédait pas la longueur du navire, mais au-dedans l'eau était calme. Je résolus de le pousser jusque-là, car je n'avais aucun autre moyen de le sauver; la menace de naufrage immédiat nous serrait à la gorge, et tout dépendait de savoir si nous arriverions à atteindre cette ouverture. Cependant nous eûmes la surprise de trouver le jusant qui en sortait avec force comme un courant de moulin, ce qui nous empêchait d'y entrer et nous en éloignait rapidement. Nous nous empressâmes d'en tirer le meilleur parti, et ce courant nous entraîna à un mille environ des brisants, mais il était trop étroit pour que l'on pût le suivre longtemps. Cependant, partie avec le courant, partie avec l'aide de nos canots, à midi nous avions avancé d'un mille et demi au large; mais nous ne pouvions guère nous flatter de nous en tirer même si une brise s'élevait, étant à ce moment encerclés dans le banc de rochers, et nos efforts ne pouvant empêcher le flot de faire de nouveau dériver le vaisseau. Le flux nous avait favorisés, mais tout faisait craindre que le reflux ne nous fût contraire. Le seul espoir qui nous restait était une autre brèche que l'on voyait à environ un mille à l'ouest; j'envoyai le lieutenant Hicks dans le petit canot l'examiner. Latitude observée 12° 37' sud, la terre en vue à une distance d'environ dix lieues.

17 août. Pendant que monsieur Hicks examinait l'ouverture, nous luttions énergiquement contre le reflux, gagnant parfois une petite distance, pour la reperdre aussitôt. A deux heures, monsieur Hicks revint, et ce qu'il nous rapporta au sujet de cette brèche parut favorable. A l'instant la décision fut prise de tenter d'y abriter le navire; si étroite et dangereuse que fût cette brèche, on ne voyait pas d'autre moyen de sauver le navire, et nous avec. Grâce à une légère brise qui s'éleva bientôt, à l'aide de nos canots et à celle de la marée montante, nous entrâmes bientôt dans cette brèche, et y fûmes précipités en un moment par une marée rapide comme une chute de moulin; celle-ci nous évita de dériver dans un sens ou dans l'autre, bien que le chenal n'eût pas plus d'un quart de mille de large. Deux canots nous précédaient pour sonder. La profondeur de l'eau allait de sept à trente brasses, sondages très irréguliers, et fond trouble, jusqu'à ce que nous fussions très en dedans du récif, où nous jetâmes l'ancre dans trente brasses, fond de corail et de coquilles. J'appelai «canal Providentiel» le chenal par lequel nous venions de passer.

Peu de jours auparavant, j'avais la joie d'avoir pu parvenir au dehors des récifs, et maintenant j'éprouvais à nous sentir en sécurité au-dedans une joie qui dépassait de beaucoup celle-là : telles sont les vicissitudes inséparables de cette sorte de service, et qui accompagnent inévitablement une navigation inconnue, pendant laquelle on gouverne entièrement à l'aveuglette, sans rien absolument pour vous guider. Cette sorte de service serait insupportable s'il n'y avait le plaisir d'être le premier à faire la découverte, même si elle ne fait connaître qu'une terre nue ou des hauts-fonds, en particulier dans des parties du monde aussi éloignées, en étant à court de provisions et en manquant du nécessaire. Le public admettra difficilement une excuse pour le navigateur qui laisse une côte inexplorée après l'avoir découverte.

James Cook, *Relations de voyages autour du monde*

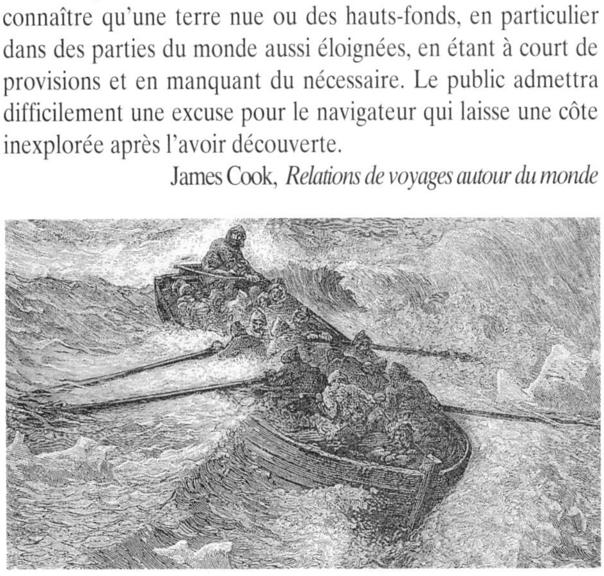

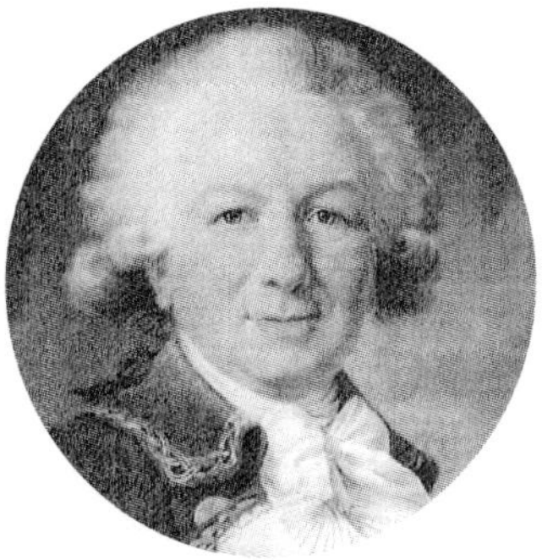

Le premier Français à laisser son nom sur les tables de la Découverte, c'est Bougainville. Ses écrits et ceux qu'il inspirera aux philosophes marquent à jamais l'imagination des rêveurs, qui verront à jamais les plus belles, les plus libres femmes du monde à Tahiti. A ce propos, c'est sur son navire que s'est embarquée, subreptice, la première femme qui fera le tour du monde.

Tandis que nous étions entre les grandes Cyclades, quelques affaires m'avaient appelé à bord de L'Etoile, et j'eus occasion d'y vérifier un fait assez singulier. Depuis quelque temps il courait un bruit dans les deux navires que le domestique de M. de Commerçon, nommé Baré, était une femme. Sa structure, le son de sa voix, son menton sans barbe, son attention scrupuleuse à ne jamais changer de linge, ni faire ses nécessités devant qui que ce fût, plusieurs autres indices avaient fait naître et accréditaient le soupçon. Cependant, comment reconnaître une femme dans cet infatigable Baré, botaniste déjà fort exercé que nous avions vu suivre son maître dans toutes ses herborisations, au milieu des neiges et sur les monts glacés du détroit de Magellan, et porter même dans ces marches pénibles provisions de bouche, armes et cahiers de plantes avec un courage et une force qui lui avaient mérité du naturaliste le surnom de sa bête de somme ? Il fallait qu'une scène qui se passa à Taiti changeât le soupçon en certitude. M. de Commerçon y descendit pour herboriser; à peine Baré, qui le suivait avec les cahiers sous son bras, eut mis pied à terre, que les Taitiens l'entourent, crient que c'est une femme et veulent lui faire les honneurs de l'île. Le chevalier de Bournand, qui était de garde à terre, fut obligé de venir à son secours et de l'escorter jusqu'au bateau. Depuis ce temps il était assez difficile d'empêcher que les matelots n'alarmassent quelquefois sa pudeur. Quand je fus à bord de L'Etoile, Baré, les yeux baignés de larmes, m'avoua qu'elle était fille; elle me dit qu'à Rochefort elle avait trompé son maître en se présentant à lui sous des habits d'homme au moment même de son embarquement, qu'elle avait déjà servi comme laquais un Genevois à Paris; que, née en Bourgogne et orpheline, la perte d'un procès l'avait réduite dans la misère et lui avait fait prendre le parti de déguiser son sexe; qu'au reste, elle savait en s'embarquant qu'il s'agissait de faire le tour du monde, et que ce voyage avait piqué sa curiosité. Elle sera la première, et je lui dois la justice qu'elle s'est toujours conduite à bord avec la plus scrupuleuse sagesse. Elle n'est ni laide ni jolie et n'a pas plus de vingt-six ou vingt-sept ans. Il faut convenir que si les deux vaisseaux eussent fait naufrage sur quelque île déserte de ce vaste océan, la chance eût été fort singulière pour Baré.

Quelques années plus tard, ce sont les charmes des filles de Tahiti, mélées aux fâcheux caractère du Capitaine Bligh, qui conduiront à la mutinerie du Bounty; tandis que les mutins cherchent à se faire oublier du reste du monde, Bligh et les marins qui lui sont restés fidèles, réalisent sur une chaloupe ouverte le plus extraordinaire des voyages, gagnant l'Indonésie en traversant de nombreux archipels où ils risquen fort de se faire dévorer par les indigènes. Voici un extrait du récit du voyage, romancé par Nordhoff et Hall.

Alors que nous étions à la moitié de ce bras de mer, et à environ cinq mille de la terre – qui à cet endroit se distinguait par des rochers très élevés et de formes fantastiques – nous vîmes avec inquiétude deux grandes pirogues faire voile le long de la côte, manifestement lancées à notre poursuite. Elles nous gagnaient rapidement de vitesse quand soudain le vent tomba. Il nous fallut alors marcher aux avirons. Les sauvages avaient dû faire la même chose, et pendant une heure ou davantage ils continuèrent de nous enganter main sur main. Puis un violent grain de suett s'abattit sur nous, précédé d'une forte risée. On aura une idée de la férocité de la pluie si j'ajoute qu'en moins de dix minutes de temps, et en dépit des faibles moyens dont nous disposions pour recueillir l'eau douce, nous fûmes en mesure de remplacer toute celle que nous avions déjà puisée dans les quartauds, de remplir notre tonnelet vide, et aussi le chaudron de cuivre. Pendant que les uns s'employaient à cette tâche, les autres devaient écoper sans relâche pour agréner l'eau et maintenir bas son niveau dans le fond de l'embarcation. Quand la bourrasque fut passée, une forte brise se mit à souffler de l'est-suett. Nous fîmes diligence pour hisser les voiles, car au moment où le grain mollissait nous avions constaté que l'une des deux pirogues qui nous avaient pris en chasse était maintenant à moins de deux mille de nous, et continuait à nous remonter. Son unique mât portait une voile latine, longue et étroite, du même genre que celles que nous avions vues à Namouka sur les grandes embarcations de l'archipel des Amis. Mais à présent le vent adonnait et la chaloupe courait bonne allure au noroît, sous grand-voile. D'après les récits que j'avais entendus, j'étais quasiment persuadé que si nous étions capturés, on nous engraisserait tous comme des oies avant de nous abattre.
Les heures de l'après-midi passaient et la pirogue se rapprochait toujours. Presque tout le monde à bord l'observait fixement, avec angoisse, mais Bligh, qui tenait la barre et s'évertuait à tirer de son bateau tout ce qu'il pouvait donner, gardait un visage impassible.
– Ils ont peut-être envie de faire du troc, fit-il d'un ton désinvolte, mais mieux vaut ne pas courir le risque de prendre bouche avec eux. Si le vent se maintient, la nuit tombera avant qu'ils ne nous aient rejoints.
Nelson ne détachait pour ainsi dire pas les yeux de la pirogue, mais c'était la curiosité et non pas la crainte qui le tenait en haleine. A présent le bateau des Indiens était distant d'un mille tout au plus.
– Pirogue double, expliqua-t-il, comme celles que l'on construit

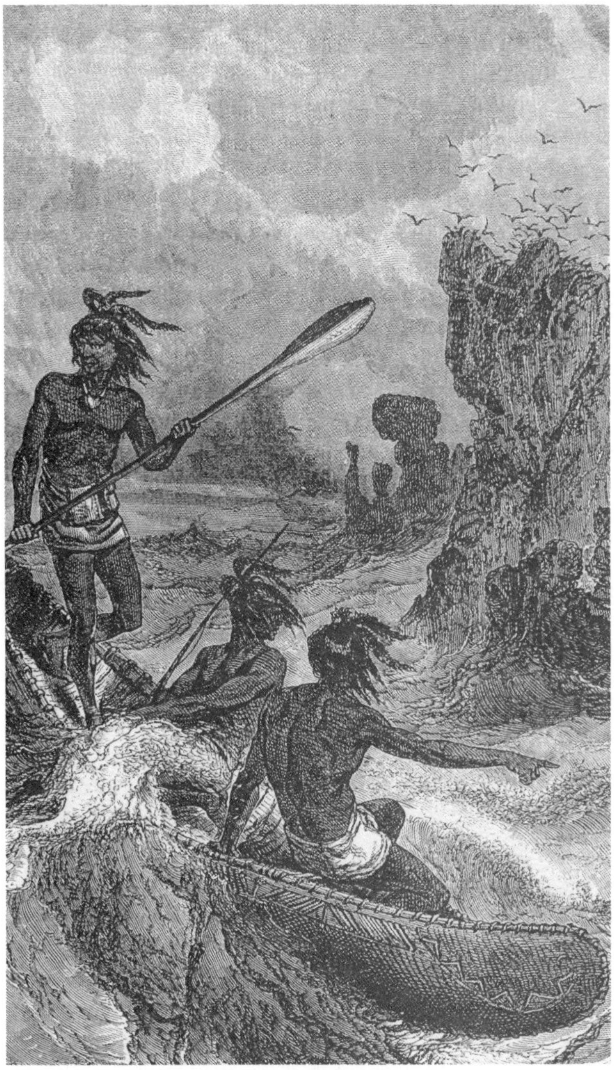

dans l'archipel des Amis. Voyez la cajute sur la plate-forme, entre les deux coques. J'ai passé une journée en mer sur un bateau du même genre du temps où je naviguais avec le capitaine Cook. Cela se manœuvre de curieuse façon. Au lieu de virer comme nous vent devant, on vire lof pour lof.
– Espérons qu'ils souhaitent simplement nous faire la démonstration de leurs talents de manœuvriers, déclarai-je.
– D'après vous, combien sont-ils à bord ?
– Je dirais trente ou quarante.

Peu de temps avant le coucher du soleil, alors que la pirogue n'était plus qu'à deux encablures derrière nous, le vent tomba tout un soudain. La terre gisait alors dans le sud-suroît, à huit milles de distance environ. Une longue chaîne de récifs submergés, contre lesquels la mer brisait furieusement, s'en détachait en direction du nord. Nous n'étions pas à plus d'un mille de l'extrémité de ces récifs, et un fort courant nous portait vers l'ouest.
– Affale les voiles ! ordonna M. Bligh. Et aux avirons !
Les hommes n'avaient pas besoin d'exhortations pour faire diligence. En un rien de temps les drisses furent larguées, et les plus robustes d'entre nous – Lebogue, Lenkletter, Cole, Purcell, Elphinstone et le second – sautèrent sur les avirons et se mirent à nager de toutes leurs forces.
Les Indiens n'avaient pas perdu de temps. Au lieu de continuer de pagayer, ils faisaient avancer leur bateau de curieuse façon, en se tenant debout sur la plate-forme qui reliait les deux coques et en godillant à l'aide de longues rames, peu différentes de nos avirons, lesquelles semblaient engagées dans des trous percés dans le plancher. Quatre hommes seulement manœuvraient ces godilles, mais très fréquemment d'autres les remplacaient pour propulser la lourde pirogue à double coque, longue chacune d'une bonne cinquantaine de pieds, à la même vitesse pour le moins que notre chaloupe, qui, elle, était mue par six rameurs. A présent les sauvages poussaient des cris et des clameurs incessants, et ceux qui ne godillaient pas nous observaient avec un air féroce. L'un d'eux – de plus haute taille que les autres et pourvu d'une énorme tignasse – se tenait sur l'avant de la plate-forme. Proférant des hurlements, il brandissait un grand gourdin et exécutait une façon de danse. Ses gestes et le ton de sa voix ne laissaient aucun doute sur les intentions de nos poursuivants.
Nos rameurs souquaient à tout rompre, car il y allait de nos vies, et tout le monde à bord le comprenait parfaitement.
Au bout d'une demi-heure, M. Bligh se rendit compte que le second, qui n'était plus dans sa première jeunesse, accusait des signes de fatigue. Aussi fit-il signe à Peckover de le relever. Le canonnier se saisit de l'aviron sans même briser la cadence. Le soleil descendait maintenant sur l'océan vide, par bâbord avant, laissant place à la brève clarté crépusculaire des tropiques. Les Indiens se rapprochaient toujours.
Manœuvrant leurs godilles comme des forcenés, ils nous engantaient inexorablement. Alors que la nuit allait s'épaissir, ils n'étaient plus qu'à une encablure derrière nous. Le sauvage de haute stature – je pense qu'il s'agissait de leur chef – avait maintenant lâché son gourdin pour se saisir de l'arc qu'un autre lui tendait. Il encocha une flèche qu'il tira dans notre direction, puis pendant dix bonnes minutes continua de nous prendre pour cible. Certains traits frappèrent l'eau dangereusement près de la chaloupe. L'un d'eux retomba en avant de nous, flottant le long du bord tandis que nous la dépassions. Fait d'une tige de roseau rigide, il avait presque quatre pieds de long et portait à son extrémité quatre ou cinq barbelures véritablement horribles, conçues pour se briser dans la plaie.
Alors que je regardais cette flèche, peu distincte dans le clair-obscur, une exclamation poussée par Nelson, qui était assis près de moi, me fit détourner la tête. La lune, dans son plein, se levait très exactement derrière la pirogue des Fidjiens, découpant avec netteté leurs silhouettes obscures, les unes redoublant d'efforts pour godiller, les autres se démenant et vociférant sur la plate-forme comme un ramas de possédés.

Et puis, le chef, pour une raison échappant à notre entendement – à moins qu'il n'eût agi conformément à quelque superstition se rapportant à la lune – se retourna pour crier à ses hommes des mots qui nous étaient inintelligibles. Les godilleurs cessèrent de forcer pour adopter une cadence lente et régulière. La pirogue décrivit un large cercle et gagna au large pour se diriger vers la terre. Dix minutes plus tard, nous étions seuls sur une immense mer vide brasillant sous la clarté de la lune.

C. Nordhoff et J.N. Hall, *Dix-neuf hommes contre la mer*

Une des dernières étapes des grands voyages d'exploration sera le voyage d'Aldebert von Chamisso, écrivain célèbre de l'Allemagne romantique. Chamisso est aussi l'un des derniers à témoigner de la curiosité encyclopédique, l'attention passionnée pour la nature et toutes les formes de la société humaine. Le ciel austral, les indigènes de l'île de Paques attisent sa réflexion.

Des voyageurs se plaisent à saluer, dans le ciel austral la constellation de la Croix par les vers de Dante, *Purgatorio*, I, 22 et seq., qui pourtant, d'un sens mystique, s'appliquent difficilement à elle. Et ils affirment en général que l'éclat et la splendeur du ciel étoilé de cet hémisphère surpassent de beaucoup ceux du ciel boréal. Avoir contemplé ce ciel est sans conteste un avantage qui leur restera sur ceux qui n'ont pas voyagé. Il est plus commode de voir chez soi qu'à l'étranger des Osages, des Botocudos, des Esquimaux et des Chinois; tous les animaux du monde, le rhinocéros et la girafe, le boa et le serpent à sonnette sont exposés dans des ménageries et dans des musées et l'on fait remonter les fleuves à des baleines pour les proposer à la curiosité de nos grandes villes : on ne peut toutefois observer la Croix du Sud qu'en lieu et place. La Croix est vraiment une belle constellation et une brillante aiguille sur le cadran stellaire austral; je ne peux pourtant pas entrer dans la louange exagérée du ciel austral, et donne la préférence au nôtre. Aurais-je pour la Grande Ourse et Cassiopée l'attachement que l'habitant des Alpes porte aux sommets neigeux qui bornent son horizon ? [...]

Le 28 mars 1816 fut ce jour de joie où nous fîmes pour la première fois connaissance avec des hommes de cette race séduisante, où nous vîmes se réaliser la première belle promesse de ce voyage ! Lorsque d'une coupe large et bien verte, l'île de Pâques se détacha de la mer, lorsque sur ses versants, le découpage des champs aux diverses couleurs témoigna de son degré de civilisation et que de la fumée s'éleva des collines; lorsque, nous approchant, nous vîmes les hommes se rassembler sur le rivage de la baie de Cook; lorsque deux pirogues (ils ne semblaient pas en posséder davantage) s'élancèrent du rivage et vinrent à notre rencontre je me réjouis d'être capable d'un tel enthousiasme. Les moments fugitifs où nous tentâmes d'aller à terre s'écoulèrent pour nous comme dans l'ivresse, étourdis que nous étions par ces hommes bruyants, semblables aux enfants. J'avais plus donné – en cadeau – qu'échangé tout le fer, les couteaux, les ciseaux, tout ce que j'avais emporté, et je ne sais comment j'avais quand même obtenu un beau filet de pêche d'un travail délicat.

Dans mes *Remarques et Idées*, j'ai tenté de décrire l'accueil soupçonneux qui nous fut réservé, et l'on pourra comparer avec ce que j'en dis les relations de Kotzebue et de Choris. Je n'ai fait qu'allusion à la cause probable de l'état à demi menaçant des habitants de l'île. Monsieur von Kotzebue a lui-même signalé cette histoire et il lui appartenait de la faire connaître. Je la reproduis ici en complément, dans ses propres termes. Elle figure dans son récit du voyage (tome I, p. 116).

«Je crois devoir communiquer ici au lecteur une information qui explique le comportement hostile des insulaires envers moi, information qui ne m'a été communiquée que plus tard aux îles Sandwich par Alexander Adams. Cet Adams, Anglais de naissance, commandait durant l'année 1816 le brick *Kahumanu* appartenant au roi des îles Sandwich, et il avait servi auparavant comme second officier sous le capitaine Piccort, sur le même brick, lorsqu'il portait le nom de *Forester* de Londres et n'avait pas encore été vendu au roi. Le capitaine du schooner *Nancy*, de New-London, Amérique, Adams ne m'a pas dit son nom, faisait en 1805 sur l'île Mas a fuero la chasse à une variété de chiens de mer que les Russes connaissent sous le nom de *Kotick* (chats marins). Les peaux de ces animaux sont vendues cher sur le marché chinois; aussi les Américains cherchent-ils à dénicher leurs lieux de séjour dans toutes les parties du monde. Sur l'île alors inhabitée de Mas a fuero, à l'ouest de Juan Fernandez, où sont expédiés les criminels du Chili, cet animal fut découvert par hasard et aussitôt on lui fit la chasse. Mais comme l'île n'offrait pas de mouillage sûr, que le bateau devait par conséquent rester sous voile, et qu'il n'avait pas un équipage assez nombreux pour

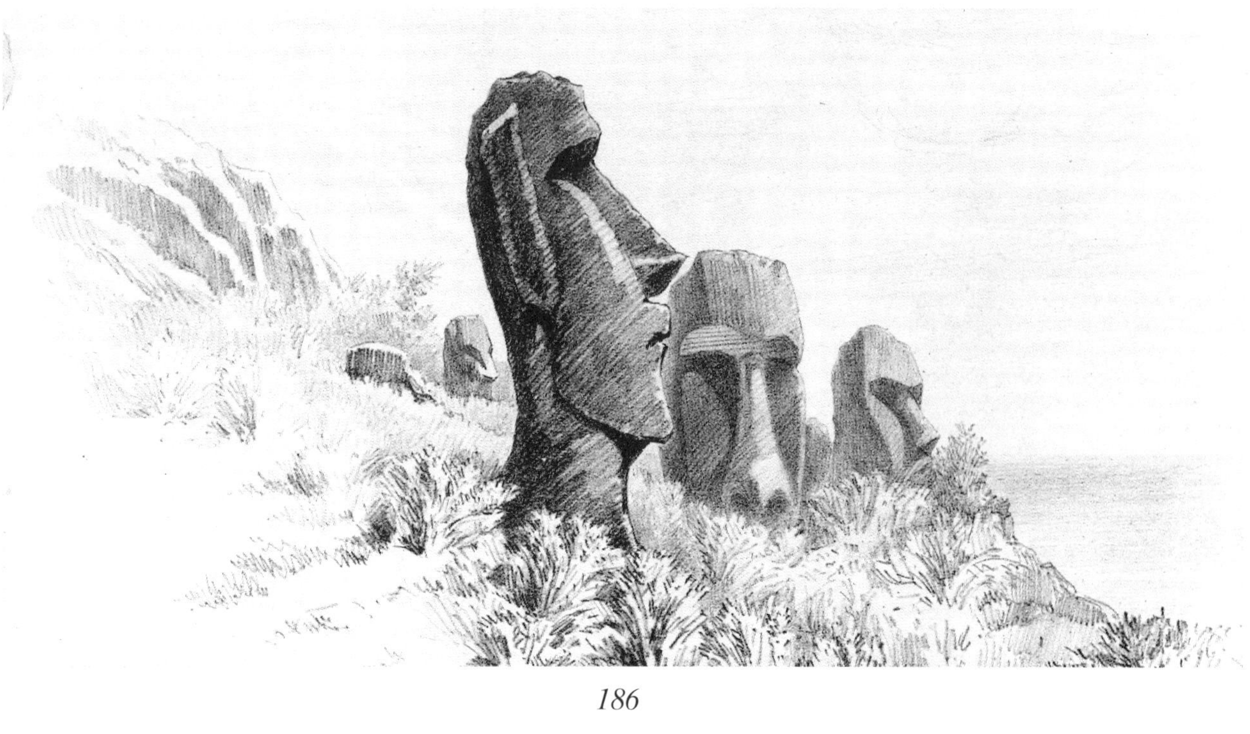

pouvoir employer à la chasse une partie de celui-ci, il décida de faire voile vers l'île de Pâques pour y enlever des hommes et des femmes, ramener les captifs à Mas a fuero pour fonder une colonie qui devrait désormais pratiquer régulièrement la chasse aux koticks. Il mit ce cruel dessein à exécution en 1800 et il aborda dans la baie de Cook où il chercha à s'emparer d'un certain nombre d'habitants. La bataille dut être sanglante, car les vaillants insulaires se défendirent avec impavidité; il leur fallut pourtant succomber aux redoutables armes européennes et 12 hommes et 10 femmes tombèrent vivants aux mains de cet Américain sans cœur. Le fait accompli, les malheureux furent menés à bord, enchaînés les trois premiers jours et ne furent délivrés de leurs liens que quand aucune terre ne fut plus en vue. Le premier usage qu'ils firent de leur liberté fut que les hommes se jetèrent par-dessus bord et que les femmes qui voulaient les suivre ne furent retenues que de force. Le capitaine fit aussitôt stopper, dans l'espoir qu'ils se résigneraient à chercher refuge à bord quand les vagues menaceraient de les engloutir, mais il constata bientôt combien il s'était trompé; car aux yeux de ces sauvages familiers de cet élément, il ne semblait pas impossible d'atteindre leur pays en dépit d'un éloignement de trois jours de voyage, et ils préféraient, en tout cas, mourir dans les flots à une vie de tourments dans la captivité. Après qu'ils eurent disputé un certain temps de la direction qu'ils devaient prendre, leur compagnie se sépara; certains s'engagèrent dans le droit chemin vers l'île de Pâques, et les autres se tournèrent vers le nord. Indigné à l'extrême par cet héroïsme inattendu, le capitaine leur envoya un canot qui dut enfin rentrer après de nombreuses et vaines tentatives; car ils plongeaient sous l'eau chaque fois qu'il s'approchait, et la mer compatissante les prenait sous sa protection. A la fin, le capitaine abandonna les hommes à leur sort, il mena les femmes à Mas a fuero, et il aura sans doute souvent encore tenté d'enlever des hommes de l'île de Pâques.

Adams, qui tenait cette histoire de lui-même, raison pour laquelle probablement il ne voulait pas le nommer, m'assura être allé en 1806 à l'île de Pâques, où il ne put pas prendre pied du fait de l'accueil hostile des habitants; selon lui, l'*Albatros*, sous le commandement du capitaine Windship, connut pareille mésaventure en l'année 1809.»

Je saisis cette occasion pour élever ici une protestation solennelle contre l'appellation de «sauvages» appliquée aux insulaires de la mer du Sud. J'associe volontiers, dans la mesure où je le peux, des notions déterminées avec les mots que j'emploie. Un sauvage, c'est pour moi l'homme qui, sans domicile fixe, sans agriculture et sans animaux domestiques, ne connaît pas d'autres biens que ses armes avec lesquelles il se nourrit en chassant. Là où l'on peut reprocher à ces insulaires des mers du Sud une dépravation des mœurs, celle-ci ne me semble pas témoigner de la sauvagerie, mais bien plutôt de trop de civilisation. Les diverses inventions, la monnaie, l'écriture, etc, qui sont destinées à mesurer les différents degrés de civilisation que se trouvent avoir atteint les peuples de notre continent, cessent dans des conditions tellement modifiées de fournir un étalon de mesure pour ces familles humaines à l'écart dans ces îles et qui vivent, sous ce ciel de félicité, sans hier ni demain, dans la jouissance du moment.

Adelbert Von Chamisso,
Voyage autour du monde, 1815-1818

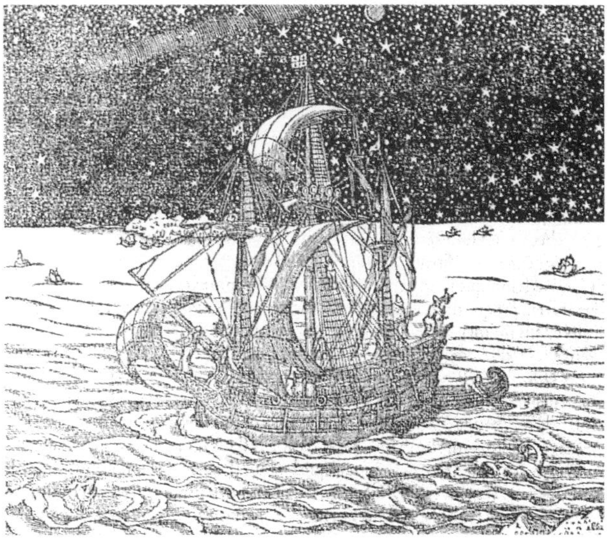

Lorsque nous traversons, aujourd'hui, les océans, équipés ou non de moyens de localisation sophistiqués ou de radars, nous bénéficions au moins d'une aide colossale, un très grand nombre de cartes marines dressées par nos illustres prédécesseurs. Je frémis lorsque j'imagine les navigateurs du temps de La Pérouse, fonçant dans la nuit (ou mettant à la cape jusqu'au jour lorsque la région leur semble peu sûre) au milieu d'étendues truffées de récifs à fleur d'eau, invisibles jusqu'au dernier moment.

Nous avions eu une si belle vue à l'entrée de la nuit, et la lune, qui était presque pleine, répandait une si grande lumière, que je crus pouvoir faire route : en effet, j'avais aperçu la veille, au clair de lune, l'île Necker à quatre ou cinq lieues de distance; j'ordonnai cependant de serrer toutes les bonnettes et de borner le sillage des frégates à trois ou quatre milles par heure. Les vents étaient à l'est, nous gouvernions à l'ouest. Depuis notre départ de Monterey, nous n'avions eu ni une plus belle nuit ni une plus belle mer; et c'est cette tranquillité de l'eau qui pensa nous être si funeste. Vers une heure et demie du matin, nous aperçûmes des brisants à deux encablures de l'avant de notre frégate.

Je fis sonder : nous trouvâmes neuf brasses, fond de roc; bientôt après, dix brasses, douze brasses; et, au bout d'un quart d'heure, il n'y eut point de fond à soixante brasses. Nous venions d'échapper au danger le plus imminent où des navigateurs aient pu se trouver; et je dois à mon équipage la justice de dire qu'il n'y a jamais eu, en pareille circonstance, moins de désordre et de confusion : la moindre négligence dans l'exécution des manœuvres que nous avions à faire pour nous éloigner des brisants eût nécessairement entraîné notre perte. Nous aperçûmes pendant près d'une heure la continuation de ces brisants; mais ils s'éloignaient dans l'ouest, et à trois heures on les avait perdus de vue.

Je suis persuadé que si nous n'avions pas reconnu plus particulièrement cette vigie, elle aurait laissé beaucoup de doutes sur la réalité de son existence : mais il ne suffisait pas d'en être certain et d'avoir échappé au danger, je voulais encore que les navigateurs n'y fussent plus exposés; en conséquence, à la pointe du jour, je fis signal de virer de bord pour la retrouver. Nous en eûmes connaissance à huit heures du matin, dans le nord-nord-ouest; je forçai de voiles pour en approcher, et bientôt nous aperçûmes un îlot ou rocher fendu, de cinquante toises au plus de diamètre et de vingt ou vingt-cinq d'élévation.

Nous le côtoyâmes à moins d'une lieu de distance dans la partie de l'est et dans celles du sud et de l'ouest; il ne nous resta d'incertitude que pour la partie du nord, qui n'avait pu être aperçue que du haut des mâts et à vue d'oiseau : ainsi il est possible qu'elle soit beaucoup plus étendue que nous ne l'avons jugé; mais sa longueur, du sud-est au nord-ouest, ou depuis l'extrémité des brisants qui avaient failli nous être si funestes jusqu'à l'îlot, est de quatre lieues. La position géographique de cet îlot, qui est le seul endroit apparent, a été fixée par M. Dagelet à 23° 45' de latitude nord et 168° 10' de longitude occidentale; il est distant de vingt-trois lieues, à l'ouest un quart nord-ouest, de l'île Necker : il ne faut pas perdre de vue que la pointe de l'est en est à quatre lieues plus près. J'ai nommé cet écueil Basse des frégates françaises, parce qu'il s'en est fallu de très peu qu'il n'ait été le dernier terme de notre voyage.

J.F. de Lapérouse,
Voyage autour du monde sur l'Astrolabe et la Boussole

De ses nombreux voyages et des récits d'autres navigateurs dont il s'inspire, comme Jules Verne le fera plus tard dans ses romans, Dumont d'Urville tirera un ouvrage mi-fiction mi-carnet de route, *Le Voyage Pittoresque autour du monde*. Il fait aujourd'hui escale dans la superbe baie de Taiohae, à Nuku Hiva, aux Marquises, et part à la rencontre d'une tribu marquisienne, les Hapas.

Je partis donc le jour suivant avec l'Anglais Morrison et une nombreuse escorte de naturels. Notre route fut d'abord frayée à travers des sites romantiques et délicieux. D'un côté, l'œil planait sur le havre qui dormait comme un lac à l'abri de son mur circulaire de rochers; de l'autre, il saisissait déjà tous les accidents des terrains intérieurs, les vallées, les collines, les cascades, le tout terminé par des pics nus et solitaires.

Nous avions cheminé pendant une heure environ, quand au détour d'un bois deux guerriers en grande tenue s'offrirent à nous. Tous les deux étaient de haute stature, admirablement faits, avec des muscles si bien accusés, des proportions si harmonieuses, qu'ils auraient pu servir de modèles à la statuaire. Presque nus, ils n'avaient guère pour vêtement que le manteau et la ceinture; mais le tatouage formait sur tout le corps une robe dont la gravure seule peut rendre l'effet. Réguliers malgré quelques irrégularités, ces dessins de tatouage avaient une grâce et un effet d'ensemble qui me frappa. La coiffure attira mon attention plus vivement encore. L'un de ces chefs portait une sorte de casque terminé sur le devant par une visière en croissant de trois ou quatre pouces de large. Ce casque, presque entièrement garni de graines éclatantes, fruit de l'*abrus precatorius*, était surmonté par un riche cimier de plumes de coq, que le vent faisait ondoyer et fasier à toute minute. Les oreilles étaient entièrement cachées sous des ornements en bois fort léger, blanchi avec de la chaux. Des colliers en dents de cachalot tombaient sur leur poitrine; des touffes de cheveux humains frisés s'échappaient de toutes parts : ils en portaient comme bracelets autour des mains et autour des pieds, puis encore comme appendice à leurs larges ceintures en étoffe blanche. Leurs armes étaient la massue ou le casse-tête indigène.

Ces guerriers appartenaient à la tribu des Hapas, nos alliés de la veille. Aussi, du plus loin qu'ils me virent, ils accoururent vers moi avec de grands cris d'allégresse; puis, simulant une bataille contre leurs adversaires les Taï-Piis, ils manœuvrèrent leurs casse-tête avec une agilité surprenante, reproduisant tous les accidents d'une rencontre, les poses de guerriers qui attaquent ou qui se défendent; le tout avec une pantomime expressive et pleine d'illusion, avec des cris aigus, avec cette phrase cent fois répétée : «*Taï-Pii ! Taï-Pii ! te make i te Taï-Pii!* (Taï-Piis ! Taï-Piis ! Mort aux Taï-Piis !)» Quand le jeu guerrier fut fini, ils partirent d'un grand éclat de rire, et me firent dire par Morrison que la danse de l'intérieur était déjà commencée, et qu'ils l'avaient quittée pour se diriger vers le navire. Après quoi, ils continuèrent leur route dans un sens opposé au nôtre.

Le chemin dans cet endroit conduisait à une vallée intérieure, longue de deux milles, et couverte dans toute sa longueur d'arbres à pain, de cocotiers et d'autres grandes espèces, arbres si serrés, si voisins les uns des autres, que nous marchions sous une voûte vaste et continue. Les habitations y étaient nombreuses et vastes. Les plates-formes en pierre sur lesquelles elles s'élèvent ne contribuaient pas peu à leur propreté et à leur salubrité. Presque toutes les cases étaient désertes, car la danse avait appelé la population environnante.

Plus loin, la nature du paysage changea encore d'aspect. Nous étions sur la berge d'un torrent, qui bruissait au fond d'un ravin solitaire; puis, au-delà paraissait le pied d'un morne, rameau de la chaîne centrale et limite du territoire qu'habite la tribu de Taïo-Hae. Ce morne a des versants si rapides, que si des trous n'eussent été pratiqués dans le sentier par les pieds des naturels, si des sinuosités nombreuses ne nous eussent aidés, si des touffes d'herbes ne nous eussent servi de rampe, il eût été impossible de gravir cette âpre colline. Au milieu du chemin, fatigué, à demi mort, j'allais renoncer à la besogne, quand un des sauvages qui nous accompagnaient me chargea sur ses épaules et me porta dans les sentiers les plus ardus. Ce fut pourtant au milieu de chemins pareils qu'en 1814 ces naturels transportèrent à bras un canon du calibre de neuf livres de balles, que Porter leur prêta pour les aider dans leurs guerres contre les Hapas. Pour que je crusse à un semblable tour de force, il fallait toute l'autorité de ce célèbre marin.

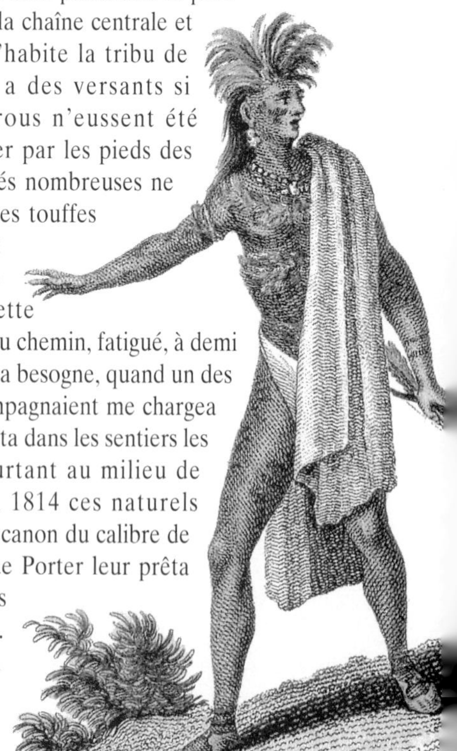

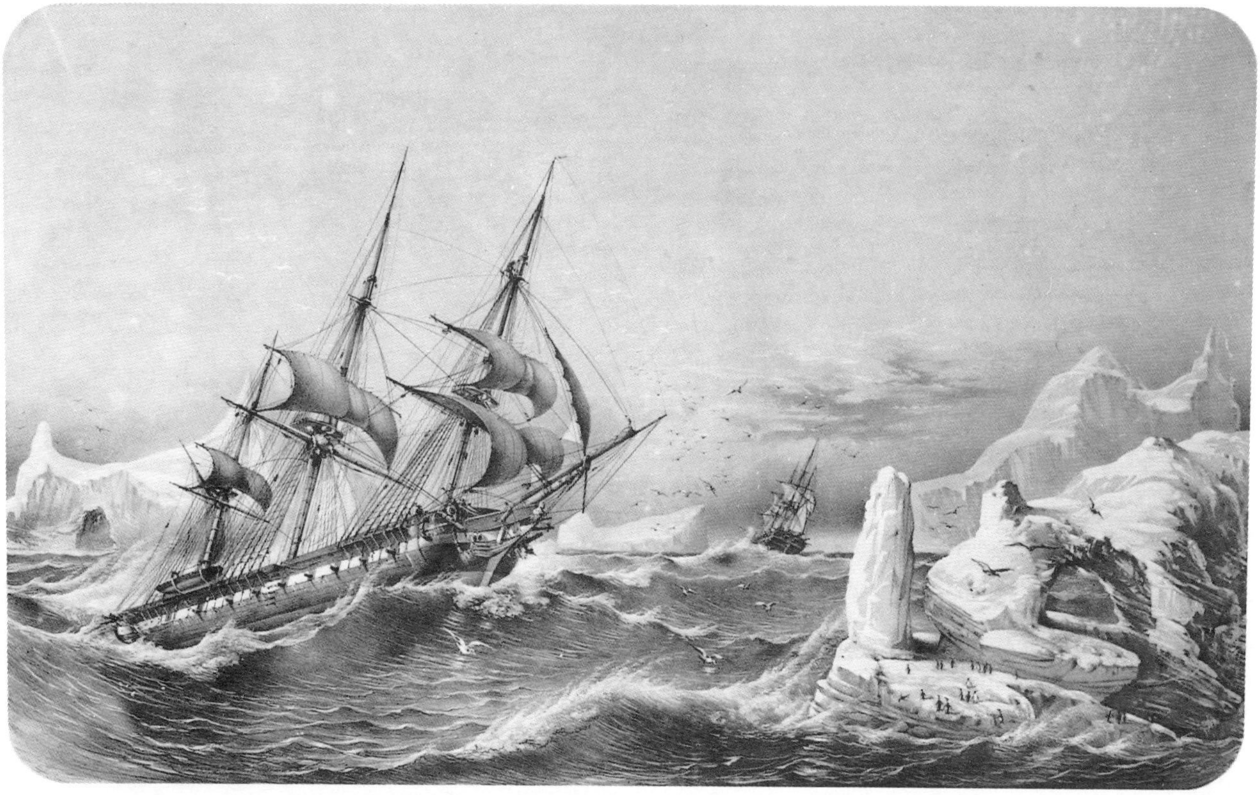

Du haut de ce morne, la vue jouissait d'un horizon immense. A mes pieds, grand au plus comme un canot, paraissait l'*Oceanic*, bercé dans la baie; puis plus loin, les lignes confuses de l'île Roua-Poua jetée sur le cadre bleu et uni de l'Océan. Sur ce pic, la brise alizée, morte dans le vallon, se réveillait et venait rafraîchir nos fronts brûlants. Nous étions sur la lisière du territoire des Hapas, et nous pouvions distinguer la vallée où s'exécutait cette danse indigène que j'allais chercher au travers de tant de fatigues. Plus loin encore, on pouvait, du haut du morne, distinguer le territoire des Taï-Piis, alors ennemis des Hapas et des Taiis.
Une pente rapide, dans un sentier bordé d'habitations charmantes, nous guida alors vers le lieu de la danse. Nous en approchions et le son du tam-tam frappait déjà à nos oreilles, quand nous vîmes accourir à nos devants une troupe de sauvages, poussant des cris de joie, et nous témoignant par leurs gestes jusqu'à quel point nous étions les bienvenus. C'était vraiment une réception à la Cook, une fête comme on en donna dans ces îles au courageux navigateur, quand il les surprit dans la simplicité de leurs mœurs primitives et de leurs usages caractéristiques. Aujourd'hui encore, quand on voit ces peuplades s'enchâsser si difficilement dans notre défroque européenne, s'étioler dans ce travestissement, y perdre leur gaieté naïve, leur physionomie propre, n'avoir plus ni peines, ni joies, ni fêtes, ni cérémonies de deuil qu'aient sanctifiées les souvenirs d'enfance, on se demande si, tout en les moralisant et en les catéchisant, on n'aurait pas dû respecter chez eux ce type local, ces traditions, ces costumes, ces allures qui faisaient la force, la santé et la vie des pays océaniens. Cette pensée me saisit dès que j'eus jeté un coup d'œil sur la danse. L'air de vigueur des insulaires, la franche vivacité de leurs allures, me faisaient regretter que les évangélistes d'Hawaii n'eussent pas toléré chez leurs néophytes ces plaisirs permis qui aident tant au développement du corps. La loi chrétienne, si douce et si tolérante, a en elle de quoi se plier à toutes les exigences de climat et d'hygiène. Il suffit pour cela de l'interpréter dans l'acception large et belle que lui donna son divin auteur.

Dumont D'Urville, *Voyage pittoresque autour du monde*

C'est dans la même île qu'un marin , désertant le navire baleinier sur lequel il peine depuis trop longtemps, se réfugiera dans la vallée de Taipi Vai, ou il restera plusieurs mois l'hôte, ou le prisonnier de la féroce tribu cannibale des Taipis. Son roman *Taipi* laisse présager l'exubérance de son futur chef-d'œuvre, *Moby Dick*, et vous donne un portrait étonnant de cette population marquisienne que les maladies venues sur les navires décimeront en quelques décennies. L'émotion que le marin baleinier éprouve devant la baie de Taiohae lui suggerera sans doute l'idée de déserter son navire.

C'est dans la baie de Nuku-Hiva que nous voulions chercher un mouillage. La silhouette des montagnes nous était apparue vers le coucher du soleil; si bien qu'après avoir couru toute la nuit avec une brise très faible, nous nous trouvâmes le lendemain matin à proximité immédiate de l'île; mais la baie en question étant située du côté opposé, il nous fallut poursuivre notre route en longeant la côte à quelque distance, ce qui nous permit d'entrevoir au passage des vallées fleuries, de profonds ravins, des cascades et des bois onduleux, cachés par l'avancée des promontoires rocheux qui l'un après l'autre découvraient à nos yeux émerveillés un nouveau sujet d'admiration.
Ceux qui visitent les mers du Sud pour la première fois sont généralement déçus par l'aspect que présentent les îles vues de la mer. D'après les notions plus ou moins vagues que nous nous faisons de leur beauté, on se les représente assez bien comme des plaines chatoyantes aux molles ondulations, ombragées de bosquets délicieux et arrosées par des ruisseaux murmurants, et l'on s'imagine que l'ensemble du pays s'élève à peine au-dessus de l'océan. La réalité est tout autre : un rivage âpre et rocheux, dont le ressac bat les hautes falaises; çà et là de profondes baies, où s'aperçoivent des vallées aux bois épais,

que séparent des éperons de montagnes revêtus de buissons clairsemés, et qui rejoignent vers l'intérieur un dédale de hauts mornes crevassés; voilà les traits principaux de ces îles.

Vers midi, nous atteignîmes enfin l'entrée du havre, et doublant le dernier promontoire, nous pénétrâmes dans la baie de Nuku-Hiva. Nulle description n'est capable de rendre sa beauté; et d'ailleurs cette beauté fut alors perdue pour moi, car ce qui attira mes regards ce fut le pavillon tricolore de la France flottant à l'arrière de six bâtiments dont les coques noires et les flancs hérissés proclamaient le caractère guerrier. On eût dit, à les voir se balancer dans cette aimable baie, que les vertes éminences du rivage, les dominant de leur sérénité, réprouvaient leur aspect farouche. A mes yeux, rien ne pouvait être plus déplacé que la présence de ces navires; mais nous sûmes bientôt ce qu'ils faisaient là. Le vice-amiral Du Petit-Thouars venait de prendre possession de tout l'archipel au nom de l'invincible nation française.

Cette nouvelle nous fut communiquée par un personnage des plus singuliers, un authentique vagabond des mers du Sud, qui vint dans une baleinière se ranger contre notre flanc, dès notre entrée dans la baie. Mais une fois à l'échelle de coupée, il fallut pour le hisser à bord l'aide de plusieurs hommes de bonne volonté, car notre visiteur en était à ce sympathique degré de l'ivresse qui rend à la fois aimable et maladroit. Bien que tout à fait hors d'état de se tenir debout, ou de mouvoir son individu sur le pont, il n'en offrit pas moins avec magnanimité ses services en qualité de pilote pour mener le navire jusqu'à un bon et sûr mouillage. Notre capitaine, qui se méfiait un peu de ses aptitudes à cet égard, se refusait à le prendre pour ce qu'il disait, mais notre gentleman était bien résolu à jouer son rôle; avec beaucoup d'efforts il réussit à grimper dans la baleinière du côté du vent, où il se tint ferme à un étai, puis il se mit en devoir de donner ses commandements avec une volubilité prodigieuse et des gestes fort originaux. Bien entendu, personne ne lui obéit; mais comme il était impossible de le faire taire, ce fut avec ce grotesque individu en train de gesticuler que nous défilâmes devant les navires de l'escadre, à la vue de tous les officiers français.

Nous sûmes plus tard que notre excentrique ami était un ex-lieutenant de la marine anglaise. Ayant déshonoré son pavillon par quelque méfait dans l'un des grands ports du continent, il avait déserté, et passé plusieurs années à errer parmi les îles du Pacifique; enfin, se trouvant par hasard à Nuku-Hiva lors de la prise de possession des lieux par les Français, il avait été nommé pilote du port par les nouvelles autorités.

Tandis que nous avancions lentement dans la baie, de nombreuses pirogues se détachèrent des rivages circonvoisins, et nous nous trouvâmes bientôt au milieu de toute une flottille, dont les sauvages occupants se démenaient pour monter à notre bord, se bousculant les uns et les autres dans leurs vaines tentatives. Parfois les balanciers, qui dépassaient de leurs légères embarcations mal dirigées, s'accrochaient et s'emmêlaient dans l'eau, au risque de faire chavirer les pirogues, et il s'ensuivait des scènes de confusion indescriptibles. C'était la première fois que j'entendais ou voyais de telles clameurs et des gesticulations aussi véhémentes. On eût dit que les insulaires étaient sur le point de se sauter à la gorge, alors qu'ils s'occupaient en toute amitié à dégager leurs canots.

Eparses entre les pirogues, flottaient des quantités de noix de

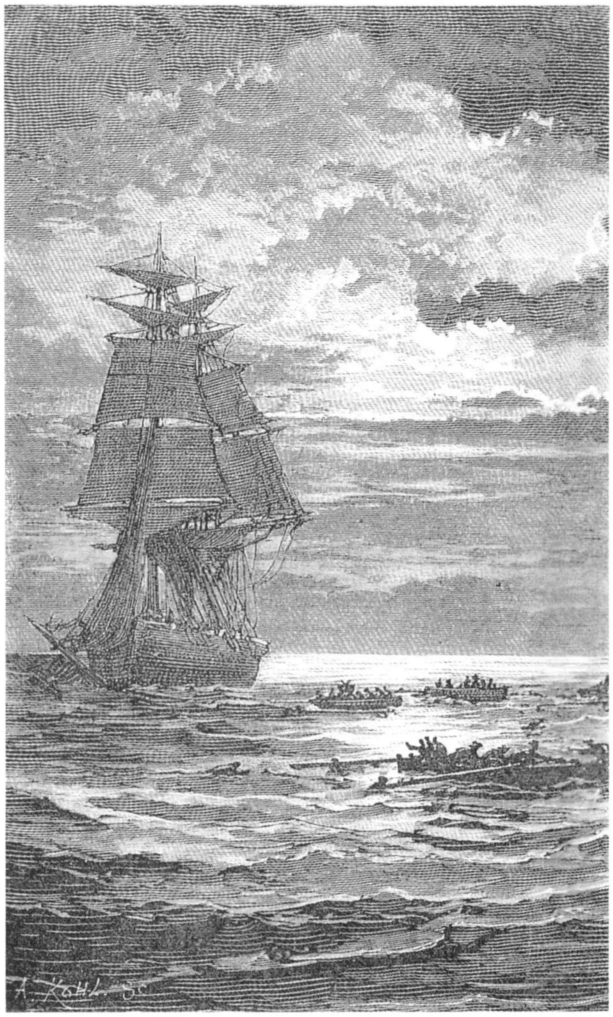

coco rassemblées en groupes circulaires et s'élevant ou s'abaissant à chaque ondulation. Par un moyen inexplicable, toutes ces noix de coco se dirigeaient lentement mais régulièrement vers le navire. Comme je me penchais par-dessus bord avec curiosité, cherchant à pénétrer le mystère de leur mouvement, un groupe de beaucoup en avance sur les autres attira mon attention. Il avait à son centre un objet que je pris d'abord aussi pour une noix de coco; mais celle-ci était bien le plus extraordinaire spécimen du genre que j'eusse encore vu. Elle ne cessait de tournoyer et de danser parmi les autres de la façon la plus insolite et quand elle fut proche, je lui trouvai une curieuse ressemblance avec le crâne brun et rasé de l'un quelconque des sauvages. Bientôt s'y révéla une paire d'yeux, et la vérité m'apparut : ce que je prenais pour un fruit était tout bonnement la tête d'un indigène qui avait adopté ce moyen peu banal d'amener ses produits au marché. Les noix de coco étaient reliées les unes aux autres par des lambeaux de l'enveloppe fibreuse à demi arrachés de la coque et grossièrement noués ensemble. Leur propriétaire, passant sa tête au milieu du tout, propulsait dans l'eau son collier de cocos en nageant des pieds sous la surface.

Je m'étonnai un peu de découvrir que, parmi les nombreux indigènes qui nous entouraient, il n'y avait pas une seule femme. J'ignorais alors cette particularité, qu'en vertu du tabou, l'usage des pirogues, dans toutes les parties de l'île, est rigoureusement interdit au sexe, pour qui c'est la mort sans phrases que d'être vu pénétrant dans l'un d'eux, fût-il même à sec sur le rivage; aussi, une dame marquesane, qui voyage par eau, est-elle forcée de recourir aux propres pagaies naturelles de son gracieux individu.

Nous étions arrivés à un mille et demi à peu près du fond de la baie, quand plusieurs insulaires, qui avaient enfin réussi à gagner le bord, au risque de couler leurs pirogues, nous désignèrent dans l'eau, en avant du navire, une singulière agitation. Je l'attribuai tout d'abord à un banc de poissons folâtrant à la surface, mais nos sauvages nous affirmèrent qu'elle était due à un banc de «vahinés» (jeunes filles) qui s'en venaient ainsi du rivage à notre rencontre. Comme elles se rapprochaient, je distinguai bientôt les formes des nageuses : le bras droit levé, elles maintenaient hors de l'eau leur pagne de tapa, et leurs longues chevelures noires traînaient dans leur sillage. On eût cru voir autant de sirènes et ce fut d'ailleurs en sirènes qu'elles se comportèrent.

Nous étions encore à quelque distance du rivage, et le navire courait sur son erre avec lenteur, lorsque nous arrivâmes au beau milieu de ces nymphes nageuses. Elles nous abordèrent de toutes parts : les unes, s'agrippant aux cadènes, bondissaient dans les porte-haubans; d'autres, au risque d'être précipitées sous le navire en marche, attrapaient les sous-barbes, et enroulant leurs souples corps autour des cordages, restaient suspendues en l'air. Finalement, toutes réussirent à escalader la muraille du bâtiment, où elles s'accrochèrent toutes ruisselantes et reluisantes du bain. Leurs chevelures d'un noir de jais répandues sur leurs épaules voilaient à demi leur entière nudité; et elles restaient là, débordantes d'une gaieté de primitives, à échanger des rires joyeux et à babiller avec un entrain inouï. Et cependant, loin de rester inactives, chacune d'elles aidait sa voisine à réparer le désordre de sa toilette. Leurs boucles luxuriantes, tordues et réduites au plus petit volume possible, étaient libérées de l'élément liquide, leur personne entière séchée avec soin et, grâce à une petite coquille ronde qui passait de main en main, frottée d'une huile parfumée. Pour compléter leurs atours, une bande de tapa blanc, ajustée à plis lâches autour de la taille, leur formait une pudique ceinture. Ainsi parées, elles cessèrent d'hésiter, et sautant avec adresse par-dessus les bastingages, elles se répandirent, folâtres, sur le pont. La plupart s'en allèrent à l'avant, se percher sur les rambardes ou sur l'extrémité du beaupré, tandis que les autres s'asseyaient sur la lisse ou s'étendaient de tout leur long sur les canots.

Quel spectacle pour nous autres marins privés de femmes ! Comment nous défendre contre une si terrible tentation ? Qui donc aurait eu l'idée de balancer par-dessus bord ces êtres si ingénus, alors qu'ils avaient nagé des milles pour nous accueillir ?

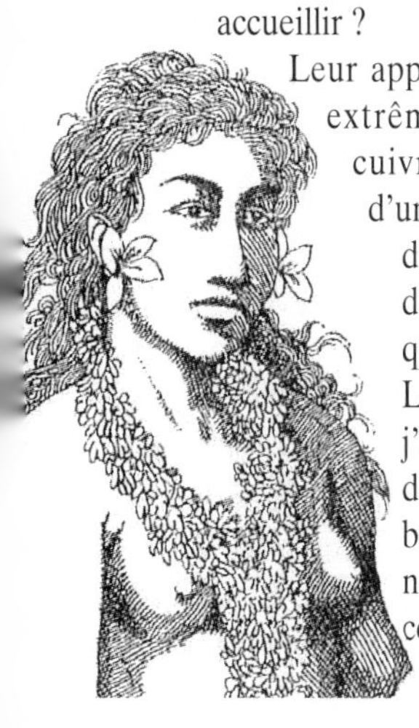

Leur apparition me stupéfia complètement : leur extrême jeunesse, leur teint d'un léger brun cuivré, leurs traits délicats et leurs formes d'une grâce indicible, leurs membres au galbe délicat, et leurs allures dénuées d'affectation, me semblaient aussi étranges qu'admirables.

La *Dolly* était bel et bien capturée et j'avoue que jamais navire ne fut emporté d'assaut par un parti d'abordage aussi brillant et irrésistible. Le bâtiment pris, nous ne pûmes faire autrement que de nous constituer prisonniers, et pour tout le temps qu'elle resta dans la baie, la *Dolly*, non moins que son équipage, fut complètement au pouvoir des sirènes.

Dans la soirée, une fois l'ancre jetée, le pont fut illuminé à l'aide de falots, et cette pittoresque troupe de sylphides parées de fleurs et vêtues de robes en tapa bigarré nous donna un bal de haut goût. Ces femmes ont pour la danse une véritable passion, et lorsqu'elles s'y livrent, leur grâce sauvage et leur entrain surpassent tout ce que j'ai jamais vu. Les danses des Marquesanes sont toutes d'une extrême beauté, mais il s'en dégage une effrénée lascivité que je n'ose essayer de décrire.

Notre navire fut dès lors entièrement livré à toute espèce de débauche et d'excès. Pas la moindre barrière ne s'interposa entre les désirs déchaînés de l'équipage et leur assouvissement sans limites. La plus grossière licence avec la plus honteuse ivrognerie ne cessèrent pour ainsi dire d'y régner, durant tout le temps de son séjour... Hélas ! pauvres sauvages, exposés à l'influence néfaste d'exemples aussi dissolvants ! Leur naïveté confiante se laisse volontiers induire à tous les vices, et leur perdition que déplore l'humanité leur est alors infligée sans remords par les civilisateurs européens. Trois fois heureux sont-ils, ceux qui, habitant une île encore ignorée au milieu de l'océan, n'ont jamais subi le contact démoralisant des Blancs !

Melville, *Taipi*

Richard Henry Dana, un étudiant, s'embarque pour connaître la vie pénible, voire atroce des marins sur les grands voiliers du XIXe siècle. Qu'ils soient shangaiés, c'est à dire enrôlés de force, généralement en les faisant boire, ou volontairement embarqués, la vie des marins s'apparente au bagne. Deux ans sur le gaillard d'avant (Two years before the Mast), de Dana, contribuera à faire améliorer cette vie.

Avant d'en finir avec ces explications, il serait peut-être bon de définir ce que l'on entend par «journée de travail» et de rectifier un malentendu que les terriens commettent fréquemment concernant la vie des marins. On n'entend que trop souvent des gens qui disent : «Les marins ne sont-ils pas oisifs en mer ? Que pourraient-ils bien trouver à faire ?» Cette erreur est bien naturelle, et, comme elle se rencontre très fréquemment, il serait dans l'intérêt des marins de la voir rectifiée. En premier lieu, la discipline du bord exige que, sauf la nuit et le dimanche, chaque matelot soit attelé à une tâche, quelle qu'elle soit, quand il est sur le pont. A ces deux exceptions près, sur un navire bien ordonné, vous ne verrez jamais un matelot assis sur le pont à ne rien faire ou paresseusement accoudé à la lisse. Les officiers ont pour devoir de maintenir l'équipage occupé, même s'il n'y a rien d'autre à faire que de piquer la rouille sur les chaînes d'ancre. Vous ne trouveriez pas un bagne où les prisonniers seraient astreints à des corvées plus régulières et sous une surveillance plus étroite. Il n'est pas permis aux matelots de parler entre eux quand ils sont au travail, et quoiqu'ils bavardent fréquemment quand ils sont dans la mâture ou l'un près de l'autre, ils interrompent toujours leurs conversations à l'approche d'un officier.

Pour qui n'a pas l'expérience de la mer, cette question du travail des matelots n'est probablement pas facile à saisir. Moi-même, devant les besognes qui nous furent assignées durant les deux premières semaines du voyage, je crus d'abord qu'il s'agissait d'ultimes préparatifs pour affronter le large; ce travail ne saurait manquer d'être bientôt fini, pensais-je, et je m'imaginais qu'après cela nous n'aurions plus d'autre tâche que la manœuvre du navire. Mais je découvris ensuite que ces corvées devaient se poursuivre pendant deux ans, et, au bout de ces deux années, il y avait autant à faire qu'au premier jour. Comme on le dit souvent, un bateau est comme une montre de dame : constamment en réparation. Au moment de prendre la mer, il faut installer le gréement des bonnettes et inspecter toutes les manœuvres courantes; celles qui sont hors d'usage doivent être dépassées et remplacées; le gréement fixe doit être entretenu, remplacé et réparé de mille façons différentes; et partout où les innombrables cordages et espars raguent ou s'usent par frottement, il faut les protéger en renouvelant leurs garnitures; on garnit en congréant, en enroulant la limande, en fourrant, en plaçant des lattes et des fourrures de toute espèce, faites de fil de caret, ou de bitord, lusin et autres aiguillettes pour bridures et veltures. Rien que le remplacement et la réparation des garnitures à bord d'un bateau constituent une tâche qui pourrait à elle seule employer deux ou trois hommes à plein temps pour toute la durée d'un voyage.

Il faut considérer en second lieu que tous les menus cordages qui sont utilisés à bord d'un navire – fil de caret, bitord, merlin, etc - sont fabriqués à bord. Les armateurs achètent d'incroyables quantités de vieux filins que les matelots détordent : après avoir séparé les torons, ils les nouent bout à bout et en font des pelotes de fil de caret. Ce fil est constamment mis à contribution, aux fins les plus diverses, mais la majeure part sert à la confection du bitord. A cet effet, chaque navire est équipé d'un «moulinet à bitord»; cet appareil est fort simple, il consiste en un rouet et un fuseau. Par beau temps, on l'entend qui tourne constamment sur le pont. Ainsi, sur notre bateau, trois hommes étaient occupés une bonne partie du temps à séparer et nouer les torons pour filer le fil de caret.

Une autre façon d'occuper l'équipage est de lui faire raidir le gréement. Chaque fois qu'une manœuvre dormante prend du mou (ce qui arrive souvent), il faut la dépouiller de ses garnitures et amarrages, frapper des palans, puis, une fois qu'elle est bien raidie, remettre en place garnitures et amarrages – ce qui représente tout un travail. Il y a une si intime connexion entre les divers éléments d'un navire qu'il est rarement possible de toucher à un seul cordage sans qu'un autre en soit aussitôt affecté. Vous ne pouvez pas incliner un mât sur l'arrière rien qu'en raidissant ses galhaubans : vous devez d'abord mollir ses étais. Si vous ajoutez à cela tout le goudronnage, le graissage, l'huilage, le vernissage, les travaux de peinture, le grattage et l'essardage qu'exige un long voyage, et que vous n'oubliez pas que toutes ces besognes doivent être effectuées en plus des quarts de nuit, des heures passées à tenir la barre, à prendre des ris, à carguer, brasser, recoudre et établir les voiles, ainsi qu'à haler et grimper de tous côtés, vous ne serez plus guère tenté de demander : «Mais qu'est-ce qu'un marin peut bien trouver à faire quand il est en mer ?»

Malgré tous ces labeurs, après qu'ils ont risqué leur vie, trempés et transis, dans des tempêtes,

Où l'ourse drainée par ses oursons reste blottie,
Où le lion et le loup à la panse tiraillée tiennent leur fourrure au sec,

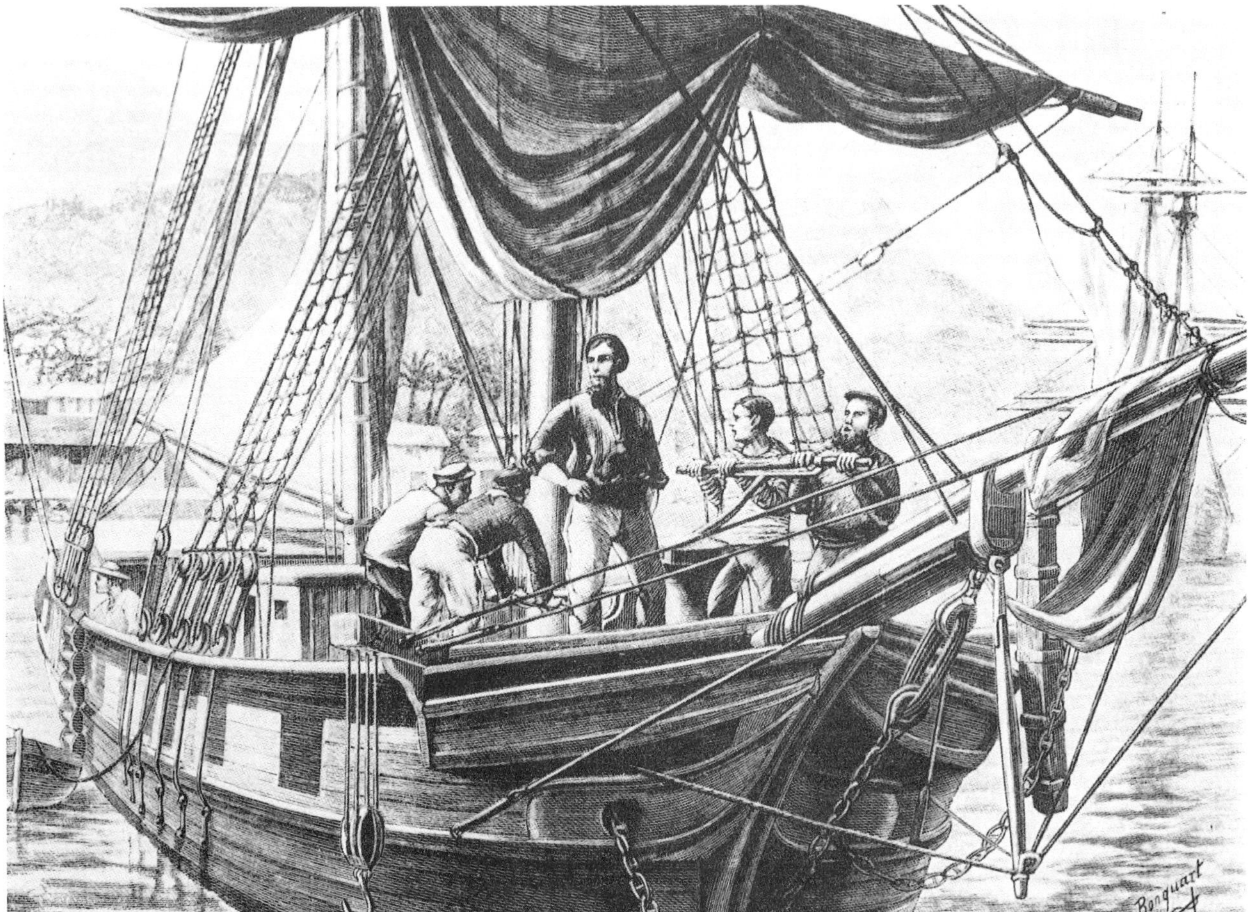

si leurs armateurs et capitaines pensent qu'ils n'ont pas encore mérité leurs douze dollars mensuels (sur lesquels ils doivent payer leurs vêtements), ainsi que leur pitance de bœuf salé et de pain dur, on les met à filer de l'étoupe *ad infinitum*. Tel est en effet le recours habituel pour les jours de pluie, quand il n'est pas possible de travailler dans la mâture; s'il pleut à verse, au lieu de laisser les matelots se mettre à l'abri et bavarder en paix, on les répartit en divers points du bateau, où ils sont astreints à filer de l'étoupe. J'ai vu l'équipement requis pour cette besogne disposé ainsi en plusieurs endroits du bateau, de façon que les matelots ne restent pas oisifs durant les intervalles de calme entre les grains fréquents, au passage de l'équateur. Certains officiers, dans leur rage de trouver du travail pour l'équipage à bord d'un navire paré pour le large, vont jusqu'à leur faire piquer les ancres (cela se voit souvent) ou gratter les chaînes. Le Catéchisme de Philadelphie dit :

Six jours, tu travailleras et feras tout ce dont tu es capable
Et, le septième, tu briqueras le pont et gratteras le câble.

Bien entendu, ce genre de travail n'est pas poursuivi au large du cap Horn, du cap de Bonne-Espérance, ni sous les latitudes extrêmes, septentrionales et australes; mais j'ai cependant vu les ponts lavés et briqués par une température à geler l'eau douce; ou encore, tout l'équipage maintenu au travail dans le gréement, alors que, tout emmitouflés dans nos grosses vareuses, nous avions les mains tellement engourdies de froid que nous pouvions à peine tenir nos épissoirs.

J'ai abandonné un moment le fil de mon récit pour permettre au lecteur de se former une idée aussi exacte que possible de la vie et des travaux des marins. J'ai placé cette description à cet endroit-ci, car, durant tout un temps, notre existence ne fut qu'une répétition invariable de ces diverses occupations qu'il m'a paru plus commode de peindre une fois pour toutes, d'une seule venue. Avant de mettre un point final à cette parenthèse, je voudrais seulement montrer aux terriens, par un dernier trait, comme ils connaissent peu les exigences que présente l'entretien d'un navire : saviez-vous que, sur un bateau en parfaite condition, même par beau temps, il y a assez de besogne pour occuper sans interruption toutes les journées du charpentier du bord ?

Richard Henry Dana,
Deux ans sur le gaillard d'avant

La Marine à voile ne sera bientôt plus rentable pour le commerce, et laissera la place à la vapeur. Une nouvelle race va naître, ceux qui vont en mer pour leur plaisir, pour découvrir le monde, les îles, les hommes. L'écrivain R. L. Stevenson, à la santé chancelante, s'embarque sur un voilier, puis sur un petit caboteur, pour parcourir l'océan Pacifique, en compagnie de son épouse, l'extraordinaire Fanny Stevenson. Eux aussi connaîtront, dans l'île de Nuku Hiva, une des plus grandes émotions de leur vie; la voici, racontée par Alexandra Lapierre, qui vient de consacrer un superbe livre à cette femme d'exception.

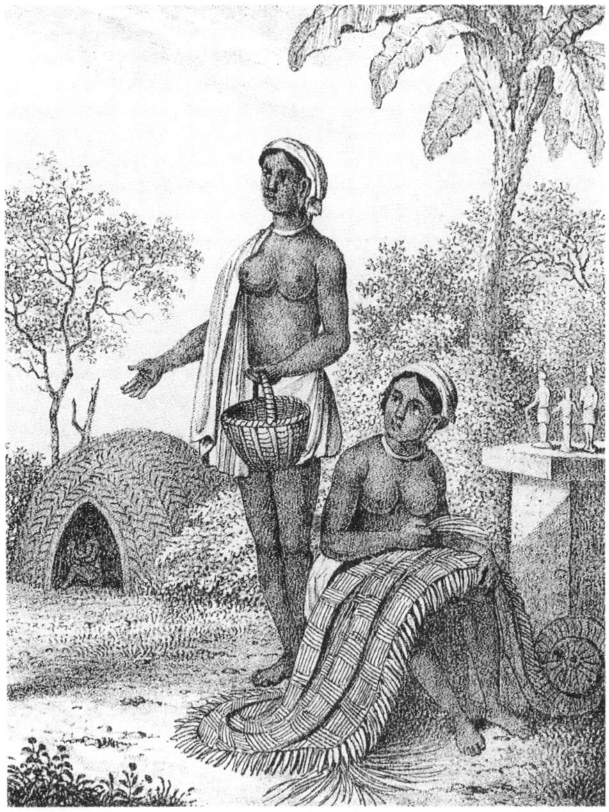

Du cran, il leur en a fallu à tous pour foncer dans les tempêtes et se battre contre une mer grise qui écume sous le vent et bave d'une fureur impuissante. Du cran pour choisir d'accoster sur des rivages inconnus, pour vivre en osmose avec les indigènes, pour passer des mois entiers sans contact avec les Blancs. Pour construire leur cabane, tisser des nattes où dormir, tresser des chapeaux, pêcher leur nourriture, comprendre et respecter les usages des autochtones ... Et se délecter ainsi de l'inconnu et de l'inconfort. Du cran toujours pour s'arracher à la magie de cette vie sur la plage, pour se lancer à nouveau sur l'océan où menace le cyclone. *Quelle tristesse de s'en aller en laissant ses nouveaux amis si loin derrière, se désole tante Maggy. Je me demande si dans mon sommeil je marcherai à l'ombre des cocotiers, si j'entendrai les rouleaux se briser sur la barrière de corail.*

Mais l'instant le plus intense de ce long voyage initiatique, celui qui bouleversera à jamais leurs sens et leurs consciences, ce ne sera pas la surprise des plages noires de Tahiti, ni la splendeur de l'aube hawaïenne, quand les têtes tourmentées des cocotiers mouchettent de noir l'orange lavé du ciel, quand le soleil surgit entre les troncs de la palmeraie pour embraser les bandes de brouillard qui courent vers les brisants... Ce ne sera pas non plus les crépuscules en haute mer, les rayons rouges, criards, invraisemblables, les nuages qui pèsent sur le Pacifique comme de gros tampons d'ouate trempés de sang caillé... Non. La vision qui va les enchaîner, c'est une pâle fantasmagorie de brume et de rochers, Nuku-Hiva, leur première escale. *L'émotion d'une première expérience ne peut se répéter. Le premier amour, le premier lever de soleil, la première île du Pacifique restent à jamais des souvenirs à part, ils touchent à la virginité des sens,* écrit Stevenson.

Sa première île, Fanny l'aperçoit à quatre heures du matin le 28 juillet 1888. Nuku-Hiva, l'une des Marquises, dont les Stevenson ne connaissent que ce que Herman Melville en a raconté... Nuku-Hiva, tenue par les Français et peuplée jusqu'en 1885 des cannibales les plus féroces de toute la Polynésie... Nuku-Hiva, la brèche verte sur une culture dont chacun à bord ignore tout, dont chacun se souvient seulement que, moins de trois ans plus tôt, les hommes y dévoraient leurs semblables.

Des centaines de pirogues cernent le *Casco*. Une horde d'indigènes monte à l'abordage et se répand à jet continu sur le pont. Ils vocifèrent en brandissant leurs marchandises, bousculent les passagers, en viennent aux insultes quand ils comprennent que leurs noix de coco, leurs régimes de bananes, leurs nattes, leurs paniers, aucun des Blancs ne veut les acheter.

Tante Maggy ne cille pas sous les mains des femmes aux seins nus qui tirent brutalement les tuyaux de sa coiffe, lui palpent les jupes et lui retirent ses mitaines. *Il est impossible de croire que ces gens-là ne sont pas totalement habillés* avec leurs superbes tatouages, commente sa bru avec placidité. Fanny se souvient-elle de son expérience avec les Piutes d'Austrin et les Shoshones de Virginia City ? Est-ce par fidélité au passé, à sa sympathie, à son respect d'antan, qu'elle décide d'offrir – et non de vendre –, d'offrir au chef et à ses femmes les rideaux de velours pourpre du carré et les meubles qu'ils convoitent ? Dès que les Marquisiens comprennent le sens des gesticulations de Louis et de Fanny, leur agressivité se transforme en rires et en piaillements de joie.

Le *Casco* restera plusieurs semaines ancré dans la baie : il repartira chargé de présents. *Je n'avais jamais rêvé que puissent exister de pareils lieux, de pareilles races !* s'exclame Louis.

Fanny Stevenson, *Entre passion et liberté*

Le plus illustre de nos grands prédécesseurs est sans conteste Joshua Slocum. Capitaine au commerce, ayant perdu son navire sur les côtes d'Amérique du Sud, il regagne la Nouvelle-Angleterre sur une fragile embarcation. Puis il reconstruit de ses mains le *Spray* et réalise la première circumnavigation en solitaire, sans doute l'une des plus belles imaginables. Dans les canaux de Patagonie, il s'est protégé de sauvages cruels en plaçant des pointes acérées sur son pont, la nuit... Et voilà qu'il s'élance, seul toujours, dans l'immensité de l'océan Pacifique, découvrant à son tour la régularité de l'alizé bonheur.

Je naviguais, jour après jour, avec un vent constant, pointant sur la carte la position de mon bateau avec une précision remarquable; mais je faisais cela plutôt par intuition que par calcul. Pendant tout un mois, le *Spray* tient parfaitement sa route : je n'avais pas même une lampe dans l'habitacle. Toutes les nuits, je voyais la Croix du Sud par le travers; tous les matins le soleil se levait sur l'arrière, et tous les soirs se couchait sur l'avant. Je n'avais besoin, pour me guider, d'aucun autre compas. Si après avoir passé de longs jours en mer, ma position me semblait douteuse, je la vérifiais en consultant la grande horloge que le grand Architecte a installée là-haut, et tout allait bien.

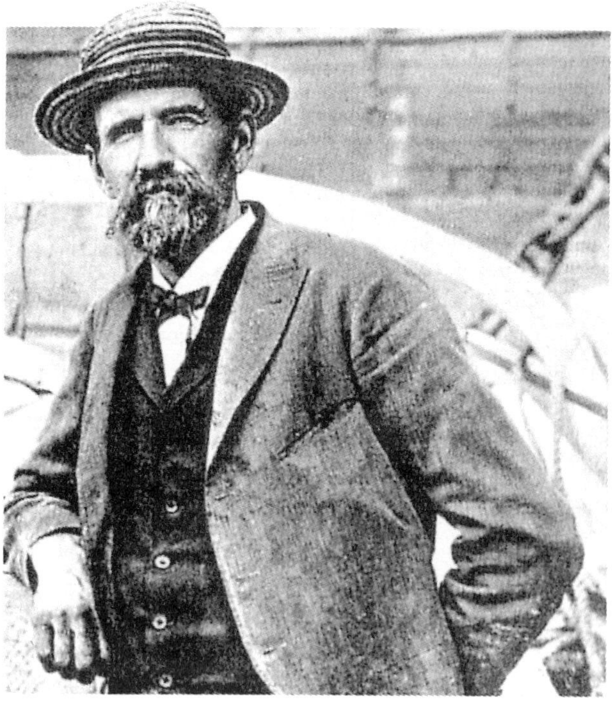

Je ne cacherai pas que le côté comique de ma situation m'apparaissait de temps en temps. Parfois, je me réveillais, le soleil brillant déjà dans ma cabine. J'entendais courir l'eau le long du bord, avec seulement une mince planche entre moi et les abîmes de l'Océan, et je me demandais : «Comment cela se peut-il ?». Mais tout allait fort bien; mon bateau tenait sa route, naviguant comme jamais aucun autre bateau au monde ne l'avait fait avant lui; la course de l'eau le long de la coque me disait qu'il filait à toute vitesse. Je savais qu'aucune main humaine ne tenait la barre, que l'équipage était content de son sort et qu'il n'y avait pas de révolte à bord.

L'étude des phénomènes météorologiques, sur l'océan, est d'un intérêt extraordinaire, même dans les alizés. J'observai que, tous les sept jours environ, le vent fraîchissait et halait le sud de plusieurs quarts; par exemple, étant à l'E.-S.-E., il passait au S.-S.-E., pendant qu'une grosse houle de S.-O. se faisait sentir. Cela indiquait que des ouragans régnaient en-dehors de la zone des alizés. Puis le vent halait l'est progressivement en mollissant jusqu'à revenir à l'E.-S.-E., comme auparavant. C'est à peu près la direction normale des alizés d'hiver par 12° de latitude sud, à la hauteur de laquelle je naviguai pendant des semaines. Nous savons tous que le soleil est le créateur des alizés et de tous les systèmes de vents sur la terre entière, mais la météorologie des océans est la plus passionnante. De Juan Fernandez jusqu'aux Marquises, je constatai six changements dans les grandes palpitations des vents de mer et de la mer elle-même, changements provenant de coups de temps éloignés. Connaître les lois qui régissent les vents, et savoir que vous les connaissez vous donnent beaucoup de tranquillité d'esprit pour un voyage autour du monde; autrement, vous tremblez à l'apparition du moindre nuage. Ce qui est vrai pour les alizés l'est encore davantage pour les vents variables, où les changements vont d'un extrême à l'autre.

Traverser l'océan Pacifique, même dans les circonstances les plus favorables, vous tient, pendant de longs jours, tout près de la nature, et l'on réalise alors l'immensité de la mer. Lentement, mais sûrement, la trace de mon petit bateau s'allongeait sur mon routier, au fur et à mesure que sa quille traçait son sillage sur l'océan. Quarante-trois jours après mon départ (une longue période de solitude en mer !), le ciel étant merveilleusement clair, et la lune, en bonne position par rapport au soleil, je pris mon sextant. Trois observations et une longue lutte avec mes tables lunaires me montrèrent que ma longitude observée était d'accord, à 5 milles près, avec ma longitude estimée.

Joshua Slocum,
Seul autour du monde sur un voilier de 11 mètres

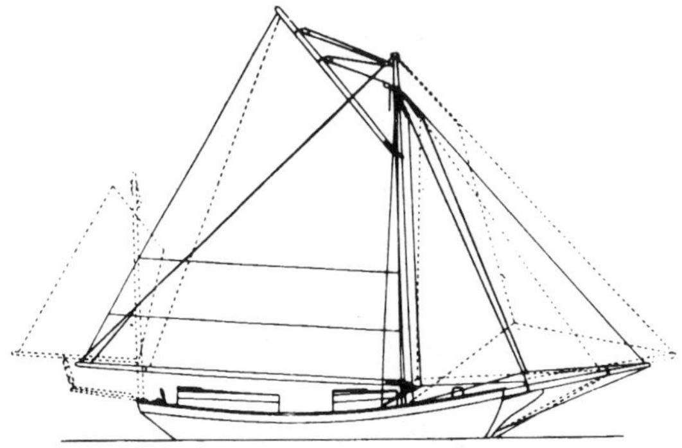

John Voss a moins bien réussi que Slocum sa circumnavigation à bord d'une pirogue indienne *Tilikum*, mais il restera l'autorité en matière de cape sur ancre flottante, cette méthode passive de défense contre le gros temps; quiconque un jour file une ancre flottante ne peut manquer de se recommander au souvenir de John Voss!

Le temps se maintint au beau, avec brise de nord-ouest modérée, jusqu'au 11 juillet, où le vent commença à forcer durant la matinée, accompagné d'une grosse chasse de nuages du nord-ouest. A midi, *Tilikum*, tout dessus, marchait de toute sa vitesse. Les lames grossissaient, et parfois les crêtes en déferlant nous donnaient une bonne douche. Comme le vent et la mer augmentaient de violence, j'amenai la grand-voile et la brigantine, et sous sa misaine, *Tilikum* poursuivit sa route confortablement. Cependant le vent forçait toujours, à 3 heures de l'après-midi, il soufflait en tempête, et les lames étaient devenues dangereuses pour un petit bateau. je décidai alors de prendre la cape, ce qui me donnerait en même temps l'occasion d'essayer le bateau, et de voir sous quelles voiles il capeyerait le mieux.

En me préparant à mettre le bateau debout au vent, j'amenai d'abord toute la toile, pour lui donner, dans sa présente allure au vent arrière, le moins de vitesse possible. J'ordonnai alors à mon compagnon d'aller sur l'avant, de se cramponner au mât de misaine, et de se tenir paré à mouiller l'ancre flottante dès que j'en donnerai l'ordre. A ma grande stupéfaction, il refusa de faire ce que je lui disais, assurant «qu'il ne ferait pas cela pour sa grand-mère». A sec de toile, *Tilikum* continuait à fuir vent arrière, très confortablement, embarquant de temps à autre un peu d'embrun; et comme il n'y avait pas urgence particulière à prendre la cape, j'appelai Luxton et le priai de venir s'asseoir près de moi, dans le cockpit, pour que je lui donne quelques éclaircissements. Mais au lieu de sortir de la cabine, il se contenta de passer la tête par le capot pour écouter ce que j'avais à lui dire.

– Ecoutez-moi bien, Norman, dis-je. Je veux vous donner quelques explications sur le danger de fuir vent arrière devant des déferlantes. Beaucoup de grands navires ont été envoyés par le fond pour avoir été capelés sur l'arrière par une grosse déferlante; cela, parce que le navire avait gardé trop longtemps son allure de fuite; et *Tilikum*, vous et moi, ferions de même si je continuais à fuir vent arrière par gros coup de vent. Ce n'est pas encore le cas maintenant, mais cette nuit, le vent soufflera en furie; il nous faut donc placer le bateau en position de sécurité avant que les lames ne soient trop grosses.

– N'est-il pas préférable et plus sûr de laisser le bateau courir avec les lames ? Il ira alors presque aussi vite que les vagues, et je pense donc qu'elles n'auront aucune force contre lui; par conséquent, le bateau serait en complète sécurité, répliqua Luxton.

– C'est probablement ainsi que vous concevez les choses. Mais c'est l'inverse qui se produit. Tout d'abord, les «vagues» (que les marins appellent généralement des lames), dans un coup de vent, marchent à une vitesse d'environ vingt-sept à vingt-huit milles à l'heure. Notre bateau, en mettant tout au mieux, ne peut faire que huit milles à l'heure, et cette vitesse n'est atteinte que lorsqu'il est sur le sommet des lames; parce que quand le bateau est dans le creux, le vent souffle *au-dessus* de lui, de sorte qu'il perd son erre. Tant que les lames ne brisent pas, nous ne risquons rien à le laisser fuir aussi vite qu'il veut; mais quand les lames commencent à briser, nous prenons un grand risque à le laisser vent arrière. Elles commencent justement à déferler; et il faut nous préparer à prendre la cape.

– Je ne vois pas encore pourquoi, insista mon compagnon, un bateau est plus en sécurité lorsqu'il est stoppé, sans erre, que lorsqu'il marche avec le vent et la mer.

– Ecoutez-moi, Norman, répondis-je. Je voudrais que vous compreniez parfaitement cette question; car alors je sais que vous aurez plus confiance en notre bateau. Je vais donc vous expliquer à quel danger on s'expose en fuyant devant des lames déferlantes. A cette allure, l'arrière du bateau est aspiré par la succion de l'eau; plus il marche vite, plus grande est cette succion; et quand une lame déferlante atteint le bateau alors que son arrière est retenu par la succion, elle brisera dessus avec une force prodigieuse. Une telle lame brisante peut envoyer un grand navire par le fond. D'autre part, si cette lame passe sous le bâtiment, l'avant s'enfoncera et l'arrière se soulagera, de telle sorte que le gouvernail n'aura plus d'action. Le bateau pourra alors se mettre en travers, et il chavirera très probablement. Mais si, par gros mauvais temps, le bateau – ou le navire – n'a plus d'erre, il ne sera plus soumis à cette force de succion et, par conséquent, se soulagera même sur une lame brisante. Peu importe que le bateau présente l'avant, l'arrière ou le côté : l'essentiel est qu'il soit sans erre. Et il n'y a qu'un moyen de stopper l'erre d'un voilier par mauvais temps : c'est de lui faire prendre la cape. Les grands voiliers capeyent sous des «voiles de cape», et s'ils sont convenablement chargés, restent ainsi très confortablement, sans mouiller. Ils peuvent, par très gros temps, embarquer un peu d'eau, mais dans ce cas celle-ci n'est pas dangereuse. Si le navire embarque dangereusement quand il est à la cape, c'est un indice certain qu'il porte trop de toile. Dans notre cas particulier, avec notre petit bateau et son pont de cèdre de vingt millimètres, nous ne pouvons pas envisager d'embarquer une seule lame, car une lame brisant sur nous défoncerait très probablement le bateau. Par conséquent, pour ne pas courir le risque d'être capelés par une lame, il nous faut d'abord prendre la cape en temps utile, et ensuite capeyer de façon telle que, même dans le plus gros temps, nous ne puissions pas embarquer d'eau à bord. Et c'est ce que nous allons faire immédiatement. Vous me comprenez, maintenant, n'est-ce pas ?

Mon compagnon me regarda, puis il regarda les lames... et je compris qu'il aurait bien voulu être à terre. Je lui amarrai une ligne autour de la ceinture, et lui dis d'aller sur l'avant et de se tenir prêt à lancer l'ancre flottante à la mer lorsque je lui en donnerai l'ordre. Cette fois, il obéit sans discuter, d'autant que je lui avais assuré que je le halerais à bord s'il tombait à la mer. A quatre pattes, il réussit à atteindre l'avant, et se cramponna au mât de misaine, attendant mes ordres. Dans l'intervalle, une très grosse mer s'était levée, et quelques lames brisaient déjà dangereusement. j'attendis une embellie, et quand *Tilikum* se trouva sur une crête, je mis la barre dessous, le bateau loffa en quelques secondes, et avant qu'il ne vînt debout au vent, je halai bas la petite voile que j'avais établie pour la circonstance.

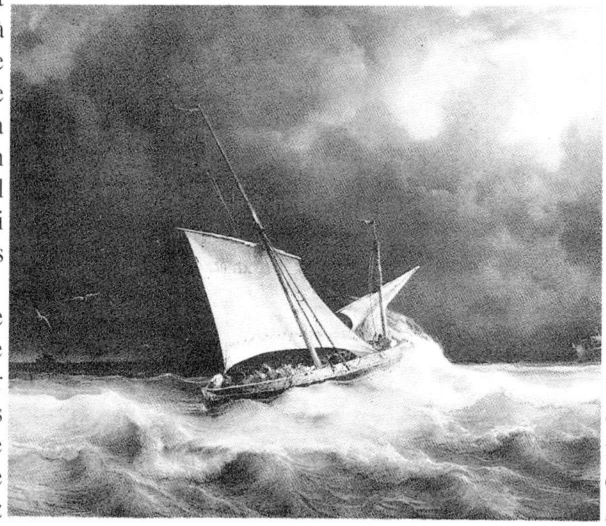

Au moment où le bateau se trouvait debout à la mer, une énorme lame brisante surgit sur notre avant, et pendant quelques instants apparut comme une véritable muraille. Je criai de toutes mes forces : «Mouillez l'ancre flottante !». Mais au lieu de m'obéir, Luxton la jeta sur le pont, et se mit à grimper le long du mât de misaine; notre petit bateau faillit chavirer par le poids de mon compagnon, lorsque celui-ci se trouva en tête du mât. Je halai rapidement sur la ligne qui était amarrée à sa ceinture, en lui criant de descendre, et comme la grosse lame avait alors passé sous le bateau, il redescendit aussi rapidement qu'il était monté. L'ancre flottante jetée à la mer, *Tilikum* dériva quelque temps sous l'action du vent et de la mer, puis fit tête sur le câblot; le bateau resta ainsi à cinq quarts du vent et, compte tenu de la grosse mer qui s'était alors établie, capeyant confortablement, et apparemment hors de danger. Je pensai cependant qu'il serait dans une position encore plus confortable et plus sûre si je pouvais l'amener plus près du vent. Je hissai donc ma brigantine triangulaire et la bordai au milieu, ce qui la faisait travailler comme une voile de cape. A peine la voile était-elle établie que le bateau vint à environ deux quarts et demi du vent. *Tilikum* se comportait alors magnifiquement.

Je dis alors à mon compagnon :

– *Tilikum* est ainsi parfaitement, et nous sommes aussi en sécurité que dans l'hôtel Victoria, à Victoria, en Colombie britannique. Mais dites-moi, maintenant, pourquoi êtes-vous grimpé au mât au lieu de mouiller l'ancre flottante ?

– Eh bien ! répondit Luxton, lorsque j'ai vu cette grande lame devant nous, j'ai cru qu'elle allait nous tomber dessus !

Dans l'après-midi, alors que nous étions en fuite dans la grosse mer, le bateau avait embarqué quelques embruns, et nous étions tous deux trempés jusqu'aux os. Mais maintenant que nous étions à la cape, le pont, à l'exception de l'extrême avant, restait complètement sec. Ayant changé de vêtements, nous dînâmes, et ensuite, nous étant tous deux installés dans le cockpit pour fumer nos pipes, nous plaignîmes les pauvres gens qui, à terre, en ce moment même, voyaient les arbres et les maisons emportés par le vent voltiger autour de leurs têtes.

Dans la soirée, le vent et la mer augmentèrent encore de violence; mais l'avant de *Tilikum* se soulageait magnifiquement à chaque lame.

– By Jove, John, dit Luxton en me frappant sur l'épaule, j'ai bien pensé que nous étions perdus lorsque, au moment de prendre la cape, j'ai vu cette énorme lame devant nous, mais c'est vraiment merveilleux de voir notre petite pirogue passer sur le dos de ces lames monstrueuses, sans rouler ni piquer dans la plume. Et si jamais nous revenons à terre, pas une personne sur cent ne voudra croire mon histoire, lorsque je publierai notre aventure dans ce coup de vent !

Je dois rappeler que Luxton, qui était encore un jeune homme, n'avait jamais vu l'eau salée avant notre voyage à bord du *Tilikum*. Néanmoins, il se révéla un compagnon de bord de premier ordre, bon matelot, bon cuisinier, très alerte; mais il reconnut lui-même qu'il n'avait jamais effectué de mouvement plus rapide que lorsqu'il était monté en tête du mât de misaine!

A la nuit tombante, je disposai un feu sur le pont, et l'un de nous alla s'étendre dans la couchette, tandis que l'autre s'installait sur le caisson. Pendant tout ce coup de vent, notre petit bateau tint la cape de la façon la plus confortable, si bien qu'il nous fut même possible de dormir tous deux en même temps. Cependant, le vent soufflant en furie toute la nuit, je me levais de temps à autre et allais jeter un coup d'œil sur le pont. Mais la nuit était très noire, le vent hurlait, de sorte que je ne voyais que l'écume déferlant sur les crêtes des grandes lames et étincelant dans l'obscurité; et le fracas des lames brisantes nous fit trouver cette nuit-là fort longue.

Nous fûmes heureux de voir l'aube apparaître. Le vent conserva toute sa violence pendant la matinée, accompagnée de grosses lames et d'une forte chasse de nuages. A midi, le ciel s'éclaircit et le vent mollit un peu; debout sur la cabine, me cramponnant d'un bras au grand mât et profitant d'un moment où le bateau se trouvait sur une crête, je réussis à prendre une bonne hauteur méridienne. D'après cette observation, notre petit bateau avait dérivé de vingt-quatre milles dans le Sud pendant les seize heures de cape qu'il avait tenues sur son ancre flottante. Le vent avait constamment soufflé du nord-nord-ouest.

Dans l'après-midi, la brise mollit de plus en plus, la mer tombant à mesure et le ciel s'éclaircissant; bientôt, le premier coup de temps de notre voyage fut une chose du passé. *Tilikum* l'avait étalé sans le moindre ennui, sans casser un fil de carret. En fait, cette tempête n'avait laissé la moindre trace ni sur *Tilikum* ni sur son équipage. Mais ce coup de vent nous avait donné la plus grande confiance dans les capacités de *Tilikum* à nous conduire jusqu'au bout de notre voyage. Le vent diminua graduellement dans l'après-midi; à 4 heures, la brise était encore forte, soufflant de la même direction; mais les lames ne montraient plus leurs dangereuses crêtes brisantes, et les risques qu'elles entraînent avaient donc disparu. J'amenai la voile de cape, halai à bord l'ancre flottante, hissai le foc, et *Tilikum*, arrivant en grand, reprit sa route vers le sud. Je conservai une voilure réduite pendant quelque temps, mais à minuit, nous portions à nouveau toute notre toile.

John Voss, *Au détour du monde*

Comme Stevenson, Jack London s'est élancé un jour, en famille, sur les eaux du Pacifique. Moins heureux que son prédecesseur, il ne trouvera pas le repos dans une île des mers du Sud; des problèmes de santé l'obligeront à abandonner son projet de longue navigation; mais ses mois de croisière entre les archipels lui suggéreront des pages inoubliables, comme celles qui dépeignent les mœurs cruelles des terribilissimes îles Salomon.

L'archipel des îles Salomon ne peut, je le reconnais, passer pour une succursale du Paradis terrestre. Il est exact que la fièvre et la dysenterie y sont en promenade perpétuelle, qu'une foule de maladies cutanées, toutes plus répugnantes les unes que les autres, y prospèrent étonnamment, que l'air y est comme saturé d'un invisible poison qui s'insinue sous l'épiderme par la moindre écorchure ou coupure, voire par les simples pores de la peau, engendrant des ulcères purulents et fétides, et que plus d'un homme solide, s'il n'y a pas laissé ses os, est rentré chez lui à l'état d'épave.
Non moins exact est-il que les indigènes des Salomon constituent une bande de sauvages comme il s'en trouve peu sur la terre, qu'ils sont doués, pour la chair humaine, d'un joyeux appétit et qu'ils ont la manie, non moins invétérée, de collectionner les têtes de leurs semblables.

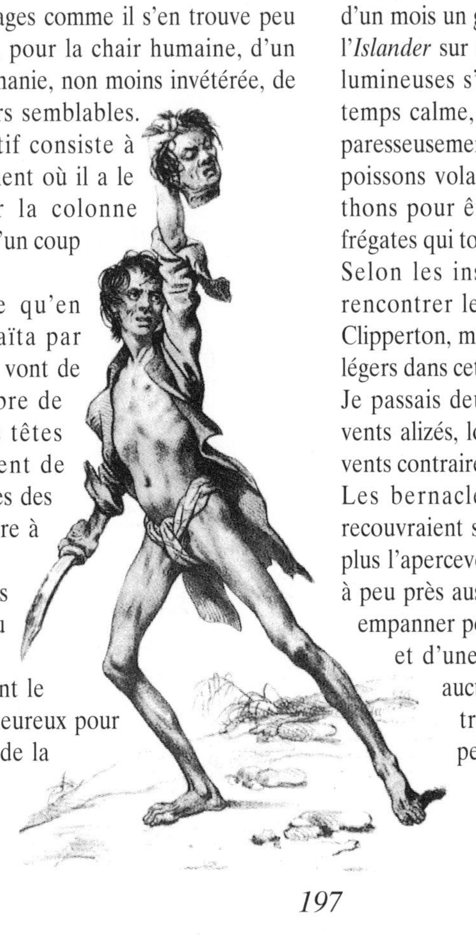

Leur plus haut instinct sportif consiste à surprendre quelqu'un au moment où il a le dos tourné, et à lui briser la colonne vertébrale, à la base du crâne, d'un coup habile de tomahawk.
Je ne nierai pas davantage qu'en certaines de ces îles, à Malaïta par exemple, les honneurs sociaux vont de pair avec le plus grand nombre de meurtres accomplis, que les têtes humaines servent couramment de monnaie d'échange et que celles des Blancs ont une valeur supérieure à celles des autres.
Tellement que des villages entiers se réunissent parfois, au nombre d'une douzaine, pour instaurer des souscriptions dont le montant ira au guerrier assez heureux pour pouvoir présenter, au gardien de la cagnotte, une tête de Blanc.
Tous ces faits sont parfaitement véridiques. Mais il existe, cependant, de pires pays au monde, et j'ai connu des Blancs qui, après avoir vécu vingt ans aux îles Salomon, sentaient leur cœur s'attrister en les quittant.
Ce qu'il faut à un civilisé pour pouvoir vivre aux Salomon, un laps de temps honorable, c'est, tout d'abord, d'avoir chance et prudence.C'est ensuite de porter, imprimée fortement dans l'âme, la frappe authentique du Blanc impavide et dominateur. Voilà ce qui est, avant tout, nécessaire.

Jack London, *Romans maritimes et exotiques*

A l'âge de cinquante ans, Harry Pidgeon, un quart de siècle après Slocum, accomplira un tour du monde en solitaire à bord de l'*Islander*. Revenu aux Etats-Unis, devenu célèbre, il entreprit de ramener son bateau de Nouvelle-Angleterre jusqu'en Californie. Faisant l'école buissonière, au gré de l'alizé, il zigzagua de Bermudes en Caraïbes. Après une escale en Californie, il se laissa lentement entraîner vers l'ouest, jusqu'à Hawaï, la Nouvelle-Guinée, l'île Maurice... et fit ainsi sans trop l'avoir planifié un second tour du monde en solitaire. Dans cet extrait, il a tout le loisir, au milieu des calmes tropicaux, d'observer la faune qui l'accompagne dans sa traversée de l'océan désert.

Quand nous pénétrâmes de nouveau dans la chaleur et l'humidité des calmes tropicaux, le poisson que j'avais essayé de sécher devint sur et avarié, mais cela n'avait aucune importance car il y en avait toujours du frais à pêcher.
Aucune mer n'est aussi pleine de vie que celle-ci. Depuis plus d'un mois un grand banc de thons et de dorades accompagnait l'*Islander* sur sa route. La nuit, on aurait dit de grandes ailes lumineuses s'étendant loin de chaque côté du bateau. Par temps calme, on apercevait de nombreuses tortues flottant paresseusement à la surface. Il y avait un vol permanent de poissons volants s'efforçant d'échapper aux dorades et aux thons pour être bien souvent capturés par les fous ou les frégates qui tournaient toujours non loin de là.
Selon les instructions nautiques, on peut s'attendre à rencontrer les alizés du nord-est au voisinage de l'île de Clipperton, mais c'était maintenant la saison où les alizés sont légers dans cette région.
Je passais deux degrés à l'ouest de l'île de Clipperton sans vents alizés, louvoyant toujours vers le nord-ouest contre des vents contraires et des coups de vent.
Les bernacles croissaient à une vitesse alarmante et recouvraient si complètement le gouvernail qu'on ne pouvait plus l'apercevoir de la surface. L'*Islander* répondait à la barre à peu près aussi bien qu'une meule de foin, souvent je devais empanner pour changer d'amure. D'un morceau de bois dur et d'une perche de bambou je fis un grattoir, mais à aucun moment au cours de ma traversée des calmes tropicaux la mer ne fut assez calme pour me permettre d'aller le long du bord m'occuper des bernacles. Il y avait certainement un manque de vent, mais les grains qui revenaient sans

cesse soulevaient un enchevêtrement de houles croisées. Dans ces conditions, la progression était désespérément lente.
Mais ce n'était pas aussi monotone que l'on pourrait croire. Au cours de la longue traversée des calmes tropicaux il ne se passait pas un jour sans que les coups de vent ne créent un peu d'animation. L'étude du temps, quand on est soumis au vent, est un centre d'intérêt illimité, et l'on veille l'approche du millième grain de pluie avec autant d'intérêt que le premier.
Depuis le pont bas sur l'eau de l'*Islander*, j'avais une excellente occasion d'observer les poissons tout proches et il était rarement lassant de les contempler. On ne pouvait guère regarder alentour sans apercevoir un poisson volant s'envoler dans les airs. Lorsqu'une gueule vorace claque derrière lui en le poursuivant, le poisson volant s'élance hors de l'eau et plane dans le vent tant qu'il peut, puis souvent rase les flots et donne dans l'eau des coups de nageoires comme avec une hélice qui lui permettent de repartir à nouveau. Mais il n'est pas hors de danger une fois qu'il a quitté l'eau. Souvent, la dorade nageant sous l'eau est capable de le suivre à vue et quand le poisson volant a épuisé ses efforts et retombe dans l'eau, elle est juste là pour l'accueillir. Si une frégate ou un fou vole non loin quand il plane, l'oiseau fond sur lui et l'avale en plein vol.
L'un des spectacles les plus saisissants que je vis fut quand tout un banc de poissons volants, ils étaient des milliers, s'envola dans les airs. Un ruban argenté étincelant se déployait sur la route de l'*Islander*. Je ne pourrais dire s'ils étaient effrayés par mon bateau où s'ils volaient pour le plaisir, mais ils quittaient l'eau tous en même temps et à la fin du vol y replongeaient tous ensemble.
J'aurais très bien pu me nourrir des poissons volants trouvés là où ils étaient tombés sur le pont après avoir heurté dans la nuit les voiles ou le gréement. Allongé sur ma couchette je pouvais les entendre s'abattre sur le côté de la cabine. Dans leurs efforts effrénés pour échapper aux attaques des thons et des dorades, ils se cognaient souvent en plein jour contre l'*Islander*, et plusieurs m'étaient tombés dessus pendant que je me trouvais à la barre. Quand l'un d'eux heurtait une partie du gréement et retombait à l'eau, il y avait une violente agitation, car une demi-douzaine de thons accouraient ensemble, se cognant les uns aux autres dans leur attaque pour être le premier à attraper le poisson volant assommé.
J'apprêtais un grand poisson volant qui était tombé sur le pont dans l'idée de changer du régime invariable de thon grillé. Pour finir, je me penchais par-dessus bord pour le nettoyer dans la mer, quand un thon jaillit par en-dessous et en un clin d'œil, repartit en emportant mon déjeuner. J'étais trop content qu'il n'ait pas emporté l'un de mes doigts avec.
Un jour, je découvris un poisson volant qui s'était logé sous le dinghy et était resté là jusqu'à ce qu'il ne soit plus de toute première fraîcheur. Je le jetais par-dessus bord où un grand poisson de la famille des thons l'avala et disparut dans les profondeurs. Un moment plus tard, le poisson volant pourri apparut à la surface, ayant sans aucun doute retourné l'estomac du poisson qui attrape d'ordinaire sa nourriture vivante et crue. Un requin qui se promenait à côté de l'*Islander*, recherchant justement de telles friandises, avait maintenant une opportunité, et s'élevant paresseusement à la surface, se tourna sur le côté et engloutit ce déjeuner d'occasion. La différence dans la manière avec laquelle le requin et le thon saisissent leurs proies est tout à fait remarquable. Le coup de dent se refermant comme un piège de l'un contraste avec les mouvements paresseux de l'autre. Je ne vis jamais un requin s'en prendre à un thon, même s'il nage tout près, et je pense qu'il est trop lent pour en attraper un à moins que celui-ci soit estropié ou mort. Il y a un mystère au sujet du poisson-pilote, que l'on voit si souvent nager juste devant et au-dessus du nez du requin. Il me semble qu'il adopte cette position par mesure de sécurité. Il est trop rapide pour le requin, et en même temps, les prédateurs lorsqu'ils l'attaquent, hésitent en face d'une gueule aussi terrifiante que celle d'un requin.
J'offris à Yellow Bill un poisson volant qui était tombé sur le pont. Il prit le poisson volant dans ma main, bien qu'il eut du mal à l'avaler car les écailles étaient sèches. J'essayais de faire de même avec Blue Bill, mais cet oiseau irascible ne fit que de me donner vicieusement des coups de bec, faisant tomber le poisson de ma main. De toute façon, rien ne m'obligeait à nourrir les oiseaux à la main. Ils quittaient rarement le bateau pour plus d'une demi-heure, puis revenaient, rassasiés du dernier poisson volant qu'ils avaient pu avaler.
Après la nourriture, l'entretien de leurs plumes était la principale occupation des oiseaux, ils passaient des heures entières, à les huiler et à les lisser. Chaque plume d'aile était examinée séparément, arrangée et replacée en ordre parfait.

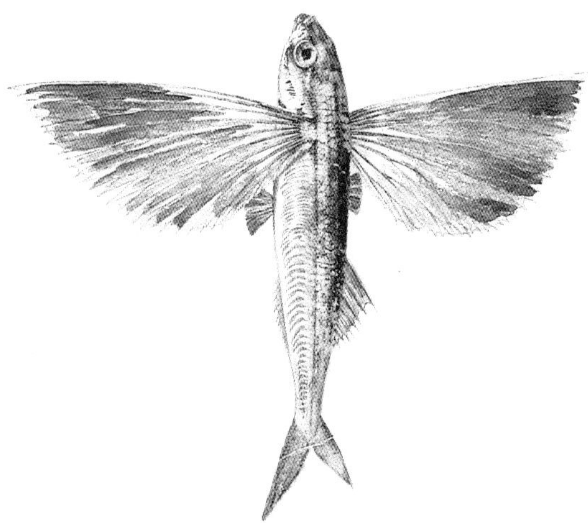

L'huile était extraite d'une glande et appliquée sur les plumes du corps en exacte quantité, suffisante pour les rendre imperméables. S'ils doivent poursuivre et capturer le poisson, leur matériel de vol doit être en parfait état, et c'est une tâche difficile pour un oiseau volant au-dessus de la mer. Blue Bill et Yellow Bill avaient dû s'installer à bord de l'*Islander* de façon à s'occuper confortablement de leur toilette. J'apercevais souvent des groupes de fous posés sur l'eau et s'occupant de leurs plumes. Ils se penchaient sur le côté de façon à sortir une partie du corps de l'eau et, après s'en être occupé, se penchaient de l'autre côté. Un fou semblait toujours jouer le rôle de sentinelle pendant que les autres étaient affairés à cette tâche. Par intervalles de quelques secondes il plongeait la tête sous l'eau, position dans laquelle je présume qu'il pouvait mieux détecter l'approche d'un requin. Dès que la sentinelle prenait peur, tous s'envolaient dans les airs. Dans cette région, je suppose que la plupart des oiseaux de mer périssent à cause des requins.

Harry Pidgeon, *La terre est une île*

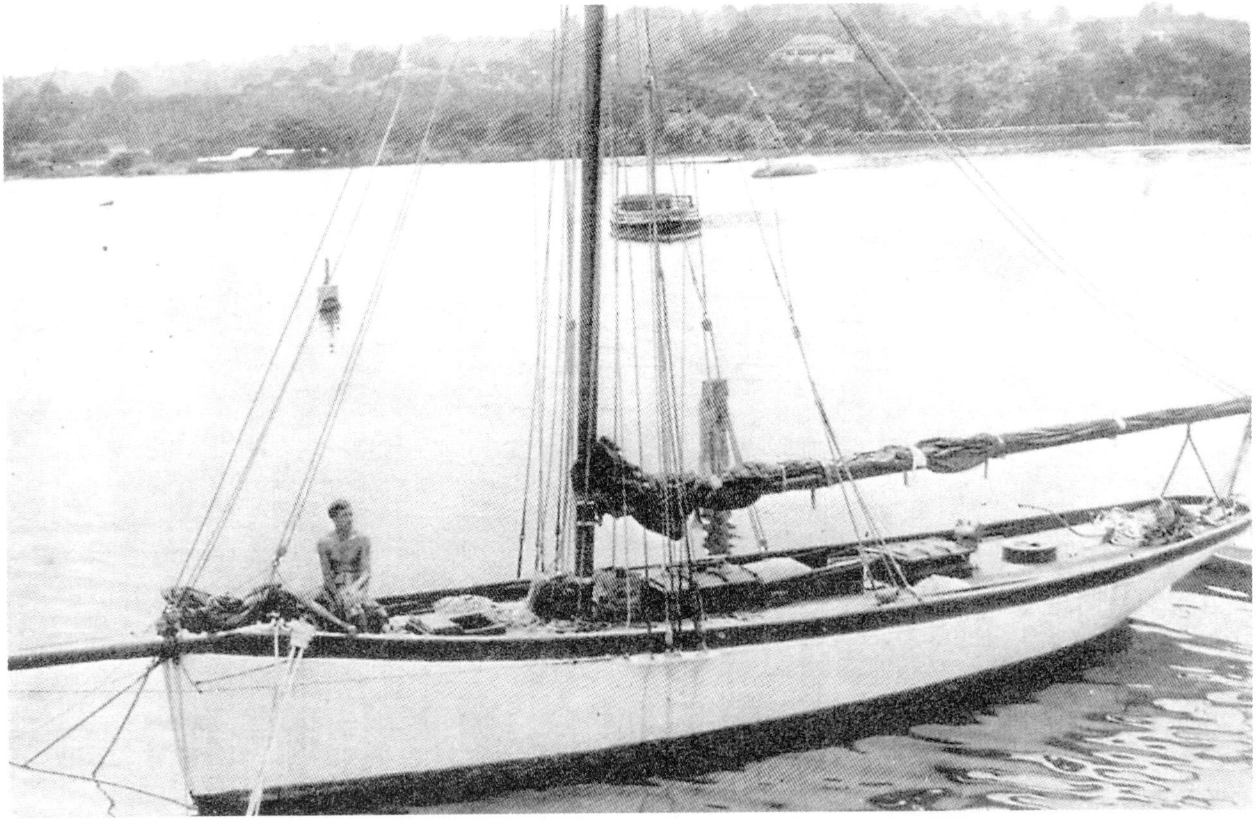

Bien sûr, si les Américains ont eu Slocum, les Français ont eu Gerbault, qui a élevé la navigation en solitaire dans les îles lointaines à une véritable ascèse. Quand, en été 1923, il s'élance pour traverser seul l'Atlantique sur le *Firecrest*, ce n'est pas la gloire qu'il cherche : il l'a déjà en tant que champion de tennis, contemporain des célèbres mousquetaires. Une pénible traversée de près de cent jours fera de lui un héros, et des milliers de volontaires s'offriront à l'accompagner dans la suite de son tour du monde. Il continuera pourtant seul, sera séduit par les îles de Polynésie, au point d'y retourner, quelques années plus tard, sur son second bateau, l'*Alain Gerbault*, et d'envisager d'y finir ses jours. Au temps de Gerbault, le passage du détroit de Torrès était encore une expérience éprouvante.

Ma route vers l'océan Indien se trouvait barrée par les dangereuses îles et récifs de corail du détroit de Torrès formant la grande barrière qui s'étendait de la côte est d'Australie à La Nouvelle-Guinée. Un seul passage la traversait d'une manière praticable pour moi, c'était le passage du nord-est ou entrée Bligh. Pas un feu n'était là pour l'éclairer, et les vapeurs qui le traversaient avaient coutume de mouiller la nuit.

C'était, certes, une des grandes difficultés de ma croisière, de parcourir seul ce dangereux passage semé de dangers. A 17 heures, le 26 mai, une droite de soleil me plaçait à proximité de l'entrée du détroit et, grimpant dans la mâture, j'apercevais la balise de la caye Bramble, à une dizaine de milles. Mais je ne jetai pas l'ancre pendant la nuit et j'osai d'abord faire route au sud, puis au sud-ouest, le *Firecrest* se gouvernant lui-même et conservant bien sa route, car le lendemain, au jour, les dangereux récifs de l'île Darnley étaient au loin par tribord, et l'île Stephens à seulement cinq milles en avant de moi. Ce fut alors une navigation charmante dans les eaux abritées du détroit en passant des îles sablonneuses et plantées de cocotiers : Campbell, Dalrymphe, Keats, Marsden et Yorke. Malheureusement, l'alizé refusait et tournait au sud, et il me fut impossible d'atteindre avant la nuit l'île Coconut où je désirais mouiller. Comme je m'approchais d'une petite île sans nom sur ma carte, une forte rafale déclina ma grand-voile et ma trinquette, que je dus amener. Il faisait nuit noire, sous le vent étaient les dangereux récifs Dungeness. Avec les courants formidables de marée, je ne pouvais songer à prendre la cape.

Je dus mouiller avec l'aussière et le kedge par seize brasses de fond. Le grain avait soulevé une houle très forte et, vers minuit, l'aussière cassa. Mes voiles n'étaient pas encore réparées. Il m'était impossible de reprendre ma route et je dus mouiller ma grosse ancre et soixante brasses de chaîne, passant une nuit peu confortable à cause des formidables rappels que la houle donnait à ma chaîne. Au petit jour, la brise avait encore fraîchi et, lorsque mes voiles furent réparées, je tentai de remonter mon ancre à bord. A l'aide de palans j'arrivai bien à embarquer une dizaine de brasses de ma chaîne à bord, mais alors la chaîne céda aux fortes secousses et cassa. J'étais dans la région la plus étroite et la plus infestée de récifs du chenal d'entrée. Il m'était impossible de gagner l'île Thursday avant la nuit, je n'avais d'autre ressource que de sortir du chenal et aller m'abriter derrière l'île Longue, où il n'y avait plus de place libre de dangers.

Ce fut à ce moment que je vis venir de l'île des cocotiers un sloop monté par des indigènes qui s'approcha de moi. Je leur demandai en anglais de me céder une ancre et ils m'offrirent de me conduire à leur île, distante de cinq milles, où je trouverais un mouillage abrité pour la nuit. Leur sloop était d'un tonnage double du *Firecrest* et marchait plus vite dans la forte houle. Ils me passèrent une remorque et plusieurs indigènes vinrent à bord. Pour la première fois j'étais

remorqué par un navire à voiles. Il ventait frais du sud, le sloop avait un ris et le *Firecrest* deux tours de rouleau. Je voulus démontrer aux indigènes ce que mon navire pouvait faire dans une forte brise et une mer courte et hissai toute ma grand-voile. Le *Firecrest* s'inclina jusqu'à mettre ses pavois dans l'eau; il piqua son nez dans la lame qui balaya toute la coursive sous le vent, mais dans cette position il gagnait nettement au vent sur son remorqueur. Les indigènes avaient peur et se cramponnaient aux filières. Habitués aux navires plus larges qui naviguent avec moins de gîte, ils croyaient à tout instant que le *Firecrest* allait chavirer, mais je savais que sa lourde quille de plomb l'empêcherait de s'incliner davantage.
Nous arrivâmes bientôt à l'île Coconut, une petite île charmante sur un récif de corail planté de cocotiers devant laquelle je passai la nuit amarré à l'arrière du sloop *Pamoura*.
Une partie de la population de l'île et son chef qui se parait du titre de consul vinrent à bord. C'étaient des indigènes fort courtois aux plaisantes manières, assez noirs de peau, mais présentant des signes certains de mélange avec une population polynésienne plus claire.
Je fus surpris de voir qu'un homme d'une soixantaine d'années qui m'avait d'abord parlé l'anglais bêche de mer des îles essayait de me parler français. Voyant mon étonnement, il m'apprit qu'il était né à Nantes et vivait depuis trente-cinq ans dans le détroit de Torrès. Le manque d'entraînement lui avait fait perdre l'habitude de sa langue natale. Il n'avait pas appris l'indigène et seulement un mauvais anglais.
Je descendis à terre pour voir le chef du pays et me procurer une ancre. Il ne voulut pas m'en vendre, mais me prêta une ancre et une aussière, en me demandant de la laisser à l'île Thursday. Quoique fort petite, l'île était charmante et me rappelait un peu ma chère Polynésie. Le Français, qui commençait à retrouver son parler natal, me conduisit à sa case, et pendant qu'une de ses sept filles nous préparait un repas, il me conta son histoire. Il était connu sous le sobriquet de Jimmy Dis-donc, jadis matelot sur un voilier et séduit par la beauté des jeunes indigènes, il avait déserté. Et quelles histoires il pouvait raconter !...
Plongeur de perles en scaphandre, il avait connu dans sa jeunesse l'époque où le brigandage régnait dans l'archipel, quand les hommes blancs peu scrupuleux faisaient eux-mêmes leur loi. Jamais il n'avait pu faire fortune. L'alcool et les femmes avaient été sa perte. Ses yeux s'animaient étrangement lorsqu'il me parlait de ses aventures.
«Une fois, me dit-il, je devins propriétaire d'une goélette, mais je le donnai à un chef indigène en échange de sa fille. Je ne regrette rien, si c'était à refaire je recommencerais. Ah! qu'elle était donc belle, mon pays !»
Et dans sa mémoire, les dates et les faits s'embrouillaient.
«J'ai rencontré une fois, me dit-il, un navigateur américain qui, comme vous, faisait seul le tour du monde. C'était un vrai Yankee, mince, grand, sec, chauve, avec une barbiche en pointe. Il nous fit une conférence à l'île Thursday, en nous montrant des vues de son voyage. C'était, je crois, il y a une dizaine d'années.»
Je lui démontrai qu'il ne pouvait s'agir que de l'illustre capitaine Slocum et du Spray, et que le fait se passait il y a trente ans. «Trente ans déjà, peut-être bien, me dit-il, le temps passe si vite dans les îles.»

Alain Gerbault, *Sur la route du retour*

Avant l'invention d'une récente génération de pilotes automatiques électriques, qui, en échange de quelques ampères, barrent jour et nuit les voiliers vagabonds, les navigateurs ne disposaient, pour les libérer de l'astreinte de la barre, que de ces mécaniques curieusement appelées «Régulateurs d'allure» se repérant sur la direction du vent pour garder le bateau sur sa route. Le premier de ces engins fut mis au point par Marin Marie, peintre, navigateur, lors d'une traversée de l'Atlantique Nord sur une vedette à moteur, l'*Arielle*.

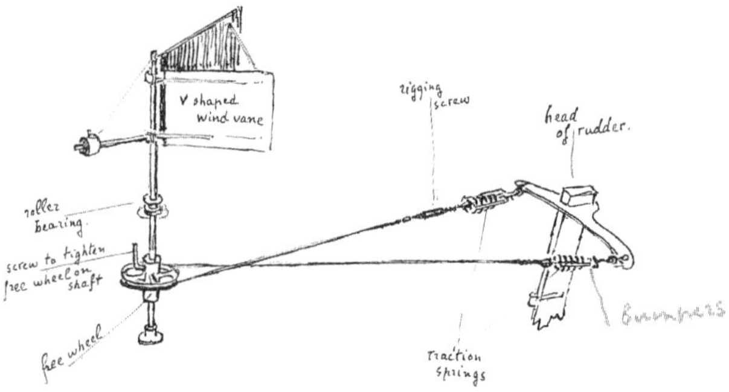

Il ne pouvait être question pour moi de rester tout le temps à la barre pendant une traversée de l'Atlantique. Dans ce genre d'exercice, la résistance moyenne d'un homme est de l'ordre de trente heures, et mon ultime patience même en-dessous; quant à obtenir d'un bateau à moteur qu'il reste plus d'une minute sur sa route, même avec une barre très bien réglée, il n'y faut pas songer. Un bateau à voiles, lui, peut se régler et marcher seul, sous certaines allures, mais pas une vedette. Là résidait la plus grosse objection au raid que j'entreprenais. Fleming Day et ses deux hommes, le troisième ne comptant pas, avaient tenu chacun la barre huit heures par jour en moyenne, pendant vingt-huit jours, et étaient arrivés fourbus. Pour moi, ou bien il faudrait stopper pour me reposer, ou trouver le moyen de faire gouverner le bateau seul.
Les paquebots modernes sont aussi dirigés automatiquement, bien que toujours sous la surveillance d'un timonier, sans parler de l'officier de quart, par une barre actionnée sous le contrôle d'un gyropilote. Mais ce genre d'appareil pèse fort lourd, nécessite une installation électrique importante et n'est pas à la portée de toutes les bourses. Il existe, par ailleurs, des appareils de pilotage beaucoup plus légers, employés surtout dans l'aviation – Amy Mollison fut une des premières à s'en être servi lors de son raid vers l'Australie–, et qui obéissent au compas magnétique, par l'intermédiaire de relais extrasensibles et d'un servomoteur contacté par électro-aimants.
Ayant consulté les deux constructeurs existant en France, ceux-ci me firent savoir qu'il leur était impossible de distraire un seul appareil sur leurs services en cours des commandes officielles. Je renonçai à me lancer dans des complications avec les ministères (pas le temps). Mais ayant appris qu'un amateur, M. Robert Césal, avait utilisé ce genre de dispositif pour piloter un petit bateau à Ouistreham, je me procurai son

adresse et lui proposai de le lui acheter. Mais il ne m'engageait pas à poursuivre cette idée. Certes, son appareil avait fonctionné, mais il était encore imparfait et, pour en constuire un autre, il fallait compter plusieurs mois et dépenser environ 30 000 francs. J'y renonçai.

Mon idée à moi était une girouette aérienne. Une simple girouette de $1m^2$ environ, sans transmission électrique, sans Fletner, sans rien de si compliqué : le vieil instinct de la voile reprenait ses droits. Du vent dedans, j'en avais pour mes 75 chevaux exactement. Mais le vent dessus, le vent dans les voiles, me servirait tout de même à quelque chose.

Il faut une chiquenaude, un cheveu, pour gouverner un bateau à moteur bien «en route», c'est-à-dire dont le gouvernail ne porte sensiblement ni à droite, ni à gauche. Supposez qu'on fixe la barre dans cette position d'équilibre, au moyen d'un frein, par exemple : à partir de ce moment, une faible poussée sur un petit gouvernail supplémentaire, à droite ou à gauche, suffit à gouverner le bateau. Une girouette de dimensions suffisantes, montée sur un arbre pivotant librement, ne suffirait-elle pas à donner le coup de pouce nécessaire et à servir de pilote automatique ? C'était à essayer.

Pour cela, il faudrait un peu de brise, très peu, si j'évitais soigneusement les frottements, par un montage sur billes, par exemple, et une forme appropriée de girouette : deux panneaux de contre-plaqué en forme de V.

Supposons le bateau en route dans une certaine direction, le vent créé par la vitesse propre du bateau, et le vent réel. Cette composante s'appelle le vent apparent.

Voici la girouette orientée dans le lit du vent apparent. Si maintenant je la relie à un gouvernail auxiliaire, ni trop grand, ni trop lourd, pour lui permettre d'obeir à la moindre pression, tant que mon bateau suivra la même route, le petit gouvernail restera à la position neutre. Mais s'il cherche à obliquer à droite ou à gauche, la girouette sentira la pression du vent d'un côté ou de l'autre, poussera légèrement le gouvernail dans le sens voulu et rétablira la route. Il y avait plusieurs choses à craindre : que la force du vent ne soit pas suffisante, et il y avait là un problème de surface de girouette et de démultiplication de la commande. Le bateau tiré alternativement à droite et à gauche risquait de tracer une sinusoïde plus ou moins accentuée; par ailleurs, il était évident qu'en l'absence d'une brise établie, par temps absolument calme, rien ne fonctionnerait, même avec du vent, si celui-ci venait de l'arrière et, si la vedette se propageait à peu près à la même vitesse que lui, son influence serait pour ainsi dire nulle et l'appareil ne fonctionnerait toujours pas.

Maintenant, si le vent changeait de force, ou si le bateau diminuait de vitesse, le vent apparent changerait de direction, et le système serait encore en défaut. Si le vent lui-même changeait de direction, le bateau changerait de route également et il faudrait régler de nouveau la girouette. Si le bateau donnait des coups de roulis, et que le vent fût léger, la girouette irait se promener de droite et de gauche, par son poids, et le bateau tracerait des zigzags.

En résumé, ce n'était pas un pilote de tout repos mais, en somme, il pourrait me relayer de temps à autre et fonctionnerait très suffisamment. Les chances de calme en Atlantique Nord ne dépassent guère 20 % à cette époque. Restait à trouver un système de réglage facile pour parer aux caprices du vent, et un autre empêchant la girouette d'obéir au roulis. J'avais d'abord imaginé un système de frein de roulis, assez compliqué, un simple contrepoids fit l'affaire, en fin de compte. Restait la question de la transmission. Il fallait éviter les plus légers frottements. Finalement, l'énorme barre dont parle Francis fut reléguée au magasin des accessoires. J'empruntai une poulie de transmission à gorge que je découvris dans un atelier de serrurerie du Havre, et que le serrurier m'offrit en insistant; je la montai sur l'arbre vertical et enroulai autour d'elle un câble d'acier tendu sur une tire-veille fixée à la tête du gouvernail, au moyen de deux ridoirs de haubans et de deux gros ressorts de traction (à cause des secousses, par gros temps).

Mais tout cela est bien technique. Ce qu'il faut en retenir, c'est qu'ayant à conduire une vedette sur 3 500 milles, c'est avec deux morceaux de ferraille, une roue et un câble d'acier que je comptais faire marcher mon bateau tout seul : l'ensemble avait bien coûté 300 francs.

Malheureusement, le retour s'effectua de Cherbourg au Havre dans le même calme blanc qu'à l'aller. Tant pis, je ferais mon essai à New York avant de partir !

Marin Marie, *Vent dessus, vent dedans*

32 000 milles nautiques, de Carantec au Verdon, via Magellan, Torrès et le Cap de Bonne-Espérance: c'est à ce chiffre que se résume la circumnavigation sur *Anahita* de Louis Bernicot. Le petit livre qu'il en rapporte est le plus vide d'âme que j'aie jamais pu lire sur ce sujet; à aucun moment on ne sait d'où l'auteur vient, ce qu'il cherche, ce qu'il trouve, et il faut scruter les mots pour parvenir à trouver quelques touches d'humanité dans cette relation.

Toujours hanté de la préoccupation de faire le plus de chemin possible, je passais toutes mes nuits à la barre et, ne pouvant me résoudre ou m'astreindre à dormir le jour, graduellement le manque de sommeil me jetait dans un état de torpeur, alarmant... si j'avais pu m'en rendre bien compte. Comment n'ai-je pas dépassé la limite extrême ? Une lueur de raison, la dernière peut-être, me fit comprendre le danger que je courais et, ce soir là – c'était quelques jours après avoir passé les Canaries – je mis le côtre en panne. Quelques heures de profond sommeil me remirent d'aplomb. A l'avenir je ferai plus attention.

Après quelques belles journées, le 21, j'aperçus les îles du Cap-Vert : une autre étape sur la route, me dis-je. Entre l'île do Sal et l'île Boavista je pris mon premier poisson : une bonite (*Sarda chilensis*); elle fut la bienvenue; je commençais à douter sérieusement de mon habileté ou de ma chance à la ligne.

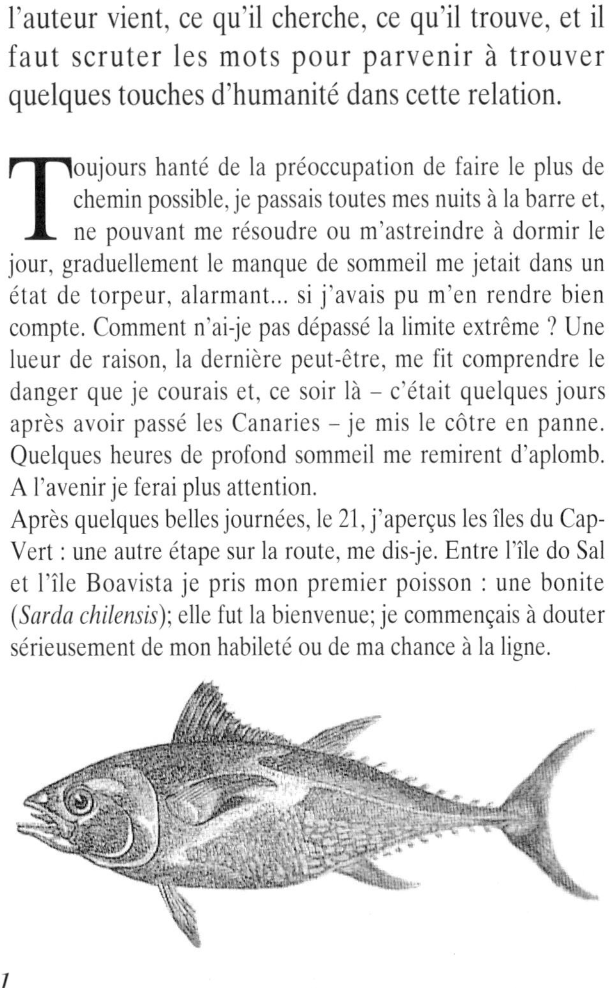

A peine les îles doublées, le vent sauta au sud-sud-est et souffla très frais toute une nuit et le jour suivant. Ce coup de vent s'était annoncé par un ciel très chargé aux nuages tourbillonnants et de nombreux éclairs dans l'est. – Après quoi, du calme et... du calme. D'alizé de nord-est plus une trace si ce n'est quelques bouffées intermittentes ridant à peine la surface de la mer. Je me blâmai de n'avoir pas pris la route au large des îles du Cap-Vert où j'aurais trouvé de meilleurs chances d'un alizé constant jusqu'à sa limite méridionale; mais il s'y fait sentir parfois avec force et c'est ce que j'avais voulu éviter sachant combien mal mon petit navire se comporterait, par gros vent arrière, livré à lui-même.
Enfin, dans la nuit du 1er octobre des pannes nuageuses encombrant l'horizon dans toutes directions annoncèrent le Pot-au-Noir. Les marins désignent ainsi la zone de calme et de vents variables qui sépare, au nord de l'Equateur, les limites des régions d'influence des alizés : celui de nord-est d'une part et celui de sud-est de l'autre. La largeur de cette zone varie selon les saisons, les fluctuations des alizés et certaines conditions atmosphériques de l'Atlantique Nord; elle se déplace aussi en latitude, se rapprochant de l'équateur en été austral, s'en éloignant en été septentrional.
La traversée du Pot-au-Noir fut toujours un sujet de préoccupation pour les voiliers; certains s'y trouvèrent immobilisés plusieurs semaine.
Pour ma part, la capacité des réservoirs à essence du bateau – 450 litres – le permettant dans une certaine mesure, j'utilisai le moteur: quelques heures chaque jour, lorsque les circonstances de vent et de mer apparaissaient opportunes. Malgré cela mes progrès vers le sud furent lents; les journées me paraissaient interminables. A tout instant il fallait veiller aux grains, être prêt à amener les voiles ou à manœuvrer aux fluctuations de la brise. Certains grains étaient impressionnants par leur aspect : de contours bien nets et d'une opacité telle qu'ils faisaient plus effet de murailles titanesques que de phénomènes atmosphériques; à leur base il n'était pas rare de voir la mer bouillonner sous l'effet de violents courants aériens.

Louis Bernicot, *La croisière d'Anahita*

Après avoir accompli un remarquable tour du monde qui le rendit célèbre, le Toumelin accomplit une croisière aux Antilles, avant d'abandonner la navigation pour vivre heureux sur les bords de l'Atlantique. Au début des années cinquante, on était loin d'avoir les mêmes préoccupations écologiques qu'aujourd'hui: on a du mal à imaginer le comportement, normal à l'époque, d'Yves le Toumelin quand, au large de côtes portugaises, il aperçoit des dauphins

Malheureusement, après avoir doublé le cap Espichel derrière lequel s'amorce la baie de Setubal, la brise mollit graduellement, halant le nord, puis nous abandonne.
Des milliers d'oiseaux sont posés sur l'eau calme et quantité de marsouins chassent sur des bancs de poissons. Le harpon paré

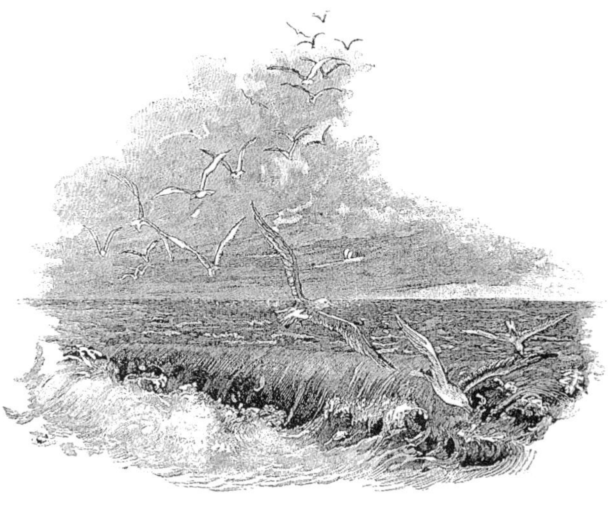

à l'avant sur la lisse, et ma carabine Mauser à la main, j'attends, en vain, que les petits cétacés viennent à portée.
En fin d'après-midi, une petite brise de nord-ouest, qui bientôt hale nord, tire le cotre de sa léthargie. Nous descendons la côte du Portugal nous tenant en deçà de la route des vapeurs – le temps est superbe. Pendant la nuit, des marsouins viennent jouer devant l'étrave. Je ne ferme pas l'œil : je ne peux me décider à laisser mon harpon pour aller me coucher ! Mais son manche est trop court et trop léger, je «pique» trois ou quatre fois sans succès.
Contrairement à ce que croient les profanes, traverser l'Atlantique à la voile, dans les alizés, même sur un tout petit bateau est une entreprise extrêmement aisée et sans aléa. Depuis quelques années, c'est devenu chose courante : ce n'est nullement une performance. Ces traversées d'est en ouest, par le sud, en partant de la côte africaine, ont souvent permis à des gens en mal d'exploits de faire, à peu de frais, des démonstrations qui paraissent sensationnelles au grand public. En réalité, il y a beaucoup plus de risques à naviguer quelques jours d'hiver à bord d'un excellent bateau, dans le golfe de Gascogne, qu'à traverser tout l'Atlantique sur un bateau médiocre. Journellement, sur nos côtes, des centaines de modestes pêcheurs inconnus réalisent des exploits autrement valables, mais évidemment un peu moins spectaculaires.
Il n'est pas besoin d'être expert en météorologie pour juger du temps que l'on est en droit d'attendre au cours du voyage d'est en ouest dans l'alizé. Un simple coup d'œil sur les *pilot charts* montre : 1. que le vent est toujours portant; 2. que les calmes sont assez rares; 3. que surtout la fréquence des coups de vent est très faible, sinon nulle. Somme toute, condition optima pour la navigation à la voile. Les anciens navigateurs espagnols n'appelaient-ils pas cette région de l'alizé, en Atlantique nord, *el golfo de las damas* : la mer des dames. Des demoiselles de pensionnat y navigueraient en toute sécurité !
Pour un voilier qui va des Canaries aux Antilles, la route la plus rapide n'est pas une ligne droite, mais une courbe concave, car la limite de l'alizé de nord-est s'incurve vers le sud. C'est ce que les Anglais appellent *the sailing route*.
Je comptais sur des conditions assez régulières : «Belle traversée en perspective, écrivais-je à mes parents. Peut-être serai-je de l'autre côté dans un mois».
Cependant, au début, je rencontrai un vent plus fort que je ne l'avais prévu, et par la suite des brises légères variables, des

calmes inattendus, avant de crocher un bon alizé, très au sud du tropique.
J'appris plus tard les raisons de ces conditions météorologiques «inhabituelles». Durant l'hiver 1949-1950 et le printemps suivant, le front polaire était descendu très sud, retardant d'autant la remontée saisonnière du front équatorial et, partant, celle des alizés. Les chalutiers de grande pêche avaient rencontré des champs de glace importants sur les bancs de Terre-Neuve, fin avril et début mai, alors qu'en général ces glaces disparaissaient dès le mois de mars. J'aurais dû normalement, en suivant la route adoptée, éviter la zone de vents incertains qui sépare les deux fronts.

Le Toumelin,
Kurun autour du monde

Le nom de Bardiaux fait souvent sourire, lorsqu'on se refère au caractère... pas très commode de ce prédécesseur, il faut dire que l'homme avait le chic pour s'engueuler à une fréquence inquiétante avec toutes les autorités, douaniers, fonctionnaires, rencontrés au cours de son tour du monde sur *Les Quatre Vents*. Pourtant l'ensemble de son voyage reste une belle prouesse, et Marcel Bardiaux, à ce jour, à un âge bien avancé, continue à naviguer de par le monde sur un étonnant bateau d'acier inoxydable. Je ne l'ai jamais rencontré, mais j'ai croisé son sillage à plusieurs reprises, aux îles du Cap-Vert ou au Québec. Une scène de son livre *Aux quatre vents de l' aventure* est devenue quasiment mythique, celle où, dans un médiocre mouillage du détroit de Magellan, ses ancres chassant sur un fond trop lisse, il plonge dans l'eau glacée, et marchant sur le fond, déplace ses ancres l'une après l'autre, halant son bateau jusqu'à un mouillage plus sûr, et crevant la glace pour remonter à la surface.

Malgré le froid j'ai tenu à coucher à bord tous les jours, ou plutôt toutes les nuits et m'en suis bien trouvé... sinon je n'aurais plus retrouvé de bateau qu'à l'état d'épave. Car une nuit le vent souffla si violemment que les trois ancres chassèrent. La raison de leur mauvaise tenue était que le fond de la baie est composé de grosses pierres bien rondes sur lesquelles aucune ancre ne croche. Il est un endroit de meilleure tenue mais assez loin de la ville et de mes amis. Jusque-là la baie m'avait paru très bien abritée, les vents ne venant généralement jamais de l'est ou du sud-est, le seul côté qui ne soit pas protégé.
Ce fut si brutal et si rapide que j'ai entendu cogner la quille au moment même où l'ouragan arrivait. Rien ne le laissait prévoir, car, comme je l'ai déjà dit, dans toute cette région, la baisse du baromètre suit les dépressions avec un certain retard au lieu de les précéder.
En pleine nuit il n'était pas question d'aller chercher du secours. Le youyou, sans doute soulevé et retourné par le vent, était plein d eau. Je n'ai pas hésité une seule seconde à me jeter à l'eau tel que j'étais et, en suivant mes chaînes, une par une, j'allai porter chaque ancre à tour de rôle un peu plus loin.
Dans le feu de l'action je ne ressentais pas tellement le froid et cependant il y avait une pellicule de glace sur la surface de l'eau que les vagues faisaient s'entrechoquer.
Plus de dix fois je refis cette manœuvre revenant chaque fois à bord actionner le guindeau qui était heureusement en place .
A un moment je sentis une très forte déclivité rocheuse et y mis la plus grosse des trois ancres (40 kilos). Celle-là du moins ne risquait plus de chasser. Comme, malgré ces exercices je commençais à être complètement engourdi par le froid, j'eus grand-peine à me hisser à bord. Le jersey qui me sert de pyjama gela durant les quelques secondes qui me furent nécessaires à égaliser mes chaînes.
En plus du réchaud à cardan fixé près du lavabo qui me sert pour la cuisine, j'en ai un autre que je place sur le plancher et qui sert de chauffage. Tandis que chauffait l'eau destinée à préparer un bon grog bien mérité, je faisais aussi dégeler le jersey transformé en tôle. Le plus curieux c'est que je n'attrapai point de rhume ni cette fois-là ni les nombreuses autres où je restai trempé, non seulement des jours entiers, mais aussi des nuits.

Marcel Bardiaux, *Aux quatre vents de l'aventure*

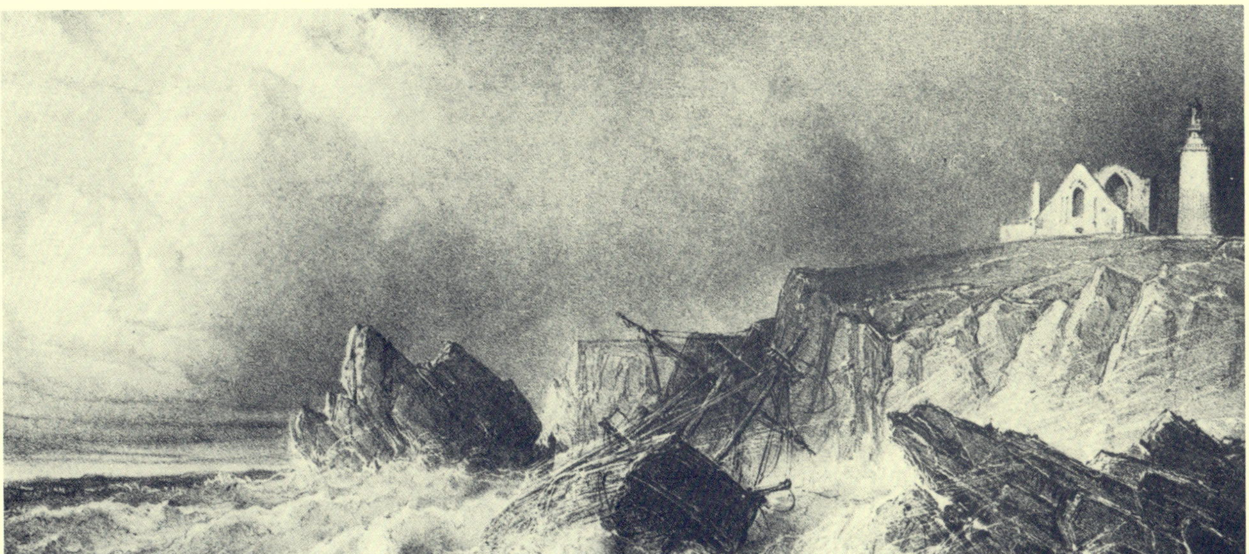

Le récit de l'Expédition Moana, je m'en souviens, m'a fait rêver, dans les années cinquante, lorsque j'étais enfant. Bien sûr, avec du recul, on peut se dire que ce périple, au cours duquel les équipiers du voilier, sitôt mis à l'eau, tiraient sur tout ce qui bouge, napoléons, raies, mérous et carangues, semble un peu déplacé au moment où l'on prend conscience de la fragilité de toute l'écologie de nôtre planète... pourtant, il y a près de cinquante ans, on n'imaginait même pas qu'on puisse voir diminuer les populations de poissons de l'océan. Les quatre du *Moana*, en tout cas, c'était une fameuse épopée. Les termes de leur contrat initial, l'évolution de leurs relations au fil des traversées, et surtout la richesse la beauté du monde sous-marin qu'ils découvraient, voici quelques images d'une aventure aujourd'hui presque oubliée.

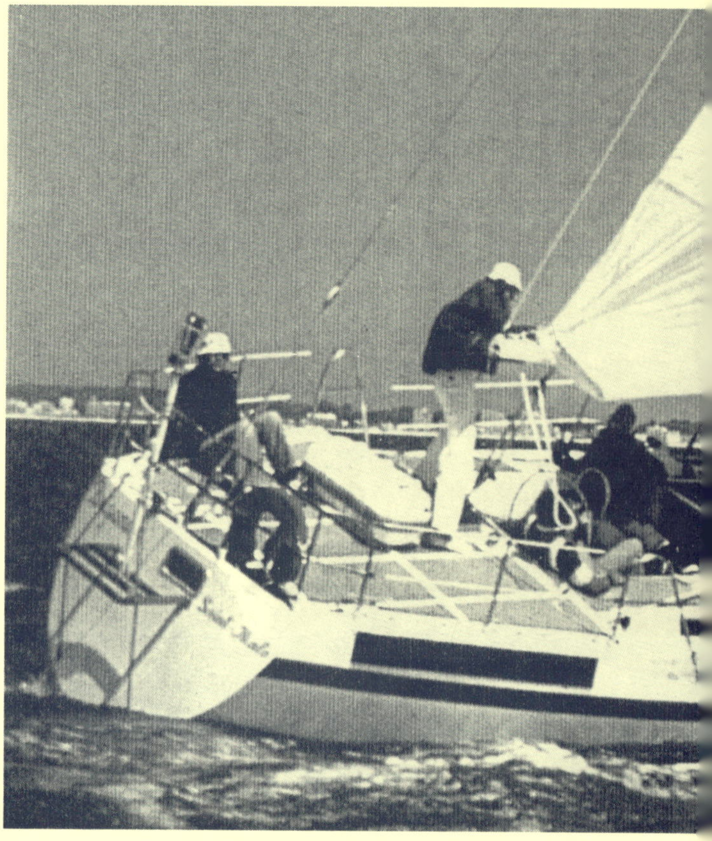

Nous étions réunis dans le bureau de Pasquier. J'exposai qu'il nous était nécessaire de tenir compte de trois points différents et essentiels.

D'abord, la nécessité de nous lier étroitement par une charte-partie prévoyant ce qui était humainement prévisible, délimitant nettement nos responsabilités et nos fonctions. Un des articles de cette charte devrait être rédigé de sorte à ne nous donner mutuellement aucune autre possibilité de retrait que cas de force majeure absolu.

Ensuite, l'obligation que nous avions de traiter les questions matérielles au départ et une fois pour toutes. Dans ce domaine, rien ne devait rester dans le vague, donner naissance à des arrière-pensées, ces questions rebondissant dangereusement quand elles ne sont pas traitées avec la plus grande netteté. Je savais que bien des expéditions avaient eu un épilogue navrant sur ce plan ignoré du public, mais créant dans les milieux sportifs de graves inimitiés.

– Oublions pendant quelques heures que nous sommes voués à la plus grande camaraderie et discutons de nos intérêts cartes sur table, dis-je, traitons cette question comme elle le mérite, n'ayons aucune autre considération que ce qui nous semble équitable, chacun à notre point de vue, mettons-nous d'accord, signons et n'en parlons plus.

Autre point : ne pas tomber dans l'erreur d'un rêve de fraternisation basé sur nos sympathies réciproques actuelles, notre passion commune de la mer, du monde sous-marin et l'enthousiasme positif dans lequel le projet nous avait plongés. Nous ne devions pas oublier les vicissitudes que nous allions connaître, dont la plus grave serait certainement la cohabitation sur un petit bateau pendant des traversées qui dureraient, celles de l'Atlantique et du Pacifique tout au moins, près d'un mois. Le pire danger que courait l'expédition serait de nous voir trop attendre les uns des autres.

Nous devions savoir que nous aurions à supporter des déceptions mutuelles, des travers de caractère qui se feraient inévitablement jour. Nous devions nous prévenir contre des moments durant lesquels l'amitié, la confiance, feraient place aux pires sentiments. C'était un risque à courir, à accepter au départ et qu'il faudrait savoir surmonter. En être conscients n'empêcherait sans doute rien, mais nous avions tout à gagner à cultiver notre lucidité sur ce plan.

Les trois points approuvés, je fus chargé de préparer un projet de charte, et nous allâmes au premier bistrot venu pour trinquer au succès de l'expédition.

Arnoux eut le mot de la fin.

– Quatre hommes sur un bateau pendant deux ans autour du monde ... au point de vue psychologique, cela va être passionnant. [...]

Lorsque la mer était dure, nous l'étions comme elle, par elle. Cela amenait surtout un mutisme général. La conversation se limitait à «Vivement Aïtukaki ! », «Saloperie de mer !», et au strict minimum de mots nécessaires aux manœuvres, à la cuisine, aux quarts. Toutefois, nous prenions garde à ce que le ton indiquât bien que nous nous adressions ainsi à la mer et à ce qu'elle nous imposait. Et rien qu'à elle.

D'habitude, nous étions d'une parfaite politesse les uns envers les autres, ceci pour les plus petites choses (qui, d'ailleurs, faisaient l'essentiel de notre existence) et de cette seule façon qui rend supportable la vie commune. «Veux-tu me passer le sel, s'il te plaît», ou «Baille-moi, je te prie, la boîte à épices», et, quand elle était tendue, toujours «Merci». Il n'y avait aucun ordre donné à bord, mais des «Veux-tu être assez gentil pour faire ceci ?» ou «Cela ne te dérange pas de faire cela ?», ou encore «Quelque brave homme ne saurait pas où se trouve tel objet ?» Dans les moments d'urgence, et pour des manœuvres nécessaires, la situation s'imposait d'elle-même et il suffisait que Pierre dise «Allez, les gars, on fait ceci ou cela», pour qu'à l'instant nous saisissions qu'effectivement il fallait le faire. Non pas que notre langage fût exempt d'écarts et d'une liberté d'expression qu'on imagine, mais parce qu'il était bien certain que ces façons prises de bon matin constituaient une garantie d'équilibre pour la journée et l'antidote à ce que nous redoutions le plus de chacun de nous : sa mauvaise humeur.

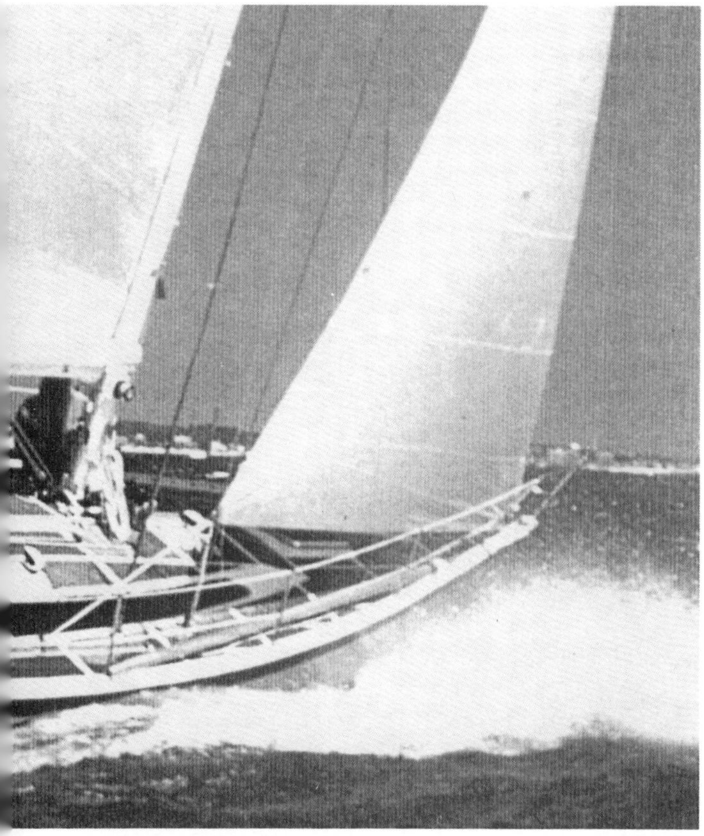

Depuis de très nombreux mois, la vie sur le *Moana* s'était imprégnée de cent petites choses consacrées qui, peu à peu, avaient formé un style. Par exemple, à l'instant du quart de nuit, ne dormir que d'un sommeil très léger, garder en son subconscient l'heure de la relève et ainsi pouvoir répondre un «oui» immédiat, à l'appel de celui qui, dans le cockpit, venait de terminer ses trois heures ... Cela permettrait le lendemain de dire «Je me réveille tout de suite», et non de s'entendre lancer : «... Pardon, tu roupillais comme un sonneur de cloches!» L'homme de cuisine, portant le thé matinal, devait s'écrier rituellement : «Messieurs... petit déjeuner... premier service». Nous nous appelions alors : «Père Serge!», «Père Lesage!», «Pinpin!» (nom qui était resté à Pierre depuis que l'avaient baptisé ainsi les sciuscias portugais à l'escale de Porto) et «Popoff» pour moi, auquel mon nom russe ne me laissait dès le départ aucune chance d'échapper. Nous extrayions de nos souvenirs d'escales les mots, les expressions les plus frappants, qui devenaient pour un temps un sésame de bonne humeur facile. Ainsi aux Galapagos, le vieux Kubler nous avait fourni à lui seul un stock important et nous avions traversé le Pacifique en lançant : «L'Europe ?... c'est te la merte!» entre nombre de ses vertes appréciations. Nous répétions l'histoire de Bob le Trader, aux Marquises : alors qu'il se trouvait juché en haut d'un mât, secoué par la houle et vomissant. Lorsqu'il en était redescendu, le capitaine lui avait lancé : « Bob, vous ne mâche pas assez ton viande !»
Tahiti avait amené un grand nombre de termes, dont le plus usuel était *méa*, qui veut dire «objet», dans le sens le plus général. Il n'était donc pas rare de nous entendre dire, à propos de drisses, d'écoutes, de livres, de lunettes de soleil ou de n'importe quoi : «Passe-moi donc ce méa». Nous usions beaucoup du mot *titoï*, dont nous avions tiré l'épouvantable adjectif «titoïesque». Titoï s'emploie à Tahiti pour disqualifier l'acte solitaire que tout ici invite précisément à accomplir selon les voies les plus généreuses de la nature. C'est le sommet péjoratif de la langue maorie. Donc, un grain particulièrement violent, une lame déferlante, la houle, ne pouvaient être pires que titoïesques, non plus qu'une rupture de point d'écoute ou une déchirure de la voile.
Les livres, eux aussi, nous apportaient nombre d'expressions que nous mettions longuement à l'épreuve avant de les inclure dans le vocabulaire du bord. «*La dracu, la dracu*», manière d'envoyer quelqu'un ou quelque chose au diable, en roumain, nous apprenait le *Kaputt* de Malaparte. Nous nous faisions souvent lever au cri-de «*Bedout, Bedout*», en chevrotant comme le vieux militant communiste de Kœstler du *Zéro et l'Infini*. Et le «Sire, je suis dans le sang» de la fermière confuse s'inclinant devant l'empereur, dans *la Jument Verte* de Marcel Aymé, s'appliquait à toutes sortes d'impossibilités.
... Mais la forme même de ce style qui visait à élargir les étroites limites de notre condition impliquait à quel point nous y étions soumis. C'était à la fois une réaction et une protection d'hommes contraints, enfermés. Car nous l'étions. Entre ciel et terre, la liberté devenait une abstraction.
L'infini aussi est une prison.
Rien de plus exact, je crois, ne nous a été dit que cette phrase d'un cap-hornier de soixante-douze ans :
– Bon Dieu de bois... cent vingt jours de traversée, et le cap Horn... Je jurais bien que jamais, jamais, je ne remettrais les pieds sur cet enfer!... Bah, après une semaine de port, tout cela était oublié et je pensais à repartir.
Et il ajoutait :
– Vous verrez, la mer, c'est comme une femme.
Il avait raison. C'était dit avec justesse et profondeur. Avec les femmes aussi, les idéalistes passent à côté de la vérité. Reste l'amour.[...]
Le second jour, nous allâmes plonger dans la passe.
Des Champs-Elysées de vie sous-marine.
Innombrables, de quatre races différentes, les bandes de poissons-docteurs, l'harmonie ovale de leur corps d'émail bleu, la frange lumineuse de leurs nageoires, la grâce vive de leurs mouvements. Partout où allait le regard, ils étaient là, avec l'expression attentive de leurs petits yeux brillants. Dix ensemble, des fuseaux sombres, la rigidité oblique des *tonu* posés au-dessus des coraux sur leur large queue noire. La pesante masse verte des *mara*, la fausse raideur de leur maintien, ce côté Polichinelle que leur donne l'invraisemblable bosse de cuir vert, énorme, au-dessus de la froideur de l'œil. Des tortues, des raies, des mérous tachetés, le carnaval multicolore de tous les genres de perroquets. Par brefs passages, les bandes de barracudas, de grands tazars. Sept ou huit requins croisant au-dessus du sable. Et d'étincelantes carangues bleues, pointillées de feux électriques, qui s'allumaient comme une minuterie de féerie, quand les grands poissons franchissaient l'oblique des rayons solaires.
Nous allâmes au-dessus de l'endroit où nous avions perdu l'ancre.
D'abord en plongée libre, puis en scaphandre autonome. La transparence était telle que tout en bas, les requins semblaient des virgules, passant. Une raie-aigle planait, de son vol lointain. Toutes nos recherches furent vaines. Notre mouillage avait disparu.

Bernard Gorsky, *Expédition Moana*

La sainte patronne des navigatrices modernes1, Annie Van de Wiele, ramène d'un tour du monde parfait réalisé avec son mari, un équipier et un chien, sur un ketch en acier de 13,80 m, un récit souriant, dynamique, image du bonheur d'une femme dynamique et joyeuse sur un voilier.

Au début, il faut bien le dire, le capitaine était déprimé. Tout conspirait à lui démolir le moral : rhume, mal de mer, roulis et déviation du compas. C'était avant que nous eussions découvert la traîtrise du tambour. A 100 milles de Las Palmas, il parlait de retourner et d'abandonner la mer... Rien que ça. On a de ces aberrations. En secret affolée, je le traitai par l'affection, la moquerie, l'aspirine, le raisonnement et la dramamine. En désespoir de cause, par la crème au chocolat et le brandy espagnol. Peu à peu, cela le remit dans la voie de la foi, à mon grand soulagement : après dix ans de préparation, une pareille déception aurait été le comble de la tristesse. Ce n'était heureusement qu'un ultime sursaut de sa conscience bourgeoise. Louis la prit et lui tordit le coup.
Cela n'empêchait pas les alizés de souffler bon frais, mollissant généralement au coucher du soleil, pour fraîchir de nouveau durant la nuit. C'était d'une régularité admirable. Les cartes des vents indiquaient une faible proportion de vents contraires, mais pas un seul instant le bon vent arrière ne fit défaut. Toujours roulant, notre distance journalière varia, la première semaine de 115 à 130 milles. Sous 44m^2 de toile, c'était mieux que ce que nous avions espéré. La mer était assez courte et nous faisions des réflexions ironiques sur cette longue houle de l'Atlantique chère aux écrivains. C'était notre troisième traversée d'océan sur un petit bateau et nous n'avions pas encore vu grand-chose qui puisse mériter cette dénomination, sauf dans le golfe de Gascogne, une fois. Nos reins étaient soumis à un incessant travail de redressement, excellent pour entretenir la souplesse, et Louis, toujours profond, calculait qu'en raison d'une torsion toutes les deux secondes, nous roulerions environ un million de fois au cours de cette traversée. Ce beau chiffre parait notre vie d'une couleur nouvelle. Le roulis y prenait quelque teinte héroïque. Tallow-chien, fort sage, s'ennuyait. Il déambulait dans les passavants à l'allure du crabe, ou bien, assis sur le derrière, se balançait au rythme du roulis, et cela lui donnait un air si malheureux qu'on en aurait eu pitié s'il n'avait été si comique.

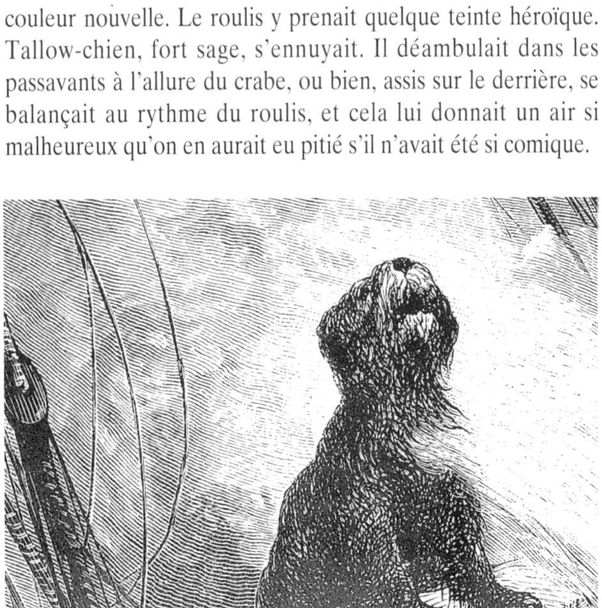

Le soleil se faisait plus chaud, délicieusement tempéré par l'alizé. Nous délaissions nos couchettes en faveur du cockpit. La brise restait fraîche et nous faisions de six à sept nœuds, le blanc des crêtes brisait sur fond bleu outremer. Le mal de mer dompté et la dramamine reléguée dans les trente-sixièmes dessous, je me mis en tête de pêcher. Cinq brasses de ligne, cinq brasses de fil de nylon, deux brasses de fil d'acier et une esse artistement travestie d'une jupe de crin se heurtèrent au dédain d'une superbe daurade coryphène bleu et doré qui se tenait dans notre sillage depuis plusieurs jours. Nos efforts pour nous en emparer restèrent vains. La pêche, comme d'habitude, ne nous réussissait pas. Notre butin de la traversée se bornerait en tout et pour tout à deux poissons, dont l'un ressemblait trait pour trait à celui que Thor Heyerdahl du *Kon-Tiqui* appelle maquereau-serpent et prétend d'une rareté extrême. Nous levions les poissons volants par bandes devant l'étrave. Le matin, panier au bras, je faisais mon tour de pont comme dans la chanson : «Une par-ci, une par-là, mon petit bouquet grandira, grandira ...». Mes pâquerettes à moi sentaient la marée et se trouvaient souvent dans un piteux état: la nuit, Tallow les malmenait, leur mâchait la tête, la queue et les ailes. Souvent ce n'étaient que de petits écervelés trop jeunes pour savoir où était le danger et que nous jugions trop menus pour le dîner de trois personnes. Bref, ce qu'il y avait de plus sûr, c'était le thon en boîte. Un jour d'inspiration, je trouvai une nouvelle façon de l'accommoder : on aurait juré du poulet à la crème. Nous baptisâmes le plat «poulet bon thon», ce qui satisfaisait à la fois nos aspirations gastronomiques et notre goût du jeu de mots affreux.

Annie Van De Wiele, *Penelope était du voyage*

Jacques Perret n'a jamais fait le tour du monde; parti pour Santander, il ne sortit sans doute pas de la Manche. Mais son langage extraordinaire, ses descriptions, ses énumérations, l'image, le sens du raccourci font de ses livres, récits de croisiäre comme *Rôle de plaisance* ou ouvrages de fiction comme *Le vent dans les voiles* – quelle merveille– ou *Le Machin* (où il traite entre autres du vistemboire, accessoire indispensable à toute navigation).

Nous avions annoncé, Collot et moi, notre intention d'aller, par voie de mer, de Honfleur à Santander. Non, rien de particulier ne nous appelait à Santander, mais il n'est pas toujours besoin d'y être appelé pour aller quelque part et il n'est jamais convenable de se mouvoir sans but déclaré. Que les gens s'y intéressent ou non, il faut dire où on va. C'est une précaution, un bon usage, une courtoisie pour ceux qui restent. Même au temps que les caravelles fonçaient dans le brouillard, les capitaines disaient d'une voix ferme à leurs épouses :
– Je pars pour le Zipangu.
De nos jours, Zipangu donnerait plutôt l'impression d'un objectif peu sérieux, à peine recommandable, mais c'était l'âge béni où les mots valaient de l'or et où les copains se taillaient en virées amphibies et mirobolantes sous l'honorable pavillon du Monomotapa.

C'est donc un préjugé très ancien qui, à l'appareillage, commande aux gens bien élevés de faire savoir qu'ils savent où ils vont, quitte à réserver la volonté divine, à changer de route passée la dernière bouée ou tourné le premier cap, et Dieu sait justement que l'imprévu, bon ou mauvais, se planque volontiers derrière les caps. Vous pouvez, entre autres, y tomber sous le vent d'un vieux lougre arraisonneur qui, sans façons, vous demandera une pipe de rhum en échange de quoi il vous révélera la position vraie du Zipangu auquel vous tourniez le dos. Tel qui partit harnaché pour les Zipangus Pétrés les découvrit au bistrot, tourné le coin, et tel qui descendit pour acheter, en savate, un paquet de tabac n'en trouva de bon à fumer qu'au fin fond des criques zipangoles. N'en jugez pas à la légère, car on dispute encore pour flétrir ou canoniser celui-là qui partit pour la Chine et découvrit l'Amérique.

... et la simple décision d'installer un palan sur son petit *Matam* déchaîne l'imagination de Jacques Perret:

A vrai dire, l'idée d'un palan à tout faire frappé sur le grand mât était un vieux projet maintes fois évoqué. Dans notre idée, ce palan polyvalent, ce polypalan, devait, bien entendu, parer à toute avarie de drisse, mais Collot y prévoyait aussi le moyen de ne pas abandonner dans le sillage le foc ou le lamantin que nous aurions eu l'occasion de harponner. Nous pensions également aux tortues de rencontre, aux baleineaux éventuels, aux requins de fortune, aux cœlacanthes arriérées, aux pieuvres ampoulées, au cachallopathe isthmicole, au grand silure hellespontin, au macrosaure inqualifiable, à tous les

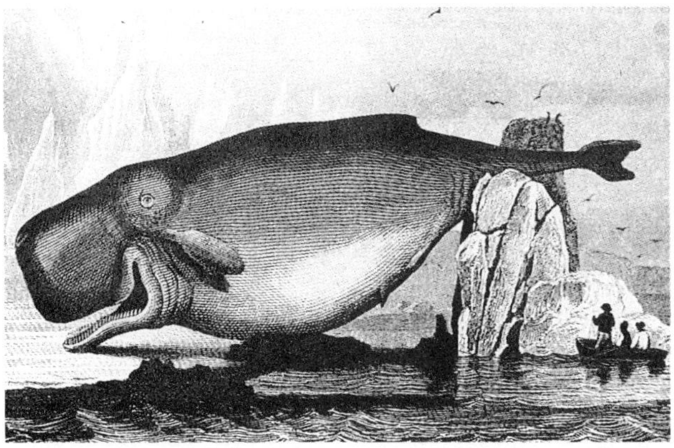

monstres enfin de la génétique officielle ou romanesque, sauf bien entendu la baleine blanche qui perdrait son temps à défier le *Matam*. Dans l'intervalle de ces captures, le croc palanqué avait mission d'amener à bord toutes sortes d'épaves telles que baril, coffre, balle d'indigo, caisse d'épices, cochenille en poudingue, vieille peau de sirène en mue, carlingue d'avion foudroyé, bouteille vide ou manuscrit en bonbonne, valise diplomatique, ambre gris, boîte de rations K, bâton flottant, cage à poules, cantine d'officier supérieur, œuf d'oiseau biligou, châsse de saint breton, noyé de haut lignage, écume de pipe amère, chapiteau de pierre ponce atlantide, vistamboir hydrofuge, dame-jeanne de tafia, piano à queue. Bref, il n'était objet lourd et tant soit peu flottant, inanimé ou vivant, négociable ou vain, tombé d'un sabord, surgi des abysses ou chu du ciel dont notre palan ne dût assumer la prise.

Jacques Perret, *Rôle de plaisance*

J'ai expliqué au début de cette anthologie l'impact qu'a eu sur ma vie ce livre, trouvé par hasard chez un libraire en 1969. Embarqué comme cinéaste sur une goélette partie faire le tour du monde, René Corpel se retrouve obligé d'assumer les fonctions de capitaine, auxquelles il ne connaît pas grand-chose. Avec son fidèle équipier allemand, Walter, voici l'instant magique où l'échec se transforme en réussite: vaille que vaille, le tour du monde continuera... je vous souhaite de connaitre un jour cet instant-là, dans un endroit aussi magique que le quai de Papeete.

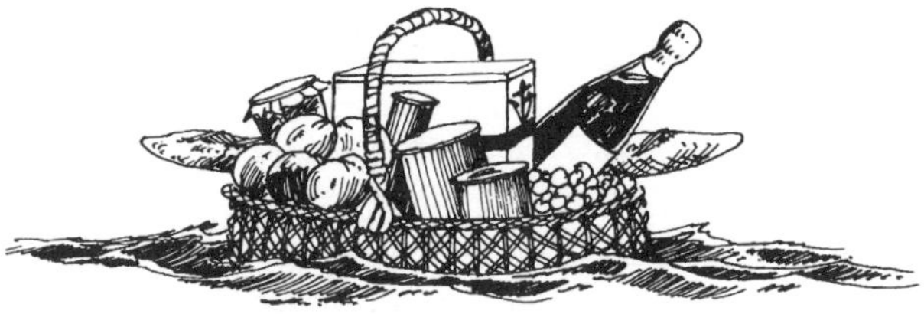

64ᵉ jour – J'ai reçu hier un mandat de 20 000 francs, produit de trois photos vendues l'année dernière à une revue danoise. Je n'en ai rien dit à Walter mais je suis rentré dans l'après-midi avec un roastbeef d'un kilo, un sac de pommes de terre, du beurre, une dame-jeanne de vin portugais et une bouteille de Rémy Martin. J'ai aussitôt mis le rôti au four, et Walter n'a pas été long à humer une odeur anormale. Quand il a compris de quoi il retournait, je lui ai laissé croire qu'il s'agissait de mon anniversaire, fête sacrée quoiqu'il arrive. Il a dit qu'il nous manquait des filles et que le roastbeef pourrait les supporter. Il a rebouché ses pots de peinture et s'est mis en quête de Charlotte et d'Elise.

Aujourd'hui, c'est comme si, en une nuit, le monde avait pris le visage qu'il a pour les Tahitiens.

Je ne sais plus au juste à quel moment les filles se sont mises à chanter en jouant de la guitare mais, à nous quatre, nous avons commencé à faire un sacré chambard. Tous les tamourés y sont passés et nous ne savions plus comment arrêter les filles. Bientôt, le bateau s'est trouvé plein de monde, avec des guitares dans tous les coins, et jusque sur le quai et sur les voiliers voisins.

A un moment, Walter et moi sommes allés regarder la nuit de l'extrémité du boute-hors. Derrière nous, tout le bateau chantait et les autres bateaux aussi. Mais devant, le port s'étendait noir et calme. Nous sommes restés là un moment et Walter m'a dit comme s'il puisait son inspiration de la nuit :

– *Man* ! René, il faut continuer !

– Oui ?

– *Sure, man.*

– O.K. Walter, on continue.

Nous nous sommes regardés pour voir si nous étions saouls, mais nous n'en avions pas l'air. Puis nous sommes retournés nous saouler.

Quel soulagement de savoir que nous continuons !

René Corpel, *La grande bordée*

Tous ceux qui naviguent autour du monde ont lu et relu les livres de Bernard Moitessier: *Vagabond des mers du sud*, inscrit dans la première course autour du monde sur son *Joshua* d'acier, il renonce à une victoire probable, et, fuyant l'Europe et ses «faux dieux», il retourne vivre une vie passionnante dans les îles de Polynésie; il vient de consacrer huit ans et demi à écrire son nouveau livre, qui sera sûrement extraordinaire. Dans son premier récit, *Un vagabond des mers du sud*, quand nous faisons sa connaissance, il s'est plongé, juste pour voir si c'était vrai, dans un drôle d'enfer:

Le livre de bord portait, ce jour-là, la date du 4 septembre 1952. Nous en étions à notre quatre-vingt-cinquième jour depuis Singapour.
Je dis «nous», puisque nous étions deux : *Marie-Thérèse* et moi. En réalité nous ne faisions qu'un, comme ne font qu'un le corps et l'esprit qui habite ce corps.
Cette fusion de l'homme et du bateau s'était établie progressivement, par étapes : à notre première rencontre, j'étais simplement amoureux de cette belle jonque du golfe de Siam aux formes pleines et robustes, fleurant bon l'huile de bois, avec sa pièce d'étrave jaillissant de l'avant pour en prolonger gracieusement la forte tonture, montrant à la fois le ciel et l'horizon... et les terres derrière cet horizon.
Mais pour que le bateau et l'homme ne fassent qu'un, totalement, il fallut, je pense, la Mousson de l'océan Indien où nous étions allés nous égarer candidement, «pour voir si c'était vrai», un peu comme pour jouer.
Or «c'était vrai» : la Mousson ne jouait pas. Nous avions alors remonté ensemble cet enfer de vents contraires pour pouvoir en sortir, tirant bord après bord, inlassablement, pendant six semaines.
Car cette Mousson du sud-ouest fut un enfer pour l'unité que nous représentions dejà; un enfer au sein duquel l'idée qu'il pût exister autre chose, ailleurs, n'effleurait même pas l'esprit.
C'était l'éternité des vents contraires et des coups de vent entrecoupés de calmes plats trop courts pour que la mer pût s'apaiser. Et cela, sous un ciel gris de saison des pluies qui en bannissait la plus belle Divinité du marin : le Soleil.
Je ne devais plus être tout à fait un être humain, à la fin de notre première semaine dans l'océan Indien : une espèce d'animal aquatique plutôt, mû par un instinct. Car sitôt placé en face de ce mur de vent, à la sortie du détroit de Malacca, l'intelligence n'eût servi à rien. L'intelligence, non plus que tous les sentiments qui animent habituellement l'esprit humain.
L'esprit s'était alors dépouillé de tout ce qui aurait pu lui nuire, puisque ce qui ne sert à rien peut nuire. Et seul l'instinct animal qui demeure au fond de chacun de nous était remonté en surface pour s'hypertrophier, prendre intégralement possession de l'unité «bateau-homme», et lui donner le seul ordre ayant alors un sens : tenir, quoi qu'il arrive. Tenir, sans chercher à comprendre. Tenir l'étrave du bateau le plus près possible du vent, très au large de la terre et de ses rochers. Et surtout, vivre dans le présent, rien que dans le présent, en oubliant tout le reste.
Puis la Mousson fut traversée. Comment et pourquoi, je l'ignore, car une fois atteinte la zone des alizés favorables, l'animal qui régnait encore quelques jours plus tôt était à son tour devenu inutile, donc nuisible et l'esprit engourdi se réveilla.
L'humain reprit alors sa place. Mais l'homme ne pouvait juger ni comprendre l'animal qu'il avait été pendant six semaines. Cela n'importait pas, du reste, puisque nous étions passés et que la Mousson, maintenant dans notre sillage, appartenait à un temps révolu .

Plus tard, en route vers les tropiques, il fait découvrir à sa femme un des mystères de l'alizé.

Les poissons volants jaillissent maintenant devant l'étrave, planent un moment et reprennent leur élan d'un coup de godille sur le dos d'une houle pour planer encore une vingtaine de mètres. C'est un spectacle toujours nouveau et qu'on peut contempler pendant des matinées entières, assis sur le capot du poste avant, ou debout devant le guindeau en tenant la draille de trinquette pour voir plus loin.

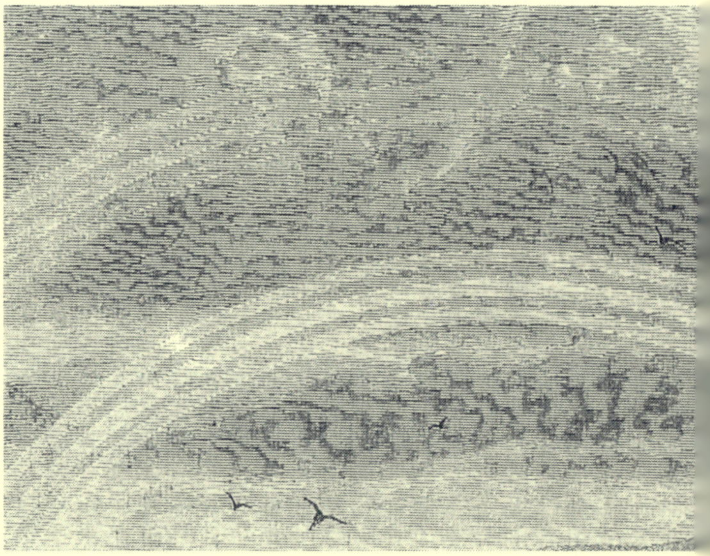

Et nous regarderons toujours avec le même émerveillement ces petits jouets brillants comme des miroirs qui fusent en éventail et semblent naître de la sous-barbe.

– Françoise, l'arc-en-ciel... vite... il sera parti dans une minute... penche-toi bien pour le voir en entier...
Le menton appuyé sur l'hiloire du cockpit, Françoise, hypnotisée, contemple pour la première fois de sa vie le joyau suspendu comme une apparition, qui danse dans l'écume pulvérisée de la vague d'étrave... l'arc-en-ciel de l'alizé.
Il joue, juste au-dessus de la vague d'étrave, disparaît, revient, s'illumine, pâlit et s'évanouit, revient encore, lance des feux et puis s'en va.
– Françoise... tu te souviens, quand je te racontais, l'hiver dernier ?
– Oui je me souviens... mais j'en avais trop bavé avant le départ. Je ne croyais plus à rien. Maintenant, je sais que c'est vrai.
J'avais vu occasionnellement de fugitifs arcs-en-ciel d'étrave en Méditerranée quand *Joshua* courait dans le mistral entre

Porquerolles et la Corse : tristes apparitions chétives où le bleu et le jaune dilués en vert pâle se devinaient à peine.
Et je pense que seul le miracle de l'alizé peut faire naître l'arc-en-ciel radieux que nous regardions tout à l'heure. Cela tient peut-être à une limpidité particulière du ciel sous les tropiques. Ou bien au soleil plus haut, plus chaud ici que dans les régions septentrionales. Peut-être aussi cela tient-il à la toile de fond spéciale d'une mer d'alizé. Je ne sais pas et cela n'a pas d'importance. Je suis simplement heureux que l'alizé ait offert aujourd'hui à Françoise un si bel arc-en-ciel.
Leur richesse varie un peu suivant l'angle sous lequel le soleil se marie avec la vague d'étrave, et aussi selon la qualité des particules d'écume pulvérisées comme un brouillard. Lorsque les conditions optimales sont atteintes, l'arc-en-ciel d'étrave peut s'illuminer comme une couronne de diamants, et alors le rouge apparaît, fulgurant. Je veux dire le vrai rouge, celui qui ressemble à du sang, non pas l'orange teinté de rouge.
C'est très rare de voir le rouge. Beaucoup plus rare que le rayon vert au-dessus du soleil couchant. Je n'ai vu le rouge qu'une fois, dans l'océan Indien, avec *Marie-Thérèse*. C'était comme un coup de clairon. Comme si je voyais le cœur de l'alizé.

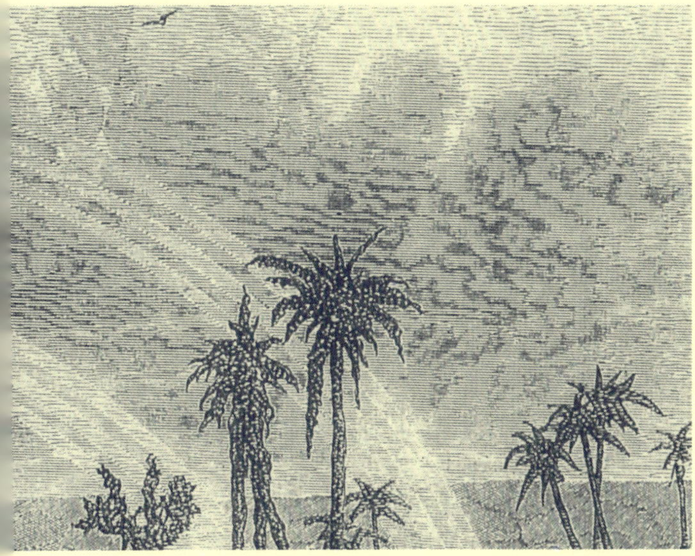

– Françoise... un jour, tu verras peut-être le rouge. Alors, appelle-moi, même si je dors.
Mais je sais bien que si Françoise voyait un jour le rouge, elle resterait clouée sur place et ne pourrait pas appeler.
Et ma Françoise commence à découvrir ce rythme de vie que j'évoquais avant notre sortie de Méditerranée, ce rythme auquel elle ne voulait plus croire à cette époque trop éprouvante, et qu'imagineront difficilement ceux qui n'ont pas couru la mer sous les tropiques : *le rythme de l'alizé*, avec ces journées où l'on ne fait rien... mais rien ... et qui pourtant sont denses de vie comme un sillage phosphorescent. Et ce bateau heureux de vivre, heureux de sa liberté, heureux de voir toute cette eau, à courir avec du vent plein les voiles et des poissons volants qui naissent sous l'étrave. Ce bateau heureux de se sentir chez lui, dans l'alizé.

Mais un des moments les plus extraordinaires des voyages de Bernard Moitessier, c'est son entrée sous voiles dans la passe étroite d'un atoll des Tuamotu.

Vers 9 heures, *Joshua* est tout près de la côte nord-ouest de l'atoll, devant le grand trois-mâts porté sur la carte, perché en haut du récif barrière. La mer est devenue calme (sous le vent), le ciel est couvert de grosses touffes nuageuses laissant entre elles de vastes espaces bleus. La brise tient bon, force 4 avec du 5 dans les risées, toujours du sud-ouest, ce qui oblige à tirer des bords pour le moment mais permettra en revanche de négocier la passe au grand largue dans des conditions optima.
Tout est paré à midi : c'est l'étale théorique de la basse mer, l'ancre est crochée dans la sous-barbe, chaîne élongée sur le pont, bobine de mouillage à poste, aussières d'amarrage lovées (nous accosterons peut-être le quai)... et nous sommes devant la passe que je peux embrasser en entier de la première barre de flèche : elle s'ouvre d'abord comme un entonnoir dans le récif, avec le quai sur la gauche, près du village. Puis, elle continue *presque rectiligne*, très longue (peut-être 300 mètres) comme une saignée verte tranchant sur le marron des récifs à fleur d'eau. Il n'y a pas de courant... nous sommes arrivés juste à l'étale (Dieu que cette passe est longue, étroite !).
– Françoise... on y est... fais vraiment gaffe à l'artimon...
... Et boum... on entre à plus de 7 nœuds, nerfs bandés à craquer, tous nos sens à fleur de peau plus le sixième qui se réveille... Je navigue depuis que je suis tout gosse mais jamais comme aujourd'hui je n'ai ressenti une plénitude aussi absolue dans la manœuvre d'un voilier. Aucune entrée de nuit, aucun fignolage techniquement parfait de mise à quai sous voiles entre deux bateaux, rien de ce que j'ai connu jusqu'alors ne peut approcher l'intensité de ce déboulé à la voile dans la passe de mon premier atoll. A droite et à gauche, le corail à fleur d'eau file à une vitesse folle, scintillant de verts, bruns, mauves, rouges, noirs, le tout mêlé aux petits friselis de surface d'un très léger courant portant. Et ce joyau de lumière enchâsse la passe, longue tranchée vert clair, pavée de taches colorées avec de grosses flaques brunes lorsque le corail remonte en formant un remous dans lequel nous fonçons. On tourne alors la roue presque à fond sur un bord, à fond sur l'autre, pendant que Françoise à l'artimon donne du mou, reprend, donne du mou, reprend. Nous vivons, en ce moment, à la vitesse de la lumière.
– Paré à empanner.
Encore cinquante mètres avant d'abattre en grand sur la gauche pour déboucher en eau libre; on voit très bien la différence de couleur qui indique le virage à angle droit... encore trente mètres... le grand tourbillon de Bluche... il n'a pas l'air méchant... c'est l'étale... ou presque... *Joshua* fonce... je n'ai jamais fait corps à ce point avec mon bateau... et hop... nous sommes dans le bleu du lagon, presque sans voix, mais parlant de rester toute notre vie dans les Tuamotus pour retrouver encore la magie de ces passes au corail lumineux où l'atoll entier se cristallise dans ce qu'il y a de plus pur autour d'une voile. Et je commence peut-être à mieux comprendre Gerbault : les passes à la voile pure ... cette lumière autour du bateau ... cette formidable décharge électrique qui vous prend au ventre et vous conduit sans vous lâcher jusqu'au débouché du lagon vert et bleu avec cette sensation d'effleurer la perfection formelle. C'est ce que j'ai connu de plus beau depuis que je navigue.

Bernard Moitessier, *Un vagabond des mers du Sud*

Equipier sur le bateau de Tabarly, Alain Colas finit par lui racheter le multicoque *Pen Duick IV*; avant de s'inscrire et de triompher dans les plus grandes courses à la voile, il accomplit la moitié du tour du monde avec Teura, un jolie vahiné tahitienne qui l'a séduit.

Sous l'impulsion de l'alizé bon frais, nous retrouvons tout de suite franches glissades et rythme du contrôle de la vitesse par diminution ou renvoi de toile. Je profite de l'allure plus arrivée, maintenant que nous courons dans le lit du vent, pour faire différents essais de voiles en ciseaux. La Transat reste la même obsession et je fais essai sur essai avec sextant et enregistreur de milles pour juges arbitres...
Téura a des hauts et des bas, selon l'humeur de l'océan. Cela m'inquiète car je la croyais tirée d'affaire au terme de notre première étape. Le soir du huitième jour, nous relevons les feux de Port Moresby et je suis tenté d'accorder un répit à mon petit équipage, seulement la brise est belle et bonne et je pense à Le Toumelin ! Allez, nuit de veille, car il y a les cargos ainsi que des brisants dont la carte indique la «possibilité» sans toutefois trop se prononcer... Le lendemain à dix-huit heures, nous mouillons à l'entrée du fameux dédale, sous le vent de la Caye Bramble. Nous avons franchi les deux cents milles du golfe en vingt-deux heures.
Laborieux repêchage des ancres au matin. Je viens à pic en embraquant l'aussière ramenée sur winch au cockpit, puis je termine... à la drisse de spinnaker, dont le gros enrouleur Goïot me donne toute confiance. Nous avons encore neuf heures devant nous d'ici la nuit pour abattre un maximum de route et choisir un mouillage : il n'est pas question de renouveler les tours de passe-passe de Tahiti, où je suis plus d'une fois rentré et sorti des lagons «à l'oreille», voire même à la lueur d'un phare de mini-solex Micron démarré sur la plage avant... péchés de jeunesse !
Les îles défilent une à une, Stephens, Campbell, Dalrymple (tiens, celui qui croyait au mythique continent austral ...), Marsden, Rennel, Arden, Roberts. Les dernières largesses du couchant font retomber une fine pluie d'or sur le remous des ancres; nous passerons la nuit sous le vent de Coconut Island.
Des étoiles au ciel, des feux de bois qui trouent l'obscurité de la plage, la brise du soir qui nous porte l'odeur du copra et du poisson grillé. Oui, Téura, c'est demain dimanche et je t'offre cette journée. Nous descendrons à terre et tu pourras rafraîchir tes forces, te baigner encore une fois si tu le désires dans l'émeraude du Moana Patitifa que nous quitterons ici.
Coconut Island, l'île Noix-de-Coco, est la seule de cette région du détroit à s'enorgueillir de cocotiers... Le cartographe n'a pas eu à éplucher le Who's who de son temps, ni le calendrier, comme nous le verrons plus tard. Eaux limpides, blanche bordure de sable corallien, cocoteraie, on se croirait transporté sur un îlot des Tuamotu. Même village où palme tressée et tôle ondulée alternent entre les bosquets d'hibiscus, boats tirés au sec sous leurs abris, vieux pêcheur qui dépouille une tortue, mêmes requins qui se disputent la tripaille au ras de la grève.
Qu'il est bon de fouler le sable neigeux du tour de l'île en recueillant ici une coquille roulée, là un os de seiche pour d'éventuels hôtes à plumes. Fraîcheur de l'eau de coco sur le palais brûlant, bourre écartée et noix percée à pctits coups d'un vieux coquillage «Sept-Doigts». Retour au village, les jambes coupées pour avoir sous-estimé la distance et oublié l'inaction des journées de mer...
Iacobo, le chef, nous convie à prendre le thé sur les grandes nattes de pandanus que les femmes de la maisonnée ont disposées sous un bananier. Téura est en paréo, cheveux dénoués. Les femmes s'approchent timidement, contemplent la longue chevelure qui tranche sur leurs toisons crépues. Elles s'enhardissent, effleurent du bout des doigts, apportent de gros peignes en bois, des fleurs, un joli morceau de tissu, coiffent, décorent, arrangent, se bousculent en riant ! D'un vieux tourne-disque cherché à la hâte chevrotent bientôt des airs tahitiens ... A quoi rêvent les aborigènes australiens du détroit de Torrès ? Ils ont vu des photographies dans des magazines... un film même à «Ti-Ai» (Thursday Island, centre de ravitaillement et d'aide médicale). Une jeune fille demande à Téura dans un anglais apprêté si elle sait danser... Téura est conquise par tant de fraîcheur, de spontanéité, elle qui n'ose plus tourner la tête afin de préserver l'œuvre d'art de ses coiffeuses enthousiastes. Elle m'interroge du regard. Bien sûr, que tu peux danser pour ces braves gens et mon plus grand plaisir!
Le village entier a fait cercle à plus ou moins grande distance, sans doute selon le rang et la parenté avec notre hôte. Téura évolue toute de grâce et d'envoûte; le vieux chant raconte une histoire que chaque fibre de son corps fait revivre au balancement de ses hanches, mains et bras traçant de si délicates arabesques que l'œil ébloui ne sait plus où se fixer. Je suis conquis, comme la première fois, comme chaque fois.

Alain Colas, *Un tour du monde pour une victoire*

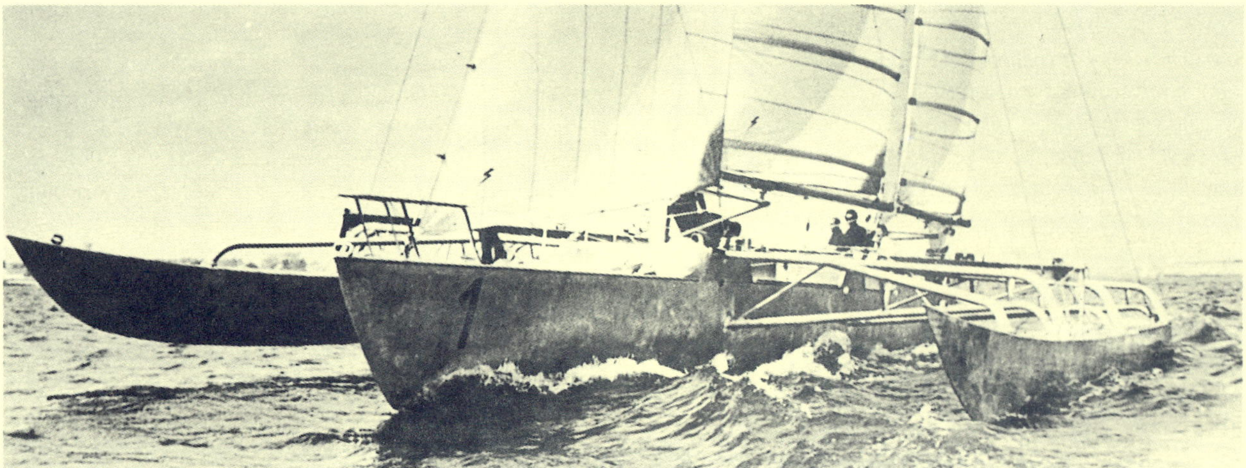

Le livre de Jean-François Deniau est une petite merveille; ce sont les impressions en ordre dispersé d'un amoureux de la mer, des bateaux, des traditions marines et des rêveries transocéaniques; il prend plaisir ici à énumérer les joies que le navigateur éprouve lorsque il est arrivé au port.

Liste des plaisirs de l'escale:
- S'asseoir au bistrot du port pour regarder de terre son bateau bien mouillé
- Boire frais
- Consulter un menu à triple volet sans se préoccuper de la vaisselle à faire
- Traîner
- Abuser de l'eau douce en laissant couler sa douche, en lavant ses chaussettes dans le lavabo, etc
- Flâner
- Prendre une glace au chocolat
- Se faire raser par un barbier professionnel et laver les cheveux par une main amie. Pour ceux qui ne se rasent pas, promener sa barbe et lui montrer le monde et la ville
- Voir passer les gens
- Dormir sur un lit les bras en croix
- Lire les dépliants touristiques de l'escale
- Louer une Vespa ou une voiture et aller visiter une ruine (malheureusement, ça tombe toujours à l'heure la plus chaude, entre midi et 3 heures), un musée, un palais, une montagne
- Se balader le soir venu le long du quai en regardant et commentant les autres bateaux
- Dîner en musique, accordéon, guitare, bag pipe, peu importe, suivant la latitude
- Aimer
- Acheter un journal, et constater que plus ça change, plus c'est la même chose
- Ne pas s'inquiéter du vent mais évaluer entre amis sa force et sa direction
- Se faire des visites de bord à bord. Il semble que les passagers des plus somptueux yachts veulent toujours aller avec jalousie se prendre les pieds dans les taquets de pont des plus petits, pendant que ceux des plus petits envient les mètres qui leur manquent par rapport aux ponts des plus grands. Lier des connaissances sans lendemain.
- Si l'escale est dans une île, se laisser prendre au charme des îles. L'esprit humain est ainsi fait que quiconque débarque dans une île se croit un peu explorateur, même si elle est aussi connue que l'île de la Cité et desservie par le métropolitain.

Se promener, longer une plage, grimper sur une colline, entrer dans un magasin, ramasser un caillou, demander son chemin à un naturel, chaque geste, chaque moment prend la valeur merveilleuse d'une découverte. S'en contenter.

Car un autre aspect de l'esprit humain est que, pour lui, le bonheur est en forme d'île. Tout de suite se forme le rêve de s'établir dans l'île. Les marchands de biens savent que les îles sont les propriétés les plus demandées, et celles qui changent de mains le plus souvent. Personne ne résiste longtemps à vivre dans une île, s'il n'est né îlien de cette île. C'est comme mineur ou marin-pêcheur, un «état». On l'est, on ne le devient pas.

Mais les îles sont peuplées de faux îliens, de nationalités diverses, qui affectent parfois d'y avoir trouvé la sagesse. Ils sont toujours très sympathiques, et jamais très heureux. A Mytilène, il y a une colonie de peintres néerlandophones. A Rhodes, on parle plutôt le scandinave. Un peu partout, des anglo-sexuels vivotent en envoyant à Londres un roman policier ou une traduction tous les deux ans. Le comble du chic est d'être d'autant plus modeste qu'on a laissé derrière soi, à Düsseldorf, Birmingham, New York ou La Garenne-Bezons, une fonction plus honorable. On peut rencontrer dans des archipels particulièrement tentateurs des garçons de café qui ne vous laissent pas ignorer plus de cinq minutes qu'ils sont docteurs en droit et ont un grand-oncle général en retraite. Ils retrouvent d'anciens HEC ou MIT qui font dans l'artisanat indigène, la poterie rustique, le tissage à la main. D'aucuns rêvent d'écrire un livre et, des Baléares aux Galapagos, finiront peut-être par l'écrire si la drogue ne prend pas la relève. D'aucuns rêvent de construire un bateau, et finiront peut-être par le construire s'ils se réveillent à temps. Aux bords de l'Océan, ils sont comme les îles flottantes de la légende dont personne ne sait très bien s'il convient de les nommer Fortunées ou à la dérive ...

Jean-François Deniau, *La mer est ronde*

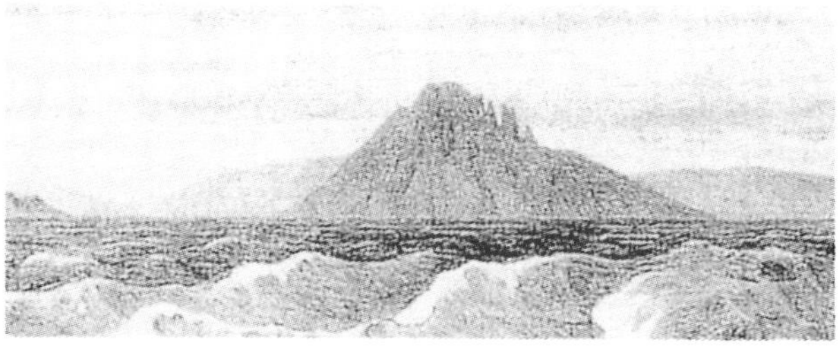

Si vous passez par les Saintes, au sud de la Guadeloupe, et jetez l'ancre sous le vent du remarquable «Pain de sucre», ne manquez pas de rendre visite à Jacques Boone, ancien navigateur un peu contrebandier (une tête de mort retrouvée dans les restes d'un bateau pirate en Afrique orne l'entrée de sa maison). Dans *Viva Binga*, il raconte les mésaventures rencontrées lorsqu'il construisit un voilier au cœur de la forêt camerounaise et l'amener jusqu'à l'océan. Son trafic d'alcool le long des frontières du Gabon l'amène à découvrir un coin de rêve.

Désormais, l'affaire était claire. Qu'à présent je persiste à retourner à Libreville, et je pouvais être certain qu'à peine arrivé, le comité d'accueil gabelou serait là pour une fouille en règle du *Binga*. Il convenait donc à présent que je sème si possible le doute en eux. Pour ce faire, je modifiai immédiatement ma route et, au lieu de redescendre vers Libreville, je filai plein est en direction de la plus petite des îles Elobey qui répondait au nom charmant de «Elobey Chico».

Mon projet était de demeurer là quelques jours, le temps que la vigilance des douaniers de Libreville se calmât.

L'après-midi se terminait quand j'atteignis Elobey Chico. C'était un endroit ravissant, abondamment pourvu en végétation tropicale. Les rayons du soleil déclinant y

déployaient un chatoiement de couleurs. Concentrés au bas de l'horizon, ils filaient par-dessous un ciel couvert de nuages, eux-mêmes gorgés de pluie. Quel spectacle extraordinaire que celui de cette lumière qui baignait alors Elobey Chico ! On eût dit des écharpes faites de rouge, de jaune d'or et de vert tendre. Il me semblait soudain aborder quelque imaginaire et sensuel pays. Cette impression s'accrut quand, après quelques pas sous les arbres qui poussaient en un dense fouillis, je tombai sur les ruines d'un ancien comptoir espagnol oublié là depuis des siècles : pierres à demi écroulées, hautes galeries couvertes encore soutenues par des colonnes et des arceaux, belles grilles de fer forgé mangées par la rouille. Un silence profond régnait dans ces lieux déserts. Insidieuse et tenace, la jungle montait à l'assaut des murailles, pénétrait dans les salles et les cours d'honneur, escaladait ce qui restait des toits, recouvrait tout d'un moite et sombre manteau.
Plus loin, derrière les bâtiments, j'aperçus un cimetière dont les pierres tombales, soulevées par les racines, gisaient çà et là. Il semblait qu'elles étaient repoussées par de vieux membres tourmentés. Les dates, sur ces pierres, me firent concevoir la hardiesse dont avaient dû faire preuve ces anciens colons qui étaient venus s'établir ici, et combien s'en étaient vite allés leurs projets, leurs espoirs, leur existence.
Elobey Chico avait certainement dû jouer un très grand rôle autrefois. Mais aujourd'hui, elle était retournée au silence et à la solitude.
J'y demeurai environ une semaine, mangeant ce qui se présentait, dormant sur le sable, aussi libre qu'aux premiers âges de la vie, en parfaite communion avec la puissance de cette terre et de l'Océan qui l'entourait. Soudain, un beau matin, ma vie de Robinson fut troublée : alors que j'errais le long de la plage, j'aperçus au large une embarcation qui se dirigeait vers moi. Par chance, ce n'était pas celle de douaniers, mais une longue pirogue montée par des indigènes et visiblement commandée par... une femme !
Celle-ci m'avait également aperçu. Parvenue à une cinquantaine de mètres de la rive, elle se laissa glisser dans l'eau et prit pied lentement sur la plage.
Sans doute avait-elle le projet de vivre quelque temps seule à Elobey Chico. En effet, la pirogue qui l'avait amenée de l'île de Elobey Grande faisait déjà demi-tour et s'éloignait.
Cette femme s'approcha de moi, et sans aucune formalité spéciale, elle me salua :
– Bonjour, dit-elle, mon nom est Djoléa.
C'était une métisse âgée d'environ vingt-deux ans. Ses traits étaient très purs, ses membres longs et graciles. Elle avait de beaux cheveux noirs luisants et un regard profond. Elle portait pour tous vêtements un chemisier de dentelle blanche et une vaste jupe à dessins bleus et rouges. Descendante des conquérants espagnols qui, jadis, avaient pris possession de l'île, celle-ci était, m'informa-t-elle, sa propriété, c'est-à-dire le lieu où elle vivait ordinairement.
Je n'avais pour ma part aucune raison de mettre en doute la véracité de ses dires. Longtemps, ce jour-là, nous discutâmes en nous promenant dans l'île. Elle ne se lassait pas de me poser des question sur la raison de ma présence ici, sur le pays d'où je venais, sur ce que j'allais faire quand je repartirais. Je lui répondais simplement, sans chercher le moins du monde à déguiser la vérité.
Le soir venu, tout aussi simplement, Djoléa décréta qu'elle aimerait assez devenir ma femme. Ainsi fûmes-nous amants, seuls l'un et l'autre sur notre royaume perdu.
Djoléa était une fille ardente et sensuelle. Nous passâmes ensemble près d'un mois. La vie était si agréable, à Elobey Chico, si merveilleusement simple ! On y trouvait une source d'eau pure qui jamais ne se tarissait. Dans les rochers au bord de la mer, on pouvait ramasser des quantités de coquillages comestibles. Nombreux étaient également les crustacés et les poissons. De plus, au cours de nos longues promenades dans la cocoteraie, nous dérangions des troupeaux de porcs sauvages, lointains descendants du bétail amené par les Espagnols.
Si j'avais été un homme sage, j'aurais pensé à m'établir ici pour vivre une existence paisible en compagnie de Djoléa. Mais encore que j'en eusse quelquefois l'idée, je sentais que le moment approchait inexorablement où je devrais reprendre la mer et partir. Là demeurait en effet mon véritable destin.

Jacques Boone et J.L. Cotte, *Viva Binga*

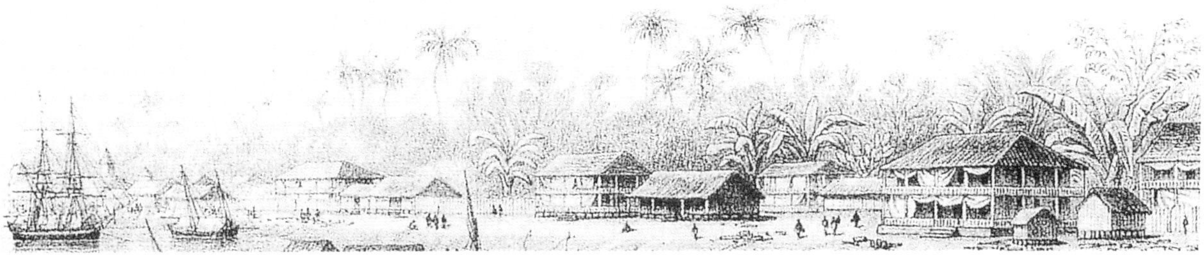

Gérarg Borg nous a enchantés dans les années soixante-dix par sa plume incisive et la façon dont il nous faisait rêver et rire à la fois. Après avoir traversé l'Atlantique du Brésil en Europe avec un poête; navigué jusqu'au Japon avec un chat et une épouse japonaise, s'être proclamé roi de l'île déserte de Thi-Tu, dans la mer de Chine, créé la remarquable collection de traités nautiques appellée *Nauticus*, il a quitté l'aventure maritime pour se consacrer à l'artisanat dans une paisible maison du Lot. Mais son livre *La Ruée vers l'eau* reste un délice pour les lecteurs qui y retrouvent les portraits des divers personnages du monde de la croisière à voiles, et quelques belles pages de rêverie...
Dans le Lot, Gérard, ne sors-tu pas parfois de tes coffres une vieille carte marine de l'île de Balambangan?

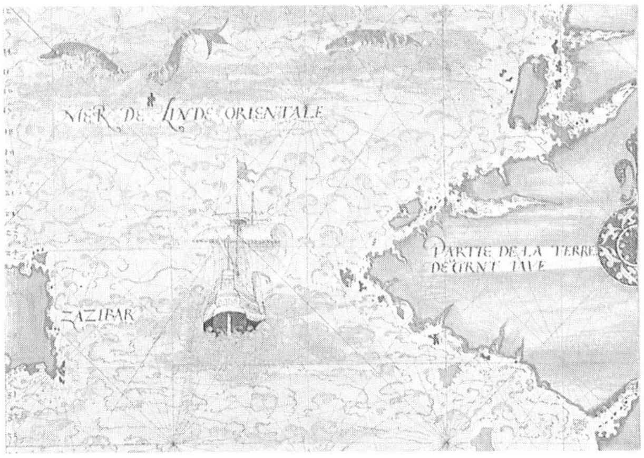

CE QUE DISENT LES CARTES MARINES

Celui qui sait calculer la longitude d'un lieu peut savoir, grâce à l'altitude connue des îles vers lesquelles il se dirige, qu'à 0630 GMT, il apercevra le sommet de Balambangan. Cet homme-là est familier de joies singulières et subtiles tout à fait inconnues du *vulgum pecus*.
Je m'efforce de renouveler cet étrange plaisir le plus souvent possible, c'est pourquoi je gouverne de préférence en direction d'îles lointaines et peuplées d'incertitudes. Il faut dire aussi que j'aime particulièrement les îles perdues dans l'immensité des océans.[...]Dès l'aube j'aperçois dans la brume les contours imprécis, et pleins de vapeurs, de Balambangan. Je sais que si le vent ne refuse pas, nous y mouillerons avant la nuit, juste devant certaine petite plage bordant le fond d'une crique, sous le vent de l'île.
Les sondes donneront une dizaine de brasses au maximum, ce qui fait parfaitement mon affaire.
Quelques feux de bois brûleront sur la plage parmi le bruissement des grandes palmes luisantes des cocotiers. Les cartes marines permettent d'aller un peu partout dans ce monde. J'en possède plusieurs centaines qui reposent dans un coffre en bois de santal.
Le soir, au mouillage, lorsque la chaîne rague doucement sur le fond de corail, je sors parfois de leur coffre quelques-unes de ces grandes cartes qui ne bavardent vraiment qu'avec ceux qui les connaissent bien.
Vous n'imagineriez pas ce que disent les cartes marines. Il faut suivre d'un doigt prudent une première route possible en fonction des vents dominants, des courants de marée, des courants généraux du lieu et de la saison et des cyclones possibles à cette époque et dans cette mer-là.
J'observe attentivement, pieusement, les approches de ces îles où j'irai peut-être bientôt, peut-être jamais, car sait-on où on va et où on n'ira pas lorsqu'on est parfaitement libre ?
La carte livre, un à un, tous les secrets de l'archipel. Les fonds y sont de sable, de roches et de coquillages brisés. Autour, c'est la ceinture de corail.
Ici, dans cette crique abritée, il y a vingt pieds d'eau mais une roche affleure à l'entrée, qu'il faudra négocier prudemment en tenant compte des contre-courants qui parfois font le tour des piliers sous-marins tels que celui-ci (et où je trouverai des mérous, des barracudas, des murènes et sans doute aussi quelques langoustes dans une dizaine de mètres d'eau, ce qui reste raisonnable. Et puis les requins. Depuis tant d'années que nous nageons de conserve, j'ai fini par m'habituer un peu. C'est précisément cela qui, d'ailleurs, est navrant).
Sur la carte il faut observer la hauteur des montagnes qui surplombent la crique et l'abritent, car souvent le long des épaisses forêts qui couvrent les montagnes de ces îles, descendent de violentes et subites rafales qui rendent le mouillage périlleux, surtout à l'évitage et aussi dans les grandes marées d'équinoxe.
Mais de là-haut descendent également des torrents d'eau fraîche et pure. Au crépuscule, les bêtes de la jungle y viennent se désaltérer au milieu d'un concert indescriptible que connaissent les gens qui vécurent dans la jungle. Les cartes marines me disent aussi où je trouverai un puits, le hameau des pêcheurs et l'emplacement de leurs filets. Elles me signalent les rivages bordés de roches et de palétuviers, là où les huîtres sont innombrables.
Et aussi les marécages, les brisants, les épaves séculaires, les collines de sable et les grandes plantations de cocotiers. J'y découvre les anciennes pagodes d'origine inconnue, les marabouts oubliés, les vieux minarets lézardés et des ruines au sujet desquelles nul ne sait plus rien.
Les cartes marines m'entraînent bien loin, le soir à la lueur de ces lampes dont la flamme est belle comme le sont toujours les flammes de ces lampes des grands voiliers du siècle dernier, qu'hélas on ne trouve plus guère aujourd'hui, sinon chez quelques antiquaires de grand chemin.
Parfois en abordant une terre lointaine ou en naviguant le long d'un rivage étranger, en m'enfonçant profondément dans une baie dont le fond se perd dans la brume tropicale, j'éprouve cette étrange sensation de déjà vu, une intime impression de déjà vécu.[...]C'est que la nuit les capitaines naviguent beaucoup. On ne devrait jamais s'endormir sur les folles histoires que racontent les cartes marines. Autrement, toute la nuit, le capitaine gouverne dans le dédale des îles du rêve, le long du littoral des songes où le réel des cartes se mêle intimement aux intuitions profondes et aux souvenirs anciens.
Je me rappelle rarement l'essentiel de ces grands voyages mais je sais de savoir sûr que parfois je vais très loin. Si un jour le destin voulait que je ne navigue plus (que les dieux m'épargnent une vieillesse imbécile) j'irais alors mouiller dans quelque crique paisible de Méditerranée, au pied de ruines millénaires. Entouré de mes cartes, je continuerais, le soir venu, à gouverner en direction des anciens volcans d'Insulinde, des promontoires accores de la Grande Hanish de la mer Rouge et des îlots égarés de l'atoll Miladoumadoulou des Maldives, dont les eaux calmes, sous la lune, vibrent et brillent toujours de mille feux.

Gérard Borg, *La ruée vers l'eau*

Jean-Michel Barrault, journaliste, a fait un intéressant tour du monde par étapes à bord de *Brigantin*, le laissant régulièrement à l'ancre pour rentrer en France travailler à ses articles et à ses livres. Dans *Le coup du yacht*, il raconte avec humour les déboires d'un navigateur malheureux:

Vaincu, Maurice Doisseaux se rejeta en arrière, vomissant sur le pont, terrassé de mal de mer et d'impuissance, de peur et de défaite. Incapable d'un geste, il demeurait prostré, tandis que, là-haut, le mât décrivait d'inquiétantes arabesques, que la voile battait la charge comme la garde à Wagram. La mer grossissait, les embruns mouillaient le pont, aspergeant le navigateur solitaire qui, la barbe souillée d'embruns et de vomissures, ne réagissait plus. Les heures passèrent. Le vent ne mollissait pas. Dans un sursaut, avec le sentiment qu'il luttait pour sa survie, Maurice Doisseaux dit : «Il faut faire quelque chose». Prudent, il capela un harnais de sécurité, comme on vous l'apprend dans les bons manuels.

Amarré au bateau, il lui vint l'audace de sortir du cockpit, ayant griffonné sur le livre de bord : «Je vais à l'avant. Reviendrai-je ?». Il osa enjamber l'hiloire et, progressant par reptation, agrippé aux saillies, malgré les mouvements désordonnés et les vagues qui balayaient la tôle, il chemina vers l'avant. Il parvint, au prix d'efforts démoniaques, serrant les dents lorsqu'il ne vomissait pas, pleurant de crainte, criant de peur, saignant des estafilades qu'il se faisait, à se traîner ainsi sur le pont; la pommette tuméfiée, le front entaillé, les ongles cassés, il rampa jusqu'en pied de mât et, dans un sursaut, il sortit le poignard de marin qu'il portait à la ceinture et, comme il l'avait admiré dans les mauvais mélos, il trancha les drisses. Le foc tomba à l'eau, la grand-voile sur sa tête, la bôme sur le capot qu'elle faussa. Laissant tout en vrac, Maurice Doisseaux, fier de son action, rampa vers l'arrière, coupa de même la drisse d'artimon, puis bascula à l'eau le pneu tout préparé et qui, amarré à une longue haussière, devait faire office d'ancre flottante. Après cet ultime effort, et comme la tempête continuait à hurler, et la mer à dresser ses lames désordonnées, Maurice Doisseaux, le navigateur solitaire, s'effondra sur sa couchette et sombra dans un demi-coma. Il n'en sortait que quelques instants, pour attraper une bouteille d'eau, constater que le vent persistait, puis il retombait dans sa léthargie. Cela dura des heures, et peut-être des jours. L'ouragan de Maurice Doisseaux n'en finissait pas

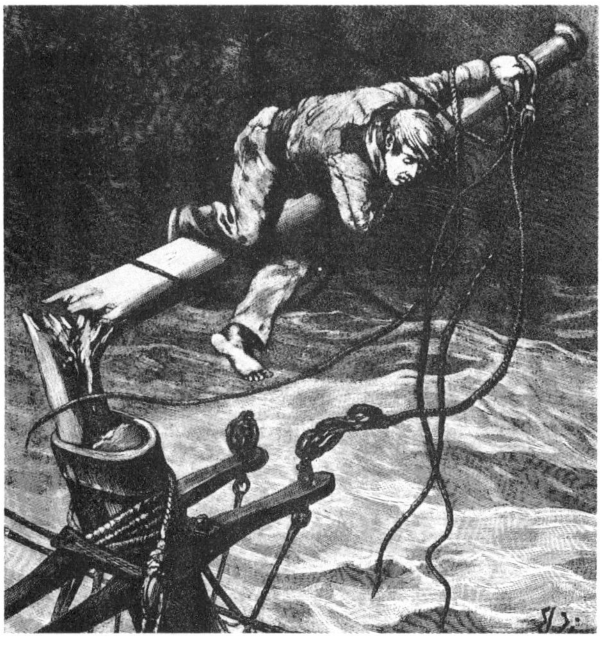

Pendant ce temps, les plaisanciers très ordinaires naviguaient joyeux dans cette bonne brise force 5, une occasion magnifique pour tailler de la route sur la mer moutonneuse, sous génois lourd et grand-voile à un ris.

Le coup du yacht,Jean-Michel Barrault

Où sont nos rêves des années soixante? On croyait le bonheur, la liberté à portée de notre main; on partait vivre dans le Larzac ou, se croyant citoyen du Monde, on construisait de ses mains un petit bateau pour le Grand Départ. Gérard Janichon et Jerôme Poncet ont inspiré des milliers de navigateurs par leur voyage sur *Damien*. Ici, Gérard rêve de la «petite île» chère à tous les vagabonds des mers.

Dans ses livres, Moitessier en parle souvent d'une manière ou d'une autre, de la petite île où on serait presque sûr de trouver un copain au mouillage, où l'on retrouverait ce dont les précédents n'ont plus besoin, des bricoles, des bonheurs qu'on transporte des années, dont on ne se sert jamais et dont on se débarrasse un jour. Ça ferait l'affaire de l'un, de l'autre, un jour ou l'autre. Bien sûr, il faudrait que la petite île ne soit pas trop visée par la civilisation, pas excessivement facile d'accès pour qu'il n'y ait pas de curieux qui trouvent le moyen de venir voir comment ça vit des gens heureux, puis qui s'aviseraient que l'institution de la vignette du bonheur serait là-bas inconnue. Ouais, Crozet aurait pu n'être pas mal mais ce n'est pas encore le dessin idéal...
Car il faudra bien la trouver cette «petite île» où se rejoindront les «oiseaux du large» fatigués du monde aux complications exaspérantes. Quoique je ne le comprenne pas, je veux bien que les gens des villes acceptent de se faire arrêter par un autre mouton qui selon son humeur décidera que «les papiers sont en règle» ou non. L'hospitalité du monde moderne à l'étranger n'est pas celle du gîte et du couvert, c'est celle de la prison. On ne cherche pas à l'aider, à savoir s'il vient d'une autre planète : on le suspecte. C'est très grave d'être un bétail sans numéro.

Tous les oiseaux du large – j'aime cette désignation de Bernard Moitessier – rêvent d'une petite île où arrivant après une navigation on ne vous dira pas : «Vous avez vingt-quatre heures pour faire les papiers» mais où on vous fêtera, où on fera fi de vos fatigues pour les connaître et les partager, et où on vous offrira tout parce que vous êtes le dernier arrivé. De l'utopie ? Mais non ! L'utopie est de croire que tous les hommes n'ont plus d'âme et qu'on peut leur faire avaler n'importe quoi.
L'espoir d'une petite île, il existe pour chaque homme. C'est l'espoir de l'auberge, de l'oasis où l'on se sentira heureux et soi-même, sans tricherie et sans moquerie. Naturellement le navigateur est plus porté que quiconque à concrétiser cette espérance parce qu'un navigateur c'est toujours un rêveur et un réaliste dans une même peau. Mais il existe cent ou mille «petites îles» qui pourraient répondre au souhait des hommes de bonne volonté : le monde entier ne peut être peuplé de navigateurs ! Marcher à la recherche de la vie, c'est déjà marcher vers sa petite île. Je souhaite que chacun y arrive.

Mais vous qui êtes en route, peut-être pourrez-vous penser que nous avons bien de la chance, nous, Jérôme et Gérard, de vivre une si belle jeunesse et que le monde est bien gentil avec nous. Ce n'est pas de la chance, évidemment, ou bien notre chance

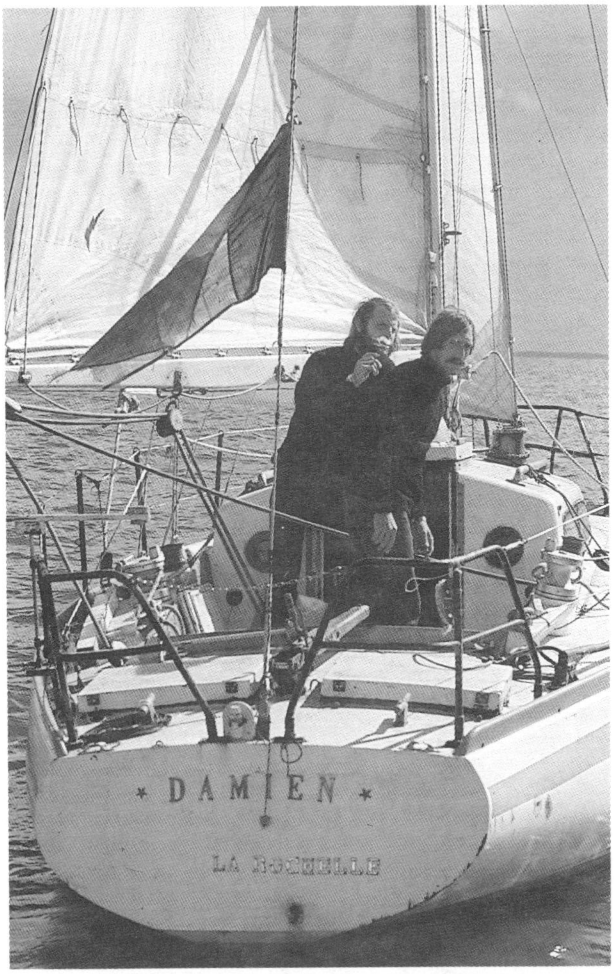

c'est d'avoir ouvert les yeux assez jeunes et d'avoir vu que si la marche du monde est irréversible, la marche des hommes ne l'est pas. Le papillon qui s'alourdit à force de se gaver de pollen ne peut tout de même pas se mettre à dire aux autres papillons au vol gracieux qu'ils ont bien de la chance, n'est-ce pas ? Et s'il y a beaucoup de papillons qui s'alourdissent au point de ne plus savoir voler, devraient-ils chercher à brûler les ailes de celui qui sait encore voler ou au contraire le préserver? Et comment lui en vouloir si dans son vol ce papillon léger met un peu d'arrogance destinée à réveiller les papillons à l'estomac pas encore déformé ? D'accord, dites-vous, mais pourquoi ce papillon-là chercherait-il à s'exiler ? Vous autres navigateurs-papillons légers, la société cherche beaucoup moins à vous brûler les ailes qu'à nous autres papillons aux gros ventres qui ingurgitons du pollen artificiel. Hélas, c'est que justement on cherche de plus en plus à nous brûler les ailes, à nous compliquer le droit de «papillonner». Sans doute est-ce pour cette raison que nous élevons encore la voix contre un monde ou une société dont on pourrait nous supposer totalement détachés.

Gérard Janichon, *Damien, Icebergs er mers australes*

Julio Vilar, un autre poète naviguant, espagnol, a fait un tour du monde digne du Petit Prince. A Diego Garcia, dans l'océan Indien, il retrouve d'émouvantes traces d'un naufrage de Bernard Moitessier, quelques années plus tôt.

Dans le jardin, presque un parc, derrière la belle vieille maison de l'administrateur de l'île, il y a une variété d'arbres de toutes les dimensions.

Il y a des buraos aux branches lisses, aux amples feuilles et aux grandes fleurs rondes jaune pâle, qui semblent parfois en papier.

Il y a des petits citronniers aux branches épineuses et tordues, couverts de fruits.

Il y a une espèce de prunelle dont les fruits sont affreusement acides et les formes bizarres et comiques.

Il y a plusieurs arbres à pain majestueux, dont les branches lisses sont bien séparées les unes des autres et dont les fourches dessinent sur le ciel des sculptures, avec des feuilles énormes, sans défaut, parfaites, reflétant brillamment la lumière sur une face et laissant voir discrètement sur l'autre leur vert mat et pâle. Ce sont les aristocrates parmi les arbres, malgré la symbolique simplicité de leurs fruits. Ceux-ci mûrissent tout en haut, bien nets, ronds, fermes et verts.

Dépassant tous les autres, presque aussi hauts que les cocotiers, s'élèvent quatre superbes frères siamois unis par la base juste au ras du sol, quatre fromagers qu'ici, dans l'océan Indien, on appelle kapoks.

Leurs troncs sont d'un gris laiteux et leurs formes étrangement géométriques, avec des branches tendues comme d'innombrables bras de plus en plus minces, qui à la cime s'écartent et poussent horizontalement, parallèles au sol.

Leurs fruits pendent, éclatés, laissant s'échapper de leurs entrailles de légers flocons de neige blanche.

Egaillées sur le sol autour des troncs on trouve des mèches de laine douce, chaude, agréable au toucher.

Aujourd'hui on m'a fait cadeau d'un coussin bourré du kapok de cet arbre et on m'a conté l'histoire de l'arrivée de sa semence dans l'île. C'est une histoire insolite et jolie.

Bernard Moitessier, il y a déjà pas mal d'années, descendait sous voiles l'océan Indien en solitaire. Il menait sa petite jonque *Marie-Thérèse*, à bord de laquelle il avait appareillé d'Indochine depuis plus de cent jours.

Il avait remonté la mousson pendant des semaines et des semaines quand enfin il entra dans la zone des alizés de sud-est, et une nuit, pendant qu'il dormait, son bateau se jeta sur le récif de Diego-Garcia.

La *Marie-Thérèse* fut une perte totale, ou du moins, ce qu'on put en récupérer ne valait pas lourd. La coque fut défoncée par la houle et le ressac, et en quelques heures il n'en resta plus rien que quelques planches pratiquement inutilisables.

Moitessier passa un mois ou un mois et demi sur l'atoll, espérant qu'un bateau de passage le récupérerait.

Une femme découvrit sur un rocher, non loin du lieu du naufrage, un coussin de kapok trempé d'eau. Elle l'emporta chez elle et mit le contenu à sécher, car elle désirait s'en faire un nouveau coussin.

En trouvant de petits grains de semence noirs à l'intérieur, elle s'avisa qu'il n'y avait aucune raison qu'à la longue ils ne puissent germer et porter leurs fruits de coton.

De ces semences naquirent ces quatre arbres, qui avec le temps sont devenus les plus grands de l'île.

Julio Vilar, *Un million d'étoiles*

Les récits d'escale de Patrick Van God m'ont souvent fait rêver; ayant contourné le Cap Horn à bord de *Trismus*, ce dentiste-naviguant a longuement navigué dans le Pacifique, puis dans l'Atlantique; il a disparu au cours d'une course pour voiliers de 6,50 m. Qu'allait-il faire dans cette aventure, lui qui avait développé un si bel art de vivre? L'escale au quai de Papeete, telle qu'il la décrit, valait certainement de parcourir quelques milliers de milles d'océan désert.

Sitôt à Papeete, je trouve au port un côté sympathique : les yachts de passage sont mouillés, cul à quai, en plein centre de la ville. C'est un lieu de promenade très apprécié et, à l'heure fraîche, on peut bricoler tranquillement sur le pont de son bateau en regardant passer les curieux dont les commentaires ne manquent pas de cocasserie. [...]

Je suis occupé à me sécher quand un coup d'œil vers le quai me fait découvrir ce qu'avec le recul je ne peux m'empêcher d'appeler les Trois Grâces. Elles sont trois, en effet, trois blondes, le paréo ceint autour des reins et le chapeau de paille incliné sur les yeux.

– Dis donc, Marcel, t'as vu ?

– Ah, tu ne les connais pas ? Ce sont les trois filles qui ont débarqué du gros «bahut» américain.

Et Marcel m'explique qu'est arrivé l'avant-veille un superbe croiseur de Hawaii sur lequel visiblement l'entente ne semblait pas régner puisque les trois filles avaient débarqué illico et attendaient le prochain avion pour rejoindre leur point de départ.

Il faut avoir séjourné un certain temps en Polynésie et sans doute plus encore avoir fréquenté quelques Polynésiennes pour comprendre ce que cette apparition sur les quais de Papeete pouvait avoir d'irréel.

Sur les bateaux voisins aussi, on avait suspendu le travail. Même sur *Melis*, où, la journée durant, une équipe laborieuse s'affairait à remettre cette belle coque en état, c'était le silence. Tous, nous regardions passer ces apparitions. Bouche bée. Hypnotisés.

Sans réfléchir, j'enfilai une chemise, sautai sur le quai et partis à leur poursuite. Mais elles avaient déjà pris de l'avance et se trouvaient maintenant au bout du quai, prêtes à traverser pour entrer dans la ville.

– Hello, miss ! C'est vous qui débarquez du yacht américain ?

– ... ?

On ne peut pas dire que ce soit l'enthousiasme. Deux d'entre elles me dévisagent par-dessous leurs lunettes solaires en opinant du chapeau de paille pendant que la troisième, s'étant carrément détournée, contemple les voitures qui passent. Mince ! Je suis pieds nus et l'une d'elles, avec ses sabots, me dépasse d'une bonne demi-tête. Je me sens soudain tout petit. Au propre comme au figuré...

– Voilà, j'ai un bateau. Le jaune, là-bas. Je suis seul à bord. Si ça vous fait plaisir, je vous emmène demain à Moorea et l'on passe tranquillement la Noël là-bas. C'est un beau coin.

Mon anglais doit être soudain devenu conpréhensible car l'une d'elles me répond qu'elles passeront dans l'après-midi pour «voir le bateau» et qu'on décidera alors. Je les quitte donc avec un grand sourire décontracté et l'air de celui pour qui tout cela n'a aucune importance.

Mais, à peine revenu à bord, je commence à nettoyer *Trismus* et à y mettre un semblant d'ordre. Il faut vraiment des circonstances exceptionnelles pour que je me lance dans ce genre de travaux. Le tout sous l'œil amusé de Marcel, qui continue à fumer, mollement allongé sur le roof.

– Au moins, mon vieux, tu auras une consolation, si elles ne viennent pas : encore une heure à frotter comme cela et ton bateau aura fini de ressembler à une poubelle...

J'ose à peine y croire : elles sont venues. Avec une bonne bouteille et une spécialité qui pousse dans leur pays. L'après-midi a été gai. C'est tout naturellement qu'elles se sont endormies à bord et que le lendemain matin nous avons hissé les voiles vers Moorea. Dès que nous avons paré la dernière bouée de la passe de Papeete, les vêtements ont disparu comme par enchantement : quel charmant équipage ! *Trismus* et moi n'en demandions pas tant. Je me suis installé sur le beaupré pour juger de la situation – et de la vue – avec plus de recul. Il n'y a que 8 milles jusqu'à Moorea. C'est dommage. Je serais prêt à traverser le Pacifique sans rien bouger, c'est trop beau. Non seulement elles sont jolies, sympathiques, mais elles manœuvrent *Trismus* avec compétence.

J'ai toujours pensé que le nirvana, pour un homme, était de vivre avec deux femmes. Mais trois ? J'en suis là, à échafauder les rêves les plus fous, quand l'une d'elles me rejoint sur mon

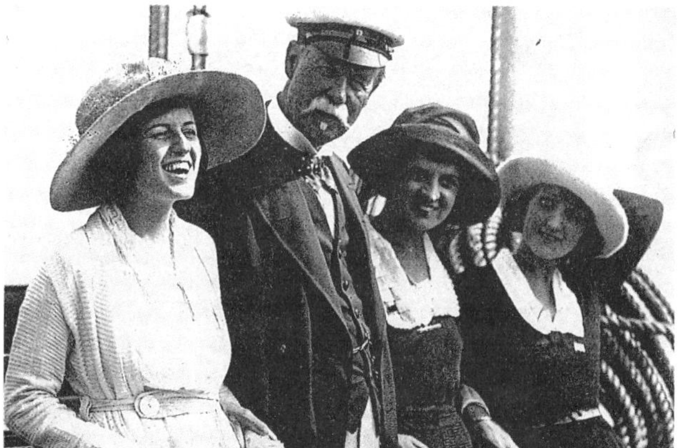

perchoir. Je me suis, par la suite, souvent demandé si elles s'étaient concertées pour sacrifier l'une d'elles à l'autel de l'hospitalité. Sur le moment, je n'y ai pas pensé car elle m'a dit une chose très gentille : «*You have a beautiful boat ... Are you sailing North ?*»

L'homme propose et la femme dispose. Mes copines avaient eu le bon goût de me déléguer la plus charmante d'entre elles : grande et mince, de longs cheveux blonds entourant un visage souriant où le petit nez en trompette mettait une dernière touche irrésistible ... Je n'eus aucune peine à tomber amoureux. Elle s'appelait Wendy...

Jamais traversée ne m'a semblé plus courte. En cours de route, je pêche un gros tasar que nous préparons en poisson cru, simplement trempé dans le citron. Je ne connais rien de meilleur avec une bonne bouteille de blanc pour faire passer. Et même deux, pourquoi pas ? C'est donc tout guillerets que nous embouquons la passe de Vaïcre. Nous avons le vent dans le nez pour gagner le mouillage. Wendy tient la barre pendant

que Denise et Cathy se partagent les écoutes de foc. Quant à moi, je me suis installé à l'avant, scrutant les fonds et commandant la manœuvre. L'eau est splendide et l'on distingue facilement les pâtés de coraux entre lesquels nous nous faufilons. [...]
Un dernier virement, je balance l'ancre, les voiles tombent sauf l'artimon avec lequel nous culons. C'est le silence suivi d'un grand plouf. Tous les autres à l'eau ! Que c'est bon ! Au loin, un Zodiac revient à force de rames.
C'est là que nous passerons Noël et les jours suivants. Plongées sur le récif où le poisson abonde. Cathy et Wendy sont d'excellentes nageuses et commencent une collection de coquillages qui va empester le bateau pendant les jours suivants. *Trismus*, en revanche, est à la fête : avec courage, toutes les trois le vident entièrement et récurent tout à fond. Les voiles sont examinées laize par laize et les coutures recousues par des mains expertes. Trois jours plus tard, je ne reconnais plus mon bateau.

Patrick Van God, *Pour l'aventure*

Le livre de France et Christian Guillain, *Le bonheur sur la mer*, a été un énorme succès de librairie dans les années soixante-dix; l'aventure de ce jeune couple parti affronter les océans, les intempéries... et le problème du lavage des couches de bébé en pleine mer a passionné un grand nombre de familles rêvant d'emmener leurs enfants sur un bateau, ce que certains réussissent fort bien à faire. Dans l'extrait qui suit, France aborde une des petites obsessions qui hantent souvent les navigateurs à l'instant où ils s'éloignent d'un continent, au moment où le choix de s'élancer au travers de l'océan devient irréversible: «Et si je tombais malade, tout d'un coup?»

J'ai une douleur là. Une douleur très localisée, juste au niveau de l'appendice. Une petite pointe, un élancement intermittent. Ce doit être une légère ovarite, comme me l'a dit le médecin il y a un an, quand j'attendais Laurence. Mais ça recommence, de plus en plus fréquent. Ça s'arrête. Oh, ce doit être l'ovaire. Mais ça fait mal, de nouveau !
Je me souviens, j'avais huit ans, ça lançait très fort, plus fort que ça, comme une pointe d'aiguille très violente. Je me tordais de douleur, je pleurais. Le docteur est venu. J'étais dans un grand lit double, où je dormais avec ma sœur. Il a tout fait pour éviter l'opération. C'était à Tahiti il y a dix-sept ans, et, comme je l'ai dit, il y avait peu d'antibiotiques et d'air conditionné. On pouvait mourir de l'opération. Je ne sais plus du tout ce qu'on m'a fait avaler. En tout cas, je suis retournée à l'école. J'étais vivante, bien vivante, pas morte opérée, pas morte sur une table le ventre ouvert. Ce doit être laid, un ventre ouvert. Ça doit ressembler à un lapin ouvert, ou plutôt à une tortue qu'on découpe vivante... On doit tout voir bouger. J'ai mal à droite, toujours au même endroit. La douleur n'augmente pas. Ce doit être l'ovaire. J'espère que c'est l'ovaire. J'espère... mais si ce n'était pas... Si c'était... Oh, cet Américain parti de Panama avec sa femme pour la Polynésie... Ils étaient seuls sur leur joli sloop de 11 mètres, une coque de plastique blanche. Quinze jours après, l'Américain est revenu seul : sa femme avait eu une crise d'appendicite.
Non. Ce n'est pas possible. De toute façon, il y a la provision d'antibiotiques, des seringues, trois seringues et quatre aiguilles. Christian n'a jamais fait de piqûres, mais il apprendra. Dans ces cas-là on sait toujours. Je tiendrai bien dix ou quinze jours... Mais nous sommes à trois semaines au moins du premier hôpital ! Pourrai-je seulement tenir dix ou quinze jours.

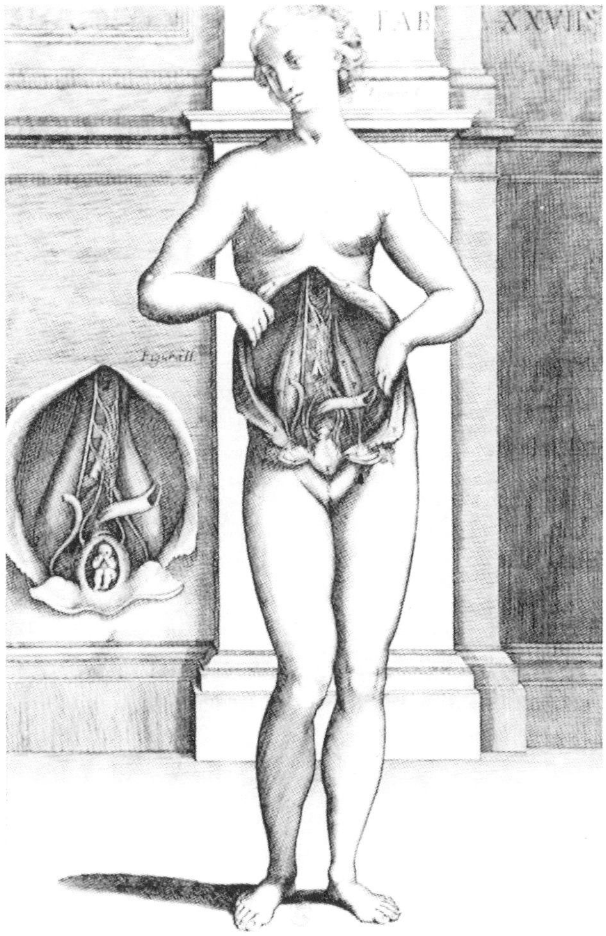

Laurence n'aurait plus de maman ! Seule avec Didier et Christian qui n'ont jamais ouvert un livre de puériculture ! Avec le bateau, ils n'auraient pas le temps. Ils liraient mal. Ca les dégoûterait. Sauraient-ils lutter contre les rougeurs des fesses ? Pauvre Laurence, avec les fesses toutes rouges, pleines de boutons, purulentes, à vif ... elle pleurerait. Sauraient-ils lui laver les oreilles, derrière l'oreille, là où ça s'humidifie et s'encroûte si vite ? Sauraient-ils simplement respecter les doses de lait et d'eau, stériliser les biberons ?
Et après ? Christian ne pourra pas continuer seul avec elle. A qui la confiera-t-il ? Elle sera «à charge». Enfant «à charge». Non, c'est trop affreux. Ma petite fille que j'adore, élevée «à charge». «Avec tout ce que j'ai fait pour toi !» lui dira-t-on quand elle aura quinze ans. Elevée comment, et où ? Non, c'est impossible, je n'ai pas l'appendicite !
... Toujours cette douleur qui part et revient.
... Et moi ? Ils me jetteront par-dessus-bord, comme la femme de l'Américain. Je descendrai au fond, tout au fond, à 4 000,

5 000, 8 000 mètres ! Non, un poisson passera avant. Ou bien je flotterai ce serait affreux. Et que dira Christian en arrivant à la Barbade ?
... Non, ce doit être l'ovaire. Il faut que ce soit l'ovaire, sinon la douleur croîtrait. J'aurais très mal, je ne pourrais pas plier la jambe sur mon ventre. Il faut que ce soit l'ovaire. Je n'ai pas mérité ça. D'ailleurs, la douleur se perd, elle n'augmente pas. J'ai très chaud.
Je me glisse dans la couchette de Christian, qui sourit :
– Christian, crois-tu qu'il serait possible de retourner à Las Palmas ?
– Il faudrait au moins quinze jours. Avec ce temps, il n'en est pas question. Il ne faut pas plus pour aller à la Barbade... Mais pourquoi ?
– Rien, c'est idiot, j'ai eu une légère angoiss.e..
– Mais quoi ?
– Tu sais, mon ovaire, je le sens ... J'ai pensé que ça pouvait être une crise d'appendicite...
– Tu es bête. Tu sais, en mer, il y a un instinct de survie. Dieu, peut-être, qui nous protège. On n'est jamais gravement malade. C'est impossible... D'ailleurs, tu ne connais personne à qui ce soit arrivé ?
– Peut-être ...
Vivre en pensant à la mort, en ressentant chaque seconde comme si c'était la dernière... Cela nous permettrait de perdre moins de temps en futilités, de faire ce qui correspond profondément à nos aspirations, de nous y consacrer pleinement...

France et Christian Guillain, *Le bonheur sur la mer*

On sera peut-être surpris de trouver un *Traité du zen et de l'entretien de la motocyclette*, livre culte aux USA dans les années soixante-dix, dans cette anthologie consacrée au voyage en bateau: c'est que la philosophie de R. Pirsig, son comportement vis-à-vis de la mécanique – préoccupation essentielle sur un bateau – sont curieusement proches de nos préoccupations: pour faire fonctionner en permanence le grand nombre d'objets complexes qui équipent nos bateaux, il faut être un peu zen!

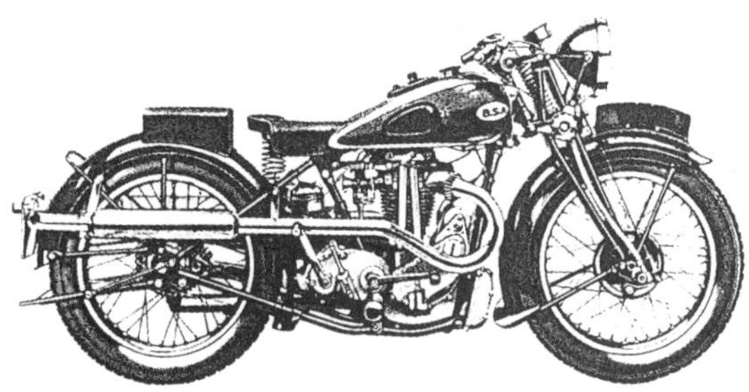

John et Sylvia sont aussi astucieux l'un que l'autre et seraient parfaitement capables de bricoler leur machine. Il ne leur faudrait pas une heure pour apprendre à régler un moteur, s'ils s'y mettaient. Ils y gagneraient du temps, de l'argent, ils s'éviteraient des soucis.
Il m'est déjà venu à l'idée que je suis l'exception en la matière. Mais j'ai écarté cette explication. Les automobilistes, en général, refusent de toucher à leur moteur, mais le problème est différent : dans la moindre ville, on trouve toujours un garage, avec tout l'outillage nécessaire, un pont, des appareils de contrôle qu'un conducteur moyen ne peut avoir. Et le moteur d'une voiture est plus compliqué, moins accessible, que celui d'une moto. La plupart des motocyclistes, au contraire, savent parfaitement régler leur machine. De plus, John possède une BMW R 60, et je suis sûr que, d'ici à Salt Lake City, il ne trouverait pas un mécanicien capable de s'en occuper. S'il a des ennuis avec ses bougies ou ses vis platinées, il est fichu. Je sais qu'il n'a pas de pièces de rechange dans sa sacoche. Il ne sait pas ce que c'est que des vis platinées. Si elles le lâchent dans le Montana ou le sud-ouest du Dakota, je me demande ce qu'il fera. Il vendra sa machine aux Indiens ! Pour l'instant, il sait très bien ce qu'il fait. Il évite soigneusement de se poser la moindre question à ce sujet. Il a choisi la BMW parce qu'elle a la réputation de ne causer aucun ennui mécanique – et c'est là-dessus qu'il compte.
Je pensais d'abord que John et Sylvia n'adoptaient une telle attitude que devant la motocyclette. Mais j'ai compris plus tard que c'était chez eux un comportement général. Un matin, alors que je les attendais dans leur cuisine, je remarque que le robinet de l'évier fuyait goutte à goutte. Il fuyait déjà lors de ma précédente visite. En fait, il avait toujours fui. John m'expliqua qu'il avait bien essayé de poser un nouveau brise-jet, mais que cela ne changeait rien. On pouvait en conclure que l'affaire ne progresserait jamais. Quand vous n'êtes pas capable de réparer un robinet qui fuit, eh bien, votre destin est de vivre avec un robinet qui fuit. [...]
Pourquoi réprimer sa rage contre un robinet qui coule ? Brusquement, je fis le lien avec la question primordiale de l'entretien des motocyclettes. Et la lumière jaillit.
Ce n'était pas un problème de robinet. Ni un problème de mécanique. C'était l'ensemble de la technologie qu'ils n'acceptaient pas. Toutes sortes de détails trouvèrent brusquement leur place et leur sens dans ma tête : l'irritation de Sylvia contre un ami qui affirmait que la programmation d'un ordinateur peut être un acte de création; les dessins, les tableaux, les photographies, qui ornaient ses murs, et qui ne comportaient aucun élément technologique. Bien sûr qu'elle ne va pas s'énerver contre le robinet : on réprime toujours un accès passager de colère, quand il traduit une haine permanente et profonde. Bien sûr que John démissionne à chaque fois qu'on en vient à parler de mécanique – même s'il est lui-même victime de son attitude. Tout s'éclaire. Si, au départ, John et Sylvia ont choisi de faire de la moto, c'est pour échapper à la technologie, en parcourant la campagne au grand air et au soleil. Quand je les replonge dans des questions techniques, à l'endroit et au moment où ils s'imaginent qu'ils s'en sont enfin libérés, je comprends que ça les paralyse, que nos conversations se figent et se bloquent sans recours.
J'avais remarqué aussi, chez eux, des tics de langage significatifs. De temps à autre, ils emploient comme à regret des expressions vagues et désenchantées, du genre "tout ce truc-là". John dit, par exemple : «On ne s'en sortira jamais», et si je lui demande : «Mais de quoi parles-tu ?», il me répond : «Toutes ces histoires». Ou, d'une façon générale : «le système».[...]
Il suffit de traverser une zone industrielle pour se trouver, en effet, confronté avec la technologie. On voit de hautes clôtures

de barbelés, des grilles verrouillées, des panneaux d'*INTERDICTION*. Au-delà, noyées dans des vapeurs de suie, d'étranges formes de métal et de brique. Nul ne sait ce qui se trame dans la zone et l'on n'en connaît pas les maîtres. Comment ne pas se sentir étranger, perdu, exclu ? Votre présence même est indésirable en ces lieux. La technologie a fait de vous un étranger à qui l'on hurle : «Sors !». Il y a bien une explication : ces usines servent l'humanité. Mais d'une manière indirecte. Ce qui saute aux yeux, tout de suite, ce sont les panneaux d'*INTERDICTION*. Ce qu'on voit, ce sont de petits hommes qui, comme des fourmis, s'occupent du monstre. Même si j'avais une place ici, même si je n'étais pas un étranger, je ne serais qu'une de ces fourmis, et je ressentirais de l'hostilité devant un semblable univers. C'est ce même phénomène de rejet qui explique les réactions de John et Sylvia. Leur parler de valves, de roulements, de clés à molette, c'est les plonger dans un monde déshumanisé qu'ils préféreraient oublier à jamais.

Ils ne sont pas les seuls. Et ils n'ont cherché à imiter personne. Mais leur recul les rapproche de milliers et de millions d'autres individus, ce qui fait que les journaux ont cru déceler un mouvement de masse antitechnologique. Ils ont vu émerger toute une gauche qui s'insurgeait contre la technologie, la pollution, la croissance industrielle. Cette révolte est encore contenue par un sursaut de logique : on sait bien que, sans usines, il n'y aurait pas d'emplois, que le niveau de vie s'effondrerait. Mais il y a, chez l'homme, des forces plus grandes que la logique (il y en a toujours eu). Et, si la haine de la technologie devient un jour assez violente, la logique sautera.

On a inventé, et on continuera à inventer, des clichés et des stéréotypes, comme les «beatniks» ou les «hippies», pour désigner le mouvement de refus du système technologique. Mais il ne suffit pas, pour transformer les individus, pour faire d'eux une masse, de les désigner par un terme générique. John et Sylvia, comme la plupart de leurs semblables, refusent justement de faire partie d'une masse. C'est même contre cette idée qu'ils se révoltent. Ils ont le sentiment que la technologie est étroitement liée aux forces qui essaient de les intégrer dans un troupeau anonyme. Et cela leur déplaît. Pour l'instant, ce mouvement de résistance reste passif, il se traduit pour tous ceux qui le peuvent par la fuite à la campagne. Mais il pourrait bien évoluer, trouver d'autres formes.

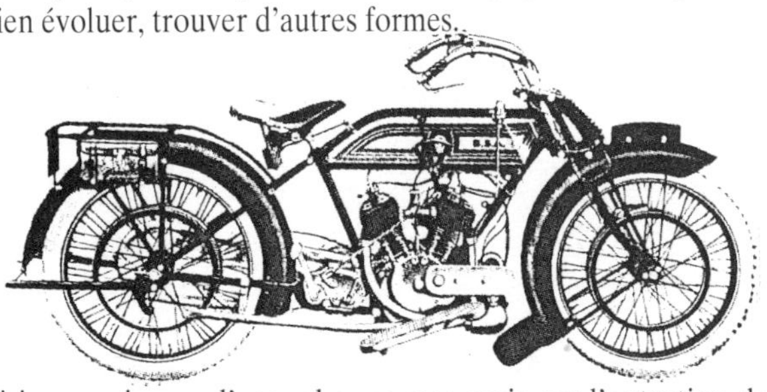

Si je ne suis pas d'accord avec mes amis sur l'entretien des motocyclettes, cela ne m'empêche pas de comprendre leur réaction devant la technologie. Mais je crains que leur attitude les voue à l'échec. Le divin Bouddha trouve aussi bien sa place dans les circuits d'un ordinateur, ou dans la boîte de vitesses d'une motocyclette, qu'à la cime d'une montagne ou dans les pétales d'une fleur. Ce serait rabaisser Bouddha que de penser le contraire – et se rabaisser soi-même.

Robert M. Pirsig, *Traité du zen et de l'entretien des motocyclettes*

Le roman de Peter Mathiessen a pour cadre le bout du monde, les infimes îlots à fleur d'eau qui affleurent loin au large des côtes du Nicaragua et du Honduras; les personnages sont une racaille de pêcheurs de tortue Jamaïquain dont le moins qu'on puisse dire est qu'ils ne sont pas des gentlemen! Quant au style, il est haché comme un de ces coups de vents du nord, les Northers, qui balaient régulièrement cette partie de la mer des Caraïbes; le bateau des personnages principaux du livre (j'allais écrire «du film» tant l'écriture du livre est cinématographique), menacé d'être attaqué par des bandits, tente de quitter un mouillage cerné de coraux à la faveur de la nuit:

Nuages noirs dans un ciel noir. Le récif tonne. A la barre aveugle, Speedy est seul : il ne voit personne hormis le capitaine qui se balance follement en tête de mât, tenant un hauban d'une main, l'autre épousant le contour de son oreille pour mieux entendre.

SUD-SUD-OUEST !

SUD-SUD-OUEST !

danse en tête de mât comme un gosse !

avec ce vent dans les récifs ! Il est cinglé, Will, il est cinglé !

T'entends ces brisants ? On va jamais... CAPTAINE RAIB ! ON REMONTE PAS ASSEZ DANS L'VENT, CAPTAINE RAIB !

Faut qu'il prenne de la vitesse

BYRUM !

il rigole là-haut ! On est dans la gueule de l'enfer et ce type *rigole* !

BYRUM ? CONTACTE LE SYNDICAT DE LA MARINE, BYRUM ! DIS-LEUR QUE J'REMONTE PAS ASSEZ DANS L'VENT SUR L'OCÉAN AFFREUX !

T'ES CINGLÉ, TU SAIS ÇA ?

Chut, Byrum, chut! Ce type est le *captaine* !

TU M'ENTENDS, RAIB, TU M'ENTENDS ?

OCCUPE-TOI DE CETTE ÉCOUTE ! BORDE-MOI ÇA EN VITESSE ! VIEUX CINGLÉ DE FILS DE PUTE DE CAPTAINE DE LA MARINE A VOILE ! BORDE-LA, QUE J'TE DIS !

Wodie et Buddy sont accroupis à la porte de la cuisine. Ils gardent les yeux rivés sur le pont, car ils n'osent pas regarder l'eau.

L'*EDEN* EST PAS LOIN DE LA PLEINE MER, LES GARS !

MAINTENANT, ABATS UN PEU VERS LE SUD !

VERS LE SUD !

Byrum et Will, épuisés, scrutent les ténèbres. Le bateau est encerclé par la blancheur spectrale des récifs.

Oh, *Seigneur*, Will...

Chut, vieux, chut ! Faut lui faire confiance !

OUEST-SUD-OUEST !

OUEST-SUD-OUEST !

TIENS BON CE CAP ! ON VA Y ARRIVER !

Des nuages noirs filent près du mât; les voiles sont fantomatiques. Sur la hune, le capitaine, ivre de joie, écarte largement son bras libre.

ÇA Y EST ! ÇA Y EST ! ON EST EN EAU PROFONDE !

Le bateau heurte.

Peter Matthiessen, *Far Tortuga*

Philippe Jeantot, avant de remporter les plus grandes courses en solitaire, était un navigateur paisible, sirotant son punch au soleil des Caraïbes.

Philippe, le «ti punch» est servi !
– Oui, attends deux minutes, je finis de lire un article !
– Bon, alors, je te l'apporte !
Allongé dans le hamac suspendu sous la bôme de grand' voile, je regarde le soleil se coucher sur la mer des Caraïbes, alors que mon voilier, *Kreiz an Avel*, tire doucement sur son mouillage, dans une petite crique de l'île Blanquilla, la plus au nord des îles vénézuéliennes. Nous sommes là depuis quinze jours, à vivre des heures paisibles. Nous avons l'île pour nous tout seuls ! La Blanquilla n'est habitée que par des chèvres sauvages et par des iguanes. De temps en temps, nous allons à la chasse, Colette et moi. Sinon, toute notre nourriture provient de la mer : poissons, langoustes à volonté.
Voilà deux ans que nous sommes partis de France, et notre route doit nous conduire, à travers Panama, dans le Pacifique. Mais nous avons le temps. J'ai déjà lu deux fois cet article dans une revue de voile, et pourtant je le relis une troisième.
Le Royal Yacht Club de Goat Island, à Newport, organise une course autour du monde en solitaire par les trois caps : escale à Cape Town – Sydney – Rio – retour à Newport –, course réservée aux monocoques entre 9,40 m et 17,06 m. Le règlement est on ne peut plus simple. Le premier qui franchit la ligne a gagné. A la fin des quatre étapes, on additionne les temps des concurrents; le plus rapide a gagné la course.
Ce soir, en buvant mon «ti punch», mes pensées sont du côté des quarantièmes rugissants et des mers du Sud. Je ne dis rien à Colette, et pourtant elle remarque que je ne suis pas vraiment près d'elle en mangeant ce délicieux mérou au four.
Les jours passent tranquillement entre les plongées, les balades sur l'île, la planche à voile, les divers petits travaux du bord... et, tout en bricolant, je pense à ce qu'il faudrait modifier sur mon bateau pour le rendre performant pour une telle course. Les «quarantièmes» continuent de me travailler et, en course, en plus ! ...
Je sais qu'un jour je ferai le tour du monde en solitaire, peut-être même sans escale. Je n'y peux rien : c'est au fond de moi – j'avais quinze ans quand on m'a offert *La Longue Route* de Bernard Moitessier.[...]

Les alizés, ça veut dire les Antilles. Tiens, regarde, aujourd-hui on vient de couper la route que j'avais prise seize mois plus tôt quand je rentrais en France avec mon *Kreiz an Avel*. Tu n'existais pas encore, bien sûr, je rentrais pour te faire construire. Toi, la croisière, tu ne sais pas ce que c'est. Depuis ta mise à l'eau, ça a été la course en permanence. Pas un moment de repos. Évidemment, pour toi, les Antilles ça ne veut rien dire. Tirer doucement sur la chaîne de mouillage dans une petite crique d'eau claire, tu n'y as pas encore eu droit; mais ça viendra plus tard. Pour le moment, il faut courir, sauter chaque vague, allonger ton sillage tous les jours... Tu te reposeras quand tu auras les trois grands caps derriere ta jupe.
Nous arrivons à la latitude de Saint-Barthélemy. Du coup, je ressors la carte des détails de toutes ces îles des Antilles qui s'égrènent comme une traînée de poussière, du Venezuela jusqu'aux USA. Avec, depuis les Antilles, les îles Vierges, les Bahamas; je les connais presque toutes, du sud au nord. Chacune évoque pour moi des souvenirs différents, un mouillage, un parfum, une ambiance, un bon restaurant, une belle plongée ou des amis rencontrés. Je passe deux heures devant la carte, et mon bateau me sent devenir nostalgique, cafardeux Aussi me tire-t-il de ma rêverie en faisant fasseyer le yankee. Oui, mon vieux, je viens, tu as raison, il ne faut pas non plus que je me pose des questions; savoir si j'ai eu raison de rentrer ou pas. Je suis en train de vivre mon rêve, de concrétiser mes espérances des quinze dernières années; alors, pourquoi être cafardeux, pourquoi être mélancolique ? Je repensais juste aux copains qui boivent en ce moment le «ti punch», alors que le soleil se couche sur la mer des Antilles. Bon, allez, on va le régler, ce yankee ! Je vais me faire un bon repas, et, quand la nuit sera bien tombée, j'irai dormir.
J'aime bien voir le soleil se coucher, surtout quand il teinte le ciel de mille dégradés de jaune, d'orange, de rouge, et puis, après, la nuit commence à venir, les étoiles se découpent nettement sur le ciel. Je les reconnais. Ce serait le moment de faire un point astro, l'horizon est encore bien net. Ce moment dure à peu près quinze minutes; après, l'horizon se perd, mais c'est largement suffisant pour viser quatre étoiles.
Je n'ai pas fait un seul point sextant depuis mon départ. On vit à l'heure de l'électronique, des satellites, et mon Shipmate sort comme un automate des points d'une précision déconcertante toutes les deux ou trois heures. En plus, il maintient l'estime et

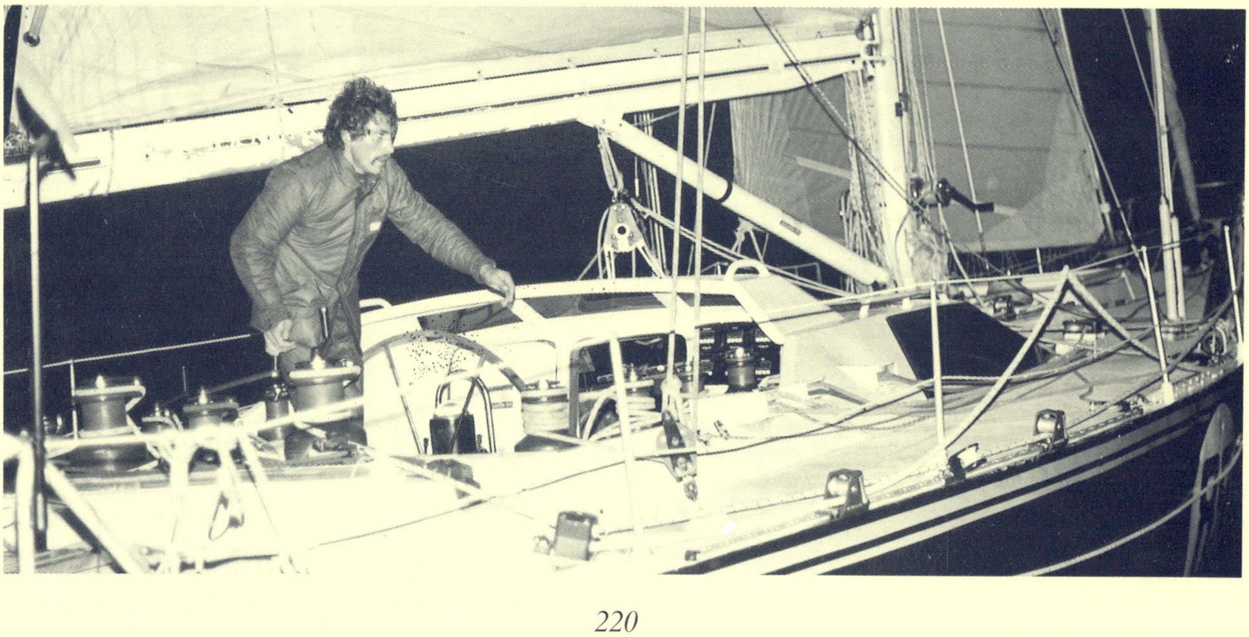

calcule la loxodromie, l'orthodromie et encore un tas d'autres choses dont je ne me sers pas. Je n'avais sur mon premier bateau qu'un compas, un sextant, une gonio et un sondeur. Pas de loch, pas de Nagrafax; je sentais davantage la mer, je passais plus de temps à observer les nuages, et chaque jour, à l'heure de la méridienne c'était un peu une cérémonie où le navigateur, par l'intermédiaire de son sextant, amorçait un dialogue avec les astres pour leur demander sa position. Parfois c'était acrobatique, parce que la mer était grosse, qu'il fallait être sûr qu'on avait bien pris l'horizon et non pas le sommet d'une vague, il fallait jongler avec les nuages. C'était un contact avec les éléments, et avec l'habitude je savais si ma visée était bonne. «Celle-là, je ne la sens pas bien. Je vais en faire une autre». J'étais attentif au mouvement du soleil, de la lune en faisant route vers l'ouest; tous les jours, l'heure de ma méridienne avançait, je la calculais en fonction de la façon dont on avait progressé, et puis tous les trois ou quatre jours on gagnait une heure. Je suivais la déclinaison du soleil qui du sud était repassé au nord, et puis quelle acrobatie le jour où le soleil était juste à la verticale ! Je ne savais plus sur quel côté de l'horizon il fallait le descendre.

Tout ça est bien loin. Shipmate affiche la position avec l'heure du dernier point; en appuyant sur une touche, j'ai la position estimée; sur telle autre, le cap à suivre en ortho ou loxo pour le point de destination; sur une autre, la distance, et le temps pour y arriver en fonction de la vitesse actuelle. Tiens, je suis à huit cent quarante heures de Cape Town, si je continue à marcher à 8 nœuds. Plus aucune poésie, et j'ai même un sentiment de culpabilité devant cette facilité. J'étais fier, un peu inquiet à chaque atterrissage; je disais dans trois heures, au 280 va apparaître la pointe de telle île. Et à chaque fois le miracle avait lieu. De l'horizon sortait la terre vers laquelle on faisait route depuis trois semaines. Quelle fierté à chaque fois de réussir un atterrissage parfait !

Aujourd'hui, je ne regarde plus le soleil de la même façon. Il est juste là pour me réchauffer, pour rendre la journée plus agréable, et pour charger mes batteries à travers les panneaux solaires. Des tâches bassement matérielles. Soleil, les satellites ont détruit ta légende et ton côté mystique ! Mais continue toujours de briller, beaucoup de marins te descendront encore sur l'horizon. J'ai gardé à bord mes deux sextants. Tu sais, l'électronique, c'est plus facile, c'est plus rapide, mais parfois ça tombe en panne. Avec un sextant, il n'y a pas de surprise.

Eh bien, si tu veux, demain, pour voir si je n'ai pas trop perdu la main, je ferai quelques visées. Et, régulièrement, je reviendrai sur le pont pour te demander ma route. Je vais aller me coucher en abandonnant mon bateau à la lune.

Ce soir, c'est un vrai régal. La mer est presque plate, la houle est très longue et on passe dedans sans ralentir, sans même une éclaboussure. Les mouvements sont presque imperceptibles et pourtant le vent est bon, régulier, chaud, et il nous gonfle gentiment les voiles nous faisant faire un sillage phosphorescent bien rectiligne. Je suis debout à l'arrière entourant d'un bras le pataras et je n'arrive pas à m'arracher à ce spectacle. Voila bien deux heures que je suis là sans bouger, détaillant tantôt le passage de cette longue coque noire bordée de jaune qui ouvre en douceur son passage, ou tantôt la chute des voiles, qui impeccablement coupées ne fasseyent pas du tout, et le sillage où des tourbillons marquent notre passage pour quelques secondes encore. Je regarde l'horizon, le ciel, les quelques nuages très haut dans le ciel et maintenant les étoiles qui ont pris possession de mon univers. J'ai sommeil, mais je voudrais encore rester là des heures à contempler ce merveilleux spectacle.

On m'a souvent demandé si au bout d'une longue traversée je n'en avais pas un peu marre d'avoir tous les jours une mer vide pour tout horizon. Mais comment expliquer que tous les jours c'est totalement différent. Que la mer n'est jamais deux fois pareille. Que cette vision est toujours un émerveillement. Il faut peut-être apprendre à la regarder. C'est vrai que la mer vue de terre n'est pas la même. Chez certains, elle évoquera le voyage, l'aventure, des terres lointaines. Le vent leur apportera des parfums exotiques, ceux-là vibreront à l'appel du large, et, je leur souhaite, finiront par partir un jour. Chez d'autres au contraire, ce sera l'inconnu, la peur et le néant. Comment expliquer que la mer est tantôt douce, tantôt cruelle, toujours plus forte que le marin et son bateau qui réussiront quand même à passer s'ils savent bien manœuvrer et courber l'échine. Comment expliquer cette communion d'un homme et de son bateau avec les éléments. Il n'y a pas de mots pour cela. Il faut partir, perdre la terre de vue et sentir avec ses fibres tous ces messages. Alors, on découvre les différents visages de cette mer devenue maîtresse, et on apprend à les aimer tous.

Philippe Jeantot, *3 océans pour une victoire*

Georges Console tenait une boîte de nuit où je me démenais souvent au temps du jerk... un jour il a tout quitté pour acheter un vieux petit navire de passagers englué sur le fleuve Sénégal; c'est là que je l'ai retrouvé, baladant touristes et autochtones aux fil des eaux boueuses

Chaque départ de Rosso tournait à une fantasia infernale. Dès que les Ritanis avaient fini de charger le *Bou el Mogdad*, je donnais l'ordre de lever les amarres. Sur le quai, des centaines de spectateurs étaient amassés : des hommes, des femmes, des vieillards, des enfants. Assis sur leurs talons, ils surveillaient le bateau dans un assourdissant vacarme de cris, de pleurs de bébés, de rires, d'interpellations. Les marchands en boubou blanc surveillaient leur chargement pendant que Dominique, bloc-notes à la main, comptait et recomptait les sacs de fret dont les Mauritaniens m'avaient imposé la responsabilité par contrat. Des chiens jaunes venaient pisser sur les tas de riz en vrac et les caisses de thé, chassés à coups de pierres par les marins; des chèvres tentaient de brouter le jute pour se régaler de son contenu; des gamins escaladaient les entassements de sacs; des adolescents dansaient en tapant sur leurs tambours. Les policiers, brandissant des gourdins et des rostres de poissons-scies, encore pourvus de leurs redoutables dentures, cognaient à coups redoublés sur quiconque faisait mine de s'approcher du bateau.

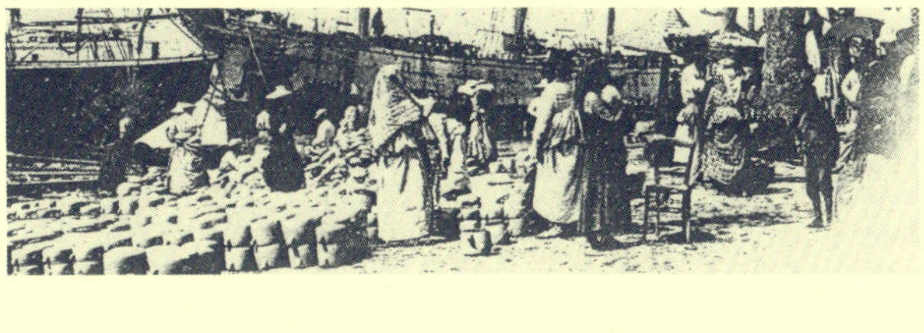

Puis, au moment du départ, je voyais arriver les passagers.
Les passagers, c'était devenu une obligation.
D'abord, il fallait emmener dans son village natal un parent du préfet et toute sa famille. Puis les amis du commandant de la place, puis les relations du parent du préfet, puis les connaissances des amis du commandant, puis les neveux des douaniers, puis les oncles de tel ou tel marin et leurs femmes et leur progéniture. Et, pour finir, tous ceux qui, courbant l'échine sous les coups de gourdin et de rostre des policiers, parvenaient à s'agripper à la rambarde et à escalader le bateau au moment précis où il quittait le quai.
Ils se hissaient, véritables grappes humaines, chargés de ballots, de sacs, de coffres bloquant sous le bras un agneau ou un chevreau, courbant la nuque sous le poids des paniers, traînant derrière eux leur fourneau, criant, poursuivis par les aboiements des chiens, les youyous des femmes, les ordres inutiles des policiers. D'un coup de reins, ils franchissaient les rambardes et s'accroupissaient dans un coin, indélogeables, jusqu'à ce que le bateau ait gagné le milieu du fleuve.
Là, ils s'installaient pour huit jours. Les femmes caquetant et cuisinant, les hommes dormant et bavardant, un pan de boubou ou de djellaba tiré sur le visage pour se protéger du soleil.
Le soir, la vraie vie commençait. Transformé en village flottant, le *Bou el Mogdad* s'immobilisait à l'ancre dès l'annonce du crépuscule. Il m'arrivait alors de prendre l'annexe pour m'éloigner et contempler, sur fond d'horizon embrasé, mon bateau où s'allumaient les lucioles des fourneaux. Sur le ciel se détachaient les silhouettes des enfants qui plongeaient dans le fleuve. Puis montait le rythme des tambours. Les passagers tapaient sur tout ce qui se trouvait à portée de leur main. Le rythme, d'abord erratique, finissait par se fondre en un unique battement, comme un cœur gigantesque. Alors venait l'heure des chants et des danses. La fête durait jusqu'à une heure avancée de la nuit.
Lorsque la journée avait eté vraiment trop chaude, le bateau disparaissait, au contraire, dans une brume jaunâtre, posée sur l'argent du fleuve qu'irradiaient les rayons du soleil couchant, et un étrange silence s'installait, presque angoissant.
George Console, Le roi du fleuve

Joan de Kat a fait naufrage au cours d'une transat, accompli un tour du monde sur la *Misericorde*, et choisi de s'installer dans un «motu», îlot au ras de l'eau de la ceinture corallienne qui cerne Bora Bora. Il y sculpte et peint avec une bonne humeur rabelaisienne, et rêve à de futures découvertes:

J'ai vu, avec la *Miséricorde*, comme il était bon de se mettre au vert sur les hauteurs des volcans, dans les fraîches montagnes de Bali; combien il était doux de tourner doucement en rond dans les deux mille atolls des Maldives...
Mais reprendre un beau jour la mer offre tant de plénitude, de liberté qu'on a l'impression de diriger son destin.
Je pense qu'il existe deux sortes d'hommes : ceux qui trouvent leur équilibre dans un certain train-train et restent dans la région qu'ils habitent... et d'autres qui passent un moment serein de paix et poursuivent leur quête de découvertes. J'appartiens à ce type-là. J'ai toujours pensé que l'océan Indien, qui commence sur les côtes de l'Indonésie et se termine en Afrique du Sud, est le plus riche à découvrir.
Pensons à toutes ces îles si peu connues telle les Andamans, les Loquedives, les Falklands, les Chagos; sans compter les plus connues comme Sri Lanka, les Maldives, les Seychelles, l'île Maurice, la Réunion, Madagascar, où au sud de Nossy-bé, je me souviens être descendu dans un petit îlot de la côte et quel plaisir que de taper sur des géodes qui s'ouvrent en deux comme une noix de coco et laissent apparaître les merveilleux cristaux d'améthyste; quelle aventure de remonter plus loin la rivière aurifère de Djangoa et de tamiser le sable des rives. Mais l'exaltation du voyage commence réellement le long des petits îlots sauvages de la Thaïlande, du côté de Pukhet où les paysages sont somptueux, les filles jolies.
Je fais souvent dans mon esprit la comparaison suivante : les flibustiers après avoir été chassés des Antilles vinrent naviguer entre la Réunion, l'île Maurice, Madagascar... Ils y laissèrent leurs trésors.
Aux Seychelles, dans les Amirantes, j'ai vu de si belles épaves anciennes couvertes de canons de bronze avec du corail rouge à la pelle provenant d'un vieux galion portugais de 1540. Cela me fait toujours rêver et il me tarde d'étudier la saison, le meilleur temps pour pouvoir revenir y plonger, car les bibliothèques regorgent d'histoires de naufrages et mon ami Lize est toujours là pour me sortir des archives les épaves très riches qu'il faut aller découvrir.

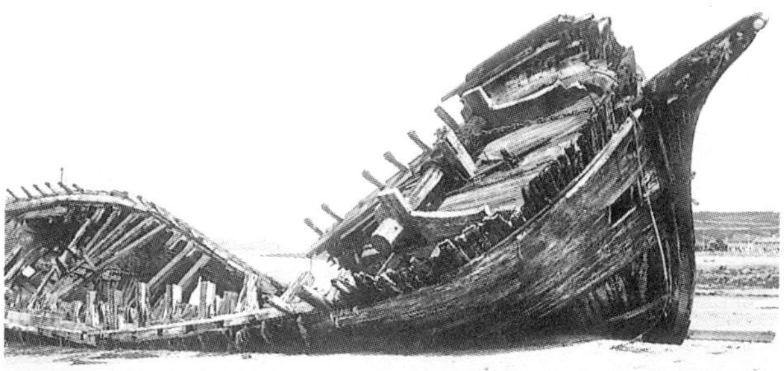

La Polynésie est en dehors de tous les chemins anciens des épices, là où voguaient les riches galions !
Le monde est si riche, il y a tant de choses à découvrir qu'on ne sait plus par où commencer. Il s'agit de se plonger dans les atlas, dans les livres des voyageurs, dans les pilots-charts qui donnent le pourcentage des mauvais temps dans toutes les mers du globe et suivant les saisons.
Baliser déjà un chemin, aller ensuite à la découverte. Les yachts que l'on voit passer à Tahiti, et ils sont nombreux, surtout en juillet, (beau temps favorable et festivités à Papeete...) partent généralement vers la Nouvelle-Zélande et l'Australie. Certains font une courte escale à Bora Bora, vont aux Cook, s'arrêtent aux Samoa, aux Tonga et aux Fidji. Ils ont vu le Pacifique et sont heureux de retrouver les grandes villes d'Auckland, de Brisbane ou de Sydney.
Moi, je me suis fait à un art de vivre, de cet amour de la vie, de parcourir le monde dans un temps indéterminé, de cette possibilité de s'arrêter en fonction de son humeur, sans horaire à respecter, d'aller où bon vous semble, (de préférence dans les îles ensoleillées) où la civilisation galopante n'est pas encore arrivée; avec comme philosophie de voyage un grand sourire à la vie.
Joan de Kat, *Autour du monde à la recherche du motu*

Benoît Landais s'est embarqué un jour pour un tour du monde ultra léger sur un petit catamaran plus habitué aux régates côtières qu'aux longues traversées océaniques; il raconte les péripéties de son voyage avec l'humour et le détachement d'un homme decidé à goûter à tout, et, pour quelques années, à «essayer la mer»; lorsqu'on voyage vers l'ouest, on doit retarder sa montre d'une heure chaque fois qu'on a franchi quinze degrés de longitude; et, lorsqu'on atteint une ligne appelée «ligne de changement de date», avancer son calendrier d'un jour... ce n'est pas à priori évident à comprendre, et çà pose manifestement des problèmes à Benoit Landais:

Survient alors, comme pour faire diversion, la plus lamentable mésaventure de ce conte : nous butons contre la «ligne de changement de date». Affaibli du bulbe mais n'ayant pas encore basculé dans la démence, je conservais de maigres piquets fichés dans les prairies de l'entendement que je présentais comme une muraille : on me les faucha... Je me croyais habitué à la réalité du temps qui passe, depuis le temps! Eh bien, non! Après avoir franchi la ligne, nous sommes repartis dans l'autre sens pour tenter de réparer l'irréparable, nous avons tiré des bords pour essayer de saisir où nous en étions. Certains étaient partisans de se soumettre sans autre forme de procès, j'opposais le bon sens, il n'était pas question de basculer dans l'irrationnel alors que nous étions pratiquement à califourchon sur la réalité. Si aujourd'hui, il est loisible d'admettre que nous sommes aujourd'hui, dans cinq minutes, quand nous aurons repassé la ligne d'ouest en est, nous serons hier, c'est clair. Mais à cet instant nous serons contraints de reconnaître que nous avons été demain, ce qui devient plus délicat.

Pour que ma lanterne s'éclaire sans trop entraver la vie du bord, je continuai à beugler mes ordres, l'un d'eux passa mal, monsieur Maurice descendit d'un cran ses lunettes quand je lui dis : «Oh, hier soir, tu n'oublieras pas de remettre les écailles du poisson qu'on a pêché demain, sinon il va s'arrêter de puer...» La fin de la phrase s'abîma dans le silence, je vis les mains de mes mutins glisser en direction d'objets contondants. Pour désarmer les bras assassins je corrigeai aussitôt : «Laisse tomber... je l'ai fait... ce sera une blague». Les têtes accueillirent impassibles mon frivole propos mais s'inclinèrent de trente degrés sur le côté, j'eus la désagréable impression d'être observé par en dessous.
Véro toussa, tira lentement une bouiffe qui noya ses mots de fumée bleue : «C'est normal, moi ça m'a fait pareil, bougez pas». Elle revint avec son passeport. Il avait été tamponné le 27 juillet, puis le 28 et plus tard le 27 sans qu'il y ait eu la moindre erreur.
Pris de court pour l'achat des billets ils avaient dû se contenter des dernières possibilités offertes, leur itinéraire Bordeaux-Paris-Amsterdam-Vancouver-Honolulu-Fidji-Pago-Pago-Aukland-Tahiti, cousait littéralement la ligne de changement de date, Véronique ajouta qu'elle avait ressenti des troubles voisins des miens, mais que maintenant qu'Henri lui avait bien expliqué, ça allait mieux. «Hein, Henri ?...»
Henri sursauta, fit mine d'hésiter, avala sa salive, puis dit que c'était tout à fait malaisé à formaliser mais que là, le moteur nous permettant de choisir un côté ou l'autre de la ligne simplifiait la manip. Dans l'avion, il avait dû poser la lanière du sac à terre et sauter de part et d'autre, d'abord pour se convaincre, ensuite recommencer pour convaincre Véro. Il conclut : «Momo, fous un petit coup de berlingue, faut que je lui explique un truc.»
Monsieur Maurice étant un dingue de la mécanique, pour lui «faut que ça dépote», je lui dis d'y aller mollo, on n'est pas aux pièces. Quand la ligne fut en vue, Henri ajouta en direction de Momo : «Dès qu'on est dessus, tu zigzagues, plein Nord». L'autre insista : «Je zigzague comment, large ou serré ?» Henri rectifia : «Tu regardes bien le compas, et tu vises le Nord, tout droit, ça ira !» Puis plus bas à moi : «Là on va se balader de droite et de gauche de la ligne, tranquillement, t'observes bien ce qui se passe, tu dis rien». Je compris sans qu'il ajoutât quoi que ce fût. Il y eut d'abord un poisson dans le cockpit puis plus rien puis il revint à nouveau, il apparut ensuite dans mon assiette à moitié mangé puis plongea dans le four, enfin, alors que Momo marche à fond plein est, le poisson ramasse ses tripes, pose le couteau, saute sur l'hameçon et s'échappe en faisant dé-sonner la ligne.

Aux Roquès, Benoit a eu le temps d'étudier les mœurs de oiseaux:

En continuant plein ouest, on tombe dans l'archipel des Roques, c'est plus grand, boisé, habité. En plus du ballet dominical des avionnettes de Caracasséens fortunés, le spectacle aérien est offert par des oiseaux qui vivent en rideaux, volent en rideaux, s'abattent en rideaux si denses que leur plongeon collectif lève une véritable vague. Certains moins doués tel le pélican s'essaient à les copier. Les pélicans s'écrasent à chacun de leurs plongeons dans un fracas qui nous arrache des oh ! émus. Ils ressortent parfois avec de quoi manger, c'est inexplicable. J'ai supposé qu'en frappant très violemment la surface de l'eau ils assommaient tout le poisson se trouvant au-dessous et n'avaient plus après qu'à se servir.

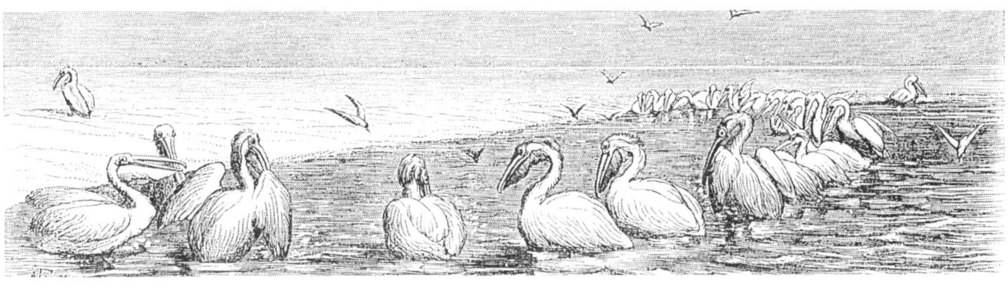

La frégate se conduit en commanditaire des oiseaux pêcheurs. Si certaines *gaviotas* peuvent descendre jusqu'à vingt-cinq mètres sous l'eau grâce à une membrane qui leur bascule sur l'œil, véritable masque de plongée, la frégate qui n'est pas nantie de cet utile appendice en est réduite aux rapines pour consommer du poisson frais. Voir évoluer ce grand voilier est un spectacle, la frégate prend à partie en plein vol l'oiseau pêcheur qui lâche son lot, elle fond et se saisit du poisson avant qu'il n'atteigne l'eau. Parfois, l'ayant récupéré, on verra la frégate relancer de secs coups de bec ou de longs coups de cou un poisson toujours vivace gigotant en altitude jusqu'à ce qu'elle s'en saisisse de manière apparemment satisfaisante. Pour spolier le pélican, elle agit dès qu'il ressort de l'eau n'hésitant pas à lui poser les pattes dans les yeux. Au moment où il ouvre son bec-poche pour récriminer elle se sert à l'intérieur. Le pélican prend alors un air particulièrement idiot comme s'il cherchait à comprendre ce qui lui est arrivé.

Certains oiseaux prennent des airs pensifs, le héron semble perdu dans de sombres méditations, il ne manque jamais de vous engueuler d'un peu loin si vous l'en avez tiré mais les pélicans semblent avoir un gros problème de QI. Je les ai observés souvent, ils sont différents des autres, ils semblent vouloir penser mais çapeut pas, on voit. Ne croyez pas qu'il faille courir après toutes ces bestioles pour les avoir sous le nez, elles sont familières. Vous pouvez accueillir sur le bateau deux cents pélicans et le guano qui va avec si vous ne sortez pas le manche du balai dès la première visite.

Benoit Landais, *J'essaie la mer*

Vous avez peut-être vu dans l'émission de Nicolas Hulot, *Ushuaia*, des films consacrés à Goudis, un navigateur français qui parcourt les archipels d'Extrême-Orient, plonge avec les enfants plongeurs des Philippines ou chasse le cochon sauvage avec les Indiens mantawai, au sud de l'Indonésie. Il raconte ici son naufrage dans l'atoll désert de Suvaroff, catastrophe dont il sort curieusement heureux!

Nous parlons de Suvaroff... Albert me confie que, lors de son précédent voyage, il avait failli perdre son bateau à High Island, le mystérieux motu difficile d'accès situé de l'autre côté du lagon. Le vent et la houle s'étaient levés d'un seul coup, l'emprisonnant dans le labyrinthe de corail. Il y avait laissé deux ancres et n'avait sauvé son bateau qu'au prix de fabuleux efforts.
D'après lui, Anchorage Island ne justifie point son nom. Les coups de vent qu'on y subit sont plus brutaux qu'en pleine mer. Le mouillage n'est pas sain du tout. D'ailleurs, demain, il m'apportera son groupe électrogène pour recharger ma batterie. Je me sentirai tout de même bien mieux avec un moteur en état de démarrer, ce qui est très rare en ce qui me concerne. Au fil de la discussion, j'apprends que c'est un an plus tôt, jour pour jour, le 10 juin 1980, que le trimaran dont j'ai récupéré quelques morceaux de teck sur la plage s'est écrasé sur le récif.

Ce même soir du 10 juin 1981, l'heure est à la mer qui, sous un grain violent du sud-sud/ouest, se courrouce et nous envoie deux mètres de houle. Pas de lune, noir total. Les deux mouillages se tendent par à-coups comme des tiges de fer. Seulement sur aussière et un peu de chaîne, je ne suis pas clair ! J'ai bien affourché mes deux ancres, mais avec tout ce corail tranchant !
Quinze minutes plus tard, le rappel est si brutal que marcher se fait à genoux. La proue se plante jusqu'au mât dans les murs d'eau noire. En prévision de l'imparable, j'enfile ma combinaison de plongée. Nadine, optimiste, sous-estime le danger. Je suis obligé d'insister pour qu'elle se lève et prépare nos palmes, masques et tubas. Ma lampe sous-marine n'est pas en état de marche, mais de toute façon, plonger dans ce bouillon, par douze mètres, avec ou sans lumière, ne m'amènerait à rien. Que faire ? Partir à la voile dans le lagon plein de patates de corail à fleur d'eau ? Sûrement pas. On n'a même pas d'annexe assez grande pour nous deux ! Toute manœuvre est inutile. Les dés sont jetés.
Les projecteurs de pont du yacht voisin, le *Pacific Mariner*, nous éclairent la panique de l'équipage en train de manœuvrer fébrilement... Ça ne peut être que des novices ! Soudain, ils foncent droit sur nous. Je siffle dans mes doigts. M'ont-ils entendu dans la tourmente ? On évite de justesse la collision. Leur moteur hurle quand il rase la poupe de *Julio Grande*. Juste le temps de haler l'amarre du dinghy. Leur étrave l'aurait tranchée... Aux mouvements saccadés de son gréement, c'est certain, le malheureux *P.M.* est planté sur une patate... Puis sur une autre. Là, il est sur la barrière, gîté et terriblement secoué.

Ça y est, c'est notre tour. Après avoir cassé la pire des deux glènes (long cordage), le meilleur mouillage lâche aussi. Souplement, sans bruit aucun, *Julio* se met en travers des vagues. Je me précipite à l'avant et hisse une moitié de trinquette pour prendre de la vitesse et pouvoir diriger le bateau ailleurs que sur le *Tropic Birds*, un voilier français avec

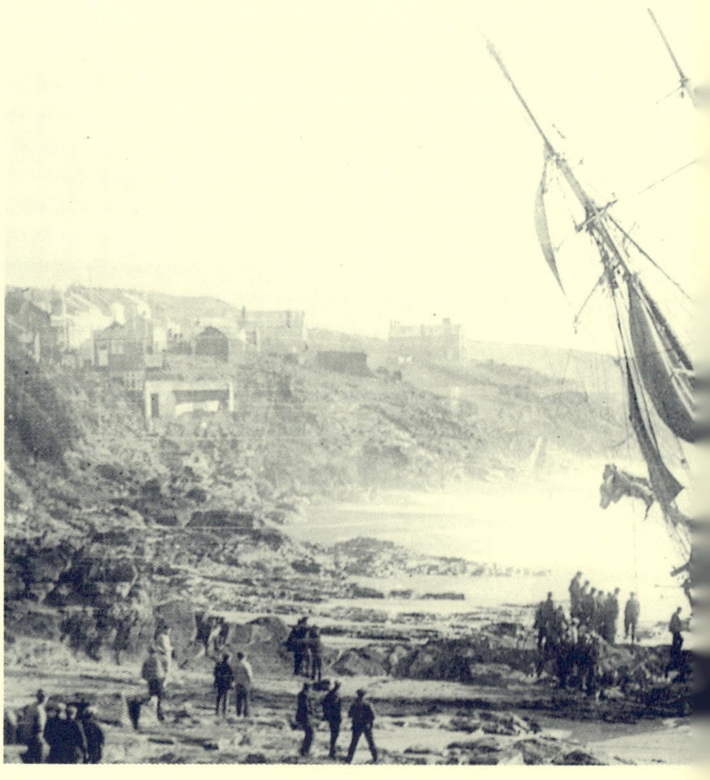

lequel la collision est imminente. Tout de suite après, nous touchons des patate...
Mon sang se fige ... Mon esprit marche à mille à l'heure. Notre bateau, de construction légère, pourrait perdre sa quille sur la barrière, car c'est la marée mi-haute, et nous envoyer couler dans la passe, de l'autre côté... Un seul recours : je dirige mon pauvre *Julio* vers le *Pacific Mariner*. Il est irrémédiablement planté, mais tient encore sur une ancre. On talonne une fois, deux fois et la course fatale continue. Au passage, sans y être invités, nous sautons sur le gros yacht échoué. A l'intérieur, ils sont quatre en gilets de sauvetage, les yeux ronds comme des soucoupes, nous dévisageant comme à l'apparition de zombies en combinaison spatiale. Ils nous prennent peut-être pour leurs sauveteurs !
Déjà à moitié sous l'eau, leur moteur emballé hurle toujours. Eux sont assis, figés, autour de la table du carré, avec un jeune garçon. Les pauvres, ce ne sont que des touristes en charter ... Ils ont sans doute choisi le mauvais capitaine.
Le gros homme étouffe, sa face est convulsée, il panique à mort et leur transmet sa peur viscérale. Un coup d'œil sur ce vent de folie suffit pour nous faire ressortir dans la tourmente.

Tout d'un coup, Nadine et moi nous sentons plus calmes. *Julio Grande* est là, à deux pas, tristement couché sur le corail et battu par les vagues. Ça retourne le cœur. En trois brasses périlleuses nous sommes à bord. Plus de danger, sa course folle s'est arrêtée là. Il n'ira pas sombrer dans la passe mortelle, juste derrière.
Sur les trois autres voiliers encore à flot, un seul tient bon. Albert est dans les choux... Au milieu des embruns, nous suivons la tragédie, assis à même le pont et copieusement secoués sous les coups de boutoir de la mer déchaînée. Du délire grandeur nature !
Une heure plus tard, *Pacific Marine*r qui, peu à peu, a continué à déraper, défonce la coque en acajou de notre home. Nos sacs sont prêts. Étant donné la fragilité de *Julio* comparée à

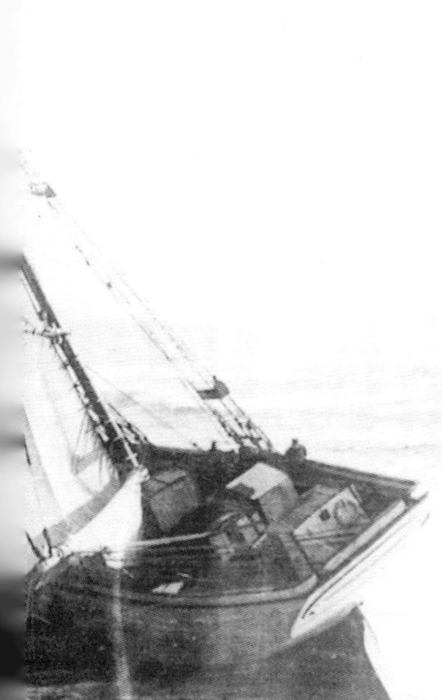

l'énorme épave des voisins, je pense être désintégré avant eux. Aussi, les sept sacs contenant toute ma fortune changent de bord. Seule ma bibliothèque reste avec nous...
Les lames pilonnent de plus belle... surtout sur nos voisins qui sont aux premières loges. En criant pour nous faire entendre, nous essayons de les réconforter. Mais affolés et déjà affublés de leurs bouées orange, sifflet au bec, ils ne veulent rien savoir. La marée monte et les vagues déplacent les navires blessés. Le formosan (*Pacific Mariner* fut construit à Taïwan) en plastique à moitié plein d'eau nous fait un rempart contre l'agression liquide. Nous amarrons ensemble les deux coques qui se sont accouplées naturellement dans la mort.
Les combinaisons de Néoprène nous protègent, mais le vent s'engouffre à présent par une large brèche dans la hanche de *Julio*. L'eau monte dans les cales. Pas le moment de perdre l'appétit : ouvrons ces boîtes de fruits au sirop... Allumons un bon cigare pour fêter le début des vacances... une goulée de rhum. C'est génial la vie; plein d'imprévus ! Sans parler, Nadine et moi partageons une joie intense de vivre l'irréel, joie déplacée peut-être, mais il faut être optimistes, même en danger. N'a-t-on pas fait tout ce qu'on a pu ? Nous devons être à six cents mètres de la plage. J'ai reconnu le coin hier avec mon masque. A part ces sales requins, je sais que je pourrai guider Nadine et le gosse des voisins à la nage vers l'île, en cas de nécessité. Il fait d'autant plus noir que les batteries du *Pacific Mariner* sont noyées.
Le bois craque, gémit, nous sommes très secoués, trempés, mais hors de danger... La cloche de brume du *Pacific Mariner* sonne le glas toute la nuit. Pourquoi la faire taire? C'est dans le ton, non ?
Comment expliquer cette jouissance sous le déchaînement de la nature?... Peut-être est-il dû au confort relatif du carré de *Julio*? Au rempart de protection contre les vagues que représente l'autre épave? A la certitude qu'on va s'en tirer et qu'on n'a rien à perdre?... Ce moment tant redouté depuis des années est formidable, finalement.
En moi, c'est le grand calme toute la nuit.

Vers quatre heures du matin, c'est marée très haute. La java continue de plus belle. Sous l'assaut d'une vague plus forte que les autres, le *Pacific Mariner*, déjà bien rempli d'eau, chavire d'un seul coup. Trois vagues plus tard, seuls ses mâts émergent. J' assiste alors, écœuré mais impuissant, au spectacle de tous nos sacs, éventrés, quittant à la dérive son épave.
– Shit! Mes Tupperware contenant des centaines de coquillages rares ! Ils flottent à la dérive en file indienne, sans que j'y puisse rien faire. En deux minutes, ils ont disparu, enveloppés par l'obscurité. La mer reprend ses biens.
Tels des cafards, les voisins nagent vers notre coquille de noix que les chocs de leur épave ont hissée en hauteur sur le récif avec un sinistre trou dans la hanche. *Julio Grande* est bel et bien coulé et seul un coin de sa cabine émerge. Dedans, comme par miracle, ma petite mais fidèle bibliothèque est sauvée. Nous faisons aux nageurs une petite place à nos côtés, sur le dessus du roof, en attendant le soleil car il ne fait pas chaud. Eh oui, plus de vadrouille ! *Who cares, anyway,* j'avais un petit bateau, j'ai aujourd'hui une grande île pour moi, hier j'étais capitaine, aujourd'hui je suis roi.

Vincent Goudis, *Bleu sauvage*

Le compte-rendu qui suit n'est pas réellement un extrait littéraire, mais il a, a mon avis, sa place ici: quelques circumnavigateurs, pour garder le contact avec leurs amis restés à terre, donnent de temps en temps de leur nouvelles sous la forme de lettres polycopiées; Jacky Destailleurs l'a fait tout au long de son tour du monde sur Saga, et a, au terme du voyage, rédigé cette dernière gazette qui, dans sa concision, vaut de longs récits ou traités: un tour du monde y tient en deux pages, avec ses vents, ses incidents, ses coups de cœur, ses frayeurs et ses enseignements.

Trois océans : Atlantique Nord + Sud, Pacifique Sud, Indien

– A Trois : Annie + Jacky + *Saga*

– Le bateau *Saga* :
VIA 36 - Dériveur intégral aluminium - 11,50m x 3,81m x 0,80m/2,20 m
Mise à l'eau 1-8-1981 - 60 000 milles parcourus

– Durée tour du monde :
5 ans – Départ Dunkerque le 15-7-1985
Arrivée Dunkerque le 15-9-1990

– Parcours :
France - Espagne - Portugal - Madère - Canaries - Guadeloupe (déc. 1985) - Petites Antilles - Venezuela - Panama (mars 1986) - Galapagos - Polynésie Française (juillet à avril 1986 - Gambier - Tuamotu - Iles du Vent - Iles sous le vent - Marquises et Australes) - NIUE - Tonga - Wallis et Futuma - Fidji - Vanuatu - Nouvelle-Calédonie (septembre à avril 1988) avec les Loyautés - Australie (grande barrière de corail - Cap York - Darwin - avril 1988 à juillet 1988) - Ashmore Reef - Bali en Indonésie, août 1988, Christmas Island - les Cocos - Maurice - la Réunion (octobre 1988) - Afrique du Sud (Durban - Le Cap, décembre, janvier, février, mars 1989) - Ste-Hélène (mars 1989) - Brésil (avril à août 1989 Santos à Sao Luiz) - Guyane Française (septembre à novembre 1989) - Tobago - Grenade - Les Grenadines - Les Antilles Françaises, Anglaises et Américaines - Puerto Rico - République Dominicaine - Les Bahamas (mars-avril 1990) - Les Bermudes (mai 1990) - Les Açores (juin 1990) - Arrivée à l'île d'Yeu le 14/7/1990.

– Soit :
Environ 40 pays ou endroits principaux visités
20 monnaies différentes utilisées dont une universelle : le dollar
4 langues principales : anglais, français, portugais, espagnol

– Distance parcourue : 47 500 miles, 88 000 kilomètres
La plus longue étape en distance : Galapagos - Gambier : 3 300 milles en 22 jours : 6,21 nœuds
La plus longue étape en temps : Canaries - Guadeloupe : 2 800 milles en 23 jours : 5,101 nœuds

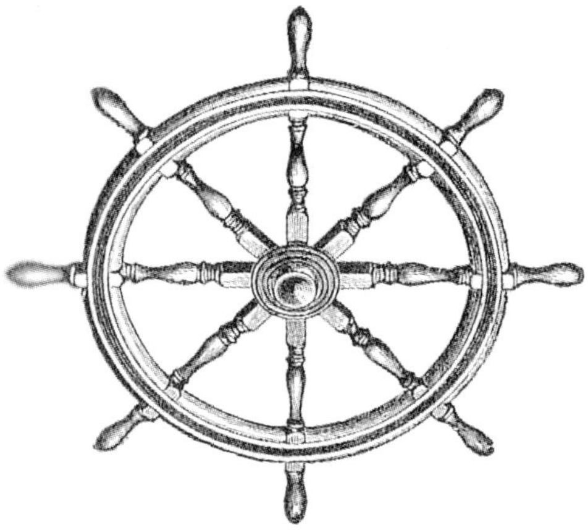

La plus rapide étape : Cocos - Maurice : 2.335 milles en 15 jours : 6,49 nœuds

– Vitesse moyenne sur les 13 étapes principales :
5,53 nœuds = 132 milles par jour

– Distances parcourues dans les divers océans :

Atlantique Nord - 1985-1986 :	8 200 milles
Pacifique Sud - 1985-1988 :	16 400 milles
Indien - 1988-89 :	7 200 milles
Atlantique Sud - 1989 :	7 000 milles
Atlantique Nord -1989-90 :	8 700 milles

– Vitesse au près :
Ce n'est pas la meilleure allure du VIA et pourtant l'étape PAPEETE-NUKU HIVA (Marquises) contre alizés musclés et courants (force 4 à 6) : 10 jours pour 1 200 milles parcourus - 5 nœuds de moyenne (distance directe : 1 000 milles)

– Répartition des temps :
A 5,53 nœuds de moyenne générale, cela représente 360 jours de mer et 4 ans de mouillage

– Gros temps :
Pratiquement pas, par contre du mauvais temps maniable que tout bateau hauturier doit s'attendre à rencontrer.
Le cyclone «Anne» à Nouméa au mouillage sur 4 ancres : vents de 5 à 70 nœuds toute la nuit avec rafales à 100 nœuds : 180 km/heure
Force 7-8 aux Australes (Polynésie française)
Force 8-9 en quittant Nouméa (Nouvelle-Calédonie)
A la cape pendant 20 heures au sud du Cap de Bonne- Espérance
Quatre dépression fraîches en Atlantique Nord au retour, que *Saga* a étalées sans problème, alors qu'à l'arrivée aux Açores, on a parlé d'un bateau perdu, d'un équipier perdu, d'un démâtage, de bômes cassées et de voiles déchirées !!! A différents endroits, nous avons été surpris de constater des pertes, alors que pour *Saga*, c'était la routine : la navigation en mer du Nord est une bonne école !

– Problèmes techniques : pratiquement pas...
- Gréement : depuis 1985, je n'ai pas repris un réglage de haubans !
- Structure : mise à l'eau en 1981, nous attendons encore le premier grincement de cloison. Corrosion : nulle.
- Electricité : l'humidité relative de 95 à 100° sous les tropiques joue quelques tours : le SATNAV fut en panne 8 mois – VHF

indisponible 1 an – radio Sony 2001 à la poubelle, démarreur à revoir 2 fois – alternateur à revoir une fois.
- Pompes à eau : interventions régulières
- Moteur Volvo 35 CV impeccable (1 rodage de soupapes à 3 000 heures)
- Voiles :
Le Spi a explosé (tissu brûlé par les UV du soleil)
Génois lourd explosé par un paquet de mer en sortant de Rio de Janeiro (voile fatiguée après 45 000 miles)

– Problèmes de santé : pratiquement nuls

– Problèmes de navigation :
Ayant un dériveur intégral, nous en profitons pleinement ... nous faisons du rase-cailloux, nous nous posons souvent sur le sable et prenons quelques risques calculés : aussi nous avons râclé le corail plusieurs fois : à l'îlot Motot, à Ouvea (Nouvelle-Calédonie), au Vanuatu et au Brésil à Sao-Luiz ... mais nous ne sommes jamais restés plantés ... et nous n'avons fait aucune déclaration de sinistre à notre assureur «*La Concorde*».

– Consommation :
Moteur : 2 500 heures environ 500 heures par an - 1,8l de diesel par heure
Eau douce : 4,5l par personne par jour
Gaz : 1 kilo par semaine à deux

– Insécurité - Vol - Pertes
Nous n'avions pas d'arme à bord et n'en avons jamais ressenti la nécessité. En se renseignant, on évite les faux pas ou de faire de la provocation avec effet de boomerang... (plusieurs cas de vol, piraterie, attaque pendant notre voyage).
Insécurité à Colon (Panama), au Brésil - prudence dans les grandes villes.
Vol : la bourse du bord (500 F) au Brésil - Pertes : néant (environ dix bateaux perdus pendant notre périple).

– Accueil :
Partout nous avons reçu un merveilleux accueil, même chez les grands chefs indépendantistes canaques. Partout nous avons été aidés, guidés, reçus, nous nous sommes fait des amis et nous gardons un souvenir ébloui et ému d'escales de choix, un merveilleux enrichissement de découvertes et de passions nouvelles : la Polynésie française, Wallis, la Nouvelle-Calédonie et les Loyautés, Bali et l'extraordinaire civilisation du Sud-Est asiatique, la Réunion, l'Afrique du Sud, la Guyane où nous avons eu l'honneur de devenir membres du club des Fêlés, Florès aux Açores...
Ne pouvant tous les remercier et les nommer, nous voulons leur témoigner notre immense reconnaissance et gratitude pour la chaleur de leur amitié et de leur hospitalité ... ainsi qu'à nos parents et amis de France, fidèles chroniqueurs ou visiteurs de *Saga* qui nous ont permis de garder le contact et partager la vie, les soucis et les joies de chacun. Mille mercis du fond du cœur à tous.
Le mot de la fin du Capitaine : «il semblerait qu'une fois encore nous nous en soyons sortis... et nous le ferions encore... si nous avions à le faire... en 8 ans.»

YCMN - Dunkerque - 15-9-1990,
Dernière Sagazette, «3 océans à 3 au 3ème âge»

Yves Pestel a fait le tour du monde en solitaire, navigué en Scandinavie, et parcouru longtemps les eaux des Caraïbes...jusqu'au jour où il a lui aussi perdu son voilier, échoué sans mal sur la côte de la Mosquitia, au Honduras... et été pillé par les autochtones qui, comme les habitants de tous les rivages «au vent», ont tendance à considerer comme leur appartenant toute embarcation venant à s'échouer sur leurs côtes; quelques jours plus tôt, n'avait il pas comme une prémonition?

Le souffle de nord est à l'heure. Occasion pour quelques dauphins de jouer aussitôt à la proue, de frôler de la joue le sourire éclatant de mon clown d'étrave, bouffon saillant cramponné au bord du grand cirque marin. La bourlingue commence, fidèle aux grands principes régis par le mariage du soleil, du vent et de la mer. Une cavalcade enjouée, voiles ouvertes, une grande absolution, un voyage à bascule sur les vagues d'un bleu ultramarine. L'affaire est entendue. Lorsque les éléments sont ainsi complaisants, le voilier, grand garçon, marche seul. Il est alors sous la conduite de son régulateur d'allure, ministre ventripotent, plénipotentiaire, baptisé, dans les préambules d'un tour du monde sous le gouvernement Giscard, *Raymond Barre*, s'agite comme un diable à ressort, pour un peu nous donnerait chaud, balançant sa mine confondue tantôt au vent, tantôt sous le vent, une manière incontestée de régner sur la gouverne.
La musique laser tourne, jamaïquaine; raison courtoise et aquatique pour que ça balance reggae. Chechouette, bretonne et premier officier à bord du cotre *Spica*, offre sans vergogne son corps au soleil lequel, le vieux salaud, ne se prive pas, en interminables surplombs, d'en faire du pain d'épice.
– «Tu vas attraper notre couleur !» lui disait Myrtle, parlant comme d'une maladie de la noirceur de sa peau.
Nous profitons de cette navigation caraïbe, tirant à peine sur les voiles pour ne pas déranger le vent. Sous l'ombre de mon chapeau, je termine l'historique des îles que nous laissons déjà derrière nous. Je me faufile en lecture entre les machettes des premiers esclaves noirs en révolte et les sabres de la flibuste. Je savoure la filouterie d'antan, je me sens tellement bien à l'abri dans mon bateau de fer et dans mon siècle. La piraterie dans un livre, quel délice...

Yves Pestel.
Ricochets Caraïbes

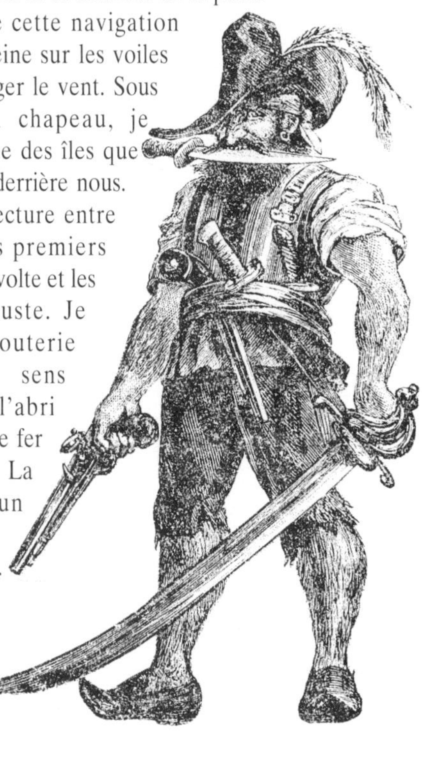

J'ai traduit pour vous un extrait d'un livre publié récemment en Angleterre, biographie d'un homme étonnant dont on retrouve la trace dans bien des récits nautiques: Peter Tangvald, ayant fait le tour du monde sur *Dorothéa*, a subi une attaque de pirates aux Philippines, de bandits en Tunisie; une de ses femmes a été perdue par-dessus bord en plein Atlantique, le laissant seul avec deux enfants; et Peter avait un rendez-vous final avec le destin sur les récifs qui bordent l'île de Bonaire, aux Antilles néerlandaises. Voici le compte-rendu de l'attaque aux Philippines, un des seuls récits vraiment certifiés d'attaque de pirates de nos jours.

Mercredi 21 février 1979
Je suis très fatigué de n'avoir presque pas dormi ni mangé depuis que c'est arrivé, mais je vais essayer de tout raconter tant que c'est encore frais dans ma mémoire :
Nous passions juste l'île de Bancoran vers 10 heures hier matin. Nous étions tous deux assis à l'intérieur pour nous protéger du soleil, nous ne sortions que pour corriger le cap quand il le fallait. Soudain nous avons entendu un moteur. Montant sur le pont, nous avons été surpris de voir, tout près, un bateau qui nous suivait et faisait route vers nous. Parce que la mer de Sulu a une mauvaise réputation, nous avions un peu d'appréhension, et Lydia a suggéré que nous prenions notre fusil et tirions un coup de semonce pour leur dire de s'éloigner. Je lui ai dit que c'était trop tard. Ils seraient le long de notre bord avant que nous puissions sortir le fusil. Si ce n'était que des pêcheurs curieux, il n'y avait pas besoin de fusil, de toutes façons. Si c'était des pirates, leur tirer dessus serait une déclaration de guerre. Il y avait au moins une douzaine d'hommes et ils auraient facilement le dessus.
Lydia n'a pas discuté et est descendue à l'intérieur, me laissant à la barre. Un instant plus tard, à ma consternation, je l'ai vue sortir du capot avant avec le fusil. Elle a tiré un coup de feu de l'avant du mât, au-dessus du bateau, qui était le long de notre bord, à quelques pieds de distance. La réaction a été immédiate : on a tiré sur elle de l'intérieur du poste de pilotage, juste à sa hauteur, et à trois mètres à peine d'elle. Lydia est tombée à la mer immédiatement, teintant l'eau de rouge avec son sang.
L'homme est sorti et m'a visé avec son fusil. J'ai regardé à l'intérieur de l'arme, qui avait un canon très large : je m'attendais à subir le même sort que Lydia. Je n'étais pas effrayé, je n'en avais plus rien à faire, et j'étais résigné. Mais le coup que j'attendais n'est pas parti. Au lieu de cela, l'homme a abaissé la crosse de son fusil de son épaule en tenant le fusil braqué au dessus de ma tête; ce n'est qu'alors que j'ai réalisé que Thomas s'agrippait à mes jambes, regardant le bateau inconnu. En mer, nous le gardions habituellement enfermé dans sa cabine de peur qu'il ne tombe à l'eau. Mais dans sa hâte de monter sur le pont par le capot avant, Lydia avait dû oublier de verrouiller la porte derrière elle. Thomas a traversé le carré pour venir jusqu'à moi. C'est sans doute la vue de ce beau petit garçon aux cheveux blonds s'agrippant à son père qui a attendri l'homme au point de ne plus pouvoir tirer. D'ailleurs, je n'étais pas armé.
Deux hommes ont sauté à notre bord et sont descendus à l'intérieur par le capot avant, à l'autre bout du bateau, tandis que l'homme au fusil continuait à me surveiller. Du carré, deux hommes m'ont montré de l'argent et, par signes, m'ont fait comprendre que c'était ce qu'ils voulaient. Un des hommes a vidé le tiroir, prenant tout l'argent, environ cent dollars US, mais il n'a pas fouillé le bateau pour en trouver plus. Ils sont ressortis tous deux du bateau par le panneau avant et ont ramassé le fusil qui était tombé sur le pont, à l'avant. Ils portaient aussi deux boites de munitions, environ quarante cartouches de calibre 12, qu'ils avaient dû voir lorsqu'ils avaient traversé la chambre à coucher.
Dès qu'ils ont eu regagné leur bateau, ils se sont dégagés de nous et ont rapidement disparu vers le sud. Le bateau faisait à peu près 15 mètres de long, il était en bois, et assez bas et étroit. Il avait l'air sale et vieux, mais avait un moteur très silencieux. Il y avait à peu près douze hommes à bord, leur âge variant entre vingt-cinq et quarante ans. Ils étaient petits, leur peau mate, semblaient ne pas parler anglais.
Le ciel était clair, la mer calme, le vent léger du N.-E. [...]
Pourtant tout cela aurait pu être évité. A aucun moment, je n'ai vu d'autre homme avec un fusil, Lydia avait donc sans doute raison d'essayer de les chasser d'un coup de semonce. Mais dans notre cas, c'était simplement trop tard. Si nous avions été sur le pont et non en bas quand le bateau s'est approché, nous aurions pu les chasser en les effrayant avant qu'ils ne soient assez près pour engager le combat. Si leur moteur n'avait pas été si silencieux, nous les aurions entendus à temps. Ou du moins si notre fusil avait été prêt, et non rangé hors de portée, nous aurions peut être eu aussi une chance. Et, bien sûr, si Lydia avait été aussi passive que moi, elle n'aurait probablement pas été tuée non plus. Ils n'avaient pas l'air de tueurs endurcis. En fait, ils avaient tous l'air un peu effrayés et anxieux de s'en aller...

Peter Tangvald, *At any cost : Love, life & death at sea*

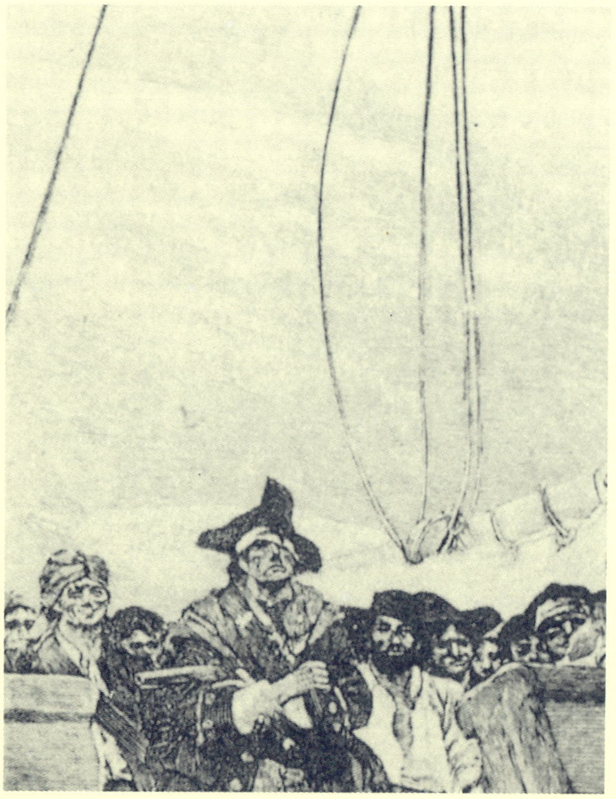

Le regard d'une femme sur une circumnavigation, c'est le petit livre de Danièle Romatet; elle livre ici ses réflexions sur les enfants et femmes de marins

ENFANTS ET FEMMES MARINS

Je me souviens si bien de vous, enfants-marins, hardis, débrouillards, peu capricieux, penchés sur vos livres ou jouant dans la récréation de la mer, un peu tristes parfois de quitter vos nouveaux copains sur le quai. Je vous revois à Papeete, ramassés par Jean pour vous conduire à l'école ou dans les champs de Nouvelle-Zélande, terrorisés par les autos comme par les vaches ! Je revois la délicieuse Peggy si attentive à ses découvertes, les inénarrables Carlos et Franklin, hauts comme trois pommes, régentant le mouillage et toi, Jean-Etienne si blond et menu pêchant à côté de l'énorme et noir Fernand; je revois Laure, Chloé et Dorothy déguisés en Tahitiennes. J'ai gardé des dessins, les galets peints d'Olivier, j'ai surtout gardé ces enfances sans jouets coûteux, sans télévision, semées d'étoiles, imprégnées de vent et de rivages multicolores.

Mon observation des familles itinérantes reste extérieure bien sûr. Il m'a semblé que la présence des enfants restreignait la liberté de voyager des parents, soucieux de respecter l'école à bord et l'envoi des cours, obligés de modifier leur route pour retrouver d'autres voiliers familiaux et adapter leurs loisirs à ceux des petits. Mais en même temps quelle vie familiale étroite, partagée constamment avec père et mère, compagnons disponibles comme on ne peut l'être que bien rarement à Terre. De plus leurs contacts étaient facilités avec les gens des îles, amoureux des enfants, et enclins à leur ouvrir tout grand leur porte.

Une anecdote racontée par Jinja m'a émue : perdus et à la dérive en mer de Chine, les trois adultes du bord descendaient de temps en temps dans le carré et se réconfortaient en voyant le petit Dimitri jouer tranquillement avec ses Lego, comme si cet enfant portait en lui tout leur espoir d'être secourus ...

«Ah ! ces soirées dominées par les conversations des hommes, parlant éternellement de leurs bateaux, de techniques, embellissant leurs expériences !» déclare la féministe Connie. Discours qui me rappelait étrangement ceux des femmes d'alpinistes ! Malgré les femmes-marins extraordinaires, connues ou non, il est vrai que le monde de la voile est essentiellement masculin.

Seraient-ils partis sans nous, ces compagnons qui nous avaient entraînées, avec la certitude de nous offrir le plus merveilleux des cadeaux ? Je n'en suis pas sûre, et pourtant il flottait dans l'air comme un air de redevance envers eux, étayant cette petite enquête qui affirme que 60% des femmes s'accrochent au rêve de l'homme et suivent. J'ai remarqué en tout cas qu'après la cassure du départ, plus durement ressentie par notre affectivité, les femmes prennent vraiment goût à l'aventure, la vivent fort bien (parfois mieux) et deviennent, si cela les intéresse, de très bons marins.

La complicité féminine échappe aux hommes, ils s'en moquent gentiment, mais comme elle nous fut précieuse ! Une amie canadienne édita même un petit journal, *The missing link* à qui l'on pouvait envoyer ses idées, écrire ses problèmes et expliquer le sens de sa démarche.

Nous prenons conscience un jour ou l'autre de l'extrême dépendance dans laquelle nous nous sommes fourrées sans les compensations des anciennes activités personnelles. Quelques-unes s'y usent et repartent vers une existence plus indépendante, car cette vie ne peut être longtemps «subie» : ni amour, ni sens du devoir n'y résistent.

L'anxiété dans certains mouillages, le gros temps qui demande tant de tonus, l'appréhension de la casse, les atterrissages délicats donnent fréquemment une sensation d'inquiétude qui nous fragilise. nous aurions eu besoin de temps à autre de frondaisons et de murs épais pour nous protéger, à la place de nos coques minces, de nos espaces réduits, de nos murs d'eau. Quelle est celle qui n'a pas rêvé une fois de nuits à terre, sans inquiétude, sans craquements, sans risée subite ?

Et puis, nous ne sommes pas faits tout de même pour vivre sur l'eau, constamment en équilibre incertain. Même habituées et inconscientes de la recherche de stabilité, je crois qu'il y a un rapport entre cette instabilité physique et les malaises pernicieux qui, de temps en temps, troublent nos paysages intérieurs.

Nous avions des envies de coquetterie : mais comment débarquer d'une annexe humide en robe blanche, comment éviter à nos cheveux de s'emmêler au vent, et à nos pieds de ... s'élargir ?

Réunies, nous en riions ensemble et nous sentions enviables avec nos belles couleurs, nos paréos, les lessives séchant au vent d'alizé. Et même malmenées parfois, nous n'aurions pourtant pas échangé nos places pour de stables plafonds et des rivages sans imprévu.

Danièle Romatet, *Eclats d'Océans*

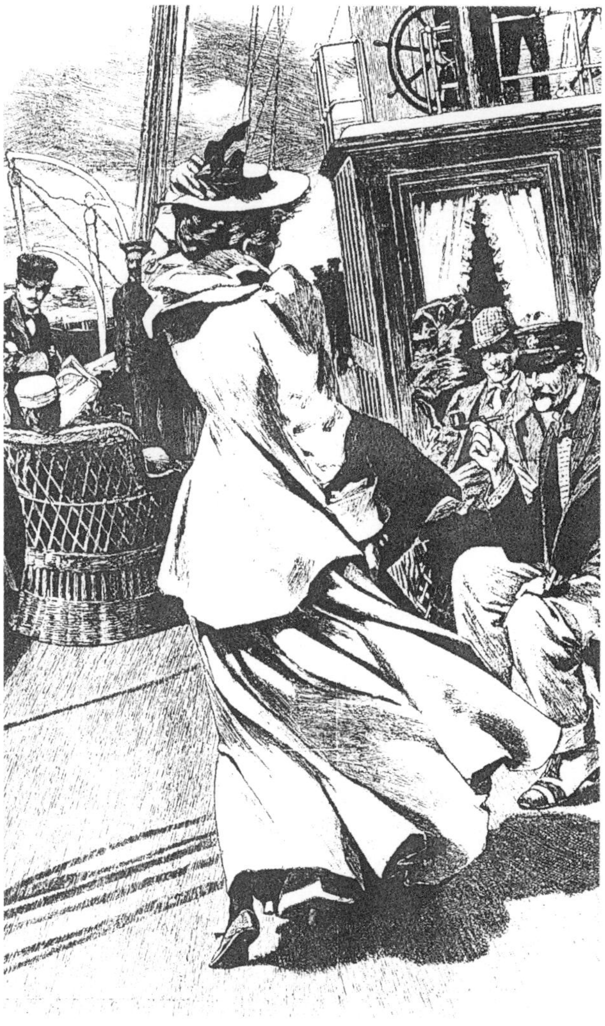

J'ai rencontré Daniel Drion aux quatre coins du monde, au Brésil, au Sénégal ou en Belgique, et je trouve que la circumnavigation qu'il a faite avec sa femme et son fils Damien, croisière sans histoire mais pleine d'histoires à raconter, est un modèle du genre; Daniel s'est fait conférencier-voyageur et finance entièrement son voyage par des projections, en Europe ou au bout du monde,dans les plus petits villages, des films qu'il tourne en navigation.

Ancienne dépendance australienne, la Papouasie a vécu longtemps dans l'isolement : ce n'est qu'en 1930 que sont venus les premiers Européens. Des centaines d'îles et sept-cent langues reconnues sont le résultat de l'organisation clanique d'une société, qui vivait en état de guerre permanent, le vaincu se retrouvant classiquement au fond d'une grande marmite... Dans les terres intérieures, sur les hauts plateaux, on rencontre encore des tribus errantes.
En Australie, lorsque nous évoquions notre projet, les gens tentaient très souvent de nous décourager, évoquant un pays peu sûr, des agressions fréquentes, et un cannibalisme latent ...
Tout n'est pas faux. Nous avons connu deux bateaux qui ont été victimes de vols et d'agressions. Un des équipiers fut même laissé pour mort tandis que sa femme et sa fille subissaient les outrages de ses agresseurs. Meurtres, viols et attaques sont donc plutôt monnaie courante, mais ils ne visent pas uniquement les étrangers. C'est le hasard qui en fait des victimes. La violence est surtout concentrée dans les villes et les centres importants que, systématiquement, nous avons évités parce qu'ils offraient peu d'intérêt à nos yeux.
Nous avons préféré sillonner toutes les petites îles, depuis la Louisiade jusqu'à la Sepik, en passant par les îles d'Entrecasteaux, de Bougainville, et des Trobians. Ce périple merveilleux nous a permis de découvrir ce qui est, à notre avis, la partie la plus intéressante et la plus riche du Pacifique Ouest. Cette région est, en effet, incontestablement la plus primitive, sans donner à ce terme un quelconque sens péjoratif. C'est là que les gens sont restés les plus fidèles à leurs valeurs traditionnelles et que les traces d'acculturation sont le moins perceptibles. Le plastique et les horribles toitures en tôle y sont inconnues. Les habitations, superbes, sont toutes construites en bois et en fibres végétales et dans certaines régions, aux Trobians, notamment, les sculptures qui les décorent sont de véritables œuvres d'art.[...]
Les fonds sous-marins, d'une rare beauté, recèlent quantité de vestiges de la guerre du Pacifique : bombardiers américains, «Zéros» japonais et des centaines d'épaves de bateaux. Comme il y a peu de passage, et qu'elles sont trop profondes pour les autochtones, elles n'ont pas été pillées et sont restées intactes. C'est un spectacle incroyable qui permet à l'imagination de galoper par des fonds aux eaux d'une limpidité surprenante. Là, j'ai vraiment pu donner libre cours à ma passion pour la plongée sous-marine.
Samarai est l'île la plus importante que nous avons visitée : environ deux cents habitants, un bureau de poste, des magasins qui desservent toute la région et une école. Dès le premier jour, nous avons été séduits par les chants des élèves qui, chaque matin, entonnent l'hymne national. Les chants étaient jolis et le spectacle à la fois drôle et touchant, si bien que nous avons eu envie de le filmer. Très gentiment, l'institutrice nous a consacré plus de deux heures pour nous permettre de faire nos prises de vues et de sons. Sa disponibilité et l'intérêt qu'elle et les enfants portaient à notre voyage nous ont décidés à projeter le film.
Seul un commerçant possédait le petit groupe électrogène indispensable à notre projecteur. Nous l'avons posé par terre avec tout le village assis autour de nous et une fois qu'il s'est mis en marche, toutes les bestioles volantes des environs se sont ruées sur cette unique source lumineuse, ce qui, en plus de l'image, a fait naître, sur le mur vaguement blanchi qui nous servait d'écran, des formes monstrueuses. Quel spectacle et quelle ambiance ! A part un ou deux adultes qui avaient visité une ville, les spectateurs découvraient le cinéma. L'institutrice interprétait le sentiment général, répétant sans cesse : «*Incredible, isn't it ?*»
A chaque arrêt, les habitants, souvent timides, viennent nous proposer des fruits et, parfois, des coquillages ou des objets en bois sculptés. Aucun ne parle anglais et c'est par gestes que nous tâchons de comprendre. Damien est évidemment la grande attraction et nous voyons souvent des pirogues remplies de gosses, rester prudemment à quelques mètres d'*Elaeïs* et observer tous nos gestes.
Personne ne veut d'argent, les transactions s'opèrent par troc. Nous offrons des hameçons, du fil de pêche – très apprécié – du sucre, de la farine et du tabac. Bien que nous ne soyons pas fumeurs, nous gardons toujours quelques paquets de cigarettes à bord. Mais ce foin-là ne les intéresse pas. Ce qu'ils veulent, c'est du tabac sous forme de bâtons à chiquer ou en tresses noires et dures qu'ils grattent et roulent dans une feuille s'ils n'ont rien d'autre, le fin du fin étant un morceau de papier journal.
Nous nous amusons beaucoup de la réaction de nos visiteurs. Tout sur le bateau est source d'étonnement et abondamment commenté : le matériel de navigation intrigue bien sûr, mais ce qui les fascine, à notre grande joie, ce sont les pinces à linge. Le matériau – le bois – leur est bien sûr familier, mais pas sous cette forme et pour cet usage. J'imagine qu'après notre passage, ils ont dû en fabriquer de très belles, en bois sculpté.
Un jour, Damien reçoit de jolis coquillages. Comme il nous voit offrir chaque fois quelque chose en échange, il se précipite dans sa cabine et revient avec quelques petites voitures qu'il présente aux enfants. L'ambiance joyeuse et souriante se fige soudain en un profond silence. L'air préoccupé, enfants et adultes examinent ces jouets sous toutes les coutures, les tournent et les retournent, les secouent en nous adressant de temps à autre des regards interrogateurs. Nous finissons par comprendre : ces gens n'ont jamais vu d'automobile. Pour eux, ces jouets ne représentent rien.

Daniel Drion, *Latitudes vagabondes*

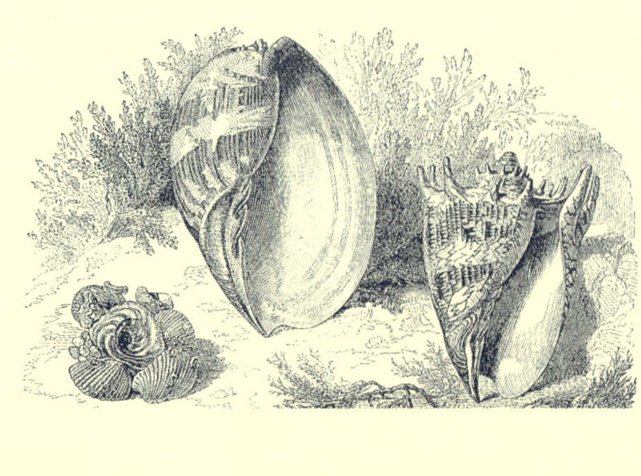

Un académicien sur un bateau, qu'est-ce-que ça donne? Bertrand Poirot-Delpech, qui connaît bien le golfe de Gascogne, a choisi de s'embarquer avec des jeunes gens dont il ne connaissait rien pour une traversée de l'Atlantique. Voici l'instant de l'arrivée.

28 janvier (18e et dernier jour). L'aube, derrière nous, tarde à se laver d'un monceau de nuages sales, cotonneux. La houle se creuse, blanchit sous les grains. La surface tend au vert émeraude de la Manche à Dinard. Les fonds sont remontés de quatre mille à cinq cents mètres. Nous sommes à moins de 30 milles de la Martinique. Granville-Jersey ! Peu importe désormais que le temps se dégrade à l'extrême. Nous nous retrouvons dans le cas de figure des navigations côtières à quelques heures d'un abri. Reste une suspicion floue. Cela fait bientôt trois semaines que nous nous fions aux instruments du bord et à nos visées sur le soleil. Les erreurs de mesure ont pu se cumuler. Trêve d'abstractions et de confiance aveugle : nous voulons voir pour croire.

A tour de rôle, nous allons sur l'avant du mât pour scruter l'horizon, ce qui n'a pas grand sens, car un mètre de hauteur en plus au-dessus de l'eau ne peut guère améliorer la portée des regards. Chacun voudrait être le premier à «avoir vu». Nous guettons un phare. Comme souvent, ce sont d'autres lumières de ville qui se dévoilent en premier. Cette fois, ça y est ! Ce n'est plus la Biguine invisible annonçant la terre, c'est la terre «en personne» ! Les bordées de repos sortent des couchettes. Nous sommes tous debout dans le cockpit à nous gaver l'œil de ces clignotements. Très vite s'ajoutent aux feux des croupes sombres, allumées par l'aurore qui s'affirme. La joie n'explose pas comme escompté. Nous savourons l'instant dans un silence déjà alourdi de regrets.

Jamais contents ! Nous aspirions follement à vivre cette seconde, et elle nous trouve au bord du désenchantement. Toute fin, même la fin d'une épreuve, donne au temps qui passe un douloureux mouvement de pli sur soi, ce mouvement que le mourant imprime à son drap d'un geste décharné, comme s'il cherchait à se couvrir la face, à anticiper la routine des fermeurs de paupières, des cloueurs de cercueils. Tristesse d'aboutir. Je me surprends à contempler les crêtes de vagues en murmurant, après les avoir maudites : ce sont les dernières ! Celle-ci, par exemple, je crois la reconnaître, elle nous escorte depuis Las Palmas, comme nous harassée par ses quatre mille kilomètres. Quelque plage à touristes va recueillir ses dépouilles; un planchiste jouera à rouler dans ce qui restera de sa course aussi folle que la nôtre. Et ce planchiste, si c'était moi demain, rasé de frais, rendu à la grande niaiserie littorale?

Et ce n'est pas la peine de demander à ceux qui ont déjà fait la traversée à quoi la mer ressemble:

Alors, c'est comment ? dis-je. Les vrais marins ne répondent pas à ce genre de questions. Pas plus que les bons médecins ne soignent par téléphone. Ils savent que les alizés ne sont pas une autoroute mais une probabilité statistique. Chacun traverse les siens propres. C'est ce qui en fait le charme. Seule, la précision évasive est signe de

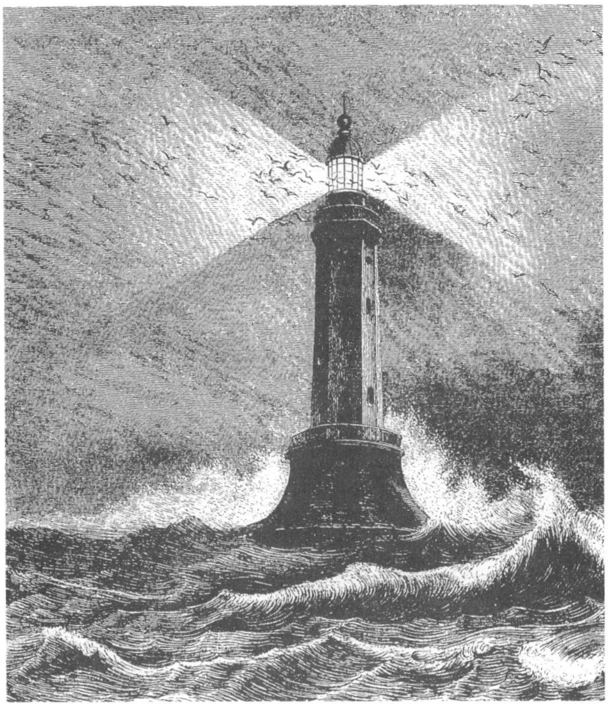

compétence. Gare aux fiers-à-bras qui commentent et conseillent à perte de vue !

– Il faut descendre au 25 degrés ouest et 25 nord, m'a dit mon ami Deniau, ajoutant juste : il y a des grains !

– J'ai eu des calmes, explique le contremaître de chez Renault. Il rêve :

– C'était au beau milieu. Un vrai lac d'étoiles !

Le soir où le commandant Cousteau est élu à l'Académie, j'essaie d'avoir un tuyau de première main, de premier ordre.

– Je pars dans quelques jours pour les alizés. Alors, comment est-ce ?

– Un de mes meilleurs souvenirs ! On testait la voile à turbine à bord du *Moulin à vent.*

– Et alors ?

J'aimerais en savoir plus : la force du vent, en moyenne, en pointe, l'état de la mer,... Je m'en empêche à temps. Cela dépend évidemment de l'époque, de l'endroit, du bateau, de l'âge du capitaine... Je sais tout cela. Je ne fais que manifester l'appréhension bien connue des néophytes. «Comment est-ce, dehors ?» Par temps frais, c'est la question rituelle des équipages sur le départ, quand un bateau rentre. Question absurde : tout dépend si l'arrivant naviguait au près ou au portant, depuis deux heures ou deux jours, s'il connaissait la côte, l'entrée du port...

Cousteau enchaîne, technique :

– On avait une fissure dans l'embase de la turbovoile.

– Mais encore ? dis-je.

L'œil bleu me souhaite bon vent, mais les lèvres refusent d'en dire plus et se pincent dans un sourire énigmatique :

– Vous verrez, vous me raconterez !

Bertrand Poirot-Delpech, *Traversées*

Et moi, votre serviteur, Antoine, je ne peux pas vous en dire plus, je vous laisse imaginer, et peut-être qu'à votre tour... vous me raconterez!
alors, bon vent, et à bientôt !

INDEX DES EXTRAITS LITTERAIRES

CHRISTOPHE COLOMB (*Les plus belles lettres de...*): traduction de Marianne Mahn-Lot. (Calmann-Lévy, 1961)
MAGELLAN: *Le premier tour du monde* : récit par Pigafetta présenté et annoté par Léonce Peillard (Tallandier, 1984)
WILLIAM DAMPIER: *Le grand voyage* (Phébus, 1993), Trad. J.Y. Prate et Robert Sitrick
ANSON: *Voyage autour du monde* (Editions UTZ, 1992)
JAMES COOK: *Relations de voyages autour du monde* (La Découverte, 1991)
BOUGAINVILLE: *Voyage autour du monde* (Gallimard, 1982)
C. NORDHOFF & J.N.HALL: *Dix-neuf hommes contre la mer* (Phébus, 1991)
ADELBERT VON CHAMISSO: *Voyage autour du monde 1815-1818* (Le Sycomore, 1981)
J.F. DE LAPEROUSE: *Voyage autour du monde sur l'Astrolabe et la Boussole* (La Découverte)
DUMONT D'URVILLE: *Voyage pittoresque autour du monde* (Editions Haere Po no, Tahiti)
MELVILLE: *Taipi*
RICHARD HENRY DANA: *Deux années sur le gaillard-d'avant* (Robert Laffont, 1990)
ALEXANDRA LAPIERRE: *Fanny Stevenson* (Robert Laffont, 1993)
JOSHUA SLOCUM: *Seul autour du monde sur un voilier de 11m*
JOHN VOSS: *Au détour du monde*
JACK LONDON: *Contes des mers du sud* (Hachette, 1931)
HARRY PIDGEON: *La terre est une île* (France Empire, 1984)
ALAIN GERBAULT: *Sur la route du retour* (Grasset-Fasquelle 1991)
MARIN MARIE: *Vent dessus, vent dedans* (Gallimard 1989)
LOUIS BERNICOT: *La croisière d'Anahita* (Gallimard, 1939)
YVES LE TOUMELIN: *Kurun autour du monde* (Société pour le sauvetage de *Kurun*)
MARCEL BARDIAUX: *Aux quatre vents de l'aventure* (Flammarion)
BERNARD GORSKY: *Expédition Moana*
ANNIE VAN DE WIELE: *Pénélope était du voyage*(Arthaud 1954)
JACQUES PERRET: *Rôle de plaisance* (Gallimard, 1957)
RENE CORPEL: *La grande bordée* (Embruns, Calmann Lévy, 1969)
BERNARD MOITESSIER: *Un vagabond des mers du sud, Cap Horn à la voile, La longue route* (Arthaud)
ALAIN COLAS: *Un tour du monde pour une victoire (*Arthaud)
JEAN-FRANÇOIS DENIAU: *La mer est ronde* (Gallimard)
JACQUES BOONE: *Viva Binga* (chez l'auteur à Terre de Haut, les Saintes, Guadeloupe)
GERARD BORG: *La Ruée vers l'eau* (Arthaud, 1970)
JEAN-MICHEL BARRAULT: *Le Coup du Yacht* (Arthaud 1972)
GERARD JANICHON: Damien: *Icebergs et mers australes (*Arthaud, 1974)
JULIO VILAR: *Un million d'étoiles* (Arthaud)
PATRICK VAN GOD: *Pour l'aventure* (Arthaud)
FRANCE ET CHRISTIAN GUILLAIN: *Le bonheur sur la mer* (Robert Laffont, 1974)
ROBERT M. PIRSIG: *Traité du zen et de l'entretien des Motocyclettes* (le Seuil, 1978)
PETER MATTHIESSEN: *Far Tortuga* (Ed de l' Olivier,1993)
PHILIPPE JEANTOT: *Trois océans pour une victoire*(Arthaud,1983)
GEORGES CONSOLE: *Le roi du fleuve* (J.C Lattès, 1987)
JOAN DE KAT: *Autour du Monde, à la recherche du motu* (Editions du Pen Duick, 1985)
BENOIT LANDAIS : *J'essaie la mer* (l'École des loisirs, 1989)
VINCENT GOUDIS: *Bleu sauvage* (Albin Michel, 1991)
YVES PESTEL: *Ricochets Caraïbes* (Aventures, Albin Michel, 1990)
PETER TANGVALD: *At any cost, love, life & death at sea* (Cruising guide publications, 1991), traduit par Antoine
DANIELE ROMATET: *Eclats d'océans* (Les éd.du plaisancier, 1992)
DANIEL DRION: *Latitudes vagabondes* (Sillage, 1992)
BERTRAND POIROT-DELPECH: *Traversées* (Flammarion, 1989)

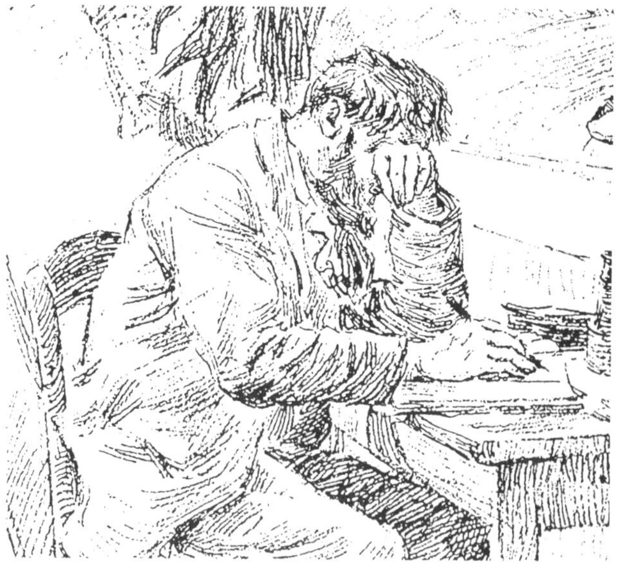

OUVRAGES NAUTIQUES OU GUIDES DE VOYAGE:

JIMMY CORNELL: *World Cruising Routes* (Adlard Coles ltd 1987) *World Cruising Handbook* (Adlard Coles ltd 1991)
BILL DALTON & DAVID STANLEY: *South Pacific Hand Book* (Moon Publications, P.O. BOX 1696, CHICO CA 95927 USA
ATLAS DE POCHE: Le livre de Poche, Librairie Générale Française, 1975
Publications de la Seven Seas Cruising Association: *Commodores Bulletins*
ANTOINE: *Mettre les voiles avec Antoine*, ou le Guide du Globe Flotteur; (Arthaud, 1983)
JEAN-MICHEL ET DANY BARRAULT: *Larguez les amarres,* guide de grande croisière (Ouest-France EMOM, 1992)
ROBERT HENDRICKSON: *The Ocean Almanac* (Doubleday & Co, inc, Garden City N.Y., 1984)
Descriptive bibliography of current marine titles, 1984, (The Armchair Sailor Bookstore Lee's Wharf, Newport R.I. 02840 U.S.A.)
Atlantic Islands, RCC Pilotage Foundation (Imray, Laurie Norie 1 Wilson ltd, St Ives Cambridgeshire England 1989)
JACQUES PATUELLI: *Guide des Antilles, croisière de Grenade aux iles Vierges*; Editions Atoll, 1991
ALAN LUCAS : *Cruising the Coral Coast Horwitz*, Sydney, Australie, 1980. *Red Sea and Indian Ocean* Cruising Guide Imray Laurie Norie and Wilson, Huntingdon 1985. *Cruising to Papua New Guinea, to New South Wales, The Coral Coast, The Indian Ocean and the Red sea.* Horwitz Grahamme, Cammeray, Australie
TOM NEALE : *An island to oneself,(* Collins, London, 1966)
Ocean Passages for the world, publication de la Navy Britannique, éditions de 1923 et 1973
MARCIA DAVOCK: *Cruising Guide to Tahiti and the Society islands.* Cruising guide publications, Florida
EARL HINZ: *Landfalls of paradise.* Western Marine Enterprises, Marina del Rey, CA USA
Charlie's charts
DONALD STREET: *Cruising guide to the Eastern Caribbean,* W.W. Norton & Co., New York (1981)
Pitcairn: *les mutins du Bounty* (Nordhoff & Hall)
Iles Marquises: Herman Melville, *Taipi*: (Folio Gallimard, 1952)
Samoa occidentales (mais aussi Marquises, Tahiti, Tuvalu et Kiribati): R.L.Stevenson
Pacifique Ouest : James Michener, *Return to Paradise* (Fawcett World, 1975)
Iles Carolines, Ponape, Ruines de Nan Madol: *Lost city of stone*, par Bill S. Ballinger (Simon & Schuster, 1978)
Viet-Nam: le nouveau livre de Bernard Moitessier: *Tamata ou l'alliance.*

LÉGENDES ET CRÉDITS PHOTOGRAPHIQUES

Toutes les photos sont d'Antoine, sauf mention contraire.
Couverture : La baie des Vierges à Fatu Hiva, îles Marquises, à l'arrivée d'un grain
Pages 2-3: Le Lagon bleu, à Rangiroa, Tuamotu
Pages 10-11: Au Grand Pavois de la Rochelle (ph. Christian Fevrier, Sea and See)
Page 12: *Banana split* ou *Voyage*: départs
Page 13: *Banana Split* à Espalmador, Baléares
Page 14: Antoine et un singe de Gibraltar (le singe est à droite). *Banana Split* à la marina de l' aéroport de Gib. Un pub à Gibraltar.
Page 15: Boutique de fruits au Maroc (ph. M. Renaudeau, Hoa Qui). Epices à Guelmine (ph. M. Renaudeau Hoa Qui). Une Kasbah près de Ouarzazate (ph. Gérard Sioen, Cedri)
Pages 16-17: Les Baths à Virgin Gorda, îles Vierges Britanniques (ph. Guido Alberto Rossi, The Image Bank)
Pages 18-19: Paysage de Madère, Préparation de la poncha locale. «Carro do cesto» en action. Transport en Hamac, ou *rede*.
Page 20: Enfants de la Grande Canarie. Vue de la marina de Puerto Mogan
Page 21: Paysage de la Grande Canarie. Puerto Mogan
Page 22: Ensemble touristique à Tenerife
Page 23: Lavage du linge à Sao Nicolau, îles du Cap-Vert. Au quai de Mindelo, Sao Vicente, îles du Cap Vert.
Pages 24-25: Sur la Casamance (ph. Daniel Drion). En Sierra Leone (ph. C. Lenars, Explorer). Au marché d'Abidjan
Pages 26-27: Au bon vieux temps du sextant, sur *Om* (circa 1975). Compas fleuri sur *Banana Split*. Un GPS (ph. G. Richeux photographie publicitaire). Un régulateur d'allure (ph. Christian Fevrier, Sea and See).
Page 28: Olinda, Brésil (ph. S. Gutierrez, Cedri). Plage d'Ipanema (ph. Gérard Sioen, Cedri)
Page 29: Dans la baie de Salvador. Devant le Iate clube de Rio de Janeiro. Ushuaia, Terre de Feu (ph. Frédéric Joly, Cedri)
Page 30: Sur la plage de Hog Island, Grenade. Cabine téléphonique à Grenade. «I Free», le rasta de Grenade, vêtu de paille qu'il tresse lui-même.
Page 31: Le port de St-George à Grenade, la plus jolie ville des petites Antilles.
Pages 32-33: Ilôt Morpion. Avec le solitaire de Green Island, près d'Union. Petit Saint-Vincent. Green Island. Décoration à base de lambis et de gorgones, à Green Island.
Page 34: Maisons de l'île Moustique.
Page 35: Admiralty Bay, Bequia. Détail d'une maison de l'île Moustique. L'épave du paquebot *Antilles*, en 1977, quand elle dépassait encore de l'eau.
Page 36: Marigot Bay, Ste-Lucie. L'éléphant des deux Pitons.
Page 37: En route vers les deux Pitons.
Pages 38-39: Dans la canne à sucre de Martinique. Rocher du Diamant. Cathédrale de Fort-de-France. Le baptême au rhum sur les Fonds Blancs. Marché de Fort-de-France.
Page 40: Visage d'Indienne caraïbe. Paysage de Dominique. Petite hutte caraïbe.
Page 41: Sur la Rivière indienne. Rivière de Dominique.
Pages 42-43: Cascade en Basse-Terre. Le cimetière de Morne à l'eau. L'allée Dumanoir. Ouassous de Guadeloupe. Baie de Deshaies.
Pages 44-45: Le *Ponant* à l'ancre devant le Pain de sucre. La Désirade. Vendeuse de Tourments d'Amour sur la plage de Pompierre, aux Saintes. Le Pain de sucre. Avec Jacques Boone aux Saintes.
Pages 46-47: Arbre du voyageur (détail). Presse à canne à sucre à Marie-Galante. Agriculteur de Marie-Galante. Char à bœufs à Marie-Galante.
Pages 48-49: Ilôt cerné de corail aux San Blas. Sandales en plastique («méduses») indispensables pour marcher sur le corail. Celles-ci, d'une élégance rare, sont fabriquées en Dominique. Les coraux immergés sont généralement mieux visibles du haut des barres de flèche. Les lunettes polarisantes, effaçant les reflets, révèlent les coraux à fleur d'eau.
Page 50: English Harbour, Antigua. Paysage de Barbuda.
Page 51: Les plus beaux voiliers s'amarrent aux quais d'English Harbour. Langue de sable sur la côte ouest de Barbuda.
Page 52: Hotel Hermitage, Nevis. Paysage de Saint Kitts. Chevaux à l'Hermitage.
Page 53: Ancien moulin à canne à sucre, Golden Rock Estate, Nevis. Dans la calèche de l' Hermitage.
Page 54-55: Cartes postales et timbres de Nevis (ph. Patrick Leger)
Page 56: Plage de Saint-Jean, à Saint Barth. Jean-Marie Rivière à la Banane. Carte postale des Editions du Pélican, qui édident une série d'excellents guides sur les Antilles et la Guyane.
Page 57: A Saint-Barth. Eden Roc. Le port de Gustavia
Pages 58-59: A l'île Fourchue.
Page 60: L'îlot de Tintamarre, au large de Saint Martin. Boutique de Philipsburg. Marché de Marigot. Le Port de Plaisance. Farniente chez Captain Oliver, à Oyster Pond, Saint Martin.
Page 62: Paysage des îles Vierges britanniques (ph. Blue Lemon Productions, The Image Bank). Célébration de Bob Marley en Jamaïque (ph. Ben Simmons, Sipa Image).
Page 63: Port Antonio, Jamaïque (ph. R.Rowan, ANA). Danseurs à Cuba (ph. office du tourisme de Cuba). TapTap à Haiti.
Page 64: Paradise Island, Bahamas (ph. Dana Hyde/Photograph researchers, inc., Explorer).
Page 65: Arrivée à Miami. Avec Tania Aebi, la plus jeune navigatrice ayant fait le tour du monde en solitaire, juste avant son départ de New York. Une cabane au Québec, le temps d'un hiver. Policier des Bahamas (ph. G. Boutin, Explorer)
Pages 66-67: *Balthazar* se fond dans la brume (ph. Daniel Allisy, Sea and See). Un radar (ph. Daniel Allisy, Sea and See).
Pages 68-69: Bermudes, vue depuis Gibbs Hill (ph. Robert Harding, Explorer). Aux Bermudes (ph. Philip Plisson, Explorer).
Page 70: La jetée de Horta, aux Açores (ph. M. Moisnard, Explorer). Deux détails (ph. Christian Fevrier, Sea and See).
Page 71: Horta, Fayal (ph. M.Moisnard, Explorer). Hortensias sauvages à Fayal (ph. Katia Krafft, Explorer)
Page 72: Rivage et cactus des Testigos.
Page 73: Pêcheur et Paysage des Testigos. Les chutes Angel (ph. office du Tourisme du Venezuela).
Pages 74-75: Paysage de la Grande Roque (îles Roquès). Oiseaux des Avès. A l'ancre aux Avès. Pélicans en pêche.
Page 76: Le marché flottant de Wilhelmstadt, Curaçao. Quai à Curaçao. Marché flottant, à l'ombre des voiles des bateaux venus du Vénézuela.
Page 77: Visage du Carnaval de Curaçao.
Page 78: Mola des San Blas. Indienne brodant.
Page 79: La jetée de l'île de Ciedras, îles San Blas. Visage d'indienne Cuna. Femmes Cunas proposant leurs molas.
Page 80: Crabe des San Blas. Iguane des San Blas. Ilot à un cocotier, Cayo Coco Bandero, archipel des San Blas.
Page 81: Sur une plage de Cayo Holandes, San Blas.
Pages 82-83: Deux équipières panaméennes engagées pour le passage du canal. Le remous des hélices des cargos est inquiétant. Passage d'une écluse. Amarrage «center chamber» d'un voilier canadien.
Pages 84-85: Carénage (ph. Christian Fevrier, Sea and See).
Mécanique dans un mouillage idyllique. Un Travelift, moyen de levage moderne propre aux régions où la plaisance est développée. Main d'œuvre gracieuse en Guyane.

OCÉAN PACIFIQUE
Pages 86-87: Mouillage de la Baie des Vierges, à Fatu Hiva, îles Marquises.
Page 88: Dieter, le Robinson des îles Perlas, sur la plage de San José. Avec Dieter parmi les orangers. Le punch offert aux visiteurs.

Page 89: Plage de Contadora, îles Perlas.
Pages 90-91: Plage de l'île Santa Cruz. Affrontement à Puerto Ayora. Iguanes de Santa Cruz
Pages 92-93: Moai de l'île de Pâques (ph. F. Mendes, Sipa Image)
Pages 94-95:Retour de la pêche à Hanavave, Fatu Hiva. Cascade à Fatu Hiva. Arrivée aux Marquises. Enfants d'Hanavave.
Pages 96-97: Sourire de Fatu Hiva. Entrée de la baie d'Hanamenu. La Maison du Jouir de Gauguin, reconstituée à Atuona (Hiva Oa). La source d' Hanamenu.
Pages 98-99: Mouillage à Ua Pou. Baie d'Anaho (Nuku Hiva). Cascade d'Hakaui, Nuku Hiva. Les Tikis de Taipi vaï.
Pages 100-101: Silhouette de Hanavave (Fatu Hiva). Eglise de Taipi Vaã (Nuku Hiva). Fleurs des Marquises. Les enfants de Taipi vai répètent la Danse du Cochon, danse traditionnelle marquisienne.
Page 102: Antoine et Teiki sur un banc de sable au lagon bleu (Rangiroa, Tuamotou). Titou et Vaimiti au Lagon Bleu.
Page 103: Mouillage tropical.
Pages 104-105: Pirogue à l'entraînement devant la plage de Paofai, rade de Papeete. Le Capitaine guette les coraux du lagon. Récif côtier à Tahiti.
Pages 106-107: La baie de Cook à Mooréa. Tableau de François Ravello.
Pages 108-109: Un voilier aventure son étrave dans les glaces (ph. D.Allisy, Sea and see). Villareal, Chili (ph. Thomas Ives/ANA).
Pages 110-111: A Honolulu, Hawaii (ph. Borlenghi, Sea and See). Skagway, Alaska (ph. Livio Fioroni, Sea and See). Golden Gate, San Francisco (ph. Ariel Fuchs). Danzante Island, Mer de Cortez, Baja, Mexico (ph. David W Hamilton, The Image Bank).
Pages 112-113: Cargo au quai de Fare, Huahine, îles sous le vent (ph. Bernard Henry, Sea and See). A l'hôtel Hana Iti, fare et jacuzzi.
Pages 114-115: Plage d'un motu du lagon de Raiatea. Eglise de Tiva, Tahaa. Tamata, le bateau de Bernard Moitessier, à la marina d'Apooiti, Raiatea. Enfants de Tahaa.
Pages 116-117: Cartes postales de Bora Bora, de Maupiti et de Mopélia.
Pages 118-119: Flottille de catamarans en location ancrés dans un lagon tropical. Accordéon en famille sur un catamaran de charter. Grand festin de langoustes.
Pages 120-121: Toiture traditionnelle aux Samoa occidentales. (ph. Peter Hendrie, The image Bank.) La tombe de R.L.Stevenson à Vailima, West Samoa (ph. Dominique Charnay). Salamumu Beach, W.Samoa (ph. Pierre Diot, Cedri). Scène familiale aux Samoa.(ph. Dominique Charnay)
Page 122: Dans le lagon d'Aitutaki, iles Cook (ph. Peter Hendrie, The Image Bank). Le Trilithon de Tongatapu, îles Tonga (ph. Karl Muller, Cedri). Baie de Mata Utu, île Wallis (ph. Pierre Diot, Cedri)
Page 123: Au mouillage à Vava'u, îles Tonga (ph. Moorings)
Pages 124-125: Iguane des Fidji (ph. Erwan Quéméré). Iles Yasawa, Fidji (ph. Erwan Quéméré, Cedri). La cérémonie de la Coutume en Nouvelle Calédonie. Enclos pour tortues aux Fidji (ph. Philippe Leroux, Explorer). Visage de Nouvelle Calédonie.
Pages 126-127: Les Moeraki Boulders, gros cailloux ronds qui semblent tombés du ciel, sur une plage de l'île Sud de Nouvelle Zélande. Mouillages en rivière en Nouvelle Zélande. (ph. D. Drion) Baie de Kerikeri, Nouvelle-Zélande. (ph. D. Drion)
Page 128: Maîtres nageurs en Australie (ph. Ben Simmons, SIPA Image)
Page 129: Mouillage dans la Grande Barrière (ph. E. Valentin, Hoa Qui). Costumes Papous (ph. Grand Adam, Hoa Qui).
Pages 130-131: Ruines de Nan Madol, Ponape (ph. Mc Intyre, ANA). Jeunes filles de Kapingamarangi, Micronésie. Plage des Philippines (ph. C. Valentin, Hoa Qui)
Page 132-133: Jonque à Hong Kong (ph. M Renaudeau, Hoa qui). Ruines d'Angkor: (ph. Patrick Guedj). A Dalat, Vietnam du centre(ph. Patrick Guedj). Baie d'Ha Long (ph. Jean Rey, ANA)
Pages 134-135: Naufrage aux Grenadines. Pharmacie conçue par le Dr Chauve pour les concurrents des courses autour du monde (ph. Didier Ravon, Sea and See). Les oranges et citrons ont permis aux marins de triompher du scorbut (ph. Denis Delebecque).
Pages 136-137: Deux sternes blanches dans une île corallienne.
Pages 138-139: Antoine devant des idoles de Bornéo. Pirogues sur une plage à Bali. Pirogues sous voiles (ph. Guido Alberto Rossi, Image Bank).
Pages 140-141: Un îlot des Maldives. Festival de la dent de Bouddha, à Kandy, Sri Lanka (ph. P.Dugast, Hoa Qui). Cocos dans l'annexe aux Chagos. Les ruines d'un village des Chagos abandonné lorsque l'atoll de Diego Garcia a été loué à l'armée américaine.
Pages 142-143: Voilier au quai de Port Mathurin, île Rodrigues. Grand Baie, Ile Maurice, (ph. Hoa Qui). L'île aux cerfs, île Maurice (ph. Claude Pavard, Hoa Qui). Scène de vie à la Réunion (ph. Hoa Qui).
Pages 144-145: Marché à Nosy-Bé, Madagascar. Séchage de la vanille à Madagascar. Boutre du canal de Mozambique. Le port d'Hellville, Nosy-Bé.
Pages 146-147: Avec les lémuriens de Nosy Komba, au cours du tournage du film «Iles...était une fois l'Océan indien» avec Frédéric Hadengue (ph. Véronique Naury). L'enseigne de l'hôtel des lémuriens, Nosy Komba. Lémuriens.
Pages 148-149: Broderies de Nosy Komba; Plage de Nosy Komba. Pirogue malgache. Un pique-nique à l'île de Tanykely.
Pages 150-151: Au mouillage devant Nosy Hara, près du Cap d'Ambre, Madagascar. Aux îles Mitsio et dans les îles de la Baie du Courrier, voisines du Cap d'Ambre.
Pages 152-153 : Plage à Mahé, Seychelles.
Pages 154-155: A Victoria, Capitale des Seychelles: Marché. Temple Hindou. Le restaurant «Le Petit Trianon, Chez Marie Antoinette». Goelette assurant le transport entre les îles. Le menu de Marie Antoinette. Hymne à la créolité sur une palissade. Poissons du marché. Reproduction de Big Ben érigée à Victoria pour marquer la prise de possession des Seychelles par les Anglais. Tableau de Gérard Devoud (Mahé, Seychelles).
Pages 156-157: Paysage de l'île Praslin. Cocos-fesse de l'île Praslin. Divers usages du coco-fesse. Coco-fesse et un autre palmier dans la vallée de Mai.
Pages 158-159: Antoine et une tortue géante d'Aldabra, à La Digue. Jeune Phaéton à l'îlet Cousin. Goéland blanc à l'îlet Cousin. Dorade coryphène à l'île Denis.
Page 160-161: Autoportrait à Mahé, Seychelles. Quatre images des blocs de granit des anses Sources d'Argent, à La Digue.
Pages 162-163: A l'île Farquhar: Oiseau couvant. Caisse d'œufs ramassés par les habitants de l'atoll. Oiseaux. Catamaran à l'ancre à Farquhar. Séchage des poissons à Farquhar. A l'îlet Goélette, réserve d'oiseaux, à Farquhar.
Pages 164-165: «Toute cette eau autour de nous et rien à boire !». Interieur super confortable d'un grand catamaran. Dans l'île d'Itaparica, Brésil, échoués au pied d'une cascade, nous avions installé l'eau courante à l'étrave. Confort sommaire de mon premier bateau, *Om*.
Pages 166-167: Mayotte: Au mouillage à Dzaoudzi. Reçu par la Marine Nationale, sur le Rhin, à Mayotte. Boutre en construction à Mayotte. Paysage de Mayotte.
Pages 168-169: Mayotte, Grande Terre. Au pied du Mont Choungui. Fillette de Mayotte. Enfants de la Grande Terre. Plage de la Grande Terre. Un Banga à Mayotte.
Pages 170-171: Anjouan, Comores: Ville de Mutsamudu. Distillation de l'Ylang-ylang. Masque de beauté des jeunes fille comoriennes. Les «framboises» d'Anjouan.
Pages 172-173: Capetown, Afrique du Sud: devant la montagne de la Table (ph. Daniel Allisy, Sea and See). Lamu, Kenya (ph. Claude Pavard, Sea and See). Paysage de la Mer rouge. (ph. Michelangelo Durazzo, ANA). Le Canal de Corinthe (ph. Serge Lucas, Sea and See). Titou dans la vallée des rois, éclairée par une succession de miroirs tenus par des hommes et renvoyant le soleil au fond des galeries d'une sépulture.
Pages 174-175: Coucher de soleil au nord de Madagascar.
Page 176: Plage de l'île Glorieuse.

REMERCIEMENTS

Je tiens à remercier ceux qui aident à rendre possible mes voyages, la réalisation des photos de mes livres, des images de mes films: AIR FRANCE, le Conseil Régional de Guadeloupe, le GIE Tahiti Tourisme, l'I.C.A., Tahiti; les offices de tourisme de la Dominique, du Venezuela; Sea Tours, Moorings, Bénéteau...

... ainsi que les industriels du nautisme qui me font confiance depuis des années: PROMETA, Goiot (panneaux de pont, enrouleur de génois, accastillage), Barient, TDM voiles, Maréchal (mâts), gréements SARMA, SD Marine et MLR (navigation electronique)

Et merci, bien sûr, à celui qui rend tout cela réalisable: le lecteur, le spectateur, vous.

Fidèlement

ANTOINE